신명난 인류최고
한붉달문명 국사

본 도서는 「고준환 박사 신명나는 우리 역사」
유튜브 방송(2020년 5월부터 2022년 5월까지)을
정리하여 활자화한 것으로 인용된 주석은
생략하였음을 밝힙니다.

신명난 인류최고
한볽달문명 국사

고준환 박사

개벽사

머리말

인간은 역사속에서 태어나서 살다가 역사속으로 사라집니다.
나는 대신선 붓다의 길과 법의길, 역사의 길을 가고자 했습니다.
인간역사의 강물들은 유유히 흘러 인류역사의 바다로 들어갑니다.
인류역사는 인류의 과거와 현재의 대화이고 미래에 대비하게 합니다.
그래서 자주사학자 임정 대통령 박은식 선생님이나 단재 신채호 선생님은 역사를 잊은 인간이나 민족에게 미래는 없다고 했습니다.
우리 한민족은 역사적으로 한밝달 문명족 또는 엉덩이에 푸른 하늘 반점(몽고반점)이 있는 천손족, 밝해족, 밝달족, 밝은이족, 백두산족, 아리랑족, 동이족, 고리족, 하느님족, 천신족, 신선족, 백의민족, 조선족, 고려인 등으로 불리며, 자주정신으로 찬란하고 유구한 문명역사를 이어왔습니다.

그러나 근세에 이르러 일제에 나라를 뺏기고 제2차 세계대전 종료와 함께 광복했지만 남·북 분단과 6·25사변이라는 민족상잔을 겪고, 남쪽 대한민국은 민주화와 산업화, 선진화를 이뤘으나, 북조선은 공산주의 주체사상의 김씨조선으로, 핵은 보유했으나 가난하게 사는 바, 현재 복잡다단한 국내외정세에 직면하고 있습니다.

우리 한민족사는 근래 자주정신부족과 주변강국의 역사조작, 왜곡 및 사대 식민사학자들의 2천년 반도 굴종사라는 역사치매상태 등으로 너무나 한심하니, 부끄러움을 극복하고 민족국가 반만년 해륙 영광사를 우선 되찾아야 합니다.

나아가 유불선기 4교회통의 김탄허 대선사의 예지나 김일부선생님의 정역학처럼, 우리나라는 지구상 동북 간(艮)방이다. 여기서 인류선천문명이 시작됐다가 상극문명으로 끝나면서 대재난을 겪은 후, 세계를 이끌 후천상생문명도 여기서 시작된다고 하셨습니다.

지금 세계인구는 약 77억이고, 나라는 249개국가(UN 가입 193국)입니다.

우리나라는 열린 민족주의와 세계평화주의로, 인류의 시원문명을 여신 우리문명의 조상이 계신다. 선천 천지개벽후 처음 나투신 나반님과 아만님에서 마고선녀, 환인 천제, 환웅천황, 치우천황, 단군왕검, 고해모수, 고주몽, 박혁거세, 소서노, 김수로왕, 왕건태조, 이성계태조님 등 이십니다. 이 분들이 이어온 신명나는 한밝달문명 국사를 확립하고, 민족평화통일을 이루어야 합니다.

책 제목을 보면 "신명(神明)난 인류최고"란 신선도에서 깨달음을 신명(神明)이라 하는 바, "밝고 신바람 난 인류최고(最古)와 최고(最高)이니, 가장 오래되고 제일 높은" 이란 뜻입니다.

"한밝달문명 국사"란 인류시원 환한 천지인 3합의 문명으로서 세계문명을 이끄는 신명난 우리나라 역사인 하느님의 밝해. 밝달. 밝은이(눈밝은이) 문명국사입니다. 하나로 이어진 환단국사(桓檀國史)입니다.

"한"은 "하나. 크다. 하늘. 청천백일(밝해). 칸. 환(桓 우주광명). 한(韓). 절대자 하느님. 부처님. 얼나. 진리"등을 나타내고 "밝달"은 "밝은 땅으로 밝은 땅, 밝은 산(白山.紅山등) 밝은 바다(발해)"등을 포함합니다. 한 밝해 밝달 밝은이 문명입니다.

청천백일의 하늘. 바다. 밝은 땅과 산에서 밝은이들이 창조한 문명국 역사를 뜻합니다. 신선인 나반과 아만이 백두산에 내려와서 한 밝달문명인 천지인 합일의 인류시원 문명에서부터 황하 문명, 인더스 문명, 메소포타미아 문명(수메르문명 포함), 나일강 문명 등으로 퍼져 나갔고, 그리고 역사상 남북미주 마야문명, 잉카문명, 헬레니즘, 헤브류문명등 유럽문명 등에게도 큰 영향을 주었습니다.

이제 다가온 지상천국, 지상선계, 미륵존불시대, 대동세계라고도 하는 후천상생시대의 세계문명을 이끌어 나가고, 국제연합을 발전적으로 해체시키며, 영구평화를 위해 하나의 세계연합정부를 세워야 합니다.

그러기 위해 저는 우리 민족과 세계를 위한 우주적 안목의 역사 혁명으로 우리 조상들이 목숨바쳐 지켜온 환단고기(국보로 지정됨이 마땅), 규원사화, 부도지, 삼국유사, 삼국사기 등은 물론 산해경이나 사마천의 사기 등 중국 25사, 일본 고사기, 일본서기, 아놀드 토인비의 "역사의 연구"등 세계사서들을 참조하여 우리나라 문명이자 세계문명의 중심, 한밝달문명을 천부경 등 신선도, 무극대도를 바탕으로 기록한 것입니다.

그러면 먼저 잘못되거나 잘린 우리나라 국통맥을 바로 잡는 것이 가장 중요하므로 바른 국통맥을 여기에 기록합니다.

① 나반과 아만의 인류창세

지금부터 약 130만여 년 전 북두칠성에서 영산 백두산 신무성 신단수 밑에 내려오셔(神仙) 남북 포태산에 나뉘어 살다가 혼인하여, 그 자손들이 한반도와 5대양 6대주로 퍼져나갔다.

② 마고(麻姑)선녀의 마고산성시대

생산의 신인 마고선녀가 수만년전 파밀고원 마고성 천부단에 나라를 열고, 천하 천인이 사는 곳을 다스렸다. 마고선녀는 딸 궁희. 소희를 낳고, 궁희씨는 아들 황궁씨와 청궁씨를 낳았다. 소희씨는 백소씨와 흑소씨를 낳았다. 황궁씨 아들 유인(有人)씨가 천산산맥 한텡그리산(桓檀君山)에서 계불을 하고 나라를 다스린 뒤, 아들 환인(桓因)을 낳았다. 마고선녀는 모계씨족사회를 유인씨는 부계씨족사회를 뜻한다고 한다.

③ 환국(桓國)시대

환인천제가 지금부터 9221년 전, 도리천 하늘나라에서 환한 신선으로 내려와 지나 청해성 적석산에서 환국천제로 등극했다. 모두 7대에 3301년 계속됐다 한다.(63182년설도 있음)

④ 밝달국(배달국. 倍達國)시대

환웅천황이 고산(高山)인 백두산 천평(天坪. 삼지연. 연길지역)

에 5920년 전에 신선도 염표문을 내세우고(일신강충. 성통광명. 재세이화. 홍익인간), 밝달국(배달국.밝은 땅나라, 밝은 바다 포함)을 세웠다. 18대에 1565년간 계속됐다.

⑤ 단군조선(檀君朝鮮. 高朝鮮. 古朝鮮)시대

지금부터 4355년전(BCE 2333년) 밝달국 마지막 환웅천황 단웅의 아들인 왕검단군(본명이 高俊. 민족사학자 이규만씨 밝힘)이 완달산 아사달에 홍익인간 광화세계를 이념으로한 신선도(神仙道)를 내세우고 밝은이(明眼人)로서 우리나라 첫 민족국가(9개부족연맹)를 건국하였다. 국호는 조선(朝鮮), 태자는 고부루이고, 고부여. 고부소. 고부우 왕자 등 아들이 4명이었다. 단군조선은 47대 단군 2096년 계속됐다.

단군조선을 3기로 나뉘어지는데, 1기는 전 단군조선(고준왕검단군 ~ 21대 고소태단군 1048년), 2기는 후 단군조선(제22대 고색불루단군 ~ 제43대 고물리 단군. 860년) 전.후기 합산 1908년, 3기 단군조선(제44대 고구물단군 ~ 47대 고열가단군 188년)

⑥ 대고구려 등 열국시대(천년신라. 백제. 가야. 왜. 옥저. 동예맥. 최씨낭랑국. 남3한등)

대고구려시작은 고달 해모수단군이 BCE 239년 4월8일 홀승골성에 즉위하고 '고리국', '북부여'라 했다. 대고구려는 북부여와 고구려를 합한 나라이다. 해모수는 고리국출신인데, 다음이 차남 고진왕-고법왕-고모수왕(불리지. 옥저왕 고대 멕시코건국자)-고주몽(해모수 4대후손)등으로 이어진다. 고해모수로부터 제 17대가 광개토대제인 바 , 광개토대제릉비 기록과 일치한다.

졸본부여는 세대가 다르나 해모수. 모수리. 고해사. 고오루. 고두막한. 고무서 다음이 고주몽이다. 고주몽성제가 북부여와 졸본부여를 모두 이은 건 사실이다. 고주몽은 다음대 유리왕에게 신선도로서 정치를 흥하게 하라(以道興治)고 유언했다.

11개 열국은 차츰 숫자가 줄어 5국. 4국(가야). 3국(고구려. 박혁거세가 세운 신라. 백제 98년간 병존)으로 줄어들다가 남북국시대가 된다. 후3국시대도 있었다.

⑦ 발해(대진)와 천년신라의 남북국시대

백제에 이어 고구려가 라·당연합군에 망하고(668년), 보장왕(대중상)과 그 아들 들(고안승. 고연무. 고간. 고덕무(대조영))이 복국운동을 30년간 펴며 싸우다가 고덕무인 대조영이 발해인 대진(大震)국을 AD 698년에 동모산에서 건국하고, 황제국 연호를 천통(天統)이라 하였다. 15대 229년만에 시베리아, 만주, 조선반도에 걸쳤던 해동성국 발해가 망하면서, 우리 영토가 많이 줄어들었다.(AD 926년) 천년신라와 함께 남북국 시대였다. 발해 멸망 후 정안국. 대발해국 부흥운동을 폈으나, 성공하지 못하고 결국 고려로 이어졌다. 단군조선 고왕검단군부터 고해모수. 고주몽. 고덕무(대조영)의 대고구려. 발해의 고씨제국은 세계역사상 유례없는 3269년간 계속된 「3천여년 제국」이었다.

⑧ 고려시대

태조 왕건이 남북국시대를 이어 온 후삼국을 통일하여 AD 901년 개성에 고려를 건국하였다. 모두 34대 475년간 계속됐다가 AD 1392년 멸망했다.

⑨ 조선시대

태조 이성계가 고려를 치고 서울에 조선을 건국하였다. 27대 519년만에 한·일 병탄으로 일본에 멸망당했다.(AD 1910년)

⑩ 항일독립운동시대

민족의 대수난기로 36년간 계속 되는 항일독립운동과 제2차 세계대전 종료로 1945년 8월 15일 일제에서 해방되었으나, 미·소세력이 관련되어 남·북이 3·8선으로 분단되었다.

⑪ 남북분단시대

8·15해방 후 우여곡절 끝에 1948년 8월 15일 남쪽에는 대한민국(대통령 이승만)이 9월 9일에는 북쪽 조선인민공화국(수상 김일성)이 섰다. 6.25사변(남침시작)으로 민족상잔을 겪었다.

남북분단상태는 지금까지 계속되고 있다.

⑫ 대고려연방. 세계연방정부 ?

국통맥에 관련하여 중요하거나 새로운 이 책의 내용은 다음과 같습니다.

1) 이 책은 인류세계 최고이며, 세계사의 중심인 우리 국사 한밝달문명 국사이다.(환단고기 국보적 사료적 가치)

2) 미국의 원주인은 한밝달족인 아파치족(아버지족), 호피족(호랑이 가죽족), 체로키족(하나님족)등 낙랑조선 등 한민족과 관련있다.

3) 한밝달족 문명은 홍익인간, 광화세계의 신선도로서 세계 유수 종교를 낳았고, 세계로 퍼져 유라시아. 남미. 에집트의 유물 피라미드, 중국 서안 대피라미드군, 석성 암각화(킬키스탄), 고인돌, 석탑, 페루의 맞추픽추, 런던의 스톤헨지 등으로 지금도 남아있다. 밝달국 태호 복희와 여와는 서방으로 가서 수메르 문명과 여호와 신등 헤브류 문명을 일으켰다. 이러한 신선도 문명은 민족경전 천부경, 삼일신고, 참전계경 등이 그 원천이다. 부

처님의 대각과 예수님의 성혈과 성배를 찾음에 이름이다.

4) 발해연안문명(홍산.요하문명)은 한밝달 문명이며, 밝달국 치우천황은 73전73승으로 세계의 군신이며 평화의 신이다. 밝해. 밝달. 밝은이 문명의 하나이다.

5) 환국문명은 지나 청해성 적석산에서 시작하여 발해연안 내몽고 요하지역 바이칼 소하서, 사해 흥륭와 부하, 조보구 문명으로 발전되고, 이어서 밝달국 우하량 문명 등으로, 이어서 단군조선의 하가점상하층문명으로 발전 해 나갔다.

6) 첫 민족국가 단군조선을 일으킨 왕검단군은 고왕검단군〈본성명이 고준(高峻)〉이고, 고조선(古朝鮮)이며, 고조선(高朝鮮) 즉, 고씨조선이다. 정변으로 집권한 22세 고색불루 단군을 거쳐 47대 고열가 단군까지 2096년 계속된 세계유일의 2천년 제국이었다. 단군조선이나 고구려의 건국이념도 신선도(神仙道)였다. 고왕검단군은 나라를 다스린 규범으로 헌법률인 홍범9주. 범금8조법과 도덕률인 천범8조교, 단동10훈(檀童十訓)으로 통치하였다.

7) 평양 대박산 단군릉은 제5세 고구을 단군릉으로 추정된다.(환단고기와 직접관찰 등)

8) 단군조선시대의 천문현상을 관찰하는 감성대가 발전하였고, 고흘달단군 50년인 B.C.1733년에 오성취루현상 일식, 월식, 해일 등을 관찰한 기록이 많이 나온다.

9) 단군조선 3세 가륵단군이 삼랑 을보륵에게 명하여 정음 가림토(다) 38자를 창제한 바, 이것이 고려말 고성이씨 행촌 이암 선생이 환단고기 단군세기에 기록된 것을 그의 손자 이원 좌의정이자 집현전 최고 책임자인 영전사로서 세종대왕에게 알렸고(字倣古篆), 세종대왕이 집현전 김수성(신미대사), 김수온 형제와

학자, 왕자, 공주 등에게 글자의 조직, 구성 활용을 연구케하여 AD 1443년 28자 훈민정음을 재 창제 선포하였다.(한글)

10) 단군조선의 신선도 문화는 세계화에 나서 우리민족 동이족, 고이족인 공자, 노자, 석가, 복희, 여와 등을 통해 한밝달 문명인 유교, 도교, 불교, 유태교, 헬레니즘, 마야, 잉카문명 등 종교에도 깊은 영향을 주었다.

11) 중국상고사와 일본고대사는 우리 동이족 역사였다.

12) 고주몽왕이 고구려를 건국한 것으로 알려졌으나, 실제는 그 4대 선조인 해모수 고달의 북부여(고리국) 건국이 고구려 시작이고, 고주몽 아버지 고리국왕 고모수왕이 B.C. 1세기 멕시코 테오티와칸에서 고대 멕시코(맥이고)를 처음 건국 했다.

13) 고구려 광개토대제는 천하를 통일한 영웅으로서, 수도에 1년간 9개 사찰을 세운 전륜성왕으로 일본 임나가라까지 정복하고, 그 아들 고지가 윤공천황이 되고, 그 후손 웅략, 효덕천황 등 일본천황으로 일본을 다스렸다.

14) 고주몽을 도와 고구려를 세운 여걸 소서노여제는, 어라하를 요령성 금성에 세웠는데, 이것이 실질적 백제와 십제의 건국이었다. 고주몽과 소서노의 딸 알랑고아가 흥안령 산맥 알이령 고개를 넘을 때 부른 노래가 알이랑(아리랑)이며, 알랑고아는 초이발산에 기념비가 있는 바, 징기스칸도 알랑고아 후손이다.

15) 신라 건국자 박혁거세는 고구려 고두막한의 딸 파소가 낳았으며, 석탈해는 인도남부 촐라왕국(용성국)에서 바다로 왔고, 김미추왕은 왕망의 신국 휴도왕 아들 김일제의 후손이고, 가야의 김수로왕도 김일제의 동생, 김윤의 5대손이다.

16) 원효성사 "일체유심조"를 깨달은 대각처는 경기도 화성시

마도면 해문리 백곡고분이다.

  17) 가야의 건국자 김수로왕과 인도 아요디아 허황옥 왕후는 국제결혼하여 거등왕 등 10남 2녀를 두었고, 묘견공주는 선견왕자를 데리고 일본 구주로 건너가 중애천황과 국제결혼하고 야마대나라를 다스렸고, 허왕후의 오빠 장유화상을 따라 견성성불한 7왕자는 야마대 고쿠부 지방에서 구노국 7개성을 다스렸다. 가야철기 기마문화가 왜에 이전 됐다.

  18) 해동성국 발해는 고보장왕(대중상)아들 고덕무(대조영)가 세워, 고조선, 고구려를 이었고, 만주, 시베리아, 한반도 북부를 다스린 강국으로, 남북국시대(천년신라)를 이루었다.

  19) 고려태조 왕건의 통일과 벽란도항을 통한 무역으로 강국을 이루면서, 불교문화, 고려청자, 금속활자는 세계제일의 문명을 자랑했고, 태조 왕건의 뜻을 받든 묘청대사는 북벌서경천도운동을 펼쳐, 1천년 내 최대사건으로 국민들은 보고 있다.(KBS 여론조사) 고려명장 서희는 유명한 외교관으로 국가의 위기를 구하고, 입으로 거란군 80만을 물리치고, 강동6주를 돌려 받았다. 고려는 거란과 외교를 튼 것 뿐이었다.

  20) 근세조선 민본주의 이도 세종대왕과 국난을 구한 이순신 제독, 조선학문의 금자탑을 이룬 유학 이퇴계. 이율곡. 정약용(실학). 최한기(기학)를 특기하고, 나라 잃고 봉오동 전투와 청산리 대첩, 보천보전투 등 항일대첩으로 근세사를 살렸다.

  21) 역사적 실존인물로 심청(원홍장. 진혜제 황후), 홍길동(오키나와 홍가와라장군), 춘향전 이몽룡(암행어사, 성이성), 서화담과 황진이의 박연폭포사랑, 주논개열사, 범립본(명심보감저자) 등을 새삼 알아봤다.

22) 청·러일전쟁, 세계 제1·2차 전쟁, 한국전쟁과 동학농민혁명, 기미 3·1독립혁명, 4월 민주혁명을 중점적으로 고찰하였다.

23) 현재의 문제로 춘천 중도 고조선 유적지 파손유감, 중국·일본의 사대식민사관 문화침투, 일제식민사관, 8·15해방 77년 지나도 판치는 자주국사 치매의 나라가 제일 큰 문제다

24) "우리 한밝달 태극문명의 세계화와 천지개벽의 세계역사"에 대비했다.

이상과 같이 저자는 지금 초정보, 초연결, 초자아의 격변시대에 우리나라가 바르게 발전하려면, 국사학·국어학·국토학 등 국학이 바로 서야함으로, 국사찾기 협의회 제3대 회장으로 자주국사 확립전파에 힘쓰면서, 법학이 전공이나, 민족자주사서 9권을 쓰고, 이번이 10번째 책입니다.

이는 "고준환 박사 신명나는 우리역사" 유튜브 방송(2020년 5월 7일~)을 정리 활자화 하고, 체제에 맞게 일부 보완을 한 것입니다.

앞서 쓴 책은,
① 반만년 대륙 민족의 영광사, 하나되는 한국사(1992)
② 신명나는 한국사
③ 붉은 악마 원조 치우천황
④ 고주몽 성제에서 광개토대제까지
⑤ 4국시대 신비왕국가야(1993)
⑥ 가야를 알면, 일본의 고대사를 안다(일본어 출판. 1995)
⑦ 대한근현대사 실록 7금산

⑧ 덫에 걸린 황우석(2006)
⑨ 밝해문명사(2020) 등이 있습니다.

필자가 새 시대에 맞춰 '본각선교원깨달음세계 유튜브 방송(2020년 3월부터~)'을 하고 이를 쓴 불서는 다음과 같다.

『깨달음 어렵지 않다 지금 여기 깨어있음』(2022 교림)
『누가 불두에 황금똥 쌌나 – 생각 쉬면 깨달음, 마음 비우면 부처』(2014. 본각선교)

나라와 세계의 발전을 위하여 감사할 분들이 많이 있습니다. 먼저 자주사학자인 박은식, 신채호 선생님과 안호상, 박창암, 문정창, 최용기, 최민자, 김정권씨등 국사찾기 협의회 역대 회장단들에게 감사하고, 윤내현 교수님을 비롯 강수원, 박정학, 신용하, 윤명철, 복기대, 박석재, 서길수, 손성태, 이형구, 이덕일, 우실하 교수님, 이찬구 박사님 그 밖에 동학민족통일회 신혜원 의장, 개천민족회 사무총장 이창구씨를 비롯한 수 많은 자주사학자들 특히 박창화(추모경), 이규만(잃어버린 천도문명 단군왕검의 본명 밝힘)선생님에게도 깊은 사의를 표한다.

특별히 환단고기를 펴내신 운초 계연수 선생님, 천 여년간 가문을 걸고 자주사를 지켜온 행촌 이암선생님(환단고기. 단군세기)을 비롯한 고성이씨 어르신들, "민족자주사 광복을 위하여 대한사랑, 상생방송을 비롯하여 자주사 확립에 전사적으로 애쓰시는「환단고기」역주자 증산도 안경전 종도사님 등 여러분에게도 감사의 말씀을 전한다. 이는 국가의 할 일을 대신하여 큰 일을 하신 바, 많은 연구자료와 사진 등은 저자에게 도움이 컸다고 할 수 있다.

끝으로 이 책이 나오게 될 때까지 원고를 정리해 준 제자 안성조 박사 그리고 도와 준 여동생 내외(김태옥, 고숙환) 두 아들 상규, 원규, 이 책을 출판해 주신 개벽사 이영옥 사장님과 이상훈 편집실장님에게도 사의를 표합니다.

黑虎坐龍山(흑호좌용산)
虎入南山林(호입남산림)
龍登萬里雲(용등만리운)
民族大統一(민족대통일)
世界平和路(세계평화로)

검은 호랑이 용산에 자리잡고
그 호랑이 남산숲에 들어가니
용은 만리구름 타고 하늘 올라
민족대통일 세계평화 길 트네

서기 2022년 5월 10일

목차

머리말	05
목차	18

제1장 총설   23

제1절 한밝달문명 국사란 무엇인가?	24
제2절 국보급 사료인 환단고기	34
제3절 미국땅의 원주인은 누구인가?	45
제4절 밝해문명과 잉카문명 마추픽추	56
제5절 유라시아에 숨은 우리 대 피라미드군등	64
제6절 아시아의 대불탑들	73
제7절 수메르문명. 지구라트와 피라미드	81
제8절 바티칸 솔방울 광장과 킬키스탄 암각화 등	89

제2장 환국과 밝달국   101

제1절 첫 밝해문명국 환국	102
제2절 환국의 역사적 발자취	112
제3절 환국 이은 광명 밝달국	123
제4절 밝달국의 유물, 유적 등	131
제5절 밝달국 이념 신선도	140
제6절 밝달국의 체제	148
제7절 밝달국의 발전	153

제8절 붉은 악마 원조 치우천황   159

제9절 제종족 통일 민족 형성   166

제10절 밝달국 거불단 환웅   172

제3장 단군조선(고조선)   179

제1절 첫 민족국가 단군조선의 건국   180

제2절 반만년 대륙민족의 영광사   188

제3절 단군조선은 고씨 조선   198

제4절 단군조선의 영토   207

제5절 단군조선의 건국이념, 신선도   214

제6절 고왕검단군 천범 8조교와 단동 10훈   221

제7절 고조선 발전과 평양 구을단군릉   231

제8절 신지 서효사와 오사함단군 삼족오   239

제9절 고도해단군시대 삼일신고와 염표문   245

제10절 단군조선시대 천문현상들   251

제11절 전 단군조선을 연 고색불루 단군   260

제12절 전 단군조선의 대외관계   266

제13절 전 단군조선의 경제사회   273

제14절 전 단군조선의 종교습속   280

제15절 단군조선의 한글 원형 정음 가림토   285

제16절 단군조선의 가림토와 문예   293

제17절 전 단군조선의 금속문화   303

제18절 단군조선의 하가점 상하층 문화   309

제19절 후기 고조선의 정치   317

제20절 후기 고조선의 외교사   323

제21절 후기 고조선의 경제.사회 331

제22절 고조선 종교.문화의 세계화 337

제23절 후기 고조선의 문화 347

제24절 단군조선의 쇠망과 그 결과 354

제25절 중국 상고사는 동이족 역사였다 362

제26절 단군조선의 건국이념과 발자취(국학원 국민강좌 제3회) 371

제4장 대고구려 등 열국시대, 남북국시대   409

제1절 북부여 건국이 대고구려 건국 410

제2절 멕시코 건국자는 주몽부친 고모수왕 419

제3절 전륜성왕 광개토태왕 430

제4절 소서노 여제 백제건국 438

제5절 중국 진혜제 황후가 된 효녀 심청 445

제6절 남삼한의 생멸 453

제7절 신라의 건국 458

제8절 원효성사 대각처는 화성시 백곡고분 467

제9절 가야의 건국과 국제결혼 477

제10절 일본 고대사는 한국역사의 일부였다 487

제11절 남북국시대 발해흥망 497

제5장 고려시대   507

제1절 고려의 통일과 찬란한 문화 508

제2절 묘청대사의 자주북벌운동과 서경천도 운동 516

제3절 거란군 80만 물리친 고려명장 서희 524

제6장 근세조선과 항일독립운동시대 533

    제1절 전륜성왕 이도 세종과 한글날 534

    제2절 명심보감은 불교책인가? 유교책인가? 542

    제3절 오끼나와 왕이 된 홍길동 550

    제4절 서화담과 황진이의 박연폭포사랑 558

    제5절 세계적 성웅 이순신 제독 569

    제6절 의암 주논개 열사와 이순신 백의종군 576

    제7절 춘향전의 이몽룡은 역사적 실존인물 586

    제8절 조선학문의 금자탑 유학 · 실학 · 기학 592

    제9절 동학농민혁명과 청 · 러일전쟁 602

    제10절 고종황제와 헤이그 세계평화회의 및 조선쇠망 608

    제11절 봉오동 전투와 청산리 대첩 615

    제12절 3 · 1 독립운동의 여명 623

제7장 남북 분단 시대 633

    제1절 한민족 해방. 남북분단과 통일 634

    제2절 대한민국 4월 민주 혁명 642

    제3절 우리 교육부는 일제 조선총독 산하인가? 654

    제4절 중 · 일 제국식민사관의 문화침투 662

    제5절 춘천 중도 고조선 유적지 보존 670

    제6절 우리 태극 문명의 세계화 676

    제7절 천지개벽의 세계역사 687

제1장
총 설

제1절 『한밝달문명 국사』란 무엇인가?

한 밝달 문명은 밝해 밝달 밝은이 문명인 하느님 신선도로서, 홍익인간(弘益人間)·광화세계(光化世界)를 지향하는 신명난 인류최고인 한 밝달 문명 국사란 무엇인가?를 알아보겠습니다.

우리는 태양 없이는 하루도 살 수가 없습니다. 그래서 우리 민족은 일찍이 밝은 해, 밝해를 존중해 왔고 때로는 신으로 생각했으며, 우리나라뿐 아니라 세계의 여러 민족들도 태양신을 믿고 따르는 사람들이 아주 많이 있습니다.

한은 하느님(절대자. 一神)이고 하늘, 환한 광명 하나인 우주입니다.

밝해라는 말은 워낙은 "붉 → 밝"아래 아(丶)자를 쓰는 건데, 이게 현재는 사용하지 않기 때문에 "밝해"라고 그렇게 바꿔서 씁니다.

우리는 하늘을 보면은 청천백일(靑天白日)이라고 그럽니다. 푸른 하늘 붉은 태양 또는 푸른 하늘 흰 태양 이렇게 해서 '밝'인데 이것은 또 어디서 나온 거냐면 "알"에서 나왔습니다.(밝해문명사)

'올→알'은 씨 알, 한 알 또 경우에는 점 하나로 붉이라고 부릅니다. 그래서 이것은 점하나로 제로에서부터 무한까지의 그런 광명 특히 태양광명을 '밝해'라고 하며 이 밝해를 중심으로 한 문명에 이르렀다. 그래서 한 밝달문명 국사는 환한 천지인 3합 문명으로서 밝해 밝달 밝은이 문명이라고 할 수 있고, 그러한 문명국 역사 즉 우리나라 역사이면서, 세계사의 중심입니다.

밝해문명은 '밝은 해'인 푸른하늘의 빛나는 태양(青天白日, 밝해)을 생명의 양육과 생멸의 근원으로 삼는 대지와 사람들(밝은이)의 문명이다. 밝은 바다인 '발해'도 포함됩니다.

저자는 스스로 돌이켜볼 때, 청룡초교, 용산중고등학교와 서울법대를 나오고, 그 다음에 군대를 병장으로 만기 제대하고, 동아일보사 기자로 10년 정도 생활하고, 박정희 독재체제 아래서 기자노조 창립과 자유 언론 투쟁을 하다가 나오게 됐고, 그 후에 국민대에서 석·박사 학위를 해 경기대와 경남대에서 약 30년간 법학교수로 봉직했습니다.

저자는 전공인 법학보다도 역사에 신경을 많이 쓴 것은 우리나라가 잘 되려면 자주 정신으로 자주 국사가 확립이 돼야 되는데, 사대식민사관이 아직도 지배해서 많은 사람들이 얼빠진 "국사 치매" 상태에 걸렸기 때문입니다. 일부에서 자주 국사 운동도 벌리고 있지만, 저도 『하나되는 한국사』, 『신명나는 한국사』를 비롯해서 『밝해문명사』까지 9권의 책을 썼습니다. 자주국사찾기협의회 제3대 회장을 지냈습니다.

또 하나 관심 있는 부분은 저자가 경기도 화성에서 유교적인 가정에서 태어났지만, 초등학교 5학년 때부터 용산중 다닐 때까지는 기독교회를 다녔습니다.

그 다음에 대학에 들어가서 이청담 스님의 "마음법문"을 듣고 불교에 심취한 지 한 60년 정도 되었습니다. 또 우리 민족의 오랜 전통 도맥인 신선도, 그 내용을 말하면 홍익인간(弘益人間)·광화세계(光化世界)인데, 그래서 신선도 공부도 해서 신선도 삼공선원이라는 도장도 운영한 때가 있었습니다.

이제는 정년하고 나와서 몸이 한 때 안 좋았지만, 이제 좀 회복이 되어서 내가 무엇을 할 것인가 하고 생각하다가, 마침 저자가 불교에 접한 지 50여 년 만에 연야달다 체험을 하게 되어 요새 시대에 맞게, 유튜브(YouTube)로 '깨달음 세계'를 알리고 있습니다.

지금 우리나라가 선천 상극 시대를 지나고 후천 상생시대로 가고 있습니다. 동북 간방인 우리나라가 세계 문명을 주도해야 되기 때문에, 선천 광명시대도 우리 민족이 주도했고, 다가오는 후천 상생 시대도 우리가 주도해야 되기 때문에 자주적인 입장과 진실에 입각해서 국사가 뭔가 그리고 그러한 역사는 영광스러우면서 세계 전체 문명에 영향을 줬기 때문에 '신명나는 우리 역사'라는 유튜브(YouTube) 방송을 했습니다.

먼저 우리는 나를 찾아보면 내가 없지만, 깨달음에 이르게 되면, 말로는 표현할 수 없지만, 표현한다고 그러면 '참나'의 세계가 있습니다.

저자는 불교경전과 선정 또 우리나라의 천부경, 삼일신고, 참전계경이나 3문수련 또는 주역학, 즉 태호복희씨 복희팔괘, 문왕팔괘 또는 우리나라의 김일부 선생이 쓴 정역팔괘 등 공부를 하고 있습니다.

또 능엄경의 연야달다와 같은 견성 체험을 하게 됐는데, 우주 본체의 본성 자리는 말로 표현할 수가 없습니다. 그래서 언어도단 심행처멸 말길이 끊어지고, 마음길이 끊어져 생각으로는 불가능하다고 합니다. 그래도 구태여 표현한다면 "우주의 본체 또는 나의 본체 본성은 텅 빈 영각성이다. 하느님과의 합일이다. 신령

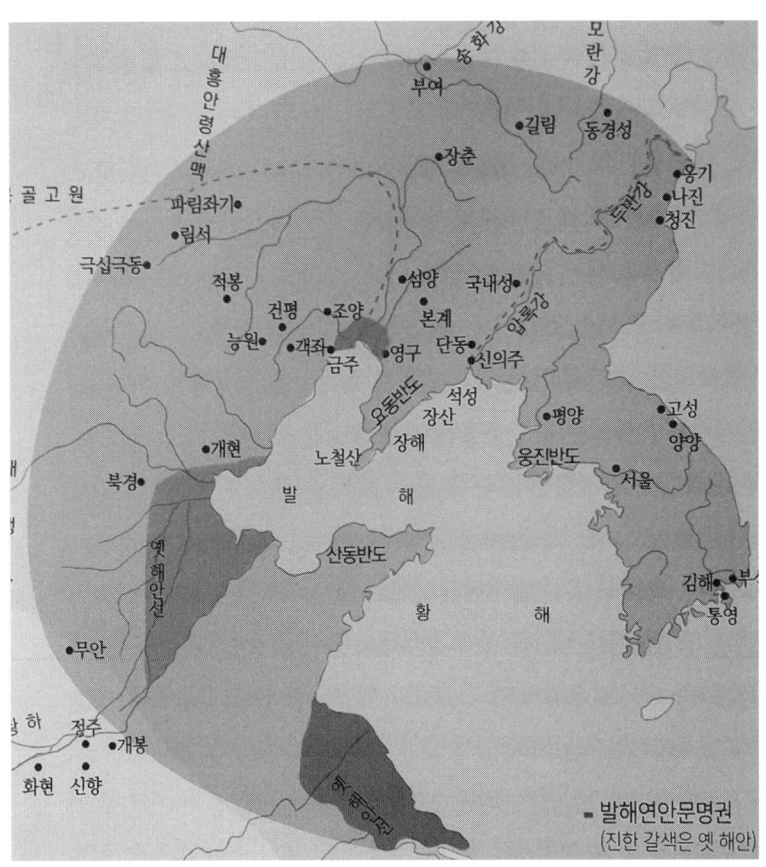

발해연안문명(이형구)

스러운 깨달음(신선도의 神明)의 성품 그게 본체 자리고 또 여러 가지 나타나는 모양은 적멸상이다. 일정한 모양이 없다는 것이 죠. 그것을 쉽게 표현하면 공각(空覺)이다." 이렇게 말할 수가 있습니다.

그런데 인류 창세 최고문명으로서의 한밝달 문명은 선천시대, 천지개벽을 주도한게 우리 밝해문명국인데, 이 한밝달 문명은 세계 최고의 문명이어서, 지금까지 알고 있는 중국의 황하문명, 인도의 인더스강 또 유프라테스 또 그 다음에 이집트 나일강 유역의 문화, 고대 로마, 그리스, 헬레니즘·헤브라이즘, 남북 아메리카의 마야·잉카문명에까지도 전부 영향을 끼치고 있고 지금도 끼치고 있는 것이 우리 인류 창세의 최고 문명인 『한밝달문명 국사』라고 말할 수 있습니다.

 이것은 적어도 인류 창세는 백수십만 년 전에 북두칠성 쪽에서 나반(那般)과 아만(阿曼)이라는 두 분이 백두산 산정 신무성에 내려서 남북포태산에 나눠서 사시다가 혼인하고 그 다음에 흑룡강성 삼포태산에 가서 북두칠성을 향해서 천제를 지내고 또 발해 쪽에 있는 묘도군도 칠성도에 가서 자식을 낳은 후에 감사의 제례를 했다고 합니다.

 그런 후로 인류의 역사가 시작돼서 한반도와 5대양, 6대주는 물론 지금은 없어진 무대륙, 레무리아 대륙 또는 아틀란티스 대륙까지 쭉 퍼져나갔던 거죠. 그 후에 수많은 세월이 흘러서 그 자세한 것은 알 수가 없지만 제2차로 파미르고원의 마고산성에 마고(麻姑)선녀가 내려오셔서 제2차 창세를 하셨고, 거기에서 궁희(穹姬)와 소희(巢姬)를 낳고 그 궁희가 황궁과 청궁을 낳고, 그래서 황궁을 이은 것이 유인시대라고 그럽니다. 유인시대가 지난 다음에 환인 환국시대인데, 환한광명의 제왕 환인이 세운 나라가 환국(桓國), 전민족국가 최초로 환국이고 그 다음에 배달국인 밝달국, 밝은 땅 나라로서 광명으로 이어지는 겁니다.

 또 환국은 우리 나라를 비롯해 구다천국 등 12연방국인데, 중앙아시아 쪽에 수메르와 우루국이라는 문명이 있어서 그것이 헬레니즘, 헤브라이즘, 고대로마, 고대그리스 이런 데까지 전부 영향을 줬던 것입니다. 밝달국 다음에 첫 민족 국가인 단군조선이 세워졌는데, 조선(朝鮮)이라는 것도 조광선명(朝光鮮明) 즉 아침에 떠오르는 태양의 빛이 선명하다에서 온 말이라고 할 수 있습니다.

단군조선이 2096년간 거대 해륙제국으로 전해 오다가 그것이 나중에 중국에 한 나라 쪽에 패망하여 대고구려 등 열국시대가 열립니다. 11개, 10개, 9개 국가에서 8개·7개·6개·5개 그래서 고구려·백제·신라·가야·왜 이런 5국시대를 지나가지고, 4국시대가 되고, 4국시대 중에 가야가 망하여 삼국쟁패시대가 되고 백제 멸망 후에는 고구려가 당나라 측천무후(則天武后)에 의해서 멸망하게 되자 고구려를 이은 북쪽의 발해와 천년왕국 신라의 남북국시대가 열리고, 그것이 후삼국시대를 거쳐서 고려 태조 왕건이 통일국가를 만들었습니다.

그러나 고려는 옛날에 단군조선이나 고구려와 같은 그런 거대한 국가는 못 됐죠. 그러나 북진정책과 민족통일 융화책, 그리고 불교존숭정책을 써서 나라를 평안하고 잘 다스렸는데, 그것이 이제 나중에 500여 년 계속된 다음에 이성계의 조선으로 바뀌었고, 그것은 약 500여 년 계속되다가 1910년 일제에 의해서 한일합병이 이루어져서 망하고, 우리 국민들이 고난속에서 36년 만에 세계 2차 대전이 끝나고 자유우방과 우리 조상들이 독립운동한 덕분으로 독립됐으나 남북 분단국가가 섰습니다.

세계 현재 분단국가는 우리나라뿐이 없습니다. 그러니까 남북 분단국가를 통일해야 되는데 6·25 사변이라는 민족상잔을 겪고도 아직 통일이 안 돼서 앞으로 민족평화 대통일을 이루어야 합니다. 우리 민족이 우리 민족 평화 대통일을 이루고 세계를 이끌어 나가려고 하면 민족 자주사관위에 자긍심을 갖고 민족혼을 살려 평화를 위한 많은 노력을 기울여야 한다고 말할 수가 있습니다.

그래서 밝해사상과 그 내용을 좀 간추려서 보면은 한붉사상, 한밝사상이라고도 합니다. 이 세상 현상의 진리는 존재의 상호 의존적 관계성으로 상대적이나, 절대 진리는 그렇지 않다. 절대 진리는 불가사의로 말길이 끊어지고 마음 갈 곳이 멸해서, 말이나 글로 표현할 수가 없다. 그러나 사람이 의사소통을 하려면, 말이나 글로 표현할 수밖에 없으므로, 우리는 '참나의 깨달음'에서 '우주생명 전일광명'즉 한 큰 생명의 빛이라고 그렇게 볼 수 있습니다.

이 하나인 유일자는 천부경에서 셋으로 나뉘나, 그것이 하늘·땅·사람·밝해·밝달·밝은이라고 했고, 여기서 '경천(敬天)·숭지(崇地)·애인(愛人)'사상이 싹텄습니다.

하늘은 한알(한알), 얼(한얼), 울(한울)로 쓰이며, 하늘님·하느님으로 부르고, 그리고 노래도 알이랑(아리랑)으로 불려지게 됐습니다. 아리랑인데 알 이랑입니다. 알과 함께 알 하느님과 함께라는 뜻이죠.

(하늘)은 하날이 되어 큰 해라는 말이 성립되고, 청천백일이라는 말처럼 찬란한 태양은 하늘의 대표격이고, 만물을 생성 양육하는 원리를 갖습니다. 그래서 태양은 하느님의 자식이라고도 얘기를 합니다.

그리고 우리가 광명을 나타내는 말은 동이 튼다, 신명 난다, 간방 광명 또는 밝은 해, 밝해, 밝달, 박달(배달), 박산, 백산(白山), 밝은이, 밝은 이는 높으니 또는 밝은 이, 양심인 도인, 철인을 말하고, 밝 맑은 강물, 밝은 바다, 밝해죠. 광명바다 인데 받침에서 기역이 떨어져나가 그냥 발해라고도 많이 말합니다.

밝은 해의 나라가 밝해국인데, 거기에도 기역이 떨어져 나갔고, 밝은 길, 밝은 이가 걷는 길을 밝도·광명도(光明道)가 되고 신선도라고도 하고, 신교·천신교 등 이름으로 부르고, 종교적으로는 하느님 또는 불교의 대일여래나 무량광불, 광명신앙이 있습니다.

환한 나라 환국, 밝은 땅 나라 밝달국, 조광선명의 밝은이 조선국도 모두 이런 광명 사상을 바탕으로 하고 있습니다.

밝해문명의 종류와 그 내용을 간추려서 보면은 태양 광명인 밝은 해죠. 밝해문명국 역사는 원형 정신인 밝은 길, 맑은 정신으로서 홍익인간(弘益人間)·광화세계(光化世界)를 이념으로 하고, 그 홍익인간에서 세계 윤리는 사랑과 예와 도, 이렇게 3가지입니다. 사랑의 가르침은 하늘의 뜻이고 하늘은 인간을 위하여 사랑이나 자비라는 숭고한 선물을 내린 것입니다.

인간이 예의를 스스로 지키지 않으면 천륜을 망각하는 결과가 된다. 도(道)로는 신선도 윤리로서 오상 충·효·용·신·인이고, 하느님과 인간이 하나되어 지켜야 되는 것입니다.

이것은 개인·사회·국가·세계의 윤리로서 일신강충·성통광명·재세이화·홍익인간인 환웅의 염표문 즉 홍익인간·광화세계를 말합니다. 여기서 밝해는 밝은 태양, 태양 광명, 하늘 태양, 환이고 청천백일이라고 말하고, 밝은 땅은 배달 또는 밝달이라고 얘기를 했습니다.

우리나라 역사서에서 이런 광명사상에 바탕을 두어 가지고 어떤 사람이 죄를 지었을 때 피하려면 피할 수 있는 게 솟도인데, 솟도도 신성한 광명의 땅인 성역이라고 말할 수가 있습니다.

그 다음에 밝해에 비해서 밝산, 밝은 산이죠. 그래서 한자는 흰 백자 백산, 백두산, 태백산 또는 태양을 상징하니까 붉다 그래서 불산, 홍산, 금강산, 금산, 한텡그리산, 금악산, 알타이산, 화산 이런 것들이 모두 거기에 속하고, 밝은 물강 또는 맑은 물강, 우수리강, 압록강, 대동강, 두만강, 요하·대릉하, 송화강, 한강, 볼가강 등 이런 모든 강물도 그와 같은 밝해문화의 일종이고, 밝은 바다 밝해죠. 광명 바다인데, 여기에 세월이 가면서 받침에 기역이 빠져서 그냥 발해라고 그러지만 지금 이제 최근에 와서 많이 우리가 주시하는 것이 발해 연안문명, 다른 말로 중국에서는 요하문명 또는 홍산문명이라는데, 이것은 우리나라 밝해문명의 한 부분으로서 환국, 밝달국, 밝은이 고씨 조선인 단군조선과 전부 연관이 있습니다.

그리고 남북국시대의 발해국도 워낙은 밝해국인데 발해국, 후고구려국, 또는 대진국 이렇게 되고 또 천부경 삼극으로 봤을 때, 그 사람 밝은 이라고 그럽니다. 밝은 이, 천지광명이 하나된 사람 그걸 태일(太一)라고도 얘기하고, 지혜로운 사람을 해밝이 또는 밝은이라고도 얘기를 합니다.

그 밖에 밝해 생물, 밝은 광명을 받거나 나타내는 생물로 신단수·밝달나무·소나무·잣나무·버드나무·피팔라수인 보리수·무우수·사라쌍수·소·말·개·돼지·닭·청용·백호·거북·봉황·삼족오 특히 태양을 상징하는 세다리 새가 삼족오죠.

밝은이 환인천제나 환웅천왕, 고왕검단군이 모두 밝은 이의 상징이고 태호복희씨도 마찬가지입니다.

그 밖에 밝해에 따른 문물제도와 이런 것은 반만년 대륙 민족의 영광사에 어디나 나오고 밝해신앙은 밝은 하느님, 태양신을 믿는 것이 바탕인데, 불교에도 대일여래라는 비로자나불 또는 아미타불이라는 무량광수불 이런 것이 되어서 광명신앙을 모두 나타내고 있습니다.

지금 우리나라는 남북이 갈려 있고 또 남남 갈등도 심한 데다가 세계적으로 후천상극으로 여러 가지 어려운 상황이 나오고 있습니다.

후천 상생시대를 가기 위한 선천 상극시대를 극복하는데 거대한 환난이 예상됩니다. 가장 잘 나타나는 것이 코로나 (COVID2019) 또는 천연두병 이런 것이

청와대 분수대의 봉황상

가능성이 있고, 지진·화산폭발·태풍·해일 또는 전쟁, 일본 열도의 침몰 가능성, 미국 일부 침몰 가능성과 함께 지구의 자전축이 23도 5부 기울어져 있는데, 그것이 바로 서고, 지구 자전축이 역전이 돼서 N극과 S극이 바뀐다고 김탄허 선사님이 말씀하셨습니다.

이런 환난을 잘 극복하려면 결국 우리가 잘 대처해야 되는데, 그러려면 우리가 기본적으로 견성성불로 나아가서 생사를 초월해야 되고 또 한 가지는 후천 상생시대를 우리나라 동북 간방이 모든 문명의 시작 이후 끝까지 간방 중광, 즉 우리 동북간방 우리나라가 다시금 빛을 말해서 세계 문명을 이끌어나가야 되기 때문

에 우리가 민족 자주 국사를 모두 다 확실하게 알고, 민족혼이 살아야 합니다. 그래서 민족 평화통일을 기대하면서, 세계 문명을 주도해 나가서 환난을 겪고 우리는 미륵존불시대, 대동세계, 지상선계, 지상낙원 이런 것을 우리가 스스로 준비하지 않으면 안 됩니다.

처음 한밝달문명 국사를 살펴보았는데, 다음에는 신명난 인류최고 한 밝달 문명국사의 자료로서 환단고기부터 살펴보도록 하겠습니다.

제2절 국보급 사료인 환단고기

홍익인간(弘益人間)·광화세계(光化世界)를 지향하는 신명난 인류최고 한밝달문명 국사 제2절은 '국보급 사료인 『환단고기』'입니다.

사람이 살아가는 데 있어서 제일 중요한 것이 주인 의식입니다.

주인 정신이라고 할 수 있죠. 개인이나 국가나 이게 없으면, 사람은 인격이, 나라는 국격이 떨어지게 됩니다.

유구한 역사와 전통을 자랑하는 우리 민족국가 단군기원 4355년인데(서기 2022년), 우리는 세계 제2차 세계대전 이후 유일한 분단국으로 남아 있습니다. 민족자주의식인 민족혼으로 우리 역사의 뿌리를 찾아 진정한 독립인 민족 대통일을 이루고 사대 식민사학 등으로 조작 왜곡되고 잘못된 역사를 광복하여 후천 상생시대를 간방 중명으로 세계의 동서남북 문제를 모두 해결하며 지상 선계인, 미륵존불 시대, 대동세계를 이끌어 가야 합니다. 그러려면 반만년 대륙 민족의 영광사를 찾아 『삼국유사』, 『환단고기』, 『규원사화』, 『단기고사(檀奇古史)』, 『산해경(山海經)』, 『부도지』 등 자주 사서를 깊이 탐구해야 합니다.

저자는 일찍이 1991년 『반만년 대륙 민족의 영광사, 하나되는 한국사』700여 쪽을 『환단고기』를 바탕으로 하여 첫 자주 한국 통사를 썼습니다.

환단고기는 두가지 성격이 있는데, 첫째는 천부경. 삼일신고(경)등 진리의 빛 경전성격인 바, 성경이나 불경과 비슷하고, 둘째는 세계 중심 우리나라 역사인 한밝달문명국 역사 기록이다.

그 밖에 『신명나는 한국사』, 『붉은 악마의 원조 치우천왕』, 『4국시대 신비 왕국 가야사』, 『가야를 알면 일본 고대사를 안다』(이 책은 일본어로 출판이 됐습니다), 『대한 근현대사 칠금산』, 『덫에 걸린 황우석』, 『고주몽 성제에서 광개토대제까지』, 『밝해문명사』 9권을 썼습니다.

앞으로 우리나라 역사 사료 부족의 원인, 『환단고기』 저자와 내용, 『환단고기』의 사료적 가치, 우리 민족 역사의 줄기와 관련 사항 등으로 알아보겠습니다.

먼저 사료 결핍과 역사 왜곡 관련입니다.

역사를 승자의 기록이라고도 하지만, 우리나라 반만년 대륙의 영광사가 2000년 반도의 굴종사로 잘못 알려진 것은 주변 강국의 역사 조작·왜곡과 국내의 왜독·중독·양독에 걸린 사대 식민사학자들의 역사 왜곡과 역대 많은 수난을 겪으면서 사료가 사라진 것입니다.

민족자주사학자 문정창 선생이 말한 사료 결핍의 원인 10가지 수난사를 보면 다음과 같습니다.

첫째는 고구려 동천왕 20년 위나라 장수 관구검이 고구려 수도 환도성을 공략하여 많은 사서가 소각되었습니다. 백제가 망할 때 사비성 함락으로 또 사고가 소각됐고, 고구려 보장왕때 평양성 함락으로 당나라 장수 이적이 역사 전적을 모두 탈취하여 갔습니다. 신라 경순왕 1년 후백제의 견훤왕이 경순왕을 세우면서 신라의 사서들을 전주로 옮겼다가 태조 왕건에게 소멸당하고 소각됐습니다.

고려인종 4년 사대주의자 김부식 등이 금나라의 신하를 칭하는 글을 올린 후 주체적인 서서들을 금나라가 거둬서 가지고 갔습니다. 고려 고종 때 몽고의 난으로 홀필열에 의해서 「삼한고기」, 「해동고기」 등 많은 사서들이 소각되었습니다.

조선 태종 11년 5부학당을 송나라 유학 제도로 설치하면서 유교 책이 아닌 모든 책들은 모두 소각해 버렸습니다.

선조 25년 임진왜란으로 우리나라 책들이 방화되고 일본에 수탈되었습니다. 인조때 병자호란으로 많은 사서들이 또 소각됐습니다.

10번째 순종 4년인 1910년 일본 제국주의 강점 이후 한꺼번에 민족사서 20만 권을 불사르는 등 많은 사서의 소각·수탈이 있었습니다. 또한 조선총독부는 조선사편수회를 통하여 단군조선 2000년 년 역사를 빼버리고 한국사를 일본사 2600년보다 짧은 2000년으로 줄이고, 역사적 실제인 단군조선을 강제적으로 부정하고 단군신화론만을 조작하여 널리 전파했습니다.

특히 일제시대에 일본의 사이토 마코토[齋藤實] 조선총독이 조선인을 반일본인으로 만들기 위하여 떠버린 말을 한번 살펴보겠습니다.

"먼저 조선 사람들이 자신의 일 역사 전통을 알지 못하게 하라! 그럼으로써 민족혼 민족문화를 상실하게 하고 그들 조상의 무위무능 악행을 추구해 조선인 후손들에게 가르쳐라! 조선인 청소년들이 그들의 조상들을 경시하고 멸시하는 감정을 일으키게 하여 하나의 기풍을 만들라! 그러면 조선인 청소년들이 자국의 인물과 사적에 대하여 부정적인 지식을 얻게 될 것이며 반드시 실망과 허무감에 빠지게 될 것이다. 그때 일본의 사적 문화 위인들을 소개하면 동화의 효과가 지대할 것이다. 이것이 제국 일본이 조선인을 반 일본인으로 만드는 요결인 것이다."

그런데 일제가 물러나고 8·15 해방 이후 77년이 지났는데도 우리나라의 강단 사학은 아직도 사이토 총독의 정책이 영향을 미치고 있는 한심한 상황인 것입니다.

그러면 다음에는 『환단고기(桓檀古記)』의 이름과 저자와 간단한 내용을 살펴보겠습니다.

『환단고기』는 삼성기 상·하, 단군세기, 북부여기, 태백일사 이렇게 되어 있는데, 「삼성기(상)」은 신라의 김안함 스님(金安含, 안함로, 신라의 성인의 한 분), 「삼성기(하)」는 고려 말의 충신 원동중(元董仲), 즉 원천석 선생님이 저술하셨습니다.

「단군세기」는 고려 말에 행촌 이암(李嵒) 선생이 단군조선을 47대로 기술하면서 2096년간 존속한 나라로 기술했습니다. 「북부여기」는 복애거사 범장(范樟)선생이 썼고, 「태백일사」는 조선조 때 이암 선생의 현손인 이맥(李陌)선생이 썼습니다.

「태백일사(太白逸史)」에는 내용이 여러 가지 들어 있는데, 그것을 살펴보면 「삼신오제본기(三神五帝本紀)」, 「소도경전본훈(蘇塗經典本訓)」에는 세계의 선교·도교·불교·유교·기독교 이런 정전들의 원천이라고 써 있는 천부경과 삼일신고가 들어 있습니다. 환국본기(桓國本紀), 신불본기(神市本紀)[신시라고 하는데 市는 시가 아니고 벌판 불(市)자여서 신불로 읽는 게 맞음], 그 다음에 단군조선을 기술한 삼한관경본기(三韓管境本紀), 단군조선을 진한·번한·마한 이런 식으로 나눠서 관장했다는 것이고, 그 다음에 고구려국본기(高句麗國本紀), 대진국본기(大震國本紀) 발해본기죠. 그 다음에 고려국본기(高麗國本紀) 이런 8종의 내용이 이 「태백일사」에 들어 있습니다.

이러한 책들을 모아 처음 발간한 분은 1911년 우리나라가 일제에 합방하고 1년 지난 그때 운초 계연수(桂延壽) 선생이 편집을 했습니다. 그것도 유명한 독립전쟁 봉오동 전투를 승리로 이끈 홍범도(洪範圖)장군과 3·1운동을 이끈 오동진(吳東振)선생이 재정 지원을 해서 계연수(桂延壽)선생이 30책을 출간한 겁니다. 그런데 계연수 선생은 평북 선천(宣川)분으로 임시정부 이상룡(李相龍) 국무령의 서로군정서의 참획군정으로 독립운동과 독립전쟁을 위해서 많은 애를 쓰시고 이런 책도 발간하시고 하셨는데, 시운이 좀 그래서 애석하게도 일본 밀정에 의해 살해되셨다고 합니다.

이『환단고기』는 이기(李沂)선생이 감수했고 그리고 계연수 선생의 제자인 이유립(李裕岦)선생이 1980년 경에 공개 출간해서 세상에 널리 알리라고 그래서 실제로 이유립 선생이 1980년경에 널리 공개를 했습니다. 이런『환단고기』의 출간, 지켜오고 이런 데 우리가 첫 번째 주목할 것은 고성 이씨 문중의 그러한 훌륭한 애국정신 민족의 혼을 지키고 민족 역사를 지키려는 그런 마음이 들여다 보입니다.

「단군세기(檀君世紀)」를 쓰신 행촌 이암 선생, 그 다음에 「태백일사(太白逸史)」를 쓰신 이맥 선생, 그 다음에 해학 이기(李沂) 선생, 국무령을 지냈다고 하는 이상룡 선생, 이유립 선생, 이분들도 전부 고성 이씨고, 이암 선생의 손자로 이맥 선생의 조부인 이원이라는 분이 계십니다. 세종조 때 좌의정을 지내시고 민족 자주 사서를 보호하는 데 공을 많이 들였습니다. 정음 만드는 집현진 최고책임자 영진사였던 이원이 세종께 건의해서 단군조선 정음 가림토 38자중에 28자를 선택해서 신미대사, 김수온, 정인지, 신숙주, 성삼문 등과 문종, 수양대군, 안평대군, 소헌왕후와 정의공주(貞懿公主) 등과 천부경·칠음4성을 연구하여 활용법을 만든 것으로 보입니다.

『환단고기』에 나오는 단군조선 가륵단군 때 을보륵이 만든 정음 38자 가림토를 참고해서 훈민정음을 창제해서, 세종실록에 훈민정음을 만들고 난 후에 자방고전(字倣古篆, 옛 글자를 모방해서 했다) 그런 구절이 있습니다.

물론 일설에는 김수온 선생과 형제 간인 신미(信眉, 김수성) 스님이 도운 것이라는 얘기도 있습니다. 다음에 살펴볼 것은 해방 후에 자주 국사를 찾기 위해서 국사찾기협의회를 조직했는데, 초대가 안호상 박사고, 2대가 박창암 장군이고, 3대는 저자가 맡았었습니다.

그런데 초기에 국사찾기협의회의 회원이었던 임승국 교수를 비롯해서 김은수 선생이라든지 이런 여러분들이 『환단고기』를 출간하면서 번역도 하고 해설도 붙였습니다.

그리고 또 한 번 우리가 유의할 것은 1911년에서 100년이 지난 2011년『환단고기』역사에 있어서 또 중요한 일이 벌어졌습니다.

안경전 역주 『환단고기』

그것은 증산도 교단 종도사이시고 거기서 운영하는 상생방송 이사장인 안경전 선생 역주로 돼 있는 『환단고기』가 큰 책으로 출간이 됐습니다.

『환단고기』내용을 자세하게 해설하고 사견을 붙였을 뿐 아니라 같은 분량 정도의 『환단고기』에 나오는 유물유적을 찾아서 우리나라나 만주는 물론 전 세계를 다니면서 많은 자료와 사진을 엮어서 아주 거대한 책으로 『환단고기』를 출간했습니다. 이것은 우리 민족에게 희망을 주는 일이기 때문에 저자는 굉장히 감사하다고 생각을 합니다.

다음에는 『환단고기』의 사료적 가치인데, 일제 식민사학을 이은 강단사학자 등 식민사학자들 일부는 사료 가치를 무조건 부정하려고 그러지만, 저자는 이 『환단고기』가 나중에 얘기하겠지만, 사료로서 가치가 있을 뿐 아니라 그것이 국보급이어서 국보로 지정하는 운동을 펴서 정부가 국보로 지정해야 된다고 생각하는 것입니다.

저자는 2005년 『신명나는 한국사』를 출간할 때, 23가지 논거를 들어서 사료적 가치가 있음을 입증을 했습니다. 이로써 인류 창세 나반(那盤)과 아만(阿曼)이 북두칠성에서 백두산 신무성과 남북 포태산에 내려와서 인류가 퍼져나가기 시작해서 5대양 6대주로 간 것을 비롯해서 그 후에 마고산성에서 마고 할머니가 마고시대를 열고 또 그 황궁·유인 이런 분들을 거쳐서 환인천제의 환국, 환웅천왕의 밝달국, 고왕검단군의 단군조선 그 다음에 대고구려·발해·고려 이런 역사를 포함해서 지금까지 영광된 자주 역사를 광복하는 데 큰 기여를 했기 때문에 이것은 마치 용이 여의주를 물어 나르는 것처럼 우리의 영광된 자주 역사를 쓰는데 아주 더 할 수 없는 귀중한 가치가 있다고 생각을 합니다.

23가지 논거가운데 중요한 8가지 『환단고기』가 사료로서 가치가 있는 것을 말씀드리겠습니다.

첫째는 단군조선 13세 흘달 단군 50년에 B.C. 1733년인데 밤 하늘에 오성취루 현상이 나타났다고 합니다.

다섯개의 별이 누성을 중심으로 해가지고 일렬로 선 현상인데 이것은 단군조선 당시에 요새와 같이 천문 기후를 측정하는 관상대라는 시설과 사람들이 있었다는 얘기인데, 이것이 서울대학교 천문학과의 박창범 교수와 라대일 교수가 현대 과학적 천문 과학적 방법으로 입증을 했습니다. 100퍼센트 확실한 사료로서 가치가 있는 것이죠.

두 번째는 우리나라 백두산과 제주도 한라산 사이 중앙에 있는 것이 강화도 마니산입니다. 이 마니산의 제천단인 참성단이 『환단고기』에는 왕검단군 51·무오년 B.C. 2282년 918 계단 위에 그 원방각으로 천하태평을 기원하는 그러한 제단을 만들었는데 3년을 걸려서 만들었습니다. 그리고 그러한 참성단과 함께 강화도의 정족산성과 고조선의 유물인 고인돌 127개 등이 있습니다.

세 번째는 평안도 평양 강동군 대박산에 단군릉이 옛부터 전해 내려오고 있었습니다. 『환단고기』에 그러한 기록이 있죠. 그런데 북한에서는 저자가 1991년 『하나되는 한국사』를 써서 그런지 93년에 단군릉을 발굴하고 개건을 크게 했습니다.

거기서 남자의 유골 한 무더기하고 여자의 유골 한 무더기가 나왔는데, 이것이 단군과 단군의 황후 이 두 분의 뼈가 그렇게 나옵니다. 역사적인 그런 탄소 측정 장치 이런 거에 문제가 있는지 없는지 모르지만, 『환단고기』에는 구을(丘乙)단군이 강동현 대박산의 순행을 나가셨다가 돌아가셔서 그 장례를 치렀다 하는 기록이 있기 때문에 저자는 그 능이 구을단군 능으로 추정해 봅니다.

네번째로 중국의 황하문명에 앞서고 우리 동이족의 문명으로 발해연안문명이라도 하고 또는 홍산·요하문명이라던가 하는 그런 한 문명이 1980년대부터 클로즈업되기 시작했습니다. 그 우하량 지역에 저자가 갔다 왔는데, 우리나라 단군신화에 나오는 환웅과 곰 토템을 불러 일으키는 남녀 조각상과 곰 석상 또는 옥으로 된 사람상 이런 것들이 모두 많이 나왔는데, 이것이 『환단고기』의 밝달국(배달국)시대와 연대가 일치되는 그런 상황입니다.

그 다음에 다섯번째는 대진국 발해의 3대 문왕 대흠무가 호가 대흥(大興)이라고 『환단고기』에 나오고 다른 데는 아무 데도 없었습니다.

그런데 1949년 그 화룡현 용두산에서 문왕의 딸인 정효공주 묘비가 발굴이 됐는데, 그 비문에 대흠무의 호가 대흥이라는 것이 있어서 『환단고기』가 참 제대로 사료 역할을 하는구나 하는 것을 우리는 알았습니다.

여섯번째는 국사학계의 태두이자 또 일제부터 강단신민사학계의 태두인 이병도 박사가 국사찾기협의회 김세환 고문이나 이병도 박사의 친구인 최태영 박사 이런 분들의 우정 있는 설득으로 1986년 10월 9일 타계하기 얼마 전에 조선일보 1면 머리전체기사로 자기의 과거를 참회하고 진실을 밝히는 글을 썼습니다. "단군조선은 실사고 역대로 단군의 제사를 지내왔으니 『환단고기』 기록을 믿고 탐구하라"고 쓴 것입니다.

일곱번째는 『환단고기』가 위서라고 주장하는 사람들 겉으로는 실증사학을 내세우면서 실제로는 식민사학을 유지하려는, 목구멍이 포도청인 사람들이 『환단고기』를 무조건 위서로 몰고 『환단고기』를 제대로 공부하는 사람들 유사학자니 뭐니 하여 대립 갈등이 심하다.

『환단고기』가 위서라면은 그 논거를 육하 원칙에 의해서 써라 그러는데 아직까지도 그런 것을 쓴 사람이 하나도 없다는 것입니다.

여덟번째는 『환단고기』나 또는 남당 박창화 선생의 『고구려 창세기』를 보고 새삼스럽게 밝히고자 합니다. 고주몽의 아버지가 해모수냐 고모수 불리지냐 이런 얘기가 있었는데, 저자가 종합한 것은 북부여를 처음 세운 게 고리국왕 고해모수 왕이고, 그 아들이 고리국의 고진왕이고 그 아들이 고법왕이고 그 아들이 고모수 왕입니다. 유화 부인과 결혼해서 고주몽을 낳은 것은 고모수 왕입니다.

그 고모수 왕의 아들이 고주몽이니까 단군조선 47대부터 고주몽까지 치면 고주몽은 삼국유사에서 말하는 것처럼 52대 단군이 되는 셈입니다.

이러한 『환단고기』를 비롯한 우리의 자주 사상을 바탕으로 볼 때 우리나라의 대체적인 역사는 역사의 새벽이 있습니다.

그러니까 인류사의 시원 나반과 아만이 북두칠성 쪽에서 백두산 신무성에 내려와서 북포태산과 남포태산에 내려와가지고 인류를 낳고, 5대양 6대주로 퍼져나가고 그 후에 마고(麻姑)할미가 마고산성의 문화를 창출하고 그 후에 환국·밝달국·단군조선, 대고구려 등 5국시대, 발해·신라 등 남북국시대, 고려, 조선 이렇게 쭉 이어지는 역사, 그 다음에 일제강점기 그 다음에 우리나라의 그런 현재가 된 남북 분단기 이렇게 대체적인 역사 구분을 할 수 있는 것입니다.

물론 대부여를 이어 북부여 건국이 대고구려 건국인 바, 고구려로 넘어가면서 북부여, 졸본부여, 동부여, 낙랑국, 동예맥, 어하라, 옥저, 탐라 그리고 남(南)삼한 이렇게 해서 11개 열국으로 바뀌었다가 그것이 차츰 통폐합돼서 고구려·백제·신라·가야·왜의 5국시대가 되고, 4국시대에서 가야가 멸망하고 삼국쟁패 시대가 98년간인데, 삼국쟁패 시대가 되었다가 이제 남신라·북발해(발해가 대진임)의 남북국 시대가 됩니다. 그런 다음에 고려, 조선, 일제강점기, 남북 분단국 시대로 이렇게 이어져서 오늘날까지 왔습니다.

우리는 이와 같은 국보급인 『환단고기』를 비롯한 민족 자주 사서들을 바탕으로 해서 민족의 영광스러운 청천백일 광명족의 역사를 되찾아가지고, 민족 대통일을 이루고 후천 상생시대에 모든 나라를 이끌어가는 그러한 천손족·광명족으로서 역할을 하기를 기원하겠습니다.

제3절 미국땅의 원주인은 누구인가?

한 밝달 문명인 홍익인간(弘益人間)·광화세계(光化世界)를 지향하는 하느님의 신명난 인류최고 역사 제3절 주제는 '미국 땅의 원주인은 누구인가', 원주인은 원주민이겠죠. 지금 지구촌에는 국제연합(UN)의 가입국 193곳을 비롯해서 약 250개 나라가 나름대로 살아가고 있습니다.

그 중에 지금 제일 강한 나라가 미국이라는 데는 이론의 여지가 없습니다. 우리나라와 미국은 특히 동맹관계이고, 주역 8괘로 우리나라는 소남, 미국은 소녀여서 밀접한 관계가 있습니다. 그래서 우리나라의 평화적인 민족 대통일과 미래 역사를 함께 엮어가고 의논하는 데 중요한 당사자로서 관여하게 되어 있습니다.

남이든 북이든 우리 민족이 자주의식을 가지고 미일 중러의 4강국을 잘 설득해서 평화 대통일을 이루고 후천 상생시대의 미륵존불시대로 이끌어 나가는 중요한 역할을 해야 될 줄 압니다.

우리나라와 미국은 처음 관계를 맺은 것은 19세기 1882년 조미 수호조약이죠.

그때는 조선이었으니까 1876년 우리나라가 쇄국정책을 펴다가 일본과 강화도에서 수교 조약을 맺음으로써 개방하게 됐고 그 후에 6년이 지난 1882년에 조미수호조약이라는 평등 조약을 맺었습니다.

그런데 1836년 미시간 대학의 매킨토시 교수가 중국과 우리나라 역사를 언급하면서 진왕조가 거란을 칠 때 조선반도에서 미국의 인디언이 건너갔다는 내용의 글을 처음 썼습니다.

최근에 배제대학교의 손성태 교수가 중심이 돼서 손 교수가 멕시코어 그 다음에 스페인어 포르투칼어로 이런 것을 연구하면서 알류산 열도로부터 알래스카, 캐나다, 미국, 멕시코, 페루까지 여러 가지 문물 조사를 하고 그래서 미주에 건너간 대부분의 사람들이 동아시아 동북아시아 황인종이 건너갔고, 그 중심 세력이 한밝달족이자 동이족인 우리 민족이었다고 했습니다.

고대 멕시코를 B.C. 1세기에 테오티와칸에서 건국한 사람이 고구려 고주몽 성제 부친 고모수왕이라는 것도 유념해야합니다.(맥

이고)

　우리나라와 미국의 관계를 보면 수교한 후에 1919년 미국의 윌슨 대통령이 민족자결주의를 얘기해서 제1차 세계대전이 끝나고, 1919년에 3·1 독립운동이 일어났습니다. 그리고 제2차 세계대전이 끝나면서, 그때 우리 대한민국 임시정부가 공식 참전 선언을 준비하고 있었는데 정식으로 하기 전에 2차 세계대전이 끝나서 우리나라가 전승국이 못 됐습니다. 그래서 미소가 남북을 분단해서 점령하는 그러한 비극을 맞이하게 됐고, 1950년에 6·25 사변 한국전쟁이 일어나서 미국을 비롯한 16개국이 참전했고, 북쪽은 중공군등이 도왔으며, 휴전을 해서 아직도 휴전된 상태로 있고, 완전한 민족 간의 평화협정이 체결 못 되어 있는 이런 상태지요.

　그런데 그것은 근·현대에 우리나라와 미국의 관계고 『밝해문명사』의 밝해문명의 세계적인 전파에 제11절에 보면 "미국 피라미드와 체로키'낙원조선'찬가"라는 것이 있습니다. 그게 인디언의 여러 부족 가운데 원주인으로 우리나라에서 간 부족이 많아 아파치족도 있고 아버지 족이죠. 호피족, 호랑이 껍데기를 나타낸 호피족 또 체로키족 체로키(Cherokee)는 '홀로 선 한님'이라는 그런 뜻인데, 이처럼 우리 민족과 연결되는 부족이 많은데 체로키족의 인디언 애국가가 '어메이징 그레이스'입니다.

　많은 사람들이 '어메이징 그레이스인 체로키'에 보면 낙원조선, 낙랑조선, 치우천왕 또는 우리 환국을 세웠던 천산 이러한 용어가 그 원주민들 노래 속에 많이 나옵니다.

　그래서 우리 민족과 미국은 옛날부터 오랜 세월 깊은 관계가 있다는 것을 우리는 알 수가 있습니다.

먼저 보면 아시아 대륙과 남북아메리카 대륙은 아주 옛날에는 베링 해의 알류산 열도 지대가 하나로 붙어 있어서 하나의 대륙이었다고 합니다. 그러다가 약 3만년 전부터 고 아시아인들이 미주 대륙으로 건너가기 시작했고, 그 아시아인 중에 대부분이 밝해·밝달 문명인 태양족이고 동이족인 우리 민족 선조가 대부분이었다고 배제대 손성태 교수가 『우리 민족의 대이동』에서 밝혔습니다.

그렇게 우리 민족의 선조들이 많이 살고 있는데, 거기에 변화가 오기 시작한 것은 서기 1492년 8월 3일 지구가 둥글다고 믿은 이탈리아의 탐험가인 크리스토퍼 콜럼버스가 유럽인으로는 처음 미주대륙에 상륙했죠.

그래서 서양 사람들은 아메리카 신대륙을 발견했다고 그런 엉터리 소리를 합니다. 거기 수만 년 전부터 살아온 원주민들이 많이 있는데, 처음 와가지고 발견하고 나서 그것도 인도로 잘못 알고, 그렇게 바하마 군도에 도착해 거기 있는 사람들을 잘못 알고 인디언이라고 그렇게 표현을 했습니다.

그것이 동양인과 서양인의 좋은 만남이 됐어야 하는데, 콜롬버스의 미 대륙 진출은 유럽 각국의 신대륙 진출과 총칼로 정복하는 거죠. 그리고 노예무역의 계기가 되어서 인류 사회에 너무나 많은 불행을 안겼습니다. 처음에 그 미 대륙에 있던 원주민들은 밝해 민족답게 대지를 사랑하고 만물에 감사하며 새로운 백인들을 선하고 자연스럽게 맞이했습니다.

그럼에도 불구하고 유럽 백인들이 무자비한 정복자로 나오자 맞서서 싸웠으나 결국 유럽인들은 총칼을 가지고 무자비하게 죽이니까 수많은 사람들이 죽어나가고 결국은 서양인들이 강제로 미국을 지배하게 된 것입니다.

우리나라 이화여대 교목을 하시다가 캐나다에 가서 사신 조찬선 목사가 『기독교 죄악사』에서 콜롬버스가 바하마 지역에 상륙한 이후 20세기까지 여호와 신과 그리스도교를 내세워서 죽이거나, 전염병을 퍼져서 죽이게 한 사람이 1억 명이 넘는다고 쓰기도 했습니다. 예수 그리스도의 길과 먼 크리스찬들을 보고, 목사로서 반성하고 참회하는 그런 글을 쓴 것이죠.

그리고 콜롬버스보다 이전에 미 대륙을 간 유럽인이 있었습니다. 바이킹의 후예인 스칸디나비아인 레이프 에릭손(Leif Eirikson) 일행이 AD 1천년 아이슬랜드·그린랜드를 거쳐 북미 캐나다 뉴펀드랜드에 도착해 원주민을 만나고 식민지를 먼저 건설했다고 그럽니다.

그러니까 서양인들도 벌써 그 미국에 간 지 천 년이 넘었다는 얘기가 됩니다. 그래서 그런지 미국에도 단군조선의 마니산 참성단이라든지 우하량의 돌로 된 천제단이든지 고구려 고주몽 동명성제릉인 장군총 같은 피라미드가 많이 있습니다. 미국 테네시주 멤피스 피라미드와 1982년 세계문화유산으로 등록된 일리노이즈 몽크스 마운드(Monks Mound)에 피라미드가 있고 또 고분도 70개나 있습니다.

역사 유적인 카오키아 피라미드가 대표적으로 있습니다. 일리노이 주에만 유적지가 120개의 고분이 있고 마운드 역사 유적에는 2200에이커의 고분이 70개 이상이라고 그럽니다. 카오키아 피라미드는 AD 600년경 미시피인들이 세운 역사 유적으로 몽크스 마운드는 1780년경까지 미국 최대 도시로 카로키아 흙 둔덕이 유명했습니다. 피라미드의 크기는 가로 291m 세로 236m 높이 30m로 몽크스 마운드는 무덤 기능이 있고, 피라미드 위에는 15m 길이의 사각형 목조 건물인 태양 신전이 있었습니다. 나아가서 미국 1달러짜리 지표 뒷면에도 피라미드가 있습니다. 1달러 안면에는 미국 초대 대통령 조지 워싱턴의 초상화가 있고, 뒷면에는 제우스신을 상징하는 독수리 문양과 함께 피라미드와 '신성한 눈'이 있습니다. 제3의 눈 또는 태양의 눈이라고 하는 신성한 눈이 있습니다. 청천백일의 태양과 물질계를 잇는 건축물로서 힘과 지속성을 상징하는 피라미드는 13이라는 숫자가 있는데 이것은 미국 독립의 13이라는 숫자를 상징하기도 하고 또는 회심귀일을 나타내는 일신 삼신상제의 우리나라 사상을 나타나기도 합니다.

　태양의 신전 안에 있는 태양의 눈인 신성한 눈은 빛을 뿜는 신비스러운 눈으로 전지전능한 신의 눈(우주의 순수 의식)으로 삼라만상이 깃들어 있는 신성을 나타낸다고 하며 사람에게 있는 제3의 눈인 태양의 눈, 명안인 깨달음의 방향을 가리킨다고도 합니다.

　이것을 채택한 사람은 1935년 미국 루즈벨트 대통령과 헨리 월러스 농무장관인데 두 사람 다 비밀 결사인 프리메이슨(Freemason)의 일원이었다고 합니다.

　또 미국에는 밝해문명인으로 동방의 빛을 찾아 미국에 간 조선족이 많은데, 아파치족(아버지 족)·호피족·수족·체로키(Cherokee, 천지에 홀로 선키족)족·프에블로족·소크족·오타와족·쇼우니족·아라리족·나바호족 이런 종족이 다 우리 동이족 계통이라고 합니다.

　미국 인디언은 567부족에 약 180만 명이 있고 그 중 3분의 1이 폐쇄지역인 인디언 보호구역에 있습니다. 말은 인디언 보호구역이지만 실질적으로는 인디언들을 서양 사람들과 분리해가지고 일정한 밀폐된 지역에 넣어가지고 활동을 못하게 하고 거기에서 할 일이 별로 없자 술과 마약으로 해서 폐기시키는 방향으로 정치 지도자들이 좋지 않은 생각을 가지고 인디언 보호구역을 만든 거죠.

　처음에 체로키족이 있는데, 체로키족은 16세기 경에 미시시피 강 유역에 살았는데, 18세기 영국과 미국의 침략으로 차카모가 전쟁이 발생했으며 1794년에 미국과 화전을 하였습니다. 이 때 화전한 문명화 5부족연합이 체로키 · 치카소 · 무스코지 · 촉토 · 세미놀족 등 5개 종족이었다고 합니다.

　체로키족은 1821년 체로키 문자도 발명하고 잘 살았는데, 1830년 앤드류 잭슨 대통령이 테네시주와 알라바마주 · 북 캐롤라이나주에 살던 4만 명의 체로키 원주민들을 강제 이주시키려고 하므로 저항전쟁으로 세미놀전쟁이 벌어졌습니다.

　결국은 백인정부의 스콧장군이 인솔하는 7천 명 미군에 의해 200km 이상 떨어진 오클라호마 인디안 주거지역으로 1만 5천여 명이 강제 이주당했고, 그 중간에 4천여 명이 죽었습니다. 이 사태에 대하여 뒷날 버락 오바마 대통령이 재임 중 원주민 폭행에 대해서 사과하는 발언을 했습니다. 그래도 그는 날강도 집단에서는 양심적인 대통령이었다고 말할 수 있겠죠.

　1838년에는 자치정부인 체로키 정부를 수도 타블로콰(Tabloquah)에 세웠는데 연방정부에 승인 요청을 했으나 묵묵부

답이어서 결국은 정부가 자치정부도 들어서지 못하고 지금은 정부 청사만 있고, 지금 체로키족장은 존 베이커(John Baker)라고 합니다. 정부 청사는 나바호 정부(Navajo Nation)도 있습니다.

나바흐족도 자치정부를 꾸려가지고 독립하려고 했는데, 결국은 백인 정권이 그것을 받아들이지 않은 것이죠.

토착민 오논다가 네이션이 2005년 보금자리 소유권 회복 소송을 제기했지만, 연방법원이 기각했습니다.

원주민이 우리 땅이니까 내나라 너희 백인들이 총칼로 강제로 강탈했으니까 너희들이 땅을 소유하는 것은 원인 무효다 이런 거지요. 그런데 연방법원이 기각해 버렸습니다.

그 사람들이 거의 백인이고 유럽인이니까.

체로키 유명인으로는 엘비스 프레슬리, 케빈 코스트너, 가수 티파니 등이 있고 원주민으로 연방 상원의원이 된 분이 한 명 있었습니다. 1992년 콜로라도주 출신 인디언 상원의원 벤 나이트홀스 캠벨이었습니다.

이 상원 의원을 비롯해서 많은 원주민들이 독립운동을 했으나 목표를 달성하지는 못했습니다. 코리아가 세계를 리드할 때를 기다리는지도 모릅니다.2020년 미국 민주당 대통령 후보에 출마한 전 하버드 법대 교수이며 마사추셋주 상원의원인 엘리자벳 워렌 상원의원이 여자죠. 자기가 체로키족 후예 라고 공식적으로 밝혔습니다. 그런데 후보에서 최종적으로 성공하지 못했죠.

그런데 체로키족은 아까도 얘기했지만 체로키 인디언 애국가라고도 하는 노래 "놀라운 은총 – 어메이징 그레이스(Amazing Grace)" 체로키족의 놀라운 은총이라는 애국가입니다. 이 노래를 미국 왈렐라 그룹(Walela group : 벌새)에 의하여 히트가 되고 있는데, 여기에 가사를 면밀히 검토해 보면 우리 민족과 직결되는 가사 '낙원조선' '낙랑' 또는 낙랑조선, 치우천왕, 치우진리, 자유 또는 환국을 건설한 천산, 기련산 이런 문구가 있습니다. 물론 이것을 다 해석하지는 못하지만 체로키는 '길에 홀로 서 있는 사람' 독존자, 환인, 하느님 등 이런 뜻이 있다고 알렸습니다.

그러면 체로키 인들이 부르는 노래를 그대로 적고 우선 가능한 범위에서 해석을 해보도록 하겠습니다.

어메이징 그레이스(Amazing Grace)
유내 낙랑 이유대지 니가 구영되히~
낙원조선 이유로세 니가 우영락낭~
가세로회 우내치리 이유로~웨~에이야~
자로내려 치우진리 우영 래우~래영~
웰로 니가 랄리소리 자유종현 이유~
니가 기련 뢰지소리 아니 델로 니가o
우영따지 야메이로 조정락낭이리~
조선낙원 이뤄지여 우리 완메이되지~
유내 낙랑 이유되지 니가 우영되히~
낙원조선 이유로세 니가 구영동참~

이게 그들이 부르는 노래인데 여기에서 우리가 가능한 범위 내에서 번역을 해보면 이렇습니다.

낙랑천국 잊지마라. 우리 구원 받게 되리

낙원조선 잘 지켜 네가 운영 낙랑
기쁜 세상 다스릴리 오시니라~
자비내린 치우진리 오시이 영접하라
밝나가 사물소리 듣고 자유 경험하라
우리 기련(천산)소리 가족으로 돌아가라
치유 다스린 산야 장엄되리라
조선낙원 이뤄지면 우린 온전하니
낙랑천국 지켜가며 네가 잘 운영하라
낙원조선 보존하는 구원에 동참하라

결국 미국은 지금 서양인이라고 그래서 유럽인을 중심으로 해 가지고 세계 각국의 인종이 모여서 살지만 그 원주민은 네이티브 어메리칸이라고 하는 인디언입니다.

그 인디언은 아시아인이고 그중에 대부분은 우리 민족 출신입니다. 그러니까 미국땅의 원주인은 원주민인 네이티브 어메리칸이다. 이렇게 말할 수 있습니다.

미국에 태어난 인디언으로 그 백인 정권과 싸우면서 독립하려고 했던 유명한 장군이 제레니모(Geronimo)장군입니다. 그는 아파치족의 수장이고 군사령관인데 1829년에 태어났습니다. 17살에 군에 들어갔는데, 미국 정부군인 멕시코 군인 이런 사람들에 의해서 어머니나 형제들이 다 죽었습니다. 그래서 그 아파치족에 여러 부족이 추장들이 합쳐서 이 제로니모를 이제 군 사령관으로 임명해서 40년간을 이기기 위해서 싸웠습니다.

그는 40년을 어렵게 버텼는데 결국은 패배해서 독립하려는 것이 이루어지지 못했습니다.

그래서 제로니모는 40년간 싸우면서 미군과 멕시코군을 향해서 싸워서 전쟁의 주술사 또는 메시아 구세주라는 그러한 칭송을 들었습니다. 그러다가 1884년에는 위에서는 미군이 쳐들어오고 남쪽에서는 멕시코군이 토벌작전으로 결국은 이 제로니모가 인도하는 아파치군이 패배했습니다. 그 아파치족은

아파치 추장 제레니모(낙원조선 후예)

거기서 몇 만 명이 죽고 36명만이 살아 남았다고 합니다.

그리고 1886년 9월 3일 미군 토벌대장 넬슨 마임스의 꼬임에 빠져 항복함으로써 아파치족 전투는 끝났다. 무슨 꼬임이냐하면, 아리조나주로 보내주겠다고 꼬였는데, 그걸 믿은 게 잘못이죠. 아리조나로 안 보내주고 그냥 끝냈죠.

그는 1894년 오클라호마 실요새로 옮겨 살았고, 미국 정부의 인디언 폐쇄정책과 마약, 술 이용이라는 술수에 이용당하게 됐습니다. 영웅적 용기와 자애로움과 희생의 상징인 제로니모는 1898년 트랜스 미시시피 국제박람회에 구경거리 전시품으로 전시되기도 했습니다. 패배하는 것이 얼마나 참 비참하냐 하는 것

을 알 수 있습니다. 그는 동이족인 아파치족의 영웅이고 구세주라고 했는데 잡혀서 패배하니까 적군에 이용당하는 구경거리가 된 거죠.

미국대통령 집무실 백악관은 단군 조선 제2기 수도 백악산 아사달에서 왔다고 합니다.

미국 인디언의 마지막 황인종 영웅이었고 늘 깨어 있는 제레니모는 1909년 2월 17일 자본주의의 독에 물들면서 울분을 술로 달래다가 타계 했다고 합니다.

신명난 한밝달문명 국사, 미국 땅의 원주인은 누구인가. 원주민인 네이티브 어메리칸인데 우리나라 민족, 하늘 밝해족 · 천손족 · 밝달족 · 광명족 · 동이족과 깊은 연관이 있다고 우리는 살펴 봤습니다.

제4절 밝해문명과 잉카문명 마추픽추

밝해 문명인 홍익인간(弘益人間) · 광화세계(光化世界)를 지향하는 신명난 인류최고 우리 역사 제4절은 주로 '밝해문명과 잉카문명 맞추픽추'로 저자가 쓴 『밝해 문명사』의 '밝해 문명의 세계적인 전파'에 나오는 내용을 주로 말씀드리겠습니다.

우리나라는 본래 청천백일의 한밝달족이고 또 태양족이고 또 광명족이고 밝해족이고 백두산족 또는 아리랑족이라고 그렇게 얘기합니다. 민족 국가가 성립된 단군 조선부터 따져도 반만년 대륙 민족의 영광사입니다. 그런데 우리 한민족 문명인 밝해·밝달 문명의 중요한 그 부분이 거석문화, 큰 돌의 문화입니다. 그러니까 석성, 석탑, 돌 피라미드, 돌 지구라트. 돌로 된 고인돌, 암각화 이런 것이 아주 유명하고, 그러한 문명이 세계적으로 많이 전파돼 있습니다.

우선 살펴보면 고인돌은 그것이 무덤과 제천단 때로는 천문대 역할을 많이 했습니다. 석성은 그 요하문명 발해연안 문명과 고구려 석성이 유명하고 그 다음에 석 붕산에 고인들도 아주 유명합니다.

마니산의 참성단, 평양 강동군 박달산에 단군릉 동명성제릉인 만주 집안현 장군총 이런 것은 세계 피라미드의 원형이라고 얘기할 수 있습니다.

그런 여러 가지 거석 문학 가운데 오늘은 고인돌의 종주국이라고 할 수 있는 우리나라 고인돌 문화와 세계의 고인들 문화를 쭉 살펴보고 그런 고인돌 문화와 피라미드 문화가 석성과 함께 페루의 마추픽추까지 살펴보기로 하겠습니다.

한반도에서는 돌무지무덤이 경기도 시화, 부산 동산동, 강원도 천전리, 대구 대봉동, 평안북도 향산읍 등지에서 발견되며 거석문화의 하나로 무덤이나 제단인 고인돌은 경기도, 강화, 황해도 은율 관산지 것이 유명하고 고인들은 특히 남부에 고창이나 화순 지역 것이 유명합니다.

한편 내몽고 적봉 동팔 같은 데서는 약 5천 년 전 돌을 쌓아 만든 성터가 발견됐는데, 성의 크기는 남북이 160m 동서가 140m 였다.

중앙에서는 사방 40m라는 큰 집이 있었고 그 뒤에 직경 3m에서 10m에 이르는 집터가 50일 자리가 있었다. 『환단고기』 신시본기에 의하면 삼성 밀기와 고려 팔관 잡기는 사람이 죽으면 향소 밖으로 나가지 아니하고 기존 것에 합장 지석을 만들어 보였다. 뒤에 변하여 단을 만들고 지석단이라 했습니다. 산에다 구덩이를 파서 성단을 만든 것을 천단이라 했으며 산골짜기에 나무를 심어 토단을 이룬 것을 신단이라 했습니다.

한편 거석문화의 하나인 고인돌은 전 세계에 약 6만여 개가 있는데, 그중에 3분지 2인 4만여 기가 한반도에 있습니다. 그리고 그중에 3만개는 남한에 있습니다.

강화, 고창, 화순 이런 지역에는 집중적으로 있고, 그 다음에 1만기는 북한 쪽에 있는데 특히 평양쪽에 많이 있습니다.

고인돌의 중국 지역은 절강성 배석산 36기를 비롯하여 발해연안 요녕성 길림성 요동반도 등에 거북바위 칠성 바위 등 탁자식 고인들이 많고 대만에도 80기가 있습니다. 일본 북구주의 후쿠오카 나가사키에도 고인들이 많고, 인도네시아에 자바 스마트라 고인들과 석담이 많고, 인도에도 디캉모와 남부에 케랄라 고인돌이 있습니다. 북미는 멕시코 유카탄 반도에도 고인들이 많이 있는데, 고인들은 물론 피라미드 석상 석성 돌무덤 등 거석 문화가 발달했습니다.

영국 스톤헨지 프랑스 까르나 브레탈루 지역, 스웨덴 스페인 아일랜드 덴마크 독일 네덜란드 이태리 헝가리 지역과 북해 연안인 러시아 카프카지역에서도 고인돌이 많이 발견되고 있습니다.

지중해 연안의 요르단 시리아 지역과 아프리카 알제리아 지방에서도 고인돌이 많아 고인돌이 전 세계적으로 분포되어 있음을 알 수가 있고 이러한 고인들은 페루의 수도 리마와 쿠스코 지역에도 많이 있고, 이스터 섬 보와이 지역에도 고인들과 거석이 많이 있습니다. 그러면 우리 밝해문명의 거석 문화가 북미를 거쳐 남미로 갔는데 그것은 특히 멕시코의 마야 문명, 올렉 문명이 남쪽으로 가서 잉카 문명이 됐습니다. 잉카라는 것은 흰카 그래서 태양 광명 이런 것을 나타내는 언어입니다.

페루의 밝해 문명인 잉카 문명의 유적지는 천신산 산성인 마추픽추(Machu Picchu)로서 태양신을 섬긴 민족답게 태양의 도시요 공중도시로 잃어버린 도시라고 합니다. 페루에는 수도 리마와 쿠스코·수페 등에 피라미드와 고인들 등이 많이 있는데, 간단히 피라미드를 먼저 살피고 마추픽추로 넘어가도록 하겠습니다.

우선 5~6세기경 리마문명의 하나는 와까 뿌꾸야나 흙벽돌 피라미드인데, 과거에는 무덤이었는데 지금은 잉카문명 이전의 동식물인 페루 원산 동식물원이 되어 고구마, 고추, 토마토를 기르고 리마를 키우고 있습니다.

투크메 협곡 피라미드는 황릉과 잉카시판왕무덤 피라미드를 빛나는 황금과 보석 박물관으로 태양족 태양문명인 잉카문명을 보여줍니다. 잉카이전 피라미드로 화카활라 마르카 피라미드가 있고 가장 오래된 피라미드는 수도인 리마 북쪽 200km 지점의 사막지대의 신성 도시 카랄(Caral) 피라미드입니다.

카랄피라미드는 중앙 안데스 산맥에 5천 년 전 B.C. 30세기부터 B.C. 18세기의 카랄문명 유적지로 신전과 원형극장 등이 있고, 유적지 크기는 626ha로서 많이 넓었습니다. 페루 바랑카주

수도로 수페(Supe) 강가에 있는 유적지인데, 이들이 발명한 결승문자와 6개 대규모 피라미드로 구성되어 서기 2009년 세계문화유산으로 등재되기도 했습니다.

세계 7대 불가사의의 하나인 나스카 지상화는 페루 북쪽에 있는 고대문화인데, 동이족·조이족 문명으로 벌새 모양을 하고 있습니다.

마추픽추 역사보호구는 페루 남부 잉카제국의 수도 쿠스코시의 북쪽 계곡 우루밤바 리오밤바의 계곡을 거쳐가는 잉카의 땅이요 잉카의 고도로, 잉카의 마지막 성전을 치른 안데스 태양족의 도시, 공중의 도시로 오랜 세월 잊혀져 신비함과 유유자적이 넘치는 남미의 얼굴이며 해발 2400m 바위산 꼭대기의 천신산이고 산성입니다.

이것이 마추픽추의 일반적인 모습입니다. 600m급의 만년설과 고산지대 호수가 사람을 맞이하고 밝해 문명의 빛과 평화를 주는 농경지, 열대 우림의 무성한 정글이 신비감을 더해줍니다. 1만 명이나 살던 잉카인데 이어서 요새도시 마추픽추는 서기 1911년 미국에는 하이럼 빙엄에 의해서 처음 폐허된 도시로 발견된 바 있습니다.

잉카인들도 우리 민족처럼 돌을 다루는 기술은 신기에 가까울 정도로 불가사의 하였습니다. 20톤이나 나가는 돌을 바위산에서 잘라내 수십 km 떨어진 산위로 날라 신전을 차리고 집을 지었다니 가장 큰 돌은 높이 8.53m로 무게가 361톤에 나가는 바위가 있었습니다. 이것을 어떻게 산 꼭대기까지 날랐는지 그것은 베일에 쌓여 있습니다. 강성했던 잉카제국은 해적 바이킹의 후예인 스페인군에 의해서 100년 만에 허망하게 무너졌습니다. 남미 잉

마추픽추

카 문명의 영원한 수수께끼 마추픽추는 네이티브 어메리카인 미주의 원주민 인디오 문명의 전설을 전하면서 인류의 뇌리 속에 영원한 수수께끼로 남아 있습니다. 인류역사에서 수수께끼는 많이 있지만, 기본적인 것은 환국의 역사가 환인천제 7대 3301년이라고 하면서, 63182년이라고도 하는 것입니다. 아마도 63182년은 전환국시대의 세계역사로서 지금은 사라진 태평양의 무대륙, 테무리아 대륙, 대서양의 아틀란티스대륙과 남.북아메리카 대륙, 호주대륙, 아프리카대륙, 유라시아대륙이 교류한 한밝달 문명인 고대거대문화를 추정하는 고고학자들이 있습니다. 63182년에 대하여는 이찬구 박사가 소강절 연표와 비교하여 밝힌 바 있습니다.

먼저 사라진 무(MU)대륙입니다. 무대륙은 약 7만년내지 5만

년부터 태평양에 있었는데, 동쪽은 하와이제도, 서쪽은 마리아나군도, 남쪽은 피지, 통가, 쿠크제도 동서 8000km, 남북 5000km의 광대영역이고, 그 유적으로는 칠레의 이스터섬, 망가이어, 통가티브, 포타페, 라드로오누, 마리아나등이 있습니다. 수도는 할라니 푸라였다고 합니다.

　이 대륙에는 태양제왕이 있고, 종교는 태양신 하느님을 믿고, 영혼불멸을 믿었으며 최고의 신(神)은 라(La) 즉 라무라고 했다 합니다. 도채왕국은 라마이고, 이주자는 나가마야라고 했습니다.(쳐치워드 .나아칼비문)

　무대륙은 인도, 버마(배편1달), 유카탄반도, 이집트, 일본, 한국, 중국, 삼위산(三危山), 호주, 볼리비아, 아틀란티스 지역, 남미순다랜드등과 문물교류를 했다고 합니다. 삼위산(Sam-Uh)은 신이 보호하는 높은 산을 뜻하며, 천독(天毒)이나, 천도(天道)라고 했습니다. 고고학자인 에리히 폰데니켄은 볼리비아 해발 4000m 위에 고대문명도시 티와나쿠(1700년전 건국) 푸마푼쿠(1400년전 건국)문명을 아이마리족이 창출했으며, 제주도 돌하루방 같은 것을 섬록암으로 만들고, 어머니상 빠자마마 화강암으로 만들었다고 포스.난스키박사가 밝혔습니다.

　볼리비아 수도 라파드에서 약 70km 거리에 있는 세계적 태양피라미드가 있는 순다랜드는 4만년전에 동아시아, 남태평양 호주 원주민들과 교류했으며, 약 12,000년 지각변동과 빙하녹음, 지축이동으로 사라졌다고 합니다. 순다랜드와 호주 원주민사이의 교류는 빈번했다고 합니다.

　남태평양 이스터섬(라파누이)에는 원주민이 수호신으로 모시는 모아이석상(큰 것-20m 90cm)이 600여개가 있고, 제단인 아후(Ahu)가 260개가 있는데, 석상은 제주도 돌하르방을 연상시키는데, AD 4세기경 폴리네시아 원주민들이 쌓은 것으로 추정된다고 한다.

불설칠불경등 일연스님의 삼국유사 가섭불 연좌석등을 인용한 언어사학자 강상원 박사와 이중재 선생은 전 환국 63182년과 관련하여, 이는 3위천국(三危天國)으로 전불(前佛)시대라고 주장했습니다. 장엄겁 1천불중 마지막 비바시불. 시기불.비사무불. 현겁의 구류손불. 구나함모니불. 가섭불. 석가불등인데 삼위천국의 통치자는 아메야따부다(아미타불.무량광수불)였으며, 대자대비한 광명의 관세음 보살과 지혜와 힘의 대세지보살이 아미타불을 잘 보좌했다고 합니다.

이들 수수께끼가 언제 완전히 풀릴지는 잘 모르겠습니다.

한편 페루에 있는 세계 최고 최대 호수 티티카타는 3,800m 높이 위에 있는 아주 거대한 바다입니다. 그런데 호수라고 하죠. 그 맞은편에 볼리비아와 브라질 쪽에는 잉카문명 이전의 첫 거대유적지인 티아후아나코 피라미드가 있습니다. 브라질 아마존 강변의 고무집산지 마나우스 시에는 1만여 년의 역사 기록을 갖고 있는 카툰카 사람이 살고 있습니다. 이것은 박제상이라는 분이 찍고 윤치원 씨가 편저한 『부도지』 대원출판사에서 2017년에 나온 책인데 그 카툰카 사람이 만 년 전부터 살고 있다고 합니다.

그는 말하자면 우리 한민족이 인류를 창세한 이후로 마고선녀로부터 창세가 시작된 그 후로 생각이 되고 환인 천제의 환국과 같은 시대를 산 것이라고 말할 수 있습니다.

독일 언론 기자 칼 그루거는 앞에 얘기한 마나우스시에서 1972년 카툰카 사람으로 우가몽글라라 부족 고대도시 아카코르 왕자라는 사람을 만났습니다. 그는 기원전 1만 481년 전부터의 그 나라의 역사 기록을 갖고 있어 1977년 『아카코르 연대기』를 출간하였습니다. 그 종족은 처음 마고성을 떠나고 이어서 우가몽글라라를 떠나 배 타고 왔는데, 우가몽글라라는 위글과 몽골리아로 추정이 됩니다.

처음에 배 타고 미주에 도착했을 때는 처음에는 법도 없고 논경작도 몰랐으며 아카코르 왕국의 26개 석조 도시와 3개 성채를 세웠는 바, 그 중심 광장에 거대 피라미드인 티우아나코를 세워서 지금까지 그 역사를 전해주고 있습니다.

우리 민족의 문명인 밝해·밝달 문명과 그 문명이 알류산 열도 베링해를 배 타고 북미를 거쳐서 마야 문명 또는 그 올맥문명을 거쳐서 남미 페루의 잉카문명등을 꽃피웠는데, 잉카 문명의 가장 신비를 간직한 천신산 마추픽추를 살펴봤습니다.

제5절 유라시아에 숨은 우리 대 피라미드군 등

한밝달 문명인 홍익인간(弘益人間)·광화세계(光化世界)를 지향하는 신명난 인류최고 한밝달 문명 역사 제5절 주제는 '유라시아의 숨은 우리 대피라미드군 등'입니다.

우리나라는 단군조선은 물론 이전에 환국이나 밝달국 시대 또는 대고구려 시대까지도 거석 문화가 많이 발전했습니다. 그래서 한반도나 만주 이런 데 보면 석성, 석비 이런 건 물론이고 고인돌 또 대 피라미드 이런 것들이 많이 있습니다. 특히 집안현에는 그러한 피라미드와 적석총이 많은데, 우리나라의 것을 대표적으로 들라고 그러면, 강화도 마니산 참성단과 암마이산의 피라미드 또 평양 대박산 단군릉 피라미드 그리고 만주 국내성에 동명성제릉인 장군총이 대표적인 피라미드입니다.

우리는 흔히 이집트의 피라미드를 제일 큰 걸로 생각하지만 이집트 피라미드보다 본래 가장 원조이고 가장 큰 피라미드가 우리나라의 것들인 경우가 많습니다. 미국이나 멕시코나 또는 페루의 피라미드를 알아봤는데요, 오늘은 그런 피라미드들 가운데 특히 아시아에 있는데 사실상 숨겨지고 있는 그런 대피라미드군들을 살펴볼까 합니다.

첫째는 우주의 중심산을 보통 수메르산(수미산)이라고 그렇게 얘기를 합니다. 중국 티벳에 카일라스산 또는 천산이라고 그러는 데 있는데, 거기에 세계 제일 큰 피라미드군이 있습니다. 또 중국 섬서성 관중 평원에 서안 함양지방에도 큰 피라미드군들이 있습니다.

그 다음에 일본 오키나와 요나구니 해저에 거대한 피라미드군이 있습니다. 그런데 이러한 피라미드 군들은 발견은 했는데, 중국이나 일본이 숨기고 발표하지를 않고 있습니다. 그것은 이러한 대 피라미드군들이 우리 민족 밝해·밝달 문명이고, 동이족, 광명족인 우리 조선족 문화이기 때문에 그렇게 되어 있습니다.

그러면 그 카일라스산의 대 피라미드부터 살펴보도록 하겠습

티벳 카일라스 산의 피라미드

니다.

　서기 2000년 7월 3일 중국 천진일보에 의하면, 러시아 고고학 발굴단이 티벳 서쪽 환국의 중심지의 하나였던 수미산, 수메르산 이라 라고도 하지요. 해발 6714m의 히말라야의 아버지 카일라 스산 주변 지역에서 세계에서 제일 높은 피라미드를 비롯한 100 여 개의 세계 최대 피라미드군을 발견했다고 보도했습니다.

　이곳은 산 봉오리로는 강린포체봉으로, 밝해문명 초기 환국의 중심지와 일치한다고 하는데, 고고학계의 탄소연대 측정방법에 의해 보면 진시황 무덤 보다 수천 년 앞서고, 이 피라미드는 만 주와 한반도 등 동북아에 널리 있는 단군조선이나 고구려의 무덤 장군총과 같은 똑같은 모양과 형태를 가지고 있다고 합니다. 그 런데 웬일인지 중국은 이를 공개하지 않고 사람들의 접근도 완전 히 차단하고 있습니다.

　피라미드의 원조는 고대 환국인 환단조선시대 창세문화인데,

일신이 곧 3신이죠. 삼신상제라는 말도 있고 옥황상제라는 말도 있죠. 이것은 천신교 사상과 삼각형, 피라미드는 삼각형의 안전함으로부터 온 그리스어라고 그렇게 얘기를 합니다. 그러나 안정성을 상징하는 4면뿔에서 온 하늘과 물질계를 연결하는 세계적인 개념이 피라미드입니다. 그래서 앞으로는 이라크나 또는 이집트의 피라밋도 살펴볼 예정입니다.

중국 만주 집안지역에는 단군조선이나 고구려 시대 등 피라미드나 적석총이 1만여 개나 모여 있습니다. '귀중한 눈'이라는 카일라스 강린포체봉은 간지스강, 인더스강, 브라마푸트라강, 스트레지강 등 4대강의 발원지가 린포체봉이라고 그렇게 얘기합니다.

두 번째는 중국 서안 함양의 대피라미드와 북경 기년전에 대해서 알아보겠습니다. 중국 섬서성 서안 동남쪽 함양 적체 협곡과 절벽을 외워 싼 관중 평원지대가 있는데, 전체가 반석으로 녹여 올라온 지형 중앙에서 오른쪽으로 거대한 수천 년 전 피라미드들이 큰 산같이 솟아 있다고 합니다. 3층 내지 5층 계단으로 된 70여기의 석조물이 대 피라미드군입니다. 그 중앙 왼쪽은 고대 중국 유물이 많이 나온 수천 년 전 앙소문화와 반파유적이기도 합니다. 고대 문물 유적이 많이 모여 있는 곳이죠.

1945년 미 공군이 촬영한 것을 제외하면, 발굴하다 중단한 중국이 철저한 보안 끝에 공개를 하지 않는데, 모두 함양 북쪽에 오리온 별자리를 비롯하여 동서로 은하수처럼 깔린 무수한 피라미드들이 있다고 합니다. 이들 피라미드들은 최상단의 뾰족한 것과 고구려 피라미드 장군총이나 멕시코 마야 문명 태양 피라미드처럼, 원방각으로 상단의 각뿔이 잘려나가는 형태의 적석총이 있습니다. 이들 관중평원의 피라미드들은 단군조선의 것으로 추정하

중국 서안 지구 피라미드

고, 상나라 중산국, 월지국 이러한 나라들은 모두 단군조선의 후예 국가들이죠. 고조선으로부터 이러한 나라로 이어진 것으로 보이는데 앙소문화도 지금은 화하족 것으로 알려 있지만, 이것이 화하족 것인지 동이족 것인지를 우리가 탐구해 봐야 됩니다.

중국 서안 피라미드 발굴학자 장문구 씨는 임종 직전에 증언해서 그 과거의 일을 기억해 냈는데, "1963년 4월 고적 발굴단 36명이 서안 피라미드 지역에 파견돼 이집트 피라미드보다 거대한 피라미드군을 보고 경이로움과 기쁨으로 맞이했다"고 그럽니다.

"4개의 팀으로 나뉘어 거대한 피라미드를 발굴하기 시작했는데, 3층 내지 5층 석실로 되어 있는데, 여러 문자 조각류 6,200점, 멧돌·점구·솥그릇 등 생활도구 1,500여 점, 배추김치·동물뼈 등 음식물 400여 점, 청동검·쌀·신라형 금관·칼·창 등 장신구 7,800여 점, 상투머리를 한 정중앙 시신 14구, 그리고 호위상 300여 점 등이 대량 발굴되었다"고 그렇게 증언했습니다.

외계인 무덤을 보는 듯한 느낌이 드는데 3일째 대충 7할 정도 파악, 작성된 상황에서 발굴 단장인 모 교수에게 보고를 했다고 합니다. 그런데 그 교수는 크게 한숨을 내쉬며 "이 유적은 우리 화하족 유물이 아니라, 그러니까 중국 한나라 게 아니라는 거죠. 조선인들의 유적이다. 중국 역사 이전의 조선문명이 밝해문명이라는 것이죠"라고 하면서 "당국에 보고하고 지시를 받아야 하니 모두 중단하라"고 명했습니다. 그래서 그날 밤 피라미드 발굴단은 비밀엄수 약속을 하고 또 철수명령에 따라 철수했고 그 이후 그 피라미드에 대한 얘기는 일체 들을 수 없었다고 합니다. 중국이 짐작컨데 우리 동이문명·밝해문명 것으로 알고 그것을 감추기 위한 것으로 보여집니다. 이 지대 고대 피라미드는 고조선 것이고 세계 시원 최고 한밝달 문명을 가리키는 것이다. 그와 관련돼서 중국의 수도인 북경 천단공원의 기년전은 청나라 황제가 천제를 지내는 곳인데, 기년전(祈年殿)은 3층 단위의 3층의 둥근 지붕을 한 건물로 맨 꼭대기 둥그런 구슬이 있습니다.

구슬은 우리나라 문명의 태일, 천부경 천일 지일 태일 그러는데 하늘도 하나고 땅도 하나고 또 사람도 하나인데 그 사람이 내면에서 천지광명이 하나가 됐을 때 그것을 태일(太一)이라고 그럽니다. 그것은 천부경의 무극대도 우리 문명입니다. 이는 신선도·천부경·삼일신고, 역경 원리에 따라 천1·지2·인3을 상징하고 둥근원 지붕 3층은 각각 성명정으로 태양을 상징합니다. 3층 계단은 천3·지3·인3을 나타냅니다.

세번째는 일본 오키나와 요나구니 해저 대피라미드에 관한 얘기입니다.

일본의 남쪽에 있는 오키나와 유구라고도 그러죠. 유구섬, 거

일본 오키나와 요나구니섬 바다 피라미드

기 해저에 거대한 피라미드 군이 있다는 겁니다. 섬 오키나와는 400년 전 일본에 편입되기 전까지는 독립국으로 우리나라와 친선 관계를 갖고 고려시대부터 조선조 중기까지 우리나라에 조공을 바치고 우리나라에서 불경을 가지고 가기도 했습니다.

오키나와 섬은 여러 개의 섬으로 되어 있는데, 조선족 전기에 홍길동 장군이 독립저항운동을 하다가 잡혀서 마침 우리나라에 와 있던 오키나라와의 사절단과 함께 오키나와로 갔는데 홍길동전에는 율도국이라고 그렇게 돼 있는데, 도율섬입니다.

실제 있는 것은 홍길동은 오키나와에 가서 홍가왕(洪家王), 홍가와라 장군으로 오키나와를 다스리기도 했습니다. 1989년 오키나와 요나구니섬 해저 25.25m 지점에서 귀상어잡이 잠수부들이 엄청난 규모의 수중 계단식 피라미드를 발견했습니다.

약 5천 년 내지 1만 년 전 거석문화로 알려진 이 피라미드군에는 집구조물과 태양석, 천심석, 석축제단, 제주 돌하르방 얼굴,

사람 그림과 거대 석판군이 있어 일본의 3대 미스터리의 하나로 일본도 자기네 역사와 연결이 잘 안 돼가지고 그 내용을 공개하지 않고 숨겨놓고 있는 것입니다.

 이때의 그 지형 사정을 보면은 바다 사정도 마찬가지인데, 약 1만 년 전후 한국이 대륙에 붙어 있고 그 오키나와 지역은 이른바 황해대평원이 있던 그러한 상고시대에 그 대평원에 있던 대피라미드군으로 추정되고, 그 이전의 거석문화인 고인들과 거석문화인 전남 함평, 산둥성, 집안, 요동반도, 절강성, 대만, 일본 구주, 중국의 주산군도·광둥 고인돌과 연결돼 진화한 것으로 보입니다.

 그리고 한국 전남 장흥군 출토의 구석기는 세계 최초의 것으로 2만 년이 됐다고 합니다. 우리 밝해문명의 밝달인 작품으로 추정되고 있습니다.

 AD 2001년 5월 인도서쪽 캠베이(Cambay)만 20km 해저 수심 40m에서 B.C. 3천년경의 수중석주 성채 9km 도시구조물을 발굴했습니다. 여기서 석사자상. 큰제단. 태극문양신전. 도자기. 목각. 보석. 조각상. 곡물창고. 문자가 새겨진 석판등 거석문화 2000점 유물이 나왔습니다.

 한편 스페인 북쪽 프랑스 국경에 사는 빌바오 중심의 200여만 바스코족이 무장단체(ETA)를 만들고 독립운동을 하고 있는데, 고조선의 후예로 알려져 주목을 받고 있습니다. 이들은 고조선 문화유적으로, 많은 고인돌. 곡옥. 삼족오. 아리랑. 조선북. 모자 등이 있으며, 언어가 우리와 비슷하다고 합니다. 서울대 신용하 교수는 이들이 고조선 후예중 하나로 유목민족 유연족이 서방으로 가, 아발족 제국, 프랑크 제국을 거쳐 지금에 이르렀는데, 고

멕시코 치첸이자 피라미드 앞에서 저자

래잡이도 잘 한다고 합니다.

그리고 지난번에 멕시코를 건국한 분이 고구려를 세운 고주몽의 아버지 고리국왕 고모수라고 했는데 테오티와칸에도 태양신전과 거대 피라미드가 있다고 그랬습니다.

페루의 잉카문명 쿠스코에도 태양신전이 있는데, 그 태양신전도 그 우리 고리족의 신전임이 다 드러나고 있는 것입니다.

제6절 아시아의 대 불탑들

한밝달 문명인 홍익인간(弘益人間)·광화세계(光化世界)를 이념으로 하는 하느님의 신명난 인류최고 한밝달 문명 제6절은 '아시아에 대불탑들'입니다. 불탑 그러면은 우선 우리나라 불교가 생각이 나고 우리나라 불교하면 특히 신라 경주의 불교가 떠오릅니다.

경주에는 한국교수불자연합회 회장을 하신 중앙대학교 미술대학장 유종민 교수님이 말씀하셨듯이 세계에서 가장 아름다운 석굴암 본존불이 있고 그 석굴암이 있는 절이 불국사입니다. 그 불국사에는 유명한 석가탑과 다보탑이 있어서 부처님 진리를 증명하고 있습니다.

석가모니의 진리도 물론 중요하지만 묘법연화경에는 법화경의 진리를 말씀하는 곳에는 다보탑이 땅에서 솟아 올라와서 거기에 다보여래가 계셔서 진리를 증명하신다고 그렇게 되었습니다.

그리고 경주 월성 근처에는 황룡사가 있고 황룡사에는 9층탑이 있어서 전 세계를 표상하고 있었습니다. 그 옆에는 가섭불 연좌석이라고 역사상으로 석가모니불은 7번째 부처님인데 여섯 번째 부처님인 가섭불이 경주를 중심으로 해서 불교를 폈다는 그런 연좌석이 있습니다.

아시아의 여러 나라 유명한 불탑과 사원을 보면,

첫째는 이슬람국가인 인도네시아의 보로부드르 사원과 대탑이 있습니다. 또 불교 국가인 미얀마(전에는 버마) 최대의 금불상이

인도네시아 보르부드르 사원

있습니다. 금의 무게만 6톤이 나간다고 합니다.

그 다음에 석가모니 부처님께서 대각을 얻으신 인도 부다가야에 대각사가 있습니다. 마하보디템플이라고 그러는데, 그 마하보디템플을 품고 있는 대각탑이 있습니다. 인근 불교국가인 태국에는 에메랄드로 부처님을 만든 에메랄드 사원이 있고, 캄보디아의 깊은 숲속에는 앙코르와트 사원이 있습니다.

그러면은 밝해 문명사에 나와 있는 밝해문명의 세계적인 전파에서 인도네시아 보르부드르 사원 대탑부터 자세히 살피도록 하겠습니다.

밝은 태양과 대승불교 금강승 만다라를 형상화한 세계 제일의 화강암 석조건물 불교유적이 세계 최대 이슬람 국가인 인도네시아 족자카르타에 포르고강과 엘로강이 합류한 지점에 보르부드르(언덕 위)에 사원이 있습니다. 이 사원은 1991년 유네스코 세계문화유산으로 등재되었습니다.

보로부드르(borobudur)사원은 서기 8세기경 인도네시아 쟈바와 스마트라를 지배한 샤일렌드라 불교 왕조가 자바섬 화산활동으로 생긴 화산암으로 만든 석조건물로 둘레만 4km가 될 정도이고, 면적은 2,500㎢로 총 10층으로, 원(하늘 부처님)·방(땅)·각(사람)으로 되어 있으면서 연꽃무늬를 상징하는 그런 그림이 많이 있습니다. 이 사원은 75년에 걸쳐서 제작했는데, 1층부터 3층은 욕계·인과응보, 4층부터 7층은 색계·속세, 8층부터 10층은 무색계·낙원을 나타내는데, 3계 즉 우주를 다 포용하고 있습니다.

　부처님의 생애에 관해 1,460개의 부조와 504개의 불상이 있으며, 꼭대기 층에 수메르산(수미산)을 상징하는 대탑이 있고, 주변에는 대탑을 호위하는 72개의 종 모양이 있습니다. 특히 우리가 인용할 것은 9층 정문에 우리 밝달국의 치우천황을 모시고 있어 환단조선의 밝해문명을 상기시키고 있습니다.

　불상을 모신 회랑에는 동방의 아촉불, 서방의 아미타불, 남쪽의 보생불, 북쪽에 불공성취불이 있고, 중앙에는 비로자나불과 석가모니불 둘을 모셨습니다.

　그리고 여기서 함께 살펴보고 갈 것은 인도네시아 남쪽으로 쭉 내려가면 5대양 6대주라고 할 때 6대 주의 하나인 호주, 오스트레일리아 대륙이 있습니다. 이 호주에는 본래 사람이 살지 않았는데, 제4빙하기에 태양신을 믿는 밝해 민족인 고아시아인이 상륙하여 원주민으로 평화롭게 살아왔습니다. 무대륙과 남미의 순다랜드와 교류가 있었습니다.

　원주민을 에보리진(aborigine)이라고 합니다. 그렇게 평화롭게 살았는데 AD 1776년 영국 제임스쿡 선장이 착륙하고 쳐들어와서 강제로 영토령을 선포하고, 영국의 죄수들을 보내고 계속 보내다가 또 금광에 발견되자 죄수 수천 명씩 죄수들을 계속 보내면서, 기독교의 기치를 내세워서 야만을 없앤다는 명목으로 원주민 학살 정책에 나섰습니다. 그래가지고 1900년까지 100만 명에 이르렀던 그런 원주민 에보리진이 4만 명밖에 남지 않는 인간으로서 못할 짓, 날강도 짓을 했고 호주의 27대 총리 가운데 원주민에 대한 학살 이런 것을 사과한 총리는 한 명밖에 없었습니다.

그리고 그 호주는 원주민을 국민으로 대우하지 않았습니다. 그러다가 올해 들어서 결국 법원에 판결로 원주민을 인정하게 됐습니다. 참으로 어처구니 없는 일이죠.

서기 2020년 2월 11일 호주 최고법원은 에보리진은 시민권이 없어도 관습법상 이방인이 아니고 호주인 이므로 추방할 수 없다는 판결을 내린 겁니다. 그러니까 외부에 도둑이 쳐들어와서 주인을 죽이고 협박하고 인간으로 인정하지 않고, 그런 인류사에 좋지 않은 영향을 많이 남긴 것이죠.

다음에는 미얀마의 쉐다곤 파고다, 금불탑이라고 합니다. 처음에는 그 금이 없었는데, 불탑을 관리하는 쪽에서 밖에 금을 붙여도 좋다. 그래가지고 많은 사람들이 금을 붙여가지고 그 밖에 붙힌 금만 6톤이 된다고 합니다.

영성이 세계적으로 높이 평가 받고 있는 불교국가 미얀마(버마) 전 수도 양곤 또는 다곤의 북쪽 황금언덕에 자리잡고 밝은 태양빛, 밝해 문명이죠.

황금빛으로 찬란한 세계 제일의 전신 금불탑이 쉐다곤 파고다입니다. 외벽에 붙인 금판만 6톤이라고 한다.

단군 조선과 고구려 후계인 소수민족 아카족과 라후족이 버마에 많이 살고 있습니다. 그리고 버마에서 몬족이 세운 페구왕조 때인 1453년에 쉐다곤 금불탑이 건설되었다고 합니다. 그것은 어떻게 된 거냐 하면은 석가모니 부처님이 대각을 하시고 부처가 된 후 맨 처음에 신도가 된 사람, 불자가 된 사람이 버마 사람 두 상인이었습니다. 그 사람이 제파수와 발리가인데 이들은 보리수 밑에 부처님을 만나 제자가 되어 보리떡과 꿀과자 등을 봉양하였습니다.

부처님이 기념으로 두 제자에게 8개의 머리카락을 뽑아줬는데, 그 중 일부는 버마왕에게 바치고, 두 가닥을 언덕에 보관하고 쉐다곤 파고다를 처음 만들기 시작했다고 합니다. 이 쉐다곤 파고다는 둘레가 426cm, 높이가 100m입니다. 형태는 원방각으로 기단부는 정사각형이고, 그 원부분은 원뿔형이고, 위로 갈수록 급격히 좁아지는 형태를 취하고 있는데, 겉면은 전체가 황금으로 덧씌워져 있고, 내부에는 부처의 유품이 들어 있습니다.

노벨평화상 수상자이며, 버마 건국의 아버지 아웅산 장군의 딸 아웅산 수지의 미얀마라고 흔히 알려져 있는데, 미얀마 불자들의 정신적 지주인 세계 불자들의 성지 순례지인 쉐다곤 파고다는 외벽에 금판이 처음에는 붙지 않았으나, 관리위원회에서 금판기증을 권유하면서 지금은 황금과 보석으로 뒤덮여 있습니다.

버마인 불자들의 강한 부처님과 그 가르침과 스님에 대한 그런 신앙심 그게 얼마나 강한지 알 수 있습니다.

불탑 꼭대기에는 73캐럿짜리 금강석을 비롯하여 5448개의 금강석 2317개의 루비, 사파이어, 대형 옥과 에메랄드가 박혀 있고 해가 뜨고 질 때는 온통 황금빛으로 반짝인다고 합니다. 경내에는 23톤 나가는 거대한 용, 마하간다가 있고 탑의 기단 부분에는

64개의 작은 불탑이 에워싸고 있으며, 그 불탑 안에는 또 수많은 불상이 안치되어 있고 불탑을 중심으로 72개의 건물들이 위치하고 있습니다.

버마는 수십 년 전부터 군부가 장악해가지고, 많은 불자들이, 국민들이 고생해 왔는데, 민주화가 되어야 합니다.

다음은 인도 부다가야 마하보디템플 석가모니 부처님께서 새벽불을 보고 깨달으신 견명성오도한 부다가야의 대각사 마하보디 템플 대탑입니다.

인도 비하르주 부다가야에는 B.C. 3세기 인도 전륜성왕 아쇼카 대왕이 세운 돌대탑 안에 마하 보디템플, 즉 대각사가 있습니다. B.C. 624년 음력 4월 8일 샤카족인 정반왕과 마하마야부인 사이에서 룸비니 동산에 처음 고고성을 울린 석가모니 고다마 싯달타 태자는 카비라성에서 자라고, 야소다라 공주와 결혼하여 라훌라라는 아들을 뒀습니다.

4문유관을 통해 생노병사 등 인생의 고통을 해결하지 않으면 안 되겠다고 생각하고, 나는 누구인가, 나는 어디서 와서 어디로 가는가, 우주는 무엇인가, 생사 고통을 벗어나는 방법은 무엇인가, 이런 것을 깨닫기 위해서 29세에 출가하셨습니다.

설산과 전정각산 등지에서 6년간 고행한 석가모니는 고행을 극도로 하다가 아니라고 생각하고 중도 .불이 중도로 나아가 35세 되던 음력 12월 8일 피팔라수(부처님께서 앉았던 나무), 거기서 석가모니 부처님이 깨달으시니까 그 피팔라수가 깨달음나무인 보리수로 이름이 바뀐 겁니다.

질상초를 깔고 선정에 들었다가 세벽녘에 샛별을 보고 대각을 얻었습니다.

해인삼매에 들었다가 깨치신 건데, 깨친 내용이 뭐냐, 일심 불계 연기법이라고 말할 수 있습니다.

그런데 선문에서는 "깨닫기 전에는 별이었는데 깨닫고 보니 별이 아니었다"고 합니다. 일종의 화두죠. 일체가 '참나'이고 인연과보원리인 연기법을 확연히 알고 일체종지의 바다에 이르렀으니 불계연기(佛界緣起)를 깨달았다고 할 수 있습니다. 진여 연기라고도 하고, 성기라고도 얘기합니다. 일체가 깨달음이고 각(覺)이죠.

모양으로는 일체가 꿈이니 몽각불이라고 할 수 있습니다. 우리가 하루에 살림살이를 보면은 꿈, 잠, 무의식 상태로 사는 생활인데, 그런 것이 바탕을 하고 있는 그 자리가 곧 순수 의식으로 부처님 자리라고 말할 수 있습니다.

그래서 보이는 현상에 생각이나 이름을 붙이고 헤아림이 들어가면 그것이 꿈이 돼서 그것은 전부 꿈이고, 그런 것 없이 근본 자리에서 묘용으로 알아차리면 그것은 각이 돼서 몽각불이(夢覺不二)다고 그럽니다. 꿈과 깨달음이 둘이 아니다.

그래서 부처님의 진리를 불이중도다 또는 진공 묘유 중도다 이렇게 얘기합니다.

석가모니가 깨달은 자리가 바로 대각 자리로서 세계 10여억 불자들의 제일 성지인데, 커다란 보리수 나무가 있습니다. 물론 지금 나무는 석가모니 부처님 당시에 보리수는 아니고 그 후에 이슬람이 쳐들어와서 베어버렸는데, 그 후에 보리수를 스리랑카로 가져갔다가 거기에서 다시 채취를 해가지고 이식해서 심었다고 합니다.

그 대각사 뒤 쪽에는 부처님 발자국과 힌두교 시바신의 발자국이 있고 화엄경을 설하신 금강보좌 보광명전 등이 있습니다.

석가모니는 그 후 81세까지 47년간 팔만대장경, 3처전심 등을 통하여 중생을 고통에서 건지시는 대자비심으로 사시다가 B.C. 544년 음력 2월 15일 쿠시나라에서 무여 열반에 드셨습니다.

그런데 석가모니 부처님의 그런 출자가 뭐냐, 그래서 많은 사람들이 얘기를 하는데 부처님의 어머니의 종족은 고리족입니다.

코리족이라고 하고 코리안이라고도 그러고, 부처님은 정반왕으로 그 신선도 계통의 석가족인데, 이 석가족과 코리족은 같은 종족이라고 합니다. 그래서 이 종족은 동방에서부터 신선계통으로 내려왔다고 하고, 영국의 빈센트 스미스 교수는 석존몽고인설을 주장했고, 석가모니 부처님의 10대 제자 중에 설법제일인 부루나존자가 41세에 그린 석가모니 부처님의 상이 대영박물관에 있는데, 우리나라 북쪽 사람들과 아주 많이 닮았습니다.

석존몽고인설인데, 이것은 저자가 30년 전에 『하나되는 한국사』를 쓸 때도 석가모니 부처님은 석존몽고인설이어서 우리 민족과 같은 계통이다 그랬는데 그 밖에도 석존몽고인설을 얘기하신 분은 일본 불교학자 미야사카 뉴쇼, 미하모 또 유타카 그리고 태국의 불교학자 잠농텀프라스트 이런 분들이 모두 석가 세존은 아리안인종이 아니고 몽고인종이라고 얘기했습니다. 언어학자 강상원 박사는 석가모니가 단군후손이라는 대영백과사전을 이용해 밝혔습니다.

부처님 경전에 32상경 라카나 수타에 보면, 안색이나 청동빛이 이렇게 있고, 피부는 우아하고 부드럽고 눈과 머리카락 색이 흑색이었다고 합니다. 그래서 석가모니 부처님은 몽골리안 몽고인족이라는 것이 세계적으로 학설로 굳어가고 있는 그런 상태입니다.

제7절 수메르 문명. 지구라트와 피라미드

　우리 한밝달 문명 이념인 홍익인간(弘益人間) · 광화세계(光化世界)를 지향하는 신명난 인류최고 우리 역사 제7절 주제는 '수메르 문명의 지구라트와 피라미드'입니다.
　밝해문명 즉 태양 광명문명 국가인 환국은 환인천제가 적석산에서 건국했는데, 12연방으로 구성되어 있었고, 그 뒤를 이은 주요 국가가 우리의 밝달국(배달국)이며 또 특히 중방 문화와 관련돼서 우리가 주목할 국가는 수메르국과 우루국이다고 말씀드릴 수가 있습니다.
　이들 문명은 메소포타미아 문명, 나일강 문명, 인도 문명, 고대 그리스 · 로마 문명, 기독교 문명, 이슬람 문명 등을 통하여 현대 구미 문명의 주맥으로 큰 영향을 주었습니다. 그 개요를 살펴보고 이라크 등의 지구라트와 이집트 피라미드 등을 자세히 살펴보도록 하겠습니다.
　환국이 12개의 분국으로 이루어진 유라시아 대륙에 걸친 연합 나라인데, 이 가운데 주목할 것은 아까도 말씀드린 것처럼 중방의 우르국과 수메르국입니다.
　우르는 태양신이나 수메르어로 수를 의미하며, 우르국은 메소포타니아에 있던 수메르의 수도이고 도시 국가입니다.
　수메르는 하늘나라 환국을 의미하며, 수메르의 원음은 푸모리에서 전래됐다고 합니다. 수메르산은 지구에서 제일 높은 천산인 히말라야의 에베레스트 산을 가리키기도 하고 또 티벳에 칼일라스산을 뜻하기도 합니다.

수메르는 4,000년전부터 2,000년전 사이에 메소포타미아 지방에서 가장 오래된 도시 문명을 꽃피웠으며 원래 동방에서 유입된 산악 민족이었으나, 서기전 2000년 아모리아인에게 패하여 다시 동방으로 이동했다 합니다.

수메르 문명은 메소포타미아 문명과 발 문명을 거쳐 헤브라이즘 장생불사의 인간 역사라는 그리스 로마 시원의 헬레니즘, 기독교 문명, 이슬람 문명 등 유럽 서양 문화의 모체가 되었습니다.

역사적으로 예수 그리스도는 수메르 민족의 후손인 아브라함의 42대손으로 알려졌습니다(신약성서 마태복음).

수메르어는 한국어, 타밀어, 드라비다어 같은 교착어이며, 상투 트는 거, 씨름하는 거, 앉은 자세 등이 환국과 같고, 파미르 고원에서 나오는 팥을 즐겨 먹었다고 하며, 수메르 문자는 서양 문자로서 배달 시대에 복희 씨가 만든 팔괘 구어와 비슷하며, 회교의 알라신은 얼나 알나라는 우리 말에서 나온 말이고, 기독교의 신인 야훼신은 밝달국의 태우의 환웅천황의 딸이며 흙으로 사람의 상을 만들고 혼을 불어넣어 사람을 만드는 여와로 복희 씨의 동생이고, 복희 씨와 결혼한 여와가 서쪽으로 가서 여호와 신이 되었다고 합니다.

자주 역사학자 문정창 선생은 『한국·수메르·이스라엘 역사』(한뿌리)에서 수메르 제1왕조를 건설한 인민영웅은 배달국의 태호복희라고 했습니다. 태호 복희씨는 동양 밝달국의 신선도 완성자이고, 복희 8괘를 중심으로 수메르 왕조를 열었습니다. 이 수메르국의 엔키와 엔릴 건국 신화는 밝달국의 환웅천왕이나 단군신화와 그 내용이 아주 비슷합니다.

우르의 난나 지구라트

 단군천왕의 부하인 유호 씨는 4,300년 전 메소포타미아에 천부경의 원리를 정교했고, 단군 조선 15대 대음단군 때, 27대 두밀 단군 때, 수메르국 사신이 특산물을 바쳤으며 B.C. 1652년엔 우루인 20명을 염수 근처에 정착하여 살게 했다는 『환단고기』의 기록이 있습니다.
 환국 수메르 메소포타미아와 고대 이집트, 중국, 인도 문화가 서로 연계되어 있다는 사실은 이제 학계의 통설이 됐으며, 영국의 스톤헨지와 프랑스 카르나크의 열석이 환국의 지석묘와 칠성단 열석이 계단식 고구려 고분이나, 인도네시아의 지석묘, 이시타 섬의 거석, 메소포타미아의 지구라트와 멕시코와 이집트의 피라미드, 이것들이 서로 하나의 사상으로, 문화로 연결되어 있다는 것을 우리는 잘 알 수가 있습니다.
 수메르 민족은 B.C. 3500년 경 메소포타미아 지역에 정착하면서 상형 문자를 개발하였었고 서양에서 말하는 인류 최초의 법전인 수메르법전을 만들었습니다. 이것이 나중에 하무라비 법전으로 태어났는데, 이 수메르 민족은 일부가 남만주 요동지방에 있었던 제천금인 소호금천 씨의 후예들이었다고 얘기를 합니다.

본래 수메르 민족은 기록상 크게 3개 맥으로 뻗어나가 하나는 맥이가 되었고, 하나는 선지자로 메소포타미아 문명을 일으키는 세력이 된 아카드족이죠.

또 하나는 5,500년 내지 5,000년 전부터 흘러들어간 환족 태호복희 시대 여와의 후예들이 아담족을 이루어 소위 에덴 동산의 모계의 실력과 가를 이루어 나갔습니다.

소호 금천 시의 후예인 인도 아리안 족은 브라이트가 말했듯이, 메소포타미아 지역으로 흘러들어가 이삭의 아들 야곱이 일어날 부렵에는 이집트 제18대 파라오 왕에게 쫓긴 히크소스족과 함께 주류를 형성했고, 그 중에 또 한 명은 아래로 밀고 내려가 이란 고원을 통해서 조로아스타교를 만들어내는 일방, 중앙아시아의 아리랑 고개를 넘어 인도에 침입하여 베다 문화를 만들면서 제천금인 석가모니의 불교를 역사에 등장시켰습니다.

수메르인들은 기원전 3500년 전에 북쪽 산간지방인 자그로스 산맥을 넘어서 온 것으로 알려졌는데, B.C. 1800년 전 팔레스타인의 샘 족계에 속하는 소수인이 침입하여 이집트를 지배했을 때의 문화유산에 그녀는 상당한 공로를 끼쳤으며, 샘족은 노아의 홍수라고 할 때 노아의 후예들은 B.C. 1천년경 우회해서 유프라테스강 사이에 사울이 세운 헤부르국의 조상으로 알려졌고, 헤부르는 솔로몬왕 때 크게 번성했으나 후일 유대와 이스라엘로 분열되었습니다.

여기서 수메르 문명은 앞에서 얘기한 것처럼 기독교 도맥으로 이어졌는데, 기독교 도맥은 아담의 7대손 에녹으로부터 살렘 왕인 구약의 그리스도인 멜키세덱을 거쳐 엘리야 선지자로 이어졌죠. 엘리야의 후생이 세례요한입니다.

　엘리야와 모세 그리고 예수로 이어지는 신선도맥이다 그렇게 말할 수 있습니다. 아브라함이 여호와로부터 수태고지를 받았을 때 나이는 99세였고 사라는 90세였습니다. 기독교의 정신사상 이삭은 아브라함을 이어나갔고, 이스마엘은 메카로 가서 회교들의 조상이 되었습니다.

　이집트 문명은 B.C. 3100년 경에 시작하고 이집트가 메네스 왕 밑에 통일되어, 통일 왕조가 시작되는데 B.C. 2700년부터 B.C. 2200년까지의 구왕조시대에 수메르인이 예배 의식을 위해 제천날에 쌓았던 지구라트에서 죽은 자를 위한 대대적인 피라미드를 축소해서 세계에서 가장 크고 많은 지구라트 지역을 형성하고 있습니다.

　그러면 다음에는 메소포타미아의 지금 지구라트 성단탑을 한 번 살펴보겠습니다. 지구라트를 성단탑(聖段塔)이라고 말합니다. 고든 볼드윈 교수가 얘기한 것처럼

　그래서 메소포타미아 지역은 본래 환국 시대 수메르와 우르국으로 환국 연방에 참여한 문명이 탄생한 지역으로 한국처럼 삼신, 칠성신 등 천신을 모시고 천제단을 짓고 천제를 모시고 기도를 하기도 했습니다.

　태양과 천신들의 빛을 향한 환국 언덕의 피라미드 비슷한 것이 생겨난 것입니다.

　여러 계단 위에 그러한 신전을 지은 것이죠.

　천사가 신과 지상을 연결하는 계단을 쌓고 그 위에 신사나 신

단을 모시는 하얀 신당같은 것이 지구라트입니다. 피라밋과 비슷하죠.

B.C. 2500년경 전후의 수메르문명 초기에는 신전기당 1층 테라스에 신상을 모신 성소가 있었으나, 차츰 높은 건물을 짓고 7층·8층 그 꼭대기 위에다가 신전을 짓는 그러한 성단탑이 된 겁니다. 가장 유명한 요소는 구약성서에 나오는 바빌론의 지구라트 바벨탑이 성단탑의 실례라고 말할 수 있습니다.

메소포타미아의 지역의 지구라트는 이락, 이란, 시리아 이런데 다 나오는데, 이락 지역에서는 우루크와 우르 지구라트가 유명합니다. 그래서 메소포타미아 신인연결 건조물 신전으로 모자이크식 벽돌로 세운 것은 길가메시의 수도 우루크 도시 중앙에 있는 우르크 지구라트인데, 푸아비 왕과 왕비무덤 위에 원뿔형 돌사원에 백색 신전이 있는데, 이라크, 와르타에 있습니다.

동방 하늘 밝해문명 천산에서 넘어온 지구라트 중 가장 오래된 지구라트는 B.C. 3500년 경에 지은 수메르 카샨 시알크 지구라트입니다. 이런 것의 모델이 된 것은 우리나라 단군조선 때 제천단인 강화도 마니산 참성단이 그 모델이 되는데, 여기는 918 계단 위에 제천단이 있습니다. 환역, 주역의 지천 태괘를 상징해서 천하의 태평을 기원했습니다.

세계 최대의 지구라트는 이란 서부 양동이 언덕에 있는 초가잔빌 지구라트인데 역사가 헤로도투스에 의하면, B.C. 1250년경 각변 길이가 105m의 정사각형에 구운벽돌로 4단계로 4층을 쌓고 그 옥상에 천신전을 올렸다고 그럽니다. 이란 앗시리아에도 지구라트가 많은데 세계적으로 가장 많이 알려진 것은 신 바빌론 시대의 지구라트인 "신의 문" 바벨탑입니다.

이 탑은 주신 마르두크를 모신 신전으로 그것을 비롯해서 바빌론 신전 53개가 마르두크 신을 경배하는 그러한 55개소의 경배소가 있고, 대지신을 위한 경배소는 300개, 천신 경배소는 600개, 제신을 위한 제단이 400개가 있습니다.

　이 가운데 나보프라식왕이 "바벨탑의 기초"라는 지시에서 "마르두크신이 지구 중심에서 연계하여 하늘까지 갈 수 있는 건물을 만들라고 했다"고 하여 생겨난 "신의 문"이 바벨탑, 에테메난키(하늘과 땅 기초의 집)이다. 이렇게 말할 수 있습니다.

　이 바벨탑은 가로 세로 90m, 높이 98m로 8500만 개의 벽돌을 쌓아 만들었는데,

　7층 루에는 7색으로 칠하고, 8층 신전에는 일월 오행성 등 칠성신을 모셨습니다.

　삼신 · 칠성신을 모시는 것은 밝해문명에서 내려간 것입니다.

　다음에는 이집트의 대피라미드를 살펴보겠습니다.

　밝해문명인 태양신을 모시는 이집트 수도 카이로시 서남쪽 기자의 피라미드는 세계 금자탑의 피라미드로 세계 7대 불가사의의 하나입니다. 아부시르 · 다슈르에도 피라미드가 있습니다. 환단조선 문명을 보면 환국 연방 시대에 수메르 · 우르 · 서납이국이 있는데 그것이 연방이었고 이들 문명이 이집트로 흘러간 것으로 알려져 있습니다.

　기독교 성경 구약의 아브라함이나 멜키세덱 · 모세 등의 흔적을 보면 짐작할 수가 있습니다.

　지금까지 이집트에서 가장 오래된 피라미드가 나일강 연안의 고분마을 사카라에서 발견된 바 있는데, 이 사카라 계단 피라미드는 4700년 전 수메르에서 귀화한 임호텝이라는 사람이 지은

것입니다. 왕의 무덤인 마스타바를 여러 층으로 쌓아올린 6층 계단식 사카라 피라미드 가운데 가장 오래된 것은 제3왕조 조세로 왕 피라미드로서 밑변이 108m×120m이고 높이가 60m입니다. 이집트 아스완 댐 지역의 태양신 기념비인 오벨리스크도 환단조선의 솟대의 일종으로 이집트 파라오들이 천신의 생명을 영원히 받겠다는 의식의 표현입니다.

이집트의 대표적 피라미드인 기자지역에 세계적인 3개의 피라미드와 그 보호신으로 사자 몸에 사람 얼굴을 한 스핑크스가 있습니다. 쿠푸 대 피라미드 · 카르레 피라미드 · 멘카레 피라미드입니다.

이 중 제일 큰 것이 쿠푸 대피라미드인데, 이는 이집트 제4왕조 쿠푸왕의 무덤이며, 쿠푸왕과 그 왕비의 무덤이라고 할 수 있는데, 지금부터 4500년이 흘렀는데도 큰 손상 없이 지금도 편안히 잘 있습니다.

쿠푸의 대피라미드는 높이가 147미터, 각 변의 길이가 230미터, 점유 면적이 1만 6천 평, 평균 0.5톤짜리 석회암과 화강암 블록 230만 개로 약 반만 년 전 공법으로 어떻게 초거대의 건축물을 축조했는데 그것은 신비에 쌓여 있습니다.

특히 9세기 위대한 이슬람 칼리프 알 마문이 최초로 내부로 처음 들어갔을 때 도굴 된 흔적도 없이 왕과 왕비의 관으로 보이는 돌덩어리 딱 두 개만 있고 텅텅 비어 있었다고 합니다. 돌 흔적도 없는데 그래서 신비롭다. 그렇게 얘기를 합니다.

제8절 바티칸 솔방울 광장과 킬키스탄 암각화 등

　우리 한밝달 문명 이념인 홍익인간(弘益人間)·광화세계(光化世界)를 지향하는 신명난 우리 역사 제8절 주제는 '바티칸 솔방울 광장과 킬기스탄 암각화 등'입니다.
　바티칸 시국을 탄생하게 한 예수 그리스도에 관한 것도 함께 살펴보겠습니다.
　반만년 대륙 민족의 영광스러운 영광사를 이어온 우리 민족 역사는 제2차 세계대전 이후 남북 분단으로 77년을 지나고 있는 바 남북이 평화적으로 대통일되고 유라시아 철도가 개통되면 이태리 로마 바티칸시국이나 카자흐스탄, 킬기스탄, 우즈베키스탄, 루마니아, 헝가리, 불가리아 등은 우리 민족과 관계 있는 유럽이나 중앙아시아 제국과 교류가 활발해질 것입니다. 그러한 여러 가지 문명들은 인류 창세의 최고 문명인 밝해 문명의 역사의 일부라고 그렇게 말씀드릴 수 있습니다.
　『밝해문명사』에 보면 '이태리 로마 바티칸 시국 솔방울 광장'이라는 밝해문명의 세계적인 전파가 나옵니다.
　여호와 신을 앞세운 이스라엘의 예수 그리스도는 세계 5대 종교 성인의 한 분으로서, 사랑을 중심 가르침으로 하여 공과는 별도로 하더라도, 세계에서 제일 강력한 종교의 교주가 되셨습니다. 이는 AD 313년 니케아 종교회의 후 로마가 그리스도교를 국교화한 것이 그 시초로서 바르게 믿는 이들에게는 인류에게 아주 좋은 영향을 많이 주었지만, 바울에 의한 변이와 선악 이분법에 의함으로써 세속화되고 권력화 되고 그럼으로써, 지구 중방 풍토에서 생긴 이슬람과 유태교와 함께 서로 배타적인 갈등을 계속해 와 인류사의 문제점으로 드러나기도 했다고 할 수 있겠습니다.

세계 카톨릭 중심인 바티칸시국 로마 교황청에는 예수 그리스도 이후 베드로등 그 교황들이 쭉 있어 왔는데, 최근에 로마 교황청의 교황 중에는 그 인격이 아주 훌륭한 요한 바오로 2세와 프란치스코 교황 등이 나와서 세계 평화를 향한 훌륭한 말씀을 보내서 우리 인류 사회에 좋은 영향을 끼치고 있다고 생각이 됩니다.

바티칸은 세계 200여 개국 가운데 공간적으로는 가장 작은 나라이나, 이태리에서도 로마의 한 귀퉁이에 있으니까, 종교적·세속적·세력 면에서는 가장 큰 나라의 하나라고 할 수 있겠습니다.

바티칸시국에는 제1세 교황인 베드로 대성당을 비롯해서 세계 3대 박물관의 하나인 바티칸 박물관이 있습니다. 세계 3대 박물관은 파리 루브르 박물관, 영국 대영제국 박물관, 그리고 바티칸시국 박물관입니다. 많은 종교적·미술적 작품들과 함께 특별하게 솔방울광장이라는 게 있습니다.

그래서 그 가운데 우리가 솔방울 광장을 주목하려고 하는 겁니다. 거기에는 많은 건축물과 전시물이 있습니다. 세계에서 제일 큰 베드로 대성당에는 미켈란젤로가 그린 '피에타' 그림이 있고, 피에타는 어머니 성모 마리아가 아기 예수를 품에 안고 있는 자애로운 모습이 있습니다.

대성당 정문앞 발코니는 매년 1월 1일 교황이 강복장으로 나와서 설교를 하는 그런 모습을 나타내죠. 베드로 대성당 자체는 로렌조 베르니니의 작품, 대성당 광장에는 성 바오로 동상과 오벨리스크가 있습니다.

시스타나 성당에는 미켈란젤로가 천장에 하느님의 천지창조를 그렸으며, 최후의 심판도 그렸고, 라파엘은 티보르산에서 예수 그리스도가 변화하여 빛을 나타내는 모습, '그리스도의 변용'이라고 그러는데 그러한 그림을 그렸습니다. 베드로 성당에는 또 손으로 조각한 높이 4m의 푸른 솔방울 조각이 있고 그 밑에 솔방울 기단이 있으며 양 옆에는 봉황새와 솔방울분수가 있는 솔방울 광장이 있습니다. 일종의 정원 형식으로 돼 있죠. 이는 1세기 로마제국 아그리파 집장관이 처음 건축했고, 서기 118년부터 128년 사이 로마 황제의 아드리아누스가 재건축한 천제단 신전 판테온 신전에 본래 있던 겁니다. 그것을 베드로 성당 근처로 옮겨 온 거죠. 여기에는 서양의 제우스신, 아폴로신과 제석천 등 천신들과 동양 28성수를 상징하는 것이 있었습니다.

이 신전에는 지구를 '천체 중의 천체'로 보는 원방각 천지인의 금색 조형물이 있어 밝해문명의 하나로 햇빛과 강력한 금빛이 비추었습니다.

솔방울 광장 유래를 고찰해 보면, 밝해 밝달 문명의 신선도는 천신교로서 삼신상제를 모시고 천손강림 신화가 있으며, 환단조선에는 소나무가 신단수의 하나였습니다. 그러니까 신단수는 박달나무, 버드나무, 소나무 이런 것들이 모두 옛날에는 신단수였습니다.

그리고 신선도에서는 지감, 조식, 금촉 수련을 통해 심기신이 건강하고 깨달음에 이르는 과정에 사람의 7번째 차크라나고 그래서 이마에 송과체가 있습니다. 송과선이라고 그러는데 솔방울 샘이죠. 그래서 수도를 하게 되면 그것이 열려 제3의 눈 또는 정문안이라고 하는 그런 제3의 눈이 열려서 깨달음을 얻고 미간 백호광명이 앞으로 나아간다고 그렇게 얘기합니다. 그런 백호광명이 방광된다는 거죠.

사람의 내분비샘이 7개라거나, 차크라나, 바퀴나 법륜이 7개라고 하는데, 이 일곱번째 샘이 솔방울 샘이고 아지나 차크라이며, 제3의 눈 또는 미간 백호광명자리라고 한다. 심기신이 하나가 되어 제1의 무라다라 차크라에서 제7 아지나 차크라를 거쳐서, 1천 개의 연꽃잎이 피는 사하스라르 차크라, 여덟 번째 차크라가 열리면 천 개의 연꽃잎이 펼쳐지고 그 연꽃이 내려온다고 합니다. 그래서 살상투광명이 열리면 대각한다고 그렇게 불교에서는 말합니다.

솔방울광장은 신선도에서 얘기하는 깨달음의 상징이며 기독교에서 말하는 영성의 거듭남이고, 또 그 실망스러운 그런 것으로서 성령이 역사하시는 거라고 그렇게 말합니다. 우리는 여기서 성자 예수 그리스도를 바티칸 시국을 낳게 한 그런 분으로서 한 번 살펴보고자 합니다.

우리는 인류의 많은 지도자가 있습니다. 노자, 공자, 석가, 예수, 마호메트, 태호복희, 소크라테스 이런 분인데, 우리는 석가모니와 같은 분의 깨달음이나 또는 예수 그리스도의 영성이 거듭나거나 성령의 역사하심을 통해서 진리가 너희를 자유롭게 하리라는 예수 그리스도의 가르침도 함께 배워서 우리가 견성성불하고 하느님과 합일되는 데 도움을 받아야 될 것으로 생각을 합니다.

지금 성경은 지구에서 가장 많은 사람들이 읽고 있는 책 중에 하나지만 지금 성서에는 예수 그리스도가 13살부터 30살 때까지 기록이 한 군데 한때 사막에 있었다는 것만 있지 그 외는 전혀 없습니다. 그래서 예수 그리스도의 18년 잃어버린 세월이라고 그럽니다. 그래서 본래 사서삼경이나 불경이나 이런 것도 마찬가지만, 성서도 처음부터 또는 세월이 오면서 많은 변화가 있고 조작이 있고 왜곡이 있어서 정말 예수 그리스도의 실상을 알기가 참으로 어렵습니다.

저자는 대학에 들어가면서부터는 불교에 심취했지만, 국민학교 5·6학년하고 중학교 때는 교회를 다녀서 예수 그리스도에 관한 책을 많이 읽었습니다. 성경 말고 한 100여 권 읽고『성경에는 없다』라는 책도 내고 그랬습니다.

그런 책 중에 예수 그리스도의 실상과 가르침을 정확히 알아보려면 참고가 될 만한 거는 물론 성경을 봐야 되지요. 그 다음에 외경도 있고, 김진호 목사가 쓴『예수 역사학』, 달라이라마가 쓴『예수를 말한다』,『도마 복음서』,『보병공 복음서』, 민희식 교수가 쓴『법화경과 신약성서』, 박영호가 쓴『다석 유영모가 본 예수와 기독교』, 엘리자베스 클레이가 쓴『불제자였던 예수』, 칼릴 지브란이 쓴『사람의 아들 예수』, 인자라고 그러죠. 토마스 머튼(Thomas Merton)이 쓴『칠층산(The Seven Storey Mountain, 1948)』, 일레인 페이젤(Elaine Pagels)이 쓴『성서 밖의 예수(The Gnostic Gospels)』, 헨리 링컨(Henry Lincorn)이 쓴『성혈과 성배(The Holy Blood and the Holy Grail)』, 홀거 케르스텐의『인도에서 예수의 생애』그 다음에 니콜라스 노토비치가 쓴『예수의 잃어버린 18년 세월』, 이런 것도 있지만 가장 중요한 것은 1945년 이집트에서 발굴된『나그 함마디 라이브러리(Nag Hammadi library)』라는 굉장한 분량의 복음서입니다.

거기에는 「필립 복음서」, 「막달라 마리아 복음서」 이런 것도 있고, 1947년에 나온 『사해(死海) 복음서』 이런 걸 보면은 예수의 실상을 많이 알 수가 있습니다.

그런 책들을 보고 저자가 생각하는 첫째는 예수 그리스도께서는 태어날 때 헤롯왕이 어린이들을 죽이려고 그러니까 이집트로 피난을 갔다가 B.C. 4년경에 다시 이스라엘로 돌아옵니다. 그랬다가 아버지를 따라서 목수 일을 하다가 예수는 13살 때 인도 오리사국의 왕족인 라반나라는 분이 예루살렘의 제례에 참석하러 왔다가 예수님에 대한 얘기를 듣고 만나보고 싶어합니다. 그래서 부모를 만나서 대접을 잘하고 이렇게 훌륭한 분은 공부를 많이 하면 좋으니까 인도 쪽으로 모시고 가겠다고 했고, 승낙을 받았습니다.

그래서 파키스탄의 산드를 거쳐서 인도로 오게 되는데, 그래서 예수 그리스도께서는 인도, 파키스탄, 티베트, 네팔, 페르시아, 아시리아, 그리스, 이집트 이런 데까지 7개의 나라를 가면서 자이나교, 브라만교, 불교, 짜라투스트라교, 이런 여러 가지를 보고 실학·철학도 배우고 그럽니다. 그리고 이집트에 가서 인도에서 영지주의 그노티시즘(브라만 교의 일파인 프라마교)을 공부했는데, 영지주의인 에센느파의 교사도하고 사람을 가르치기도 했습니다. 나중에 이집트에 가서 거기 비밀형제 교단에 들어가서 하이로 환토 스승 앞에서 7단계의 과정을 거쳐서, 그래서 7층 산이라는 그리스도의 지위에 나가셨습니다. 그 다음에 그 아프리카 알렉산드리아에서 당시 세계의 7대 성인이 함께 모여서(예수가 그것을 주관) 인류의 미래를 논의하고, 30세 전후해서 갈릴리로 예수가 돌아왔습니다. 저자는 그렇게 된 것으로 생각을 합니다. 여기서 생각해 볼 것은 인도에 가서 브라만교를 얘기하는데, 거기서 영지주의 이런 것도 배우지만 계급 제도에 대해서는 일체 예수 그리스도는 인정을 안 합니다.

평등을 얘기하고 그 다음에 라마스라는 "그러한 승려를 만나가지고 이 우주의 절대적인 진리는 하나고 이는 불변이다. 그리고 인간은 진리와 거짓이 이상야릇한 혼합이다. 그리고 구원이라는 것은 인간의 마음이 하느님 마음으로 올라가서 합쳐지는 것"이라는 얘기를 합니다.

그리고 살펴볼 것의 하나는 예수 그리스도는 어머니 마리아(5남 2녀를 낳음)를 신격화 하고 예수 그리스도를 신격화하기 위해서 결혼을 안 한 것으로 하고 동정녀에서 태어난 것으로 돼 있지만, 실제는 베다니의 마리아인 막달라 마리아와 결혼을 했고 거기서 적어도 1녀 2남을 낳습니다.

딸의 이름은 타말 아들의 이름은 예수 바라바와 요셉이었습니다. 그리고 예수 그리스도께서는 결혼식을 언제 했느냐 그러는데 지금은 가나의 결혼식이 누구의 결혼식인지 애매모호하게 되어 있는데, 지금 보더라도 예수의 어머니 마리아님과 그 예수가 주인공으로 행세를 한 겁니다. 그래서 그 가나의 결혼식이 예수의 결혼식이라고 나는 추정을 합니다.

그리고 예수 그리스도는 십자가 사건으로 거기서 거듭나고 그래서 인류의 역사를 둘로 나눈 그러한 분인데, 이태리에 토리노 수의나 이런 걸로 봐서, 교황 요한 바오로 2세도 인정을 했는데, 예수 그리스도께서는 십자가에 달려서 기절을 했다 소생했다고, 돌아가신 게 아니라는 걸 토리노 수의를 보면 안다고 그럽니다.

그래서 짐작하건데는 숙부인 아리마데 요셉과 빌라도 사이의 약속이 있어서 보통 십자가에 매달면 나중에 다리를 꺾어 죽음을 확인하는데, 예수 그리스도는 그렇게 안 했습니다.

그래서 나중에 다시 여러 가지 약도 드시고 그래서 깨어나 가지고, 외면상 돌아가신 걸로 돼 있으니까 나타날 수가 없고 그래서 프랑스 등 막후에서 막달라 마리아. 바울 등 많은 신도들을 가르치고 전교하고 전법을 하고 80세 경에 인도 아삼지방에 와서 타계하신 것으로 그렇게 알고 있습니다.

그리고 예수 그리스도께서 겉으로 드러나서 행동하시지 않고 막후에서 활동하였다는 것은 바울의 복음서를 보면 압니다. 본래 바울은 사울인데, 예수 그리스도와 그 믿는 자들을 탄압하기 위해서 시리아 다마스쿠스(다마섹)으로 갑니다. 그런데 지금 성경에는 거기서 예수의 환청과 환영을 보고 회심을 해가지고 아나니아로부터 세례를 받고 선교를 했다고 합니다. 아나니아가 세례를 줄 아무런 이유도 없고 환영과 환청을 보고 했을 그럴 필요도 없는 겁니다.

저자가 생각하기에는 다마섹에 가서 원래 탄압하기로 했지만 살아계신 위대한 모습의 예수 그리스도를 보고 탄압하려는 생각을 접고 그 제자가 되기로 한 겁니다. 그러면 예수 그리스도가 세례를 줘야 되는데, 예수 그리스도는 살아있는 모습을 보이면 안 되는 상황이기 때문에 예수 그리스도가 아나니아를 시켜서 세례를 준 것으로 저는 봅니다. 하여튼 인류 역사를 연대기로 둘로 나눈 예수 그리스도의 생애는 우리가 많이 연구할 가치가 있다고 생각이 됩니다.

중요한 예수 가르침은,

1. 창세기 선악과 따먹지 말라는 2분념법에 빠지지 말라.

2. 산상수훈에 마음이 빈자(虛心)는 복을 받는다는 것이요.
  3. 십자가 사건은 "신자"가 그리스도가 십자가에 못박혔을 때, 신자도 함께 못박혀, 이제 나는 없고 내안에 그리스도가 사시는 것이다.(갈라디아서 2장 20절) 등이다.

  다음에는 카자흐스탄과 킬기스탄의 암각화가 『밝해문명사』에 있는데 보겠습니다.

  중앙아시아의 우즈베키스탄이나 카작스탄 킬기스탄과 서구의 불가리아, 루마니아, 헝가리, 우크라이나 등은 예로부터 우리 민족과 깊은 관계가 있었습니다.

  환국시대에는 수메르, 우르국이 연방국이었으며, 그 후 부여족, 맥족, 훈족(몽골·흉노족), 돌궐족과 서로 왕래가 있었습니다. 우리 몽골리안의 훈족은 동유럽에 가서 헝가리를 세웠고, 기마민족 부여족은 서진하여 불가리아를 세우고 부여나 고구려의 고추가가 있었는데, 고추불가제국도 세웠습니다.

  카작땅은 환국시대의 한 연방인 구막한국이었습니다. 카작지방은 스키타이, 삭족, 훈족 100여 종족이 모여 사는데 스쿠다라고 하여 활쏘는 사람이 주종을 이루었고 고주몽 신화 같은 콘모신화가 같은 내용으로 있습니다. 아주 비슷합니다. 흉노의 조상 삭정의 후손도 많았습니다.

  이 주민들은 우리 민족처럼 태양신을 모시고, 그래 밝은해 문명이죠. 밝해 태양을 모시고, 태양새 그 우리가 모셨던 삼족오가 태양새죠. 그것을 좋아하고 국장은 날개 달린 천마를 나타냈으며 흰 바위산 등 거석이 많고 동서양 밝해문명국들과 교역이 많은 그러한 실크로드를 개척해서 그 실크로드가 황금길이었던 겁니다.

키르기스스탄 졸본아타 인근의 암각화

 이들은 삼텡그리라는 삼신을 믿고, 우리가 삼신을 믿는 거와 같죠. 삼주수 연방이라고 해서 이 나라도 단군조선이 삼한관경으로 해서 셋으로 나눠 다스린 것과 같았습니다. 또 단군조선의 국자랑이나, 북부여의 천왕랑, 고구려조의 조의선인 같은 수호대인 코미타투스도 있었습니다.

 이웃에는 세계에서 제일 높고 불빛이 아름다운 천산산맥의 한텡그리산, 눈이 녹는 설산에 이스쿨호수가 있는 그 나라 킬키스탄도 있습니다. 이스쿨 호수 북쪽에는 백두산처럼 자작나무 숲이 둘러싸인 곳에 큰 돌이 모여 쌓여 있고, 거기에는 말, 소, 양, 사슴, 순록, 호랑이 등과 새를 날리는 남자 등 600여 개의 암각화가 모여 암각화 박물관처럼 되어 있습니다.

 그 가운데 제일 큰 바위에는 고주몽 같은 멋진 사나이가 사슴을 대궁인 활로 쏘는 모양의 암각화가 중심적인 역할로 조성이 되어 있습니다.

이것이 킬기스탄 암각화로 우리나라 울산 반구대 암각화와 같은 역사 유적인데, 그리고 그 쪽에는 또 고구려를 연상시키는 큰 장원을 중심으로 하여 한 지역에 '졸본아타'라는 그러한 도시가 있습니다. 졸본아타는 고구려 전신 졸본 부여에서 따온 이름이다.

고구려의 고주몽이 북부여와 졸본 부여를 잇고 고구려를 세웠듯이 이쪽에 서진을 했었지 않나 하는 그런 근거가 되기도 합니다. 졸본아타는 하늘 동방의 샛별 아버지인 '샛별 아빠'의 뜻으로 쓰였는데, 우리 기마민족의 서진 대장정의 흔적이 아닌가 생각을 해봅니다.

감사합니다.

제2장
환국과 밝달국

제1절 첫 밝해 문명국 환국

 밝해 밝달 문명인 하느님 신선도의 홍익인간(弘益人間)·광화세계(光化世界)를 지향하는 신명난 인류최고 한 밝달 문명국 역사 제2장 1절은 '첫 밝해문명국 환국'입니다. 환국(桓國)은 환한 나라 광명국 또는 밝해국이다. 이렇게 말할 수 있습니다.
 저자가 쓴 9번째 자주 국사책『밝해문명사』를 살펴보겠습니다. 인류 창세는 북두칠성에서 나반(那般)과 아만(阿曼)이 아버지와 어머니죠. 두 분이 백두산정상에 내려오셔서 신무성이라는 곳에 내려졌다고 그러는데 인류가 시작됐죠. 그분들이 백두산 밑에 남북포태산에서 살다가 결혼하고, 그 다음에 흑룡강성 보청현 삼포태산에 가서 칠성단의 제사 올리고 또 발해의 묘도 군도에 있는 칠성도 가서도 자손의 번창을 위해서 칠성의 제사를 올렸다고 그럽니다. 그 자손들이 한반도는 물론이고 5대양 6대주 지금은 없어진 아틀란티스 무대륙 (레무리아대륙)으로 쭉 퍼져나가는데 그것이 지금부터 130만여 년 전이라고 그럽니다.
 그 후에 수많은 세월이 흘러서 제2차로 중앙아시아의 마고성에서 마고선녀를 중심으로 해가지고 인류가 다시 시작됐습니다. 궁희·소희, 황궁·청궁 시대를 거쳐 황궁을 이은 유인씨 나라가 있었고, 그 유인씨의 후손이 환인(桓因)인데, 유인(有因)시대가 한 천년 지나고 천신인 환인이 처음 청해성 적석산에서 환한 나라 환국을 세워서 그것을 환국(桓國)이라고 이름을 붙였습니다.
 광명국이라는 그런 뜻이죠. 그리고 그런 환국이 칠대까지 계속

되다가 환인 천재의 마지막 지위리 환인천제의 아들인 환웅이 밝달국(배달국)을 세웠고, 그것이 18대가 이어지다가 환웅의 마지막 단웅의 아들인 고왕검단군이 이었어요. 그 비왕으로 있다가 첫 민족국가 단군조선을 세우게 됩니다.

그래서 이 환국은 우리나라 상고시대의 첫 국가로서 환단 조선시대의 시작이다. 그렇게 얘기를 합니다. 그러면『환단고기』「삼성기」를 보면 거기에는 우리 환국의 건국이 가장 오래 되었다. 이 지구상의 최초의 나라라는 거죠.

광명의 힘에 찬 하늘에 하느님 일신이 계셨는데 홀로 신이 되어 광명으로 우주를 비쳤다. 세상에 나타나서 만물을 낳고 오래 살면서 언제나 즐겁게 지냈다.

지극한 기운을 타고 놀면서 묘하게 자연과 인연을 맺고 형상은 없으나 움직였으며, 만들며 말하지 않으나 해냈다. 백성들은 부유할 뿐 아니라 그 수도 많았다고 합니다.

절대자이자 우리민족의 일신인 하느님이 상대화하여 산에 내린 사람, 즉 신선 그리고 신선도(神仙道)에 관해서 환단고기. 태백일사. 삼선오제본기 등에 자세한 내용이 나온다.

"동해물과 백두산이 마르고 닳도록 〈하느님〉이 보우하사 우리나라만세. 무궁화 3천리 화려강산 대한사람 대한으로 길이 보전하세"

누구나 잘 아는 우리나라 애국가 1절인데, 우리나라를 지키고 돕는 절대자 하느님이 우리민족의 피와 살이 되어 녹아있다. 환단고기 태백일사를 보면, 태초에 창조개벽진화 순환하는 절대자 일신(一神 = 大光明)인 하느님(天帝.上帝)이 있었는데, 이는 본체(體). 작용(用). 형상(相 −본체가 작용하여 생긴 모양)으로 나뉘니, 일신 즉 3신(三神)이었다.

3신은 천일(天一), 지일(地一), 태일(太一)이고, 조화신.교화신.치화신이다.

한밝달문명은 신선도(神仙道)라고도 하는데, 신(神)은 하느님, 선(仙)은 하느님이 인간됨. 도(道)는 신선이 가는 길로서 불이중도(不二中道. 둘 아닌 알맞은길)를 뜻한다. 3신은 3진(三眞)은 성(性. 성품) 명(命. 목숨) 정(精. 정기)이고, 3방(房, 家, 妄)은 마음(心), 김(氣), 몸(身)이고 심기는 서로 떠나지 않고, 몸은 가운데 있으며, 수행하는 3문법(三門法)은 지감(止感), 조식(調息), 금촉(禁囑)이다.

5제(五帝)는 청제(靑帝太木, 생양, 동방), 적제(赤帝太火, 남방, 광열), 황제(黃帝太土, 조화, 중방), 백제(白帝太金, 성숙, 서방), 흑제(黑帝太水), 숙살, 북방)인데, 3신 5제는 우리나라와 지나의 3황 5제의 근본이 되었다.

신선도 이념은 환국, 밝달국, 고조선, 고구려등 열국, 발해, 천년신라, 고려, 조선등 제국의 이념이었다.

생사는 세상에 머물음이 생(生)이요, 하늘로 돌아감이 죽음(死)라고 하고, 천일(天一)은 천하대장군, 지일(地一)은 지하대장군, 태일(太一)은 대선(大仙) 또는 금선(金仙. 부처)라고도 한다.

하늘에 있는 주신을 환인(桓因) 또는 환인(桓仁)이라고 하였는데, 원인이라는 인(因)자를 쓰기도 하고 한자로 어질 인(仁)자를 쓰기도 합니다.

그 밑에 수많은 작은 신들을 거느리고 있었다. 환인이란 대생명으로서 하느님이며 광명 본원을 의미하고 어진 사람이나 자비를 뜻하기도 하는 그러한 천신이자 신선을 말했습니다. 어느 날

환국 12연방(안경전 역주 환단고기)

흑수 백산의 땅에 동남동료 800명이 내려왔는데 천제의 환인은 감군으로서 그 천계에 살면서 돌을 부딪혀 불을 일으켜 부싯돌로 음식을 익혀 먹는 법을 가르쳤다고 합니다. 지상천계를 환국이라 했다.

환국은 파네류산, 파미르 고원이죠. 그 밑에 있었다. 천해 동쪽의 땅을 파내류국이라고 했는데, 그 땅의 넓이는 남북이 5만리요 동서는 2만리나 되었다고 합니다.

환국을 12연방으로 나눠서 얘기했는데 거기에는 비리국, 양운국, 구막한국, 구다천국, 일군국, 천산산맥 서쪽이죠. 우르국, 우르국은 메소포타미아 지역입니다.

매구여국, 선비국, 수밀이국, 수밀이국은 수메르 지역으로 메소포타미아 지역 지금으로 말하면 이락이었습니다.

환국을 연 천제 환인을 안파견(安巴堅) 또는 거발한 환인이다. 이렇게 얘기했습니다. 환인천제 7대를 전했는데 혁서(赫胥)·고시리(高是利)·주우양(朱于襄)·석제임(釋提壬)·구을리(邱乙利)·지위리(智爲利) 환인이 7대입니다. 천제 환인 등은 신선이었으며 신선의 나라였죠.

환국의 건국년은 단군 기원전 4866년으로서 그 역년은 3301년이라도 하기도 하고 또 일설에는 63182년 이렇게도 얘기해서 선천환국과 후천환국을 합쳐서 얘기하는 것 같기도 합니다.

우리는 인류문명의 시원으로서 나반과 아만으로 시작해서 환국 건국까지 나왔는데 거기에는 '조화신 안파견 환인천제 거발환'이 청해성 적석산에서 홍익인간·광화세계를 이념으로 한 신선도의 광명국가 밝해 환국을 건국하고 9황 64민의 연합 국가를 유라시아 대륙에 펼쳤음을 살펴봤습니다.

그 당시 주요한 지역은 천해인 바이칼호·타림분지·한텡그리산·금악산(알타이산), 삼위산(돈황지역)·태백산·백두산·홍산(적봉 있는 지역)·의무려산·소주산(발해 묘도군도와 장산군도 있는 그 동광록도를 말함)·완달산(하얼빈 근처에 있는 유명한 아사달산을 완달산이라고 함) 등이었다.

특히 알타이 황금 금관과 보노보에 금단검이 경주 계림로에서 발굴되어 사람들의 관심을 끌었다. 유라시아를 나누는 우랄산맥에 이어서 고비사막. 소비에트. 몽골. 곤륜산맥 사이에 있는 알타이(altai. 금산. 금악산) 산맥은 자연의 보고로서 10,000여년 전 용의 조각상(거석상). 공룡상(큰 돌 6개로 구성)과 그리핀(스키타이 독수리. 독수리 머리와 날개, 사자몸으로 황금보물 지킴이)상 등으로 한 밝달문명인 용봉(龍鳳)문화와 청동기 문화가 발달하고, 황금이 많이 생산되어 유라시아의 중요한 역사적 통로가 되었다. 역사적 유라시아 5대 통로는 ① 알타이루트 ② 기마군단의 바이칼 루트 ③ 북만주.요서의 천산산맥 루트 ④ 해상실크로드 ⑤ 버마 - 사천성차마고도 등이다.

환국의 다스림에 대해서 『환단고기』에는 다음과 같이 기록되어 있다.

환(桓)은 전일이며 광명이다. 모두 하나 이며 광명이다. 전일은 삼신의 슬기와 능력이 되고 광명은 삼신의 실덕이다. 우주의 만물보다 앞서 있다.

광명을 숭상하여 태양을 신이라 하고, 하늘을 조상이라 함으로써, 모든 백성이 그것을 믿고 서로 의심하지 않았다. 조석으로 경배하며 항상 의식을 하고 지냈다.

태양은 광명이 모인 곳일 뿐 아니라 삼신이 사는 곳이다. 사람은 빛을 얻어 만들어지며 하염없이 스스로 되어진다. 아침에는 일제히 동산에 올라 뜨는 해에 절을 한다. 저녁이 되면 일제히 서천에서 돋는 달에 절을 했다.

환인은 날 때부터 스스로 알아서 다섯 가지 물질을 만들어 무리가 모두 힘써 부지런히 일해 지선수행, 개심광명, 작사길상, 주세쾌락하게 했다. 세상을 사는데 쾌락하게 살게 하셨다는 말입니다.

환인은 높고 높은 하늘에서 오직 뜻을 간절하게 해 백가지 길

(百道)이 모두 스스로 화평함으로써, 이때의 사람들은 천제의 화신이라고 칭하며 감히 반대하는 자가 없었다.

구환의 백성이 하나로 돌아오게 했다고 이렇게 합니다. 환국시대의 5가지 가르침 오훈은 성신불위(誠信不僞), 경근불태(敬勤不怠), 효순불위(孝順不違), 염의불음(廉義不淫), 겸화불투(謙和不鬪)이다.

환국 5훈의 첫째 성신불위(誠信不僞)는 성실하게 믿게 거짓을 행하지 않았다. 둘째 경근불태(敬勤不怠)는 공경하고 근면하여 게으르지 아니하고, 효순불위(孝順不違)는 모에게 효도를 다하며, 염의불음(廉義不淫)은 검소하고 깨끗하며 의롭고 음란하지 않으며, 겸화불투(謙和不鬪)는 겸손하게 화합해서 서로 싸우지 않았다. 그럽니다.

환(桓)은 하늘로부터의 빛이요, 단(壇)은 땅으로부터의 빛이며, 한(韓)이라는 한자는 사람의 빛이고, 밝은 이라는 뜻을 가졌는데, 환국의 사회체제는 환인천제 밑에 서자부가 있고 중앙행정조직으로 5가(五加)와 12개의 연합 나라를 기본으로 하되, 각 연방국마다 지방 자치조직으로 또 5가(五加)가 있었다고 합니다.

또 이 환국의 오가(五加)제도는 대중에서 선출되고 대중 의사를 반영하는 만장일치의 고루살이 화백회의였던 것으로 그렇게 볼 수 있습니다.

또 『환단고기』에는 오가와 그 구성원들은 서로 교체되며 대중으로부터 선출되고 그렇게 기록하고 있는 것 이것이 우리나라 자치적 민주제도의 씨앗이 첫 나라부터 생겼다. 그렇게 말할 수 있습니다.

고대사에 관한 역사책 『환단고기』· 『규원사화』· 『산해경』· 『관자』・박재상의『부도지』,『홍사한은(鴻史桓殷)』・『천경비사』・『삼성밀기』 등에 의하면 제2대 혁서(赫胥)환인 천제는 광명을 찾아서 동방으로 향해서 도읍을 세계 샤먼의 중심지로서, 밝맑은 러시아 바이칼 호수 불칸산인 알혼섬으로 하여 지금의 부리야트공화국 지역에 정착했다 합니다.

제3대 고시리 환인천재는 그 중심지를 의무려산 북진으로 우선 옮기고 차츰 요하와 시라무렌강과 흑룡강을 따라 시베리아 연해주 쪽으로 정착 방향을 잡았다고 전합니다. 제4대 주우양 환인 천제는 중심지를 내몽고 홍산 또는 적봉지역이라고 그러죠. 홍산문화・요하문화 문명할 때 그 홍산・적봉지역으로 잡고 문화를 일궈나갔다고 합니다.

상처받은 영혼을 치료하는 큰 산인 요녕성 의무려산은 지금 요하 서북쪽 광령위성 서쪽 5리쯤에 있으며 화강암으로 흰 바위가 많고 육겹산으로 또 백악산(백악산 아사달)이라고도 이렇게 부르는데, 처음 이름은 감숙성 장현의 산 이름이었는데, 그것을 갖다 붙여서 그렇게 지었다 합니다. 이 의무려산은 훗날 요순임금할 때 순임금이 도읍지가 되고, 고려때 대학자 이재현과 조선왕조 대학자 허목은 고구려 동명성제가 졸본 부여를 인수할 때 수도였다고 합니다. 나중에 오녀산성으로 옮겼죠.

환국의 유물・유적은 밝해・밝달 문명의 하나인 밝해연안문명이 거기에서 많이 발견됩니다.

그에 관한 우리나라 자주 사학자들로 훌륭한 일을 한 걸 보면 윤내현 교수의『한국 고대사』, 우실하 교수의『동북공정 넘어 요하 문명론』, 이형구 교수와 이기환 기자의『코리안 루트를 찾아서』, 신용하・윤명철・박선희・임재해・백종오・우실하 교수의

『왜 지금 고조선 문명인가』, 한창건 기자의 『환국배달조선사신론』, 송호수 박사의 『한 뿌리 3만 년』, 공자순 서문·최재인 교수가 쓴 『상고 조선사 3천년사』, 반재원 선생 주해 『홍사한은』, 원가저·정석원역 『중국의 고대 신화』, 윤여동 씨의 『환국 중심 강역』, 안원전 씨의 『통곡하는 민족혼』 그러니까 우리나라의 그러한 역사가 사대모화사상이나 일제 식민사관에 의해서 전부 거꾸로 써 있는 것을 보고 이렇게 통곡했다는 그런 내용이며 큰 책인 『환단고기』 역주는 안경전 증산도 종도사가 역주한 찬란한 우리 문명의 발자취를 살펴볼 수 있습니다.

밝해문명인 발해 연안문명은 만리장성 이남 지나(支那)에는 거의 없는 유물·유적이 무수히 발굴되었습니다. 중국은 황화 문명을 세계 최고의 문명이라고 하다가 그보다 훨씬 앞선 밝해문명인 발해 연안문명, 우리 동이족 문명이 발굴이 되니까 놀라가지고 황제를 이에 관계시켜가지고 자기들 문명으로 갖다 붙이는 동북공정을 시작한 거죠. 그 유물·유적을 보면 햇살무늬 토기·덧무늬 토기·옥기 비파형 동검·고인돌·적석총·여신묘·원방각의 제천단·피라미드 옥룡과 봉황 등의 용봉문화·석성 그러니까 돌로 만든 치성이죠.

우리나라는 중국과 비교해볼 때 단군조선이나 고구려나 이런 나라를 봐도 석성이 많습니다. 환인천제와 환웅천황이나 고왕검단군의 설화와 일치하는 유적 흑리하칠로도산이나 백석두산 노로아호산 같은 적봉·능원·조양·영성·건평·웅우특기 지명 등은 이 문명이 환족·동이족·밝해족·예맥족·고아시아족인 한민족의 문화임을 증언하고 있습니다. 지금 이것은 바이칼 호수로부터 적봉·요하·대능하·발해 연안문명까지 그런 모든 문화를 다 합친 것을 말합니다.

환국 중심 강역에 대하여 윤여동 씨는 능원·건평·영성·적봉·옹우특기 등을 지적하고, 영성현 서남쪽 칠로도산 일곱 노인이 노닌 곳으로서 환국의 일곱 환인 천제를 상징한다고 합니다.

우하량 유적 여신묘 두상

노로아호산(호랑이가 사람 되려 한 산) 그런 단군 신화에 나오는 얘기죠.

능원동쪽 곰 여신상 등이 나온 우하량 문화유적지의 주목 됐습니다.

또 발해 연안문명지를 다녀왔는데, 특히 우하량에서 너무 많은 유적을 보고 감탄을 한 바가 있습니다. 그 쪽에 가장 오래된 문명은 B.C. 7천 년 내지 B.C. 6500년의 신석기 시대에 소하서문화(小河西文化)는 1987년 내몽고 적봉시 오한기 유적에서 발견됐습니다. 환국 시대의 홍산환국 문명이죠.

주거지는 반지하형 동굴이었는데, 흙으로 빚은 조소 인면상, 홍갈색 원통항아리, 그리고 타제석기, 마제석기, 세석기 등이 발굴되어 사람들이 채집·어로·농경업을 한 것으로 보입니다. 이

문화는 황하 유역의 앙소 문화나 양자강 하류의 하모도 문화보다 2천여 년 앞서는데 요하의 조보구문화(趙寶溝文化)의 채도기 문화는 중원문화에 영향을 준 것으로 사료됩니다. 발해환국이죠.

그 후의 환국 문명은 적봉시 오한기 흥룡와촌의 흥룡와(興隆洼)문화와 B.C. 6200년부터 5200년 사이니까 아주 오래됐죠. 그 요녕성 서부 의무려산 동쪽 부신 몽골족 자치현인 사해유적지의 사해(查海)문화 B.C. 5600년부터 5200년입니다.

토광적석묘 문화, 석관 적석묘, 해자가 있는 집터들, 세계 최고의 옥결 옥룡(옥으로 된 그러한 용)이라는 거죠. 저수룡·석소룡 이런 것은 만주에 있는 거기 옥이 많이 나오는 수암옥이라고 있습니다. 그것과 같은 건데 그러한 옥기들은 햇살무늬 토기 등이 발굴되는데 이는 결국 만주와 한반도·일본 문화로 이어져서 환국으로 7대 때까지 계속되고 그 다음에 밝달국으로 이어지게 됩니다.

제2절 환국의 역사적 발자취

한밝달 문명인 신선도의 홍익인간(弘益人間)·광화세계(光化世界)를 지향하는 신명난 우리 역사 제2절은 '환국(桓國)의 역사적 발자취'인데, 환국에 관한 두 번째 말씀입니다.

우리 상고사 환단조선시대를 돌아보면서 중국 요녕성·하북성·청해성,외몽고, 내몽고자치주, 백두산 지역 등 탐사 기록들을 살펴보겠습니다.

저자는 2015년경 밝해문명의 하나인 발해연안문명, 즉 요하문명·홍산문명 지역을 여순부터 적봉시까지 쭉 둘러보고 온 적이 있었습니다.

여기서는 선문대 이형구 교수와 경향신문 이기환 기자가 '코리안 루트를 찾아서'라는 역사 탐사 기록서를 냈습니다. 아주 좋은 책인데 여기에서 사해 문화와 흥륭와 문화의 탐사 기록을 알아보겠습니다. 사해(査海)문화는 중국에서는 차하이 문화, 흥륭와(興隆洼)문화는 싱륭와 문화라고도 하니까, 이 기록에서는 우리나라의 용어와 중국어 용어가 함께 쓰여 있습니다.

대릉하 지류인 양하 초입에 자리 잡고 있는 사해는 가장 이른 시기의 신석기 시대 취락 유적입니다. 특히 이 지역에는 동이족의 활동 무대인 요서·요동 등이 있으며 요서 동쪽 구릉지대에는 요서와 요동을 구분하는 의무려산이 있습니다.

고구려의 건국에 대해서 졸본성에서 했다고 오녀 산성을 얘기하기도 하지만 실제로는 이 의무려산에 고구려가 처음 도읍했다는 학설도 있습니다.

물론 이 지역에 최초의 문화는 B.C. 8천년 경부터 시작하는 신석기문화인데, 이것이 중국에서 가장 오래됐다는 황하문명·앙소문화보다 3천년이나 빠릅니다.

그러니까 밝해문명인 발해 연안문명이 시작된 신석기 문명부터 쭉 이어져서 환국과 밝달국·단군조선으로 이어지는 우리 동이족 문화를 중국 사람들은 뒤늦게 자기들 문명이라고 갖다 붙이고 동북공정에 이용하고 있는 실정입니다.

8천 년 전 이곳에 마을이 들어섰을 때는 고온 습윤했다고 합니다. 발해만과 대릉하·요하 등 바다와 강이 인간의 삶을 도와주면서 교역로의 구실을 해주고 원시농경 등 생산 활동에 유리한 개활지가 넓은 사해 지역은 이런 지리적 이점 때문에 중화 제1촌이 될 수 있었습니다.

발굴 결과 55기의 주거지가 확인됐는데 주거지의 면적은 일반적으로 30m² 내지 50m² 정도이지만, 가장 큰 것은 100m² 이상이고, 물론 그 보다 작은 것도 있지만 이 주거지가 2층일 가능성도 제기되고 있습니다.

그 집의 가운데에는 아궁이가 있고 방 귀퉁이에는 곡식 저장고로 추정되는 비교적 크고 불규칙적인 움막이 있습니다.

8천 년 전 소하서(小河西)문화의 사람 인골과 사해문화의 옹우특기가 유명합니다. '중화 제1촌'이라는 사해(査海, 차하이) 마을을 둘러본 탐사단은 서둘러 행장을 꾸렸습니다. 차하이(사해)에서 서쪽으로 100km 떨어진 싱룽와[興隆洼] 문화로 가는데, 싱룽와는 '중화 시조 취락'이라는 별명이 붙은 것입니다. 싱룽와 문화와 차하이 문화가 서로 경쟁을 하고 있는 그런 모습이죠.

싱룽와(흥륭와)로 가는 길은 멀고도 어렵다. 저 멀리 짙은 황사 사이로 표지석 세 개가 어렴풋이 보입니다. 이형구 교수의 얼굴도 붉게 상기되어 있었다.

"정말 감개가 무량하네요. 두 번이나 이곳 싱룽와를 찾아오려고 했지만 다 실패했는데…"

마치 성지를 찾은 듯 이 교수의 얼굴에는 경건함이 배어 있었다. 동이가 문명의 새벽을 연 곳, 바로 그 차하이와 싱룽와를 잇따라 찾은 것이니 그럴 수밖에 없을 것이다.

지금 이 문명은 인류 창세 최고의 밝해·밝달 문명 시작지의 하나입니다.

그래서 처음에 이 문명이 발견되었을 때는 중국의 이민 교수는 이것이 조이족 문화 동이족 문화라고 했습니다.

그러다가 얼마 지나가지고 장박천이라는 학자를 내세워서 중국 정부는 이것이 황제 계통의 전욱 고양의 문명으로 중화문명의 하나다.

이렇게 우기고 그것을 정부의 정책으로 세워서 계속 몰고 나가서 동북공정으로 해가지고, 그 문명을 빼앗으려는 그런 위기에 처한 것입니다.

그러나 우리나라 정부나 학계에서는 그에 대한 대비가 너무나 부족하다고 말할 수가 있습니다.

흥룽와(싱룽와) 유적은 내몽고 자치주 우한치 바오궈투샹 싱룽와 마을에서 동남쪽 1,300미터 떨어진 곳에 자리 잡고 있습니다. 1982년에 발굴된 싱룽와 유적은 중국 100대 고고학 발굴에 포함될 만큼 중요한 유적입니다.

그런데 유적밀집 범위가 166m 내지 180m에 불과한 싱룽와 유적이 왜 중화시조취락이라는 명성을 얻었을까?

중국에서는 1983년부터 1994년까지 싱룽와유적을 7차례나 발굴한 조사단은 깜짝 놀랐습니다. 무려 175기의 주거지가 마치 현재 도시계획으로 조성한 주택 단지처럼 드러난 것입니다.

중국에서 가장 넓고 보존이 잘 된 4만m²나 되는 신석기 시대의 대규모 취락은 환호(環壕)로 보호되고 있었습니다.

초기의 형태는 집들이 대부분 원형 안에 집중되어 있는데, 주거지의 총 규모는 최고 최대 지름이 183m이고 최소 지름은 166m 정도인데 이 주거지는 모두 10개의 열을 지어 조성되어 있으며 각 열마다 10기 이상의 방이 질서 정연하게 배치되어 있다고 합니다.

현대의 도시 계획이나 아파트 건설 계획 이런 거와 비슷한 모양이죠.

이 때문에 중국 학계는 마을 한복판에 있는 이 두 곳을 영도자의 거처로 간주하기도 했으나 또 회의나 원시 종교의식을 거행했던 것으로 보기도 합니다.

8천 년 전에 마을에 벌써 두 개의 씨족이 살았을 것으로 봅니다. 각 방에는 취사용구는 물론 생산도구와 식품저장용 움막까지 있었는데, 이는 가정마다 경제적으로 독립해 있었다는 얘기입니다.

이러한 싱륭와 마을은 제1씨족·제2씨족·제3씨족 해서 300여 명이 살았던 마을이라고 할 수 있어서 하나의 사회의 연방이 이루어지고도 했습니다.

사해유적을 대표하는 용구나 싱륭와유적의 특징을 드러내는 취락의 규모 외에도 두 이 두 유적에서 동시에 출토된 옥과 정교한 밝해햇살무늬토기 또는 빗살무늬토기가 시선을 사로잡았다고 합니다.

확인된 175기의 주거지 가운데 5기는 동이의 문화인 홍산문화 주거지에 위치해 있고 2기는 하가점 하층 문화 유적지에 속해 있다고 합니다. 홍산문화와 하가점 하층 문화가 싱륭와 문화의 전통을 그대로 이어받았음을 보여준다고 하는데 이 하가점 하층 문화는 우리나라 첫민족 국가 단군조선의 전기에 해당하는 그러한 문화입니다. 말하자면 단군조선 전기의 문명인 거지요.

또 차하이·싱룽와에서 관련된 옥결과 똑같은 것이 최근에 7천년이나 된 한반도 동해안 중부(강원도 고성군 문암리)의 유적에서도 나왔다는 사실은 우리가 주목해 볼만 하고 당시에 옥은 고귀한 사람들의 전유물이었고 그것을 다듬는 전문가들은 농사 같은 기본적인 경제활동을 하지 않으면서 이러한 옥문화를 매개로 계급이 분화되었고 경제활동에 있어서도 분업이 활발하게 이루어졌음을 보여줍니다.

또 차하이·싱룽와 문화에서 집중적으로 나오는 빗살무늬 계통의 토기에 중국인 쑤빙치는 차하이·싱룽와의 사방이 발견된 비살무늬 토기를 두고, 요하 문명을 꽃피운 홍산 문화의 근원이 중원에 있다는 믿음이 깨졌다고 탄식하면서도 중원(황허)과 동북(싱룽와)의 신석기 문화는 서로의 특성을 간직한 채 발전했으며, 두 곳 모두 중화민족의 발상지라는 식으로 터무니 없이 연결하고 있습니다.

하지만 하나는 황화 문명은 중화 민족의 문명이고 싱룽와문명은 우리 동이족, 한민족의 문화인 것이죠. 햇살무늬 토기 문화는 세계적으로 공인된 것처럼 한반도 신석기 시대의 천손족 우리 문화임은 세계 사학이 다 인정하는 바와 같습니다.

다음은 B.C. 5200년 내지 5천년 시대의 부하(富河)문화인데 위치는 적봉에서 북쪽의 통료시 파림좌기 부하구문 금구산, 남영 가영자 유적이다.

여기서는 150개의 주거지 햇살무니 토기와 갈지자무늬토기가 많이 발견되었고 아시아에서 가장 오래된 점을 치던 뼈인 복골이 발견되었는데, 특히 거북뼈 껍데기와 동물 어깨뼈 등으로 그러한 점치는 도구를 만들어서 점을 쳤다고 합니다.

그래서 B.C. 5000년경부터 4400년까지 조보구(趙寶溝)문화가 뒤를 이었는데 적봉시 오한기 조보구촌에서 발견된 9만 평방미터의 유적지에서 흑도 140여 개가 발견되는데 여기에는 용 문화와 봉황의 용봉문화가 함께 발견되어서 용봉문화의 근원이 동이족인 한민족일 것이라는 것이 확실히 알려졌습니다. 신명한 옥수룡·저수룡·조수룡 등의 새 도안과 큰 봉황 모양의 토기 이런 것이 발견되어서 우리 동이족의 한민족 문명이 찬란했음을 알려주는데, 지나인들은 이를 중화 제일봉이라 명목을 붙이고 있습니다.

이러한 홍산문화 전기를 보면 적봉·조양·능원·객좌·건평 등을 중심으로 유적지들이 분포돼 있는데, 홍산문화 말기로서 B.C. 3500년 내지 B.C. 3천년의 문화는 우하량 유적으로 거대한 원방각의 천제단·여신묘·적석총이라는 3위일체의 거대한 유적을 갖추고 초기 문명 국가단계로서 밝해를 나타내는 홍산(紅山)이고, 지역도 붉은 산인 적봉(赤峰)산이어서, 밝해 즉 밝은 태양 문화임을 잘 표현하고 있습니다.

이들 문화는 환국의 후기 밝달국으로 넘어가는 환웅천황의 밝달국 건국신화와 연결됩니다. 특히 우하량의 그러한 여러 가지 문물은 저자가 본 발해 연안문명 가운데 가장 많은 양과 거대함 또 실려 있는 내용은 환웅천왕과 단군왕검의 신화에 나오는 곰문화 이런 것이 있어서, 그대로 우리나라 환단 조선시대를 보는 것과 같았습니다.

이 우하량 유적에 이은 적봉시 소하연(小河沿)문화는 동석병영

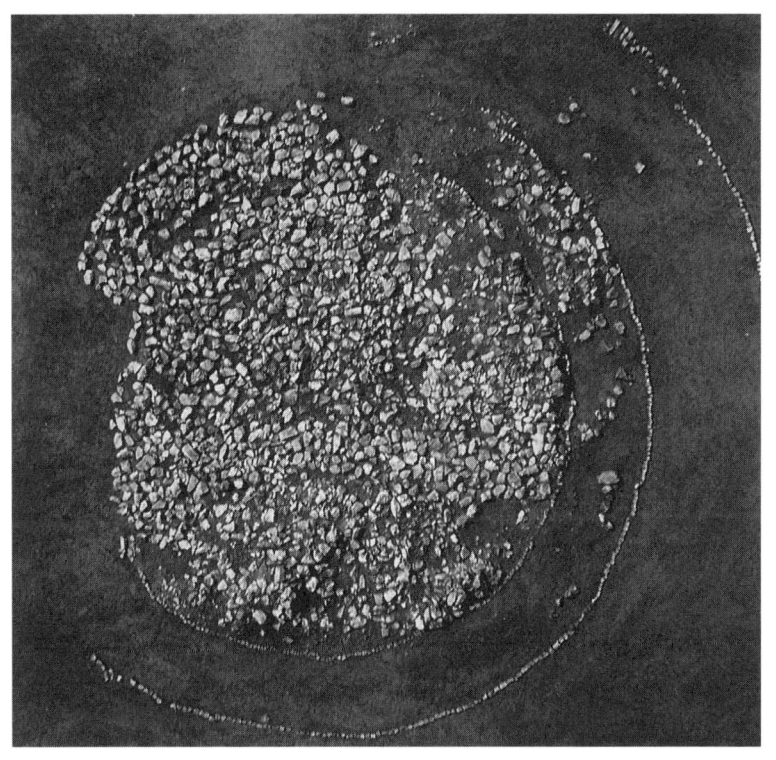
우하량 유적 제 2지점 원형제단

기여서 청동기 시대인 하가점(夏家店) 하층문화인 단군조선시대로 접어들고, 하가점 상층문화는 단군조선 후기 문화에 해당한다고 말할 수 있습니다. 하가점에 문화가 층층으로 쌓여 있는 거죠. 먼저 단군조선 전기 문화가 있는 위에 그것이 덮히고 난 후에 그 바탕 위에서 단군조선 후기 문화를 열었던 것이라고 말할 수 있습니다.

중국은 정부의 정책으로 이러한 발해 연안문명을 자기들을 문명이라고 하고, 동북공정으로 전부 자기들 문명으로 이렇게 입접시키면서 뺏어가려고 하는데, 우리나라의 정부는 거의 관심이 없고 학자들도 강단 사학자들 중에는 별로 관심 있는 사람이 별로 없는 게 참 안타까운 일입니다. 그 가운데서도 발해 연안문명을 쓴 우실하 교수라든지 이형구 교수 또 부산대학교의 고고학자 안춘배 교수 이런 분들은 다 그 문명이 우리 동이족 한민족 문명이라고 확언하고 있습니다.

우실하교수는 〈왜 지금 고조선 문명인가〉에서 요하문명의 발견과 한반도 그리고 우하량 홍산문화의 부분을 살펴보면 하나는 편두(偏頭), 즉 태어났을 때 어린이 머리를 눌러서 편두가 편편한 머리가 되게 하는 것인데, 우리가 가야 문화에서 많이 봤습니다.

그 다음에 또 하나는 사람이 죽은 다음에 만드는 묘지를 적석묘와 계단식 적석총, 그 다음에 하나, 둘, 셋, 넷, 다섯, 여섯 개 할 때 그 숫자 중에 1·3회 삼귀일 이런 것처럼 삼수문화가 우리 민족의 문명을 대표하는 천부경에 나오는 것은 천지인 원방각 이런 것이 다 삼수문화고, 중국은 2·4·8 이런 것을 좋아하는 문화로 완전히 다르죠.

편두(偏頭)는 홍산문화 후기 우하량 유지에서 보이는, 두개골을 변형시키는 편두 관습은 고조선의 후예들이 남마한·남변한·남진한·가야 등지에서도 보입니다. 이것 역시 요하문명 지역과 한반도의 연관성을 잘 보여주고 있습니다.

홍산문화 후기 우하량 유지에서 발견된 인골 가운데 두개골이 남아 있는 남녀 두 개골 총 17개 중 76.47%에 달하는 13개의 남녀 두개골이 모두 편두입니다.

이로부터 남녀가 모두 편두를 하였음을 알 수 있습니다.『삼국지』『위서』『동이전』에는 진한 사람들도 어릴 때 편두를 했다는 기록이 남아 있습니다.

진한 사람들은 "어린아이가 출생하면 곧 돌로 머리를 눌러서

납작하게 만들려 하기 때문에 지금 진한 사람들 머리는 모두 납작하다"는 것입니다.

한반도에서는 고고학 자료로 가야시대인 2~3세기 무렵 김해시 예안리 고분 유적은 진한지역이 아니라 변한지역이므로 교사가 이미 많은 편두 인골이 확인됐는데, 여기는 변한지역입니다.

그러니까 진한·변한 뿐 아니라 흉노·가야·신라·마한·일본 등의 편두 전통이 이미 그 발해 연안문명과 연결되어 있다는 것을 알 수가 있습니다. 요하문명 쪽에서 남하한 은(殷)나라 주도 세력들은 은나라나 송나라도 우리 동이족이 세운 나라여서 편두를 했을 것으로, 은나라 갑골문에는 녈(머리가 기울 녈)자가 등장한다.

현재는 거의 사용되지 않는 한자지만 두개골이 편두로 인해 기울어진 것을 상형한 "녈"자는 최초 형태인 갑골문, 청동기에 새겨진 금문, 한자가 금문한자가 통일된 진나라 시기의 소전에서 만든 그런 형태로 "편두로 변형된 머리를 한 사람 형상"의 상형문자라고 할 수 있습니다.

우실하 교수는 홍산문화 시기부터 이미 보이는 편두 전통이 은나라·흉노 또 고조선으로 이어지고 고조선이 해체되면서 남마한·남진한·남변한을 통해서 가야·신라·일본으로 이어진 것으로 보고 있습니다.

다음은 우실하 교수의 적석묘 이론인데, 홍산문화에서는 적석묘가 보편적인 묘제가 되었고 특히 한 변이 20내지 30m에 이르는 거대한 3층 계단식 적석총이 최초로 나옵니다.

토광적석묘, 석관적석묘는 이미 흥륭와 문화, 백음장한 유지에서 출현했고, 대부분 토광묘였고 적석묘는 보편적인 묘제는 아니었습니다. 이 시기에는 여러 형태의 적석묘가 보편적인 묘제로 주류를 이루고, 상대적으로 큰 대형의 것은 거의 다 외부가 3층 계단식 적석총이라는 것입니다.

특히 우하량 유지에는 홍산문화 후기에 거대한 적석총들이 밀집되어 있고, 거기에는 여러 가지 옥제품이 많이 그 묻혀 있었습니다.

그래서 이러한 묘제는 몽골 초원과 중앙아시아의 지역, 흉노·돌궐 무덤으로 만주일대의 하가점 하층문화·하가점 상층문화 등의 각종 청동시대 무덤, 그리고 고조선·고구려·백제·가야·신라·발해에 이르기까지 한반도에서 지속적으로 이어졌다고 말할 수가 있습니다.

다음 우실하 교수의 삼수문화 세계관은 홍산문화에서 보이는 천지인 관념·원방각 관념·성수 3의 관념, 3신 1체·회삼귀일 이런 것은 모두 우리 문화가 삼수 문화의 세계관으로 홍산문화나 요하 문명, 발해 연안 문명부터 그런 것이 세계관이 확립되었다고 봅니다.

후대에 신선사상·도가사상·황노학·도교 등에도 그대로 전수되면서, 중국은 2·4·8수 문화가 싹 뜨고, 한반도 문화는 그게 신선도·천신교·신교·무교·무극대도 든지 풍류교·풍류도·대종교·천도교·증산교·원불교 등 민족종교에 그대로 전승되어서 삼과 일의 숫자를 좋아하는 민족 문명으로 발전하게 됩니다.

제3절 환국 이은 광명 밝달국

환한 천지인 3합문명 한밝달 문명인 하느님의 신선도 홍익인간(弘益人間) · 광화세계(光化世界)를 지향하는 신명나는 우리 역사 제3절은 '최초의 광명국 환국을 이은 광명 밝달국 즉 배달국'입니다. 밝달은 밝은 땅으로 산. 바다를 포함하는 그런 의미를 갖고 있습니다.

앞서 두 차례에 걸쳐서 환국에 대해서 얘기했는데, 오늘은 환국에 이어서 환국에서 밝달국으로 넘어가는 그런 세 번째가 되겠습니다.

동아시아와 중앙아시아에 있던 환국은 서쪽으로는 수메르 문명이 중요하게 됐고 동쪽으로 옮겨와서는 발해 연안 문명, 밝해 문명이 유명하게 되었습니다.

환국의 말기에 제 종족의 대립투쟁으로 다스리기가 어려워 환국 마지막 천제인 지위리 환인(안파견 또는 단인)이 걱정을 많이 하셨는데, 삼성 밀기에 의하면 도읍지인 홍산 · 요하 발해연안 문명에서 바로 홍산능원에 있던 호랑이족은 성품이 탐욕과 잔인함이 있어서 약탈을 일삼고, 새로 이주해 온 곰족(웅족)은 성품이 미련하고 괴팍하며 자부심이 높아 타종족과 좋아할 줄을 잘 몰랐습니다. 또 지나(支那)족, 중국의 원족에는 반고가한이 있어 여러 가지 이상한 술법으로 독자적 길을 가기를 원했습니다.

능원에서 지위리 천제가 돈황 삼위산과 태백산(백두산)을 내려다 보고, 화하족인 반고가한은 삼위산 서편으로 가게 해서 정리를 한 거죠.

　삼위산과 백두산 사이를 홍익인간(弘益人間)하여 광화세계(光化世界)를 만들 수 있는 곳이라 하여서 새 나라 다스릴 사람으로 누구를 보낼 것인가를 생각하게 됐습니다.

　그때 오가의 신하들이 모두 왕자들 총괄 관리부인 서자부의 환웅이 용감하고 어지르며, 지혜가 높아 일찍 밝해문명을 창조할 뜻이 있으니 그를 보내는 것이 좋겠다고 해서 그렇게 지위리 천왕이 결정을 한 것입니다. 그래서 환웅이 밝달국의 시조가 되는 것이죠.

　밝달국 천황 내지는 따 지(地)자를 써서 지왕(地王)이라고도 합니다.

　안파견 지위리천제가 천부인(天符印, 청동검·천부경이 새겨진 청동거울·청동방울(또는 북)으로 표현되는 하늘로부터 내려 받은'물질적인 상징') 세 가지를 내려주시며 말씀하기를 "이제 사람과 만물과 생업이 이미 다 마련 되었으니, 그대는 수고로움을 아끼지 말고 삼천의 무리를 이끌고 가서, 나라를 열고 뜻을 펴서 [개천(開天)] 변함없는 인륜의 도리를 바로 세우고[입교(立敎)] 세상이 평화롭도록 백성을 교화하고 잘 다스려서[재세이화 광화세계] 만세토록 자손들에게 큰 모범이 되게 전하라"그랬습니다.

　개천입교 그래서 환인천제를 조화신이라고 그러면 여기에 환웅천황은 교화신이다. 그렇게 얘기합니다. 지나(支那)의 창세 신화에 반고(盤固)는 이상한 술법을 즐기며 길을 나눠 가기를 청하므로 이를 허락해서 중국 화하족이 10간 12지의 밝은 장수들을 이끌고 공공(共工)·유소(有巢)·유묘(有苗)·유수(有燧)를 거느리고 돈황(敦煌)의 삼위산의 납림동굴에 이르러 임금이 되며 이를 제견(諸畎)이라고 부르고, 이는 화하족 중국족이죠. 화하족 시족인 반고가한(盤固可汗)이라고 합니다.

다음에는 환웅천황이 밝달국을 좀 더 구체적으로 건국하는 모양을 보면 『밝해문명사』 137쪽인데, 밝달국의 건국, 밝달국 즉 밝은 땅의 나라, 배달국(倍達國)이라고 그러죠.

환국의 마지막 천제인 지위리 환인[檀仁]의 아들로 서자부에 있던 환웅천황 또는 환웅지황이 광명을 좇아 본향인 동방으로 향해 단군 기원전 1565년(B.C. 3898년)에 백두산 꼭대기(高山) 신단수하의 천평의 신불[神市]에 도읍하여 건국하였다고 『삼국유사』, 『환단고기』는 전한다. 천평(天坪)이라고 하는 지금 백두산 삼지연 지역입니다. 그리고 그것을 모두 신시라고 하는데, 그 신시라는 것은 잘못된 겁니다. 환웅 천황에 처음 내려와서 나라를 세우는데 시장이 어디가 있겠어요. 시(市)자는 벌판 불(市)자와 다릅니다. 벌판 불, 신불입니다. 순수한 우리 말로는 검벌입니다. 검벌 근데 어떤 사람이 신시라고 하니까, 불자를 신시로 잘못 읽은 거기 때문에 이것은 바꿔서 불러야 합니다. 그래서 신불에 도읍하여 건국하였다고 한다.

환웅은 지혜와 자비와 용기가 있어 천하 사람 사는 세상에 뜻을 두고 널리 인간을 이롭게 하여 빛으로 세상을 교화하고자 하는 교화신(敎化神)이었다.

환인은 아들의 뜻을 알고 환웅에게 천부인 세 개를 주어 인간세계를 다스리도록 했다고 합니다. 천부인 세 개가 뭐냐 그러면 거울·칼·북인데, 이 거울에는 그 세계 진리의 경전으로 가장 오래되고 근본 경전인 천부경(天符經)이 새겨진 그러한 거울을 의미합니다.

이것이 환국이나 밝달국의 이념인 신선도의 그 내용을 다 가지고 있는 것이고 이어서 삼일신고와 참전계경을 합쳐서 3대 민족경전으로 우리 민족 고유의 신선도, 천신교, 신교, 무교, 풍류도 사상의 기초입니다. 천부경·삼일신고(三一神誥, 5개의 교훈으로 돼 있음), 참전계경은 1년 360일을 기준으로 해서 364사항에 대한 내용이 있습니다.

환웅은 3천 명의 무리를 거느리고 백두산정 신단수 아래 천평에 도읍했는데 이를 신불[神市]이라 했다. 워낙은 신의 벌판인 검벌이고 환웅은 세 신선인 풍백·우사·운사를 거느리고 또 그 밑에 곡식·생명·질병·형벌·선악 등을 주관하는 그 5부를 두어 인간의 360여 가지 일을 주관하여 다스리게 했습니다.

구월산 삼성산에는 환웅천황의 모습이 있습니다.

이때 곰 한 마리와 범 한 마리가 같은 굴속에 살고 있다가 서로 환웅에게 빌어 사람이 되고자 했는데 이때 환웅이 신령스러운 쑥 한 줌과 마늘 20개를 주면서 말하기를 "너희들이 이것을 먹고 100일 동안 햇빛을 보지 않으면[不見日光] 곧 사람이 될 것이다"라고 했습니다.

곰과 범이 그것을 먹고 3·7일(21일) 동안 기도하니, 범은 교만하여 참지 못하고 기도를 잘 못해서 사람의 몸으로 변하지 못했으나, 곰은 잘 참고 계율을 지키는 등 기도를 잘해 여자의 몸으로 변해서 환웅과 결혼하여 아들을 낳았다고 한다. 이건 신화지요. 본디 살던 호족과 이주해 온 웅족의 얘기를 이렇게 신화로 표현을 한 것입니다. 환웅천황이 처음으로 건국하여 백성에 교화를 베풀 때, 천부경과 삼일신고를 가르쳐 크게 무리를 깨우치는 밝달교인 신선도(神仙道)를 폈다.

하늘에 있는 신이 땅에 내려와서 땅의 높은 곳인 산에 내려와서 사람으로 화한 것을 선인(仙人) 그래서 신선도라고 그렇게 얘기를 하지요. 조화신. 교화신. 치화신, 삼신을 믿고 수도하며 홍익인간하는 이 신선도는 단군조선시대에 와서 그 완성을 봤습니다.

천부경·삼일신고는 밝달국 때 완성이 됐지만, 나머지 참전계경은 단군조선 때 와서 정리가 되고, 그것이 완전히 문서로 남겨진 것은 고구려 때 을파소 재상이 그것을 확립을 했습니다. 그리고 이 신선도 사상에는 이 세상의 변화원리 그게 환역인데, 그것이 주 나라에서 주역이라는 말도 많이 쓰지만, 그런 역에 관한 거 그게 태호복희에 복희팔괘, 그 다음에 주 문왕의 문왕팔괘 이걸로 함께 전해 내려오다가 근세에 우리나라의 김일부 선생이 정역팔괘를 얘기해서 우리가 살고 있는 21세기에 정음 정양의 그러한 새로운 시대가 열릴 거다 라는데 , 지금 그 시대가 오고 있다고 말할 수가 있습니다.

이 환웅신화는 중국 반고신화뿐 아니라, 서쪽으로 전파돼 인도의 베다신화, 페니키아의 바울신화, 유프라테스의 다본신화, 수메르에의 엔키신화, 수메르문명, 바알 문명으로 이어지죠. 유태의 야훼신화의 모체가 되었다. 유태의 여호와 신 또는 야훼신은 본래 우리나라 밝달국의 태호복희의 여동생 여와가 서양으로 가가지고 야훼신이 됐고, 희랍의 제우스 신은 우리나라 부루태자에게 오행치수법을 배운 제우(帝禹) 그것이 희랍으로 가서 제우스 신이 된 거다 그렇게 말할 수 있습니다.

그러면은 여기서 우리나라 문명의 기본적인 이념이고 세계의 모든 문명 공자의 유교, 노자의 도교, 석가의 불교, 예수 그리스도의 기독교, 마호메트의 이슬람교, 힌두교, 그 다음에 희랍 철학, 남북 아메리카의 마야·잉카 문명의 그런 사상 이런 것의 원류가 된 천부경을 살펴보도록 하겠습니다.

천부인은 환인 지위리 환인천제가 환웅에게 천부경을 새긴 거울·칼·북을 전하게 했는데, 이것은 인류 창세 세계 최고의 문명의 핵심이다. 그런데 처음에 천부경은 신지 혁덕이 녹두문자 즉 사슴의 발가락처럼 생긴 문자로 되어 있는데 모두 16자였습니다.

하나 둘 셋 넷 다섯 여섯 일곱 여덟 아홉 열 이것을 글자로 쓰면 16자입니다.

그래서 우주를 나타내는 수리철학으로 완성을 한 건데 이것을 신라의 유명한 철인인 고운 최치원(崔致遠)선생이 유불도에 능해 가지고 81자로 경부작첩(更復作帖, 고쳐서 시를 썼다)했다고 『환단고기』에 나옵니다. 불교 화엄경도 10수 철학으로 되어 있습니다. 그래서 지금의 천부경은 보통 81일자라고 얘기하지요.

一始無始一析三極無	일시무시일석삼극무
盡本天一一地一二人	진본천일일지일이인
一三一積十鉅無匱化	일삼일적십거무궤화
三天二三地二三人二	삼천이삼지이삼인이
三大三合六生七八九	삼대삼합육생칠팔구
運三四成環五七一妙	운삼사성환오칠일묘
衍萬往萬來用變不動	연만왕만래용변부동
本本心本太陽昂明人	본본심본태양앙명인
中天地一一終無終一	중천지일일종무종일

그래서 그것을 보면은 최고운(崔孤雲) 81일자 천부경은 이렇게 되었습니다.

이 우주는 하나로 시작합니다. 하느님 하늘님 하나님 또는 불교의 불이(不二), 불이라는 것도 결국은 하나를 말하죠. 그래서 우주는 하나로부터 시작한다(일시무시일).

그러나 그 시작하는 하나는 없다는 겁니다. 그래서 유교에서는 무극으로부터 태극이 나고 태극에서 황극이 나온다고 이렇게 설명하는데 시작도 끝도 없는 거죠.

나중에 일종 무종일로 끝나거든요. 그것을 셋으로 나누면 그 근본은 다함이 없다. 셋으로 나눌 수는 있지만 근본은 늘 다함이 없고 무궁무진하다. 그 첫째가 하늘이고 두 번째가 땅이고 세 번째가 사람이다. 본체(體). 작용(用). 형상(相)으로 나누기도 합니다.

하나가 쌓이면 십으로 큰다. 하나 둘 셋 넷 해가지고 아홉 열 해가지고 그 완성의 숫자가 되지요. 무궤화삼 항상 그것은 삼으로 나뉘었다가 다시 하나로 돌아가고 그러죠.

천이삼 지이삼 인이삼 [天二三 地二三 人二三 : 하늘 둘째는 셋이고(태극.음.양) 땅 둘째도 셋이며 사람 둘째도 셋이다] 천지인이 두 번째 그걸 나누면 삼이 되는 것이죠.

워낙 본자리와 음양, 땅도 본자리와 음양, 사람도 본자리와 남녀 이렇게 대삼 합육 그 천지인 둘씩 나오는 것을 합치면 6이라는 숫자가 됩니다.

하나로 생성해서 되는 5는 중심 숫자고, 그 다음에 다시 형성해 나가는 것은 6이라는 숫자로부터 됩니다. 그래서 천부경의 제일 중심에 있는 숫자가 6입니다. 그래서 6 7 8 9 10 10에서 완성을 한다.

생 7 · 8 · 9, 6이 7 8 9를 생하고 셋으로 나눠지는 것을 네 번 운영하면 12가 돼가지고 12진법 12수, 4방 사계절을 세 번 올리는 것처럼 그렇게 되고, 음양오행으로 따지면 목화토금수의 오행이 되기도 하고 거기다 음양을 합치면 칠행을 순환하여 운삼사성환 5·7(運三四 成環五七)이 됩니다.

결국은 이 하나로부터 퍼져 나가서 무한히 퍼져나가서 만 가지가 가고 온다. 용변부동본(用變不動本) 그 만가지로 오고 가면서 이용하고 활용해서 쓰지만 그 근본은 불변의 부동본이죠. 그래서 그것을 원동의 부동자라고, 불교에서는 부동불이다 그럽니다. 맨 처음에 움직이게 했으면서도 스스로는 움직이지 않는 부동자다. 우주심이 본심이다. 본심부동자 이게 핵심인데, 우주는 본래 한 마음입니다. 우주는 허공심이죠.

그리고 본 태양 우리 태양계의 중심이 태양이듯이 우주는 수많은 영계의 총합으로 구성돼 있기 때문에, 그 수많은 영계의 태양이 본 태양입니다.

그러니까 우주 전체를 포용하는 것이죠. 앙명인중 천지일(昻明人中天地一), 사람 가운데 그 광명을 밝혀서 사람 가운데 천지가 합일되는 사람이 된다.

그런 것을 완성자 그래서 태일(太一)이라고도 또 대선(仙) 큰 신선이라고도 그러고 또 어떤 경우에는 부처님 같은 경우에는 금빛 나는 대선이다 그래서 금선(金仙) 인격을 완성하는 겁니다.

그래서 하나로 다시 끝나는데 그 끝나는 하나는 없다. 그러니까 이 우주는 하나로 시작해가지고 여러 가지로 하나에서부터 열까지 수리 철학으로 이렇게 변화해서 하나의 원상(一圓相)으로 돌아가지만 결국 끝남은 없다는 순환의 진리를 표현하기도 합니다.

제4절 밝달국의 유물·유적 등

 한밝달 문명인 신선도 홍익인간·광화세계를 지향하는 신명난 인류최고 역사 제4절에서는 '밝달국의 유물·유적들'입니다. 다시 말하면 배달국의 유물·유적들이다 라고 말할 수 있습니다.
 우리는 전 회에서 밝해문명국 환국과 첫 민족국가 단군조선을 이어주는 나라로서 환국의 그 지위리 천제의 아들인 환웅(桓雄)천왕이 밝달국 즉 배달국을 건국했다고 그랬는데 백두산 지역 천평(天坪) 신단수 아래에서 호위무사인 코미타투스 3천 명을 이끌고 단군 기원전 1585년 신불에 도읍(신시로 잘못 읽는 사람들이 많았음) 신불(검벌)에 건국한 것을 살펴봤습니다. 여기서 천평(天坪)은 상천평 하천평이 있는데, 고산천평인 상천평은 백두산 정상에 있는 삼지연 지역이고, 하천평은 연변이니까 대강 그 시대의 지역을 생각해 볼 수가 있습니다.
 그러면 그『밝해문명사』144쪽 종족사회생활과 유물·유적들부터 차례로 살펴보도록 하겠습니다.
 종족 사회에서 시작한 밝달국은 점차 연합했고, 나중에는 종족 내지 부족 연맹 국가인 첫 민족국가 단군조선으로 발전해 나가게 됩니다.
 종족국가 사회생활과 유물 유적들을 알아 보면 배달국 종족사회는 돌을 갈아서 만든 석기인 마제석기(간석기라고도 함)를 사용하는 신석기 시대로 농경 생활 경제를 그 특징으로 하며 그 일반적으로 평등 사회였을 것이라고 생각합니다.

종족사회에서는 종족 단위의 공동체 생활을 하는데, 그 지역은 마을이나 고을(읍)이라고 그러죠. 촌락(村落)이런 것이었으며, 그러한 읍이 커져서 대읍도 되고 또 종족국가의 수도가 되면 도읍이 됐습니다. 도읍을 시(市)라고도 불렀는데, 시장이 생기면서 나중에 신불이 신시가 된 거지요.

종족 사회는 족외혼이라 하여 서로 다른 씨족 사이에서만 결혼을 했고 정착 생활을 위한 집으로 온돌이나 화덕 같은 난방시설을 갖춘 움막을 주로 사용했다고 합니다.

그 시대의 생산물을 보면 벼·조·피·수수·콩 등을 생산하는 농경 정착 생활을 위해 농경용 마제석기로 돌도끼·돌화살촉·맷돌·돌괭이들을 만들어 썼으며, 흙을 빚어 불에 구운 구운토기, 석기 말고 이제 토기도 등장하게 하는 거죠.

그 지역을 보면은 충무시 상노대도·웅기·만포진·강원도 오산리·부산 동삼동·송화강·흑룡강·요동지방·일본 대마도·연해주 등지에서 출토된 원시무늬없는 토기와 덧띠무늬토기는 가장 오래된 토기로 알려졌는데, 그 뒤에 나타난 것이 햇살무늬토기 이를 책문토기·새김무늬질그릇·빗살무늬질그릇 즉 빗살무늬토기라고도 합니다.

종족사회에서는 강이나 바닷가의 모래흙을 사용해 햇살무늬토기를 만들었으며 어로·수렵·유목생활에는 활과 화살, 그리고 낚시와 그물이 이용되었고 배도 건조 되고 또 교역도 시작을 했습니다.

그리고 이 사회에서는 자연과 인간이 밀접한 관계로 자연 친화적이어서 하늘에서 태양을 숭배하고 사람이 죽은 뒤에도 영혼이 있다는 그러한 믿음을 갖고 또 만물에 영혼이 있다고 생각하는 애니미즘(Animism)과 씨족이나 종족의 수호신으로 소나 호랑이 곰·모감주나무·밝달나무 등 특별한 동식물을 생각하는 토템 사상도 생겨났고 하늘신과 자연신인 산신·강신·바다신·바람신·비신 등에 대해서도 그런 신앙하는 신앙이 있었습니다.

종교적 지도자로 천신교를 이은 밝달교(배달교)나 신선도의 제천장이나 기복치병의 무인 샤먼(Shaman)이죠. 그런 무인(巫人)들이 출현을 했습니다. 그 종족 사회 후기에 이르러 기후 변화와 인구 증가 등으로 부락연맹 내지 종족연맹을 맺게 되면서 사유재산 제도가 싹트고 빈부 차이가 생겨서 불평등 계층이 생기고 갈등도 생기면서 또 전쟁도 생겼습니다.

그리고 처음에는 모계씨족 사회였는데 그것이 무너지면서 가부장의 권위가 인정되면서 가부장적 가족제도가 자리 잡기 시작을 했습니다.

동북아시아 지역에 정착한 이러한 밝달족 한민족의 선조들은 한 곳에 머무르면서 그 생산 수준이 많이 발전되어 집자리나 조개무지 등 유적과 유물을 통해서 그 발전된 수준을 알아볼 수가 있습니다.

한반도 신석기 문화유적 가운데 가장 오래된 것으로 알려진 강원도 오산리 유적은 방사선 탄소 측정에 의해 1만년 전 것으로 잡기도 하지만 1만 년 전 탄소 측정은 오차가 큰 편이며, 함경북도 옹기군 굴포리 서포항 유적이 유명하죠. 남해안 조도 등 유적은 8천 년 전 것으로 짐작하기도 합니다.

신석기시대 조개무지 유적이 발견된 곳은 굴포리 서포항, 부산시 영도구 동삼동, 경상남도 통영군 상노대도, 평안남도 온천군 궁산리, 황해도 해주시 용당포, 함경북도 청진시 농포리 등이 있고, 이러한 웅기군 서포항 유적에는 구석기시대 굴포문화층 위에 신석기 시대의 조개무지층이 있고, 그 위에 또 청동시대 조개무지층이 있어 원시 시대부터 생활터전으로 수많은 세월의 그런 중심지였다는 것을 알 수가 있습니다.

신석기 시대 동북아 지역의 집자리 유적을 보면 서포항이나 궁산리 조개무지 속에서 발견됐다는 것을 얘기했고 강원도 오산리, 서울 강동구 암사동, 황해도 봉산군 지탑리, 평양시 금탄리, 평안북도 영변군 세죽리 · 중강군 토성리, 중국 요녕성 심양시 신락, 내몽고 적봉시 흥륭와, 요동반도 소주산, 요녕성 홍산우 · 우하량, 중국 하남성 민지현 앙소촌, 산동성 용산진 성자애 · 섬서성 서안 반파유적, 흑룡 강성 앙앙계 · 신계류 유적들 그러한 고대의 유적이 많이 있습니다.

그 가운데 지탑리 유적을 비롯한 서포항 · 궁산리 · 흥륭와 · 소주산 등에서는 돌낫 · 돌보습 · 갈돌판 · 갈돌대와 함께 불에 탄 낱알이 소복하게 담겨 있는 그릇이 나와 부족사회가 농경 사회임을 알려주었습니다.

또 부여군 송국리, 충주 조동리, 단양 수양개, 광주 신창동 등에서는 탄화미(炭火米)가, 부안군 소산리, 부산 아치섬에서는 볍씨 자국이 있는 토기가 발견되었는데, 이는 벼농사가 지어졌음을 말합니다. 그러니까 벼농사가 적어도 5천 년 이상 그렇게 지내왔다는 것을 알 수가 있습니다.

특히 충북 옥천군 대천리 신석기시대 집터에서는 쌀 · 보리 · 밀 · 조 · 콩 등 낱알 20여점이 발견됐는데, 한남대학교 한창균 교수는 방사성탄소 측정 결과 서기전 3천 내지 3천 5백년 사이 것으로 확인됐다고 발표하였습니다.

요녕성 석붕산 동이족 고인돌 앞에서 저자

그 밖에 질그릇을 만들어 독이나 항아리 같은 것을 만들어서 음식물을 저장해 두기도 했고 대접·보시기·잔 등도 만들어서 여러 가지 생활에 유용하게 썼습니다.

그리고 질그릇이 출토된 지역도 만주 한반도 남북 다 골고루 퍼져 있습니다.

동족 사회 후기에 오면서 농촌 부락인 황화유적인 앙소촌 유적에서는 B.C. 4500년 내지 B.C. 2500년 사이에 벼농사와 개·돼지 등 가축을 길렀고 방직기술이 발달했는데, 그래서 이것은 앙소문화라고 채색 토기 중심의 문화였습니다.

B.C. 2000년경에 산동성 용산진을 비롯해 하남성·섬서성·산서성·요동반도 등에서는 농경·목축 생활 유적과 함께 검은 질그릇이 많이 발견되었는데, 그래서 이를 용산문화(龍山文化)라고 이렇게 부릅니다.

용산문화는 B.C. 4500년에서 B.C. 2500년 사이에 태안현등

산동지역 대문구 문화를 이은 것이다.

 그 밖에 홍산·요하·우하량·대릉하 유역 등 발해연안문명 이렇게 여러 가지로 불리지만, 이것은 결국 우리나라의 찬란한 밝해문명에 한 부분이죠.

 홍산·후와·우하량·대능하·노철산 등 요동반도 등지에서는 고인돌무덤·돌무지무덤·돌상자 무덤과 함께

 석조건축·목기·여신묘가 발견되는데 이것을 홍산문화, 요하문명, 발해연안문명

 이렇게 우리나라와 중국 학자들 사이에서는 일치하지 않는 경우가 있는데 이것은 전부 밝해문명의 하나인 동이의 성지인 우하량 홍산 여신묘 등의 유적에 관해서는 특히 이형구 교수와 함께 경향신문 이기환 기자가 자세한 탐사를 해서 『코리안 루트를 찾아서』라는 책을 썼는데, 실감나게 잘 썼습니다.

 그것을 보면, 우하량 여신묘의 적석총에서 나온 곰·소 조상과 곰형 옥기 등으로 미루어 볼 때, 여신은 환웅신화나 단군신화에 등장하는 웅녀를 상징하는 것으로 봅니다. 웅녀는 홍산인들이 모셨던 지모신 가이아의 원형으로 보고 있습니다.

 그리고 우하량 제2지점과 제13지점의 적석총 피라미드 형태를 보면 '일총 다묘'로 구성되어 있고 핵심적인 위치를 차지하는 대묘는 무덤의 중앙부에 자리 잡고 있어서 그것은 그 시대에 지배자의 무덤일 것으로 봅니다.

 우하량의 신상은 남자 신상뿐만 아니라 세 여신인 삼신할미 여신상이 있는데, 이것은 우리가 마고 산성 마고할미의 문화에서 본 것처럼 율려 짐세 그 다음에 마고할미의 3명으로 출생과 관련이 있는데, 거석 문화 적석총은 1변이 100m인 7층 계단의 원형

피라미드입니다. 이 『예기』'단궁'을 보면 "무덤이지만 봉분은 하지 않았다"고 하고 이것이 동이족 문화인 상나라 부호묘나 중산왕릉의 무덤위에는 향당 같은 건축물이 있어서, 고구려의 피라미드 장군총에도 향당이 조성된 흔적이 있기 때문에 역시 우리 동이족 문화와 상통한다. 이렇게 말할 수가 있습니다.

그리고 우하량 유적을 비롯한 홍산문화의 적석총들은 모두 옥기를 품고 있으며 적석총과 석관묘의 윗부분과 석장에 밑빠진 토기 즉 원통형 토기를 빙 두른 경우도 많은데, 이것은 제사 용도로 옥을 많이 사용했는데, 요동지방에 수암이라는 지역에 그렇게 좋은 옥이 많이 나는 지방이 있습니다.

지금부터 5천 500년 전 홍산문화의 유적인 우하량유적에서는 무덤에 원통형 토기를 두르는 풍습이 있음을 알 수가 있습니다.

그래서 이러한 밝해·밝달 문명이 백두대간을 타고 나가 발해연안과 한반도, 일본은 모두 밝해문명의 틀에서 해석해야 되고 그래서 부여박물관의 박중환씨는 조족문과 관련된 조령신앙이 마한에서만 발견된다고 그렇게 보고 있습니다.

새를 숭상하는 풍습은 시베리아 샤머니즘에서 왔다고 하는 사람도 있지만, 사실은 그렇지 않고 이미 7천 년 전부터 우리 동이족인 조이족 밝해문명에서 그것이 시작된 것이라고 말할 수 있습니다.

그리고 지나(중국)의 쑤빙치는 우하량 유적군의 단·묘·총의 결합으로 볼 때 고대의 제왕들이 거행해왔던 교·료·제가 함께 이루어졌다고 보면서 황하문명은 농업 중심의 왕권 국가였고 발해 연안 문명은 복합적인 신권 국가였던 것 같다. 그렇게 하면서도 그 쑤빙치는 그것이 황화 문명과 같이 연결된다고 그렇게 봤습니다.

그러나 분명히 황하문명보다는 발해 연안 문명이 훨씬 앞서고, 이것은 종류가 다른 밝해밝달 문명의 흔적이라고 말할 수 있습니다.

우하량의 제천단 원방각 전경에 관해서, 우리나라 학자와 중국 학자들이 여러 가지 설이 많지만 동양고고학연구소의 이형구 교수는 결론을 이렇게 내렸습니다.

"발해연안문명의 창시자인 동이의 족적은 엄청나다. 역시 정착생활을 하는 농경민이었고요. 홍산문화는 사방으로 퍼져 발해연안문명을 꽃피웠고, 남으로는 중원의 황하문명과 만나 드디어 새로운 역사를 창조하는데, 그것이 바로 은나라·송나라가 되는 거죠."

그러니까 그 발해연안문명이 시기적으로 밝해환국부터 아주 오래된 우리 동이족 밝해 문명이고 그중에 일부가 내려가서 황하문명의 영향을 주었고, 중국 고대가 하·은·주 해가지고 하나라 당에 은나라가 되는데, 은나라가 바로 우리 발해연안문명에 영향을 준 것이다. 그렇게 말할 수 있습니다.

한반도에서 돌무지무덤이 경기도 시도·부산 동삼동·강원도 천전리·조치원·대구 대봉동·평안북도 향산읍 등지에서 발견되며, 거석문화의 하나로 무덤이나 제단인 고인돌은 경기도 강화, 황해도 은율, 관산리 것이 유명한데 그 밖에 고창·화순 지역에도 고인들이 많이 있죠.

한편 내몽고 적봉 동팔가촌에서는 약 5천 년 전 돌을 쌓아 만든 성터가 발견되는데 성의 크기는 남북이 160m, 동서가 140m였다고 하는데 거기에 집터가 57개나 나왔습니다.

『환단고기』 신시본기에 의하면, 삼성밀기와 고려 팔관잡기에는 사람이 무리죽음을 하면은 향리 밖으로 나가지 않는 한 곳에 합장하여 지석을 만들어서 표를 했는데 이것이 지석단 또는 제석단이라고도 하는데, 그렇게 산꼭대기에다 구덩이를 봐서 성단을 받는 것을 천단이라고 하고, 산골짜기에 나무를 심어 토단을 만든 것을 신단이라고 하고, 삼신을 수호하고 인명을 다스리는 자를 삼랑 또는 삼시랑이다. 그렇게 불렀습니다.

본디는 삼신시종지랑이었는데 삼랑은 밝달신이며, 삼신수호의 관을 세습했습니다.

이러한 거석문화의 하나인 고인돌은 그 시대를 대표하는 거석문화로 전 세계에 6만여 개가 있습니다.

우리나라에는 강화·고창·화순·정읍·대전·김해 등에 고인돌이 약 3만여 개가 있고 북한에는 평양 등 여러 지역에 1만여 개가 있습니다. 전 세계 6만 여 개의 고인돌 가운데 3분의 2인 4만 여기가 다 우리나라에 몰려 있어서 우리나라가 고인돌의 종주국이라는 겁니다.

세계에서 가장 큰 고인들은 350톤으로 김해시 구산동에 있고, 가장 아름다운 고인들은 평양시 강동군 문흥리 피라미드 옆 대밝산 고인돌이다.

우리나라가 고인들의 종주국임을 얘기하는데 그 밖에도 세계적으로 고인돌이 있는 걸 보면은 중국에서 절강성 요녕성, 길림성 또 대만, 일본 북구주, 인도네시아 또 인도 데칸고원 남부에 케랄라 고인돌이 또 있습니다.

북미에는 멕시코·유카탄·치첸이차 지역·페루 쿠스코 지역, 이스터섬의 모아이지역 거기도 고인돌이 있고 고인돌은 물론 피라미드·입석·열석·석상·석성·돌무덤 등 거석문화가 발달한 유럽 지역에도 있어서 영국 스톤헨지(Stonehenge)라고 그러죠. 프랑스 카르낙 브레타뉴 지역·스웨덴·스페인·아일랜드·덴마크·독일·네덜란드·이태리·헝가리 지역과 흑해 연안 러시아 카프카즈 지역에서도 고인돌이 많이 발견됐고 지중해 연안에는 요르단·시리아·아프리카 알제리아 지방에서도 고인돌이 많아 고인돌이 전 세계에 퍼져 있습니다.

제5절 밝달국 이념 신선도

한밝달 문명인 신선도, 홍익인간·광화세계를 지향하는 신명난 인류최고 역사 제5절은 '밝달국 이념 신선도'입니다.

밝달국은 배달국이고, 그래서 흔히 우리나라를 배달의 나라라고 하는데, 요즈음 코로나19 사태 이후 배달 물량이 증가하면서 과로로 숨지는 그런 사람들이 많이 늘어나서 국민들이 걱정을 하고 있습니다.

이런 것은 나라나 정부에서 대책을 신속히 마련하고 국민들도 지혜를 모아서 우리들의 선조처럼 그렇게 평화롭게 살도록 오순도순 그렇게 했으면 좋겠습니다.

우리는 우리 역사를 고대로부터 살펴가는데 환국에 이어서 밝달국, 배달국의 유물·유적을 알아봤습니다. 밝달국을 세운 환웅천왕은 염표문이라는 것을 발표했습니다.

그것은 바로 신선도 이념, 천신교나 신교나 또는 무교의 이념이라고도 말할 수 있는데 그것은 일신강충·성통광명·재세이화·홍익인간(一神降衷. 性通光明. 在世理化. 弘益人間)입니다.

하느님이 우리 마음 가운데 내려오시면 그 마음의 바탕과 광명이 하나로 통해서 이 세상에 그것을 전부 이치화 한다. 그러니까 빛으로 광화(光化)한다 이런 거죠.

그러면 사람들이 전부 홍익인간이 된다. 인간 중심의 사회, 인본주의 사회, 다른 사람을 널리 크게 돕는 그런 홍익인간의 사회가 된다. 그래서 저는 이것을 줄여서 홍익인간·광화세계라고 그랬습니다.

인간의 이념은 온 인류가 홍익인간이 되고 또 세계는 어두운 곳이 없게 광화하라 이런 거지요. 그래서 고구려 광개토대제 때의 궁전 이름이 중광전이고, 고려왕실의 정문이 광화문이고, 조선왕조의 경복궁 정문도 광화문이었습니다.

지금도 광화문이 있어서 현대 민주주의 세계에 있어서 이른바 광화문 민주주의의 터전이 되고 있는데, 그것이 신선도의 전개다 이렇게 말할 수가 있습니다.

이러한 신선도 이념은 전에 얘기했지만 천부경 본래 16자로 돼 있지만, 최치원의 81자로 되어 있는 일시무시일 본심 본태양 그 다음에 일종 무종일로 표현되는 그런 천부경과 삼일 신고 이런 것이 바탕이 되고 그 다음에 밝달국에 와서 인류 문명의 창시자라고 하는 그 태호복희씨(밝달국의 제5대 태우의 천황의 마지막

아들)는 송화강 강변에서 하도를 찾아냈고 또 백두산에 가서 제도 지냈습니다. 그래서 복희팔괘를 만들었죠.

건(乾)·곤(坤)·진(震)·손(巽)·감(坎)·리(離)·간(艮)·태(兌)라고 그러는데, 이것이 결국은 환역이고, 천부경과 하도(河圖)에 이어 낙서(洛書)가 생겨 역학이 정립됩니다.

낙서는 왕검단군께서 선천 상극시대 마방진 492, 357, 816 (상하좌우 합 15수)을 완성하시어 황금거북등에 쓰시고, 그 거북을 바다에 놓았는데 이 거북이 낙수(洛水)로 가서 하나라 우왕에게 전달되었습니다.(환단고기 행촌이암 태백진훈. 그 후손 해학 이기 태백속경 대변설)

나중에 주 문왕이 문왕팔괘를 낙서에서 찾아 가지고 주역이라고 이름을 붙였고, 현대에 와서는 김일부 선생이 정역팔괘로 정음정양이 되고 지축이 바로서는 후천상생 시대가 열린다고 하죠.

그리고 이러한 것은 단군조선 때로 넘어가 가지고, 참전계경, 참전이 신선이라는 뜻인데, 그 지켜야 될 360가지 일이 정립이 됐고 그것은 고구려 때 재상 을파소가 참전 계경으로 완전히 정리해서 천부경, 삼일신고, 참전계경 모두 정비가 돼서 우리나라가 신선도의 중심으로 세계의 모든 문명을 이끄는 민족3대 경전이 밝해밝달 문명의 센터가 된 거죠.

그래서 그러한 신선도는 3신을 믿고 세 가지 문을 닦는다. 세 가지의 문은 지감(止感)·조식(調息)·금촉(禁觸)이죠. 느끼는 것을 멈추는 마음공부로부터 조식, 호흡을 조절하는 단전호흡, 그 다음에 감촉, 여러 가지 접촉을 지나치게 욕심을 내거나 그런 것을 금하는 지감·조식·금촉을 통해가지고 결국 신선이 되는 그러한 방법을 제시했던 겁니다.

태호 복희씨가 나와서 인류의 문명을 창도하면서 신선도를 체계적으로 정리했다고 그렇게 얘기했는데, 그래서 이 태호복희씨는 신선도를 닦는 선랑들에게 오상-충(忠)·효(孝)·용(勇)·신(信)·인(人)을 가르쳤습니다.

유교에서는 인의예지신을 5상으로 가르치지만, 우리나라는 본래 오상이 충효용

인류문명의 창도자 태호복희씨

신인 좀 비슷하기도 하고 다르기도 하지요.

그래서 그런 것을 통해서 선문을 닦아가지고 인격 완성과 사회 완성으로 나가게 했죠. 이 복희선인(伏羲仙人)은 본래 풍족에서 태어났고 그 다음에 이러한 복희 팔괘(八卦)를 찾아서 환역(桓易)을 만들어가지고(역이라는 것은 태양계의 변화), 그의 원조가 되면서 하늘 사상과 어진 사상 이런 것이 중심이 됐고, 이것은 공자의 가르침에도 영향을 줘서 유교에도 영향을 줬고 또 신선도에도 영향을 줬습니다.

그래서 우리나라 최초의 신선이라고 하는 발귀리선인, 그 다음에 그 후계인 자부(紫府)선인, 또 후대는 유의자 선인, 이러한 선

인들로 그러한 학문과 선도가 이어졌다 그렇게 말할 수가 있습니다. 자부 선생은 신선음부경을 지었고 중국을 열었다는 황제와 노자의 사상을 합쳐서 황노사상이라고 그러는데 이것이 결국은 도교가 된 거지요.

황제는 자부선인한테 배워가지고 황제음부경을 짓고 중국의 신선도를 펴면서 도교의 시초가 됐습니다. 그 자부선인은 청구국, 우리나라죠. 대풍산(백두산) 양지바른 곳에 치우천황이 지어준 삼천궁에서 살았으며, 그 후에 창기소선인은 칠정운천도를 다시 연구해서 오행치수법을 또 밝혔습니다.

그래서 단군조선의 첫 고부루태자가 중국의 순임금과 우임금에게 홍수를 막는 방법을 가르치고 했고 그 다음에 노자의 선조는 동이족으로 단군조선 제후국인 풍(風)나라 사람이었습니다.

사마천의『사기』나, 우리나라의 안원전씨가 쓴『통곡하는 민족혼』(대원출판)을 보면 지나(支那)의 3황인 수인·복희·신농과 5제인 황제·전욱고양·제곡고신·요임금·순임금 이런 분들이 모두 우리 동이족 출신이었습니다.

황제 헌원도 지금은 중화족의 그러한 조상으로 알려졌지만 사실은 황제도 우리 동이족이었습니다. 그런데 그는 서화 서릉지방의 누조에게 장가들어 데릴사위가 돼가지고, 데릴사위가 되면 출가외인이 돼서 중국 쪽의 조상이 된 거지요.

황제 헌원에 관해서 사마천의『사기』를 보면 "황제는 소전의 아들이다."

소전이 고시 씨의 후손인데, 또 "황보익이 말하되 황제는 수구에서 태어나서 희수에서 성장하였으며 헌원에서 거주했다"라고 하고『제계사기』에는 황제는 백민(白民)-흰 백자, 백성 민자, 즉

백의민족 그러니까 우리 동이족이라고 그렇게 되어 있고 "황제는 스스로 태어나서 나는 동이에 속한다."고 했다고 그럽니다. 자속동이(自屬東夷)라고 이렇게 사마천의 『사기』에 쓰여 있습니다.

그 다음에 황제는 고시씨의 후손인 소전이 유아씨로부터 여자를 얻어 태어난 인물로 신농씨와 배다른 형제였다.

그러니까 중국이 지금 3대 시조로 중화 삼조당에 모신 황제, 신농은 물론, 치우는 당연히 우리 밝달국의 치우천황이고 황제도 동이족이었는데 화하족이 됐고, 신농도 황제와 배다른 형제로 싸움은 했지만 결국 우리 동이족입니다. 그러니까 우리 동이족인 황제가 사실은 중국의 뿌리의 근원이 된다. 고시리 환인이나, 고시례의 후손이 지배자가 됩니다.

황제는 서방족인 서릉지방의 누조에게 장가를 들어 데릴사위로 들어간다.

다시 말해서 동방족이었던 황제는 서릉의 누조에게 데릴사위로 들어간 뒤로부터는 서방족의 이익을 대변하는 입장으로 바뀌었던 것입니다. 여인들이 결혼하면 시집의 풍속을 따르는 거와 같다. 그렇게 말할 수 있습니다.

황제 헌원과 염제신농씨는 크게 싸웠는데, 염제신농이 패하고 그 다음에 치우천황을 중심으로 해서 황제와 싸워서 치우천황이 73전 73승을 거둬서 치우천황은 결국은 전쟁의 신이면서 동시에 평화의 신이 되었던 겁니다.

중국의 대만대학의 교수인 서량지(徐亮之) 교수는 삼황오제부터 앙소채도문화나 산동성 용산 흑도문화나 또 산동 유웅국문화·발해 요동문화를 포함하여 춘추전국시대까지 중국의 중원은 동이족의 활동 무대였다고 얘기를 합니다.

그리고 서량지 교수는 또 신농씨가 중국 농법의 창시자로 공인된다고 못 박았으며 중국의 역법이 동이(東夷)에서 시원한다고 밝혔다. 농사법이나 그런 달력 이런 것이 전부 우리나라 문화가 해서 옮겨가서 된 거다 그렇게 말할 수가 있습니다.

그런데 여기 황제가 소전 씨의 아들이고 신농도 소전 씨의 아들이고, 전욱고양이나 제곡고신도 그러한 소전의 후손이다. 그런데 결국 이것은 우리나라 역사 환국과 밀접히 관련이 되어 있습니다.

그것을 살펴보면 환국에 맨 처음 천제가 환인천제인데 그 3대 천제가 고시리 환인 천제입니다. 그래서 이분은 지금 몽골 지방의 의무려산 쪽으로 오고 또 요하와 요하에서 동쪽으로 흑룡강까지 넓은 지역에 그 영토를 차지했었습니다.

그리고 그 환국에서 이제 밝달국으로 넘어오자 환웅은 천하를 다스릴 때 3사 5부 제도를 들어 두는데 그 5부 중에 주고 곡식을 맡고 있는 사람이 고시씨였습니다.

고시리 환인의 후손이죠. 그리고 나중에 단군조선에서도 주곡, 곡식을 맡는 사람이 고시 씨였습니다. 그래서 많은 사람들이 지금도 풍년이 들거나 그러면 밥을 해서 먹기 전에 들이나 산에 밥을 던지면서 감사표시로 고씨에 대해 "고시례~"하는 것은 깊고 깊은 역사가 있는 겁니다.

그 고시 시대의 후손에 그 소전이 있는데, 고시 소전이죠. 거기에서 그 소전이 유아와 결혼해서 황제를 낳고, 역시 소전의 아들인 신농과는 이복 형제다고 말할 수 있습니다.

옛날에 민족적인 요소를 보면 아시아 대륙 동아시아 대륙은 동이족과 우리 민족이죠. 화하족 지나족이죠. 묘만족, 묘족과 만족인데 이 묘만족에 우리 동이족과 비슷한 것은 같은 조상으로 모시는 겁니다.

그런데 황제의 뒤를 이어서 고씨인 전욱 고양이 누조가 낳은 둘째 아들의 손자인 창의의 아들이다. 이렇게 말할 수 있습니다.

그리고 황제의 아들 현아와 현아의 아들 교국이 제위를 잊지 못하고 교국의 아들

제곡고신이 비로소 전욱치하에서 적자가 된 후 제위에 올랐다고 그렇게 되어 있습니다. 그러니까 전욱고양이나 재곡고신이 모두 황제의 위에 오른 것이지요.

그래서 사마천의 『사기』에 보면 오제인 황제·전욱고양·제곡고신·요·순뿐 아니라, 고시씨의 후손인 소호 금천, 황제 우 또 고수 창의, 고준, 은의 탕왕 그 다음에 성왕, 주 문왕 등이 모두 고시 씨의 아들인 그러한 소전의 후손이라고 그럽니다.

그러니까 고시리 환인 천재의 후손들이 우리 환국이나 밝달국이나 단군조선뿐 아니라 중국의 역사의 그 시조에 많이 들어가 있는 겁니다. 옛날엔 그런 것이 잘 구별이 안 됐을지도 모르죠.

제6절 밝달국(배달국)의 체제

　세계 창세 문화인 밝해 문명의 신선도를 나타내는 홍익인간·광화세계는 온 인류의 이념인데, 신명난 인류 최고 역사 제6절은 '밝달국(배달국)의 체제'입니다.
　배달국이라고도 얘기하죠.『밝해문명사』를 살펴봅니다.

　우리가 우리나라 상고사를 공부하고 있는데 환국에 이어서 밝달국(배달국), 밝은 땅의 국가 이렇게 말할 수 있는데, 환웅천왕이 밝달국을 세운 밝달국의 건국과 그 다음에 유물·유적과 그 이념인 신선도를 살펴보고, 밝달국의 제도·체제 이런 것을 알아보도록 하겠습니다.
　이것은 삼국유사 또는『환단고기』또는『규원사화』,『부도지』,『산해경』,『관자』이러한 자료들을 주로 해서 살펴본 것입니다.
　개천자이며 개국자인 환웅천왕은 교화신으로서 그렇게 통치하는데, 그 기본 시스템은 3사 5부 364로 자세하게 나눠집니다.
　3사는 풍백·우사·운사로 최고의 관리인 셈이죠. 그러니까 천황 밑에 3사라고 그래서 삼정승·육판서가 있었던 것처럼 3정승이 있는 건데, 풍백은 입약, 법·제도를 만드는 거죠.
　우사는 시정, 정치·행정 이런 것을, 그 다음에 운사는 윤리와 행형 이런 것을 주로 맡아보게 되었습니다.
　그래서 처음에 풍백인 석제라(釋提羅)라는 사람을 시켜 사는 문제에 대해서 동굴이나 토굴, 이러한 주거지를 잘 관리하고 거기에 습기와 외풍을 막고 또 짐승이나 벌레 같은 것이 피해를 주지 않도록 그런 쪽에 마음을 많이 썼습니다.

이게 5천여 년 전 얘기니까 그 다음에 우사인 왕금(王錦)은 이렇게 저렇게 많은 가축, 소나 말이나 개·돼지 이런 것들을 잘 길러서 윤택하게 하는데 마음을 썼고 그 다음에 운사인 육약비(陸若費)는 남녀 간의 혼인 이런 것을 주로 맡아 왔습니다.

그런 3사 밑에 5사가 있습니다. 5개 부서를 맡은 장관인 셈이죠. 그때 주곡, 곡식을 맡은 거는 고시례(高矢禮)씨고 그래서 전에는 화식(火食)을 잘 못했는데 여러 가지 나무나 이런 것들이 마찰을 일으켜서 불나는 것을 발견해내고 화식하는 법을 개척했고 또 일부는 여러 가지 도기라든지 이런 주야(鑄冶)기술을 많이 또 개발을 했습니다.

그 다음에는 문자인데 문자는 환웅천왕 밑에 신지 혁덕이라는 분이 있었습니다. 이분이 사슴을 잡으러 갔다가 사슴이 뛰는 발자국을 보고서 녹도문이라는 것을 만들었습니다.

태고 문자의 시초가 녹도문, 사슴 발자국 글이라는 거죠.

그 밖에 자부 선인이 만든 우서, 치우 씨가 만드는 화서(花書, 꽃으로 만든 글자), 복희씨가 만드는 그러한 용서(龍書, 용의 모습이나 나는 발자국 이런 걸로 만든 글자), 조선조 즉 단군 조선조에 들어와 가서는 신전(新篆)자인 가림토를 창조하게 됩니다.

여기서 치우천황의 선조인 치우 씨는 병마를 맡았습니다. 군대를 맡은 거죠. 또 도적을 막는 방법 이런 것도 맡고 그래서 병기 만드는 일을 하고 또 집 짓는 일도 일부 관장을 했습니다.

그 다음에 세월이 지나면서 그 운사가 맡았던 그런 혼사 문제를 주인(朱因)씨라는 사람이 맡았습니다. 주인이 결혼을 맡아가지고 쭉 오랜 세월 했기 때문에 현대에도 사람들이 중매 서는 것을 주인 선다는 말이 지금도 남아 있습니다.

그리고 일정 기간 장(場)이 서서 물물 교환을 했는데 그때는 숫자 계산법으로 산목(算木)이라는 것을 썼습니다. 산목이라는 것으로 계산을 했는데 그것은 하나서부터 10가지의 숫자가 있습니다. 그래서 천부경도 하나부터 열까지의 수리 철학을 기본으로 하는 것이죠.

그런 많은 성씨 가운데 지금 본 것처럼 고씨, 고시 씨, 신지 씨, 치우 씨의 그러한 후손들이 많이 번창했지만 그래서 구이(九夷)라는 9개의 큰 종족으로 나눴습니다.

구이는 9개의 종족인데 이(夷)는 '큰 활 잘 쏘는 어진 사람'이라는 뜻입니다.

우리의 조상이 구이다. 그리고 또 동방의 빛을 향해서 가기 때문에 동이다. 그러는데 그것은 아주 인자한 성품에 활을 잘 쏘는 문무겸전의 민족이다 이렇게 말할 수 있습니다.

그래서 구이를 보면 견이 · 우이 · 방이 · 황이 · 백이 · 적이 · 현이 · 풍이 · 양이 그래서 구이(九夷)가 되고, 특히 나중에 단군조선과도 연관이 되지만 곰 씨가 유명해서 구려 · 고리 · 고례 이러한 말도 그 곰족과 관련돼서 생겨났다고 그럽니다.

그래서 배달국인 밝달국은 천황이 18대를 전하고 1565년간 계속이 되었습니다. 나중에 제도 · 체제가 정비가 돼 가지고 천황 밑에 1비왕이 있었습니다.

처음에는 거불단 환웅으로 이렇게 이어져 가면서 그 밑에서 처음 비왕, 부왕이라고 할 수 있는 비왕이 나왔는데 그게 바로 왕검 단군이었습니다. 단웅의 아드님이죠. 그래서 그 비왕으로서 왕검

단군은 대읍을 관장했습니다.

그 천황 밑에 비왕이 있고 3사(師)는 풍백 · 우사 · 운사 같고 5사는 주곡 · 주명(수명에 관한 것) · 주병(병사에 관한 것) · 주형(윤리나 형벌에 관한 것) · 주선악 이런 5사가 있고 그것이 모두 1년 360일 또는 365일에 맞춰서 아주 자세하게 그렇게 썼습니다.

그리고 특별히 5가(加)를 두어서 어떤 회의 체제를 만드는데 많이 이용을 했는데 입약 · 법을 만들고 시정을 하는데 5가는 우가 · 마가 · 구가 · 도가 · 양가 이렇게 다섯 가지 그러한 성씨들의 대표 집합이 있었습니다.

그리고 경제 정책의 기본은 이때 정전법(井田法)을 만들어서 농토를 우물 정(井)자처럼 수확을 9개로 나눠서 8명에게 나눠줍니다. 그래서 농사를 함께 짓게 해가지고 한 부분은 세금으로 내고 나머지는 8명이 똑같이 나누니까 아주 공평하고 평화스러운 그런 경제 체제고 그것이 사유를 기본으로 해서 평화로운 사회로 가는 그러한 하나의 좋은 제도였다고 생각이 됩니다.

그리고 밝달국에 화백(和白)제도가 있습니다. 우리는 화백제도 그러면 신라 때 화백을 생각하는데, 사실은 밝달국 때부터 화백제도가 생겨서 단군조선으로 이어지고 그것이 쭉 내려가서 신라까지 이어진 것이죠. 그 화백은 순수한 우리 말로 '고루살이'라고 그럽니다.

고루살이 그러니까 하늘의 뜻을 받들어 온누리가 평화롭게 산다고 하는 거죠.

화(和)는 조화 화, 백(白)은 날샐 백자인데 이렇게 많은 사람들이 모여서 거기서 의견을 자유롭게 얘기해가지고 하나로 통일시켜 나가는 겁니다.

그래서 현대의 민주자치 제도라고 할 수 있는데 의견이 하나로 합쳐지지 않으면 계속해서 토론을 하고 토의를 하고 협의를 하는 겁니다. 구성원이 모두 모여서 자유스럽고 공정스럽게 그래가지고 만장일치가 될 때 의사결정을 내리니까 사람들이 불평불만이 없죠.

요새 보면 불교의 스님들이 대중공사 한다고 그러는데 그러한 것도 이러한 우리나라에 밝달국의 그러한 화백제도(고루살이)와 일맥 상통한다고 볼 수 있습니다.

그래서 무위자치(無爲自治)한다는 그러한 생색내거나 그런 것이 없이 무위자치하고, 무언자화(無言自化) 토론하고 그럴 때는 충분히 자유롭게 공정하게 얘기하지만 그 외에 결정이 나면은 말이 없고 스스로 잘 굴러간다. 무위자치 무언자화했다 그럽니다. 그러니까 서로 인격을 존중하고 또 불간섭으로 다른 사람에게 간섭을 하지 않고 그러니까 사람들이 생각하고 의식하는데 차별이 없고, 직분도 여러 가지로 골고루 나눠서 함께 복지를 누리니까 신시 태평성대가 이렇게 되었다고 합니다.

그래서 밝달국은 그런 제도화에서 잘 발전되다가 나중에 치우(蚩尤)천황이 나오셔서 국가의 영토를 넓히고 또 많은 지역을 지배하게 되면서 발전을 하고 18대 단웅 때에 이르면은 많은 사람들이 모이고 종족이 하나로 모여가서 종족 연합으로 하나의 민족이 태동하게 돼서 단군조선이라는 민족국가를 이루게 됩니다.

제7절 밝달국의 발전

　인류 창세 세계 최고의 밝해·밝달 문명을 나타내는 신선도 홍익인간(弘益人間)·광화세계(光化世界)를 지향하는 신명난 우리 역사(桓檀國史) 제7절 주제는 '밝달국(배달)의 발전'입니다. 단군조선에 앞선 1565년간의 그러한 종족 국가에서 민족 국가로 발전하는 그런 단계의 나라죠.

　앞에서 이념과 체제를 살펴봤는데, 우선 밝달국은 영토로 봤을 때 백두산과 한라산 바이칼 호수, 발해만, 중국 청해성의 적석산 이런 곳을 기점으로 해서 형성되고 시대에 따라서 좀 컸다 줄었다 하는 그런 이동은 있었습니다.

　1565년간 18대 천황 가운데 가장 많이 발전을 이룬 것은 제14대 치우천황입니다.

　우리가 한·일 월드컵 축구경기때 레드 데블(Red Devil), 붉은 악마들이 나와서 수백만, 수천만이 나와서 응원해가지고 세계 4강을 만들고 또 서울 올림픽에서 4강을 만들고 하는 그러한 광화문 민주주의, 광화문 민주주의라는 것도 결국은 밝해·밝달 문명에서 나온 겁니다.

　우리는 해방 후에 4·19 혁명이라든지, IMF때 금 모으기라든지 또는 이런 한·일 월드컵 때 붉은 악마의 원조 치우천황이라든지, 2017년에 촛불혁명이라든지 이런 모든 것이 우리 문명이 밝은 태양의 문명을 이어받은 밝해 문명, 광화문 민주주의의 그런 터전이고 그런 것을 보여주었다. 그렇게 말할 수가 있습니다.

밝달국 1565년 역사 중 동북아시아 대륙과 부국강병의 전성기를 이룬 것은 제14대 치우(蚩尤) 천황(자오지 천황)은 민족 국가의 시조인 단군 기원 전 374년에 등극하였습니다. 그의 영토를 크게 넓히고 도읍을 신시에서 중원지방의 핵심인 청구(靑邱)로 옮겼는데, 『규원사화』에서는 이 청구를 탁록(涿鹿) 지방이라고 얘기합니다. 지금 탁록 지방에 가면 중국 사람들의 중화시조당 그래서 세 분을 모시고 있습니다. 그게 누구냐 하면 황제 헌원하고 염제신농하고 치우천황인데, 치우천황은 당연히 우리 민족이고 신농도 당연히 우리 동이족이고, 황제는 워낙은 우리 민족이었는데 지나(支那)쪽의 누조에게 장가들어 데릴사위로 들어가서 그쪽의 조상이 된 겁니다.

그러니까 고대사는 아시아 전체가 우리나라의 밝해·밝달 문명의 그러한 뿌리다. 이렇게 말할 수 있습니다3

치우천황은 워낙 유명하고 하신 업적도 많거든요. 73전 73승 그러니까 전쟁의 신이고 세계 평화의 신으로 등장하셨지만, 먼저 밝달국 환웅천황이 세운 후에 제5대 태우의 환웅 때는 신선도 문화가 체계화됐으며, 북을 기본 악기로 하는 선(仙)음악도 생겼다. 선 음악이라는 신선들이 노는 음악이죠. 이것은 공수(貢壽)라 하기도 하고 두열(頭列)이라고도 하여 여러 사람이 줄을 지어 둘이 서서 함께 노래함으로써 삼신을 크게 기쁘게 할 뿐 아니라 나라의 발전을 빌었습니다.

이러한 것이 현대에 와서 두레가 되고 또 역사에서 강강수월래 이런 걸로 발전하게 되는데 이 음악을 조리·주리 또는 도솔이라고도 얘기했습니다.

태우의 환웅의 장남이 제6세 다의발(多儀發)환웅인데, 이 다의 발 환웅도 훌륭하시지만, 아들을 12명을 뒀고 그 12번째 아들이 유명한 신선도 문화 창조자 태호복희씨입니다. 이 신선도 문화를 이론과 실천 양면에서 그걸 현실화하고 체계를 세웠고 또 하도·낙서의 하도를 발굴하고, 그 다음에 옛날에는 모계사회여서 그랬는지 그 여동생인 여와와 같이 이렇게 결혼도 하고 왕위도 물러주고 자리도 물러주고 그랬다고 그럽니다.

그리고 복희와 여와가 서방으로 가서 수메르 문명을 일으키고 그리스도교의 야훼(여호아)신이 된 겁니다. 여호와(야훼) 그 다음에 제8대 안부련 환웅천황입니다. 단군 기원전 835년에 고시 씨의 후손으로 소호 금천 씨와 같은 계통인 고 소전 씨를 중국 섬서성 기산현 강수에 파견하여 군대일을 감독케 하였습니다. 소호(小昊)씨는 황제와 누조의 아들로 복희씨의 법을 닦았으며, 금덕으로 왕이 되어 금천씨라고도 합니다. 석가모니 부처님을 이 금천씨라고도 하는데, 제천금인(祭天金人) 소호금천씨 이쪽과 연결이 있는 것 같아요. 그 석가족이 스키타이족이나 색정족 이런 쪽으로 연결됩니다.

소호금천씨는 궁상에 도읍하여 호를 궁상이라고 했으며, 청양에 나라를 정해 청양씨라고도 합니다. 소전 씨 아들이 염제신농으로 그는 일찍이 농사를 주관하고 여러 가지 풀로 약초를 만들어 한의학의 원조가 됐습니다. 본초 강목이라는 책을 지었죠.

여와는 복희를 도와 구주를 다스렸다 한다. 그 후 열수가 발원하는 열산으로 나라를 옮기고, 배달국의 본을 따서 백성들이 물자를 교역하는 시장을 열어 생활을 편리하게 하였다. 신농 씨는 강수에서 오래 살았으므로 성을 강(姜)씨라고 합니다.

삼국유사를 쓴 일연 대사는 그 상고사에 관해서, 대체로 옛날

성인은 예악으로 나라를 세웠고 예와 음악으로 나라를 세우니까 나라가 아주 부드럽겠죠.

그리고 인의로 가르치는 일을 하였다. 인이라는 건 아주 어질고 사랑과 자비가 바탕이 되고 공정하고 공평한 인의를 그 가르침에 기본으로 했다고 말할 수 있습니다.

그래서 복희씨처럼 대변환의 기회를 타서 다시 대기(大器)를 잡아 대업(大業)을 이룰 수가 있었습니다. 그런 까닭에 하수(河水)에서 그림이 나왔고 하도(河圖)라고 그러죠. 하도 다음에 낙수에서 낙서라는 글이 또 발견이 돼서 그런 문물을 열어가는 기초가 된 거죠.

무지개가 산모의 몸을 두르더니, 복희를 낳고, 용이 여등에게 교접하더니 염제를 낳았다. 황아가 궁상이라는 들판에서 노는데, 자칭 백제의 아들이라고 하는 신동이 나와 황하와 사귀더니 소호를 낳았다고 그럽니다.

제10세 갈고 환웅천왕은 독로한 환웅천황이라도 하는데, 이때 신농씨의 나라와 국경이 정해졌다.

중국 산동성 태산 남쪽 진류인 공상을 경계로, 동쪽이 배달국에 속했는데 제14대 치우천왕 때 국경이 변동되었습니다. 우리가 밝달국의 발전을 봄에 있어서 주의해야 할 것은 창힐(蒼詰) 씨입니다.

우리 동이족 조상 중에 창힐이라는 어른이 계셨습니다. 이분이 지금 한국이나 중국이나 일본이나 아시아의 국제 글자로 생각하는 한자를 최초에 만드신 분입니다. 그러니까 우리 민족이 한자로 최초에 만든 거죠. 동이족인 창힐(蒼詰) 씨는 단군 기원전 332년에 상형표의문자이며 양 문자인 한자를 집대성하여 창제한

분이다

그래서 한자는 본래 우리 글자니까 우리가 대중화 시대가 되어서 한글을 중심으로 쓰지만, 여러 가지 역사나 또는 그 깊이 있는 사상이나 내용을 알려면 아시아의 국제어이기도 하니까 한자를 배워서 공부하면 좋겠죠.

물론 각자가 알아서 할 문제지만, 허신의 『설문해자』서엔 복희의 팔괘 창작설과 서계설을 묶어 결승의 대체물이요 문자의 선성으로 보고 있습니다.

우리나라 초대 문교부 장관을 지낸 안호상 박사가 대만에서 중국 문호 임어당을 만났을 때, "중국 한자 때문에 교육에 문제가 많다고 하니, 임어당 박사는"아니 한자를 동이족 창힐 선생이 만든걸 모르느냐?"고 반문해서, 안박사가 부끄러워 했습니다"

『상서』의 공안국 서문도 복희 씨에게 기원을 두고 있는 외에도 주양·창힐·저송 혹은 범·거려·창힐 등에게 기원을 두고 있지만, 일반적으로 한자의 기원은 창힐설이 한국이나 중국에서 보편화되었습니다.

『순자』 해폐편에 "일을 좋아하는 자가 많았지만 창힐이 홀로 전한 것이다."

『한비자』 오두편에 "창힐이 글자를 만들다."

『여시춘추』 군수편에 "창힐이 글자를 만들다."

『광운』 구어에 "저송과 창힐이 글자를 만들다."

함께 글을 만든 사람도 나와 있는 거고 『역대 신선통감』 역대 신선의 개통을 쭉 적은 책이 있는데 "창힐이 문자를 만들다." 이렇게 쭉 적혀 있습니다.

그래서 창힐(蒼詰)씨는 천부경·삼일신고, 천지인 3극과 음양

오행서 이런 것도 다 바탕으로 해서, 거기에다가 새 발자국, 새 깃털 거북무늬, 물고기 등을 보며 신지혁덕의 녹도문, 사슴 발자국으로 만든 글자죠.

녹도는 복희씨의 팔괘 등 고문자를 집대성하여 한자를 정리함으로써 세계 문자 발전에 크게 기여한 것인데, 창힐(蒼頡)의 성은 후광이요, 이름은 힐(頡)인데, 진창인이므로 창힐이라 했다. 태어날 때 얼굴이 빼어나고 안광이 빛나고 지혜와 덕을 갖췄다.

황신 씨에게 신선도를 배웠다. 신선도는 삼신을 믿고 지감·조식·금촉 세 가지 문의 공부를 닦아서 홍익인간·광화세계 하는 휴머니즘의 최고봉인 홍익인간(弘益人間, 다른 사람을 넓고 크게 돕고)·광화세계(어둠을 없애고 빛의 세계)를 만드는 이러한 신선도의 그런 근본을 마련하는 데, 그런 문자가 중요한 역할을 했지요.

창힐(蒼頡)은 천지의 변화를 궁리하고, 위로 별들의 원곡을 관찰하고 아래로 거북무늬와 새깃, 산천을 관찰하여, 복희씨 앞 하상에서 문자를 만들었다.

문자는 6서의 체로 만들었는데, 1은 상형, 2는 가차, 3은 지사, 4는 회의, 5는 전주, 6은 해서이다.

한자가 본래 우리 글자이기 때문에 한자가 수입됐다는 그런 기록이 없는 겁니다.

신명난 우리 역사 7절은 밝달국(배달)의 발전 대해서 치우천황을 비롯한 많은 천황에 대해서 말씀을 드렸는데, 치우천황에 관해서는 다음에 독립해서 별도로 말씀드리도록 하겠습니다.

제8절 붉은 악마 원조 치우천황

한밝달문명 국사(桓檀國史)를 대표하는 신선도, 홍익인간·광화세계를 지향하는 신명난 인류최고 역사 제8절은 '붉은 악마의 원조 치우천황'입니다.

우리는 지금 우리나라 상고사 밝달국 즉 배달국 역사를 알아보는데 그 배달국에 가장 많은 영토를 늘리고 위세를 떨친 분이 바로 치우천황, 밝달국 14대 자오지(慈烏支)천황입니다.

이분은 우리 동이족과 중국 지나(支那)족이 아시아의 패권을 노리는 전쟁을 황제 헌원과 73전 73승을 해가지고 아시아의 군신으로 치우천황이 떠올라서 중국이나 우리나라의 왕들은 늘 전쟁에 나가려면은 치우(蚩尤)천황 앞에 제사를 지내고 했습니다.

이 치우천황이 많은 사람들에게 알려진 것은 2002년 아시아 월드컵 축구대회에서 응원단인 붉은 악마, 레드 데블(Red Devil)의 상징으로 치우천황이 등장했기 때문입니다.

당시에 응원단 단장이 붉은악마 초대회장 신인철 씨고, 이 응원단의 상징으로 치우천황을 그린 것은 장부다씨였습니다.

그것은 광화문을 중심으로 해서 전국에 수백만 명의 붉은 레드데블이라고 쓰인 그런 티셔츠를 입고 응원해서, 세계에 아름답고 멋있는 모양을 보여줬습니다. 또 광화문에서 이루어졌기 때문에 광화문 민주주의의 꽃이라고 말할 수 있습니다.

해방후만 봐도 그렇고, 고려 왕실의 정문도 광화문이고, 조선왕조의 경복궁의 정문도 광화문인데, 해방 후의 일만 봐도 4·19

혁명이 일어날 때도 광화문 중심으로 이루어졌고, 그 다음에 IMF때 금을 모으는 것도 광화문을 중심으로 이루어졌고

또 2017년에 촛불혁명도 광화문을 중심으로 이루어져서 광화문 민주주의의 그런 터전을 이 치우천황이 만든 겁니다. 이 지구상의 인류 창세 최고는 북두칠성에서 나반과 아만이 함께 지구 백두산에 내려와서 인류가 퍼지기 시작한 바, 이 인류 창세 최고의 문화가 밝해문명이다. 한밝달문명이라고 얘기할 수가 있습니다.

그러면 치우천황은 중국의 황제 헌원과 73번 싸워서 73승을 했는데, 대표적인 것이 구혼 대전, 탁록 대전, 흉려 대전 이런 건데, 여기에는 사람뿐이 아니라 동물부대, 지남거, 도끼 이런 여러 가지 병기가 동원되고 비격진척뢰도 동원됐다고 합니다. 모두 치우천황이 이겼죠.

한때 치우비 장군이 죽었는데 그것을 중국 역사에서는 치우천황이 죽은 것으로 잘못 그렇게 선전하고 있기도 하지요. 장부다 씨가 초안한 붉은 악마의 원조 치우천황상이 있습니다. 하나의 깃발이죠. 그 다음에 강화도 마니산에 단군왕검 때 918 계단 위에 참성당을 세워서 천하의 태평을 기원했는데, 그 밑에 대시전 안에 치우천황상이 있습니다.

그 밖에 평양 대동군 대박산 밑에 단군릉에 있는 치우천황상, 김산호 화백이 그린 치우천황상, 중국 탁록의 중화 삼조당의 벽화에도 치우천황상이 있습니다.

치우천황의 역사 기록을 보면은『밝해문명사』161쪽인데요, 우뢰와 비가 크게 일어나서 산하를 바꾼다는 뜻을 가진 치우천황은 동양의 군신이면서 평화의 신이다고 말할 수 있습니다.

그때 신농씨의 후손인 유망이 갈로산에서 군사력을 확충해가

치우천황(중국 탁록 '중화삼조당' 내의 탁록전투도)

지고 여러 가지 병기를 만들고 그렇게 해서 밝달국으로 쳐들어왔습니다.

그래서 치우천황께서는 여러 가지 금속 병기들을 만들고 또 호(楛)나무로 만든 화살과 동이족다운 큰 활 이런 것을 만들었는데 그때 화살을 숙신공사라고 했고 세계적으로 유명한 국궁이 되고 단군 조선시대의 단궁, 맥국시대의 맥궁, 그 다음에 고구려 고주몽을 비롯한 사국시대의 각궁 등으로 전통이 내려져 왔고 현대에도 이어져서 세계 올림픽에 나가서 항상 양궁에서 우리가 금메달을 수없이 따오는 것은 그런 민족의 깊은 전통이 있기 때문입니다.

BTS 같은 가수들이 세계를 점령하고 알려지는 것은 단군 조선시대로부터 우리 민족은 영가무도라고 흥이 나는 대로 춤추고 노래하는 이런 것이 깊이 우리의 뼈와 핏속에 잠겨 있어서 그런 것이 이제 하나의 평화 세계를 향해 나아가는 시대가 와서 발현되는 것이라고 할 수가 있습니다.

이 당시의 치우천황은 황하 이북에 주로 자리를 잡고 있어서 왔는데, 중국 하북성 탁록을 떠나서 구혼에 와서 계속 싸워 이겼고, 1년 동안에 9제후의 땅을 빼앗고 또 옹호산에 나아가 수금(水金)을 캐서 예과와 옹호창을 만들고 군사를 정비하여 양수를 떠나 유망이 도읍했던 공상으로 쳐들어갔다. 공상은 산동성 태안 곡부 지역입니다.

그러니까 요동 요녕에서 산동성까지 영토를 넓힌 것이고 그 다음에 동두 철액이라고 치우천황은 구리머리 쇠 이마로 능히 안개를 일으키고 9가지 종류의 철제를 만들어서 주철로 병장기를 만드니 천하에 두려울 것이 없었다. 그렇게 말할 수 있습니다.

유망이 몇 번 패했지만 그 다음에 그것을 이은 것이 황제 헌원, 중국의 황제이며 이 황제가 도전해 왔는데, 이 황제는 많은 지혜로운 사람을 거스리고 해서 지남거와 비석박격기 등 병기를 발명하여, 한때는 치우천황이 몰리기도 했고 부하인 치우비 장군이 사로 잡히기도 했다. 그렇게 말할 수 있습니다.

그러나 치우천황은 전반적으로 한반도 만주 몽골은 물론 회남·산동성·하북성·하남성·강소성·안휘성, 북경·낙양 등지를 모두 차지하게 되어 당시 천하는 안정되게 되었습니다.

동양의 병법의 대가 손자(무)는 치우천황을 연구하여, 적을 알고 나를 알면, 백 번싸워도 위태롭지 않다고 했으며, 서양의 병법가 클라우제버츠는 알렉산더장군을 연구하여, 정치는 피 흘리지 않는 전쟁이고, 전쟁을 피 흘리는 정치이다 라고 했습니다.

치우천황이 산동성 쪽으로 옮겨가자 헌원이 유망의 뒤를 이어 중국의 황제가 되었고, 『한서』지리지에 의하면 치우천황의 무덤은 산동성 동평군 수장현 감향성 안에 있는데 높이가 7장(丈)입니다. 1997년 송호상교수에 의해 치우천황의 비석과 사당을 발굴해서 중국에서 이를 복원하여 관광상품화 하였습니다(치우문, 치우북채 등).

저자가 여기에 가봤는데요. 중국이 역사 조작에 관여해 가지고 그래서 치우천황의 그러한 묘를 우룡의 묘다. 이렇게 공사를 조작하는 거를 봤는데, 이것은 국가에서 마음을 써가지고 우리나라 역사가 조작되고 폄훼되는 것을 막아야 할 것으로 그렇게 생각이 됩니다.

중국의 제왕들은 동이족 계룡 진장양왕 후손인 진시황이나 한고조 유방의 대에 이르기까지 큰일이 있을 때, 치우릉에 꼭 제사를 지내고 모두 승전을 위한 그런 기도를 하라고 했습니다.

그때 백성들이 제사를 지내면 반드시 비단폭 같은 붉은 기운이 일어난다고 하여 이 붉은 기운을 치우기라고 했다고 합니다.

치우천황과 황제헌원이 싸울 때 탁록을 중심으로 세 갈래 세력이 대치했으니 북에는 대효, 동에는 창힐, 서에는 헌원이 있었다. 이렇게 말할 수가 있습니다.

치우천황의 영향은 지금 4천 7백년 전의 역사인데, 그렇게 수많은 세월이 흘렀어도 그 흔적이 세계 곳곳에 남아 있습니다.

한밝달 문명에서 흘러가서 중방 풍토를 통해 동서양을 잇는 문명교류로 하나의 빅 히스토리를 이룬 문명들이 있습니다.

괴베클리 테페 문명, 아나톨리아 지역의 철기문명으로 통일왕국을 이룬 히타이트 문명, 아케메네스 페르시아는 동서양에 걸친 최초의 대제국이고, 한밝달 문명국과 로마를 잇는 실크로드를 장악한 파르티아 제국은 초기 이슬람에서 오스만 제국으로 이어졌습니다.

　서기 8세기 중엽에는 이슬람 아바스 왕국, 14~16세기 한밝달 몽골 문명, 티무르 제국, 아프리카 말리, 송가이 왕국, 르네상스, 이슬람, 페르시아, 터키, 유목 문화와 힌두 문화를 녹여낸 무굴 제국도 한밝달 문명 성취에 도움을 주었습니다.

　인도네시아의 보르부드르사원 9층, 정문에 이 치우천황의 도깨비 상이 걸려 있습니다.

　치우천황을 나타내는 치우상이나 문양은 중국문명, 묘족·만족·이족·장족 등 동아시아 쪽은 물론 미주 몽골리아인, 인디언 이르크족, 코피족, 나바하두에도 있다고 합니다.

　미국 오클라호바주 켄사스 대학이 소장하고 있는 스피로 마운드 조개 조각에도 치우천황상이 조각되어 있습니다.

　북위는 북극 베링해를 넘어 북미 남미로 흘러가는 것이 분명하고 특히 베링 해협에 빙해의 들판을 넘고 넘어서 중미인 멕시코까지 갔다는 사실을 똑똑해 보여줍니다.

　역사를 보면, 중국 곤륜산 주변에 있었던 여러 나라가 서쪽으로 넘어가서 서역에 있는 지역을 거쳐서 수메르 문화로 꽃피이어 가지고 고대 로마, 그리스 또는 헤브라이즘 문화에까지 영향을 미치고 나일강 유역의 아프리카 문명까지 영향을 줬다고 합니다.

　중국의 저명한 치우 연구가인 왕대유 씨는 중국과 미주의 치우 문화에 대해서 여러 가지를 썼는데 그것을 보면, 중국의 반고씨족이 B.C. 4천 년 전부터 이어서 치우 수족이나 이런 부분들이 많이 건너갔다고 얘기합니다.

　미주로 간 제3기 대화촌 문화의 반도씨족의 토템 견인·숙진·순모·구려·해와 수매 세인트 라마디아 동굴의 암벽화나,

캘리포니아주의 추만시 암벽화 등에서 구체적으로 나타난다고 합니다.

지금으로부터 5,500년 전에 치우 관두씨들 집단으로 이미 미 대륙으로 들어갔음을 증명하고 있다. 미 대륙의 히와시를 올레비스라고 그러는데, 나비가 해를 싣고 날아가는 모습이 인디안들의 달력 그림에도 걸려 있다고 합니다.

미국 오대호 부근의 오호크 강의 오충거족이 기도 전에 제사 지낼 때 소위 말하는 나쁜 것은 고쳐서 다른 것으로 복귀한다는 명신(明神, 밝은 신)은 천시를 아는 치우씨라는 것입니다. 즉 치우천황이라는 것이죠.

미시시피강 유역의 테네시주나 미조리주는 오클라호마주의 스피로 마운드의 조개껍질봉에 보면은 복희 여와, 치우 관두의 두상이 모두 새겨져 있다고 합니다.

이와 같이 붉은 악마의 원조는 치우천황일 뿐만 아니라 세계 곳곳에 그러한 우리의 문명, 강력한 세계의 군신이면서 하나의 평화 세계를 이루게 하는 그러한 평화의 신으로 점점 빛을 발해 가고 있습니다.

제9절 제종족 통일 민족 형성

 제9절 신명난 인류최고 한밝달 문명국(桓檀國)역사인 '제종족 통일 민족 형성'입니다. 인류 창세의 최고 문화인 밝해·밝달 문명, 인류 창세로부터 환국에 이어서 밝달국 즉 배달국으로 이어 내려왔습니다. 그래서 환국을 세운 환웅 천황은 염표문으로 인류의 이상을 제시했습니다.

 그것이 홍익인간·광화세계입니다. 즉 그것이 신선도이고 우리 민족이 지향해야 될 방향입니다. 본래 환웅천황의 염표문은 일신강충·성통광명·제세이화·홍익인간입니다. 인간의 이상은 모든 사람이 그 인격을 완성해서 다른 사람을 크게 돕고, 넓게 돕는 그런 휴머니즘 인본주의의 사상이고 불이(不二)사상이며, 그러한 사람들이 만드는 세계의 이상은 광화세계입니다. 광명 세계를 포함해서 어둔 곳에 빛을 들여서 빛나게 하는 광화세계 그것이 인류의 그러한 지표다. 이렇게 말씀드릴 수 있습니다. 그래서 우리는 밝달국, 배달국의 문화를 살펴보고 있는데 지난번에는 가장 발전된 시기로 붉은 악마의 원조 사실상 민족국가인 치우천황까지 살펴봤습니다.

 오늘은 종족 국가인 밝달국, 배달국이 제 종족을 통합해서 환웅족 또 호랑이를 상징으로 하는 호족, 또는 곰 토템의 웅족 또 감 또는 검, 검은 신을 말합니다. 태양신을 상징하는 종족 등 9개 종족이 통합해서 결국은 최초의 민족 국가 단군조선을 왕검단군께서 건국하게 되는데 그런 과정을 오늘 살펴보도록 그렇게 하겠습니다.

『밝해문명사』 165쪽입니다. 배달국이 말기에 이르면서 배달국과 그 주변에는 새로운 종족들이 발달하고 종족국가에서 종족 연맹국으로서의 민족국가로 확대·발전되는 과정을 밟아 왔다. 이러한 역사적인 동향을 말하는 것입니다.

고대 어느 나라 역사를 막론하고 태초의 변화에는 대체로 신화나 전설로 시작되듯이 이 시대에는 여러 가지 개국신화가 있는데, 신화 자체가 역사는 아닐지라도 신화에는 역사적 사실이 함축되어 있으며 특히 한민족의 영산인 백두산에는 단군조선의 개국신화는 물론 만주족 청태조 누르하치의 탄생담이나 몽고족 보목낙신 천강 신화들의 개국 신화가 있고, 그래서 이러한 제 민족에게는 백두산이 마르지 않는 민족정기와 평화의 원천이며 민족혼의 축이 되어 왔고, 백두대간은 민족의 등뼈였다. 이렇게 말할 수 있습니다.

백두산으로부터 쭉 내려와서 함경도 낭림산맥 또 강원도 태백산·오대산·소백산맥 그렇게 해가지고 지리산으로 내려와 한라산까지 가는 백두대간이죠.

환국 시대의 그러한 제 종족을 살펴보면 환인씨족에서 발전하여 환웅 종족이 되고, 환웅종족인 제종족과 연명체를 이루어 단군조선 민족의 첫 황제가 된 단군왕검의 백성을 가르치는 덕이 천범 8조교등을 통해 점점 더 커지고 넓어져서, 헌법률인 홍범 9주와 범금 8조로 덕치와 법치를 했는데, 천하의 땅을 나누어 공적에 따라 봉토할 때 치우씨의 후손에게는 남서의 땅을 주었는데, 거기는 남국이라고 하고 또 암려홀(菴閭忽)이라고도 그렇게 불렀습니다.

또 신지씨의 후손에게는 북동의 땅을 주니, 산하가 웅장하고 풍기가 굳세어 주신, 속진국 또는 숙신이라 하였으며 방언으로 호장이라 하여 숙신홀을 다스였습니다. 나중에 진한 또는 진조선의 땅이 되었습니다. 조선의 중심 지역이 된 거죠.

고시씨의 후손에게는 동남의 땅을 봉하였는데, 산하가 빼어나게 아름답고 초목이 무성하여 청구국이라 하고 낙랑홀로 정했습니다. 나중에는 변한 또는 마한으로도 바뀌었습니다.

주인씨의 후손에게는 개마국을 주고, 여수기를 예의 임금으로 삼았다. 예(穢)나라 예국이죠. 고왕검단군 임금의 아들 부소, 부우와 작은 아들 부여는 모두 서쪽 땅을 줬는데, 이것이 맥족계의 구려, 진번 그리고 부여라는 여러 나였습니다. 그 후에 고부루(夫婁)태자가 동에서 온 세 사람을 각각 봉했는데 옥저(沃沮)가 그 나라입니다.

천평의 신불 높은 고이(高夷)족을 이어 받은 단군조선은 여러 세대를 통해서 대국은 9개, 소국은 12로 나뉘어 천하의 여러 주를 다스렸으나 그 자세한 것은 지금 알 수가 없습니다.

그리고 흑룡강 지방에 흑수지방 쪽에도 여러 민족이 있었는데 지금은 방계라고 그러지만 읍루·물길·말갈 또는 후의 금이나 여진족, 여기가 다 우리 민족의 방계죠.

고시씨는 청구국에 가서 산천과 토지를 보고 밭과 들을 개간하여 농업을 일으켰습니다. 기후는 온화하고 오곡은 풍요하여, 백성들이 모두 가볍고 따뜻한 옷을 입고 신발을 신는 예도가 제법 갖추어지니 천하의 문무가 아울러 일어났습니다.

먹을 것이 넉넉하고 재화의 유통이 잘 되어서 나라가 충실하고 백성이 부유하고 교화가 이루어지기 때문에 중국의 관자가 말하기를 "창고가 가득 차니 예절을 알고 의식이 넉넉하여 영욕을 안다"고 하면서 우리나라를 발해조선이며,동방예의지국이라고 처음 불렀습니다.

　배달국의 마지막에 거불단환웅, 단웅의 아들이신 단군왕검은 아사달, 지금의 송화강변이라고도 하고 또는 요하 위쪽에 백악산 아사달이라고도 하는데 이름을 조선이라 일컬었다. 삼한·고리·시라·고례·옥저·동북부여·예·맥·탐라 등은 모두 결국은 고왕검단군의 지배하에 있었다고 합니다.

　단군 조선시대는 전국을 진한·마한·번한의 세 곳으로 나눠서 다스리는 연방제인 관경(管境)을 했습니다. 여기서 우리가 궁금한 것은 왕검 단군의 정확한 성명이 뭐냐? 환씨냐 단씨냐 하는 여러 가지 말이 있었는데, 이 부분에 관해서『잃어버린 천도 문명』이라는 책을 쓴 자주 사학자 이규만 씨가 있습니다. 청어출판사에서 나왔는데, 이분은 단군조선을 세운 왕검단군의 성명이 고준(高俊)이라고 했습니다.『잃어버린 천도 문명』62쪽, 71쪽 등에 나오는데 그리고 중국에서는 고준을 제준(帝俊)이라고도 그렇게 얘기를 합니다. 산해경. 회남자등을 인용하여 황제 고준이라는 뜻이죠. 백두산 16봉 가운데 고준봉이 있고, 한국에는 전함인 고준봉함이 있습니다.

　이규만 선생님이『잃어버린 천도 문명』에서 그것을 언급한 것을 보면은 우리 민족의 영원한 고향은 아사달이다.

　오늘날 백하 상류가 아사달이며 그 동쪽 칠로도산은 백악산 아사달이다. 여기에서 B.C. 2333년에 고왕검 단군이 나라를 열고 지나(支那) 대륙의 종주로서 군림했고, 그 다음에 고달 해모수의 부여로 이어지고 나중에 고구려까지 이어져서 대고구려 AD 668

년까지 계속 이 단군왕검 고준의 그러한 왕 계통으로 3천 년간 이어졌다는 거죠. 단군조선 47대 2096년, 그 다음에 북부여 시대 4대 202년, 그 다음에 고구려 고주몽부터 보장왕까지 28대 705년, 발해건국 대조영(고덕무)으로부터 15대 229년(AD 926년) 그렇게 돼 있습니다. 세계 역사상 유례없는 왕검단군부터 대고구려.발해끝까지 고씨 3천년 제국(3232년)이다.

이렇게 이규만 선생님은 얘기했습니다. 세계 유일하죠. 따라서 고조선과 고구려는 B.C. 2333년에서 AD 668년까지 이어온 3천년 왕국이었다.

시조 고준으로부터 고장(고구려의 마지막 왕 보장왕을 말함)에 이르기까지 81세를 전한 것이다. 고조선 47대, 북부여 4대 그 다음에 고구려 28대죠. 1세 고준에서 47세 고열가까지는 조선이 국호였고, 고조선이 처음에는 고부루의 태자에게 전해져서 21대까지 이어졌고 소태단군까지, 22대 고색불루 단군부터는 고부여 왕자의 후손으로 이어졌다는 거죠.

1세 고준에서 47세 고열가까지는 조선이 국호였고, 48세에 고해모수 때부터 51세 고무소까지는 북부여(고리국), 52세 고주몽부터 80세인 보장왕, 고장까지 고구려로 이어지고 (대고구려)고덕무인 대조영이 세운 발해까지 연결하면, 229년을 더해야 한다는 얘기가 되겠습니다. 하여튼 이것은 밝달국부터 그 후에 단군조선이 이어져서 우리의 민족국가가 어떻게 찬란하게 이어졌느냐 하는 것이고, 지금 밝달국은 이렇게 발전하면서 쭉 이어졌는데 그래서 밝달국은 그 뒤 축다리, 혁다세를 거쳐 마지막 18대 거불단환웅을 끝으로 발전적으로 해체됩니다. 거불단환웅을 단웅(檀雄)이라고도 얘기합니다.

그래서 밝달국은 각 지역의 여러 부족이나 부족국가가 또는 종족국가가 하나의 연맹체로서 통일하여 단웅, 거불단환웅의 아들이 비왕이 었던 비왕이라는 것은 부왕이죠. 고왕검단군, 한배검, 고준을 민족국가인 조선의 인황(사람 인자·황제 황자), 인왕 또는 선왕, 신선왕 즉 첫 단조로 추대함으로써 종족 국가의 막을 내리면서 새로운 한민족 국가라는 세계 역사상 최초의 위대한 나라가 탄생하고, 한밝해문명을 잇고 그러한 밝해문명은 지금까지 이어져 내려왔습니다.

그 동안은 영토나 이런 것이 축소가 되고 밝해문명의 그런 밝은 광명이 잘 펴지지 못하고 여러 가지 도전에 봉착해 있습니다.

게다가 현재 한반도는 남북으로 나눠져 있고 세계는 코로나 사태 등으로 아주 어려운 시대입니다.

그러나 이러한 어려운 천지개벽기에 세계를 이끌고 나갈 민족은 한밝달 문명인 우리 대한민국 밖에 없습니다.

그러니까 우리가 자주 의식과 민족혼을 회복하고 모든 지혜와 자비·용기에 모든 역량을 모아서 이 어려운 시대를 뚫고 나가 미륵존불시대·대동시대 또는 지상선계.지상천국을 열어나가야 할 것입니다.

제10절 밝달국 거불단 환웅

　밝은 해 정신을 기본으로 하는 한밝달 문명의 신선도, 홍익인간·광화세계를 지향하는 신명난 우리 역사 제10절 주제는 '밝달국 거불단환웅' 밝달국의 마지막 천황인데 그걸 줄여서 단웅(檀雄)이라고 그럽니다. 단웅은 단군왕검의 아버지이시기도 합니다.
　그래서 이제 밝달국에서 민족국가인 단군조선으로 넘어갈 단계에 와 있는 거죠.
　본론에 들어가기에 앞서 요새 신문기사를 보니까, 새로운 지상선계에 미륵존불 시대를 맞이해서 우리 문명이 세계의 정상에 이르는 것이 많아지고 있습니다. 밝해밝달 문명이 후천 상생시대를 이끌 거라는 상징이라고 볼 수 있는데, 우리나라는 문화적으로 뛰어난 것은 한글이 있고 그 다음에 아리랑 같은 노래 또 장수식품으로 김치, 한복, 운동 중에 예로부터 내려오던 씨름이나 태권도 활, 이런 것은 올림픽에서도 전부 그 금메달을 많이 따고 그럽니다. 음악적으로 보면 우리의 방탄소년단 BTS가 11월 말 신곡 '라이프 고즈 온'(Life Goes On Lyrics)라는 곡으로 미국 빌보드 싱글 차트100 1위에 올라가서 제일 인기 있는 것으로, 미국 주류 음악시장을 휩쓸고 대중적인 인기를 모으는 자리를 확고히 잡은 것으로 보입니다. 특히 라이프 고즈 온은 후렴만 아니고, 나머지 전부가 우리 말로 되어 있어서 우리 말 한글을 전파하고 세계에 알리고 세계를 통합하는데 굉장히 좋은 영향이 있다고 생각을 합니다. 특히 BTS의 아미들을 통해서, 노래를 통해서 우리 말을 배우면 우리 말이 세계화가 되어가는 것인데 말하자면 세계 언어의 장벽을 BTS가 넘어가고 있다. 이렇게 볼 수가 있습니다.

그런데 이것은 당장 나온 게 아니고 우리 민족이 단군 조선 때부터 사람들이 태평성대를 많이 살고, 그래서 모이면 신명이 나고, 신바람이 나서 노래하고 춤추는 영가무도에 아주 익숙했습니다. 그러니까 어깨 춤도 추고 엉덩이 춤도 추고, 젓가락 굴리듯이 노래도 하고 대표적인 게 '어아가' 또 '강강술래' 이런 것도 있고 또 '아리랑' 이런 것도 있죠.

그러한 영가무도의 제일 민족으로 자부하는 것이 밑바탕이 돼 가지고, 이런 빌보드 역사상 가장 찬란한 기록을 남기게 된 것으로 보입니다. 영화 오징어게임도 세계를 휩쓸고 있습니다.

그러면 본 주제로 돌아와서, 밝달국 거불단환웅 그랬는데, 밝달국은 환웅천황이 세워서 수도를 옮기기도 하고 발전되다가, 73전 73승을 한 붉은 악마의 원조 치우천황 때가 가장 발전이 많이 됐습니다.

그러다가 다음에 치액특 천황이라고 티벳까지 다스린 천황이 나왔고, 그 다음에 축다리·혁다세 그 다음에 마지막 거불단 환웅천황인데, 그래서 모두 18대 1565년간 지속된 나라로서 종족국가라고 할 수 있는데, 민족국가화하면서 발전적으로 해체 되고, 첫 민족국가 단군조선이 생기게 되죠. 바로 단군조선을 건국한 고왕검 단군의 아버지가 밝달국 거불단환웅이라고 말씀드릴 수가 있습니다.

이 부분에 관한 기록은 반재원 선생이 주해한 『홍사한은』에 자세한 기록이 나와 있습니다.

고왕검 단군이 B.C. 2333년에 나라를 세웠는데 79년 전인

B.C. 2412년부터 이 거불단환웅의 족적이 나와서,『밝해문명사』 169쪽을 보면 자세히 볼 수가 있습니다. 물론 일부『환단고기』와 일치하지 않는 것도 있기는 합니다.

어쨌든 밝해문명에 나와 있는『홍사한은』의 단웅 즉 밝달국 거불단 환웅에 관한 기록을 보면 밝달국에서 단군조선으로 넘어가는 그 시대의 상황을 알 수가 있습니다.

거불단 환웅천황의 품성은 영민하고 크고 위대하며 선조의 뜻을 공경하여 받들고 백성을 널리 구제하며 덕과 은혜를 베풀어 곤궁한 자를 사랑하고 불쌍히 여겼다.

기유년에 번장을 명하여 재상을 삼고 마응을 좌평으로, 엽진을 상장으로 삼았다. 최고의 장군으로 삼았다는 거죠.

정술 유 씨의 딸 교웅을 황후로 삼았다. 황후로 삼았다는 것은 바로 단군왕검의 어머니가 되는데, 그 이름이 교웅이라고 합니다.

단웅과 교웅이 만나 왕검단군(고준)을 잉태한 곳이 묘향산 단군굴이라 합니다. 평안북도와 자강도 사이에 있는 웅장하고 수려한 묘향산 보현사에서 비선폭포를 지나 4㎞인 향로봉 기슭에 있습니다. 폭 16m, 길이 12m, 높이 4m의 단군굴에는 3칸의 집이 있습니다.

그 다음에 심양강으로 야유를 나아가 주연을 설치하여 즐겼다. 그 다음에 갑자 16년 '단목사'를 건설하고 국호를 진단이라 하며, 단향나무를 심어 수풀을 조성하고 '단림(檀林)'이라고 했다. 밝달 단자 수풀 림자가 되겠습니다.

정묘 19년 완달산(지금의 만주의 하얼빈 인근 完達山)에 제단을 축조하여 하늘에 제사를 지냈다. 우리는 천손족이고 밝해문명족이니까 하늘과 밀접한 관련이 있죠. 태양과 밀접한 관련이 있죠. 지금의 하얼빈의 완달산이다. '안달', '앗달'이 변하여 완달이 된 것으로 보인다. 이것이 바로 단군왕검이 도읍한 아사달이다. 지금의 하얼빈 뒷산인 완달산 즉 지금의 하얼빈 완달 산맥이다. 안달산, 안다산이라고도 말하고 또 모을산 또는 방홀산이라고도 얘기를 합니다. 하얼빈이라는 지명은 지금으로부터 약 수백년 전에 만주족(Manchusri. 문수보살)이자 우리민족인 김누르하치가 지은 것이며, 그 뜻은 그물을 널어 말리는 곳이라는 뜻이기도 합니다.

단제 신채호 선생님도 아사달을 송화강변 완달산 하얼빈이라 하였고, 추사 김정희도 합이빈 완달산을 아사달산이라고 하였습니다. 삼성기전 상편에 신인 고왕검께서 불함산의 밝달나무터에 내려오셨다고도 했는데, 이 불함산도 아사달의 다른 표기로 보입니다. 불함(不咸)은 풀어보면 아니불의 '안'과 다함에 '다'를 따서 '안다'그래서 안달산과 통하는 그런 거다.

육당이 말한 불함문화는 바로 안달산문화다. 이렇게 말할 수 있습니다. 하얼빈이라는 이름은 땅 이름을 할빈, 홀빈, 홀본, 졸본(卒本) 이런 것들이 전부 연관이 되는 그러한 말이죠.

기사 21년 고신씨가 군병을 일으켜 침입하여 오므로 장군 역통에게 명하여 막아 싸웠다.

또 갑술 26년 감관 연하를 명하여 '홍호를 지키는 장수'로 삼고, 감관 이경을 명하여 '쌍봉 태수'로 삼았다.

그 다음에 정해 39년 감성관 팽기에게 명하여 하늘의 운행을 관측하였다. 그러니까 천문을 보기 시작한 거죠. 단군조선 때 오성취루, 다섯 개의 별이 하나로 이렇게 선 거를 관측해서 기록해 놓은 것이 있는데, 밝달국 때부터 천문 관측을 이렇게 했던 것으로 보입니다. 사마천의 사기에 이르기를 제곡 63년 정해에 제요가 출생했다고 했다. 제요는 중국의 요임금을 말하죠.

신묘 43년 고왕검 태자가 태어났다. 병신 48년 건축관 석원에게 명하여 고산(高山)천평(天坪)산성을 축조하고 궁실을 지었다. 천평이라는 것은 나중에 환웅천황이 내려왔던 곳인데, 상천평·하천평, 상천평은 백두산 삼지연 있는 쪽이고 하천평은 연길이 있는 길림성 쪽 그쪽이라고 말할 수 있습니다. 사기에 이르기를 제곡의 아들 제지는 재위가 9년이라고 하였다.

정유 49년 황후 교웅(왕검단군의 어머니)이 신단 별궁으로 유람하러 나갔다.

갑진 56년 학관을 설치하여 예절, 음악, 활쏘기, 말타기 등을 가르쳤다. 흔히 예악사어서수라고 그러는데 그런 교육이 본격화되기 시작한 거지요. 사기에 이르기를 당 요(요임금)가 제지를 폐하고 갑진년에 즉위하니 재위는 100년이요, 수는 117세라고 하였다.

을사 57년 소부·허유의 옛 얘기가 나오는데, 감독관 경도를 명하여 '신단 지키는 장수'로 삼았다. 사마천의 사기에 이르기를 요가 허유에게 제위를 사양하니, 허유는 영천수에 귀를 씻고, 소부는 소를 몰고 귀 씻은 물 상류로 올라가 소에게 물을 먹였다고 했다. 그러니까 왕을 하라는 소리를 들은 것을 굉장히 좀 속되고 추하게 생각한 아주 옛날 신선들의 그런 얘기죠.

무신 60년 요임금의 군대가 국경으로 진입하니 제가 신단현으로 피해 나가서 병사를 모집하여 항거하고 싸웠다.

병진 68년 기백에게 명하여 천평·정평 2성을 축조하였다.

무오 70년 천평 외성을 축조하였다. 앞에 말한 천평의 성을 쌓앉다고 그러는데 그 외성으로 이중으로 성을 쌓은 걸로 보입니다.

경신 72년 제요의 군대가 침입하여 오니 장군 찰관능원을 보내어 항거하여 싸웠으나 이기지 못하고 실패했다. 이때 태자(단군왕검)는 요하를 건너 대고산으로 들어가서 '태자하'라 칭하게 됐다. 그러니까 비왕 그 부왕이 된 거죠.

신유 73년 장군 왕간 마속을 보내어 제요와 상대하여 싸웠으나 이기지 못하였다. 당 요가 염제의 요번 땅을 빼앗고자 하더니 이제 비로소 12주를 차지하고 12산을 봉하였다. 더 많이 차지할 건데 일부를 뺏겨가지고 중국 땅 쪽이죠. 지금 만주 넘어 화북지방하고 관계되는데, 거기에 12주를 차지하고 12산을 봉하였다고 합니다. 그 12주는 기주·연주·청주·서주·양주·형주·예주·양주·옹주의 9주에 유주·병주·영주를 더하여 12주라고 하였다. 하여튼 요임금과 단웅천황이 여러 번 싸움을 했다고 이렇게 말씀을 드릴 수가 있습니다.

재요가 자꾸 쳐들어오니까 단웅 천황이 "함부로 상국을 범하면 오직 하늘이 내리는 벌을 두려워해야 할 것인데 하물며 부모의 나라일까 보냐?" 그러니까 옛날에 나라를 세우고 어려웠을 때 우리나라 천황들이 도와주고 그랬는데 그것을 모른다고 야단치는 거죠.

"생각을 지극히 하고 성실을 다하여 하늘의 위엄을 공경히 받들라" 당 요가 이 서찰을 보고 부끄러워하여 군대를 돌려서 돌아갔다. 다시 평화로운 세상이 되었다는 그런 얘기입니다.

임술 74년 무관 이동에게 명하여 대동도에서 병사를 훈련시켰다. 그렇게 혼났기 때문에 군사훈련을 강화한 것이죠.

병인 78년 군과 민이 태자 고왕검을 옹호하여 도문을 설치하고

'국자가'(지금 연길 시내의 중앙로)라고 칭하였다고 합니다. 황자가 교유하기를 "중국의 전욱 고양이 침입한 피해가 아직 회복되기도 전에 이기가 성지를 빼앗고자 하니 오직 요심의 백성들만 점점 전란에 화를 입어 죽고 다치는 피해가 더욱 심하니 그 상처의 아픔이 얼마나 극심한가? 이 백성들에게 실로 빨리 벗어나고 싶은 한이 있음을 애통하게 여기노라."

그래서 정묘 79년 거불단환웅, 단웅(檀雄)이 근심하고 분하여 병이 생겨서 돌아가시고 태자 고왕검단군이 즉위하니 이분이 단제이며 일명 홍성제라고도 합니다.

〈동국역대〉라는 책에서 홍제 단웅이 고신왕(高辛王)이라고 했습니다.

그런데 이 밝달국이 단군조선으로 옮기는 과정에 보면 요와의 전쟁이 심하고 그래서 결국은 고왕검 단군이 아사달로 수도를 옮겨가지고 제종족을 통합한 민족국가의 첫 나라로 단군조선을 세우는 것으로 생각됩니다.

감사합니다.

제3장
단군조선(고조선)

제1절 첫 민족국가 단군조선의 건국

한밝달 문명인 신선도, 홍익인간·광화세계를 지향하는 하느님의 신명난 우리 역사 제3장 제1절 주제는 '첫 민족국가 단군조선의 건국'입니다.

한밝달 문명이 본격적으로 민족국가 단계로 접어든 거지요.

그러면 『밝해문명사』 단군조선의 건국에 관해서 살펴보도록 하겠습니다.

삼국유사, 제왕운기, 『환단고기』, 『규원사화』 등 여러 사서에 의하면, 고왕검 단군은 단기 원년인 서력기원전 2333년 무진 10월 3일 도읍 아사달에서 한민족의 무리인 9환(九桓)족, (구리족 또는 구이족이라고도 말합니다. 구이족은 동이족을 말함) 백성들의 추대에 의해서 5가의 우두머리로서 800명을 이끌고 신단수, 밝달나무 밑에서 천부인(天符印) 세 개를 놓고, (천부경이 새겨진 거울·칼·북) 천제를 올린 후 홍익인간·광화세계의 신선도를 이념으로 건국하여, 국호를 조선(朝鮮)이라고 했습니다.

어둠을 헤치고 아침 밝은 해가 솟구치듯이 밝해·밝달 문명, 민족국가 역사의 아침이 밝아 온 것입니다. 이를 근세의 이씨조선과 구별하기 위하여 단군조선 또는 고씨조선, 고조선 옛 조선이라는 뜻이죠. 그렇게 부릅니다.

이 단군조선은 하나의 평화세계를 형성해 나가는 우리 민족이 여러 종족국가의 통일연맹체로서 최초로 형성한 민족국가입니다. 이때부터 우리 민족, 한민족을 천신족·조선족·백두산족·

단군족 · 밝달족 · 배달족 · 광명족 · 태양족, 주신족, 밝해족이라고 그렇게 부르기도 합니다.

  단군왕검은 제정일치 시대의 제사장과 통치자를 겸한 임금이요, 신선왕이다. 신선(神仙)왕, 우리가 지방에 가면은 곳곳에 성황당이라고 있는데, 그 성황당이라는 건 사실 선왕(仙王)이라는 말에서 선왕당이 바뀌어서 서낭당으로 바뀐거죠.

  단군조선은 관경을 3한으로 강림을 했는데 맨 중심 위가 진한, 그 다음에 그 서쪽이 변한, 한반도 쪽이 마한인데, 그 삼한관경할 때 마한의 수도가 평양이었습니다.

  그래서 평양의 옛 이름이 왕검성 즉 임금성이고 단군조선 마한의 수도였으며,『삼국사기』고구려 동천왕 21년조 선사(仙史)에 평양은 선인왕검의 터라고 하여 단군왕검이 고대로부터 국조요 종교 교조로 존봉되어 왔음을 알 수가 있습니다.

  우리 밝해문명의 시원을 보면은 130만 여 전에 북극성과 북두칠성이 있는 그 자미원에서 나반과 아만이 백두산 신무성에 내려와서 남북 포태산에서 살았고 혼인해서 자녀를 낳아 5대양 6대주로 퍼졌고, 그 다음에 마고 산성 파미르고원에서 마고 선녀가 마고산성 시대로 인류 문화를 다시 일구고, 그 후손에 황궁 또 그 후손 유인이 있는데, 유인 시대를 거쳐서 환인천제가 환국을 열었고, 그 다음에 환웅천황이 밝달국(배달국)을 열어 1585년이 지나고, 단웅의 아들 고왕검 단군이 단군조선을 다시 열었다. 그렇게 말할 수 있습니다.

  고왕검단군은 환인 · 환웅과 함께 3대 개국 시조 3황이며 치화신으로 삼신의 하나이고 신선왕이라고 할 수 있다. 조화신 · 교화신 · 치화신 그렇게 3신으로 나누죠.

최남선은 단군을, 무당을 일컫는 '당굴'의 모사어이며 또 하늘에 제사 지내는 사람, 몽골어 '텡그리'(Tengli)라고 하고 또 천군이라고도 합니다. 소련의 역사학자 유 엠 부찐(Yu.M Butin)은 단군을 '하늘의 군주(天主)'라고 이렇게 해석을 했습니다.

그런데 고왕검 단군이 고유 명사가 아니므로 본명이 무엇인지 성씨가 무엇인지 거기에는 여러 가지 설이 있었습니다.

환하다는 환 씨 또는 나라의 한 자 한 씨 또는 단군의 단씨 이런 여러 가지 설이 있었는데, 자주적 역사학자인 이규만씨는 그의 저서 『잃어버린 천도문명』에서 왕검 단군이 한임금 태왕이라고도 하지만, 본명을 고준(高俊)씨라고 했습니다. 환웅께서 내리신 신불(신시)이 높아서 높을 고(高)자 성을 삼았고(고산천평(高山天坪)), 동이족인 은나라가 준(俊)을 상제로 모셔 제준(帝俊)이라고 했다고 합니다.

고왕검 단군 고준 씨의 장남이 고부루태자로서 21대 소태단군까지 이어지고, 예맥조선이죠. 왕검단군의 차남인 부여의 후손 중에 고등이 있었습니다. 고등이 소태단군 때 우현왕이었는데 그 아들인 고색불루 단군(22대)이 실력으로 나라를 이어서 후단군조선이 되었습니다.

그래서 이규만 씨는 사료로 산해경과 회남자를 인용도 하고 단군조선이 "고씨 조선"이라고 얘기를 합니다. 『잃어버린 천도문명』은 청어사에서 나온 쪽 62와 114쪽에 그런 얘기가 나옵니다.

그리고 단군 조선의 마지막이 고열가 단군이고 그 다음에 북부여를 세운 해모수도 본명이 고달해모수고, 그 다음에 고구려를 세운 고주몽도 단군조선과 부여를 이은 단군이라고 하고, 그 고구려를 이은 보장왕 아들 고덕무인 대조영의 발해까지 치면은 이 전체가 한 3천여년 역사가 되는 제국입니다. 세계 유일한 3천년 고씨 제국이 있었다. 이렇게 얘기를 하고 있습니다.

고왕검 단군이 건국할 때에 그 영역은 대체로 북쪽으로는 흑룡강, 서쪽으로는 요동반도, 감숙성은 물론 산동성·절강성 그리고 남으로는 한반도, 탐라국, 일본까지 다 단군조선의 강역이었습니다. 그리고 산동성 가상현 자운산 아래에 있는 무씨사당 석실벽화에는 단군신화와 일치된 그림이 잘 그려져 있습니다.

『환단고기』에 의하면 단군조선은 첫 고왕검 단군부터 47대 고열가까지 2096년간 존속했고, 이는 1대 단군 고왕검부터 21대 단군 소태까지 전기 단군조선(제1왕조 삼한), 1048년간, 21대 단군 고색불루부터 고열가까지 후기 단군조선(제2왕조·3왕조 대부여), 1048년을 합친 것입니다.

그런데 부정확한 『규원사화』에서 다루는 내용은 단군조선 하나

환인천제(구월산 삼성사)

환웅천황(구월산 삼성사)

단군왕검(구월산 삼성사)

로 계속된 게 아니고 단군조선 47대와 기자조선 928년을 합쳐가지고 1908년으로 적고 있습니다(조선 제1·제2왕조). 규원사화의 부정확성이 있습니다.

　단군조선 도읍에 관해서 일연 대사는 『삼국유사』에서 위서를 인용해서 왕검 단군이 요임금과 동시에 아사달에 도읍하고 조선을 개국하였다고 하고, 그 후 도읍을 백악산 아사달로 옮기고, 낙랑홀로 옮기고, 나중에 장당경으로 옮겼다가 다시 아사달로 옮기고 신선이 되었다. 이렇게 얘기를 하고 있습니다.

　'아사달'의 뜻에 관하여 '아사'는 아침·아래·처음·소나무·어머니·쇠·새·왕·아홉·큼 이런 여러 가지 의미가 있고, '달'은 땅·산·높음, 응달·양달하는 것처럼 땅을 의미합니다. 읍이나 달 이런 것을 모두 의미하지요.

　그리고 조선(朝鮮)이라는 이름은 어디서 왔냐 그러면, 조광, 아침 조(朝)자, 빛 광(光)자, 신선한 선(鮮)자, 밝을 명(明)자, 아침에 태양빛이 신선하고 밝은데 그 조광선명에서 조자와 선자를 따서 나라의 이름을 지었다고 생각이 됩니다.

　단군조선의 첫 도읍지 아사달에 관해서는 단재 신채호 선생이나 윤내현 교수와 같은 자주 사학자와 제반 사료로 볼 때 고왕검 단군이 처음 도읍한 아사달은 흑룡강성 완달산이라고, 완달산하고 아사달하고 비슷하지요.

　단군기원 10년 지금의 길림성 돈화현 소밀성으로 옮겼고, 단기 23년 경인년에 도읍을 평양, 지금의 집안현 통구평야 이남 부근으로 옮겼고 후 단군조선의 첫 단군이요, 22세 단군 고색불루가 단기 1048년 도읍한 곳은 『한서』지리지에서 조선왕의 옛 도읍이라고 말한 요동 험독현 창려 부근이 됩니다. 그 인근에 유명한 의

무려산이 있는 창려다. 그렇게 말할 수 있습니다.

그리고 제34대 단군 고오루문은 단기 1538년 고시씨의 제후국 청구국의 도읍이던 낙랑홀(樂浪忽, 지금의 평양)에 천도하였으며 진번후로 하여금 옛 도읍을 지키게 했고, 44대 단군 고구물 단군이 1908년 한 나라의 영향을 받아 장단경으로 도읍을 옮겼는데, 장단경은 요녕성 대릉하 유역 광령(廣寧) 즉 지금의 북진으로 추정하는 사람도 있고, 황해도 구월산 장당경으로 추정하는 사람도 있습니다.

단군조선의 마지막 단군 고열가 단군이 입산 입선한 아사달은 환인·환웅·환검의 삼성사가 있는 황해도 문화현 구월산으로 추정을 합니다.

그리고 우리는 조선이라고 그러지만 주신·직신·식신 이렇게 그 여러 가지 이름으로 부르고 또 숙신(肅愼)이라는 말도 생겨났고, 기본은 주신입니다.

거기서 나중에 숙신·여진 이런 여러 가지 말이 나왔다. 그렇게 얘기할 수가 있습니다.

다음에는 왕검 단군의 가족인데, 이것은 『홍사한은』이라는 책에 나오는데 비서갑 하백의 딸 태원 선녀를 맞아서 천황후로 삼았고 누에를 치어 베 짜는 일을 맡겼다고 합니다. 아들 넷을 뒀는데 태자 고부루는 농사를 지원하여 질그릇을 구워 기구를 갖추고, 고부루태자가 2세 단군이 되었죠. 고부소는 약을 맡아 병을 고치고, 고부우는 사냥을 맡아 짐승의 해를 물리치고, 고부여는 예를 맡아 풍속을 두텁게 했다. 21대 단군까지는 고부루태자의 후손들이 이은 것이고, 그 다음에 22대 고색불루 단군부터는 고부여의 후손, 고등·고색불루로 이어져서 마지막 고열가 단군까지 이어집니다.

고왕검단군은 우선 나라의 기본규범으로 우주와 인생을 융합하는 넓은 규범인 헌법률로 홍범구주(洪範九疇)와 범금8조(犯禁八條)를 제정하셨습니다. 9법 이라고도 하는 홍범구주는 법치의 시작으로 고왕검단군이 중국 하나라 우임금이 사공시절 소위 9년 홍수때 쩔쩔맸는데, 천제로서 단군께서 고부루태자를 회계산 도산회의에 보내어, 낙서(洛書)를 내리고 5행지수법을 가르쳐줬는데, 고부루태자는 하나라 우임금에게 오행치수법을 비롯한 천자의 도. 고조선 정치제도. 문화가 기록된 홍범9주를 전수 해 주었다. 하느님의 명령과 나라를 다스리는 왕권등 큰법 범주인 홍범 9주는 동양정치체제와 철학의 중심으로 기능하였습니다. 이는 무극대도의 무극, 태극, 황극과 음양오행사상등 천부경과 삼일신고를 본받아 상수 10수철학을 바탕으로, 나중에 하도, 낙서, 환역, 주역, 서경 등에 상호 영향을 주었다.

홍범 9주(9개범위)는
① 5행(五行. 목화토금수 상생상극)
② 경용5사(敬用五事: 공경정치- 외모공손. 말은 이치에 맞게. 밝게 봄. 총명하게 들음. 슬기로은 생각)
③ 농용8종(農用八政: 농사8정인 (식(食)- 생계와 세금), (화(貨)- 경제.사농공상),(사(祀)- 권력. 제사), (사공(司空)- 토목사업. 친경), (사도(司徒)- 소학. 교육), (사구(司寇)- 치안, 법금), (빈(賓)- 외교. 예승), (수(帥)- 국방. 사병)
④ 협용5기(協用五紀) 화합하는데 세(년), 월, 일, 별, 역수 등 5가지 계절에 관한 역법질서

⑤ 건용황극(建用皇極) 임금의 법칙으로, 임금세우는데 천명이 있어 황극서면 좋은 징조응합이고, 안서면, 응하지 않음이다. 불공평과 편향이 없으면, 왕도는 탕탕하다.

⑥ 예용삼덕(禮容三德) 다스림에 쓰이는 3덕- 정직, 강극, 음극

⑦ 명용계의(明用稽疑) 궁금한 일을 밝히는 데 복서인의 거북점 쳐 생각하고 결정함- 비, 갬, 어둠, 자람, 이김, 곧음, 후회 등으로 골라 세워 대동(大同)의 길을 간다.

⑧ 염용서징(念用庶徵) 경험을 생각해 행동을 결정함인데 비, 해돋이, 따스함, 참, 바람과 때이니, 5가지가 갖추어 차례로 쓰면 좋다.

⑨ 오복육극(五福六極) 5복은 수, 부, 강녕, 호덕, 고종명이고, 육극은 흉단절. 질(疾), 우(憂), 빈(貧), 악(惡), 약(弱)이다.

그 다음에 단군 조선 시대에 초기에 나라의 체제를 보면은 통치 체제죠. 왕검 단군 밑에 3사 5가, 3한 64지역 등의 통치체제와 제후국이 굉장히 많았던 거죠. 물론 큰 나라도 있고 작은 나라도 있고 또 식읍도 있지만 그리고 삼한, 진한·번한·마한 이렇게 나라를 3한으로 나누어서 다스렸는데, 진한은 단군이 직접 다스리고 번한·마한은 거기에 비왕들을 임명해서 다스렸죠.

단군 밑에 3사(풍백·우사·운사), 5가(五加.우가·마가·구가·저가·양가) 이게 기본적이고 국가를 다스리려고 그러면은 여러 가지 법이 필요한데 시대가 아주 순수하게 보통 소박하게 살던 시대이기 때문에 천범 8조교와 범금8조법(8가지 금하는 거) 그걸로 기본 법의 하나로 삼은 거죠.

홍범9주 천범8조교(제6절에서 논급함)와 범금8조법(제13절 단군조선의 경제·사회에서 논급함) 등 국가 사회단계의 법제가 있

을 뿐 아니라 고고학적으로 볼 때 청동기 시대에 대체로 국가 사회 단계에 진입했다는 일반론에 따르면 한민족의 청동기문화 개시연대는 서력 기원전 24세기 전으로 잡을 수 있으므로 그런 철기문화 시대 이전에 청동기 문화와 함께 단군조선이 시작되었고 이어서 부여·고구려로 넘어가면서 철기문화 시대가 시작되었다. 이렇게 말할 수 있습니다.

이렇게 해서 단군조선의 건국으로 한민족은 명실상부한 단일민족이 되면서 영광스런 첫 민족국가를 가지게 되었습니다.

제2절 반만년 대륙민족의 영광사

홍익인간(弘益人間)·광화세계(光化世界)를 지향하는 신명난 인류 최고 역사 제3장 제2절 '반만년 대륙 민족의 영광사'라는 제목으로 말씀드리겠습니다.

총괄적으로 되돌아 보면서 정리하겠습니다.

지금 우리는 팬데믹(pandemic) 전염병인 코로나19(COVID 2019)를 비롯해서 전세계가 화산·지진·해일 이런 여러 가지 문제와 전쟁 등으로 해서 전인류가 고통을 겪고 있습니다.

이런 경우 우리나라와 우리 국민들이 어떤 역사 의식을 갖고 여기에 대처해야 하느냐 하는 것이 문제입니다. 적어도 우리 민족국가의 발전을 위해서는 국사학·국어학·국토학을 제대로 해야 되는데 특히 역사 의식에 있어서 우리나라는 본래 민족국가로서 단군조선부터 쳐서 반만 년 대륙 민족의 영광사인데 우리들은 주변 강국과 4대 식민사학자들의 역사 조작·왜곡으로 2000년 반도의 굴종사로 잘못 알고 있는 사람들이 아주 많이 있습니다. 이것은 우리가 유구한 역사. 전통과 곡절 속에서 앞으로 민족 대통일을 이루고, 동북간방의 그런 중요한 위치에서 세계적 재난을 극복하고 후천 상생 시대, 지상선계, 대동세계, 미륵존불 시대를 리드해 나가려면 우리가 아주 올바른 역사의식·주인의식·자주의식을 갖고 역사 공부를 해야 됩니다.

그래서 저자는 미력 하나마 부처님의 은혜를 갚고 민족과 조상의 은혜를 갚기 위해서 생사를 초월하는 '깨달음 세계'와 '신명나는 우리 역사'를 유튜브(YouTube)방송으로 보내드렸습니다. 저자는 1990년대 초에『하나되는 한국사, 반만년 대륙 민족의 영광사』이런 책을『환단고기』,『규원사화』,『삼국사기』,『삼국유사』등을 중심으로 해가지고 700여 쪽의 저서를 냈고, 그러한 민족 자주사관에 의해서『신명나는 한국사』또『붉은 악마 원조 치우천왕』또『고주몽 성제에서 광개토대제까지』,『대한 근현대사 실록 칠금산』,『4국 시대 신비왕국 가야』,『덫에 걸린 황우석』등 모두 9권의 책을 썼습니다.

인류 창세·세계 최고 발해 문명사(동쪽나라 출판사)를 최근에 출간을 했습니다. 앞으로 이러한 밝해는 밝은해·태양족·광명족·천손족이라는 우리 민족을 말하고, 본래 부터 우리 민족의 이러한 위대한 광명족·밝해 민족의 그러한 영향은 세계의 황하

문명, 인더스 문명이나 메소포타미아 문명, 나일강 문명, 로마·그리스·이스라엘 문명, 남북 아메리카의 마야·잉카문명까지 많은 영향을 주었습니다. 그래서 우리가 생사를 초월하는 대신선이나 견성성불(見性成佛)로 가는 길과 인류시원문명인 우리 민족의 역사에 대해서 우리 국민들은 물론 세계 인류도 다 마찬가지지만, 자긍심과 자부심을 갖고 나아가야 된다고 말할 수 있습니다.

그러면은 인류 창세 세계 최고 우리 밝해 문명사는 대충 어떤 내용과 어떤 역사를 가지고 있느냐 이것을 살펴보도록 하겠습니다.

『밝해 문명사』에 있어서 맨 처음에는 〈깨달음〉을 전제로 했습니다. 부처님의 경전이나 또는 선정 명상 이런 것과 우리 민족의 경전인 천부경, 삼일신고, 참전계경 등 이런 것을 통해서 저자가 체험한 절대진리, 연야달다의 견성 체험을 바탕으로 한 참나의 깨달음을 전제로 해 가지고 썼습니다.

두 번째는 밝해 문명의 개념에 대해서 말씀드릴 수밖에 없습니다. 우리는 보통 광명족이나 천손족·태양족·밝은 해 민족이라는 말을 씁니다. 물론 발해라는 것도 있지요. 그래서 우리 민족의 그러한 오랜 역사의 그러한 개념의 중심은 아래아(丶)자입니다. 이것은 알입니다. 또 하나는 붉해, 워낙은 밝해라고 해야 되는데 광명을 말하죠. 밝해라고 해야 되는데 요새는 이 아래 아(丶)자를 사용하지 않기 때문에 밝해라고 할 수밖에 없었다는 것을 말씀을 드립니다.

그래서 밝해라는 것은 밝은 해, 광명, 태양을 말하면서 부분적으로는 밝은 태양 또 하나는 밝은 땅, 밝달이라고 그러죠. 밝달(배달)은 박달·박산·발산 흔히 흰백자를 써서 백산이라고 그러

강화도 마니산의 제천단 참성단

는데 그것도 워낙은 밝달입니다. 그리고 밝은 바다도 밝해라고 그러죠. 발해 거기에는 오랜 세월 지나오면서 중국 한자의 영향을 받아가지고 받침의 기윽이 떨어져 나간 겁니다.

그 발해도 거기에 속합니다. 또 하나는 밝은이 해밝이, 현인이나 성인, 밝은이 또는 눈 밝은이라고 그렇게 얘기를 합니다. 그래서 우리 민족의 역사이면서 세계 문명을 리드해 나아가는 최고의 문명 창세 문명으로 또 세계의 가장 높은 문명이면서 가장 오래된 문명으로서『밝해 문명사』를 쓰게 된 것입니다.

인류 역사의 시원을 살펴보면 그것은 참으로 쉽지 않습니다. 그러나 우리는 현대 과학과 유물유적 또는 여러 가지 서류를 통해서 서적을 통해서 볼 수밖에 없는데 우선 과학에서 보는 인류 역사를 보면 이 우주의 시원은 138억 년 전에 우주가 시작됐다고 합니다.

그러나 천부경(天符經)을 보면, 일시무시일(一始無始一)… 하나로 시작했지만 시작이 없다고 그랬습니다.

일종무종일(一終無終一)… 하나로 끝나되 하나로 끝남이 없다고 그랬는데, 어쨌든 과학에서 얘기하는 것은 우주가 시작되는데 우주가 시작할 때 빅뱅설도 있고, 자전설, 진화설등 여러 가지 학설은 있죠.

그런데 이 우주에는 1천억 개의 은하계가 있다고 그럽니다. 1억개 은하계가 있고 또 1천억 개의 은하의 우주와 같은 것이 또, 천억 내지 3천억 개가 있다고 그러니까 보통 우리로서는 상상하기 힘듭니다.

그리고 우리는 밝은 해 태양의 에너지로 살고 있는데, 밝은 태양이 생긴 것은 약 50억년 전이다. 그렇게 말하고 이 태양은 2억년 주기로 은하계 전체를 돈다고 그럽니다. 억년이니까 우리가 보통 요새 많이 살아야 100년, 200년 이렇게 얘기하는데 상상하기 힘든 세월입니다.

본래 깨달은 분상에서 보면 시공간이 없다고 하니까 그건 별도 문제로 하고, 그 다음에 지구의 탄생은 그로부터 5억 년이 뒤인 45억 년 전에 지구가 탄생했다고 합니다. 그리고 32억 년 전에 첫 생물이라는 것이 처음 나타났다고 그럽니다. 그것은 측정해본 결과 32억 년 전에 박테리아 화석을 찾아냈다는 겁니다.

그리고 물이 있는 바다로부터 생물이 생겼는데 그 후로 많은 세월이 흘러가지고 육상에서 생물이 생긴 것은 4억년 전이라고 그럽니다. 그래서 여러 가지 물고기가 또 양서류가 되고 또 포유류가 되고 또 날짐승이 생기고 그렇게 됐는데 사람이라는 것은 이 지구 역사에 있어서 제4 빙하기가 있는데 1·2·3·4 제4 빙하기 제3 간빙기에 인간이 처음 생겼다고 그럽니다.

오스트랄로피테쿠스라고 아프리카의 케냐에서 발견된 것이 그 처음이라고 그러는데, 최근에 와서는 세계 각지에서 여러 가지 인골이 발견되고 그래가지고 학설이 많이 나눠지는 그러한 모양새입니다. 우리나라 역사 상고사나 이런 거를 보면 『환단고기』나 『규원사화』 또는 『부도지』, 『산해경』, 『관자』, 『삼국유사』 이런 것을 종합적으로 보면 특히 『환단고기』 「삼성기」나 「태백일사」를 보면 인류의 시작은 나반과 아만이라고 그럽니다.

나반과 아만이 인류의 시원인이며 창세자. 이렇게 말할 수 있습니다.

나반과 아만이 북두칠성과 북극성에 있는 삼원인(은하계 우주의 중심) 자미원 태미원 천시원에서 내려왔다라고 합니다.

거기에 있는 큰 곰자리가 북두칠성이고 작은 곰자리가 북극성입니다. 북두칠성 자리에 있던 나반과 아만이 백두산 신무성을 통해서 내려와서 백두산 밑에 양포태산(남·북 포태산), 포태는 아기를 잉태하는 것을 포태라고 하는데, 포태산에서 나눠 살다가 나중에 결혼을 해서 자손을 퍼치고 그래서 흑룡강성 쌍압산시 보청현에 삼포태산이 있고 또 칠성하가 흐른다고 그럽니다. 칠성제단도 있고 거기에 가서 자기가 온 칠성을 향해서 제사를 지냈고, 나중에는 또 시간을 내서 발해의 묘도 군도가 있습니다. 거기에 그 칠성도라고 그러는데 거기에다가 칠성재단을 차리고 또 천제를 올렸다고 그럽니다. 우리들이 제사를 지낼 때 또는 그럴 때는 꼭 백두산을 향하고 또 사람이 죽을 때 칠성판을 덮는 것은 이런 우리의 본래 조상이 북두칠성에서 왔다. 이런 것을 상징하고 백두산에 내려왔다는 것을 상징하기도 합니다. 그래서 백두산을 중심으로 이루어진 문명이 우리 한밝달문명·삼수갑산 문명 환단국사입니다.

　이 문명은 백두산, 압록강, 두만강, 송화강 등을 타고 한반도와 5대양 6대주로 다 퍼져갔는데 백삼십만년 전 얘기입니다. 그리고 그 후의 흐름은 잘 알 수가 없지만, 수만 년 전에 당시 인류 중에 한 분이 마고(麻姑)할미라고, 마고산성시대의 마고할미 또는 마고선녀라고 그럽니다.

　제2차 인류 창세가 시작된 거죠. 그 마고산성과 파미르분지와 타림 분지 그리고 수메르산이라고도 하는 카일라스산 그쪽을 중심으로 해가지고 마고선녀 다음에 황희라는 딸이 태어나고, 황희라는 딸 밑에서 황궁(黃穹)이라는 아들이 태어나고, 황궁에서 유인(有人)이라는 그런 아들이 태어나서, 한댕그리산(桓檀君山)에서 나라를 열었다고 그럽니다.

　규모는 잘 모르겠지만 그 카일라스산(수메르산)에는 인더스강, 간지스강, 브라마푸트라강, 메콩강으로 이렇게 물이 흘러서 강을 이룬다고 그럽니다. 그리고 그 유인 씨의 아들이 환인(桓因)인데, 이 천제, 안파견 환인이 동방의 빛을 찾아서 오다가 청해성 적석산(積石山)에서 환국을 세웠다고 합니다. 환국에 12연방(비리국, 양운국, 구막한국, 일군국, 우루국, 수밀이국, 필나국, 객현한국, 사납아국, 구모액국, 구다국, 매구곡 등)이 있었다고 합니다. 거기에 특히 우루국(虞婁國 혹은 畢那國)라든지 수메르(Sumer, 須密爾國)라는 이란·이라크 지역이 있고 또 동쪽에 큰 것은 나중에 환웅의 밝달국이 되겠습니다.

　그래서 환국의 그러한 안파견 천제가 나라를 세운 뒤 2~3대 후에는 이 바이칼호 러시아 쪽 또는 몽골 쪽 또는 홍산쪽 홍산문명, 요하문명, 발해연안문명 하는데 이쪽으로 옮겨 온 겁니다.

그래서 그 홍산·요하·발해 또는 난하·대릉하 이쪽에 있는 문명은 밝해 문명의 하나이면서 또 발해연안 문명으로서 우리 동이족 문화입니다.

그러나 중국은 그것을 어디라고 하지 않고 애매하게 처음에 황하문명만 자기 것이라고 그랬다가 황하 문명에 2~3천년 앞서는 발해연안 문명이 나오니까 그것을 황제 헌원의 문명이다. 그래 가지고 전혀 자기들 문명하고 다른데 자기들 것으로 갖다 붙이고 있습니다.

우리나라의 사대식민사학을 하는 학자들, 실증 사학을 한다면서 실질적으로는 일제 사이토 총독의 그러한 지시를 따르고 있는 사람들은 중국이 자기 것이라고 주장해도 별로 이의를 다는 사람이 없습니다.

다만 민족 자주사학을 하는 사람들이 그것에 대해서 이의를 제기하고 하는데 국력의 차이가 있고 그러니까 많이 우리 국민들이 마음을 써야 된다. 그렇게 말할 수 있습니다.

그 밝달국에서 특히 얘기할 것은 홍익인간(弘益人間)·광화세계(光化世界)의 신선도를 이론적으로나 실천적으로 정리한 것이 태호 복희씨입니다. 주역에서 복희 팔괘를 얘기하는데 태호복희의 막내 여동생이 여와입니다.

우리가 복희와 여와가 포옹하고 있는 사진이나 그림 같은 걸 보는데, 복희는 수메를 문명을 키웠고, 그 여와가 서방으로 가서 여호와 신이 됐다고 얘기를 합니다.

그리고 밝달국(배달국)의 14대 천황이 자오지천황, 치우(蚩尤) 천황이라고 그러는데 이분이 황제 헌원이나 염재신농 이런 분들과 싸워서 이기고 73전 73승을 한 우리 민족의 위대한 조상입니다.

그런데 중국은 탁록의 중화 3조당에 우리 민족인 치우천왕은 물론 황제 헌원과 신농도 포함해서 세 분이 다 자기들 조상이라고 그렇게 하고 있는 그런 상황에 있습니다.

그래서 B.C. 2333년 밝달국의 마지막 황제, 환웅(단웅)의 아들 고왕검 단군께서 단군조선을 열었죠. B.C. 2333년 단기로 지금 4355년이 됐습니다.

그런데 그때로부터 치면 4천 수백 년인데 반만 년이 조금 못 됩니다. 민족 국가는 일반적으로 단군조선부터 치는데, 사실은 밝달국은 종족 내지 부족 국가였지만, 치우천황 때부터는 여러 종족, 여러 부족이 합쳐서 부족연맹국가로서 민족국가 형태를 취했기 때문에 4355년에다가 4~500년을 더 하면 반만 년 가까이 됩니다. 그래서 우리 민족사는 반만년 대륙 민족의 영광사입니다.

그래서 자주적인 정신을 가져야 된다. 그래서 그러한 찬란한 문명을 가졌던 우리 단군조선이 한 나라와 싸움에서 지고 또 신선도가 취약해지고 그러면서 망해가지고 여러 개의 나라로 바뀌었습니다. 열국시대라고 그러죠.

북부여, 졸본부여, 동부여, 최씨 낙랑국, 어하라, 동예맥, 옥저, 남진한, 남변한, 남마한, 탐라국 등 그런 11 개 정도의 나라로 분립 되었고, (가야의 분국 왜국도 있었음) 그런 열국시대가 차츰 합쳐서 나중에는 4국시대가 됩니다. 고구려, 백제, 신라, 가야의 사국시대죠.

다만 고구려를 실질적으로 세운 것은 광개토대왕비에도 있었지만 고해모수께서 대고구려를 연 겁니다. 그래서 북부여, 고구려 그 후손인 발해국(대진국)까지 합치면 고구려 천년 강국입니다. 신라도 천년강국이었죠.

신라도 불교를 바탕으로 해서 천년 강국을 이뤘지만, 고구려도 대고구려사 천년 제국을 이어 왔습니다. 고구려 · 신라 · 백제 · 가야에서 가야가 멸망하고(520여 년간 계속) 그 다음에 3국쟁패 시대가 되는데, 고구려 · 신라 · 백제가 3국이 쟁패한 것은 100년이 안 됩니다. 98년간입니다. 그러면서 대진국인 발해국이 서고 신라가 있어서 남북국 시대가 되고 그것이 태조 왕건에 의해서 고려로 통일되고 그 다음에 유교 중심의 나라가 이성계가 세운 조선 왕조가 됩니다.

조선 왕조가 약 500여 년 이렇게 지나면서 여러 가지 우여곡절이 많았죠.

위대한 세종대왕이 계셔서 훈민정음도 창제하고 육진 개척 또는 과학적인 측우기의 발명 또 백성을 사랑하는 마음의 세종대왕도 계셨고 또 임진왜란 때 나라를 건지신 이순신 장군 같은 위대한 성웅도 계셨습니다.

조선왕조가 크게 번지진 못했고 임진왜란이나 병자호란과 같은 큰 전쟁뒤로 가면서, 영 · 정조 시대의 시작을 비롯한 문화가 한때 꽃피기는 했지만 결국은 세계 돌아가는 것에 어두워지고 결국은 1910년 일본에게 망해가지고 한일합방이 이루어졌죠. 그래서 약 36년간 일제강점기에 우리 조상들이 많은 고생을 하면서 지금도 정신대니 위안부 문제니 또는 그렇게 끌려가서 돌아가신 많은 분들 강제 노역한 분들 그 민족의 많은 한을 일본이 우리에게 준 것이지요. 이러한 상황 속에서 지금 남북이 분단되고 있는데 우리를 둘러싸고 있는 국제환경도 그렇게 좋다고만은 할 수 없습니다.

미일 중소와 같은 강국이 있고 또 남이면 남, 북이면 북 나름대로 문제가 있으니 이것을 그 깨달은 분상에서 하나로 통일하고, 한 밝달 문명을 중심으로 해서 통합해 나가야 된다고 그렇게 말할 수 있습니다.

그리고 인류는 세계를 평화롭게 하나의 평화 세계로 이끌어가야 한다고 그렇게 말할 수 있는데, 인류 창세 밝해밝달 문명사는 맨 끝에 밝해 문명의 세계적 전파라고 그래서 우리나라의 문명이 중국이나 일본 또 인도네시아 또는 버마, 인도, 중국 또 키르키스탄, 이라크, 멕시코, 미국 또 페루 이런 데까지 유물적으로 또는 정신적으로 미친 한밝달 문명의 세계적인 전파, 여러가지를 기술해서, 초연결 사회의 요소를 갖췄다고 말할 수 있습니다.

제3절 단군조선은 고씨 조선

밝은 해인 청천백일의 광명으로 우리 민족이 창조한 환한 천지인 3합문명으로 인류 시원문명인 한밝달 문명이자 신선도인 홍익인간(弘益人間)·광화세계(光化世界)로 신명 개벽하는 신명난 우리 역사 제3절 주제는 '단군조선은 고(高)씨 조선'입니다.

우리나라 첫 민족국가인 고조선을 단군조선이라고 얘기하고 B.C. 2333년 고왕검단군께서 아사달에 도읍을 정하고 조선으로 건국했다. 그러는데 그래서 왕검 단군부터 후단군조선 22대 고색불루 단군, 44대 고구물 단군은 대부여로 이름을 고쳤죠. 그 다음에 47대 고열가 단군으로 이어지고 2096년 계속된 세계 최대의 가장 오래된 유일한 제국이었습니다.

그런데 첫 임금인 왕검 단군은 통치자와 제사장을 합친 보통명사지 고유 명사가 아닙니다. 그래서 우리 민족의 시조에 대해서 정말 성함이 뭐냐? 무슨 성씨을 가지고 있느냐 이런 거에 대해서 많은 사람들이 연구를 했지만 밝혀내지 못하고 있었는데, 22대에 고등의 손자인 색불루 단군이 쿠데타를 해가지고 고씨조선인 후단군조선을 세운 것은 고색불루 단군이고, 그 다음에 대부여라고 이름을 붙인 고구물 단군이 44대에서 47대 고열가 단군까지 이어지는 건 알았는데, 처음에 나라를 세운 왕검단군의 성명이 어떻게 되느냐? 이것은 역사에서도 가장 큰 문제의 하나였습니다.

이러한 문제에 대해서 자주 사학자인 이규만 선생님이『잃어버린 천도 문명』에서 그것을 밝혀냈습니다.(15쪽, 62쪽, 71쪽)

그래서 살펴보면 한임금 태왕 즉 단군왕검의 성함은 고준(高峻)이다. 높을 고(高)자, 준걸 준(俊)자입니다. 환웅께서 내려오신 신시인데 신시가 아니라 신불(神市)입니다. 벌판 불(市)자고 시는 市 이렇게 써야 되는데 신시가 아니거든요. 그래서 많은 사람이 신시라고 읽어서 잘못된 건데, 신이 내린 벌판이라는 신불(神市)에 내려와서 그때의 도읍명은 구이에서 구려로 바뀌었는데, 그래서 그것이 천평이라고 백두산 삼지연이 있는데 상천평이고, 하천평은 연변지역인 바, 그 지역이 높은 곳이라 해서(高山天坪) 높을 고(高)자를 성으로 삼았고, 그래서 나중에 고구려가 그것을 잇게 된다. 그랬습니다. 단군왕검은 고산천평에 고산신불

(高山神市)도 계승하였으니, 성을 고씨라고 한 것이라고 이규만 선생님이 밝혔습니다. 이규만 선생님은 근거로 산해경, 회남자와 갑골문 등과 은나라가 상제로 모신 제준(帝俊.황제고준)이 동이족·은나라 고씨 조상으로 고조(高祖)라고 했다고 한다.

그래서 전 단군조선도 고씨 조선, 후단군조선과 대부여도 고씨 조선이었다는 것이 규명이 된 거다 라고 말할 수 있습니다. 이승휴의 제왕운기는 석제손(釋帝孫)단군 이라고 하고, 조선을 건국한 바 무진년에 황제고(고준)가 중흥한 것이라고 했다.

왕검 단군에게는 아들이 네분이 있었습니다. 그 큰 아들이 고부루 태자입니다. 그래서 고부루 태자로부터 쭉 이어져가지고 21대 소태 단군까지 이어지고 그 다음에 그 아들이 부우·부소·부여 이렇게 있습니다.

그래서 이 사람들을 『규원사화』나 『환단고기』 이런 걸 보면은 구려후·진번후·부여후 그래서 아들 중에 한 명인 고부여를 부여후에 임명한 건데, 그 후손이 나중에 고등으로 이어져가지고 실력으로 후 단군조선을 연 거라고 말할 수 있습니다.

이러한 것은 이규만 선생님이 우리의 사서인 『삼국사기』·『삼국유사』·『제왕운기』·『환단고기』·『규원사화』·『서경』·『산해경』·『회남자』,『관자』, 사마천의 『사기』 또 『홍사서문(鴻史序文)』 이런 역사서를 전부 참고로 한 것입니다.

그 다음에 43대 물리단군 때 우화충의 난이 있는데 그것을 누르고 새로 단군으로 취임하신 분이 고구물 단군이다. 이렇게 말할 수가 있습니다.

그리고 그러한 것은 고구려의 건국자인 고주몽 동명성제가 나라를 세우고 그 천제단인 국동대혈의 제사 지낼 때 한 분은 부여신을 모시고 한 분은 고등신을 모셨다고 했는데 부여신이라는 것은 하나는 졸본부여의 지관으로 있었던 어머니 유화부인이 되고 또 한 분이 고등신이어서 고등신이 소태 단군 때 우현왕을 실력으로 차지하고 그 다음에 이어서 실력으로 후단군조선을 이었다. 이렇게 말할 수가 있습니다.

그리고 그 대부여를 이은 것이 바로 고리국 북부여여서, 북부여를 세운 것은 앞서도 얘기했지만 고달해모수 단군이고, 고리국의 고진왕, 고법왕, 불리지 고모수왕 고주몽 이렇게 이어진다. 이렇게 말할 수 있습니다. 그리고 고주몽 성제의 아버지인 고리국왕 고모수는 여러 가지 정세에 의해서 결국은 부상국을 찾아서 베링해를 지내가지고 멕시코로 건너가서 B.C. 1세기에 테오티와칸에서 맥이고(貊耳高), 처음 고대 멕시코를 건국을 합니다.

이규만 씨 말처럼 여러가지 이유로 고준이 왕검단군의 성명이 된다고 말할 수가 있습니다.

그리고 다음에는 우리나라의 고대사를 보면은 중국의 대만대학교 서량지 교수라는 양심적인 교수가 있습니다. 중국이 동북공정이나 또는 단대공정으로 우리나라의 고조선 · 고구려 · 발해를 전부 자기네 역사로 편입하고, 요새는 신라까지 편입하려고 그러는데도 『중국사전사화(中國史前史話)』에서 "고대의 중원은 동이족(苗族)의 활동 무대였다"고 그럽니다.

환국에서 환해서 밝은 환에서 둥그런 고리족이 나왔고, 그 동쪽에 활 잘 쏘는 민족이라서 동이족(東夷族)이 나와서 같은 우리 조선 민족이다. 이렇게 말할 수 있습니다. 그 얘기를 보면 중국은 자기들이 역사로 삼황오제가 있다고 그럽니다.

그거는 이제 알고 보면은 중국의 삼황오제가 아니라 3신오제본기에 따라 우리 동이족의 삼황오제다. 첫째 삼황(三皇)은 복희·여와와 신농 이렇게 세 분을 칩니다. 물론 이설도 있지만 그런데 복희와 여와는 밝달국에 태우의천황의 아들과 딸로서 청구국을 이끌었고 그것을 이어받은 신농도 있는데 신농도 동이족입니다. 특히 신농은 동이족인 고시씨의 후손, 고시 소전(少典)의 아들로 삼황에 속합니다.

그런데 여기에서 그 소전도 우리 고시씨(高矢氏)의 후손인데 중국의 시조라는 황제 헌원도 이 소전씨의 아들로서 신농하고는 배 다른 형제가 되지요.

황제 헌원은 본래 동이족이고 우리 백의민족인데, 서하족의 누조에게 데릴사위로 들어가서 중국 민족의 조상이 된 것이라고 말할 수 있습니다.

그 다음에 그들이 내세우는 오제도 소호금천(少昊金天)입니다. 그래가지고 태호 복희의 뒤를 이어서 우리 태양족을 나타냈는데 금빛 나는 색깔을 들고 하늘에 제사를 지내는 불교 쪽의 인물이라고 얘기를 하는데 이 소호금천씨도 고시씨 후손 소전씨의 후손이다. 이렇게 말할 수 있고 또 오제의 하나가 고양(高揚)인데 이 사람들이 우리나라의 단군조선이나 이쪽의 고씨를 막기 위해서 앞에다가 전욱이라는 이름을 붙였습니다. 전욱고양이라고 하는데 그냥 고양입니다.

그 다음에 고신 씨가 있는데 이것도 이 고양의 그 조카로서 고시씨의 후손인데 여기도 이 앞에다가 고씨라는 걸 캄프라치 하기 위해서 제곡이라는 말을 붙여 제곡고신이라 했습니다. 〈동국역대〉는 홍제 단웅을 고신왕이라 했습니다.

그리고 또 하나는 요(堯)임금이라고 하는 제요인데, 제요는 바로 고신씨 아들입니다. 그리고 또 하나가 순(舜)임금인데 제순이라고 그러죠. 제순은 고시씨의 형 고수의 아들이다. 이렇게 말할 수가 있습니다.

그러면 우리나라에서 농사를 짓고 가을에 보면 늘 고씨에 예를 표한다는 "고시례" 해가지고 옛날에 우리 농사 곡식의 주무장관이었던 어른을 비는 그러한 습관이 있는데, 이 고시씨의 유래는 어떻게 되는 거냐 하면 밝달국 전의 환국의 3대 천제가 고시리 환인입니다.

그래서 안파견 환인, 혁서 환인의 뒤를 이어가지고 적석산에서 바이칼호, 의무려산 흥안령산맥, 시라무렌강, 흑룡강 이런 쪽으로 그 영토를 옮겨가면서 다스린 그런 고시리 환인이 최초의 고시씨이고, 그 다음에는 밝달국의 환웅천황 때 그 중앙행정부를 3사5가로 되어있는데 그때 주곡(主穀)담당관인 우가(牛家)의 고시씨(高矢氏)가 말하자면 농림부장관이죠.

그게 고시례(高矢禮)씨 후손 고시씨입니다. 그리고 이와 같은 것은 단군조선이 되었을 때 그 왕검 단군 때도 고시씨가 곡식과 농림 이런 것을 맡아 사농으로 풍년을 들게 해서 백성들을 배부르고 편안하게 했다. 그래서 농사를 잘 짓고 추수할 때면은 "고시례" 또는 "고수례" 이렇게 해가지고 그러한 습관이 이어지도록 했다. 그렇게 말할 수 있습니다.

이와 같은 거는 기본적으로 청천백일, 태양족이 하늘에 태양이 높고 또 환웅천황이 나라를 세울 때 높은 곳에 세웠다. 여기에서 이제 고 씨가 나왔다. 이렇게 얘기하는 것이고, 다음에는 불교를 창시한 고담 석가모니 부처님 출자국이 어디냐? 이것도 단군조선과 고씨와 관계가 있는데, 영국 옥스포드 사전에 보면 단우라자(Dhanu raja, hero king) 단군의 후손, 또는 단종 찰제리 고왕 단군 임금인 찰제리이다. 이렇게 왕족이면서 무사족이다. 이런 뜻이죠.

그리고 부루나미다라니자가 그린 인물화로 대영박물관에 석가모니 부처님의 상이 그려져 있는데, 이목구비가 우리나라 북쪽 사람들하고 닮았고 또 머리에는 상투를 튼 모습이 있습니다. 그래서 동이족이다. 태양족이다. 그렇게 얘기를 하고 또 영국의 유명한 빈센트 스미스(Vincent A. Smith)라는 인도사학자는 석존 몽골인설을 주장했습니다.

석가 세존은 우리나라가 몽고인의 맏형인데 몽고인이다. 그렇게 얘기를 했는데 인도의 역사에서 보면은 서가모니 부처님의 씨족은 사카족이고 어머니나 부인의 씨족은 고리족이다. 그럽니다. 고리족 또는 코리(Koli)족 이렇게 얘기하거든요.

그런데 그 조상은 누구냐 그러면 감저왕이다. 오카카왕의 후손이다. 석존의 종족명은 고담(高曇)입니다. 구담이나, 고다마 라고도 합니다.

그런데 몽고인이 생긴 것은 처음에 3세 가륵 단군 때 색정(素靖)이라는 사람을 열양 욕살로 임명했는데 그 나라의 이름이 색리국 또는 고리국 한이었습니다.

지금으로 말하면 그 지역이 몽고와 북 중국에서 고비사막이라고 그러는 약수 지역이다. 그렇게 말할 수 있습니다. 그 사람이 색정인데 이 색정에서 사카족 또는 스키타이족이 나왔다고 말을 합니다.

그리고 이 가륵 단군 때는 가륵 단군 3년에 단기 156년에 티벳의 반란을 진압하고 수백 년 다스렸다니까 그런 몽골 인종이 티벳이나 인도로 건너가가지고 그러한 새로운 종족을 뭉쳐서 어떤 활동을 했다. 이런 것을 유추해 볼 수가 있습니다.

석가족으로 아버지는 정반왕이고 그 다음에 어머니가 마야부인(摩耶夫人, Mahamaya)인데 데바다하에서 온 마야부인도 또 고리(稾離, kori)족입니다.

그리고 석가모니를 키운 양어머니가 고타미입니다. 고타미 그리고 부인이 야소다라는 고파라고도 그럽니다. 고리족이다. 이런 얘기도 합니다.

석가모니도 고다마 싣달다 그래서 석가모니 부처의 종족도 우리나라 단군족의 일파로서 몽골리안이면서 또 고리족 한 파에 속한다. 이렇게 말할 수 있습니다.

그와 관련돼서 『산해경』에는 천축국(天竺國)이 조선 천독이다. 그래서 낙랑지역이다. 이런 얘기가 있고 또 동진의 법현 스님은 천축국 동이족이 살던 지역이라고 『역유천축지전』에서 적고 있습니다.

또 중국의 한태진은 『한창여문집』에서 불타는 동이족이어서 일제 중생을 깨닫게 한다. 이런 얘기가 나옵니다.

그리고 석가족의 조상이 감저왕이라고 그러는데 이거는 모족의 후예고 또 사이족이다. 동이족이라고 하는 그런 사이족이다.

그리고 또 오까가 왕이라고 그러는데, 이에 해당하는 왕으로는 단군 왕조에서 8대 오사함 단군이 있어서 이분의 후예와 연결되지 않나 그런 생각도 듭니다.

그리고 박시인 교수가 쓴 『알타이 인문 연구』(서울대)는 단군족이 또 알타이족의 일부다. 이런 얘기를 합니다.

그래서 석가모니 부처는 우리 민족과 고리족과 깊은 인연이 있다. 이렇게 말씀드릴 수 있습니다.

또 하나는 저자가 제주 고씨인데, 제주 고씨에 관련돼서 보면은 영주지주나 탐나국왕사나 제주고씨 족보나 이런 걸로 보면은 왕검 단군께서 조선을 세우기 4년 전에 고을라·양을라·부을라가 그 탐라국을 세웠고, 벽랑국 일본으로 추정되는데 벽랑국에서 온 세 처녀와 합쳐서 혼인지에서 결혼해가지고 사람들이 퍼져 나갔다. 그럽니다. 을라는 "얼나"에서 왔다고 합니다.

그런데 여러 가지 역사사나 『홍사한은』을 보면 단군조선 24대 단군이 고연라 단군입니다. 고연라 단군의 동생이 고을라 왕자여서 이 고을라 왕자를 제주를 그때는 신도라고 그랬습니다. 신도 제주의 제후로 임명했다. 그러니까 이것은 제주 고씨 쪽에서 그러한 족보와 역사를 더 연구해서 밝혀내야 할 부분이다. 그렇게 말을 할 수가 있습니다. 고왕검 단군께서는 36세에 즉위하여 56년간 하느님 신선도로서 통치하시고 단기 56년 93세로 봉정에서 붕어하셨습니다.

신명난 우리 역사 제3절은 우리나라 역사상의 획기적인 일로 '단군조선은 고씨 조선'이다. 단군조서은 고조선(古朝鮮)이고, 고조선(高朝鮮)이라고 할 수 있다. 古는 옛 고, 하늘고(天高)이고, 高는 높을 고 성 고 여서, 서로 상통해서 쓸 수 있기도 하다. 이것을 중심으로 살펴봤고 그 고씨와 고시씨의 유래와 왕검 단군의 성명이 고산천평(高山天坪)과 고산신불(高山神市)을 계승하여 높을 고자, 준걸 준자, 고준(高俊)씨라는 거 그리고 중국의 3황5제가 우리 동이족이고 고시씨의 또 후예라는 거, 그 다음에 인도의 석가모니 부처님도 동이족이고 고리족이고, 성이 고담이라는 거, 또 그 다음에 제주 고씨의 탐라국 건설이 본래 제주 고씨 족보나 이런 데서 얘기하는 것보다 천 년 후가 된다는 거 이런 것을 종합적으로 말씀드렸습니다.

제4절 단군조선의 영토

밝은 해인 밝해정신으로 한 밝달 문명을 이끄는 신선도의 홍익인간·광화세계를 지향하는 신명난 우리 역사 제4절은 첫 민족국가인 '단군조선의 영토'입니다.

밝달국이 망하고 단군조선으로 넘어갈 때 여러 가지 시대 상황에 많은 변화가 있었습니다. 그래서 우리나라 역사와 관계된 그런 얘기를 먼저 하려고 그러는데 유명한 것은 유궁국의 제후인 '예'라는 사람이 화살로 하늘에 있는 태양(삼족오) 10개 중에 아홉 개를 명중시켜서 떨어뜨린 얘기가 산해경과 회남자에 전해오고 있습니다.

그런데 실제 중국 상고사를 알아보면 거의 대부분 우리나라 상고사를 그대로 갖다 쓴 겁니다. 3신 5제 본기를 따른 삼황오제인데 3황5제의 복희·신농·황제 이분들이 전부 우리 동이족이었습니다. 그리고 물론 황제는 지나(支那) 쪽으로 데릴사위로 들어가서 지나의 대표가 되기는 했지만, 그 다음에 오제라고 하는 소호금천・전욱고양・제곡고신・요・순이 사실상 전부 우리 동이족이었습니다.

물론 조금 차이는 있지만 요 임금은 지나(支那)에서 한족이 아닌 것은 전부 이민족으로 알아서 동이・서융・남만・북적 그러는데, 요의 요임금은 북적이었고, 순임금은 동이족이었고, 그 다음에 하나라의 우임금은 남만족이었고, 그 다음에 우리 동이족인 상 또는 은나라의 탕왕도 동이족이었고, 문왕은 서융족에 속했다고 그럽니다.

그런데 『산해경(山海經)』이나 회남자에 내려오는 걸 보면, 태초에 하늘에는 열 개의 태양이 떴다고 그럽니다.

그래서 태양이 차례대로 오늘은 이런 태양이 뜨고 그 다음 두 번째 뜨고 다음은 세 번째가 뜨고 이렇게 쭉 순서대로 돼 있는데 그 태양을 고구려가 상징기로 내세웠던 삼족오(三足烏)로 표현이 됩니다. 그것은 밝해족・태양족 이런 것을 상징하는 거죠.

그런데 그 나라 임금은 요 임금으로 나오는데, 이 태양을 처음에 놔뒀을 때는 제대로 막 돌아갔는데 한참 놔두다 보니까 한꺼번에 둘도 나오고 셋도 나오고 그래서 나중에는 엉망이 돼서 하루에 10개의 태양이 뜨고 그래서 지옥같이 되고 그러니까 이것을 어떻게 할까 고민을 많이 했다고 그럽니다.

그래서 요임금으로서는 해결할 수가 없어서 천제인 단군 상제에게 도움을 요청한 겁니다. 그 상제 준(俊)이라고 그래서 자주사학자 이규만 선생은 제준(帝俊)을 고준(高俊)이라고도 얘기하는데, 이분이 바로 고왕검단군입니다.

그러니까 요임금이 지나(支那) 쪽을 다스리면서 천제 국가로 우리 단군조선을 알아모셨던 겁니다. 그래서 태양신인 제준 부인이 희와였습니다. 같이 의논을 해가지고 그 유궁국에 제후가 예라는 있었는데 이 '예(羿)'를 중국의 그 좌씨전에서도 예라고 한 걸로 봐서, 우리 동이족 출신인 게 분명합니다(부인이 항아).

그래서 이 사람이 명사수였는데 예에게 명해서 화살로 삼족오로 상징되는 아홉개의 태양을 전부 명중시켜서 전부 떨어뜨렸습니다. 한 개만 남고 그래서 한 개의 태양이 됐고, 그 동안에 10개 태양이 막 무질서하게 돌고 그러던 수많은 괴물이 있었는데, 그러한 괴물도 얘가 다 채취를 해서 천하의 질서를 잡았다. 그렇게 얘기를 합니다.

그것은 밝달국이 끝나고 단군조선으로 부족국가에서 부족연맹의 민족국가로 발전하면서 그 동북아시아의 지역의 그런 움직임이나 그 투쟁·갈등 이런 상황을 이런 신화적 또는 설화로 이렇게 표현한 거다. 그렇게 말할 수 있습니다.

그러면 저자가 쓴 『밝해문명사』에 나오는 단군조선의 영토를 보아 가겠습니다.

처음 상고시대 국가인 환국은 구다천국에서 지금 이라크인 수메르 국까지 12국 연방으로 광대한 영토를 가졌는데, 그 후에 그 배달국(밝달국)이 생겨서 신시, 청구, 공상 등을 도읍지로 해서 한반도, 한육도라는 말도 씁니다마는 만주와 중국의 산둥성·안휘성·강소성·하남성·몽고·시베리아·티베트 등지까지를 영토로 해서 단군조선이 건국이 되었다. 이렇게 말할 수가 있습니다.

단군조선 영토에 관해서 백두산 중심의 동북아시아 대륙에 『제왕운기』를 쓴 이승휴는 "신라, 고구려, 동북부여 이런 것이 모두 포함된다."고 적고 있으며, 이종휘의 『수산집동사』와 어윤적의 『동사연표』는 "동은 바다에 면해 있고(동해 태평양 바다), 북은 흑룡강과 흥안령 산맥이요, 서는 하북성 양평부 즉 난하(灤河) 하류에 이르고 연주와 청주, 즉 북경과 산동지방에 접했으며 남으로는 한수에 이르고 진국과 접하였다." 진국(辰國)이라는 것은 본래의 진한이어서 단군조선이 삼한(진안·마한·변한)을 관장했듯이 남삼한을 다 지배했다. 이런 것이라고 말할 수 있습니다.

중국의 고기록인 『산해경(山海經)』「해내북경」에는 "조선은 열양의 동쪽, 바다 북쪽 산 남쪽에 있다"고 하고 『사기』「조선열전」에는 "서광이 말하기를 창려에 험독현이 있고, 요동의 험독현은 조선의 옛 왕도였다." 조선왕조가 있는 과정에 수도로 험독현을 삼은 적이 있다. 이러한 얘기를 하는 것입니다.

그 다음에 자주사학 서적의 하나인 『규원사화』단군기에 따르면 그 강역으로 북으로는 대황, 서쪽으로는 알유, 남으로는 해대(海岱, 해하·대하 그래서 지금의 산동성)지방에 이르고 동으로는 창해(蒼海)에 이르렀다. 동해의 그런 푸른 바다를 상징하는 거죠.

그래서 그러한 단군이 치우씨 후손에게는 남서의 땅을 주고 남국(藍國)이라 하고 그게 암려홀이고, 신지씨 후손에게는 북동의 땅을 줘서 모두 웅장하게 잘 살게 했는데 주신국·숙신국 또는 속진국·숙신홀이라고 그렇게 얘기했습니다.

고시씨 후손에게는 동남의 땅을 봉하였는데 산하가 아름답고 초목이 무성하여 청구국이라 하고 그 중심지를 낙랑홀이다. 그 다음에 결혼을 맡은 주인씨의 후손에게는 개마국을 주고 여수기를 예의 임금으로 삼았다고 합니다.

그리고 고왕검 단군께서는 태자 고부루를 비롯해서 왕자를 4명을 두었습니다.

그게 부소·부우·부여인데 모두 서쪽 부분에 땅을 줬는데 이 것이 구려·진번·부여고 또 태자부루가 동해에서 온 세 사람을 각지에 봉하였는데 이것은 후에 옥저·졸본·비류라 이렇게 이름을 지었습니다.

밝달국의 세대를 통해서 보면 두 큰 나라는 아홉, 작은 나라는 열둘로 나누어서 천하 제주를 다스렸으나 지금 자세히 알 수는 없다고 그렇게 돼 있다.

그 다음에 『환단고기』단군세기에 보면 단군 50년, 고준왕검단군이 취임하신 지 50년의 대홍수가 범람하여 백성이 쉬지 못했다. 단제는 풍백 팽후에게 치수를 명하여 높은 산과 큰 내를 정하고 백성이 편하게 살게 했으니 우수주에 그 비석이 있다고 그럽니다.

지금은 물론 발견이 되지 않는데 그 우수주가 지금의 강원도 춘천 지방이라고 얘기하는 사람도 있지만 여러 가지로 봐서 길림성 소밀성으로 규정한다고 많은 사람들은 얘기를 합니다.

단기 51년, 고왕검단군이 취임하고 51년 단제가 운사 배달신에게 명하여 혈구(穴口, 지금의 강화도) 전등산에 삼랑성(三郎城, 정족산성)을 쌓은 바, 거기에 고구려의 첫 절의 하나인 전등사가 있습니다.

마리산 꼭대기에 제천단을 쌓았으니 그것이 바로 참성단인데 참성단은 저자가 두 번 올라가 봤습니다마는 468m이고, 계단이 918계단인데 이 계단을 쌓은 것이 왕검단군 때입니다.

그때 왕검단군께서 배달신과 그 왕자 3명에게 명해서 8천명의 장정을 동원해서 쌓았고 역대 단군과 고구려·백제·고려의 임금들이 해마다 10월 상달이면 그렇게 하늘에다가 삼신에게 제사를 지냈습니다.

단기 67년 단제가 태자고부루(太子高扶婁)를 보내어 우(虞)의 사공에게 여러 가지 치수법도 가르치고 홍범구주도 가르치고 그래서 도산에서 단군조선과 하 나라의 그런 우가 같이 이렇게 천하의 다스림에 가서 논의도 하고 또 하 우가 단군왕검의 통치를 받는 그런 약속을 해서 그것을 도산회맹이다. 이렇게 얘기를 합니다.

단기 93년 임금 단제가 유궐(柳闕, 버들궁전인데 버드나무를 많이 심어서 그 궁전을 둘러싸게 했던 것 같음)에 있을 때 토계가 저절로 생겼으며 국태민안하여 10월에 국중대회(國中大會)를 열고 하늘에 제사 지내니 백성들은 모두 기뻐하며 즐겼다. 우리 민족은 영가무도를 잘하죠. 노래 부르고 춤추고 태평성대니까 그때부터 이런 게 내려왔는데, 그로부터 황화가 구역에서 먼 탐랑지방에까지 미쳐 덕교가 점점 크게 퍼졌다. 탐랑이라는 것은 탐나(眈羅)와 벽랑국(푸른 파도국 일본) 제주도와 일본에까지 덕교가 미쳤다. 이런 얘기가 되겠습니다.

천하의 땅을 삼한으로 나눠서 통치했는데 모두 5가 64족이었다. 이렇게 말할 수가 있습니다.

재야사학자인 이상시 변호사는 『규원사화』를 인용해서 처음에는 강화도와 북한강을 연결하는 이북지역이 단군조선의 강역이었으나 후에 남부 환란을 정비한 후에는 고부여. 고부소. 고부우 황자 등 3인 황자를 강화도에 보내 참성단을 재축조한 후부터는 한반도 모두가 단군의 강역으로 편입됐다고 보았습니다.

단군조선의 성터로는 평양에 3천기가 발굴된 낙랑토성이 있고, 중국의 중동부나 몽골, 만주지역의 단군조선 성터는 길림시 서단산 유적, 내몽고 적봉, 홍산 지역이죠. 우하량 지역, 난하, 망도 지역, 심양시 정가와자 유적, 대련, 하얼빈(안중근 의사가 이토 히로부미를 총격한 곳), 대전자 성터, 지가 영자 성터, 집안 석관묘 출토 성터 등 큰 것만 60여 곳이 발견됐습니다. 4천 년 전의 성터가 60여 곳이나 발견됐다는 것은 세계사에 유례가 없는 것이죠.

여러 가지 사료를 볼 때 단군조선 건국 초기의 영역은 캄차카반도, 연해주를 비롯한 시베리아, 만주, 한반도, 일본, 몽골, 티베트, 중국의 중동부, 동북아시아 대륙과 옥저해(옥저해가 변해서 지금 세계지도에는 오오츠크해라고 그러는데 옥저해의 이름이 바뀌어서 그렇게 오오츠크로 바뀐 것임), 캄차카반도, 일본열도 그 다음에 동중국해, 황해와 발해를 잇는 동북아 지중해를 포함하는 해륙을 대통일한 대륙 민족국가였다. 반만년 대륙 민족의 해륙 국가였다. 이렇게 말할 수 있습니다.

일본의 사학자로 『환단고기』를 연구하고 발표했던 가지마 노보루(鹿島昇)는 단군조선이 일본, 오키나와, 보르네오, 필리핀까지 통치했다고 주장을 했습니다. 외국 사람이 얘기하니까 그만큼 더 객관성이 있어 보입니다.

단군조선의 영토 변경은 그 뒤로 두 차례 큰 변화가 있었는데 하나는 고색불루 단군이 아버지 고등왕의 뒤를 이어서 단군조선의 우현왕이 되면서 후 단군조선을 열었는데 이분은 단군의 둘째 왕자 부여 왕자의 후손이 고등이고, 그래서 고색불루단군이 단군조선 22대로 부임하면서 영토를 변경시켰고, 그 다음에는 단군조선이 멸망해가지고 열국시대로 될 때 또 한 번 영토에 큰 변화가 있었다.

그리고 현대 민족 자주사학에 앞장서 온 강단사학자이면서 민족 자주사학을 하는 대표가 단국대학교의 윤내현 교수인데 윤교수는 단기 12세기부터 22세기까지 단군조선의 서쪽 국경은 요수나 패수(浿水, 강이란 이름)라고도 했던 난하에서 만리장성이 시작되고 갈석산으로 형성되어 단군조선의 영토가 처음보다는 줄어들었지만 갈석산까지였다. 이렇게 얘기를 합니다.

『사기』조선열전에도 요동지역을 둘러싼 단군조선과 중국의 쟁투에 관해서 여러 가지 써놓고 있다. "한 나라는 번성 초기에 그 지역을 보존하기 어렵다고 생각하여 요동을 회복하고 패수를 경계로 했다"고 돼 있는데, 이 패수를 리지린은 난하라고 결론을 내리고 러시아의 유 엠 부찐(Yu.M Butin)은 대능하(大凌河, 따링허)라고 결론 지어서 거기를 중심으로 우리나라 단군조선과 중국의 여러 나라가 경계로 삼았다. 그러한 얘기를 하는 것입니다.

제5절 단군조선의 건국이념, 신선도

신명난 우리 역사 독자 여러분 안녕하십니까? 밝은 해, 밝해정신으로 한 밝달 문명을 이끄는 하느님 신선도의 홍익인간·광화세계를 지향하는 신명나는 우리 역사 제5절은 '단군조선 건국 이념-신선도'입니다.

　신선도(神仙道), 신(神)은 하느님을 말하고, 선(仙)은 하느님이 인간화 되어서 산에 내려온 사람, 선인이라고 그러죠. 도(道)는 사람이 걸어가는 길, 불이(不二)의 길, 한 길 이렇게 말할 수 있습니다.

　그럼 『밝해문명사』를 살펴보도록 하겠습니다.

　단군조선의 건국 이념은 환국과 밝달국을 이어서 단군조선이 태어났기 때문에 역시 똑같은 신선도인데, 이는 하느님 아들 인간본위의 도입니다. 인간본위의 가는 길입니다.

　물론 그 근본은 절대자인 하느님 또는 법신불 이런 걸 말할 수 있겠죠. 인간을 본위로 널리 크게 사람을 이롭게 하는 홍익인간이죠.

　홍익인간 즉 인본주의·휴머니즘의 최고봉이 홍익인간이죠. 인간은 홍익인간을 중심으로 이루어내는 세계, 그것은 빛의 세계이며 어둠을 밝게 하는 광화세계, 인간은 홍익인간이 가장 이상적이고 원만하며 이 세계는 광화세계가 제일 좋은 것을 지향하는 신선도였다. 시천주(侍天主) 봉태을(奉太乙) 무극대도, 그렇게 말할 수 있습니다.

　여기에는 환인천제·환웅천황 또는 왕검단군 세 분을 삼신으로 모십니다. 환인천제는 교화신이고, 환웅천황은 교화신이고, 왕검단군은 치화신(治化神), 정치를 해서 다스리는 신의 대표여서 삼신 또는 삼성(三聖), 세 성인이다. 이렇게 말을 합니다. 즉 신선도라는 것은 기본적으로 사람들이 환인·환웅·왕검단군의 세 성인을 공경하여 믿고 그 다음에 삼경을 배운다.

　삼경(三經)은 그 수리 철학 10의 수철학인 천부경(天符經), 그것을 좀 더 구체화한 삼일신고(三一神誥), 365자로 돼 있죠.

그 다음에 1년 365일을 본 받아가지고 그것을 8개의 가르침, 8개의 신선이 되게 하는 생활 지침 그래서 그것을 참전계경(參佺戒經) 또는 팔리훈(八理訓)이라고 합니다. 8리훈은 성(誠, 정성)·신(信, 믿음)·애(愛, 사랑)·제(濟, 건짐)·화(禍, 재앙)·복(福, 행복)·보(報, 갚음)·응(應, 따름)을 말하는데, 이를 단군팔리훈이라고 그럽니다.

그 세경을 배워서 실천하며 결국은 수련하는 구체적인 방법인 삼문(三門)으로 심기신(마음과 기와 몸)을 수련한다. 심기신 수련을 삼공이라고도 합니다. 그것은 지감(止感, 감각을 멈추고 자기 마음을 살피는 명상)·조식(調息, 호흡을 조화롭게 하는 단전호흡)·금촉(禁觸, 여러 가지의 그런 접촉을 지나치게 하는 것을 금함)의 삼공을 하는 거, 그 삼신을 믿고 삼경을 공부하고 삼 공을 닦아서 홍익인간이 되고 광화세계를 이루는 것이 신선도다. 이렇게 말할 수 있습니다.

그 역사적인 내용은 단군 신화나 설화 또 단군 역사에 있으며 이를 신도·신교(神敎) 또는 천신교(天神敎), 신이라는 것은 전통적으로 우리는 하늘·하느님을 말한다. 신선선의 선도·국선도·선교·선가·도교·무교 등으로 부르기도 한다. 하늘에서 태양을 숭배하여 하늘에 제사를 지내는 제일 주재자가 단군(檀君)이고, 그 의식을 행하는 신단(神壇)이나 소도에서 그 길을 닦는 사람은 선인 또는 신선(神仙)이라 했으므로, 이것을 종합해서 신선도라 한다. 그렇게 말합니다.

이 신선도를 따르는 신선도의 길을 가는 사람에게는 기본윤리가 요청 되는데, 그것은 천단이나 소도에서 여러 가지 천제를 지내고 그랬기 때문에 소도 오륜이라고 부릅니다. 또 소도 오륜을 지켜야 되는 윤리로 해서 오상(五常)이라는 말도 씁니다. 그것이 중국은 유교여서 인(仁)·의(義)·예(禮)·지(智),신(信)을 유교의 오상이라고 하지만, 우리나라의 오상 즉, 국민이 가지고 있는 윤리는 충(忠, 나라에 충성한다)은 항상 사람이 살아가는 데 중심이 있어야 된다는 거죠. 효(孝, 부모에게 효도하는 것)는 만가지 윤리의 기본이죠. 백행의 근본인 용기가 있어야 되죠.

우리가 세상을 보고 살아갈 때 사회가 바르고 참되게 하려면 아는 것만 가지고는 안 되고 그것을 실천할 수 있는 용기도 필요하다(勇). 그 다음에 신(信, 믿음)이 필요하죠. 사람 사는 사회에 믿음이 없으면 그 사회가 붕괴가 되죠. 요새 우리나라 사회가 너무 믿음이 없어서 참 문제인데, 그 다음 끝이 인(仁, 어짐)입니다. 인에는 사랑이나 자비·용서 이런 것이 다 포함되는 것인데, 사람의 마음인 충효용신인 오상이다. 이렇게 말할 수가 있습니다.

신과 사람 사이에 기도 등의 신사를 맡아보는 사람을 무사나 또는 신인·선인이라고 불렀다. 환인은 하늘에 살면서 신선도를 펴는 사람이라는 뜻이고, 우리 민족 국가 역사상 처음 국왕이면서 신인으로 나타난 분이 고왕검단군이시다. 그리고 단군은 천제와 정치, 양사를 다스렸고 나중에 고왕검단군께서는 그것을 끝내시고 선인으로 산으로 들어가셨다. 그래서 우리나라의 많은 산에는 단군님을 비롯한 삼신을 모신 삼신각 또는 삼성각이 많이 있습니다.

『삼국사기』 고구려본기 동천왕 21년조에는 평양을 '선인왕검의 택(宅)'이라고 하였고 또 동천왕 8년조에는 고국천왕 영혼의 강림을 무자가 매개하는 그런 기록도 나오고, 『삼국사기』 신라본기

진흥왕 37년조에 보면 신선도를 이어받은 화랑의 기본을 원화(源花)라 하고 김대문의 『화랑세기』에 이르기를 "현명한 재상과 충신이 이로부터 솟아나고, 좋은 장수와 용졸이 이로 말미암아 나왔다."고 했습니다.

그리고 우리나라의 유명한 유교 학자이신 고운 최치원 선생님은 유불도에 다 능했는데 난랑비 서문에서 "우리나라에 현명한 도가 있으니 이를 풍류도라 한다" 신선도를 풍유도라고도 얘기하죠. 이것은 유·불·도 삼교를 포함하여 중생을 교화한다고 하면서 노자와 공자와 석가모니의 교화를 다 포함하고 있다. 그렇게 얘기하고 있습니다.

풍류도는 신바람 즉 신명나는 바람을 타는 것으로, 하느님의 밝해문명을 누리는 길이다. 그렇게 말할 수가 있습니다.

신선도는 한 밝달 문명으로 그 사상이 깊고 넓어서 공자의 유교, 황노사상인 도교, 석가의 불교, 한국의 신교나 선교와 무교뿐 아니라 일본의 신교나 신도(神道), 동북아시아의 샤먼(Shaman) 그리고 수메르문명을 통해서 이루어진 기독교 헤브라이즘이나 헬레니즘의 형성에도 많은 영향을 주고 있습니다.

신선도는 천·지·인의 합일 조화 사상으로 자유와 평등을 조화시켜 신의를 지키고 평화를 가져오는 인류 최고의 문화였으며 인류 문화의 뿌리였습니다.

『환단고기』에는 환웅천황의 염표문이라고, 일신강충(一神降衷)·성통광명(性通光明)·재세이화(在世理化)·홍익인간(弘益人間) 이렇게 자세히 되었습니다. 일심은 하느님이 내 마음에 내려와서 그 마음의 성품이 광명과 통하니 그 광명을 이 세상의 이치에 맞춰서 광화세계를 만드니 바로 그러한 인간이 홍익인간(弘

益人間)이다. 이러한 내용을 전한 것입니다. 또 그것은 환단고기 소도경전본훈에도 나와 있습니다.

단군은 단공무위하고 앉아서 정의 세계에 들어가도록 좌정(坐定)세계인데 이건 명상이나 참선을 해가지고 삼매에 들어간 것이 벌써 이때부터 있었습니다.

중생을 가르쳐서 현명한 도를 얻어 교화해왔다. 즉 접화군생(接化群生)하였다. 그렇게 말합니다. 신선도의 3대 경전은 소도경전본훈에 나와 있는 바와 같이 아까도 얘기했지만 천부경 · 삼일신고 · 참전계경 이 세 가지를 말합니다.

특히 중심이 되는 것은 천부경인데, 이것은 환국을 세울 때부터 있었던 하늘에서 내려온 것으로 세계의 모든 경전, 유교 · 도교 · 불교 · 기독교 또 코란 이런 모든 경전의 가장 중심적인 것입니다.

우선 불교의 화엄경이 십수의 수리 철학으로 돼 있듯이 천부경은 십수의 수리 철학으로 돼 있습니다. 그래서 천부경 본체는 16자입니다. 본래 천부경은 십수, 하나, 둘, 셋, 넷, 다섯, 여섯, 여덟, 아홉, 열, 1, 2, 3, 4, 5, 6, 7, 8, 9, 10 이지만, 우리 말로 16자로 되어 있었습니다.

이것을 유불도에 능한 고운 최치원 선생이 81자로 그렇게 시를 만들어서 다시 고쳐 쓴 게 지금 전해지고 있는 81자 천부경인 것이죠. 그 핵심은 일시무시일(一始無始一) 석삼극(析三極), 이 우주는 하나로부터 시작된다. 하느님, 하나님 그렇죠. 하늘 님 이렇게도 하고, 그런데 그 시작은 없고 그 시작하는 것은 무(無)다. 그래서 그 시작하는 하나를 나누면 3개로 나눈다. 3개로 나눈 것은 체 · 상 · 용으로 나눌 수 있고 태극음양으로도 나눌 수 있지만 최치원 선생은 천·지·인으로 나눴습니다. 그래서 그 핵심 내용은 본심본태양(本心本太陽)입니다.

인간은 진여심으로 이 우주가 돼 있고 태양계에 태양이 있는 것처럼 우주의 영계에는 우주의 태양이 있다. 그것이 바로 본태양 광명(光明)이다. 그래서 사람이 그러한 천지의 광명을 하나로 끌어내서 거기서 조화로운 빛을 내면은 그것을 태일(太一)이다해서 대신선 또는 금선(金仙) 즉 부처라고 그 방향을 제시해주고 있고 그 다음에 끝은 일종무종일(一終無終一)입니다. 하나로 시작해서 쭉 퍼져나갔다가 하나로 끝나는데, 그 끝나는 것도 없고 종일(終一)이다. 하나로 끝난다. 하나에서 시작돼서 쭉 진행되다가 하나로 끝나지만 시작도 끝도 없는 영원 무궁한 순한 존재다. 이렇게 말할 수 있습니다.

그러니까 신선도의 사상은 이와 같은 천부경을 가장 바탕으로 하고 365자로 되어 있는 삼일신고와 360가지로 되어 있는 팔리훈=참전계경 이런 3경을 바탕으로 해서 삼신을 믿고, 삼경을 배우고, 삼공을 닦아서 인간완성·사회완성인 홍익인간·광화세계를 이루자. 이런 것이라고 말할 수 있습니다.

제6절 고왕검단군 천범 8조교와 단동 10훈(檀童十訓)

 밝은 해인 밝해 · 밝달 문명의 이념 신선도의 홍익인간 · 광화세계를 지향하는 신명나는 우리 역사 제6절은 고왕검단군이 조칙으로 내린 도덕사회를 지향한 천범 8개조문과 '단동 10훈' 즉, '단군왕검께서 가르치신 10가지 어린이 교육지침이다' 라고 말할 수 있습니다. 기본헌범인 홍범 9주는 제1절 앞에서 논했습니다. 범금8조는 단군조선의 경제. 사회에서 논급합니다.
 〈참된 삶을 위한 조칙〉인 왕검단군 천범 8조교(天範八條敎)는 다음과 같습니다.

 1. 하늘 법은 오직 하나요, 그 문은 둘이 아니다(不二門). 순수 정성으로 일심을 가질 때 하느님을 뵐 수 있다.
 2. 하늘법은 영원한 하나이며, 인심도 같다. 자기 마음을 미뤄 타인의 마음을 깊이 생각하면, 화합되고 하늘법이 만방에 작용할 것이다.
 3. 너희 생명을 주신 분은 부모요, 하늘에서 내려오셨으니 부모를 잘 공경하면 하늘도 공경하여 온나라에 퍼져나가면, 충효(忠孝)가 되느니라. 충효의 도를 잘 익히면 하늘이 무너져도 솟아날 길이 있으리라.
 4. 짐승도 짝이 있고, 헌신도 짝이 있으니 남녀는 조화하여, 원망, 질투, 음행을 금하라.
 5. 너희는 열손가락을 깨물어보면 아픔에 차이가 없다. 서로

사랑하여 헐뜯거나 해치지 말고 도와야 가정과 국가가 부흥하리라.

6. 소와 말도 먹이를 나누어 먹나니 너희는 서로 겸양하여 뺏거나, 도둑질 말아야 국가가 번영하리라.

7. 너희는 호랑이처럼 강폭하고 신령치 못해 남을 해치니 재앙을 얻는 바, 남을 해치지 말고 만물을 사랑하여 하늘 법을 지켜라. 병약한 사람을 도와줘라. 그렇지 않으면 하느님 도움이 없어 몸과 집안이 망하게 된다.

8. 너희는 서로 충돌해 논.밭에 불을 지르지 말라. 곡식이 타 없어지면 신과 사람이 노하게 된다. 사악하거나 화를 부르는 마음을 간직하지 말고 본래 성품을 잘 간직해 하늘을 공경하고 백성을 사랑하면, 너희는 복록이 무궁하고 그 향기가 널리 퍼질 것이다.

고왕검단군이 어린이를 위한 열가지 가르침, 육아법이 바로 단동십훈인데 우리는 이제 경자년 한 해를 어렵게 보내고 신축년 새해를 맞이했습니다.

흰소띠 새해에는 코로나 걱정 없이 건강하고 행복한 한 해가 되시길 기원합니다.

앞에서 첫 민족국가 단군조선의 건국과 영토, 건국이념인 신신도를 살펴봤습니다.

고왕검단군께서는 어린이 교육 지침으로 인본주의에 입각하여 홍익인간과 광화세계를 만들어가는 10가지 육아법을 어린이들에게 가르쳐서 심기신이 건강한 인격을 지향하게 했습니다.

불아 불아 부랴 부랴
시상 시상 달궁 달궁
도리도리 짝작궁
지암지암 잼잼
곤지곤지 짝작궁
섬마 섬마 섬마 섬마
업비 업비 애비애비
아함 아함 아함 아함
짝작궁 짝작궁
질라래비 훨훨의

이런 열 가지 동작인데, 결국은 맑은 주인 정신, 활기 있는 자세, 건강한 몸으로 건전하게 거듭나는 그러한 사람이 되게 했습니다.(『밝해문명사』 참조)
단동10훈 왕검단군께서 우리 민족의 전통 육아법으로 신선도에 맞춰 전하신 10가지 교훈이 담긴 동작이다라고 말할 수 있습니다.

1훈은 불아 불아(弗亞弗亞)

하늘로부터 온 아기의 생명을 존중한다는 의미가 있습니다. 생명이 우주에서 가장 중요하죠. 아이를 세워 허리를 양손으로 잡고 좌우로 흔들어줌으로써 다리의 힘을 길러 혼자 설 수 있게 하도록 하는 동작으로 독립의 시초를 만들어 가는 거죠.
불아 불아 부랴 부랴 태양같이 밝은 아이
불아 불아 부랴 부랴 환한 마음 가져라

불아 불아 부랴 부랴 하늘같이 귀한 아이
불아 불아 부랴 부랴 하늘같이 자라라
- 불아 불아 부랴 부랴 예쁜 우리 아가
  태양같이 훤하게 잘 자라라.

2훈은 시상시상(侍想侍想)

아기 몸에 우주가 있으니 우주의 섭리에 순응하라는 의미로 똑바로 앉을 수 있는 시기에 몸을 앞뒤로 흔들어줌으로써 몸의 중심 잡기를 도와준다.

시상 시상 달궁 달궁 하늘을 섬기고
시상 시상 달궁 달궁 히늘 마음 가저라.
시상 시상 달궁 달궁 어른을 섬기고
시상 시상 달궁 달궁 하늘 뜻을 다해라.
- 시상 시상 달궁 달궁 착한 우리 아가
  어른을 섬기는 예절 바른 아이로 자라라.

3훈은 도리도리(道理道理)

도리도리 우리가 잘할 때도 배웠고 우리 아들 딸 손주들에게도 가르쳐주죠. 천지 만물이 하늘의 도리로 생겨났으니, 이에 맞게 살라는 의미로 목을 가누기 시작할 때 제일 먼저 배운다. 목을 가누기 시작하면 이제 독자성이 생기는 거죠. 신체적으로

도리도리 짝작궁 이리보고 까~꿍
도리도리 짝작궁 저리 보고 까~꿍
도리도리 짝작궁 넓은 맘 바른 마음
도리도리 짝작궁 우리 아이 잘 한다.

- 도리도리 짝작궁 똑똑한 우리 아가
　도리를 지키는 지혜로운 사람이 되어라.
지혜 잡이 용기가 그 중요한 마음과 삶의 요소죠.

4훈은 지암지암(持闇持闇)
세상에 혼미한 것을 가리켜 파악하고 용기 있게 성장하라 그런 것이죠. 이렇게 지암 지암 잼잼
손과 눈이 화봉을 돕고 양손으로 주먹을 쥐었다, 폈다 하는 거죠. 양손으로
지암 지암 잼잼 쥐었다 폈다.
지암 지암 잼잼 하늘은 높고
지암 지암 잼잼 땅은 넓지
지암 지암 잼잼 예쁜 손 꼭꼭
- 지암 지암 잼잼 씩씩한 우리 아가
　하늘 땅처럼 용기 있게 자라라.
천지를 다 품에 안고 용기있게 자라라 그런 거죠.

5훈은 곤지곤지(坤地坤地)
왼손바닥을 오른손 검지로 맞아 쓰는 거죠. 곤지곤지, 땅의 기를 본받아 음양의 조화를 이루며 덕을 쌓으려는 의미로 동양의 기본적 중심이 태극이고, 태극에서 음양이 나오고 음양에서 동서남북 사상이 나가는 그런 음양의 조화를 동양은 중시하죠. 남녀의 그러한 조화, 명암의 조화 이런 걸 모두 말하죠. 오른손 바닥에 왼손 검지를 댄다.
　곤지곤지 짝작꿍 하늘 땅 별 땅

곤지곤지 짝작꿍 지혜로운 우리 아이

곤지곤지 짝작꿍 하늘기운 땅기운

곤지곤지 짝작꿍 조화로운 우리 아이

- 곤지곤지 짝작꿍 귀한 우리 아가

  세상 만물 조화롭게 좋은 사람 되어라.

좋은 사람, 훌륭한 사람, 착한 사람, 바른 길을 가는 사람이 되어라. 그런 뜻이죠.

6훈은 섬마섬마(西摩西摩)

아이를 세워서 걸음마를 이렇게 유도하는 겁니다.

몸을 연마해 옳은 일을 행하며 독립적으로 살라는 의미로서 아이를 세워 걸음마를 유도한다. 이제 일어서고 뒤채고 안고 그 다음에 일어서서 걸음마를 배우고 그러면 이제 독립해서 자유롭게 움직일 수가 있는 거죠.

섬마 섬마 섬마 섬마 오른발 왼발

섬마 섬마 섬마 섬마 우리 아이 일어선다

섬마 섬마 섬마 섬마 오른발 왼발

섬마 섬마 섬마 섬마 혼자서도 잘한다.

독립해서 움직일 수 있는 독립인

- 섬마 섬마 섬마 섬마 장한 우리 아가

  혼자서도 잘한다.

  옳지~ 그렇지~ 이렇게 장단을 맞춰주는 거지요.

7훈은 업비업비(業非業非)

이치에 맞지 않는 위험하거나 안 좋은 이런 것을 하지 말라고

하는 것으로 이 대표적인 동작이 어비어비죠. 이치에 맞지 않는 행동을 삼가라는 의미

  업비업비 애비애비 무서운 것 위험한 것
  업비업비 애비애비 돌아가렴 피해가렴
  업비업비 애비애비 좋은 것만 골라 해라
  업비업비 애비애비 우리 아이 귀한 아이
  - 업비업비 애비애비 고운 우리 아가
    좋은 것만 골라서 바른 사람이 되어라.

사람은 도를 이루면 분별지에 끄달리지 않고 잘 살 수 있는데(분별자재), 우리는 세상을 살면서 분별지로 취사 선택을 하고 그래야 하니까. 그때 취사 선택을 잘 해야 그 사람의 그러한 업이 선업이 되고 모든 일이 잘 이루어질 수 있다. 이런 겁니다.

8훈은 아하 아함(亞숨亞숨)

아함아함은 입을 손으로 가리는 동작이 포함돼 있습니다. 아함아함 두 손으로 아자를 이루어 아기가 작은 우주임을 알리고 또 말은 잘 선택해서 삼가해서 하라는 의미로 손바닥으로 입을 막으며 소리 냄으로써 아이들이 재미있게 따라할 수 있는 동작이다.

  아함 아함 아함 아함 사람 안에 하늘 있네
  아함 아함 아함 아함 사람 안에 땅이 있네
  아함 아함 아함 아함 하늘마음 환히 밝혀
  아함 아함 아함 아함 순리대로 살아가라.

순리대로 살아가라는 걸 합리적으로 또 지·정·의에 맞춰서 인간 본성에 맞춰서 살아가라.

  - 아함 아함 아함 아함 하늘 같은 우리 아가

네가 바로 하늘, 땅, 사람, 우주란다.
네가 우주의 주인이라는 거죠.

9훈은 작작궁 작작궁(作作弓 作作弓)

손바닥을 마주치는 걸 짝짝꿍 짝짝꿍 그러죠. 짝짝꿍 짝짝꿍 손바닥을 맞부딪혀 천지의 조화를 꾀하고 상생 서로 살리는 하늘의 이치를 알라는 의미로 세상을 살려면 사람이 사회를 이루어야 되니까. 거기에서 서로 살리고 그래서 원망하는 게 없고 또 은혜를 입었으면 또 갚고 그래서 상생의 길로 가라는 의미에서 짝짝꿍을 넣습니다. 우리 민족은 대궁족(大弓族)이다. 손바닥을 맞부딪힌다.

짝작궁 짝작궁 하늘 땅 짝작궁
짝작궁 짝작궁 남자 여자 짝작궁
짝작궁 짝작궁 왼손 오른손 짝작궁
짝작궁 짝작궁 엄마 아빠 짝작궁
−짝작궁 짝작궁 밝은 우리 아가 좋은 세상

상생의 신선도를 깨달아서 그것을 완성하는 쪽으로 가라.

홍익인간, 인간으로서는 다른 사람을, 자기 자신을 크게 널리 돕고 빛의 세계이지만 어두운 세계는 빛을 들어서 광화세계를 만들어 가라. 그런 뜻입니다.

10훈은 질라래비 훨훨의(支那阿備 活活議)

이렇게 양팔로 날아가는 모습을 하는 거죠. 질라래비 훨훨의, 어떤 질병도 오지 않고 새처럼 훨훨 날아가 활기차게 자라라는 의미다. 아이의 양팔을 잡고 춤추는 모습이다.

질라래비 훨훨의 건강하게 해주세요.
질라래비 훨훨의 행복하게 해주세요.
질라래비 훨훨의 지혜롭게 살게 해요.
질라래비 훨훨의 홍익인간 광화세계 홍익인간 광화세계
질라래비 훨훨의 얼쑤 우리 아가
하늘이 돌보신다. 건강하고 행복하라.

우리 아가 새해가 되면 건강하고 행복하라. 만사 형통해라. 한 생명 상생하라. 모든 것이 여의주처럼 다 이루어지소서 하는 것이 고왕검단군 때부터 시작되었다는 것을 알 수가 있습니다.

우리는 그래서 단군조선의 이념인 신선도에 맞추어서 고왕검단군께서 나라의 만년 대계를 위해서 천범 8조교와 세계 어린이를 위해 단동10훈을 전해주셨다는 것을 알 수가 있습니다.

길이 하늘에 있는 것을 세신, 삼신(三神)이라고 그러죠.

길이 사람에게 있는 것을 세참, 길은 도(道)라는 의미죠. 이 도가 사람에게 있는 것을 삼진(三眞)이라고 얘기하지요. 그래서 하늘에서 조화신이 내려와 우리의 성(性)이 되고, 성·명(命)·정(精) 그러죠. 교화하시는 명(命)이 되고 치화신은 정(精)이 됨으로 사람이 만물 중에서 가장 존귀하다. 최존최귀(最尊最貴)이다.

그래서 천부경에서는 일시무시일 석삼극(一始無始一 析三極) 할 때, 우주는 하나로 시작해서 하나로 끝나되 시작과 끝이 없고, 본심본태양(本心本太陽)이다. 본래의 우리의 마음이고 영계의 태양이다. 그러는데 그 셋으로 나눈다는 것을 체상용으로 나누기도 하지만, 태극·음양으로 나누기도 하고, 천·지·인 해서 고운 선생님은 인간이 우주의 주인이다라는 것을 말씀하셨습니다. 성의 영각이 천신과 근원을 같이 하고, 명의 현생이 산천과 그 길을 같이 하고, 정의 영속이 창생과 더불어 그 업을 같이 하니 하나 속에 셋을 포함하고 있어 셋이 모여 하나로 돌아간다. 그래서 집일함삼(執一含三) 또는 회삼귀일 이런 표현도 쓰지요.

정(定)한 마음이 변하지 않는 것을 가리켜 진아(眞我)라고 하며 '참나'죠. 우리의 색수상행식, 육체와 느낌과 생각과 의지와 인식, 이런 걸로 돼 있는 것은 애고로서의 나이고, 그건 가아입니다. 가짜의 나죠. 아바타죠. 그게 아니라 본래 모든 것을 하는 것을 알아채는 중심적인 나, 우주의 중심, 우주에 하나밖에 없는 나, 그게 참나다. 그렇게 말할 수 있습니다.

신통만변(神通萬變)하는 것을 가리켜 일신(一神)이라고 한다. 여기서 일신이라는 것은 수많은 다신론의 신이 아니라 일신은 하나의 하느님, 법신불, 우리 전통적으로 말하는 하느님, 얼나, 무극대도, 우주의 절대자 불이(不二)를 말합니다.

진아는 일신이 유거(攸居)하는 궁이며, 이 진원을 잘 알고 진원에 의해 일을 하면 길상(吉祥)은 스스로 모이고 광명은 항상 이를 비출 것이다. 여기에 우리가 신선도에 따른 바르고 바른 마음, 중정(中正)의 마음이죠. 중정의 마음을 갖고 생명을 서로 살리는 상생(相生)과 마음, 조화심을 가질 필요가 있는 까닭이 있다고 말할 수가 있습니다.

이것이 우리 국조 고왕검단군께서 신선도와 함께 천범 8조교와 단동10훈이다. 이렇게 말할 수 있습니다.

신명난 우리 역사 제6절은 흰소띠 새해를 맞이하여 신선도에 기초한 홍익인간·광화세계, 왕검단군의 천범 8조교와 10가지 육아법인 '단동 10훈'을 말씀드렸습니다.

제7절 고조선 발전과 평양 구을단군릉

밝은 해인 밝해·밝달 문명의 이념 신선도의 홍익인간·광화세계를 지향하는 신명난 우리 역사 제7절은 '고조선의 발전과 평양 고구을단군릉'입니다.

『밝해문명사』에 주목할 해가 된 것 같습니다.

올해는 신축년 흰소띠 해여서 백의 민족을 상징하고 또 광명을 상징하는 그런 좋은 해여서, 지난 1년간 코로나 사태로 고생했던 국민들의 어려움이 많이 해소되고 차츰 후천 상생 시대인 대동세계·지상선계·미륵존불 시대로 가는 것 같습니다.

올해 신축년은 단군 기원으로 4354년입니다. 고왕검단군께서 첫 민족국가를 세운 지 4354년째가 되는 해고, 불기로는 2565년입니다. 부처님께서 B.C. 624년에 태어나시고 B.C. 544년에 입멸했으니까 부처님 입멸로부터 2565년이 되는 해입니다. 물론 이설이 있습니다. 북방 불교는 현재 세계가 채택한 남방불교보다 오백 년이 더 많아서 삼천 년에 이르기도 합니다.

그 다음에 서기는 2021년이죠. 예수그리스도가 탄생한 때로부터 2021년이라 그러는 건데, 여기에도 계산상 실제와 4년 내지 20년 정도의 오차가 있다고 합니다.

그러면은 『밝해문명사』 단군조선 발전과 평양 구을(丘乙)단군릉에 관한 얘기를 살펴보도록 그렇게 하겠습니다.

신선의 나라인 조선을 개국한 고왕검 단군은 삼한관경(三韓管境, 진한·번한·마한)을 하여 통치 조직을 정비하고 홍범구주,

범금8조법(범해서는 안 될 8가지 법) 등 기본 법제를 마련했으며, 강화도 마니산 참성단과 삼랑성을 쌓고 중국 동남부의 도산회의 등 국제회의를 통하여 국가 지위를 확고히 해 나갔습니다.

2세 고부루단군도 내치와 외교에 힘을 기울였고, 3세 고가륵단군 때는 한글의 전신인 정음가림토 또는 가림다를 삼랑 을보륵에게 명하여 짓게 했는데, 가림토는 정음 38자로 되어 있습니다. 이것이 제대로 잘 전해지고 있지 않다가 고려 말에 행촌 이암 선생이 『환단고기』에 나오는 가림토 38자를 단군세기에 적었습니다. 그것이 행촌 이암 선생의 손자인 이원 선생이 모두 고성 이씨인데, 우리나라 조선조 세종 때 좌의정과 집현전 최고직 영진사를 지내면서, 단군세기에 있는 가림토를 세종에 전하고, 그 중에 골라서 훈민정음 28자로 구성한 것으로 추정이 됩니다.

제4세 오사구단군 때에는 단군궁인 건청궁을 짓고 평양성을 쌓는 등 단군조선 초기의 체계가 완비되었다. 평양성은 만주에도 있지만 또 우리나라 북부에 있는 평양도 있는데, 우리나라 북부에 있는 평양은 마한의 수도였습니다.

단군조선은 점차로 발달하여 11세 고도해단군 때는 오가에게 명하여 전국 12명산 제일 좋은 곳에 국선 소도를 설치하고, 환웅천황을 모시는 대시전을 세워 환웅천황을 모시게 하고 또 사형제도를 폐지하는 등 금강율령을 내리는 선정을 베풀어 가장 발전한 그런 전성기를 이루었습니다.

단군조선은 그 뒤 21세 고소태단군 때 우현황이었던 고등의 자손 고색불루가 정변을 일으켜 백악산 아사달(장춘)에 도읍을 정하고 삼한을 삼조선으로 바꾸니 이것이 후 단군조선입니다. 여기에 고색불루단군의 조부인 고등왕은 고주몽이 고구려를 세울 때

평양 구을단군릉

두 분의 신을 모셨는데, 하나는 어머니 유화신을 모신 부여신이고 또 한 분은 고등신이었습니다.

후 단군 조선은 그 뒤 44대 고구물단군 때 큰 물이 나고 난리가 생겨 평정한 뒤 추대를 받아 장당경에서 즉위했는데 국호를 대부여(大夫餘)라고 바꿨습니다. 계속 삼조선 관경제도는 그대로 채택했지만 점점 쇠퇴의 길로 접어들고, 단군조선 마지막 47세의 고열가 단군을 끝으로 단군조선은 막을 내리고 열국시대로 접어들게 됩니다.

북부여·동부여·졸본부여 그 다음에 어하라·낙랑국·예맥국·옥저·탐라국·남삼한인 마한·진한·변한 이런 11개 국가가 됩니다.

그러니까 단군조선 2096년은 전단군조선(삼한)·후단군조선(삼조선)·대부여 이렇게 국호를 사실상 세 번 바꾼 셈이 됩니다.

사람들이 사용한 그릇을 중심으로 단군조선 문화를 살펴보면, 전기 단군조선은 비파형 청동검, 청동단추, 청동갑옷, 투구, 옥장신구 등 전기 청동기 문화시대, 후기 단군조선은 후기 청동기 문화시대고, 국호를 대부여로 고친 고구물단군 때부터는 대체로 철기 문화시대라고 그렇게 볼 수가 있습니다.

『환단고기』·『규원사화』· 단기고사 · 제왕운기 등이 기록한 것을 보면 전 단군 조선의 대체적인 통치체제는 1단군(檀君), 3한(韓), 5가(加), 64족(族), 3사(師, 풍백 · 우사 · 운사), 6사(事) 체제로 완성되었다. 3사6사 체제가 후대의 3정승 · 6판서 제도가 됩니다. 그리고 6사는 3한 5가로 구성되는 순수한 우리 말로는 '고루살이'인데, 화백(和白)회의입니다. 백(白)은 말을 한다는 것이고 화(和)는 화합한다는 것이어서 말로 그렇게 허심탄회하게 의논을 해가지고 만장일치에 이르는 겁니다. 화백제도가 신라제도로만 알려져 있는데, 실제는 밝달국 · 단군조선 때부터 이루어진 것입니다.

3한은 단군조선의 많은 제후국 즉 봉국(封國)을 거느리는 봉건체제 통일 연맹 국가를 나타냈는데, 전국적으로 셋으로 나눠 3한 관경 또는 삼조선 관장을 했다고 얘기했죠. 제후국은 모두 64개 부족국으로 한개의 큰 제후국이 있고 그 밖에 나머지도 많이 있는데 지금 남아 있는 그러한 제후국의 이름으로는 숙신 · 남국 · 청구국 · 개마국 · 예국 · 구려 · 진번 · 부여 · 망구 · 동해 · 청아 · 옥저 · 맥 · 진한 · 고죽 · 낙랑 · 현토 · 시라 · 비류 · 행인 · 구다 · 달지국 등이 있으며, 관직이름으로는 욕살 · 열한 · 대부 · 제후 등이 문헌에 나타나고 있습니다.

다음에는 단군조선 4대 고오사구단군을 살펴보면 즉위 5년인 무자년의 통용화폐로서 원공패전을 만들었고 그러니까 화폐가 유통돼야 여러 가지 물자나 화폐를 통한 거래가 잘 되죠. 7년에는 살수에서 배 만드는 조선소를 세웠고 우리나라는 해륙 국가지요. 아시아 대륙과 태평양을 사이에 두고 있는 아주 거대한 국가였으니까 조선소를 세웠고, 10년에는 건청궁이라는 궁전을 크게 세웠다. 전에는 대시전이라고 그랬죠. 동서가 600칸, 남북이 100칸이었으며 윗층은 1만 명이 앉을 수 있고 아래층은 네 길 낚싯대를 세울 만하였다.

고오사구단군 20년에는 평양하고 싸웠다고 했는데, 오고사구단군의 동생인 고오사달을 몽골리의 한으로 처음 임명했습니다. 이것이 몽골 역사의 시작이고 그래서 우리나라는 전 몽골리안의 맏형격입니다.

5세가 고구을(丘乙)단군입니다. 5세 구을(丘乙)단군은 60갑자 역서를 만들고 태백산과 장당경에 천제단을 쌓았으며, 전국순행에 나섰다가 붕어하여 평양 강동의 강동군 대박산(大博山)에 장사 지냈습니다. 이에 관련하여 특이할 것은 단기 4326년 평양 대박산에서 단군릉이 재발견된 것입니다. 이를 자세히 살펴보도록 하겠습니다.

저자가 평양 단군릉을 2002년에 갔었는데, 단군릉이 위치한 곳은 평양시 강동군 강동읍에서 서북쪽에 있는 대박산의 동남 경사면 기슭입니다.

대박산을 옛날에는 박달산이라고 불렀고, 그 옆에 단군굴이 있고 또 아사달산도 있고 단군호라는 호수가 있고, 단군릉에 있는 마을은 지금은 문흥리라고 부르지만 얼마 전까지도 단군동이라고 불렀고 또 밝달곶촌이 있으며, 그 동쪽에는 아달동이라는 마을도 있습니다.

북한의 1993년 단군릉 발굴에서 주목되는 유물은 남녀 한 사람씩의 뼈가 출토된 것인데, 남자는 나이가 많고 키는 170cm 이상의 큰 키이며 반면에 여자는 젊은 나이인 것으로 밝혀졌는데 이것은 단군과 단군의 후 왕후의 뼈로 그렇게 밝혀졌습니다.

이 단군릉은 1936년 일본인들이 이곳을 발굴했을 당시에는 무덤 네 벽에 그려진 신선과 장수의 모습이 벽화에 완연했는데 지금은 그런 그림이 없어졌고 일본은 발굴 보고서도 출간하지 않았습니다. 무슨 짓을 했는지 알 수가 없습니다. 나라에 대한 이웃 국가에 대한 그런 이해가 제대로 갖춰지지 않으니까, 그래서 말하자면 도굴과 마찬가지죠. 당시에 동아일보가 보도했다고 합니다. 단군릉 발굴 당시 뼈들은 도굴자에 의해서 한 옆에 뒤섞여 있었으며, 가장 중요한 머리뼈는 남아 있지 않았다고 합니다.

북한의 사회과학원은 이 유골이 단군과 왕후의 것이라고 그렇게 감정을 했습니다. 그런데 이 뼈는 전자상자상공명법에 의하여 연대를 측정한 결과 지금으로부터 그러니까 1993년이죠. 그때로부터 5011년 전의 것으로 확인되었다고 그렇게 발표를 했습니다.

『환단고기』에 나와 있는 것처럼 5세 단군이면 4200년 내외가 될 텐데, 5천여 년으로 나오는 것은 측정이 너무 잘못된 것 같습니다. 물론 측정하는 데 5% 이상의 오차가 있다고는 하지만 너무 차이가 많이 나서 여러 가지 문제가 생긴 것입니다. 역사 기록에 확실히 나와 있는데도요.

단군릉에 묻힌 사람의 유골이 잘 보존된 것은 이것이 석회암 지역이고 또 단군릉에서는 금동왕관 앞면의 세움 장식과 돌림띠 조각이 각각 1점씩 출토됐으며, 그 밖의 금동기 띠 페쪽 1점씩과 쇠로 만든 쇠못 6개도 출토됐습니다.

단군릉이 발굴되자 북한은 이를 역사적 대사건으로 규정하고 단군릉 복구위원회를 구성하여 국가적으로 힘을 쏟아 개축하였습니다.

단군릉은 거대하게 개축한 그런 모양입니다. 개축한 것을 보면 크기가 사방 50미터의 계단에 화강석 1천800여 개를 9계단으로 피라미드식으로 쌓아 올려 봉분의 높이가 22m고, 그 부대시설로 5정보 넓이의 주차장과 능문·개축비 등을 설치했으며 능역으로부터 능에 이르는 사이에 250여 개의 계단을 만들어 놓았습니다. 주변 50만여 정보의 면적에 대한 녹화 사업도 추진하였습니다.

저자가 2002년도에 갔을 때는 남북·해외의 우리 민족들이 단군릉 밑에 넓은 광장에 모여서 민족을 노래하고, 함께 어울려 춤도 추고 그랬습니다.

학술 세미나도 열었고요. 단군조선이 일본인들에게 부정된 이후 개국조인 단군왕검이 실존 인물로 확인되는 역사적인 사건으로부터 단군릉 발굴은 크게 환영하여야 하고, 의문점이 있다면 학술적으로 지적하는 것은 옳을 것이다.

기본적인 학술적 의문점은 고단군왕검께서 붕어하신 것은 4237년 전인데, 5011년이라는 유물이라는 것은 맞지가 않습니다. 북한은 이것을 왕검단군의 능이라고 얘기합니다. 5011년과 시간도 안 맞고 『환단고기』나 『규원사화』에 나오는 그러한 구을단군릉이라는 기사와도 많이 맞지가 않는 것입니다.

5011년 전에 최고 통치자라면은 밝달국의 10대 갈고 천황이라고 추정돼야 되는데 그것은 맞지가 않고, 그 다음에 측정 장치의 오차를 크게 인정하고 역사 기록에 의한다면 제5대 고구을단군의 능이라고 주장할 수 있습니다.

운초 계연수가 편찬한 『환단고기』 안에 행촌 이암이 쓴 「단군세기」와 대야발의 「단기고사」에는 제5대 고구을단군릉이라고 명백히 나와 있습니다.

고구을 단군이 강동 땅에 수행 나왔다가 돌아가시니 대박산 기슭에 장사지냈다고 명명백백하게 기록되어 있기 때문에 그러한 역사적·1차적 사료를 존중해야 맞다고 봅니다.

김교헌의 『신단실기』, 『동국여지승람』 등에는 그냥 단군릉이라고만 그렇게 나와 있습니다.

북한이 단군에 대한 탄소 측정 장치로 한 오차가 너무 큰 것 같고 또 역사 기록이 없는 그런 왕검 단군릉이라고 말하는 것도 맞지 않고 그러니까 북한의 경직된 체제와 학계의 문제를 뛰어넘는다면 『환단고기』나 단군세기 또는 『규원사화』에 나와 있는 것처럼 평양 강동군 대박산 단군릉은 고구을단군릉으로 보는 것이 맞겠습니다.

제8절 신지 서효사와 오사함단군 삼족오

 밝은 해의 밝해정신으로 한밝달 문명을 이끄는 신선도로서 홍익인간·광화세계를 신명·개벽하는 신명나는 우리 역사 제8절 주제는 '신지의 서효사와 고오사함단군의 삼족오'입니다.
 우리는 앞에서 첫 민족국과 단군조선의 초기 고왕검 단군부터 5대 구을단군까지를 살펴봤습니다. 앞에서는 평양 강동군의 대박산에 있는 구을단군릉에 관한 것을 자세히 살펴봤는데, 오늘은 단군조선 초기 6대 달문(達門)단군에서부터 8대 우서한(于西翰)단군까지의 일을 살피는데 중요한 신지(神誌) 발리(發理)의 서효사(誓效詞), 서효사는 하늘(삼신 상제)에 제사지내는 제천문이고, 삼족오는 태양신을 상징하는 단군조선이나 고구려나 우리 민족의 한밝달 문명을 상징하는 세 발 달린 까마귀 새 이것을 차례로 살펴보도록 하겠습니다.
 제6세 단군 고달문은 화백회의에 의해서 피선되어 대통을 잇고 처음에 동해인 여노(黎老)를 용가에 임명하고, 국법을 엄중히 지키게 했으며, 6년에 맏아들 한율을 태자로 삼고 을지선, 선인이죠. 을지(乙支)선을 태자사로 삼고 연석천을 상장 진무경을 삼고 섭사직을 주었으며, 관기을을 숙정사로 삼았다. 고달문 8년에는 갈모후가 반란을 일으키므로 군사를 보내 진압하였다고 합니다.
 달문 단군 35년 단기 384년이죠. 단군께서 나라를 세운 384년의 단제는 상춘(常春) 지금의 만주 장춘 지역이 되겠습니다. 서북전 지역의 제후관장을 불러 상춘회의를 개최하고 구월산에서 제사를 지내며, 신지 발리(發理)로 하여금 천제인 삼신상제께 맹세하고 복을 비는 글인 서효사(誓效詞)를 짓게 하였으며, 서효사는 제천문이죠.

제반 국책을 명하고 70개국을 항복받아 제위를 크게 떨쳤는데, 상춘회의에는 2왕 그러니까 일단군·삼한인데 그 두 한에 비왕을 뒀었죠.

이후 주현관장, 추장 등 360인이 참여하였고, 그 부락은 2624개 마을에 이르렀다. 단군조선의 사람들이 상당히 많았다는 것을 알 수가 있습니다.

시효사의 내용을 보도록 하겠습니다.

朝光先受地 三神赫世臨 桓因出象先 樹德宏且深
諸神議遣雄 承詔始開天 蚩尤起靑邱 萬古振武聲
淮岱皆歸王 天下莫能侵 王儉受大命 懽聲動九桓
魚水民其蘇 草風德化新 怨者先解怨 病者先去病
一心存仁孝 四海盡光明 眞韓鎭國中 治道咸維新
慕韓保其左 番韓控其南 峻岩圍四壁 聖主幸新京
如秤錘極器 極器白牙岡 秤幹蘇密浪 錘者安德鄕
首尾均平位 賴德護神精 興邦保太平 朝降七十國
永保三韓義 王業有興隆 興廢莫爲說 誠在事天神

"아침 해를 먼저 받는 동녘의 땅에 삼신께서 밝히 세상에 임하셨네. 한님께서 하느님께서죠. 먼저 모습을 드러내시고 덕을 심으시니 넓고 깊게 하시니라. 뭇신들이 환웅을 보내고자 의논하니 조서를 받으사 처음으로 개천하셨네."

개천하는 건 하늘을 연 것도 되지만 개천지에서 땅을 열어서 나라를 연 것도 된다고 말할 수 있습니다.

치우(蚩尤)는 청구에 우뚝 서 만고에 무력으로 명성을 떨치니, 청구라는 것은 붉은 악마의 원조 치우천황 즉 밝달국의 14대 천황을 말합니다.

회대(淮岱)지방(산동성·산서성 쪽, 회수와 태산)이 치우천황에게 돌아 오더라. 이에 천하는 능히 넘볼 수 없게, 국가의 체제가 확고했다는 거죠. 73전 73승한 그러한 천황이 자오지천황, 치우(蚩尤)천황이죠.

왕검은 대명을 받아, 그의 환성은 구한을 움직이더라. 어수의 백성은 이에 되살아나고 바람결에 풀잎이 한결 같이 나부끼듯 덕화는 새롭기만 하더라. 그 덕에 부드럽고 후함이 곳곳에 미쳤다는 얘기죠.

원한 있는 자 먼저 원한 풀고 병 있는 자 먼저 제거하며, 한 마음으로 오직 어질고 효도함에 마음을 두시니, 사해에는 모두 남김 없이 광명이 있어라. 우리나라가 광명 국가지요. 유교에서는 인의예지신을 오상이라고 그러는데 우리나라의 오상은 충·효·용·신·인입니다. 나라에 충성하는 것도 되지만 항상 자기 중심이 있는 거죠. 부모에게 효도하고 세상 일을 하려고 그러면 진실도 찾는 게 중요하지만 실천하려고 그러면 용기가 필요합니다. 그 다음에 신(信) 믿음이 있어야 후회가 이루어지지요. 믿음이 없으면은 신의가 깨지면 사회가 붕괴됩니다. 용신인 이 어진 사랑이나 자비와 같은 이게 우리나라의 다섯 가지 원칙적인 그러한 윤리 도덕이다.

진한은 나라안을 진압하고 길을 다스리니 모든 것이 유신되더

라. 마한인 모한은 왼쪽을 보필하고, 번한은 그 남쪽에 대비하여 험준한 바윗돌이 사방의 벽을 에워쌈과 같으니라. 이렇게 그때부터 우리나라 사람들은 석성을 쌓는 걸 좋아했다고 그럽니다.

성스러운 단군님께서 선경에 나아가심은 마치 저울추, 저울대, 저울판과 같음이라. 저울판은 백아강이요. 이건 평양이죠. 지금 저울대는 소밀랑으로 하얼빈이죠. 흑룡강성 하얼빈 안중근 의사가 이등박문(伊藤博文)을 저격한 곳이 바로 여기입니다. 여기가 단군조선의 처음 수도였죠. 저울 추는 안덕향으로 요녕성 탕지보를 말합니다. 이게 삼한(三韓, 진한·마한·번한)이죠. 앞뒤가 균형이 잡혀 평균 이뤄 나란히 있고, 덕을 신뢰하고 신정을 지키며 나라를 일으켜 태평을 유지하니리. 정시를 히되 70개국을 항복시키고 길이 삼한의 뜻을 간직하니라.

왕업은 일어났다가는 망하는 법. 흥패를 함부로 말하지 말지니라. 정성은 오직 천신을 섬기는 일에 일어나리라. 신선도에서도 삼신을 믿고 심·기·신 삼공을 닦아가지고 홍익인간·광화세계를 만드는 그런 믿음과 지극한 정성이 필요하다고 말할 수 있습니다.

다음에는 8세 우서한 단군인데 우서한 단군을 오사함 단군이라고 그럽니다.

우서한 단군인데 오사함 단군이라는 것은 환조라는 그런 태양을 상징하는 커다란 까마귀가 나타나서 오사함이라는 이름이 생겼습니다.

고오사함 단군 원년에 20분의 1 세법을 정해 널리 통용하였기 때문에 있고 없는 사람이 서로 도와 부족함이 없었다. 자기 소출량의 20분 1로 세금을 내니까 백성들 살기가 아주 편안했다. 그러한 얘기가 되겠습니다.

다음에 『환단고기』에 나와 있는 8세 고오사함단군 모두 8년인데 원년에 20분지 1의 세법을 만들었고, 2년에 풍년이 들어 줄기 하나에 이삭이 여덟 배였더라. 4년 신해년에는 제가 미복으로 장군께서 사복으로 몰래 국경의 밖으로 나가 하나라를 시찰하고 돌아와 관제를 대개혁하였다. 하나라는 중국의 하나라지요.

오사함 단군 7년 B.C. 1987년인데 세 발 달린 까마귀(삼족오)가 동산에 날아왔는데 그 날개의 넓이가 석자였다. 날개의 넓이만 석자니까 얼마나 거대한 삼족오냐? 이런 거를 우리는 알아볼 수 있습니다.

그러니까 우리가 밝달국에서 단군조선으로 넘어가는 과정에 있어서 태양이 10개가 뜨는 그러한 세상, 질서가 있고 광명했지만 나중에 가다 보니까 10개의 태왕이 한꺼번에 뜨고 순서대로 뜨기도 하고 막 섞어서 뜨기도 하고 그러니까 혼란이 왔던 거죠. 천하가 그래서 유궁 제후 예라는 사람을 시켜서 단군께서 전부 활로 쏘아 맞춰서 삼족오를 전부 떨어뜨리는 걸로 해가지고 해를 하나만 남겼다. 그랬는데 이것이 바로 이 삼족오가 우리의 밝해문명, 태양족·천손족 이것을 상징하는 것이고, 삼족오가 태양을 상징해서 고구려 때에도 고주몽이나 또는 광개토대제나 이런 분들이 모두 싸움에 나갈 때는 삼족오 깃발을 가지고 나갔다. 그렇게 말할 수 있습니다.

여기에 삼족오에 관련된 자세한 내용이 나와 있는데 삼족오는 해를 상징하며 고구려의 고분벽화에서는 삼족오를 허다하게 볼 수 있다.

김기웅 박사는 한국의 벽화 고분에서 다음과 같이 쓰고 있다.

원 속에 세 발을 가진 까마귀를 그린 해와 서쪽에는 두꺼비를 그려 달을 표현하였으며 두꺼비는 또 달을 상징하죠. 또 그 28수 중 하늘에 있는 별들이 동서남북 합에서 7개씩 해서 28수, 28개의 별 중에서 칠성자를 원과 선으로 연결시켜 표시하였다. 까마귀는 천지창조의 신화와 관계가 깊고, 삼국유사에도 까마귀에 관한 이야기가 있을 뿐만 아니라 견우와 직녀의 전설에서 까마귀는 은하의 징검다리를 놓아주는 그러한 좋은 새다.

김선풍 씨는 한국 무속 신앙의 현대적 이해라는 글에서 다음과 같이 쓰고 있습니다.

옛날부터 까마귀가 신의를 하달하는, 하느님의 뜻을 하는 전달하고 보여주는 까마귀를 믿어온 내력은 까마귀 신화 즉 구 시베리아 종교 캄차카반도나 코리아 축지족 등에 보이는 대오신화에까지 그 민속 전파 계보가 소급돼 아시아 전역에 미쳤습니다. 이것이 나중에 남북아메리카까지 가가지고 멕시코 지역에서도 그러한 삼족오가 발견되곤 했습니다.

김선풍씨 코리아의 신화에 따르면, 대오(大烏)는 실로 세계의 창조자예요. 대오라는 것은 큰 까마귀죠. 인류의 시조이며 코리아의 선조라고 믿어 왔다 한다. 까마귀 설화는 구 시베리아 종족에서 아메리카 인디언까지 넓게 퍼져 있다고 한다.

제9절 고도해단군시대 삼일신고와 염표문

밝은 해, 한밝달 문명을 이끄는 신선도로서 홍익인간·광화세계를 신명 개벽하는 신명나는 우리 역사 제9절 주제는 '고도해단군시대 삼일신고와 염표문'입니다.

『밝해문명사』를 보면, 우리는 지금 첫 민족국가 단군조선의 전기를 살펴보고 있는데 지난번에는 8대 오사함 단군의 삼족오까지 알아봤습니다. 단군조선 9대 고아술(阿述)단군 때부터 살펴보게 되겠습니다.

9대 고아술단군 2년 청해 욕살 우착(于捉)이 반란을 일으켜 병사를 일으키고 궁궐을 범하므로, 단제가 상춘 구월산 남쪽에 신궁을 짓고 우지와 우속을 보내어 그를 친 후 3년 만에 환도했다. 그러니까 반란으로 3년 동안 싸운 거죠.

환도한 단제는 5년 문신 고소에게 명하여 국법전서를 만들게 하고 나라의 기본 법질서를 하나의 전서로 만든 거지요.

6년에는 을성문덕으로 하여금 조정 내무국사에 따르는 의정방침을 개정케 하여 의사원(議事院)을 설치하고, 해마다 8월 1일을 정기의 정회일로 제정하여 제후와 주현의 관장들을 소집하고 중론에 따라 국사를 책정케 했다.

10세 고노을단군은 첫 해에 맏아들 도해를 태자로 삼고, 혁보를 태자 태부로, 풍오를 수상으로, 을성문덕을 상장으로, 용가래량을 호군으로 삼았으며, 5년에는 궁문 밖에 신원목(신문고 같은 나무)을 설치하여 민정을 들으니 나라 안팎에서 백성들이 기뻐하였습니다.

고노을 16년, 동문 밖 10리의 육지에 연꽃이 피었고, 불함산에 누워 있던 곰이 저절로 일어났습니다. 하늘 가람에서 신령스러운 거북이 그림을 짊어지고 나왔는데 윷판과 같았고, 발해 연안에서 금덩이 석 섬이 나왔으며, 노을 35년 천문대를 쌓고 감성관을 두었습니다. 그러니까 천문기상관측에 관해서 나라가 무척 발전이 돼 있었던 거죠.

11세 고도해단군은 첫 해에 12명산에 국선 소도를 설치하고, 신성한 지역이죠. 거기에 들어가면 죄인도 잡지 못할 정도로 그렇게 신성한 지역을 소도라 하여 중요시했고, 천지화랑인 국자랑의 선생인 유위자 선인이 "신시 환웅 개천으로부터 무리를 받아들여 신선도로써 계를 세우고, 이를 교화하였으며 신선도는 환국·밝달국, 환웅천황을 이어서 단군조선으로 이어지는 거지요. 그래서 일시 일종으로 그 진리를 나타낸 천부경과 그 다음에 삼일신고 그 다음에 복희팔괘의 환역, 이런 것이 중요한 경전이 됐던 거죠.

그래서 덕교가 만민에게 보태져 백성들의 칭송이 넘쳤는바 "이같이 해 주십시오"라는 헌책을 받아들여 그해 겨울 시월에 대시전을 세우도록 명령했다.

대시전은 극히 웅장했으며 환웅천황 초상화를 모셨는데, 웅상(雄常)이라 그러죠. 머리는 태양처럼 광채가 번쩍이고 둥근 빛이 우주를 비췄으며 박달나무 아래 환화(桓花)의 위에 마치 일신처럼 앉아 있었다.

천부의 인을 가지고 대원일의 그림을 누전에 걸어 놓으셨으니 이를 일러 커발한이라 했다. 사흘 동안 재계하시고 이레 동안 그 뜻을 말씀하시니 위풍이 사해를 움직이듯 했다. 이를 간절한 마음으로 쓴 글이 있으니 환웅의 염표문이다. 이렇게 돼 있습니다. 이 염표문도 환웅천황 때로부터 내려오는 글이고, 앞서서 천부경과 삼일신고인 그것도 환국으로부터 물려받은 건데 천부경은 전시간에 얘기를 했기 때문에 3일신고(三一神誥)의 중요 내용하고 이 염표문(念標文)을 살펴보도록 하겠습니다.

먼저 삼일신고(三一神誥)를 보면은 전부 다섯개의 가르침, 훈으로 돼 있습니다. 천훈 하늘 훈, 둘째 신훈, 명신이죠. 그 다음에 천궁훈, 천을 나타내는 그러한 훈 그 다음에 세계 훈과 진리 훈 이렇게 다섯 가지로 돼 있습니다.

먼저「천훈(天訓)」을 보면은 단제께서 말씀하시되 원목 팽우야 푸르고 푸른 것이 하늘이 아니며 검고 검은 것이 하늘이 아니니라. 하늘은 모양과 바탕이 없으며 시작과 끝이 없고 위 아래의 사방이 없으며 텅텅 비어 있고, 없는 데가 없으며 어느 곳 하나 감싸지 않음이 없느니라

「신훈(神訓)」여기 신훈에는, 하느님은 위 없는 으뜸 자리에 계시어 큰 더 지혜에 큰 힘으로 하늘이 다스리는 무수의 세계, 삼라만상을 만드셨으니 티끌만큼도 빠진 것이 없으며 밝고도 신령하여 감히 이름 지어 헤아릴 수 없느니라. 목소리로 기도해도 반드시 모습을 안 보이지만, 자성으로 씨앗을 구하면 너희 머릿속에 나와 계시느니라. 이것은 심기신을 수련하는 신선도 수행으로서는 아주 중요한 대목입니다. 그것을 보면은 한자로 성기 원도면(목소리 성자 기운 기자) 목소리 기운으로 자기 원하는 바를 기도를 해도 절친견(絶親見) 친견이 되지 않는다. 다만 자성구자(自性求子)하면 자기 성품을 구한다. 그런 거죠. 자기 성품의 씨앗

을 구한다. 우리가 우리나라의 신선도나 불교에서 자성을 본다. 불성을 본다. 영성을 본다고 그래가지고 견성(見性; 깨달음)이라 그랬는데, 그러한 자성의 씨앗을 구하면 너희 머릿속에 이미 내려와 계시느라 강재이뇌니라. 그러니까 자기의 자성의 씨앗이 우리 내면 깊은 곳에 있다. 이러한 얘기가 되겠습니다.

그 다음에 세 번째는 「천궁훈(天宮訓)」인데 하늘은 하느님이 계시는 나라이니라. 천궁이 있으며 온갖 착함으로 섬돌이 되었으며 온갖 덕으로 문이 삼아졌으니 일신이 계신 것이오. 뭇 신선들과 깨진 이들이 모시고 있어 크게 길상하고 크게 광명한 곳이니라. 오직 성통공완(性通功完)하야 영원한 쾌락을 얻느라. 성통공완이 홍익인간·굉화세계하도록 심기신을 수련해서 신선이 되는 겁니다. 그래서 성을 통한다는 것은 견성한다는 것이고, 공완이라는 공덕완성 즉, 불교식으로 말하면 성불하는 거 신선도에서는 무극대도 대신선이 되는 거 이렇게 말할 수 있습니다.

그 다음에 「세계훈」(世界訓, 우주창조의 과정)과 「진리훈(眞理訓)」이 있는데 진리훈에는 기본적으로 성(性)·명(命)·정(精) 세 가지가 기본이고 그것이 인간에게 있어서는 삼망이라고 그래가지고 심기신이 되고 그것을 수련하는 것을 심기신공이라고 그럽니다. 마음공부 지감·단전호흡공부 조식, 금촉 육근의 접촉을 지나치게 갖지 않는 거, 이 삼공을 닦아서 이제 태일 또는 대일인 대 신선이 되게 하는 것이다. 그렇게 말할 수가 있습니다.

다음에는 염표문(念標文)을 말씀드리겠습니다. 이것도 환웅 천황이 연 것인데 단군조선으로 이어졌죠.

하늘은 깊고 고요함에 큰 뜻이 있어
그 도는 온누리에 막힘이 없이 가득하리니
모든 일은 다만 참된 것으로부터 비롯되니라.
땅을 가득 품고 있음에 큰 뜻이 있어
그 도는 어디에나 막힘이 없이 드러나리니.
모든 일은 다만 부지런히 힘쓰는 것으로부터 비롯됨이라.
사람은 살펴 아는 것에 큰 뜻이 있어
그 도는 어디에서나 막힘이 없이 고르고 구별함이니
모든 일은 다만 조화를 이름으로부터 비롯됨이라.

그렇기 때문에 신은 정성스러운 마음을 내려와, 정성스러운 마음에 내려와 일신 강충이죠. 하느님이 우리의 마음속 깊이 내려온다는 겁니다.

성품은 광명을 이루며 성통광명이죠. 세상에 바른 가르침을 펴서 제세이화 온 누리를 이롭게 하나니라. 그것을 한자로 표시한 게 일신강충, 하느님이 내 마음속에 내려와서 그 성품이 광명으로 통하니 하느님과 내가 광명으로 통하니 그것이 이 세상에 이치화해서 세상이 광화세계(光化世界)가 되는 거죠. 인간이 홍익인간(弘益人間)이 된다. 진리를 깨닫고 나와 다른 사람을 크고 깊게 돕는 인간이 된다는 얘기가 되겠습니다.

고도해(道奚)단군 시절에 그 위에 보면은 부여가 알유의 난을 만났는데 웅가(熊加)가 고려후와 진번후의 힘을 합하여 평정하였다.

고도해 10년의 금강율령을 선포하고, 28년 평양의 방물을 산더미처럼 진열했으며, 38년에는 민정을 시찰하고 징집 모두 병사가 되게 했으며 그 가운데 20인을 하도(夏道)에 보내 국훈을 전했다. 나라의 가르침을 전했다.

고도해 46년 3월에 백두산남에서 삼신의 제사를 지내고 술과 선물을 바치고 고인들과 더불어 술을 환음하고 여러 가지 놀이를 본 후 단제는 5가에 이르기를 "앞으로는 죽이는 것을 금하고, 방생을 하며(즉 살생을 방지하고 탄생 생명을 구속하거나 잡았던 것을 놔줘서 자유롭게 살게 하며), 옥문을 열고, 거지에게 밥을 먹이고 사형을 없애라"고 지시했습니다.

송화강 연안에 작청(作廳)을 세우고 배와 기물을 만들어서 세상에서 크게 쓰이게 했다.

단기고사『환단고기』에는 도해 56년으로 되어 있을 뿐 아니라 발명품으로 황룡선·양수기·천문경·자명종·진천뢰·측우기·측한계·조담경 등 26가지도 기재되어 있습니다. 이것들은 근대의 것들이기 때문에 그것에 대해서 의문을 표시하는 사람도 간혹 있습니다.

12세 아한단군은 즉위한 이듬해 나라를 두루 살피며 요하 좌편에 순수관경비를 금석문으로 역대 왕호를 새겼으며, 29년 청하 욕살 비신, 옥저 욕살 고사침, 맥성 욕설 신돌개를 열한으로 봉했다. 하나의 칸으로 봉하는 거죠. 여러 명의 칸, 단기고사에는 욕살을 대부로, 귀선을 흙물배로 적고 있어 차이를 보여주고 있습니다.

제10절 단군조선시대 천문현상들

 밝은 해인 밝해정신으로 한 밝달 문명을 이끄는 신선도로서 홍익인간·광화세계를 신명 개벽하는 신명난 우리 역사 제10절은 '단군 조선시대 천문현상들'입니다.
 단군 조선시대는 우리가 생각해 볼 때 상당히 오랜 시간이 흘러서 거기에 무슨 천문 현상을 어떻게 그걸 알 수 있겠느냐? 그렇게 생각하는 분들이 있을 수 있지만, 단군조선 초기에 천문대, 감성대를 설치하고 그것을 관장하는 감성관(監星官)이 있었고, 그리고 그 후에 『환단고기』의 단군세기나 대야발의 『단기고사』를 보면, 단군조선시대에 10차례의 일식, 한 번 오성취루(五星聚婁) 현상, 한 번의 조수 간만의 차이로 큰 해일 또 지진·월식 이런 여러 가지 사항이 18개가 기록이 되어 있습니다.
 특히 오성취루 현상은 현대의 과학자들이 그것을 실증해 냄으로써 과학적인 증거로 지금 일부 사대 식민사학자들이 사료로서 가치를 부정하는 『환단고기』가 사료로서 확실히 가치가 있으며 국보와 같은 사료적 가치가 있다는 것을 확고하게 입증을 했습니다. 그것을 한번 살펴보도록 하겠습니다.
 단군조선 10세 노을 단군 때인데 하늘 가람에서 신명스러운 거북이 그림을 짊어지고 나왔는데, 윷판과 같았고 발해연안에서 금덩이 석성이 나왔으며, 노을 단군 35년에 천문대를 쌓고 첨성대와 같은 천문대를 쌓아서 천문을 관측하기 시작했고, 그때 감독관인 감성관(監星官)을 두어서 계속해서 천문을 관측하도록 했습

오성취루 현상

니다. 그리고 일식 관측이 처음에 된 것은 제2대 부루단군이 돌아가신 해에 있었기 때문에 그때의 일식을 관찰한 걸 보면 초기에 단군조선의 첫 수도의 위치를 알 수 있습니다.

그리고 13대 흘달 단군은 16년에 주연을 통하여 군직제도를 세웠고 흘달 단군 50년인 서기 전 1733년에는 오성취루(五星聚婁)라고 5개의 별(화·수·토·목·금성)이 일렬로 서는 장관이 연출되었습니다. 오성취루라는 것은 하늘의 중요한 별을 28수(宿) 28개의 별로 이렇게 설명하는데, 각항저방심미기 두우여허위실 벽 규루위묘필자삼, 정귀유성 장익진하는, 루성을 중심으로 해가 지고 다섯 개의 별, 수성·금성·화성·목성·토성 거기에 초생달까지 이렇게 일렬로 서는 그런 우주의 위대한 쇼가 연출된 건데, 그것이 현대에 와서 서울대학교 천문학과 교수였던 박창범 교수와 라대일 교수가 자연과학적·천문학적인 방법으로 그것을 확인해가지고 증명을 해냈습니다. 그래서 쓴 논문이 '단군조선시대 천문 현상의 과학적 검증'입니다.

그래서 여러 가지를 얘기해서 『환단고기』의 사료적 가치를 억지로 부인하는 일제 식민사학자들이나 사대식민사학자들도 그것에 대해서는 입을 뻥긋조차 할 수가 없습니다. 과학적으로 객관적·세계적으로 입증이 됐으니까요.

『환단고기』 「단군세기」는 고려시대 이암이 썼고, 「단기고사」는 발해의 대야발이 편찬했으나, 일부 사대 식민사학자들은 과학적 검증 없이 삼국사가 이전인 것과 후대의 조작한 흔적이 있다는 것을 내세워 무조건 위서로 몰며, 외면하여 연구조차 하려 들지 않았습니다. 사대식민사관 확증 편향이 있어 가지고 우려되는 거죠.

저자가 국사찾기협의회 제3대 회장을 할때 부회장을 지낸 박창범 교수는 이를 딱하게 여겨 두 책에 기록된 오성취루(五星聚婁)·일식 등 천문 기상 현상이 실제로 당시에 존재했었는지를 천문학적으로 연구·검토했습니다.

일식은 2대 고부루단군 때부터 마지막 47대 고열가 단군까지 있었습니다.

박창범 교수는 그러한 연구와 실험을 한 결과 실제로 서기전 1734년 7월 13일 일몰 직후 수성·금성·화성·목성·토성 그리고 추가로 초승달까지 일렬로 하늘에 나타나는 장관이 연출됐음을 확인하였습니다. 라대일 교수와 같이 한거죠.

박창범 교수는 "이 같은 현상이 우연히 맞출 확률은 0.007%에 불과하며, 책의 조작 여부에 관계없이 『환단고기』는 역사적인 사료로서 가치가 있다"고 확인을 했습니다.

  14세 고불단군 6년에는 큰 가뭄이 들어 단제가 기후제를 내리자 큰 비가 수천 리에 내렸으며, 42년에 청동기로 자모전이라는 화폐를 부어 만들었으며, 56년 사방에 관리를 보내 호구를 조사했다. 이렇게 되어 있습니다.

  그래서 그러한 오성취루(五星聚婁)현상이 있었을 뿐 아니라 고준 왕검단군의 맏아들인 성인으로 추앙된 고부루단군 58년(B.C. 2183년) 일식을 일어난 거를 말했는데 이 부분에 관해서는 세계환단학회에 계시는 천문학자 박석재 박사가 연구를 해서 그 일식을 통해서 단군조선 최초의 수도에 위치한 대박산 아사달이 하얼빈이라는 것을 입증해내기도 했습니다.

  박석재 박사는 천문학자로 한국천문연구원 원장을 지냈고, 지금은 자주국사 광복을 위해서 『환단고기』나 『단기고사』 이런 것이 사료로서 가치가 있음과 함께 자주국사 광복 운동에 앞장서는 단체 대한사랑 이사장으로 계십니다.

  그 요약문을 보면 '일식으로 알아낸 첫 아사달의 위치' 그렇게 돼 있습니다.
  『환단고기』단군세기의 무술 58년 일식 기록을 분석했습니다.
  천문 소프트웨어를 이용한 결과 고부루단군은 단기 151년(B.C. 2181년) 8월 30일 소개했음을 알아냈습니다.

그리고 그 당시 고부루단군이 돌아가셨을 때 우리나라의 서울, 중국 장춘, 중국 하얼빈 등에서 일어난 그러한 일식을 분석한 결과 첫 번째 아사달은 하얼빈일 확률이 높다는 결론을 얻어냈습니다. 현대과학 천문학이 빚어낸 그런 훌륭한 업적이다. 그렇게 말할 수가 있습니다. 그래서 박창범·라대일 교수가 쓴 책에 나오는 사진들은 서울과 장춘과 또 하얼빈에 동시에 나타났다는 그러한 일식의 모양입니다.

일식은 이제 지구와 태양 사이에 달이 들어가서 해가 안 보이거나 조금 보이는 건데, 고부루단군 때의 일식은 금환일식이어서 그렇게 가장자리가 조금만 보입니다. 그래서 이곳에는 이러한 천문대가 아니어도 육안으로도 볼 수 있었을 것이다. 그렇게 말합니다. 그래서 천문학적인 연구 방법으로 해가지고 부루단군 역할을 하셨던 그때는, 수도가 중국 하얼빈이고 그때 달이 해를 거의 드러 낸 그러한 경우에는 맨눈으로도 판독됐을 것이라고 생각한다. 그렇게 썼습니다.

그래서 박석재 박사는 제1왕조 송화강 아사달 즉 단군조선을 3시대로 나누는 거예요. 단군왕검 때부터 소태 단군까지(21대)죠. 그때까지를 제1왕조 그 다음에 고색불루 단군부터 44대 고구물 단군 이전까지를 제2왕조, 44대 고구물 단군부터 47대까지를 제3왕조(대부여)라고 그러는데, 이 결론 낸 걸 보면은 제1왕조 고왕검단군이 세운 수도 송화강 아사달은 하얼빈이다.

제2왕조 고색불루 단군의 아버지가 ,고구려 때 조상신 두 신을 섬겼는데, 한 신은 바로 이 고색불루 단군의 조부인 고등신이고, 또 한 분은 부여신이라고 자기 어머니 유화부인이었다. 제2왕조 백악산 아사달의 수도의 위치는 지금 만주의 장춘이고, 제3왕조 구물단군이 세운 대부여 수도 장당경 아사달은 지금의 개원이다. 이렇게 얘기를 했습니다.

그러니까 수많은 역사적인 수난으로 인해서 우리의 사료가 많이 없어지고 또 주변에 중국이나 일본 등 주변 강국에 의해서 우리의 사료가 많이 없어지고 또 국내의 사대주의 사학자들이 없애버려서 그런 역사를 우리가 탐구해서 찾아내야 되는데 거기에는 행촌 이암 선생이라든지 또는 이맥 선생이라든지 이유립 선생이라든지 계연수 선생이라든지 이런 분들 특히 고성 이씨 가문이 가문의 명운을 걸고 『환단고기』를 지켜왔다는 사실을 우리 민족은 잊어서는 안 됩니다.

그래서 이런 박창범·라대일 교수나 박석재 교수님이 얘기를 해서 단군조선 최초와 2왕조 3왕조의 수도가 어디였다는 위치도 알아내고 또 흘달단군 때 하늘에 오성취루(五星聚婁)현상이 장엄하게 펼쳐졌다는 것을 과학적으로 입증함으로써 『환단고기』가 사료로서의 가치가 확실하다고 말할 수 있습니다.

저자는 2004년경 『신명나는 한국사』를 내면서 이 『환단고기』가 사료로서 가치 있는 것은 오성취루 현상을 비롯해 스물세 가지 근거를 들어서 『환단고기』가 사료로서 가치가 있다고 썼습니다. 앞에서도 『환단고기』를 살폈지만 거듭 『환단고기』 가치를 확인합니다.

대륙 민족의 영광사와 『환단고기』라는 제목으로 썼습니다.

그것을 간추려서 중요한 것만 얘기하면은 이 오성취루(五星聚婁)현상이 하나 있고, 또 하나는 발해 문왕 대흠무가 연호가 대흥(大興)인데 이게 다른 책에는 하나도 없었습니다. 『환단고기』에만 있었는데 1949년 중국 길림성 화룡현 용두산 정효공주 묘비에서 발해문왕 대흠무 연호가 대흥이라고 나와가지고 이게 확인이 됐습니다.

세 번째는 다른 데는 없는데 고구려 장군 이정기가 중국 산동성을 비롯한 10여 개 주에 대제라는 나라를 세워서 4대 58년간 통치했다는 기록이 나오는데, 이것이 현대에 와서 『고구려를 위하여』를 쓴 김병호 선생님이 실제 탐사를 해서 이것을 사실이라는 것을 그렇게 확실히 확인했습니다.

그 다음에 네 번째는 우리나라 중서부에 있는 강화도 마니산 참성단인데, 『환단고기』에 보면은 그 단군조선 때 왕자들 3명을 보내 3년간 쌓아서 918계단 위에 참성단을 설치했으며 그 후에 여러 제왕들은 참성단에 가서 쭉 제사를 지내왔다. 이것은 나중에 사대 식민사학의 태두라는 이병도 박사도 죽기 전에 크게 참회하고 조선일보 일면 톱 기사에 그렇게 왕검단군 제사를 지내왔다는 것을 쭉 썼습니다(1986.10.9).

그 다음에 평양에 가면은 강동군에 대박산이 있습니다. 대박산에는 단군릉이 있습니다. 이것에 관해서 여러 가지 탄소 측정 장치의 문제점과 또 역사관의 경직성 이런 걸로 문제가 있지만 『환단고기』에는 고구을 단군이 강동 지방 순회하다가 대박산에서 돌아가셨다는 기록이 있기 때문에 전에 저자가 얘기한 것처럼 고구을단군릉이라고 추정을 하고 그것도 『환단고기』가 사료로서 가치 있는 하나의 원인이 된다.

또 『환단고기』 태백일사 고구려본기에 장수왕 연호가 건흥이라고 나왔는데 다른 데는 그게 없는데 1915년 충주의 불상 광배명에 그러한 장수왕의 연호가 건흥이라는 내용이 나옵니다.

그 다음에 『환단고기』 태백일사에는 연개소문의 조부가 자유(子游)고 증조부가 광(廣)이라고 나오는데 다른 데는 그런 기록이 없었습니다. 다만 1923년 중국 낙양의 북망산에서 사람이 죽으면 북망산의 묘를 쓴다고 그러죠. 거기에 연개소문의 아들인 천남생의 묘지에서 조부 자유와 증조부 광이라는 것이 나와서 『환단고기』의 기록이 맞다는 것을 얘기했습니다.

또 하나는 국사학계의 태두라고도 그리고 일제 식민사학의 태두라고 하는 이병도 박사가 국사찾기협의회 김세환 선생님의 권고와 이병도박사 친구인 서울법대 초대학장을 지내신 자주사학자 최태영 박사의 권고로 참회하고 1986년 10월 9일 한글날 그 참회의 글과 단군조선 실사라는 글을 조선일보 일면 톱 기사로 썼습니다.

그것은 단군조선의 역사가 실사고 단군왕검은 실존 인물이고 그리고 역사적으로 나라의 임금들이 마니산 참성단에 올라가서 개천절에 제사를 드렸다든지 이런 얘기를 쓰고 참회하면서 얼마 있다가 돌아가셨습니다.

그렇게 쓰니까 이병도 선생을 따르던 식민사학하는 제자들이 입장이 난처해지니까, 대표적으로 이기백 교수가 찾아가서 스승님(선생님)은 돌아가시면 끝나지만, 살아있는 우리는 어떻게 해야 되느냐고 항의했다는 얘기도 전해지곤 했습니다. 그게 식민사학자들의 운명이죠. 자주사학을 하면 되는 일이죠.

그 다음에 또 일제 식민사학자들은 『환단고기』를 사서로 믿는 사람들을 유사 사학자로 비난하고 저자가 제시한 "23가지 환단고기가 사료로서 가치 있음"을 일부만 떼어서 반론을 제기하고(5성취루처럼 전체 반론제기는 불가능할 것), 『환단고기』가 위서라고 하면서 육하 원칙에 의해서 이게 어째서 위서라든지 이런 걸 하나도 쓴 사람이 없습니다.

그리고 또 최근에 발해연안문명 또 요하문명·홍산문명 이런 것이 중국문명이 아니고 우리 동이족의 한밝달 문명의 하나가 발해문명이다. 이렇게 나오면 홍산이나 또는 우하량에서 곰 토템으로 남녀 조각상이 나오고 그런 것이 발견되는 것도 그런 『환단고기』가 사료로서 가치가 있고 국보급 가치가 있다는 것을 증명하는 하나의 확실한 증거다. 이렇게 말할 수 있습니다.

제10절 '단군 조선시대 천문 현상들'을 통해서 재차 『환단고기』가 역사적인 사료로서 가치가 있고 우리 민족이 단군조선 때부터 천문학이 발달됐었다는 것을 말씀드렸습니다.

제11절 전 단군조선을 연 고색불루 단군

  밝은 해인 밝해정신으로 한밝달 문명을 이끄는 신선도로서 홍익인간·광화세계를 신명 개벽하는 신명나는 우리 역사 제11절 주제는 '후단군 조선을 연 고색불루 단군'입니다.
  첫 민족국가 단군조선을 크게 세 대로 나누는데, 1대는 왕검단군 고준부터 21대 고소태 단군까지가 전 단군조선이고, 22대를 연 고색불루단군 다시 말하면은 실력으로 정변을 일으켜서 단군이 된 거죠. 그분부디 43대 고물리 단군까지가 2대 후단군조선이고 후단군조선 중에도 3대인 44대 고구물단군부터 47세 고열가 단군까지는 국호를 대부여로 그렇게 바꿨습니다.
  이 단군조선의 역사는 대고구려로 이어졌는데, 고구려 시조 고주몽(高朱蒙) 동명성제가 극동대혈 신사를 설치하고 거기에 천제와 조상제를 올릴 때 두 신을 모셨습니다. 한 분은 부여신으로 유화부인을 모셨고 어머니죠. 또 한 분은 고등신을 모셨습니다. 그런데 이 고등(高登)신을 모신 것은 바로 이 후단군 조선을 연 고색불루(索弗婁)단군의 바로 조부가 되는 분입니다. 그리고 고주몽 동명성제의 계통을 보면은 동부여에서 왔고 또 졸본부여를 이어서 왔지만, 혈통으로 보면은 북부여를 이었습니다.
  광개토대왕릉비에 보면 광개토대왕이 고주몽으로부터 13대인데 광개토대왕릉비에는 태조로부터 17대 손이다. 그랬습니다. 그것은 이제 와서 밝혀졌는데 그것은 고리국인 북부여 해모수(解慕漱)고달로부터 쳐가지고 그 차남 고리국왕인 고진왕, 고진왕의 아들인 고법왕, 고법왕의 아들인 고모수왕, 고모수왕 옥저후 불리지의 아들이 고주몽 동명성왕입니다. 고해모수로부터 17대가 광개토대제입니다.

그리고 고모수왕은 B.C. 1세기에 동북쪽으로 베링해 알류산 열도를 지나 멕시코로 나아가 B.C. 1세기에 테오티와칸에서 최초의 멕시코, 맥이고(貊耳高)라고 그러죠. 맥이라는 것은 고구려족이라는 뜻이고, 고는 고리국왕 또는, 고모수왕 인 고를 더해서 맥이고라고 그러는 최초의 멕시코 건국을 한 것입니다.

그리고 지금 중국 동북공정에 대비한 역사서로 이규만 씨의 『잃어버린 천도 문명』(청어사)이라는 책에서 후단군조선을 연 고색불루만이 아니고, 왕검단군을 본명이 고준이라고 밝혀냈습니다. 왕검단군은 통치자와 제사장을 합친 그런 이름인데 성명이 뭐냐 하는 것을 찾아내는데 고준(高俊)이라고 했습니다. 그리고 중국에서 은나라 때는 이 왕검단군 고준을 가리켜서 제준(帝俊)이다. 황제 준이라고 불렀다는 겁니다.

이규만 선생의 얘기를 말하면 왕검 단군이 고준이어서 그 태자가 2세 단군 고부루(扶婁)인데 그렇게 해서 21대까지는 태자의 계통으로 진행이 돼 오고, 22대 고 색불루 단군부터는 단군왕검의 아들의 하나였던 고부여 계통(고등)으로 이어져 내려온 것이다. 이렇게 설명을 하고 있습니다.

그러면 『밝해문명사』를 통해서 제21대 소태 단군을 이어서 실력적 정변으로 말하자면 쿠데타인데, 후 단군조선을 연 고색불루 단군의 경과와 상황을 보도록 하겠습니다.

21대 소태 단군은 전단군조선의 마지막 단군이고 후 단군조선의 첫 단군이며 전체적으로는 22세인 고색불루 단군은 정변에 의해 단제의 지위에 나아갔습니다.

그 상황을 보면은 소태 5년 단기 1000년인데 우사 소정을 번한에 출보시켰으며, 고등(高登)은 그 지모가 출중하여 내사를 사로잡았다. 고구려에서 신으로 모신 고등을 말합니다.

그 당시 은(殷)나라 무정이 바야흐로 흥병하고자 한다는 소식을 듣고, 마침내 고등이 상장 서여(西餘, 서우여 또는 환서여)와 함께 그를 공동으로 무찌르고 색도까지 추격했습니다. 병사를 놓아 불사르고 약탈하여 돌아왔다. 서여는 북박을 습격하고 탕지산에 둔병, 자객을 보내 그 소정을 죽였다.

소태 47년 은주 무정이 이미 귀방(鬼方, 은나라 때 섬서성 서북지역)에서 이기고 다시 대군을 이끌고 침공해 왔다. 단군조선을 침공해 왔다는 겁니다.

색도 영지(令支, 왕검단군이 요녕성 쪽에 세운 열두성의 하나) 등의 나라가 조선을 위해 싸웠기 때문에 은이 대패하여 화친할 것을 청하고 공물을 바쳤습니다.

고소태 49년 개사원 욕살 고등이 그러니까 지방정부의 책임자죠. 귀방을 잠습하여 멸했다. 일군과 양운 두 나라가 사신을 보내 조공했다. 일군국이나 양운국은 그런 환국시대부터 있었던 그런 나라죠. 이때의 고등이 중병을 손아귀에 넣고 서북 땅을 공략하여 그 세력이 강성해지자 사람을 단제에 보내 우현왕이 되게 해달라고 청해 왔으나 허락지 않았다. 그러니까 단군이 중앙에 있고 진한이라고 그러죠. 좌우에 우현왕·좌현왕 또는 마한·번한 이렇게 있는데, 거기에 지위를 하나 올려달라고 그러는데 소태 단군이 반대를 해가지고 못한 겁니다.

그러자 소태 51년 고등이 개사원에서 의거, 반란을 일으키고

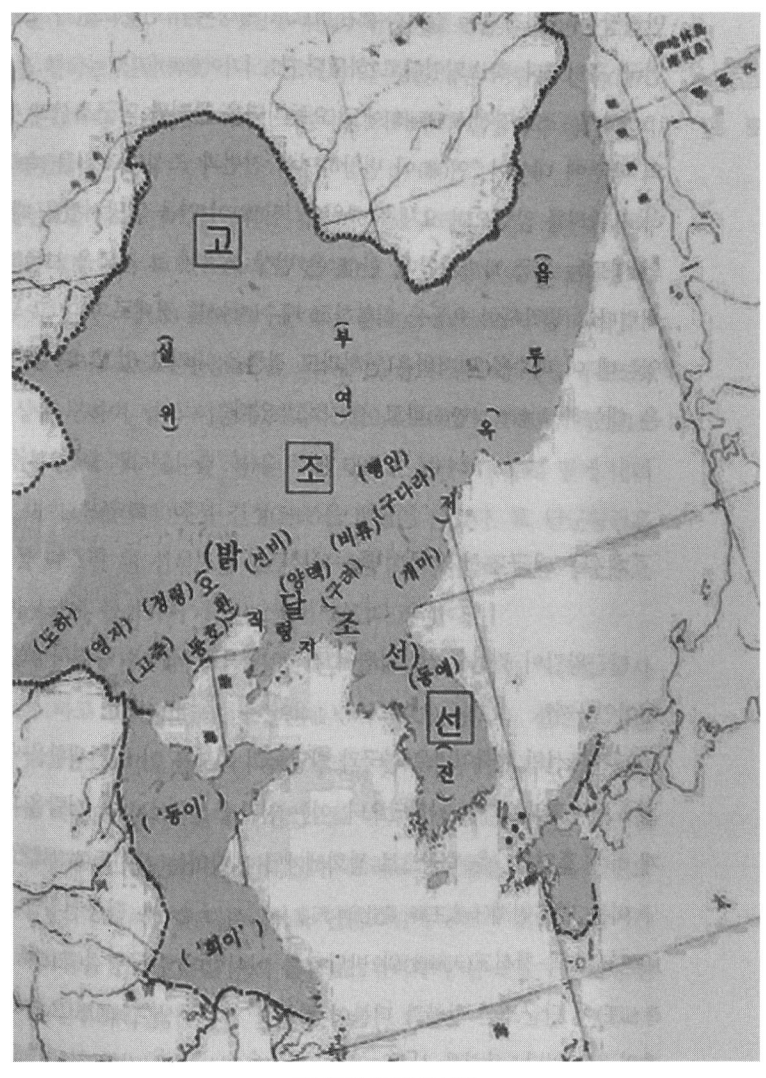

단군조선 제2기 때 강역

단군에게 항명하자 마한 아라사가 즉시 거병에 토벌하려고 홍석령에 이르렀을 때 단군이 고등을 우현왕에 봉하고 호를 두막루라고 하는 소식을 듣고 싸움을 그쳤습니다. 소태 단군이 "아 이게 힘으로 안 되겠구나"하는 것을 알게 된 거죠.

소태 52년 우현왕 고등이 죽고 그 손자인 고색불루가 이어서 우현왕이 되었다. 그러니까 비왕이 된 거죠. 소태 단군이 5가를 소집하여 재위 계승 문제를 의논하되 "늙고 권태로와 정사를 서우여(西餘, 환서여)에게 넘기고자 한다"고 하면서 살수주위 100리를 봉하여 섭주로 삼고 섭주 이름을 기수 또는 기자(奇子)라고 그렇게 했습니다. 이것은 기자조선하는 이것하고는 다르죠. 그래서 기자조선이라는 말도 나와서 역사를 복잡하게 했죠.

  우현왕 고색불루가 환서여에게 그러한 자리를 넘겨주는 것을 중지하도록 권했는데, 소태 단군이 듣지 않자 색불루는 사냥꾼 수 천명인 쿠데타군을 거느리고 부여의 신궁 지금의 만주 장춘 지역이죠. 거기에서 즉위하였습니다.

  정변을 통해 즉위한 고색불루가 후 단군조선의 첫 단군이며 전단군조선까지 합하여 22세 단군이 되는데, 전단군조선도 그렇지만 고색불루는 고등의 자손이었으므로 후단군조선은 고씨에 의해 단군이 이어진 고씨 조선이다. 이렇게 말할 수가 있습니다.

  고소태단군은 부득이 옥책과 국보(國寶, 옥새)를 전하고 해성 욕살 기수 서우여를 폐하여 서인(庶人)으로 만들었죠. 자기는 서여에게 지위를 넘길까 했는데 그건 못하고 힘에 의해서 고색불루가 정권을 잡으니까 옥새 같은 걸 다 넘겨주고 그런 것이죠. 그래서 우리 말에 소태처럼 쓰다. 그런 말이 있습니다. "음식 맛이 소태처럼 쓰다"라는 것은 이와 같이 자기의 뜻에 반해서 황제의 위를 다른 사람에게 넘겨주는 거 사실상 뺏긴 거죠. 소태처럼 쓰다는 말이 여기서 나온 겁니다.

  소태 단군은 옥새를 전하고 해성 욕살 기수 서우여를 폐하여 서인을 만들었는데, 서우여는 색불루 때문에 섭주가 되는 것이 실패했으므로, 좌원으로 들어가 사냥꾼 수천을 거느리고 거병했으며 소태 단군은 아사달에 은둔하다가 죽었다. 그러니까 고색불루단군하고 이 기수 환서여하고 이제 전쟁을 하게 된 거죠.

이때 마한 아라사는 군사를 정비하고 몸소 해성의 싸움터에 나갔으나 싸움에 져서 돌아오지 못했다.

단군 고색불루는 기병한 서우여를 치기 위하여 개천령을 보내 싸우게 했는데, 개천령이 진중에서 패전하여 죽자 친히 3군을 이끌고 나가 그를 토벌했다. 그러니까 이 평화로운 시대에는 모르겠는데 평화롭지 않은 시대에는 실력이 최고다. 이렇게 국방력 이런 것이 중요하다는 것을 여기서 알 수가 있습니다.

항복을 권했으나 듣지 않다가 비왕을 줄 테니까 받아들여라 하니까, 서우여는 그것을 받아들였습니다. 이에 단군 색불루는 서우여를 번한(番韓)으로 삼았죠. 번한은 번조선의 비왕이다. 그리고 기자(奇子)는 서우여의 조선이라는 뜻으로 기자 조선이라고도 이렇게 말합니다. 이 은나라의 기자라는 뜻이 아니죠. 마한 뒤인 막조선 첫 비왕으로는 여원흥을 임명하였다. 전단군 관경은 진한·번한·마한이었던 것이 진조선·막조선·번조선 이렇게 3조선 관장으로 바뀐 거죠.

같은 해에 지조가 높던 백이(伯夷)와 숙제(叔齊) 역시 고죽국 아들로서, 고죽국이 지금 북경 인근 하북성이죠. 나라를 빠져나와 도망하고 동해의 물가에 살면서 밭을 갈아 자급자족했다. 이후 중국에서는 은나라가 차츰 쇠망하고 주(周)나라가 일어나게 됩니다. 그러니까 삼황오제에 의해서 하·은·주, 춘추전국, 진·한 이렇게 역사가 전개되는 것이죠.

중국이라는 말이 처음 사용된 것이 주나라 때부터이다. 주나라는 동이인 은나라에 대비하여 서이(西夷)라고 하는데, 그 수도인 낙양에 황하와 만나는 지역을 하락(河洛)이라고 그랬습니다. 주나라 사람들이 하락 지역을 천하지중이라고 하면서 중국(中國)이라는 말을 쓰기 시작하여 정착되었다. 이렇게 말할 수 있습니다.

제11절 주제는 '후 단군조선을 연 고색불루 단군'입니다. 전단군조선도 왕검단군 고준의 고씨 조선이지만, 후단군 조선은 고씨 색불루라는 고씨 조선이라 하는 게 되고 그와 같은 것은 대부여로 이어지는 고구물 단군 그 다음에 고해모수 이어서 고진왕·고법왕·고모수왕·고주몽 동명성제 이렇게 이어 보장왕 아들 고덕무(대조영)가 세운 발해까지 이어져 약 3천여 년간 계속되는 세게 제일 최장의 제국이 되는 것이다 라고 말할 수 있습니다.

제12절 전 단군조선의 대외관계

밝은 해인 밝해정신으로 한밝달 문명을 이끄는 신선도로서 홍익인간·광화세계를 신명 개벽하는 신명나는 우리 역사 제12절 주제는 '전 단군조선의 대외관계'입니다.

단군조선을 전 단군조선과 고색불루 단군의 후단군 조선으로 나눴을 때 전 단군 조선 시대의 대외관계를 살펴보는 것입니다.

『밝해문명사』를 보면, 동북아시아 대륙의 단군조선은 물론 바다도 있으니까, 대륙국가이면서 또 해양국가이니, 해륙국가입니다.

단군조선은 중국의 요임금 이후 하·은·주 또 몽골, 시베리아(단군조선 마한 18대왕 아라사가 통치하기 시작함), 티베트, 일본, 인도, 터키, 양운국, 수밀이국, 남선비, 탐모라국(지금의 제주도), 남상(중국의 운남성 지역) 등과 정치·경제 또는 문화적 관계를 맺었던 것으로 문헌에 나타납니다. 『환단고기』나 『규원사화』 이런 데 많이 나오죠.

단군조선과 중국과의 관계가 맨 처음 나타난 것은 단기 67년인데, 단군왕검께서 태자 고부루를 단군조선 제국인 하나라 도산회의에 보내서 거기서 우임금을 만나 오행치수법과 홍범구주를 정하고 그렇게 제후국에게 그 오행치수법과 홍범구주를 가르쳐준 것이죠.

국경을 정하여 유주·영주는 조선에 속하게 한 바, 유주와 영주는 지금 북경 천진 지역입니다. 회대(淮岱)는 회하지역과 대지역이니까 이쪽은 주로 산동성 인근이다. 이렇게 말할 수 있습니다. 그리고 우순(虞舜)이 그 일을 감시하도록 했다고 『환단고기』는 전하고 있습니다.

2대 고부루단군 때 중신 고시의 친형인 고수(高叟)의 아들 순(舜)이 단군조선에서 벼슬을 하지 않고 요임금 밑에서 벼슬을 하자 부자의 의견이 달라 불화하므로 고수는 작은 아들 상(象)을 사랑하여 순을 죽이고자 하였다. 이런 가족관계가 문제가 생기자 나라의 관계에도 영향을 미치는 거죠.

순이 아버지의 뜻을 알고 효성으로 지극히 섬기며 끝까지 순복하니 요임금이 신임하고 왕의 자리를 물려줬습니다. 순이 아버지의 인정은 잘 못 받았지만, 요임금이 보고 그 사람이 훌륭함을 알고 그 후계자로 정한 거지요.

순임금이 이렇게 중화왕이 되어 밝고 문명한 정치를 하니 사농공상의 각기 직업을 주었다. 그런데 여기에 또 한 가지가 있는데 요임금도 본래 자기의 아들은 단주가 있었습니다. 단주가 있었는데, 아버지가 아들을 좋지 않게 보고 나쁜 놈이라고 생각해가지고 그 왕위를 안 물려주고 그냥 바둑만 두게 했습니다. 그래서 그 왕위는 착한 순임금에게 넘어갔는데, 그 단주의 한이 동아시아의 해원사의 한 근본 원인이었다고 보는 그런 사람들도 있습니다.

3세 기륵단군은 즉위 원년 용가 식달을 보내, 하나라 3대왕 태강이 학정을 하고 신하 예가 태강을 축출한 바, 이 예임금은 화살을 잘 쏘는 사람이죠. 남후와 진번후와 함께 하나라를 쳐서 위엄을 빛냈다. 이것은 『규원사화』에 나와 있습니다.

4세 고오사구 단군 5년 단기 200년이죠. 하나라 사람이 와서 방물을 바치고, 신서를 구해 갔다. 오사구 19년 하나라 임금이 실덕하므로 단군이 식달에게 명하여 남진번 3부의 병을 이끌고 그를 정벌하게 하니 천하가 듣고 복종했다. 4세 오사구 단군은 그 동생 오사달을 몽골의 한으로 임명해서 몽골 종족이 생겨나게 한 그런 단군이시죠.

5세 고구을 단군 4년인 단기 237년 봄에 하나라 사절이 왔다. 유웅씨가 무도하여 소나벌을 보내어 토벌, 평정하였다고 단기고사에 나온다. 이 구을단군이 나중에 평양 대박산을 순찰하다가 돌아가셔서 지금 평양 강동군에 있는 단군릉이 구을 단군릉으로 추정이 되는 것입니다.

6세 고달문 단군 원년 서쪽으로는 알유를 달래고 북쪽으로는 앙숙을 평안시키고 남쪽으로는 하(夏)나라를 물리치고, 동쪽으로는 창해에 이르니 10년 동안 조용했다. 이 창해(蒼海)는 여기에서 발해 쪽을 가리킵니다. 이것은 『규원사화』에 나와 있습니다.

　8세 고우서한 단군은 오사함 단군이라고 해서 우리의 태양족을 상징하는 삼족오를 이렇게 활용하신 분이죠. 4년 단제가 미복으로 몰래 국경 밖으로 나가 하나라의 사정을 사찰하고 돌아와 관제를 대개혁했다고 『환단고기』는 얘기하고 있습니다.

　11세 고도해 단군은 36년 단기 477년 신우를 하나라에 보내 두 나라의 수호조약을 체결하였습니다.

　13대 고흘달 단군 16년에 동이족인 은나라 탕이 실정한 하나라의 걸왕을 치자 걸이 구원을 청한바, 단제는 읍차 말량에게 구원병사를 이끌고 전쟁을 돕게 하니, 탕왕이 사신을 보내어 사죄하므로 회군을 명했습니다. 처음에 동이족이 아닌 쪽을 돕다가 단군조선이 탕왕이 사죄하자 은나라를 세운 탕왕을 돕는 쪽으로 방향이 바뀌게 되죠. 걸왕이 약속을 어기고 군사로 길을 막으므로 은과 더불어 걸왕을 쳐서 은의 창업을 돕는 한편 은밀히 신지 우량을 파견해 견군을 이끌고 낙랑과 힘을 합하여 관중의 분과 기의 땅을 점령하고 그곳에 살며 관제(官制)를 설치했습니다. 이때 우리 동이족이 중국의 황하유역의 중원지방으로 많은 이주가 있었다고 합니다.

　15세 대음단군 원년 은왕 소갑이 사신을 보내어 화해를 청했습니다.

　21세 소태 단군 원년 은왕 소을이 사신을 보내어 공물을 바쳤고, 47년에는 은왕 무정이 귀방에서 이기고 쳐들어왔으나, 은이 대패하므로 화친할 것을 청하고 공물을 바쳤습니다.

　22세 고색불루 단군 원년 그러니까 후단군조선 첫 단군이죠. 은나라와 싸워 크게 이기고 그 국경까지 쳐들어갔으며, 급한 은왕 조을이 형으로 땅을 옮겼습니다.

　다음에 중원지역 이외의 다른 지역과의 관계를 보면은 3세 고가륵단군 때 황하 북쪽지역인 열양(列陽)의 욕살 색정을 약수(弱水, 고비사막 있는 쪽으로 흐르는 강)근처로 옮겨 종신 유치했다가 사면하여 그 땅 욕살로 임명했는데, 그것이 흉노(匈奴, Hun)의 시조가 됐습니다.

　8세 우사한 단군 3년에 달돌나라 사절이 입조했고, 11세 도해단군 원년 알유의 난이 일어났으나 평정됐으며, 15세 대음단군 40년 단군의 동생 대심을 남선비의 대인으로 봉했는데 이는 흥안령 서쪽에 살던 몽골족의 하나인 타탈(Tatar)을 말하므로 타탈족 또는 달단왕이라고 이렇게 얘기했는데, 이것도 우리 단군족의 일원이다.

　고가륵단군 8년인 단기 158년에 지백특, 티베트서 강거가 반역을 해 단제가 그를 토벌했으며, 18세 동엄단군 20년 사람을 보내 함문경을 배워오고 그 다음에 티베트인이 방물(지방 특산물)을 바쳤습니다.

　3세 가륵단군 10년 두지주 예읍이 반역해 단군이 여수기에게 명령하여 그 추장 소시모리를 참했습니다. 여기에 두지주가 어디냐에 대해서는 춘천 규정설과 만주 지역설로 나뉩니다.

　이로부터 그 땅을 소시머리라 하고 지금은 전음되어 소머리국, 우수국이라고 이렇게 칭합니다. 그 후손에 섬야노라는 자가 있어 바다로 도망쳐 삼도에 의거하여 천황이라 참칭하였답니다. 삼도

(三島)라는 것은 일본의 본주·구주·사국 이렇게 세 섬을 말합니다. 홋카이도를 뺀 일본이죠. 거기에 천황을 참칭하였다.

김수로왕의 딸 묘건 공주가 일본으로 가서 중애천황의 부인인 신공황후가 되고, 신공황후를 후세에 높여서 최고의 일본신인 천조대신으로 만든 겁니다. 천조대신의 동생 스사노가 소시모리에 간 사실과 일치하여 일본인들은 지금도 우두사를 소머리데라 라고 부릅니다. 경남 거창군 가조면에 본래 소시모리 우두봉이 있습니다.

일본에는 우두천왕을 모신 신사(神祠)도 있으며 단군왕검을 모신 신사도 많이 있어, 조선의 신선도가 일본에 전파되어 신도(神道) 신교(神敎)가 비롯된 것으로 추정됩니다.

우리나라에서 고단군왕검을 받들거나 기리는 유적이 대표적인 것으로는 백두산 천지와 천평, 묘향산 단군굴, 평양의 단군릉, 구월산 삼성사, 서울의 사직단과 인왕산 국사당, 강화도 마니산 참성단과 삼랑성, 금강산 천제단, 태백산의 천황단과 태백 단군성전 및 황지, 서울 인왕산 활터인 황학정, 조선호텔 앞 제천단인 원구단, 전북 진안 솟도산인 마이산, 전남 해남군 해남읍의 천진전, 경북 김천 직지사의 삼성각, 울진군 북면 나곡리 삼황당과 신목, 제주도 북제주군 송당리 만장굴 본향당, 이런 것들이 고단군왕검을 모시고 기리는 사당들이 많이 있는 곳이다. 이렇게 얘기할 수 있습니다.

한편 일본 천신(天神)은 대개 한국산이라고 말할 수 있습니다. 일본의 신은 두 가지로 나누는데 하늘 천(天) 자가 붙은 신들은 전부 한국에서 건너간 신인데, 신라왕자가 왜에 간 후 일본신사가 본격적으로 생겼고, 국신(國神)은 일본 나라에서 생긴 국내신이다 라고 말할 수가 있습니다.

일본에서 고단군왕검을 모시거나 기리는 곳을 대표적으로 말하면, 당산이 많은 대마도의 천도신사, 남구주 가고지마 나와시로무라의 단군 묘인 옥산(玉山)신궁, 옛날 우리나라에 있던 유구 오키나와 천신선의 천제단, 일본 나라의 동대사의 호국신사인 가라꾸니진자, 한국 신사라고 하지요. 교토 삼국산이 많고 고대 한국인의 조천지였던 비와코 옆의 자하현 삼신암 있는 단군굴 신라 히게진자, 장등산 한신사 경내에는 단군상을 모신 신라선신당이 있습니다. 도쿄 부근 우두산, 소머리산은 고구려 왕족 약광이 59대 되는 후손이 거기에 살고 있고 고려역 옆 고려신시에는 역시 우리의 왕검단군을 존중하는 문화가 있습니다.

5세에 고구을 단군 8년에는 신독인, 인도인이죠. 항해하다가 표류하여 동해 바닷가에 도착했습니다.

15세 고대음단군 2년 10월에 양운국과 수메르국 두 나라 사람이 와서 지방 특산물을 바쳤으며, 10년 7월에 우루인 20가가 투항하여 오므로 염수(鹽水, 백사하, 소금물이 나는 그러한 땅입니다. 중국 산서성 하읍현에서 발원해서 오성호로 흐른다고 그럽니다.) 근처 땅에 정착하도록 명했다.

또 소태 단군 49년인 단기 1044년에 일군국과 양운국 두 나라가 사신을 보내어서 조공했다고 『환단고기』는 전합니다.

16세 위나 단군 14년 단기 737년에 탐모라(제주도), 즉 제주도 사람이 말 30필을 바쳤다고 『환단고기』는 전하고 있습니다.

19세 구모소단군 24년 중국 운남성에 있는 남상인들이 벼슬을 얻어 조정에 들어왔다고 『환단고기』는 전하고 있습니다.

제13절 전 단군조선의 경제 · 사회

  밝은 해인 밝해 정신으로 한밝달 문명을 이끄는 신선도로서 홍익인간 · 광화세계를 지향 신명 개벽하는 신명난 우리 역사 제13절 주제는 '전 단군조선의 경제 · 사회'입니다.
  단군조선을 왕검단군 고준으로부터 소태단군까지를 전단군조선이라고 그랬고 그 다음에 고색불루단군부터 고열가단군까지를 후단군조선이라고 그랬습니다.
  그리고 지금까지는 전 단군조선의 정치와 외교를 살펴봤는데, 오늘은『밝해문명사』전단군조선의 경제와 사회를 알아보도록 하겠습니다.
  단군조선의 경제는 농업생산력을 바탕으로 전기 청동기문화를 낳았고 균전제인 구정제를 비롯한 토지제도와 20분지1 세제 등이 확립됐으며, 교환경제의 필수품인 화폐 원공패전과 자모전 그리고 도량형이 발달하여 물자교류가 잘 이루어지므로 백성들이 생활하는 데 편리했다. 땅을 우물 정(井)자로 이렇게 해가지고 9등분에서 8명은 평등하게 가지고 그 중에 한 부분은 이제 세금으로 바치는 그런 것을 일반적인 원칙으로 했던 겁니다. 그래서 구정(邱井)제라고 그랬죠.
  단군조선의 경제적인 기초는 농업이었으며 그 밖에 유목 · 사냥 · 고기잡이 · 채집이 병행되기도 했다.
  그러한 단군조선의 유적으로 경기도 고양 · 김포, 평양 호남리 등 약 4천년 전 단군조선시대의 유적에서 출토된 곡물은 벼 · 보리·조·기장·콩·팥·옥수수·수수·피 등인데, 이는 오곡을 비롯해 여러 가지 곡물을 재배했음을 알게 한다.

단군 유적에서는 돌반달칼·돌낫·돌삼각칼 등 추수용 농기구가 많이 출토되는 것은 곡물 재배가 일반화되었고, 매우 성행하였음을 알게 합니다.

대전시 귀전동에서 출토된 청동기에는 단군조선기 청동이죠. 사람이 따비로 밭을 가는 그림과 괭이로 땅을 파는 그림, 사람이 그 수확물을 그릇에 담는 그림 등이 새겨져 있었습니다.

고왕검단군 93년과 고부루단군 원년에는 논을 만들어 벼재배를 했다는 기록이 『환단고기』와 『규원사화』에 나오고 있습니다.

"… 소와 양이 사라는 것을 보며, 전답 사이에 도랑을 파고 밭길을 내며, 누에 치기를 권하고, 고기잡이와 사냥하는 법을 가르치니 백성들은 재물이 남게 됨으로써 국용에 보태어 10월에 국중대회를 열고, 하늘에 제사를 지내니 백성들은 모두 기뻐하며 즐겼다 …" 했습니다.

고부루단군이 돌아가신 후 백성들은 고부루단군을 추억하면서 집 안에다가 부루단지라는 것을 설치하고 거기다가 제사를 지냈습니다. 그래서 부루단지라든지 업신(業神)·업주가리(業主軻利)라고 그런 말이 지금까지도 전해 옵니다. 그리고 그러한 업주가리나 부루단지 이런 것이 계속 민속에 남아 있고 또 그와 관련돼서 토주대감, 집터신이죠. 성조대신(成造大神, 집 자체의 신) 이런 것을 섬기는 그런 신앙도 생겼습니다.

전 단군조선의 농기구는 석기·목기·골각기·청동기 등이었는데, 생산력을 위해서 협동적인 그런 일이 많았고 집단농경을 하기도 했습니다.

구리와 주석을 재료로 하는 청동기는 주요 지배계층의 권위를 뒷받침하는 용도로 하여 사용되었습니다. 천제를 지낼 때 국중대회나 제사나 전쟁을 할 때의 무기, 말이나 수레의 장신구처럼 지배계층의 사회적 신분을 뒷받침하기도 했습니다.

청동기가 농구로 일반화될 수는 없었지만 농경을 위한 벌목용이나 나무 농구 또는 수레·배 같은 것을 만드는데 사용되기도 했으며, 요하유역에서는 청동기 무기 및 마구류 외에도 도끼·끌·칼·송곳 등의 공구로 출토가 많이 되었습니다.

초기 단군조선의 토지제도는 고부루단군 때 확정이 됐는데, 논밭을 우물 정(井)자로 그어 전결을 만들어서 농토를 평등하게 분배하고 골고루 바닥을 갖게 하는 균전제로서 구정제였다. 그렇게 말할 수 있습니다.

고부루단군 12년에는 신지 귀기가 달력인 칠회력(七回歷)과 함께 구정도(邱井圖)도 만들어 단제에게 바쳤습니다.

단군조선의 세금은 비교적 낮은 비율로 부과되었다고 합니다. 고대의 중국에서는 보통 수확의 10분 1세를 냈지만, 우리나라 동이족은 우리나라『환단고기』나『규원사화』도 그렇지만, 중국의 맹자에 기록된 것을 보면 기본적으로 20분의 1이나 80분의 1로 세금이 굉장히 가벼웠다. 맹자에서는 맥(貊)지역이라고 그래가지고 단군조선의 예맥족을 주로 가리키는 그러한 표현이다.

『환단고기』에는 8세 우서한단군 원년 20분지1세법을 정하여 널리 유무상통하게 하고 부족한 것을 보완하도록 했다고 기록하고 있고, 15세 대음단군 원년에는 세제를 훨씬 더 가볍게 해서 80분지1세제로 고쳤다고『환단고기』는 전하고 있습니다.

그 밖에 도량형과 화폐제도가 발달했는데, 단군조선 화폐에 관해서는 『한서』지리지에 단군조선의 범금8조법에 "남의 물건을 도둑질한 사람은 그 주인의 노예가 되는 것이 원칙이지만 죄인을 면하려면은 50만 전을 물어야 한다." 이렇게 기재되어 있고 『환단고기』에는 4세 오사구단군때 둥근 구멍이 뚫린 조개돈인 원공패전을 주조해서 사용을 했고, 그리고 14세에 고불단군 때는 청동화폐인 자모전을 부어서 만들었다는 기록이 있습니다.

우리나라는 원래 대륙국가지만 또 동아지중해 내지는 태평양 연안을 포함하는 해륙 국가이기도 하기 때문에 단군조선의 무역항으로는 요순항·대련항·장산군도·남포항·서포항이 큰 역할을 하였다고 합니다.

한반도 북부와 만주 지역에는 우리 단군조선 말고도 중국의 여러 나라가 서고 또 춘추전국 시대도 오고 그랬는데, 연나라 청동화폐인 오수전이나 명도전이 많이 출토되는 것으로 보아서 서로 교류가 많았다. 그렇게 말할 수 있고

명화전·일화전이라는 청동화폐도 출토됐는데, 결국은 단군조선의 화폐였다. 그렇게 말할 수 있습니다.

단군조선의 사회는 처음 자연을 사랑하고 신선도를 이념으로 하는 평등한 이상적인 사회, 신선도 또는 신교라고 할 수 있죠. 그래서 평화롭게 잘 살았는데 계급은 크게 지배 귀족과 서민 그리고 노예 제도도 있었다고 합니다.

고왕검단군때터 범금8조법에 나오는 도적질한 사람이 잡히면 그 사람을 노예로 삼았다. 그런 게 있죠. 그래서 크게 볼 때 노예소유자 계급과 호민(豪民) 그 다음에 하호(下戶) 그 다음에 노예 등 이렇게 돼 있다. 그렇게 말할 수 있습니다.

단군조선의 지배귀족은 단군을 정점으로, 삼한(三韓, 마한·번

한·진한) 그 한 제후왕 삼한과 1백 2사(풍백·우사·운사, 정승급), 5가 등 단군 8가를 비롯한 선인·관리·무관과 그 혈족으로 구성돼 있고, 서민은 농민·수공업자·상인 등으로 이렇게 주로 구성돼 있는데, 노예는 사회신분이 가장 낮은 계층으로 전쟁 포로나 도둑이 노예가 되었으며 그 주인이 처분권을 가지고 있었다.

단군조선의 노예제도가 있었다는 것은 『한서』지리지에 나오는 단군의 범금8조법(犯禁八條法)에 남의 물건을 훔치는 사람은 원칙으로 그 주인의 노예가 된다. 그런 얘기가 있지 않습니까? 하지 못하게 범하는 법이 옛날에는 법이 그렇게 자세하지 않았으니까 요새는 뭐 수천 수만 개의 법률이 생기고 그래서 세상 사는 것도 그렇게 쉽지 않지만, 그때는 범금 8조법이라고 그래서 8개의 조만 가지고 천하를 다스렸던 거죠.

그 다음에 처음에는 연조(燕條)를 참고로 보면, 살인자는 즉시 사형에 처한다. 사람을 다치게 한 사람은 곡물로써 배상한다. 도둑은 그 집의 노예가 되고 그 아내와 자식은 노비가 되며 죄를 면하려면 사람마다 50만 전을 내야 한다. 그 다음에 환단고기 태백일사에 의하면 후단군 조선의 고색불루단군이 범금팔조법을 세우고 발표를 했습니다. 고왕검단군의 범금8조법과 같은 것으로 생각됩니다.

그것을 보면은 첫째 살인자는 즉시 죽이고, 둘째 사람이 다치면 곡식으로 배상케 하고, 셋째 도둑은 재물을 몰수하고 그 집의 노예가 되며 여자는 노비가 되게 하고, 넷째 소도를 훼손한 자는 금고에 처한다. 소도는 제천 행사를 하는 신선도의 신한한 곳이기 때문에 함부로 훼손치 못하게 했죠. 다섯째 예의를 잃은 자는 군에 복무케 하고, 여섯째 열심히 일하지 않는 자는 부역을 시키며, 일곱째 삿된 음행을 하는 자는 볼기로 다스리고, 태형(笞刑)이라 했다. 여덟째 사기를 친 사람은 훈계하여 방면하나 스스로 속죄하면 공표를 면해줘도 민속으로 결혼하기가 어려워 이뤄지지 않았다. 사기꾼은 결혼을 할 수가 없는 그러한 사회의 풍토라는 거죠. 그래서 백성들은 끝내 도둑질하지 않았기 때문에 문을 닫는 일이 없었고 부인은 정신(貞信)하여 정조를 지키고 신뢰를 잃지 않아서 음란하지 않았다. 이렇게 말할 수 있고, 고도해단군 때는 사형제도를 폐지하기도 했습니다.

단군조선의 사회 구조를 지역적·정치적·종교적으로 보면 제일 신성시하는 곳이 우리나라는 백두산이죠. 그게 제일 중심지고 그 다음이 진조선의 수도, 그 다음에 마한과 번한의 평양성이라는 수도인 국읍이고 대읍·읍락으로 단군조선은 사회 구조적으로는 시읍국가, 성읍국가 또는 읍제국가다 라고 말씀드릴 수가 있습니다.

윤리의 근본은 효도를 제일 중시했습니다. 만덕의 근본이 효도다. 그 부모님을 그렇게 생각하고 잘 모시는 거죠. 백행의 근원이다. 그랬습니다. 특히 효행의 그런 모범자로 부루단군 때 소련과 대련의 형제가 있었습니다. 소련과 대련은 거상(居喪)을 잘했다. 사흘을 게으르지 않고 석 달을 태만하지 않았으며 기년이 되도록 슬퍼했고 3년을 근심으로 드렸다. 그래서 효도(孝道)는 세계에서 우리나라가 가장 열심히 하는 나라였는데, 우리나라에 오상(五常)이라는 것이 있습니다. 신선도의 오상이다. 유교의 오상은 인의예지신인데, 우리나라는 충(忠), 나라에 충성하는 것 개인이나 나라가 중심이 있는 거, 그 다음에 지금 말한 효(孝), 그 다음에 용기가 있는 거(勇), 신뢰가 있는 거(信), 어질고 사랑을 베푸는 인(仁) 그래서 우리나라의 신선도의 오상은 충효용신인이다. 이렇게 말할 수가 있습니다.

공자 선생님께서도 우리 동이족이지만 예기에서 소련과 대련의 효를 칭찬했습니다.

고부루단군은 단기 110년 충의열사와 효자열부 및 현자의 행실을 포상하였습니다.

그리고 생활이 어려운 사람을 불쌍히 여겨 돕고, 백성을 구하는 것은 고구을단군 때나 또는 고가륵단군 때나 구을단군 때나 다 마찬가지였습니다.

그리고 고부루단군의 동생 중에 사람들이 사냥을 하거나 또는 화식을 할 때 불을 지피고 그랬는데 거기에 가장 많은 공을 세운 분이 부소 왕자입니다.

부루단군의 동생인 부소가 고시의 옛 법을 다시 익혀서 마른 쑥을 재료로 하여 쇠와 돌을 쳐서 불을 만들었다. 그래서 그 당시 사람들이 그러한 화식이나 또는 따뜻하게 하기 위해서 늘 가지고 다니는 것이 쇠·돌·쑥의 세 가지였는데 그래서 부소철(扶疏鐵, 부싯쇠)·부소석(夫蘇石, 부싯돌)·부소우(夫蘇羽, 부싯깃) 등 부소의 이름을 먼저 내세운 것은 부소씨의 불을 키워서 화식을 하고 따뜻하게 사는데 이 부소 왕자의 공이 많기 때문에 그런 공을 기리는 것으로 알려졌습니다.

제14절 전 단군조선의 종교습속

밝은 해인 청천백일의 밝해정신으로 한밝달 문명을 이끄는 신선도로서 홍익인간·광화세계를 신명 개벽하는 신명난 우리 역사 제14절 주제는 '전 단군조선의 종교 습속'입니다.

저자가 쓴 『밝해문명사』를 참고하면 우리는 전단군조선의 정치·외교와 경제·사회를 봤는데, 오늘부터는 문화 방면으로 해서 먼저 종교 습속을 살펴보도록 합니다.

단군조선의 생활과 사상의 중심은 신교나 천신교인 신선도에 있었다. 이렇게 말할 수 있습니다. 신선도 줄여서 종교로 말하면 흔히 하느님을 신앙하는 신교(神敎)다. 이렇게 얘기를 합니다.

신선도의 핵심은 환웅신화나 단군신화에 함축되어 있는데, 환국·밝달국·단군조선이 건국되어 운영되면서 확립되어 왔다고 말할 수 있습니다.

신선도를 간단히 말하면 하느님 일신인 삼신 환인천제, 환웅천황, 왕검단군을 믿고, 삼경을 배우며, 삼경은 천부경·삼일신고·참전계경이지요.

심문·기문·신문의 3문 그 수련하는 것을 공자를 붙여서 심공·기공·신공 이렇게도 얘기를 합니다. 지감·조식·금촉이라고 신선도에서는 그 수행을 얘기하지요.

그래서 신인일치의 최고의 그런 경지를 신과 사람이 하나되는 걸 태일(太一)이라 그러는데, 신선도에서는 완전히 목적을 달성해서 최고의 경지까지 간 태일을 이룬 분은 천지인이 삼합이 되는 거죠. 그것을 대선이나 금선 또는 부처다. 이런 표현을 씁니다. 그래서 이러한 신선이 되어서 모든 사람이 다 평화롭고 행복하게 사는 그러한 공동체 사회를 이루는 데 뜻이 있습니다.

간단히 말하면 인간으로서의 이념형은 홍익인간이고, 세계로서의 이상은 광화세계다. 광화세계라는 것은 광명세계이면서 또 어둠을 밝게 하는 걸 포함하는 것인데, 우리나라 조선조의 경복궁의 문도 광화문이고 고려조 왕궁 만월궁의 문도 광화문이었습니다. 그래서 현대 민주주의를 광화문 민주주의다. 그렇게 말을 하지요.

이것은 환웅천황의 염표문에 나오는 일신강충 · 성통광명 · 재세이화 · 홍익인간 16자를 반으로 줄여서 현대에 맞게 표현한 게 홍익인간 · 광화세계입니다. 우리 전 인류의 희망 세계죠.

그 사상은 그밖에 또 단공무위 단정하게 무위의 세계에 나가고, 좌정세계 삼매를 이루는 세계에 나타나고 그건 무아경(無我境)에 이르는 거죠.

현묘득도 즉 모든 존재들이 항상 중심에 있어서, 접화군생 많은 가는 사람을 구제해 준다. 이러한 이상적인 뜻을 가지고 있습니다.

이러한 홍익인간을 중심으로 한 신선도 문화는 현실 정치와 사회의 중심을 이루어 대체적으로 단군조선을 평화로운 민족공동체사회로 만들었다. 그렇게 말할 수 있습니다.

옛 기록인 『환단고기』나 『규원사화』, 『단기고사(檀奇古史)』이런 것을 보면은 신선도 문화 또는 소도 문화라고 솟도라고 그래서 1년 중에는 그러한 문화로서 5월에 단오제, 10월 상달에 상월제, 이런 거를 지내고 하늘에 제사 지내는 권한을 단군이 가지고 있어서 단군이 천제를 주관했다고 합니다.

고왕검단군 51년에는 강화도 마니산의 제천단인 참성단을 쌓았지요. 고부루태자를 비롯한 왕자 셋을 보내가지고 3년 동안 정족산 밑에서부터 918계단을 쌓아가지고 그 꼭대기에 참성단을 쌓아서 천제를 지낸 겁니다. 이 강화도 마니산 참성단은 백두산과 한라산을 잇는 그 선의 정 중앙에 있다. 이렇게 말하고 있습니다.

제4세 고오사구(烏斯丘)단군 원년 10월에는 백두산 삼신에게 제사 지내고 영초이며 선약인 산삼을 얻었고, 구을단군 원년에는 단군이 사신을 보내 태백산에도 제천단을 쌓고 천제를 지내게 했으며, 구을단군 16년에는 장당경에 친히 행차해 삼신단을 쌓고 제사를 지내고 환화를 많이 심었다고 합니다.

성역인 천황산이나 소도에는 신성한 우두머리 나무를 지정한 신목이 있었습니다. 신목(神木)은 신을 상징하는 나무죠. 대표적인 것이 박달나무 · 소나무 · 버드나무 이런 것들이 전부 대표적인 그러한 신목인데 모감주나무 · 녹나무 이런 것도 있었다고 합니다.

고도해(道奚)단군 원년에는 단군이 5가에게 명하여 전국의 12개의 명산을 택해서 국선(國仙)소도(蘇塗)를 설치, 국가의 신선이 가서 천제를 지내는 12명산을 지정을 했습니다. 그게 백두산 · 삼위산 · 홍산 · 묘향산 · 금강산 · 구월산 · 완달산 · 지리산 · 오대산 · 태백산 · 칠보산 · 한라산 등 이런 곳인데, 국선소도인 거기서 제일 큰 나무를 가려내 환웅상을 만들어 소도에 보관했다고 그럽니다. 환웅상은 환웅천황을 상징한 그러한 형상을 만들어서 했는데, 그걸 웅상(雄常)이라고 그렇게 했습니다. 그리고 10월 상달에는 대성산의 환웅천황을 모시는 웅장한 대시전을 세웠고 대동강에 대교를 놓았습니다.

고흘달(屹達)단군 20년 소도를 많이 세워 천지화를 심고, 미혼 자제가 독서와 활쏘기를 익히니 그들은 국자랑(國子郞)이라고 그렇게 했습니다. 그 국자랑은 천지화를 머리에 꽂았기 때문에 천지화랑이라고 하는데, 이들은 신선도의 오상을 지켜서 역사적으로 계속 되는데 고구려 때의 조의선인이나 백제의 싸울아비, 신라의 화랑으로 이어졌습니다. 낭가(郎家)사상이 여기서 나왔습니다.

고부루단군 26년 2대죠. 석자장의 하늘신 공경건의를 받아들여 천하의 조서를 내리고 삼신전이나 삼성사를 세워 환인·환웅·단군의 삼신위를 봉안하여 거기에 경배하게 하는 조치를 취했고, 그 고갯길에는 돌을 쌓아서 무더기를 만들었는데 그래서 석자군이라고 했습니다. 돌무더기는 석서낭이고 그것을 쓰는 사람들 필요한 경우 전쟁이나 또는 짐승 잡는 데 쓰는 사람들을 석자군이라고 말했습니다.

신선도에 관해서 고가륵단군 원년 삼랑 을보륵에게 신선도에 대한 하문이 있자 을보륵은 36대례를 행하고 '생명을 존중하고 신선도를 통해 참으로 나아감'을 진언했으며, 백성들은 3·7일의 스무 하룻 날을 세어가면서 사람들이 모여서 집계하여 광명을 스스로 얻어 도우니 이를 거발환(居發桓)이라고 했다. 그것이 삼칠일기도의 시작이다 라고 말할 수 있습니다.

고구을단군 2년에는 메뚜기가 크게 발생해 들판 곡식을 먹어서 피해가 많았었는데 3신께 기도해서 그것을 해결했다고 그럽니다.

고위나단군 28년에는 구환의 제한이 영고탑에 모여 삼신상제에게 제사를 지냈는데, 환인·환웅·치우·고왕검단군을 모셨으며, 닷새 동안 크게 백성과 더불어 연회를 베풀고, 불을 밝혀 밤을 지새며 마당밟기를 하고 햇불을 들고 환무를 추면서 애환가를 불렀다고 합니다. 한밝춤인 영가무도를 한 것입니다. 심(心)이 즉 기(氣)기즉 신(神)으로 어우러지고(조화), 노래부르며 춤추니, 얽히고 처진 것을 푸는 살풀이까지 나갔습니다. 이 애환가(哀歡歌)는 고신가 종류의 하난데, 그 내용을 보면은 다음과 같다.

산에는 꽃이 있네, 산에는 꽃이 피네.
지난해 만 그루 심고 올해 또 만 그루 심었지.
불함산에 봄이 오면, 온 산엔 붉은 빛.
친신을 섬기고 태평을 즐긴다네.

아주 오랜 옛날 사람들이 순박하고 이웃간에 오손도손 의좋게 사는 그러한 아름다운 모습이 눈에 선합니다.

한편 『환단고기』 「삼한관경본기」 마한세가에는 백아강에 법수선인이 있고 묘향산에는 유위자 선인이 있었는데 모두 자부선인에게서 나왔다고 합니다.

자부선인은 중국의 황제도 스승으로 삼은 우리 동이족의 대신선이죠. 자부선인 이전에는 발귀리 선인이 있었죠.

고부루단군 때와 마한 불여래 비왕 때에는 소도를 세워 삼륜구서를 가르쳤고, 도해단군 때와 마한 아화(阿火) 비왕 때도 3대경전을 전(佺, 신선을 말함)을 삼아 경당을 세우고 7회제신에 의식을 정하고 삼륜구서를 가르쳐 백성을 교화했습니다.

교육기관으로 경당(扃堂)이라는 얘기가 나오는데, 우리는 옛날에 학교 다닐 때 보면 고구려의 교육기관으로 알았는데 사실은 단군 조선때 교육기관으로 경당이 생겼습니다. 경당이 나중에는 국자감이나 국자관 또는 성균관 성균감 또는 태학 이런 걸로 많이 변화가 됐죠.

여기서 말한 삼륜구서는 세 가지 윤리와 9개의 맹세를 말합니다. 삼륜구서는 국민윤리 규범으로서 물론 국민윤리 규범으로 오상이 있죠. 충효용신인이 있으며, 삼륜은 사랑(愛)·예의(禮義)·참된 길 도(道), 애예도라고 그럽니다. 구서는 효친-부모에게 효도하고, 우정-친구 사이에 믿음과 인정이 있고, 믿음-자기 관계 맺는 사회에 서로 신뢰 있는 행동을 하고 약속을 지키고, 충성-나라에 충성하면서 개인은 개인 나름대로 중심점이 있다. 겸손·지혜·용기·염치·의리 이런 것이 모두 삼륜구서였다. 이렇게 말할 수 있습니다.

제15절 단군조선의 한글 원형 정음 가림토

밝은 해인 청천백일의 밝해정신으로 창조한 한밝달 문명의 신선도로서 홍익인간·광화세계를 신명 개벽하는 신명난 우리 역사 제15절 주제는 '단군조선 한글 원형 정음 가림토'입니다. 훈민정음할 때 정음인데, 가림토를 가림다 또는 가림다글 이렇게도 얘기를 합니다.

먼저 단군조선 이전 배달국 즉 밝달국의 문자 상황을 먼저 보도록 하겠습니다.

배달국시대는 문자로서 신지(神誌) 혁덕(赫德)이 만든 녹도문(鹿圖文, 사슴 발자국을 보고 만든 글자) 또 자부선인이 만든 비글[雨書] 및 꽃글 또는 산목 이런 여러가지 글자가 있었고, 밝달국의 동이족 창힐(蒼詰) 선생이 한자를 최초로 집대성해서 만들었습니다.

한자를 중국 사람이 만든 것으로 알고 있는데, 이것은 전혀 잘못된 것이고 우리 동이족이고 배달국의 창힐(蒼詰) 선생이 최초로 집대성해서 만들었습니다.

그러나 그런 글자가 좀 많이 어렵기 때문에 백성들 사이에 소통이 잘 안 돼서, 고왕검단군 때에는 신비한 전자가 있어서 청구 등 구려족 지역에서 두루 쓰이기도 했다고 합니다. 단군조선 초기의 백성들은 풍속이 서로 다르고 지방마다 서로 말이 달라서 한자가 있었어도 통화가 잘 안 되고 열 가족의 그러한 고을말이 대부분 안 통하고 백리를 나가면 더 통하지 않고 그래서 고왕검이나 고부루단군이나 이런 분들이 고민을 했는데 그것을 3세 가륵 단군 때 가륵 단군이 삼랑(三郎) 을보륵(乙普勒)에게 명해서 정음(正音) 38자를 만들게 했습니다.

이 38자에는 세종대왕이 만든 28자가 다 들어있다고 말할 수 있습니다. 이것을 가림토(加臨土) 또는 가림다(加臨多) 또 가립땅글 또 가리기 표음문자 이렇게 여러 가지로 표현하는데, 이 글은 어디에 나오느냐면 역사서『환단고기』의 단군세기에 우선 나옵

```
· ㅣ ㅡ ㅏ ㅣ ㆍㆍ ㅗ ㅂ ㅕ ·· ㅠ ㅈ ㅋ
ㅌ  ㅿ  ㅋ
ㅇㄱㄴㅁㄷ △ ㅈ ㅊ 合 ㅅㆁ ㅅ ㅾ ㅅ
ㅁ ㄹ ㅐ ㅒ ㅍ ㅜ ㅊ ㅅ ㄱ ㅛ ㅍ ㅍ
```

정음 가림토 문자

니다. 그것은 우리 민족의 자주역사를 지켜온 유명한 고성 이씨 가문 행촌 이암 선생이 쓴 단군세기에 나오고, 또 발해 단군의 동생인 대야발이 쓴 단기고사에도 이 정음 38자를 만들었다는 것과 그 글의 모양이 모두 나옵니다.

정음가림토는 여러 가지 우여곡절을 겪은 끝에 조선조 후에 조선조 세종 때 백성을 사랑하고 이롭게 하는데 늘 마음을 써 오셨던 세종대왕 7년 서기 1443년 12월 30일 훈민정음으로 28자로 재창제되어가지고 반포되었고, 최근세에는 주시경 선생 등에 의해서 아래 아(ㆍ)자, 점있는 영자(ㆁ), 삼각(ㅿ) 또 점이 없는 히읗(ㆆ) 이렇게 4자만 빠진 채 24자로 지금 쓰고 있죠. 그래서 많은 사람들은 아래 아(ㆍ)자라든지, 이 쓰지 않는 네 글자도 마저 써서 하는 것이 전세적인 한글, 전 우주적인 글자로 해서 한글에 그런 도움이 될 거다. 이런 얘기들을 하고 있습니다.

정음 가림토의 그러한 제작 정신과 근원에 대해서는 『환단고기』「태백일사」서도경전본훈에 나와 있습니다.

이것을 「단군 세기」를 쓴 행촌 이암 선생의 손자, 이원 선생이 세종대왕께 알린 것으로 알려졌습니다. 그분은 정몽주의 문인으로서 평양부윤도 하고 예조판서도 하고 우의정·좌의정을 지낸 이원(李原)선생님입니다.

이분은 한글창제와 연관된 집현전(集賢殿) 최고책임자인 영전사(領殿事)를 맡아, 한글 창제에 결정적인 역할을 했고, 그의 손자인 고성 이씨의 이맥 선생이 「태백일사」를 써가지고 민족 자주 역사를 지켜오는 데 가문의 모든 것을 걸었습니다.

유기(留記)에 이르기를 유기는 배달유기(倍達留記, 배달나라 역사서)죠. 신지글자 일찍이 태백산 푸른 바위벽에 있었다. 그 모양은 기역(ㄱ)과 같았으며, 이것은 세칭 신지선인이 전한 것인데, 옆으로 쓴 한 일(一)자를 거꾸로 써서 만들었다. 이러한 내용이 있어서 홍익인간·광화세계 사상을 바탕으로 하고 있다.

그러면 또 대변설이라는 책에 주(註)에 말하기를 우리나라 남해현 낭하리 계곡 바위 위에 신시(神市)의 고각이 있다고 문자에 근원은 나라 풍속을 존신한 데서 나오는, 데 일신(一神, 하나의 신 하느님)인 일기(一氣)로부터 삼극(三極)이 나오고 삼극은 무(無)며 허(虛)며 공(空)이며 삼극은 우리나라의 아주 원시시대로부터 전해내려 오는 천·지·인 삼신이 된다.

그래서 회삼귀일(會三歸一)이고 그래서 이 가림토를 만들 때 천지인 여기에서 따서 둥그러운 걸 상징하는 아래 아(·)자 또 땅을 상징하는 으(ㅡ) 또 사람을 나타내는 이(ㅣ) 이 세 자를 조성해서 모음을 만들었다. 그럽니다.

그리고 자음은 목구멍이나 입에 여러가지 모양 그러니까 목구멍이라든지 또는 어금니 또는 혀·입술 또는 치아 소리 이런 여러가지 모양에 따라서 만들었다. 이렇게 얘기를 하고 있습니다.

그리고 고려 광종 때 장유(張儒)라는 접반사가 처음 난을 피해 오월(吳越)에 이르렀는데, 거기에 월씨 호사가가 동국한송정곡

(東國寒松亭曲)을 거문고 바닥에 새기고, 이를 파도에 띄어서 보냈다고 합니다.

그런데 사람들이 그것을 못 알아봐서 장유라는 사람이 가림토라고 써 놓았기 때문에, 한자로 바꿔서 해석을 했는데 그것은

달 밝은 한송정의 밤
파도 잠든 경포의 가을
슬피 울며 오고 가는
한 마리 바다 갈매기

이런 시였다고 말합니다.

여러분들이 잘 아는 바와 같이 조선조 세종 때의 훈민정음(訓民正音)은 세종대왕 7년 1443년 12월 30일 연말에 갑자기 반포를 하셨습니다. 그래서 그것이 어떻게 되어 왔고 준비가 됐는지는 상당히 그 내막이 잘 밝혀지지 않고 있는데, 오늘 그러한 내막을 확실하게 밝혀드리려고 하는 겁니다.

이 한글 반포에 관해서 세종실록 103권에 실렸는데, "언문은 모두 옛 글자를 본 받아 되었고 새 글자는 아니다. 언문은 전 조선시대에 있었던 것을 빌어다 쓴 것이다." 이렇게 되어 있고 또 세종실록 계해 25년 12월조에 보면은 "10월 초 친히 말글 28자를 만드시니 그 글자는 옛 전자를 모방하였다"라고 되어 있으며, 예전요의라는 책에도 "태백산에 단군의 전비가 있으니, 해독하기 어려워서 최치원 고운 선생이 번역했다"는 그런 기록도 있고, 한글이 한자로 된 불경이나 사서삼경 등의 범어나 각필 구결 또는 이두라고 그러죠. 이두인 거는 본래 단군조선조부터 시작해가지

고 신라 때 설총이 많이 연구를 했는데, 신미대사가 우리 역사도 잘 알고 천부경도 알고 주역도 알고 이두도 잘 알고 또 지공화상이 인도 스님인데 그 맥을 이었기 때문에 신미대사가 범자를 연구해서 많이 활용했다. 또는 파스파 문자를 연구·활용한 것이다. 이런 얘기도 있습니다.

자방고전(字倣古篆) 옛 전자를 모방해서 했다. 이런 것이 명백하게 나오고, 또 하나는 스스로 전조선의 고자를 이어받았다. 이렇게 나오기 때문에 확실하게 단군조선의 을보륵이 만든 정음 38자 이것을 보고 만들었기 때문에 그렇게 많은 어려움이 있지 않은 가운데 한글 창제해서 반포하고 그러는데 물론 거의 전적으로 세종대왕이 중심이 된 것입니다. 기본적으로는 재 창제지만, 창제라고도 하는 것은 왜 그러냐 하면 글자를 어떻게 만드느냐? 조합을 하고 어떻게 부르느냐? 그것을 응용해서 어떻게 쓰느냐? 이런 것은 전부 세종조 때 와가지고 했기 때문에 창제라고 해도 된다 라고 말씀드릴 수가 있습니다.

그러면 어떻게 해서 세종대왕이 훈민정음을 창제하게 되었느냐, 이것은 아까 얘기한 평양부윤도 지내고 예조 판서와 우의정·좌의정을 지낸 이원이라는 분이 『환단고기』의 「단군세기」를 쓴 그 이암의 손자입니다.

그래서 고성 이씨로서 민족 자주사상이 강하고 민족 자주사관을 확립하고 그것을 가문을 내걸고 지켜보는 그런 가문의 사람이다. 이렇게 말할 수 있습니다.

이분이 세종대왕을 모시고 있을 때 민족 자주 사상을 많이 강조했습니다.

조선왕조는 억불숭유라, 말하자면 불교를 억제하고 유교를 존중하는 사대주의 풍조 속에서, 민족 자주정신을 얘기해서 고왕검 단군에 대한 존중을 표시하기 위해서 단군 사당을 만들자고 세종께 말씀드렸습니다.

그래서 고구려·발해가 망한 이후에 맨 처음으로 평양에 단군 사당을 지어서 세종대왕이 함께 가서 조상에 대한 제사를 지내고 그랬기 때문에, 이 세종대왕은 그 당시에 단군세기나 단기고사를 잘 알고 계셔서 그때부터 그 백성들을 위해서 이렇게 말이 통하고 글자가 통하고 이렇게 백성들이 제대로 대우받게 하고자 하는 마음이 간절하셨던 것으로 보입니다.

그러면은 38자 가림토(加臨土) 정음으로부터 이제 글자를 골라내고 하니까 생각보다는 상당히 쉬웠을 겁니다. 그러면 실제 그 한글을 창제하고 반포해서 알리는 데 공을 많이 세운 사람들이 누구냐 하면, 단군사당을 세우게 하고 또 단군세기를 알려준 이암손자 이원이 있고, 다음에 실제적으로 구성·활용 등에 공헌을 많이 한 사람은 김수성·김수온(金守溫) 형제입니다. 이 두 형제는 집편전 학사인데 김수성 선생은 불가에 일찍 출가해서 신미대사라고 그리고 주로 속리산 복천암 복천사에 많이 머물렀습니다. 이 신미대사의 공헌이 아주 큽니다. 범어. 파스파. 몽고어 등 여러가지 글자나 이두도 연구했고, 역사에 관심도 많았으며 천부경이나 주역도 연구했다고 합니다.

그래서 이 형제가 수고했는데, 신미대사는 나중에 한글 창제 구성·활용하는 데 궁궐의 내불당에도 다니고 그러면서 공을 많이 세웠기 때문에 나중에 문종 대왕이 시호를 내렸는데, '선교종 도총섭 밀전정법 비지쌍운 우국이세 원융무애 혜각존자(禪敎宗 都摠攝 密傳正法 悲智雙運 祐國利世 圓融無碍 慧覺尊者)'라는 어마어마한 시호를 내렸습니다. 여기에 특히 나오는 게 우국이세(祐國利世)라는 말이 있습니다. 한글 창제 활용에 나라를 돕고 세상을 이롭게 했다는 것을 꼭 넣어가지고 그러한 시호에 붙여 드린 겁니다.

그리고 물론 나중에 집현전 부제학인 최만리등이 적극적으로 반대했지만, 유학자 쪽에서는 정인지와 신숙주가 한자 음과의 관련을 위해서 요동에 유배 와 있던 황찬 이라는 분을 13차례 나가서 만나고 연구를 한 그런 공이 있고, 이 한글 창제는 억불승유 상태 속에서 불교 쪽을 여러 가지 활용하고 그런 면이 있었기 때문에 은밀하게 추구해서 왕조의 일부가 적극 참여하고 관여했습니다. 그리고 세종대왕은 물론이지만, 세자인 문종 그 다음에 수양대군, 안평대군, 세종의 부인인 소헌왕후(昭憲王后), 아녀자들이 공부하게 하고 그러는데 많은 애를 썼고, 그 다음에 정의공주라는 세종대왕의 따님이 있었습니다. 이런 분들이 주로 많이 협조해서 이러한 훈민정음(訓民正音)을 재창제해서 발표했고, 그 후에 최초로 만든 작품이「석보상절(釋譜詳節)」이라고 하는 석가모니 부처님의 자세한 생애와 역사, 두 번째가 월인천강지곡 그것은 불교의 진리를 나타내는 건데 하늘에 달이 있지만 그것이 천강에 비추는 형상과 모양을 나타낸다.「월인천강지곡(月印千江之曲)」은 나중에 세조 5년에 석보상절과 합쳐서『월인석보(月印釋譜)』로 출간이 되었습니다.

그래서 지금은 한글, 훈민정음이 전 세계에 퍼지면서 세계에서 가장 뛰어난 글자로 존중을 받고, 우리 민족이 한밝달 문명의 중심으로서 세계 문명을 이끌어 나가는 데 중요한 역할을 하게 된 것입니다.

제16절 단군조선의 가림토와 문예

밝은 해인 청천백일의 밝해정신으로 창조한 한 밝달 문명인 신선도로서 홍익인간·광화세계를 신명 개벽하는 신명난 우리 역사 제16절 주제는 '단군조선 가림토와 문예'입니다.

바로 앞서서 세종대왕의 역사적인 훈민정음 창제가 단군조선 가륵 단군 때 삼랑 을보륵을 통해서 창조한 정음 38자에서 가져와서 재창제한 것이고 새로운 글자의 조합이나 소리·사용 이런 것을 새롭게 했기 때문에 그냥 창제라고 해도 된다고 하는데 그와 관련된 사항과 그 후의 일을 살펴보고, 단군조선의 문예를 알아보도록 하겠습니다.

세종대왕은 25년 1443년 12월 30일 훈민정음을 창제·반포하셨습니다. 그래서 그것으로 석가세존의 일대기인 석보상절과 그 진리를 말한 월인천강지곡 그리고 그 태조 이성계를 중심으로 해서 이씨조선을 창립하게 된 그런 과정을 설명하는 용비어천가 이런 거를 훈민정음으로 책을 출간하게 됐던 것입니다.

그런데 이조실록의 한 부분인 세종실록이나 또는 훈민정음 반포를 적극 반대한 최만리의 상소문 등을 보면은 언문 그러니까 훈민정음이죠. 언문은 새 글자가 아니고 자방고전 옛 글자를 모방해서 지었으며, 우리 전조선에 있던 것이다. 그러니까 고조선에 있던 것이라고 확실하게 밝히고 있습니다.

그런데 이와 같은 것은 국보급 사서인『환단고기』의 단군세기를 고성(固城) 이씨인 행촌 이암(李嵓) 선생이 썼습니다.

그 다음에 발해의 대야발이 쓴 단기고사에도 나옵니다. 그런데 여기 행촌 이암이라고 공민왕때 시중(侍中)을 지내신 분인데 이 고성 이씨는 민족 자주 정신이 강하고 나라를 사랑하는 마음이 가득해서 행촌 이암 선생이 단군세기(檀君世紀)를 썼을 뿐 아니라 그 손자인 이원이라는 분이 세종대왕과 연결하는 일을 했고, 그 또 손자인 이맥 선생이 태백일사를 써서 우리의 오래된 역사를 전했고, 그 다음에 근세에 이르러서도 우리 자주 역사를 전하면서 임시정부 초대 국무령을 지낸 이상룡 선생이라든지 또는 그 후에 이기 선생이라든지 또 이유립 선생 이런 분들이 모두 고성 이씨입니다.

『환단고기』와 관련된 민족 자주사서를 가문과 목숨을 걸고 지켜온 우리 민족이 감사해야 할 가문이 고성 이씨 가문이라고 하겠습니다. 그런데 단군세기 정음 가림토와 그 세종을 연결하는 이원(李原)이라는 분은 한글을 창제하는데 중심인 집현전 최고책임자로 영전사를 맡고 포은 정몽주 선생의 문인이었고 자주 사관을 가지고 있었으며 평양 부윤을 지냈습니다. 그 다음에 예조판서를 지내서 여러 가지 역사와 예와 음악 이런 것에 아주 능했고 좌의정과 우의정도 세종대왕 밑에서 지냈습니다. 그리고 고구려가 망한 후 단군사당이 없었는데 800년 만에 이원 재상이 세종대왕에게 얘기해서 세종 7년 평양에 처음으로 단군사당을 건립해서 해마다 제사를 지내고 했습니다. 조선왕조는 아시다시피 억불숭유 정책하고 사대 모화 정책의 상황에서도 민족 자주정신을 살리게 된 것은 세종대왕의 그런 자주정신과 함께 이 이원이라는 분이 가지고 있는 민족 자주정신과 애국심이 바탕이 되어 단군세기를 세종대왕께 보낸 것으로 봅니다.

그래서 세종 7년에 단군사당을 건축하고 그 이어서 세종대왕이 국민을 백성을 사랑하는 마음에서 훈민정음 28자를 선택.구성.반포하신 것으로 보입니다.

이 한글 창제에 관해서 실질적으로 일을 많이 한 사람이 누구냐는 물론 세종대왕이 첫째지만 다음에는 김수성·김수온 형제가 있습니다.

두 형제가 다 집현전 학자를 지냈는데, 특히 김수성 선생은 일찍 출가를 해서 신미대사라고 그렇게 불립니다. 이분이 우리 천부경과 스승의 스승이신 인도인 지공 스님의 맥을 이어서 산스크리트어도 잘 알고 또 주역, 우리 역사도 잘 알고, 제일 많이 관여를 하셨습니다. 훈민정음의 초성·중성 조성의 구성과 활용에 공을 많이 세운 것으로 보입니다.

그래서 나중에 돌아가실 때에 시호를 드렸는데 '선교종도총섭 밀전정법 비지쌍운 우국이세 원융무애 혜각존자(禪敎宗都摠攝 密傳正法 悲智雙運 祐國利世 圓融無碍 慧覺尊者)'로 했어 우국이세(祐國利世, 나라를 돕고 백성을 이롭게 하다)라는 이런 문구가 불교 용어가 아니면서도 그 시호에 들어가 있기 때문에 세종대왕이나 수양대군이 얼마나 존경하고 고맙게 생각하는지를 알 수가 있습니다.

그 다음에 한자음 관련해서는 정인지와 신숙주가 요동에 유배와 있는 어문학자 황찬 선생을 만나기 위해서 13회나 예방해서 배워왔고, 그 다음에 그런 유학자들의 반대 분위기에서 해야 했기 때문에 은밀하게 해서 세자 문종과 수양대군·안평대군 그 다음에 왕후인 소헌왕후, 정의공주 이런 분들이 실질적으로 한글 훈민정음 창제에 많은 공헌을 한 것입니다.

이에 관련하여, 3세 가륵 단군때 삼랑 을보륵에게 명하여 창제한 가림토(加臨土) 또는 가림다(加臨多) 또는 가림 땅글에 대해서 단군조선 19세 구모소 단군때 가림토 글방을 만들어서 백성들이 학습하게 했다고 하는 기록이 나옵니다.

그 다음에 관련 사항을 보면은 한글 원형인 가림토는 단군조선의 강역이었던 일본에도 전해져서 신대문자(神代文字)인 아히루 문자(阿比留文字)가 되었다고 하는데, 이것은 지금 일본 이즈하라 대마도 역사민속자료관과 일본의 국조신인 천조대신을 모신 이세신궁에 아직 보관되어 있습니다. 한글의 자모와 많이 비슷합니다. 일본의 오향(五鄕)이라는 학자도 단군조선의 가림토가 일본에서 보급되어 아히루 문자가 되었다는 결론을 내렸습니다.

그 밖에 가림토 문자는 서부인도 해변에 가까운 구자라트 주(州)의 글자와 비슷하고, 또 2300년 전에 지은 스리랑카 캔디시 부근에 폐엽경사라는 절 바위에도 사찰 건립시에 쓴 것으로 보이는 가림토 문자와 같은 것이 새겨져 있고, 남미의 볼리비아 글자도 가림토와 비슷하다고 합니다.

또 일본의 가고지마 노보루라는 사람도 가림토 문자가 우리나라나 또 해남도의 계문자와 같고 오루메가의 신성문자와 유사하다고 말하고 있습니다. 그 영향이 많이 미친 것이죠.

저자가 『하나되는 한국사』를 출간한 뒤, 옛 한글인 가림토에 관련하여 새롭게 밝혀진 사실 중 몇 개를 들어 보면 다음과 같습니다.

재야 사학자인 김인배·문배 형제는 1994년 12월 19일 일본 구주 궁기현에 있는 마토노 신사의 4개 비석에 가림토 문자가 새겨져 있는 것을 확인하고 해독·공포했습니다.

비석에는 '머ㅇㅜㄷㅣ니시ㅇㅗ너ㅁㅜ' "시Uㅏ 기ㄷㅣㄴㅣㄷㅣ" "다더 마ㄷㅜㄱㅜ' 등이 이렇게 새겨져 있는데, 이는 일본어로 '메우치 니 시오이 치네무' '시바스키 치니치' '다테마쓰루' "서방정토 향해 영 면했으므로, 극락왕생을 축원하며, 삼나무 땅에 영혼을 봉안하노 라'라는 뜻으로 그렇게 해석을 했습니다.

경상대 정도화 교수는 1994년 12월 26일 만주지역에서 서울대 이상백 교수가 1930년대에 탁본한 높이 2미터, 너비 32센티미터 크기의 자료 가림토 문자에 시옷 지읒 영 삼각 등이 같은데 자신 이 1988년 경북 경산군 와촌면 강학동 속칭 큰 바위골에서 탁본 한 가로 7m 세로 5m의 자료 등이 일치하는 것을 공개했습니다.

또 북한의 국어학자들은 한민족 시조 문자로서 신지문자가 있 었는데 녹도문이라고 해서 사슴 발자국 문자죠. 그것이 발전하여 관련되어가지고 가림토가 되었고 이것이 훈민정음 창조에 계승 됐다는 민족어 발전 3단계론을 펼치고 있습니다.

그 밖에 한민족 고대의 글자로는 신시 글자, 왕문 글자, 삼황 내문 글자 등이 있다고 하고, 태백산·흑룡강·청구(靑邱) 등지 에서 널리 썼다고 학자들이 인용했으며, 북한의 영변지에는 리을 (ㄹ)·ㅡ·엑스(×) 등 신지글자 16자가 소개되어 있습니다.

단군조선의 학문이나 문학 또는 음악·무용·미술 등 예술에 관한 사료가 많이 전해오는 것은 아니지만, 몇몇 기록을 통해서 볼 때 높은 수준의 것이 있었다 라고 말할 수 있습니다. 가륵 단 군 3년에는 신지 고결에게 명하여 최초의 역사서인 배달유기를 편수케 했습니다.

그 다음에 고구을 단군 13년에는 천문대인 감성관에게 혼천기 를 만들게 하여 천도와 합하게 하였습니다.

그리고 단군조선에는 또 태음력과 태양력으로 추정되는 달력이 일찍이 제작되었기 때문에 우리의 밝해문명인 단군조선 문명이 얼마나 세계에 앞서 나가고 있었느냐 하는 것을 알 수가 있습니다.

부루단군 12년 신지 귀기가 칠회력(七回曆)과 구정도(邱正圖)를 만들어 바쳤는데 이것이 결국은 태음력(太陰曆)이라고 그렇게 말할 수가 있고, 그 다음에 구모소 단군 54년 지리숙이 달과 별이 태양을 중심으로 그 계절을 한 바퀴 도는 것을 기본으로 하는 태양력(太陽曆)으로 추정이 되는데, 주천력(周天曆)과 8괘상중론(八卦相重論)을 저술했다고 합니다.

그 밖에 단군조선은 훌륭한 문학 작품이 있었는데, 신지가 시적 표현으로 저술한 신지비사가 조선시대까지 전해졌으나 지금은 전해지지 않고 있습니다.

『환단고기』나 『규원사화』에 의하면 2세 고부루단군 초기에 신시 이래 국중대회에서 제천할 때 일제히 노래 부르며 덕을 기리고 화합하는데, 그때 그 노래 음악이 어아가(於阿歌) 또는 어아지악 이렇게 했는데 '어아'는 사람이 기뻐서 노래를 하는 것인데, 그밖에 또 공무도하가 애환가(愛桓歌), 도리가(兜里歌), 천단가, 이런 노래가 있는데 그것들을 한번 살펴보겠습니다.

어아가(於阿歌)는 다음과 같다.
"어아어아, 우리 대조신의 크나큰 은덕이시여!
배달의 아들딸 모두 백백천천 영세토록 잊지 못하오리다.
어아어아, 착한 마음 큰 활 되고, 악한 마음 과녁 되네.
백백천천, 우리 모두 큰 활줄같이 하나 되고 착한 마음 곧은 화살처럼 한마음 되리라.

　어아어아, 백백천천, 우리 모두 큰활처럼 하나 되어 수많은 과녁을 꿰뚫어 버리리라.

　끓어오르는 물 같은 착한 마음속에서 한 덩이 눈 같은 게 악한 마음이라네

　어아어아, 백백천천, 우리 모두 큰활처럼 하나 되어 굳세게 한 마음 되니 배달나라 영광이로세

　백백천천, 오랜 세월 크나큰 은덕이시여! 우리 대조신이로세."

　이것을 단기고사에 단군조선시대의 말로 가림토와 관련돼서 읽어보면 다음과 같다.

　"어아어아 나리한배검 가미고이. 배달나라 나리다모. 골잘너나 도가오쇼. 어아어아 차마 무가하라다시 거마무니 설데다라. 나리 골잘다모 한라두리온차마무. 구설하니 마무온다.

　어아어아 나리골잘다모 한라하니. 무리설데 마부리아. 다미온다 차마무나.

　어아어아 나리골잘다모 한라고비오마무. 배달나라 달이하소. 골잘너나 가미고이 나리 한배검 나리 한배검"

　이것이 단군조선의 말로 표현하는 것이라고 합니다.

　또 중국 진나라 최표(崔豹)가 편찬한 『고금주(古今注)』는 단군조선의 곽리자고(霍里子高)의 부인 여옥(麗玉)이 지은 「공후인(箜篌引)」공무도하가가 한자로 전해 옵니다.

　님아 가람 건너지 마소.(公無渡河)

님은 그예 건너시네.(公竟渡河)
물에 들어 돌아가시니,(墮河而死)
아아 님아 어이하리.(將奈公何)

이것은 어느 날 저녁 곽리자고가 강가에 나갔다가 머리 흰 노인이 아내의 만류를 뿌리치고 강물 속에 뛰어들어 죽자 그 아내가 공후를 타며 슬피 울다가 자기도 강물에 몸을 던져 죽는 것을 보았는데, 그 사실을 곽리자고가 그의 아내 여옥에게 말하자 여옥은 노부부의 비극적 운명을 공후를 타며 자기의 감정으로 노래를 한 것이라고 그렇게 합니다.

단군 조선시대에는 국중대회나 천제를 지낼 때 많은 백성들이 한데 어울려 영가(詠歌) 노래하고, 무도(舞蹈) 춤추고 하는 그런 것을 우리 백성들이 열심히 잘했다고 합니다.
『환단고기』「삼한관경본기」에는 "풍백은 천부인을 거울에 새겨서 들고 나가고 우사는 영고하며 환무하고 운사는 백검으로 천왕을 보위했다"는 것으로 보아, 오늘날의 두레나 강강수월래, 아리랑 노래나 아리랑 춤 이런 것과 연관이 되고 이것이 결국은 역사적으로 쌓여서 우리나라의 방탄소년단(BTS)이나 조수미 같은 그런 가수가 세계를 주름 잡는 바탕이 되었다고 합니다.

다음에는 고위나 단군 28년에는 9환의 제한이 영고탑에 모여 삼신상제에게 제사를 지냈는데, 환인·환웅·치우 및 고왕검단군을 모셨으며 닷새 동안 백성과 더불어 연회를 베풀고, 불을 밝혀 밤을 지새고, 경을 외우고, 여기서 경은 천부경·삼일신고·

참전계경이죠. 마당밟기를 하면서 횃불을 들고 환무를 추면서 애환가를 불렀다 합니다. 애환가는 이때 환화는 밝히지 않고 있는데, 보통 진달래 꽃을 뜻하며 백제 가곡에는 산유화가 있는데, 여기서 그 애환가(愛桓歌)를 보면은 다음과 같다.

꽃이 있네 산에는 꽃이 피네.
지난해 만 그루 심고 올해 또 만그루 심었지.
불함산에 봄이 오면, 온 산엔 붉은 빛.
천신을 섬기고 태평을 즐긴 다네.

이렇게 되어 있습니다.

그 밖에 또 하나는 천단가(天壇歌)라는 것이 있습니다. 후단군조선시대에 한자에 토를 붙여 쓴 이두문으로 시가 전해 내려오는 것이 천단가입니다. 그것을 보면한자에 이두문이 겹쳐 있습니다.
 정성으로 천단을 세우고
 삼신주께 축수하세.(精誠乙奴 天壇築爲古 三神主其 祝壽爲世)
 황운을 축수함이여 만만세로다.(皇運乙 祝壽爲未於 萬萬歲魯多)
 만민을 도라봄이여 풍년을 즐거워하도다.(萬民乙 睹羅保美御 豊年乙 叱居越爲度多)

이러한 이두법은 나중에 일본으로 전해졌는데 노래와 함께 그래서 일본의 가명(假名) 지금 가다가나와 히라가나 같은 것이 이런 우리의 이두문자에서 발전했다는 것을 알 수가 있습니다.

그 다음에 제34세 고오루문 단군 병오 원년에는 오곡이 풍성하게 익었으므로 만 백성이 환강하여(기뻐서 평안을 누리면서) 도리가(兜里歌)를 지어 불렀다고 합니다. 도리가는 도리천을 축하하는 것이죠. 제석 천왕이 있는 하늘 노래인데 다음과 같다.

하늘에는 아침 해가 밝은 빛을 비추네.
나라에는 성인이 있어 덕교를 널리 펴네.
큰 읍 나라 우리 배달 성조
많고 많은 사람 까탈 정치 못 보았네.
밝고 밝은 노래 속에 오래도록 태평하리.

天有朝暾하여 明光照耀하고
國有聖人하여 德敎廣被로다.
大邑國 我倍達聖朝는 多多人이
不見苛政하여 熙皓歌之하니
長太平이로다.

원문은 이렇게 되어 있습니다.

단군 조선시대에는 나라가 태평하고 정치를 잘해서 까탈 정치가 없다고 그랬는데, 요새 우리의 세상을 보면 국내외적으로 여러 가지 까탈 정치가 많은 것 같아서 많은 사람들이 마음을 순화하고 태평성대를 기원하면서 함께 노력해야 될 것 같습니다.

제17절 전 단군조선의 금속문화

밝은 해인 청천백일의 밝해정신으로 창조한 한밝달 문명 신선도인 홍익인간·광화세계로 신명 개벽하는 신명난 우리 역사 제17절 주제는 '전 단군조선의 금속문화'입니다.

전단군조시대에 사람들이 어떻게 금속으로 석기나 청동기나 철기나 이런 여러 가지를 사용했는지 하는 것을 『밝해문명사』를 중심으로 살펴보도록 하겠습니다.

단군조선은 크게 3기로 나눈다고 했습니다. 전 단군조선은 단군 고왕검부터 고소태단군까지 그 다음에 후 단군조선은 고색불루단군서부터 고물리단군까지 그 다음에 세 번째는 44대 고구물단군부터 고열가 단군까지 대부여시대라고 그렇게 합니다. 오늘은 주로 전 단군 조선 시대에 금속문화를 살펴보도록 하겠습니다.

단군조선이 건국한 연대는 서력 기원전 2333년, 서기전 24세기 경인데, 이때가 대체적으로 세계가 청동기문화가 발달돼서 국가 형태를 많이 가지게 됩니다. 우리나라도 거기에 준해서 살펴보는 것이지요. 이 단군조선의 금속문화 초기는 우리가 쉽게 볼 수 있는 것,은 발해 연안문명 또는 홍산·요하 문명이라고 하는 하가점 하층문화와 상층문화라고 할 수 있습니다.

하가점 하층문화는 풍하(豊河)문화라고도 얘기하는데, 이것은 하가점이 있는 하가점 문화가 발생한 그 지역이 대릉하인데, 그 대릉하 북쪽의 이름이 풍하이기 때문에 풍하문화라고 그럽니다.

그래서 발해연안문명의 소하연 문화부터 하가점 문화까지 넓은 의미의 풍하문화가 단군조선의 전기 발달된 문화의 유물·유적이 많이 나오는 곳이라고 할 수가 있습니다.

이것은 세계4대 문명의 하나라고 하는 중국 황하 중류지역의 청동기문화보다 수백 년 빠릅니다.

그리고 우리나라는 무엇보다 사실은 밝달국 시대의 치우천황 시대도 치우천황이머리에 쓴 그 도구를 동두철액이라 해서 300여 년 전에 청동기 문화가 시작됐다고 합니다.

이 청동기 문화는 시베리아의 청동기문화인 안드로노오프(Andronovo)문화, 카라스크(Karasuk)문화, 타가르(Tagar)문화와 오르도스 청동기문화에도 깊은 영향을 미쳤고, 일본 열도에도 크게 영향을 미쳐서 조몽문화의 질그릇에 새김무늬질그릇과 유사한 것들이 보이고 있고, 거기에 반달칼 이런 것은 한반도에서 나오는 것과 일본 열도에서 나오는 것이 같습니다.

일본 조몽문화의 뒤를 이은 야요이문화는 청동기와 철기를 동시에 사용하고 벼농사와 논농사를 지었습니다. 이것은 일본 문화가 우리나라의 청동기·철기 문화와 벼농사가 먼저 이루어지고, 그것이 넘어가서 단군 조선시대의 사람들이 일본을 개척한 것이다 라고 민족 자주 사학자인 단국대 윤내현 교수님은 얘기를 하고 있습니다.

전기 청동기는 대체로 소형이며 출토된 유물은 화살촉·칼·거울·귀고리·반지·바늘·창과 함께 거푸집이 출토되고 그것이 다른 곳에서 수입된 것이 아니라는 걸 입증할 정도로 많이 발굴되고 있습니다.

단군조선 전기가 청동기시대지만, 이 시대에도 그전의 시대인 석기 또는 토기나 옥기 또는 여러 가지 거석문화도 발굴하게 됩니다.

　단군조선 지역에서 출토되는 석기로는 돌호미 · 돌보습 · 달도끼 · 별도끼 · 갈돌 · 갈돌대 등이 있습니다. 돌호미는 함경북도 종성군 궁심리, 중국 요녕성 · 길림성 · 흑룡강성 · 내몽고 홍산 이런 지역에서도 발견됩니다.

　돌보습은 황해도 봉산군 지탑리 또 길림시 서안산 여기에서 출토되고 돌도끼는 평안남도 강동군 지석리 황해도 은율군 삼동리, 경기도 고양군 뚝도면 구정리, 충청남도 부여군 규암면 라복리, 경상남도 진주군 지면 이현리, 제주도 제주읍 삼양리 이런 데서 많이 출토되고 있습니다.

　돌도끼는 황해도 봉산군 지탑리 산포지 등과 중국 길림성 연길 왕청현에서 많이 나오고, 갈돌과 갈돌대는 함경북도 청진시 용포리 패총을 비롯하여 만주, 몽고 지역에서도 많이 출토되고 있습니다. 이런 것들은 만주와 우리 한반도 조선반도에서 많이 나오고 있는 것이죠.

　단군조선 시대의 농경지역 거주자는 대부분 주거 형태가 원추형 돌골 또는 장방형 혈거 이런 것이 주가 되고, 그 다음에 그때 사용한 그릇은 빗살무늬 질그릇, 즐문토기라고 그러죠. 또 그 밖에 무늬 없는 질그릇, 무문토기라고도 얘기합니다.

　그 밖에 단군조선시대 토기로는 이것 외에도 채색도기 · 흑색도기 · 화분형 토기 등이 출토되고 있습니다.

　빗살무늬 토기는 강화도 부근 전도, 전북 군산항 부근, 경기도 광주군, 몽고 · 만주 지역에서 발견되었습니다.

　채색도기는 함경북도 옹기와 초도 이런 데서 발견됐는데, 일본

고고학자 후지다는 일본의 단도(丹塗) 야요이식 토기는 함경북도 두만강 지역에 광범위하게 유포되어 있어서 일본과 연결이 된다고 인정을 했습니다.

흑색도기는 함경북도 무산·오동·삼봉·초도 등지에서 발견되는데, 요동반도 영성자·사평산 등지의 도기와 형태가 같아서 산동반도에 있는 용산(龍山)문화와 연계가 된다고 얘기를 합니다.

단군조선의 무덤은 움무덤, 나무곽무덤, 귀틀무덤, 벽돌무덤, 토광묘, 고인돌 등이 다양했습니다.

우리나라의 거석문화를 대표하는 것은 고인돌·지석묘 라고 하는 건데, 이 청동기시대의 그러한 문물로 이 고인들은 세계적으로 600여 개의 고인돌이 있습니다. 그중에 이러한 것들은 아시아·유럽·아프리카·남부아메리카·호주에 다 있지만, 2/3인 400개가 우리나라에 다 있습니다.

북쪽에 100여개 우리 남쪽에는 300개 정도가 있는데, 북방식은 탁자식 고인돌이라고 하고, 남방식은 바둑판식 고인돌이라고 얘기합니다. 북방식 고인돌은 황해도 은율 또는 평양 용덕리를 비롯해서 평안남도 지역에 많이 몰려 있고, 강화도에만 30기의 고인돌이 있고, 요동반도 통화현·산동성에서 발견되고, 그 밖에 충청북도 제원군 황석리, 경기도 파주군 옥성리, 전라도 고창·화순 지역, 대구시 교외 대봉동 유적지의 고인돌, 포항시 신흥리 암각화, 창원 동읍 덕천리의 고인돌 이렇게 많은 고인돌이 전국에 흩어져서 모여 있습니다. 특히 덕천리 고인돌은 지하 3층의 석축으로 남북 56m, 동서 17m의 35톤 고인돌로 정남향인데, 묘지제단·천문대로 쓰인 것으로 역사학자들은 보고 있습니다.

이러한 고인돌은 청동기시대의 것으로 한반도 남쪽에서 서력

기원전 2천년에 나타나 서기전 3세기까지 연속해서 굉장히 오랫동안 무덤이나 제단 또는 천문대 역할을 한 것으로 보입니다.

동북아시아 거석문화의 다른 하나인 돌널무덤은 거석문화 축조물의 하나로서 만주의 요하·송화강, 두만강 하류, 압록강 유역, 하북성 당산, 한반도 등지에서 많이 발견되는데, 돌널무덤과 남방식 고인돌은 그 연대가 서기전 2천년대서부터 서력 기원전 1천년대 초로 추정되는 팽이모양 질그릇이 많이 발견됩니다.

일반적으로 우리나라 청동기 시대는 B.C. 2400년으로 잡고 있지만 학자에 따라서는 B.C. 2천년 내지 3천년으로 잡는 사람도 있고, 한국의 식민 강단사학자들은 B.C. 8세기로 해서 우리나라 역사가 오래지 않은 것으로 얘기를 하는 사람도 있습니다.

북한의 학자들은 우리나라 청동기 문화 출현을 서기전 3천년대와 2천년대의 사이로 추정하고 있습니다.

청동기문화가 가장 많이 분포된 지역은 요동지역과 압록강 하류 평안북도 지역으로 유명한 곳이 쌍타자, 화암동의 고인돌, 평북 용천군 신암리 유적 제3지점의 제2문화층, 평북 영변군 세죽리 유적입니다. 이 세죽리 유적이 유명하죠.

황해도와 평안남도 지역은 평양시 금탄리, 신흥동, 침촌리, 석교리 등 유적과 황해도 용산군 신흥동 유적 7개 거주지에서 청동기 유물이 나왔습니다.

서기전 2천년대의 주거지인 금탄리 다층유적에서는 청동검과 함께 꺾어진 곡괭이가 발견됐으며, 봉산군 신흥동 유적 7개 거주지에서는 서기전 2천년대에만 볼 수 있는 청동제 감찰패가 발견되었고, 그 밖에 돌도끼·곤봉·그릇·반달돌칼·창·화살·돌화폐·화폐모양의 특이 용구가 발굴되었습니다.

　평안북도 황주군 침촌리에서는 고인돌과 주거지가 발견됐는데, 팽이형질그릇을 비롯해 돌도끼·곤봉·단검·화살·동검·화폐·방추차 등이 함께 발굴되었습니다.

　두만강 하류의 함경북도와 길림성 동부지역 그러니까 만주지역 50개 이상의 유적이 발견됐으며 함경북도 무산군 범의 구석·오동·동관동·풍계·낙성·삼봉·용대봉·세곡·치경동·소라리·서포항·송평동·비파도·초도·소영자·천교령·백초구 등에서 청동기시대의 물질이 많이 나왔습니다. 초도에서는 뼈로 만든 끌·침·숟가락 등과 함께 청동제 바늘·종·감찰판·원판·반지·통이 발견됐는데 철제 덩어리도 함께 나왔습니다.

　중국 하북성 당산, 홍산후에 있는 대릉하 유역 북쪽에 있는 하가점 문화는 하가점 하층문화와 상층문화로 되어 있는데, 그 문화를 우리는 풍하문화라고 부른다고 얘기했습니다.

　그리고 동가영자 등지에서는 손잡이가 있는 동검과 동경이 벽옥으로 된 물건 및 뼈제품과 함께 많이 출토되었습니다.

　지금 얘기한 풍하문화인 하가점 지역 중국 대릉하 유역인데, 요하도 근처에 있죠. 하가점 하층문화는 단군조선 전기에 해당하는 유물이 나왔고 그 다음에 하가점 상층문화에서는 단군조선 후기유물이 많이 나왔습니다.

　그러니까 그 2천여 년 계속되는 단군조선이기 때문에 1천 여년간 문물이 쌓인 그 위에 다시 다른 문화를 건설한 그런 것이죠.

　그래서 다음에는 단군조선의 전기문화와 후기문화가 한꺼번에 몰려 있고 홍산·요하·발해문명이라고도 하는 이 하가점 상·하층 문화를 중점적으로 살펴보도록 하겠습니다.

제18절 단군조선의 하가점 상하층 문화

 밝은 해인 청천백일의 밝해정신으로 창조한 한밝달문명 신선도인 홍익인간 · 광화세계로 신명 개벽하는 신명난 우리 역사 제18절 주제는 '단군조선의 하가점 상하층문화'입니다.
 하가점(夏家店)은 우리 말로 읽은 것이고 중국 요녕성인데 샤자뎬이라고 발음을 합니다. 이것은 밝해문명의 하나인 발해연안문명, 중국에서는 보통 홍산문명이나 또는 요하문명 이라고 얘기하죠.
 단군조선의 하가점 상·하층문화는 이것이 하가점 하층문화는 단군조선 전기에 문명이 발달된 것이고, 오랜 세월이 천여 년 흐르고 나니까 그 후에 다시 그 문명이 생겨서 하가점 상층문화가 겹쳐서 있는 그런 겁니다.
 그래서 이 요녕성 발해연안문명이나 요하문명 또는 홍산문명을 살펴보면, 환국 시대의 그러한 문명은 바이칼 호수 주변이나 소하서 문명 이런 쪽으로 이어지고 그 다음에 조보구문명이라든지 사해문명에 많이 있지만, 배달국·(밝달국)의 문명은 우하량 문명이라고 그래가지고 여러 가지 천단·지방·묘원 이런 묘지나 여러 가지 유물·유적이나 이런 것이 많이 나오고 있고, 단군조선의 그러한 시대를 대표하는 것은 하가점 상하층문화인데 이것은 단군조선의 번한 또는 번조선에 해당된다. 이렇게 말할 수가 있습니다.
 『밝해문명사』에 있는 단군조선의 하가점 상하층문화를 살펴봅니다.

밝해문명인 발해연안문명·홍산문화나 또는 요하문화 이렇게 얘기하는데 풍하(豊河)문화라고도 얘기했죠. 이 문화·문명이 있는 곳이 요녕성 대릉하 북쪽인데, 그 대릉하 북쪽을 송하라고도 얘기해서 송하문명이라는 말도 씁니다.

이 문화에 대해서 『왜 지금 고조선 문명인가?』라는 책을 쓴 우리나라의 자주 사학자들이 있는데, 신용하·임재해·우실하·윤명철·백종오·박선희 교수 등인데, 특히 우실하 교수가 이에 관한 글을 많이 썼습니다.

하가점 하층문화의 연대는 서력 기원전 2300년에서 서력 기원전 1600년까지를 말하고 하가점 하층문화는 특히 그 문명 가운데 '치를 갖춘 석성'이 처음 등장합니다. '치(雉)를 갖춘 석성'이라는 것은 성을 쌓아 가다가 돌출된 부분이 나오는 거죠. 여러 가지 살피고 또는 공격·방어하기 위해서 국내 층대 석성 치의 문명이 여기에서 처음 발견되는데, 그것을 중국 쪽에서는 그 후에도 발견되지 않아요. 다만 고구려의 문명에서는 많이 발견되고 고구려 석성이 많이 발굴돼서 이쪽에 하가점 문명이 우리 문명이라는 것이 확실하게 드러납니다.

석성(石城) 자체는 신석기시대부터, 내몽고 양성현 대해(垈海) 서북의 언덕 지역의 4곳, 내몽고 포두시 대청산 남쪽 기슭에서 9곳, 내몽고 이극소맹 준격이기와 호화호특시 청수하현 사이에 황하를 낀 양쪽 언덕에서 9곳, 황하를 조금 더 내려온 섬서성 가현 지역에서 1곳 등 모두 23곳에서 발견이 되었습니다.

그리고 고구려가 이러한 석성을 많이 만들어 가지고 나중에 수나라·당나라의 침략을 물리치는 중요한 터전이 되도록 고구려에서 굉장히 발달이 됐습니다. 중요한 역할을 한 거죠.

중국의 역사학자 소병기 선생은 서요하 지역에서 홍산문화 시기에는 고국(古國, 옛 나라)이 있었다. 그런데 이 시대에 중국에는 중국족 역사에서 나라가 없었습니다.

하가점하층문화 대전자 출토

그런데 우리나라에는 단군조선이라는 확실한 나라가 있으니까, 중국 사람들은 고국이 있었다면서도 단군조선이라는 말은 쓰지 않는데 "문명 고국"이 건설되었고 이것이 나중에 상나라·은나라 라고 우리 민족이 건국한 동이족의 나라로 연결되죠.

그 다음에 중국의 설지강 선생은 하가점 하층문화 시기에 "하(夏)나라보다 앞서서 문명 고국"이 역시 건설되었다고 하는데, 그것은 소병기 선생님이나 마찬가지입니다.

그런데 중국의 소병기나 설지강 선생 등은 그 홍산문화나 하가점 하층문화의 주도 세력이 치우천황족이 아니라 황제족으로 보고 있습니다. 치우천황족으로 보면은 완전히 우리 동이족 문명인데 황제문명으로 봐가지고 황제라는 사람이 동이족 출신으로 그 화하족·(중국족)으로 데릴사위가 돼서 들어갔기 때문에 억지로 황하문명으로 이어보려고 하는 것이 중국 사람들의 의견이고 그 것이 동북공정에 이용되고 있습니다.

우실하 교수는 이 "방국 고국 단계의 대국"이 초기 단군조선일 가능성이 높다고 봤는데, 결국은 단군조선의 번조선 또는 처음에는 번한 문명의 중심이다. 이렇게 말할 수가 있습니다.

다음은 이러한 하가점 하층문화가 발달됐다가 오랜 세월이 지나면서 서력 기원전 1천년 내지 300년 이 시대에 그 하층문화 위에 상층문화가 또 생긴 겁니다. 단군 조선 후기라고 할 수 있죠.

그런데 이 때에는 이른바 비파형 동검이 최초로 발견이 됩니다. 현행 우리나라 교과서의 대부분은 비파형 동검과 고인돌·미송리식 토기·팽이형 토기 등을 고조선을 상징하는 유물로 보는데, 가장 대표적인 것이 비파형 동검입니다.

대부분 비파형 동검 등이 발견되는 지역은 단군조선인 고조선의 영역, 문화권, 문화범위 및 세력 범위 등으로 그렇게 봅니다. 2007년 개정된 교과서에 따라서 중·고등학교 교과서에 이러한 하가점 상층문명을 어떻게 기술하고 있느냐는 것을 예를 들어 살펴보도록 하겠습니다.

이문기 선생외 몇 분이 쓴 두산에서 출판한 중학교 역사(상)을 보면은 "비파형 동검과 고인돌(탁자식), 미송리식 토기 등이 고조선 문화를 대표하는 특징적 유물이다. 고조선은 이를 유물이 분포하는 지역과 밀접한 관련이 있다." 이 정도로 언급하고 있습니다. 이것이 옛날과 비교해 보면 굉장히 많은 발달이 있는 겁니다.

그 다음에 『고등학교 한국사』에 보면 김종수 씨외 여러분이 금성출판사에서 나온 것이 있는데 거기에는 "오늘날 이 지역에서 출토되는 비파형 동검과 탁자식 고인돌, 미송리형 토기와 팽이형 토기는 고조선의 문화 범위와 세력 범위를 잘 보여주고 있다." 단군조선의 실제 모습을 잘 보여주는 것이다. 이렇게 기록을 하고

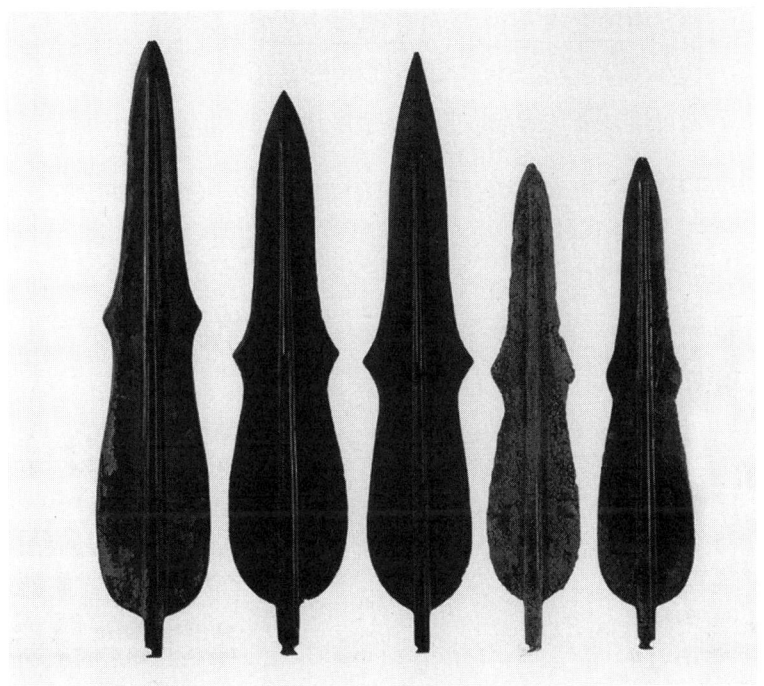

비파형 동검

있는 겁니다.

　출토된 비파형 동검의 개수는 한반도 지역보다는 요서·요동 지역에서 집중적으로 발견되고 시기도 좀 빠릅니다. 특히 요녕성에서 발견된 것은 압도적이어서 비파형 동검을 요녕성 동검이라고도 얘기합니다.

　서기 2천년을 기준으로 해서 비파형 동검 총 311개가 출토됐는데, 적봉시기 그러니까 홍산문명의 중심지라고 할 수 있는 적봉시를 중심으로 내몽고 동부 지역의 19개, 요녕성의 요서 지역이 91개, 요동 지역이 128개, 길림·장춘 지역이 18개, 한반도 지역이 75개 등입니다.

　비파형 동검이 한반도에서도 많이 발견됩니다. 그래서 이런 것을 보면 비파형 동검이 요서지방에서 요동지방으로 요동지방에서 한반도로 이렇게 이전되고 확대되었음을 알 수 있습니다.

　요서지역에서 얼마나 많은 비파형 동검이 출토되었는지를 한눈에 알아볼 수 있는 것은 조양시박물관입니다. 조양시박물관에 가보면 그 시대에 하가점문명에 그러한 유물들을 많이 볼 수 있고, 2018년 1월 18일에 열린 요녕성 문물고고연구소의 '2019년 요녕성 고고 업무 회보회'에서 발표한 보도 자료에 따르면, 2017년에도 요녕성 심양시에 속한 작은 현급시인 신민시 북외 유지에서 현재까지 가장 이른 시기의 비파형 동검 1개가 발굴되었는데, 이것은 그 연대가 3800년 내지 3천년 전까지다. 중국의 곽대순에 따르면, 이것이 현재까지 중국의 동북 3성 지역에서 발견된 비파형 동검 가운데 가장 이른 것이다. 이렇게 말할 수 있습니다.

　또 하나 단군 조선시대의 대표적인 신기며 지배계층 상징은 청동거울이라고 할 수 있는데, 이것은 처음의 것은 뒷면에 무늬가 없는 거울이고 이어서 거친무늬 거울, 그 다음에는 간줄무늬거울[세문경(細文鏡)]이라고 말하는 기하무늬거울이 많이 발굴되었습니다. 이 기하무늬거울은 황해도, 경기도, 충청남도와 경상북도, 평양에서도 발굴이 되었습니다.

　단군조선의 백성들은 독창적인 문화 창조의 의식으로 청동기 문화를 발전시켜서 국가의 문화를 창조했는데, 한반도 요동·요서·열하·내몽고·만주 등 여러 가지 장성 일대에 청동기 문화가 많이 유포된 사실을 확인할 수가 있습니다.

　후기 청동기 문화가 발굴된 첫 번째 시기(단기 16~17세기) 유적으로는 평안북도 의주군 미송리 동굴, 세죽리 제1지구, 소서구, 곽가둔과 여순 토성자시 유물, 강상 막돌무덤, 쌍타자 무덤

유적 그래 갖고 한반도에서는 비파형 동검이 나타나는 것을 보면은 평양 대동강 유역, 함경남도 지역, 황해도 지역 등 여기에서 발견이 되고 있습니다.

후기 청동기 문화의 두번째 시기는 단기 17~19세기 평안북도 개천군 묵방리 등 9곳에서 발굴이 되고 있고, 그 다음에 평북 영변군 세죽리 유적 제2층, 요녕성 조공가 유적, 해성현 대둔 유적, 그 다음에 와룡천 유적, 요하 여순 남하유적, 그 다음에 유가동 유적, 요녕누상유적(遼寧樓上遺蹟) 이런 것이 그 사례다고 말할 수 있습니다.

후기 청동기 문화의 세 번째 시기는 단기 19~20세기로 추정되며, 요양시 동남쪽 지점에 있는 이도하자 유적, 거기에서는 비파형 동검에서 좁은 놋단검으로 변화한 형태가 출토되는 등 변화된 모습이 많이 있습니다. 여기에 요양시는 옛날에 한때 평양이라고도 불렸던 곳입니다.

단검과 동복이 출토된 심양시 철서구 정가와자 유적, 그 다음에 평양 승호구역 입석리 유적, 황해도 송림시 석탄리 유적, 평안북도 북창군 대평리 유적, 중강군 토성리 다층유적, 송화강과 온도하의 합류지점인 소달구 유적, 나진시 부근 초도 유적, 길림성 조선족 자치주 천교령 백초구 무덤유적, 요녕성 조양 12태영자 고대 3기 무덤유적 이런 많은 유적이 보이고 있습니다.

후기 청동기 시대가 가고 단기 19~20세기에는 철기(鐵器)문화가 본격적으로 나옵니다. 이 금속문화로 말하자면 요새도 철기문화 시대로 얘기하는데, 그 단군조선이 고왕검 단군 때부터의 전 단군조선 그 다음에 22대 고색불루 단군부터는 후 단군조선 그 다음에 44대 고구물 단군 때부터는 국호를 대부여로 바꿨습니다. 그러니까 대부여 시대에는 이 철기문화가 본격적으로 개발이 되고 여러 가지 제품을 만들고 그래서 그 시대의 구분이 세계적인 기준과도 만난다고 말할 수 있습니다. 그러니까 이때 철기 문화 시대는 단군조선 후기다. 그렇게 얘기할 수 있겠죠.

단군조선 말기인 단기 21~22세기에는 제철기술이 한층 발달하여 주조품이나 단조품 같은 강철제품을 만들었고, 철기는 간단하고 실용성이 있고 원료가 풍부하여 널리 사용하게 되었습니다. 철야금술의 중심지는 요하·대릉하·청천강·압록강·송화강·두만강 하류지역이었다. 그 중에서도 중요한 것을 보면은 평안북도 영변 세죽리에서는 호미·괭이·낫·도끼·자귀·끌·손칼 등 철기와 활촉·검코 등 청동기, 유리귀구슬, 그 다음에 명도전과 포전 등의 돈도 발견되고 돌거푸집 등도 많이 발굴되었습니다.

평안북도 박천군 당산리에서도 철도기·철자·철제손칼 등이 발견되었고, 요녕성 요순지방에서 많은 철제제품이 출토되었고, 요녕성 안산시 양초장 유적에서는 철제 삽·호미 자귀·손도끼·낫·칼·돈뭉치 등도 많이 나왔습니다.

그 다음에 어떤 곳에는 그 움무덤이나 또는 귀틀무덤도 나왔고, 황해도 봉산군 솔뫼골 유적에서는 좁은 놋단검·잔줄무늬거울·장병형손도끼·호미 등이 발굴됐고, 황해도 서흥군 천곡리에서는 철제 단검과 손잡이가 발굴되었으며, 경기도 배천군 석산리 유적에서는 쇠도끼·좁은 놋단검과 움무덤이 발견됐으며, 황해도 안악군·재령군에서도 여러 가지 직각형 움무덤이 많이 발굴되었습니다.

제19절 후기 고조선의 정치

 밝은 해인 청천백일의 밝해정신으로 창조한 한밝달 문명이며 신선도인 홍익인간(弘益人間)·광화세계(光化世界)로 신명 개벽하는 신명난 우리 역사 제19절 주제는 '후기 고조선의 정치'입니다.
 이것은 예 고(古)자 단군조선을 예 고자 고조선, 이성계 그런 이씨 조선과 구별하면서 고조선이라고 그러고, 고왕검단군이나 고색불루 단군이 새로운 시대를 열었기 때문에 높을 고(高)자를 써서 고조선이라고도 그렇게 말을 합니다. 후기 고조선의 정치입니다.
 세월은 유수같이 흘러서 봄이 왔는데, 저자가 사는 경기도 군포에는 철쭉꽃이 만개해서 조금 있으면은 그 철쭉 축제도 할 것 같습니다. 좋은 계절입니다.
 우리는 앞에서 '전기 단군조선의 정치·경제·사회·문화' 그리고 특히 요하문명·발해연안문명인 하가점 상하층문화를 특별히 살펴봤습니다.
 정변을 일으켜서 후기 고조선을 연 고색불루 단군은 부여의 신궁에서 즉위했는데 그 부여의 신궁(新宮)이 어디냐 그러면 지금은 중국 요동성 의무려산 부근인 녹산입니다. 여기를 백악산아사달(白岳山阿斯達, 常春 新京, 長春)이라고도 그렇게 얘기하는데, 즉위한 후에 자기 할아버지로서 개사원의 욕살제후였고 단군조선의 우현왕(右賢王)이었던 고등(高登)왕묘를 장당경(唐藏京)에 세웠습니다. 이 고등왕께서는 나중에 고구려의 고주몽이 나라를 세웠을 때 어머니인 유화부인 부여신과 조상신인 고등신을 모셨습니다.

그래서 천제를 지내면서 삼한을 아울러서 삼조선으로 바꾸고 여러 가지 관제를 개혁했습니다. 그래서 삼한, 진한·번한·마한이었다는 것을 삼조선, 진조선·번조선·막조선 이렇게 삼조선으로 하고, 3사(풍백·우사·운사)와 그 다음에 5사체제였습니다. 저가(猪加)·구가(狗加)·양가(羊加)·우가(牛加)·마가(馬加) 이런 5가(五加)가 있었습니다.

그래서 중앙 체제는 3사(師)·5사(事)여서 단군 8체제 라고 합니다.

단군의 참모로서 3사(三師, 풍백·우사·운사)인데, 풍백(風伯)이 최고 참모여서 지금의 국무총리와 같은 자리였습니다. 그래 나중에 이름을 풍백을 호랑이 호(虎)자, 호가나 용 용(龍)자, 용가로 바꿨습니다. 우사(雨師)는 행정책임관으로서 오가 중 질병담당인 저가, 농사담당인 우가, 군사담당인 마가의 업무와 관련되며, 운사(雲師)는 사법책임관으로서 치안과 형벌담당인 구가, 교육담당인 양가의 업무와 관련되고 배달신(倍達臣)을 겸하는 경우에는 사(祀)의 업무도 담당한 것이 된다. 삼사오가 제도는 권력분립을 원칙으로 한 제도이기 때문에 월권은 허용되지 않았다.

민족 자주사학사료의 하나인 『규원사화』에는 30대 단군 고내휴 때 구려 후 우타가 용가가 됐다. 그랬습니다. 고구려의 고려라는 말이 이때도 쓰여서 구려의 제후가 용가가 되었으니까 국무총리가 된 거죠.

32세 고추밀 단군 나휴 때는 예후 예맥의 예를 쓰는데, 예의 제후 지막루가, 37세의 고마물 단군 원년에는 진번후 추돌이 들어와서 용가가 되었습니다. 그러니까 그 여러 가지 단군의 자리가 있는 중심, 국가 중앙에 있으면서 지방의 삼조선이나 또는 제후국의 그런 신하들을 불러서 나라의 중신으로 등용해서 중앙과 지방의 정치가 잘 교류되게 한 것이죠.

후기 고조선에서 크게 바뀐 관제는 삼한이 삼조선으로 바뀌었고, 그래서 진한은 진조선, 여기는 이제 천군인 단군께서 직접 정치를 맡아 통일 명령을 내렸고, 마한은 주로 이 한반도 쪽인데 막조선으로 이름을 바꿔서 거기에 통치자가 다스리게 했고, 그다음에 번한은 번조선으로 바꿔서 처음에는 서우여를 내세워서 조선의 왕으로 임명을 했던 거죠. 이를 단군관경(檀君管境)이다. 그렇게 말합니다.

이때 번조선의 서우여는 아들 셋이 있었는데 각각 성씨를 주기 시작해서 한(韓)씨, 선우(鮮于)씨, 기(奇)씨 이렇게 3성을 내렸다고 합니다. 이 후기 고조선은 후 단군조선과 함께 그 다음에 또 하나가 대부여가 있습니다.

고색불루 단군이 정권을 잡아서 다스리다가 단군 1908년에 44세에 단군 구물단군이 우화충의 난리를 제압하고 추대에 의해서 44세 단군으로 일어서면서 국호를 대부여로 바꿨습니다. 대부여로 바꾼 것은 이 구물단군이 단군왕검의 마지막 왕자인 부여 왕자의 후손이기 때문에 그렇게 바꾼 것이다 라고 말할 수가 있습니다. 그리고 그때 그 도읍지를 만주에 있는 장당경으로 옮겼습니다.

그런 후에는 이 삼조선으로 나눠서 분권관경(分權管境)이죠. 근데 그 전쟁을 하고 평화를 갖고 하는 화전권(和戰權)을 임금이

가지지 않고 3조선으로 나눠 가지고 있어가지고 그것이 결국 단군조선이 멸망하는 하나의 원인이 되기도 했습니다.

1908년이라는 것이 대부여 후단군 조선에서 대부여로 넘어가는 해가 1908년인데 삼국유사 같은 경우에는 왕검단군의 나이가 1908세였다고 이렇게 돼 있는데 이것은 사대 식민사학을 하는 어떤 사람들의 역사적인 조작으로 잘못 기록한 거죠. 왕검단군께서 조선을 세우고 1908년에 대부여로 국호가 바뀌었다. 이런 것을 얘기합니다.

22대 고색불루 단군 6년에는 신지 육우가 도읍을 영고탑으로 지금의 목단강 영안이죠. 그걸 옮기자고 했는데 단군이 불허했고 또 23내 고아홀단군 때도 또 그런 얘기가 있어 논의를 완전히 중지하게 했습니다.

37세 고마물 단군 56년에는 단군이 남방(지금의 중국 하남성 임현 등)을 시찰하다가 거기 기수에서 붕어했습니다. 그런데 아직 이 자리를 못 찾았습니다.

단군조선의 고구물단군이 지금의 평양이나 강동군 여기를 순회하시다가 돌아가셔서 지금 평양 강동군 대박산에 단군릉이 크게 세워져 있는 것과 달리 지금 이 기수에서는 아직 그 능을 찾지를 못했습니다.

고조선 43세 고물리 단군 36년 융안이라고 지금 중국 북경 지방 위에 융안의 엽호 우화충이 스스로 장군이 되어 수만 명을 이끌고 서북 36군을 함락시켰습니다. 단군이 군대를 보냈는데 이기지 못했고 우화충이 단군께서 계시는 수도를 공격하자 단군과 궁인이 종묘사직과 신주를 받들고 배를 타고 해두로 내려가다가 또 단군이 돌아가셨습니다.

이때 32세 막조선 왕 가리 역시 출전하여 빗나간 화살에 맞아 죽었으며 가리의 손자 전내가 막조선을 이어받았으나 국정이 쇠하기 시작했습니다. 그러니까 그 본 조선과 그 밑에 조선 좌우에 있는 우현왕·좌현왕도 쇠퇴하기 시작한 거죠.

이렇게 나라가 어지러울 때 백민인 욕살 구물이 명을 받들고 군대를 일으켜 장단경을 점거하니 구지의 군사가 그를 따랐으며 압록강 동서 18성이 모두 군대를 보내 원조했습니다.

다음해 고구물이 군대 일만을 이끌고 와서 우화충을 참하고 그 무리를 토벌했습니다. 이러고 나서 고구물이 제장의 추대를 받아가지고 단기 1908년 3월 16일 천제를 지내고 장당경에 즉위했으며, 국호를 대부여로 바꿨는데 이것을 국사학자 김정배 교수는 예맥(濊陌)조선이라고도 불렀습니다.

후기 단군조선의 금속문화는 후기 청동기문화가 발전했죠. 청동기문화가 발전하면서 민족국가도 시작됐는데 그래가지고 단군조선이 전기의 청동기문화로 시작되고 그것이 이어서 발전하다가 대부여를 세울 쯤해서는 철기문화로 바뀐 겁니다. 시대가 완전히 바뀌고 그것이 왕조에도 영향을 미친 것이죠. 이때 중국에서는 은나라 우리 동이족이 세운 은나라는 주나라가 일어나서 흥하면서 결국은 망하고 주나라가 일어나서 하다가 결국 춘추전국으로 돼 가지고 있다가 진나라 동이족인 진시황에 의해서 통일이 이루어졌지만, 얼마 못 가고 또 나중에 한나라 유방의 한나라로 바뀌게 됩니다.

『환단고기』에 의하면 후기 고조선의 고색불루 단군은 원년 11월 구환의 병사를 이끌고 은나라 수도를 쳐부수고 화친을 맺었으며, 그 다음해 2월에는 하상까지 추격하여 승첩의 하례를 받고 회대지방에 번조선의 백성을 옮겨 농업과 목축을 하게 함으로써 국위가 진동했었습니다.

청나라 은나라는 우리 동이족이 세운 거니까 같은 민족이었죠. 그러면서도 역시 조공을 받은 거다.

고색불루 단군 20년에는 남국이 자못 강하여 고죽국(고죽국도 우리 동이족)과 더불어 여러 적을 몰아내고 남천하여 엄독홀에 이르러 은나라의 수도 가까운 곳에 살면서 여파달을 시켜 병사를 진격, 빈기를 점거하고 나라를 세워 '여'라 칭하였는데, 서융과 함께 은나라 제후 사이에 섞여 살게 했다 라고 말할 수 있습니다.

23세 고아홀 단군 원년에 황숙 고불가에게 명하여 낙랑홀을 다스리게 하고 웅갈손을 보내 남국군과 함께 남정하는 병사를 살피고 은나라에 6읍을 설치했으며 은나라 사람들이 권력 다툼을 하자 군대를 보내 진압했습니다.

은나라는 주나라 무왕에 의하여 단기 1216년 25세 고솔라 단군 34년에 토멸되었습니다. 은나라가 주나라로 바뀐거죠.

이때 은나라의 황족이요 동이족인 기자 서여가 태행산 서북쪽 조양 아사달에 피해 있다가 솔나단군의 서화 하남성 서화지방에 옮겨 살면서 찾아오는 사람을 일체 만나지 않았습니다.

그런데 이것을 역사를 조작·왜곡하는 사람들이 사대 식민사학을 하는 사람들이 기자가 기자조선을 세웠다. 이렇게 잘못 기록해서 우리 역사에 많은 사대 암덩어리 같은 것을 심은 거와 같은 결과가 되었습니다.

그것은 왜 그러냐 하면은 기자의 이름이 좌현왕을 했던 서우여 기자라고 그러죠. 이건 기자(奇子)고 지금 은나라의 기자(箕子)는 서로 다른데, 그걸 착각해서 사대 식민사학자들이 그 기자조선을 날조해내는 빌미가 된 건 사실입니다.

다만 그 후 약 800년 뒤인 단기 2010년 기자의 41세 후손인 수유인 기후가 은나라의 왕손이었던 기자의 훨씬 후손이죠. 800년 뒤에 수유인 기후가 여의 침략을 막은 공으로 단군조선의 제국인 번조선의 사대문화 정권과 70대 비왕이 된 겁니다. 그렇게 그 기자의 후손이 번조선의 왕을 5대 정도 하다가 기준 때에 위만에 의해서 피해가지고 한반도로 넘어오는 그런 사실은 있었습니다.

단군조선을 이은 기자조선이 있던 것은 아니니까 그것은 확실히 잘 알아둬야 한다. 그렇게 말할 수 있습니다.

주나라 왕들은 단군조선과 우호적으로 지내기 위하여 공물을 바치기도 하고 결혼 정책도 썼습니다.

역사에서 왜곡된 기자는 기자조선을 세운 적은 없는데, 그 묘가 중국 산동성 동부중관, 부곡 서남쪽 박이라는 지방에 있습니다.

제20절 후기 고조선의 외교사

밝은 해인 청천백일의 밝해정신으로 창조한 한밝달 문명이며 신선도인 홍익인간(弘益人間)·광화세계(光化世界)로 신명 개벽하는 신명난 우리 역사 제20절 주제는 '후기 고조선 외교사'입니다.

후기 고조선은 지난 시간에도 얘기했지만 약 1천여년(1048)간의 기간이 있기 때문에 중점적으로 『밝해문명사』에 기록돼 있는 고조선 외교사를 말할 수밖에 없습니다.

쉽게 말해서 지금으로 치면 우리나라와 중국 · 일본 · 몽고 · 러시아 · 인도 · 베트남 등(그 당시 이름은 다르지만) 나라와의 국제관계다.

후기의 고조선 시대의 중국은 은나라 · 주(周)나라 그리고 유명한 춘추전국 시대를 거쳐가지고, 서기 전 221년에 진시황으로 유명한 진나라에 의해서 통일이 됐습니다. 그런데 15년 만에 망하고 유방의 한나라가 섰지요.

그런데 유교의 사서 3경 중에 시경이 있죠. 대학 · 중용 · 논어 · 맹자 이게 4서이고, 3경은 시경 · 서경 · 역경(우리가 주역이나 환역이라고 하는 역경), 시경이라는 경전 한혁(韓奕)편에, 서기전 9세기 경에 단군조선의 통치자가 서주 왕실을 방문하여 매우 환대를 받았음을 기록하고 있습니다. 이때 서주(西周)왕실은 단군조선의 통치영역이 당시 단군조선의 제후국인 맥국(貊國)이 있었던 난하유역이 경계선이었다. 산으로 말하면 지금 갈석산 지역이다. 이렇게 말할 수 있습니다. 그때 서주의 선왕(宣王)은 단군조선의 환심을 사고 우호를 돈독히 하기 위해서 그의 종질녀를 단군조선 통치자에게 출가시켰습니다.

『환단고기』에는 단기 1274년 주(周)나라 임금 하(瑕)가 사신을 보내 조공했으며, 단기 1390년 고마휴 단군 때 주나라 사람이 공물을 바쳤고, 단기 1580년 막조선 조선반도에 있던 고조선의 분국[馬韓]이죠. 비왕 사우(斯虞)에게 주나라 13대 평왕이 새해인사[新年賀禮]를 하였다고 기록되어 있습니다.

한편 32세 고추밀 단군 3년 선비산 추장 문고가 공물을 바쳤으며, 추밀 12년 초(楚)에는 초나라의 대부 이문기(李文起)가 단군조선 조정에 들어왔습니다. 초(楚)나라는 양자강 중류지역을 중심으로 한 나라였는데, 적족(赤族, 南蠻)의 나라이며 전욱고양(顓頊高陽)의 아들이 여기에 봉해져 축융(祝融)이라 불렸고 그 후손이 서기전1180년경에 주문왕(周文王)을 섬기고 서기전1110년경 주나라 성왕(成王) 때 단양(丹陽)에 봉해졌다.

춘추전국시대에는 우리나라 고조선 (단군조선)과 지나(支那) 사이에 전쟁이 많았고 특히 접경지역에 있었던 연나라 또는 주·한 나라와 아주 충돌이 많았습니다.

35세 고사벌 단군 76년에는 단군이 조우를 군대와 함께 보내 연나라 도읍과 제 나라의 도읍인 임치에서 싸워서 우리 고조선이 이겼고, 36세 매륵 단군 52년에는 단군이 군대를 보내 수유(須臾, 단군조선을 진조선·번조선·막조선 이렇게 삼조선 관경으로 얘기하면 번조선의 속령이며 기자씨의 집거지)의 군대와 더불어 연나라를 벌하였다.

연나라는 단기 1930년 고구물단군 원년에 사신을 보내 신정을 축하하기도 했으나, 45세 여루 단군 때는 침공이 잦았습니다. 여루단군 신축 17년 연나라가 변방을 침입하자 수장 묘장춘을 보내 패퇴시켰으며, 여루단군 병진 32년에도 연나라가 침입해 요서를 함락시키고 운장을 핍박했습니다.

고여루 단군 47년에 북막(北漠, 고비사막 북쪽의 몽골지방) 추장 액니거길(厄尼車吉)이 조선에 말 200필을 바치고 연합해 연나라를 정벌하자고 청하자 번조선 소장 신불사(申不私)가 군사 1만을 이끌고 연나라의 상곡(上谷, 찰합이성)을 협공하고 성읍을 설치했습니다. 상곡의 전투 이후 연나라가 해마다 침공해 오자 사신을 보내 화평을 청하자 이를 단제가 허락하고 난하(灤河)상류에 있는 조양으로 서쪽 경계를 삼았습니다.

그 다음에 46세 고보을 단군 46년 한개(韓介)가 수유의 군대를 이끌고 대궐에 침입하여 스스로 왕이 되려 하자, 상장 고열가가 의병을 일으켜 격파했습니다.

단군이 환도하여 대사면을 실시했으나 국세가 심히 미약해졌고, 고보을(普乙)단군이 붕어하였으나, 아들이 없자 단군 물리의 현손이며 한개(韓介)를 물리친 공이 있는 고열가(高列加)가 추대를 받아 단군이 되었습니다. 이분이 단군조선 마지막 47대 고열가 단군입니다.

중국 전국시대인 단기 2022년에 연나라 장수 진개(秦開)가 단군조선을 침략한 사건이 있었는데, 단군조선은 결국 이를 축출하고 오히려 연(燕)나라 동부 땅을 빼앗아 연나라 침략을 응징하였습니다. 연나라 장수 진개(秦開)는 일찍이 번조선의 전쟁포로로 잡혀와 볼모살이를 하면서 충성을 다하는 척하다가 번조선(番朝鮮)왕이 믿고 해방시켜주자 그 국정을 샅샅이 탐지하고 도망쳐 연나라 대군을 이끌고 쳐들어와 번조선인들을 끌고 갔습니다. 연(燕)나라와 관계돼서 다음에 나오는 것이 위만조선 또는 위만국 위만인데, 위만이 연나라 사람이라고 얘기하지만 위만이 상투를 틀고 흰옷을 입었다. 이렇게 이야기하는 거 보니까 진개가 잡아간 우리 조선인이었다고 얘기를 합니다.

위왕은 연나라의 연왕 노관(盧綰)이 한 고조 때 반란을 일으켰다가 실패하자 흉노(匈奴)로 도망을 갔습니다. 그때 그 연왕 노관의 부하였던 위만(衛滿)이 1천여 명을 이끌고 회수를 건너 하가점에 정착하고 번조선(番朝鮮) 기준왕 시대에 와서 변방을 방어하는 외신의 그런 직책을 받았습니다. 이 기준(箕準)왕이 은나라 말 기자의 800년 후손이 되는데, 단군조선의 한 변방인 번조선의 왕을 하고 있었습니다. 그래서 믿고 맡겼는데 그 위만이 준왕을 축출하고 왕검성에 도읍해서 B.C. 194년에 위만국을 세웠습니다. 근데 국명은 조선이라는 것을 그대로 했습니다. 고조선 단군조선 전체가 아니라 그 일부인 번조선을 이끌었던 거지요. 그래가지고 B.C. 194년부터 B.C. 108년까지 86년간 있다가 한 나라 무제에 의해서 한 2군이나 또는 한사군이 설치됐다는 그런 시대로 이어지게 됩니다.

다음에는 후기 고조선과 일본(日本)지역과의 관계를 살펴보도록 하겠습니다.

단군조선 3세 가륵단군 10년에 소머리[牛首國] 후손인 협야노(陝野奴)가 삼도(三島, 지금의 일본을 말함)로 가서 천왕을 참칭한 바 있습니다. 일본은 지금은 4개 도(島)지만 그때는 3개밖에 없었기 때문에 일본을 삼도라고 했습니다.

35세 고사벌 단군이 웅습(熊襲, 九州지방, 구마소)에 해군을 보내 평정하였습니다. 그 다음에 36세 고매륵 단군 38년에 단군이 협야후(陝野侯) 배반명(裵槃命)으로 하여금 전선 500척을 거느리고 삼도를 치게 하여, 12월 모두 평정하였습니다. 이는 우리 한민족 조상들이 일본으로 건너가 일본인들의 기본적인 조상이 되었다는 그러한 기록입니다.

또 고구려를 세운 고주몽의 협조자 오이(烏伊), 마리(摩離), 협부(陝父)가 고주몽을 돕고 고구려를 건국했는데, 이 가운데 협보는 일본 구주지역 다자라국에 가서 다자라국을 세우고, 휴우가의 안라국과 연합하여 야마대국도 세웁니다.

그 다음에 제23대 단군 고아홀 12년에는 몽골지역에 터키계 사람들이 세운 돌궐 사절이 왔는데 후하게 대접했다. 그러한 기록이 단기고사에 있습니다.

27세의 고두밀 단군 원년에 천해(天海, 바이칼호)의 물이 넘쳐, 사아란산이 무너졌으며, 수밀이국·양운국·구다천국이 모두 사신을 보내 방물을 고조선에 바쳤다.

28세 고해모 단군 18년에 빙해(氷海, 지금의 시베리아 지역)의 여러 제후(諸侯, 汗)들이 사신을 보내 고조선에 조공(朝貢)을 바쳤습니다.

그 다음에 고조선 24대 단군이 고연나 단군입니다. 연나 단군 원년 B.C. 1161년에 아우 솔나를 태제로 세우고, 오한을 태제태부로 삼고, 작은 할아버지인 고불가에게 섭정을 맡기고, 우창을 수상으로 경진을 상장으로 명하였습니다.

고연나(高延那) 단군 17년(B.C. 1145년)에 그 아우 고을나를 신도후(神島侯)에 봉했다. 신도후는 제주도가 됩니다. 신도는 본래 탐라(耽羅)입니다. 저자가 제주 고씨인데, 여기에 고을나를 제주도의 후로 봉했다고 그랬는데, 이것은 좀 생각해 볼 여지가 있습니다.

지금까지 영주지나 탐라국왕세기나 제주고씨족보 등에 따르면, 고을라 탐라국 시조왕이 탐라국을 건국한 것은 단군 기원 4년전인 B.C. 2337년으로 되어 있습니다. 그런데 이 고연나 단군이 고을나(高乙那)를 제주후로 임명했다는 것은 약 천년의 차이가 있는 거지요.

처음 고을나, 양을나, 부을나 3신인이 지금 제주도 제주시 삼성혈에서 종지용출하여 땅에서 나왔다는 거죠. 그 후 벽랑국인 일본에서 세처녀가 떠내려 와 혼인도 하고 나라도 세우고 자손을 번성케 했다고 하니 이 부분은 연구가 더 필요하다. 이렇게 말할 수 있습니다.

다음에 27세 고두밀 단군이 즉위한 해에 천해, 즉 바이칼호이죠. 물이 또 넘쳤으며 주나라 수밀이국, 양운국, 구다천국이 모두 사신을 보내 방물을 바쳤고, 고두밀 단군 11년에는 교지국인 베트남 사람들이 서우여의 자제인 기자(奇子)조선에 떠밀려 왔다. 이렇게 되어 있습니다.

B.C. 973년 고두밀 단군 25년에 남후 영구치가 서주황 회수 북쪽을 다스리니 이곳이 서국(徐國)이다. 동이족 국가인 서국이 서언왕까지 이으니 인의(仁義)를 잘 행하였고, 조공하는 자가 26국인데 9한을 거느리니 특히 주나라가 서국에 조공을 크게 바쳤다. 큰 나라였다. 그러한 얘기가 되겠습니다.

B.C. 723년 고사벌 단군 때 단제가 언파불합장군을 해상에 보내 구마소를 평정했다고 그랬는데, 7년 후 임금이 콩의 원산지가 우리나라이므로 주사에게 콩을 운반하는 강 이름을 짓게 하니, 그 강이 콩 두(豆)자 가득찰 만(滿)자 두만강이고, 강가에 오리를 기르는 곳을 두니 그 이름을 압록강(鴨綠江)이라 했다. 압록강·두만강 이름이 여기서 생긴 거 있죠.

그 다음에 초나라 사람 오자도가 B.C. 699년 목면씨를 가지고 입국하였다. 고려 때 문익점이 목면씨를 가져왔다고 그러는 것은 그 후에 2천여 년이 지난 후의 일이죠. 그 다음에 우리 동이족이고 또는 고리족 스키타이족 등 우리 민족을 여러 가지로 부르는데 우선 이 시대에 태양족이고 고리족인 석가모니께서 B.C. 624

년에 태어나셨습니다.

그리고 우리 동이족이라고 그러는 노자(老子) 선생님이 B.C. 609년 주나라에서 태어났으니 성은 이(李)씨요 이름은 담(聃)이고 자는 청니였습니다.

B.C. 551년에는 주나라 시대 노나라 창평왕 곡부읍에서 유교의 도조 공자(孔子) 구(丘)라 그러죠. 공자 선생님이 탄생하시었습니다.

B.C. 518년 공자가 주나라에 가서 풍인 노자에게 도와 예에 관해서 물었습니다. "도의 뿌리는 일신인 3신에서 나오고 도는 이미 상대가 없고 품지 않는 것이 없다." 도덕경을 지은 노자는 후에 서녘관문을 지나 내몽고를 거쳐, 아유다 쪽으로 향했는데 그때 자기의 가르침을 적어서 남긴 것이 도덕경(道德經)이라는 도와 덕, 기본적인 우주의 기본은 도고, 도에서 모든 덕이 나오고, 이를 길러서 훌륭하게 살아가는 것을 덕축이라고 얘기합니다. 도생덕축에 관해서 81편으로 나눠서 설명을 하고 있는 것입니다.

동이족이 세운 한(韓)나라, 그러니까 지금 중국은 한(漢)으로 쓰지만, 중국에 있는 제초한위연조진이라는 한나라 한 무자(武子)가 B.C. 420년 건국하여 12대 170년간 지속되다가 진나라에 멸망을 했고, 은나라 후손이 건국한 선우(鮮于)는 춘추시대에 건국하여 지속되다가 전국시대에는 전국 12웅의 하나인 중산국(中山國)으로 바뀌었다. 그러니까 중국의 역사에서 우리 민족이 세운 확실한 나라는 은나라·중산국·고죽국(孤竹國) 또 한(韓) 이런 것이 전부 우리 동이족이 세운 나라다. 그렇게 말씀드릴 수가 있습니다.

B.C. 323년 수유인 기후(箕詡)는 800년 전 기자(箕子)의 후손

이니까 단군조선 번조선과 관계가 있는데, 기후의 군사가 번조선에 들어와서 자칭 번조선 왕이라 칭하였다. 그 후손인 기준이 위만에게 망한 거다. 그렇게 말할 수 있습니다.

B.C. 309년 단제 아우 고보인을 흡빈왕으로 봉하고, 국호를 서수라 하며 도읍을 졸본천으로 하였다. 고보인의 세자 고달이 북부여를 세운 고해모수이다. 이렇게 말할 수 있습니다.

B.C. 239년 고열가 단군 57년 4월 8일에 고리국인 흡민왕자 고달해모수가 웅심산에서 내려와 수유인 기비와 짜고 옛 도읍 백악산 아사달을 점령하고, 왕이 되어 국호를 고리국, 북부여(北夫餘)라 했습니다. 실제로 대고구려(북부여+고구려) 건국이었습니다.

그래서 단군조선은 47대 고열가 단군 때 6년간 공화제를 하고 이 북부여에 흡수 통합이 되었는데, 그래서 단군조선이 2096년간 계속된 세계 유일의 가장 오래된 2천년 제국이라고 말할 수 있습니다.

제21절 후기 고조선의 경제.사회

밝은 해인 청천백일의 밝해정신으로 우리 민족은 인류 원형문화인 한밝달 문명을 창조했는데, 그 내용이 신선도이며 홍익인간(弘益人間)·광화세계(光化世界)로 신명 개벽하는 신명난 우리 역사 제21절 주제는 '후기 고조선의 경제·사회'입니다.

우리는 앞에서 후기 고조선의 정치·외교사에 대해서 살펴보고, 이어서 『밝해문명사』고조선의 경제·사회를 중점적으로 살펴보겠습니다.

후기 단군 조선시대는 생산 경제·사회로서 생산력의 발달로 보아 전기 청동기가 발달되어 청동제 비파형 동검·좁은 놋단검·청동활촉·특수무늬 청동도끼 등을 주조해 쓴 후기 청동기시대와 초기 철기시대로 나눌 수가 있습니다. 고조선의 말기에 철기시대로 진입한 것이지요.

지배층이 주로 사용한 청동기는 무기용·종교용·농업용 등이 추가됐는데, 축적된 청동주조 기술지식은 단군조선 후기에 철을 빠르고도 널리 창조하여 보급하는 철기문화의 토대가 되었습니다.

단군조선 시대 어느 때 철기가 사용되었느냐 하는 데 대해서는 여러 가지 설이 많이 있습니다. 가장 빠른 것은 밝달국의 치우(蚩尤)천황이 동두철액(銅頭鐵額)이었다. 그러니까 곧 구리머리에 쇠로 된 이마 또는 구리도 된 투구와 쇠로 된 갑옷이라는 뜻이다. 이런 표현이 있는 걸로 봐가지고 치우천황 때부터라고 얘기하게 되는데 그거는 B.C. 28세기가 됩니다.

자주 사학자인 단국대 윤내현 교수는 대장간 야철장이 생기고 철기를 사용하기 시작한 것은 대략 서기전 8세기경으로 추정을 했고, 그 다음에 리지린은 서기전 5세기에 단군조선의 인민이 자체적으로 창조하여 사용하였다고 그렇게 얘기를 합니다.

한편 러시아의 데엘 브잔스키는 연해주의 철기시대에 관하여 서기전 9세기 내지 6세기로 추정하고 있으며, 중국에서 무기와 노동연구를 포함하여 여러 가지 제품 제작에 널리 철이 사용된 시기는 서기전 6~5세기인 것으로 유 엠 부찐(Yu.M Butin)은 보고 있습니다.

철제련의 중심지는 요하와 청천강 사이의 지역인 압록강 유역과 두만강 유역이 단군조선 중심지역이였다고 말할 수 있고, 특히 요동지방에 거주하던 미송리형 질그릇을 사용한 종족이 그 이웃종족인 중국보다 먼저 철기를 사용했음이 고고학 자료로 확증되고 있습니다. 미송리형 질그릇이 단군조선 거라는 거지요.

특히 최근에 와서 관심을 끈 것은 평양에서 단군조선 유물이 발굴되어 그 보도가 세계에 전해주다가 세계 학계가 놀라기도 했습니다. 북한은 단기 4323년이고 서기 1990년 11월 25일 평양방송을 통해 대규모 아파트 단지로 조성 중인 평양 통일거리인 옛 낙랑거리 건설현장에서 단군조선시대의 좁은 놋단검을 비롯해 청동철제무기류 · 청동 황동마구류 · 은팔찌 · 금가락지 등 장신구류 · 도기류 · 명주 · 천 등을 발굴했다고 발표를 했습니다.

이 유물들은 약 2천여 년 전 것으로 당시의 원형이 그대로 보존돼 있으며, 선조들의 뛰어난 공예가공기술을 잘 보여주고 있다고 하겠습니다.

단군조선 말기의 생산력을 증강시키는 철의 사용으로 정변이 일어나고 그러니까 후고조선이 바뀌어서 대부여로 이름을 바뀌게 되죠. 그게 44세 고구물 단군 때 단기 1908년 서기전 425년입니다. 여기에 1908년을 역사 조작 · 왜곡하는 사람들이 단군조선을 훼방 놓기 위해서 고왕검단군이 1908년 살았다고 잘못 쓴 경우가 있는데 그것은 단군조선의 국명이 대부여로 바뀐 것이 단군조선 1908년이기 때문입니다.

후기 고조선의 산업은 농업과 잠업·직조·유목 등이 그 기반을 이루고 농기구·무기·예기 등을 생산하는 가공과 기와·석조건축 이런 것이 많이 발달하고 그 다음에 동북아 지중해권을 중심으로 한 국제교역도 활발하였습니다.

단군조선 시대의 화폐로는 원공패전(圓孔貝錢)·자모전(子母錢)·포전·명화전·일화전 이런 것이 사용되었고 37세 단군 고마물 5년 방공전(方孔錢)을 부어 만들었다는 기록이 단기고사에 나옵니다.

단군조선인 고조선과 중국과의 교역에 관해서는 33세 고감물 단군과 주(周)나라 사람이 와서 범과 코끼리의 가죽을 바쳤다는 기록이 『환단고기』에 있고, 관자(管子)에도 그와 같은 교역기록이 있으며, 단군조선의 특산물로서 털옷과 호랑이 가죽 등을 들고 있는데, 사마천의 사기(史記)도 단군조선이 연(燕)나라와 교역하였음을 바로 적고 있습니다.

한반도 북부와 만주 지역에서는 전국시대 연나라의 청동화폐인 명도전(明刀錢)이 여러 곳에서 출토되어 있는데, 그래서 명도전이 연나라 화폐가 아니라 단군조선의 화폐라고 얘기하는 사람도 있습니다. 그런데 그 출토량이 많아서 한 유적에서 5천 점 정도가 출토되기도 했습니다. 2천년을 넘어서 그렇게 제대로 전달된다는 것은 대단한 일이죠.

단군조선은 항해술도 크게 발달했는데, 번조선의 준왕이 해로로 마한으로 이동했다는 기록도 있고, 단군조선인들이 한의 제독 양복의 해군함대를 격퇴시켰다는 것 등이 그런 것을 뒷받침하는 기록입니다.

단군조선의 수출 품목들은 모직물·비단옷 등 견직물과 아마·대마인 맥포 이런 것이 주인데, 그래서 뽕나무 재배와 누에치기가 많이 성행했다. 그런 것을 알 수가 있습니다. 단군의 명에 따라서 한반도를 다스리던 막조선 마한의 후신이죠. 첫 비왕인 여원홍은 대명을 받고 대동강 왕검성인 지금의 평양을 지켰는데, 그 지역에 대해서 세금을 감면해 주기도 했습니다.

후기 고조선의 사회는 대체로 전기 고조선시대처럼 사회 계급이 지배귀족·서민·노예의 3계층으로 나눠져 있었습니다. 그래서 노동의 분화와 소유의 격차가 생겼고, 전쟁노예·형벌노예·채무노예 등의 증가로 사회가 복잡하고 불평등한 양상을 띠어 갔습니다. 그리고 후기 고조선을 연 고색불루 단군은 사회질서를 위해서 범금팔조법을 지키라는 조칙을 내렸습니다. 이것은 단군조선을 세울 때 왕검단군의 천범(天範)8조와 홍범9주. 범금8조법을 내렸는데, 그걸 본받아서 이렇게 범금팔조법을 지키라고 조칙을 내린 것입니다. 천범8조를 통해서 백성들에게 성(誠), 심화(心化), 경효충(敬孝忠), 화목(和睦), 애우(愛佑), 양보(讓步), 구휼(救恤), 경천친민(敬天親民) 등의 가정과 사회와 국가의 구성원으로서의 인간윤리를 가르쳤다.

그 다음에 34세 고오루문 단군 때에 사람들이 물건도 훔치고 그런 좋지 않은 일이 많이 발생하자, 단군께서 "백성의 행실은 물이 흘러가는 것과 같으며 윗물이 맑아야 아랫물도 맑은데, 이것은 내가 모자라서 그런 것이다"라고 하고 성군의 덕을 크게 닦으니, 범법하는 자가 줄어들고 죄에 물드는 자가 없었다고 합니다.

그리고 고조선 말기에 되면서 철기가 보급되고 소유관계와 생산관계가 변화하여 장원제도 등 집단농경을 와해시키고 시읍제도가 와해되면서 이것은 결국 단군조선사회의 붕괴를 가져오기 시작했습니다.

요동반도 지역에서 발굴된 고조선의 후기무덤인 강상묘와 누상묘는 그 규모가 큰데, 강상묘에는 100수십 명, 누상묘에는 수십 명에 달하는 노예순장이 있었습니다. 노예를 주인이 죽었을 때 함께 무덤에 묻는 거죠. 지금 세상에서는 생각할 수 없는 거지만, 옛날에는 그렇게 같은 인간인데 불평등한 게 아주 심했었죠.

단군조선 말기인 단기 20세기 서기전 5세기 이후 철기가 보급되면서 시읍국가 내지 읍제국가는 와해되기 시작해서 단군조선이 쇠망하는 그런 과정으로 넘어가게 됩니다.

서력기원진 1183년 고아홀 단군이 영고탑을 친히 시찰하고 정전법(井田法)을 가르쳤습니다. 논이나 밭을 9개 구역으로 나눠서 8개 그런 농가가 그걸 하면서 하나는 함께 공동으로 해서 그것을 세금으로 바치는 그런 제도였다. 그렇게 말할 수가 있습니다.

서력기원전 816년 제33세 고감물 단군 4년 황선문이 유황 발사총을 만들어 바치고, 4년 후 순길이 장생불노단이라는 약을 만들어서 국민 건강에 기여를 많이 했습니다.

그리고 서력기원전 795년 고오루문 단군 첫해인 때에 오곡이 풍년들어 만백성들이 기뻐하여 도리가를 지어 불렀고, 16년에는 나라가 태평하여 격양가를 불렀으며, 4년에는 백성들이 풍년가를 불렀습니다. 그렇게 천하가 태평하던 시절이죠.

"하늘에는 아침햇살 눈부시게 비추고 나라에는 어진 임금 그 덕화 두터워 쌀알 같은 우리 백성 은혜물결 혜우리" 그러한 글이 단기고사에 나오고 있습니다.

서력기원전 680년 36세 고매륵 단군 25년에는 오경박사 우문

충이 토지를 측량하고 지도를 만들어 유성설을 지어 바쳤고, 서력기원전 677년 큰 지진과 해일이 있었습니다.

서력기원전 642년 고마물 단군 5년에는 백호돈이 광물학과 지리학을 저술하여 임금에게 바치고 "우리나라 안에는 가는 곳마다 지하에 황금이 있습니다"라고 해서 우랄알타이어족으로서 많은 황금이 나라에 있었다 하는 것을 잘 나타내고 있습니다.

제22절 고조선 종교.문화의 세계화

밝은 해인 청천백일의 밝해정신으로 우리 민족이 창조한 인류 원형문화 한밝달 문명이며 신선도인 홍익인간(弘益人間) · 광화세계(光化世界)로 신명 개벽하는 신명난 우리 역사 제22절 주제는 '고조선 종교 · 문화의 세계화'입니다.

『밝해문명사』를 보면 후기 단군조선의 종교 · 문화라고 그렇게 돼 있는데, 고조선 종교 · 문화의 세계화에 중점을 둬서 얘기를 하고자 합니다.

한민족 고유 문화인 밝해문명이자 시원문명인 신선도는 후 단군조선에 와서 뿌리를 내리고 세계 각지로 전파되어 발전을 하게 됩니다.

신선도는 하느님이 3신화한 환인천제·환웅천황·고왕검단군 등 삼신을 모시고 높은 산, 깊은 숲속에서 3문을 수련하고 3문(심·기·신 문)은 지감·조식·금촉이죠. 3경을 탐구하여 세상살이를 밝게 하며, 삼경이라는 것은 천부경·삼일신고·참전계경을 말합니다. 기도를 통해 병을 고치는 행복을 비는 신선도 생활을 평화롭게 했던 것이다.

신선도는 국선도나 풍류도 그 밖에 천신교·신교·선도 또는 무교 이렇게 여러 가지로 불렸는데, 이 신선도에는 오상이라는 게 있습니다. 오상이라는 것은 일상적인 생활 윤리인데, 인의예지신은 공자님의 유교 5상이고, 우리나라 고유한 신선도의 오상은 충·효·용·신·인입니다. 충·효 특히 효가 강조되는 그러한 대효의 나라가 우리나라다. 사람은 중심이 돼 나라에 충성하는 것을 우리나라 사람들은 대효라고도 얘기합니다. 효는 부모에게 효도하고 어려운 때에도 물러나지 않고 나아가는 화랑에서는 임전무퇴라고 그러죠. 용기 있는 것(勇), 신(信) 믿음이죠. 사회에는 믿음이 없으면 사회가 붕괴되는 가장 기본적인 것이고, 인(仁) 어질다. 자비롭다. 사랑한다. 박애라고 하는 인간 사이 본질인 사랑을 얘기한다고 말할 수 있습니다.

후기 단군조선을 연 고색불루 단군은 그해 3월 7일 재계(齋戒)를 하고 신역을 샅샅이 청소하고, 재물을 깨끗하게 준비해 삼신에게 답하도록 하고 막조선왕 여원홍에게 향축을 제수하고, 16일 이른 아침에 백두산 천단에서 제사를 지냈으며, 단군은 친히 백악산 아사달에서 제사를 지냈습니다. 지금 하얼빈 완달산 지역이죠. 그 백두산 서고문(誓告文)에서 단군 고색불루는 "천제의 아들로서 수양이 백성에게 미치게 할 것이며, 반드시 스스로 하늘에 제사 지내고 공경하겠습니다. 삼신의 명령을 받은 보은대덕은 삼한 오만리의 영토를 주시어 크고 넓은 이익을 인간들이 누리게 하였습니다. 마한의 여원홍을 보내어 삼신일체 상제의 제단에 제사를 올리오니, 그 밝고 밝음이 제물을 남기지 않게 하옵소서. 재계하고 정성으로 공양하오니 강림하시어 흠향하시고 계속 도와주소서"라고 말하고, 삼조선 천만년 무강의 조업과 부강한 나라, 은성한 백성을 기원했습니다. 그러니까 여원홍을 시켜서 백두산 천지에 올라가서 천제를 올리도록 했다는 거죠.

24세 고연나(延那)단군의 여러 한(汗) 한이라는 것은 칸이라고 제후의 왕들을 말하죠. 한(汗)들은 조서를 받들고 소도를 증설하여 천제를 지냈으며 나라에 큰일이나 이변이 있으면, 하늘에 기도하여 백성의 뜻을 하나로 모았다. 그랬습니다.

28세 고해모단군 원년 단제가 병이 나자 백의동자를 시켜 하늘에 빌게 했더니 곧 나았다. 이것이 단기 1362년입니다. 번조선 40대 번한 5년 해수 아들 물한을 구월산에 보내 삼성묘의 제사를 돕게 했다. 묘당은 상춘, 지금의 만주 장춘이고 거기에 주가 성자가 지금도 있는데 그 주가성자에 보내서 삼성묘에 제사를 지내게 했습니다.

44세 고구물단군 25년인데 이게 단기로 1909년입니다. 예관을 청해 3월 16일 3신 영고제를 행했다. 단제가 친히 행차해 삼육대례를 하여 경배했습니다. 삼신영고제는 북을 두드리면서 삼신을 맞는 제례인데, 일본의 축제 '마쯔리'의 어원은 신선도가 일본에 건너가 신교나 신도가 되면서 우리 말 "신을 맞으리" 그 맞으리에서 마쯔리라는 그러한 일본의 축제 언어가 생긴 거다. 이렇게 말할 수가 있습니다.

단군조선의 마지막 단군인 고열가 단군은 단기 2051년 백악산에 단군왕검 사당을 세웠으며 유사로 하여금 4계절 제사 지내게 하고 1년에 한 번은 단제가 직접 제사를 지냈다고 합니다.
　우리 신선도 문화는 '생명의 빛'과 '홍익인간'을 내용으로 하는 찬란하고도 그윽한 인간 문화로서, 세계적인 종교인 불교·유교·도교·기독교.회교 및 일본의 신도와 동북아시아 대륙의 샤머니즘(Shamanism) 등에 직간접으로 영향을 끼쳤으므로 어원적으로 신선도라는 말에서 천신교·신교, 일본의 신도 또는 선교나 선도·도교라는 말이 유래한 것으로 생각이 됩니다.
　우리나라의 초대 문교부 장관을 지낸 안호상 박사가 국사찾기협의회 초대회장을 지냈는데, 신선도가 삼신산인 한밝산(백두산을 말함)에서 발생하고 발전해서 동아시아 전체로 퍼져나갔으며, 이는 신교·선교·도교만이 아니라 불교와 유교·기독교.회교의 뿌리까지 지니고 있고 헬레니즘과 헤브라이즘, 남북 아메리카. 마야 잉카문명에까지 영향을 주었다. 그렇게 얘기를 하고 있습니다.
　이러한 우리 고조선의 신선도 문화는 나반과 아만, 마고 선녀를 거쳐서 환국·밝달(배달)국·단군조선으로 이어온 거지만, 이러한 문화·문명이 세계로 퍼졌다는 것은 칼 야스퍼스라는 독일의 철학자의 얘기를 보면 참 주목할 바가 있다고 생각합니다.
　독일의 철학자 칼 야스퍼스는 만일 일본 열도가 침몰해서 딱 하나의 보물만 건진다고 그러면, 광륭사 목조 미륵보살상을 건지겠다. 이 미륵보살 반가사유상이 우리나라의 적송으로 우리나라 사람이 만든 거다. 그래서 우리나라 국보 78호와 모양이 아주 비슷하다 이렇게 얘기를 했습니다.
　이런 칼 야스퍼스(Karl Jaspers, 독일 철학자)와 카렌 암스트

롱이라는 사람은 1949년 『역사의 기원과 목표(Vom Ursprung und Ziel der Geschichte)』라는 책을 쓰기도 했는데, 칼 야스퍼스는 B.C. 8세기부터 B.C. 3세기(고조선 후기에 해당)를 '역사에 있어서 축(軸)의 시대'다. 지축이라는 말도 있고 차축이라고 그래서 중심 굴대를 말하는 것이 이 축의 시대(Achsenzeit)인데, 이 인류 역사에 있어서 가장 창조성이 뜨겁게 폭발한 그런 문화를 창출한 시대다. 그래서 축의 시대라고 그렇게 얘기를 했습니다. 이 시대의 위대한 인물로 석가모니 부처라든지 마하비라, 공자님, 노자님 이런 분들도 있고 또 소크라테스, 프로타고라스 밝달국의 복희 · 여와(女媧) 이런 분들이 모두 이러한 시대와 관계가 되어 있습니다. 이러한 분들은 전부 우리 민족과 관련이 있다.

우리 민족을 구이족 · 구리족 · 고려족 · 고리족 · 동이족 또는 몽골리안이라고 그러는데, 특히 석가모니는 영국의 빈센트 스미스라는 사학자가 석존 몽골인설을 확실하게 밝혔고, 우리나라는 단군조선 때 오사구 단군이 오사달이라는 동생을 몽골의 한으로 임명해서 몽골족이 시작하게 한 기초를 만들었습니다.

그렇기 때문에 몽골리안의 맏형이 우리 민족이니까 석가모니는 우리 민족 계통이다. 그래서 음력 4월 8일이 부처님 오신 날이기 때문에 그 관계를 좀 자세히 살피려고 합니다.

이 석가모니가 태어난 시절에는 인도에서 마하비라라는 성자가 태어나서 자이나교도 생기고, 그 다음에 석가모니 부처님의 실상이 어떻느냐 그러면 저자가 이 『밝해문명사』에 쓴 바 대영박물관에 있는 석존의 얼굴은 석가 세존이 41세 때에 그 10대 제자의 하나인 부루나미 다라니자가 직접 그린 것입니다. 언어학자 강상원 박사는, 석가모니는 단군왕 후손이며, 고담(고다마)이라고 했습니다.

　중국의 공자도 자기 자신은 동이족이고, 은나라가 우리 민족 계통의 나라죠. 은나라 즉 상나라라고 하는데, 나는 본래 은나라 사람이라고 그러고, 공자 후손도 공자는 동이족이라고 그랬고, 공자 선생님이 나는 동이족의 나라 동방 예의지국에 가서 살고 싶다는 말도 했습니다.

　노자(老子) 선생님도 동이족입니다. 본래 노자 선생님은 아버지 성이 우리나라 한국의 한(韓)씨였습니다. 그런데 이제 본인 때에 본인이 유명하니까 이(李)씨로 바꿨지만, 이 노자 선생님도 우리 동이족이다. 그렇게 말할 수 있고, 그때 그리스에는 소크라테스라는 철인이 나서 플라톤・아리스토텔레스로 이어졌는데, 그리스의 그 신이 제우스 신입니다.

　그런데 제우스(Zeus)라는 것은 제우(帝禹)라고 해서, 중국의 하나라를 세운 왕이죠. 그 제우라고 그러는데 이 제우가 단군조선 고왕검단군의 아들인 부루 태자에게 와서 오행치수법을 배우고 우리 단군조선을 상위국으로 섬겼습니다.

　그래서 그리스의 소크라테스도 그런 영향을 받았고 특히 그것은 서양 쪽은 환국에서 밝달국으로 넘어갔다 단군 조선으로 이어지는데, 그 환국에 수메르나 우르국이라는 게 있습니다. 그 수메르 문명이 그리스, 로마, 이스라엘, 이집트 나일강문명 이런 것에 전부 영향을 주었습니다.

　밝달국의 태우의 천황의 아들이 복희고 그 딸이 여와인데 그 복희(伏羲, Fuxi)와 여와(女媧, Nüwa)는 인류 문명을 창조하는데 큰 역할을 했고, 특히 여와는 유대 이스라엘 쪽으로 가서 야훼신이 됐습니다. 야훼신의 어원이 여와입니다. 여와도 이 동양의 신화에서 흙으로 사람을 만들었다고 해서 이 여와가 이스라엘로 가서 이스라엘의 하느님이 된 거죠.

그리고 기독교에 이어서 나온 이슬람의 경우에 신을 "알라"라고 그러는데 알라의 어원이 따로 없고 우리말 "얼나" 즉 참나나 절대자인 진아를 말합니다. 그것은 우리 말의 얼나 또는 알나에서 간 것으로 추정이 됩니다.

그러면 우리 민족은 몽골리안의 맏형이고 빈센트 스미스 영국 사학자의 얘기를 들면 석존 몽고인설을 얘기해서 우리 민족 계통이다고 하는 얘기를 자세히 살펴보겠습니다.

2021년 4월 19일은 불기 2565년 부처님 오신날입니다. 그런데 불탄은 태어난 날을 기준으로 한 게 아니라 돌아가신 날을 기준으로 하기 때문에(B.C. 544 만80세:81세) 태어나기는 여기에 80을 더하면은 2624년 수도단나왕과 마야 부인 사이에서 태어난 거죠.

상반대정 석가모니의 전에 의하면 수도단나와 마야 부인 사이에서 태어나서 29세에 출가하셔가지고 35세에 우주의 절대 진리, 나가 누군가를 깨달으셔서 인류역사의 위대한 부처님이 되었습니다. 지혜와 자비로 모든 중생을 계도해서 인간의 고통을 전부 없애주고 인간의 불평등을 없앤 혁명가다. 그렇게 말할 수가 있습니다.

그 상반대정(常盤大定)의 석가모니전이나 석보상절 같은 데 보면 석가모니의 조상은 태양족이고, 아침에 일어나면 늘 태양에 절하고 또 밝해·밝달 문명의 후예여서 동방에서 이동한 고리족 중 샤카(Sakya)족이다.

그리고 그 석가모니의 어머니, 마야왕후와 부인인 야소다라가 모두 코리(Koli)족입니다.

코리족(고리족=치우족=묘족=고구려=부여=몽골)은 우리민족입니다. 그런데 고리족(藁離族, 九黎族=고리족=고구려=부여)과 석가족은 같은 민족이다. 그러니까 우리 민족이라 그렇게 말할 수가 있습니다.

그리고 석가모니가 출가해서 대각에 이르기 전에 배운 스승이 바가바 선인, 아라라 칼라마, 우드라카 라마푸타 이런 분인데, 석가세존은 이런 경우에 우리나라의 그런 신선도, 인도 말로는 리시라고 그러는데 신선도를 닦아서 9차 제정의 8차 제정인 비상 비비상 처정까지 갔습니다.

마지막 멸진정이 되어야 멸진정의 사마디에 들어아 깨달음을 언게 되는데 ,그것은 출가 후 고행 6년이 지나서 중도로 나아가 부다가야 보리수 밑에 앉아서 마지막 좌정에서 수행하다가, 견명성으로 새벽 별을 보고 깨달으신 거지요. 항마수행상이라고 합니다.

그래서 그분들이 모두 신선도의 스승이어서 신선도를 닦았고, 세존은 또 직접 나는 전생에 설산선인이었다고 얘기합니다.

그리고 동방의 태양족인 동이족으로 워낙은 포탈라국 감자대왕 후손인데 포탈라국은 또 티벳에 있죠.

네팔(Nepal)의 타라이 지방에 옮겨서 카빌라선인이 살던 카빌라국과 코탈라국에 정착했다고 합니다. 그리고 이 석가족은 의사결정을 할 때 왕과 신하들이 모여서 석가 가나로 의견을 결정했습니다. 이것은 석가족의 집회가 만장일치로 한다는 것인데, 그것은 고조선이나 또는 신라의 화백회의 고루살이의 형태와 똑같다고 말씀드릴 수 있습니다. 그 다음에 신선 선(仙)자 들어간 그러한 불경이 여러 개가 있는데 아함부의 불설입선경(佛說入仙

經), 금강선론(金剛仙論), 대위등광선인문의경, 일체지광선인자심인연불식육경이 있고, 또 유명한 우리나라 자주사학자인 문정창 선생은 불교의 기원이 옛날에 우리나라 요동반도에서 봉천지방에 있던 소호 금천씨로부터 발생을 했다. 그래서 제천금인(祭天金人, 금으로 사람형상을 만들어 모셔놓고 제사를 지냄)이라고 합니다. 하늘에 제사를 지내는 금 빛나는 그러한 사람이 부처입니다.

그래서 이러한 제천금인 후손이 곤륜산맥을 타고 중앙아시아를 거쳐 인더스문명을 창출한 드라비다족이 되었다고 합니다.

그리고 인도에는 소도 문화, 성곽도시가 발달했고 또 인도의 타밀어와 우리말은 같은 교착어로 똑같은 말이 아주 많이 있습니다.

그 다음에 인도·티벳·네팔 이런 데는 삼일장 문화와 삼칠일 기도가 유명하고 그 다음에 밝달국의 15대 치액특 환웅천황 이후 티베트를 800년간 통치했고, 3세 가륵 단군 때는 티베트 강거의 반란을 토벌했다는 기록도 나옵니다.

그 다음에 화엄경 보살주처품에는 금강산에 법기보살이 살아서 12,000명을 거느리고 설법을 하고 있다고 그렇게 나와 있고, 묘범연화경 관세음보살보문품 (관세음경)에 보면 악인에게 쫓겨 금강산에 추락하더라도 관세음보살을 부르면 다치지 않게 하는 얘기가 있고 또 유명한 고려의 일연대사의 삼국유사는 경주에 제육불인 가섭불(迦葉佛) 연좌석이 있다고 얘기를 했습니다.

그리고 『환단고기』에 보면 오사구 단군이 동생 오사달을 몽고한으로 임명해서 몽고가 시작을 했고, 또 단군기원 156년인 3세 가륵 단군 발해안 나라 지방인 열왕의 욕살(褥薩, 지방장관)을 했는데 반란을 일으켜서 귀양을 보냈는데, 어디로 보냈냐 그러면 약수 지방으로 보냈습니다.

약수라는 것은 몽골에서 고비 사막을 흐르는 그러한 강인데 그쪽을 색정이라고 그리고 색리국이라고 그랬습니다. 그래서 그 유배 보냈던 걸 풀어가지고 색리국 왕으로 임명하는데, 이 색리국에서 석가족이 나왔고 그 사람이 다른 말로는 스키타이(Skythai)라고 그러는데 이 스키타이족과 석가족은 같다. 그렇게 얘기합니다.

스키타이는 단군이라는 텡그리·하늘천(天)·하늘님과 태양신을 신으로 모셨고, 그 다음에 그리스의 헤로도투스도 단군신을 텡그리 신이라고 그랬습니다.

그런데 이 색리국이 고리국이고, 고리국이 고구려국이 된다고 말할 수 있습니다.

이러한 역사적인 맥락 속에서 서울대 고고학과 김원룡 교수는 B.C. 6세기 경에 스키타이족인 석가족이 인도에 들어갔다고 합니다.

그리고 B.C. 2천년 경에는 중앙아시아 최초의 유목민족 국가를 세웠다가, 거기에서 이제 실크로드를 등장시켜서 고대 유라시아의 북방기마 민족으로서 여러 가지 문화를 유통시키면서 철기문화를 발달시켜 퍼졌다.

그래서 유라시아 지역에 보면 다뉴브강, 흑해, 송화강, 인더스강, 간지스강, 시베리아 알타이지방, 중국 오르도스지역, 몽골지역, 남북 아메리카 이런 데 모두 한반도와 공통된 문화 유적을 갖게 되었다고 합니다. 그러니까 우리 신선도 문화가 세계적으로 흘러가다 세계 문명의 기원이 되었다고 말할 수 있습니다.

제23절 후기 고조선의 문화

밝은 해인 청천백일의 광명으로 우리 민족이 창조한 인류 시원 문명인 한밝달 문명이자 신선도인 홍익인간·광화세계로 신명 개벽하는 신명난 우리 문명국 역사 제23절 주제는 '후기 고조선의 문화'입니다.

여기서 홍익인간(弘益人間)은 인간의 이상형으로 깨달음을 얻고 사람을 널리 크게 돕는 사람을 말하고, 광화세계(光化世界)는 광명으로 꽉 채워 어두운 곳이 없는 이상세계로서 사회의 완성을 뜻합니다. 홍익인간·광화세계는 인간 완성과 사회의 완성을 뜻한다. 그렇게 말할 수가 있습니다.

단군조선 시대에는 창힐(蒼詰) 선생이 우리 동이민족인데 그분이 집대성에서 창제한 한자와 가륵 단군 때 을보륵이 만든 가림토 문자 지금 한글의 원형이 있었죠.

그 밖에 또 이두 문자가 있었습니다. 이두문자는 신라시대에 원효대사의 아들인 설총(薛聰)이 만들었다고 그러는데 그때 만든 게 아니고, 후단군조선 때 만든 것이 열국·사국 시대로 이어지고 발전하다가 설총 선생님이 집대성 한 것이다. 그렇게 말할 수 있습니다.

이두(吏讀)문자가 처음 창제한 것은 제29대 고마휴 단군 때인 단기 1409년입니다. 부여인이자 번조선 사람인 왕문(王文)이 번조선 단군의 하나의 예하국가인 번조선 이벌 비왕을 통해 마휴 단군에게 이두문을 지어서 바쳤다고 그래서 마휴 단군이 진조선·번조선·막조선에 모두 다 같이 시행했다. 그럽니다.

그리고 그러한 이두문자는 지금도 경상남도 남해군 낭하리 계곡바위에 신시의 고각(古刻)된 이두문이 있는데, 환웅 천황이 천제를 지내고 민족경전인 천부경(天符經), 일시무시일로 시작해서 일종무종일로 끝나고 본심본태양을 핵심내용으로 하는 천부경과 삼일신고경을 거기에 놓았다. 이렇게 돼 있습니다.

또 배달유기(配達留記, 최초의 역사서)에는 태백산 푸른 바위벽에 신지글자가 있었는데 그 모양이 기역(ㄱ)·니은(ㄴ)과 같은 글자가 있었다고 합니다.

이두(吏讀)는 이토(吏吐)·이두(吏頭)·이투(吏套)·이찰(吏札)·항찰(鄕札)·향서(鄕書)·국서(國書)·가명(假名, 임시로 붙인 이름)이라고도 하는데 여러 가지로 불렸다고 말할 수가 있습니다.

그러한 이두의 실례로 민족자주사학자인 단재 신채호 선생은 흰백(白)자 활발할 활(活)자인 백활(白活)을 '발괄'로 읽고 하소연의 뜻이 있으며, 위백제(爲白齊)는 '하삷제'로 읽고 '하올지어다'의 뜻이 있으며, 의신(矣身)은 '의몸'으로 발음되며 '저'의 뜻이고, 교의(敎矣)는 '이사되'로 발음되며 '말씀하시되' 뜻이 있다고 합니다. 불함산(不咸山)은 밝달산을 나타내는 이두식 표기가 된다. 즉, 불(不)은 벌, 발과 통하는 소리이며, 함(咸)은 모두 다라고 할 때의 "다"의 뜻을 지닌 글자인 바, 불함산은 곧 "발다 산"이 되어 "밝달 산"의 소리를 적은 이두식 표기가 되는 것이다. 대표적인 불함산은 단군조선의 크게 밝은 산, 태백산(太白山)이 되는 지금의 백두산이다. 이것이 그 당시에 썼던 이두문자의 글과 내용의 차이인데, 그 단군조선 때는 여러 가지 노래가 많았습니다.

어아가, 도리가, 애환가 이런 게 많이 있었는데 그 중에 그 이두로 적혀 있는 게 남아 있는 것은 천단가(天壇歌)입니다.

25세 고솔나(奉那)단군 때에 단군의 조칙을 받들어 제사하되 번조선 비왕인 임나(任那)가 솔나의 조서(詔書)로써 천단(天壇)을 동쪽 교외에 설치하고 삼신(三神)께 제사를 지냈다. 백성들이 삥 둘러서서 춤추고 북치고 다음과 같이 노래하였다.

정성으로 천단을 쌓고 삼신께 축수하세
(精誠乙奴 天壇築爲古 三神主其 祝壽爲世)!
황운을 축수함이며 만만세로다
(皇運乙 祝壽爲未於 萬萬歲魯多)!
만인을 돌아봄이며 풍년을 즐거워하도다
(萬民乙 睹羅保美御 豊年乙 叱居越爲度多)!

그리고 이 때의 이두법은 일본이나 글안·여진 등에 전해져서 글안문·여진문·일본문을 형성하는 데 크게 기여를 했고, 특히 일본의 가명(假名)을 가다가나라고 하는데, 이런 것도 우리나라의 이두가 흘러가서 일본이 신라의 향가를 적은 만엽집이나 이러한 것들이 가명으로 가다가나로 쓰여 있고 또 거기에다가 이제 일본어를 발전시켜서 히라가나를 또 만들었죠.

단군조선의 역사는 홍익인간·광화세계를 중심으로 하는 신선도 사상과 천·지·인의 조화를 반영하여 나라가 평탄했고 분열이 없는 세계 유일한 2천년 제국을 만들었다고 말할 수가 있습니다.

그 다음에 서기 1991년 3월 6일 상고시대인 서기전 15세기 경의 것으로 보이는 후기 청동기시대 암각화가 경상남도 함안에서 발견되었습니다. 최근의 일이다. 그렇게 말할 수가 있고, 또 암각화로서는 경상북도 울주군 태화강변에서 반구대 암각화가 발견됐는데, 여기에는 사람과 거북과 고래잡이의 모습이 보이고 상고시대의 수렵과 어로 생활을 기록한 일종의 서사화라고 할 수 있습니다.

단군조선시대의 공예품으로는 금동공예 · 청동공예 · 나무공예 등이 있었습니다.

또한 『환단고기』와 『규원사화』에 의하면, 후단군조선시대의 과하발달을 짐작하게 하는 것으로 일식을 관찰하고 또 지진과 해일에 대한 대비를 열심히 했다는 기록이 있습니다.

후고조선시대에 들어와서 32세 고추밀 단군 갑자 13년 3월과 34세 오루문 단군, 47세 고열가 단군 48년 10월 1일에 각기 일식이 있었으며, 36세 매륵 단군 갑진 28년에 지진과 해일이 일어 피해가 많았으므로 이에 대한 대비책을 마련하라고 단제가 명령을 내린 바가 있습니다.

또 신선도의 제천의식 등에 나오는 가무형태의 예술은 '영가무도'로서 전통적 민속놀이인 두레놀이 · 풍쟁 등으로 민족적 농악무 노동요의 기초가 되었습니다.

그러한 영가무도의 정신이 민족의 핏줄을 타고 전해져서 지금 세계적으로 음악으로 유명한 애국자 조수미 씨나 또는 대중가수들인 BTS 등이 탄생하는 게 아닌가 그렇게 생각이 듭니다.

후기 고조선의 금속문화는 단기 10~11세기부터 시작되는 후기 청동기 문화와 그 다음에 그 후에 단군조선 말기에 고구물 단군

때부터는 국호를 대부여로 바꿨는데 그때의 문화는 본격적인 철기 문화 시대가 된다고 얘기할 수가 있습니다.

그 후기 단군조선의 그러한 문명으로는 중국 요녕성의 하가점 상층문화에서 이른바 비파형 동검이 최초로 발견이 되었습니다. 하가점에 가면 우리 고대의 그러한 밝달국과 단군조선의 문물·유적이 많은데, 그 하가점 하층문화는 고조선의 전기문화를 나타내고 그것이 묻혀지고, 그 위에 새로 세워진 것이 단군조선 후기의 하가점 상층문화인데, 현행 우리나라 역사교과서의 대부분은 비파형 동검과 고인돌, 미송리식 토기와 팽이형 토기 등을 고조선을 상징하는 유물로 봅니다. 그중에서도 비파형 동검은 가장 중요한 유물로 생각이 되고 대부분의 경우 비파형 동검 등이 발견되는 지역을 고조선의 영역, 문화권 범위 및 세력 범위 등으로 일반적으로 그렇게 관찰을 합니다.

그런데 비파형 동검이 출토된 유적의 위치는 한반도 전역, 요녕성, 길림성, 흑룡강성과 바이칼호반 등인데, 그 유적지에서 얼마나 많은 비파형 동검이 출토되었는지 비파형 동검의 발굴 개수는 잘 알 수가 없습니다. 출토된 비파형 동검의 개수는 한반도 지역보다 요서·요동 지역에서 집중적으로 발견되고 시기도 빠릅니다. 그래서 특히 요녕성에서 발굴되는 것은 압도적이어서 '요녕성 동검'이라고 합니다. 우리가 잃어버린 만주땅을 다시 생각하게 합니다.

서기 2천년 기준으로 비파형동검은 총 311개가 출토됐는데, 적봉·홍산시기를 중심으로 한 내몽고 동부 지역이 19개, 요녕성의 요서지역이 91개이고, 요동지역이 128개, 길림·장춘 지역이 18개, 한반도 지역이 75개 등이다. 그렇게 말씀드릴 수가 있습니다.

 후기 청동기문화에 발굴된 유적으로는 첫 번째 시기로 단기 16~17세기 사이에 평안북도 의주군 미송리 동굴, 세죽리 및 제1지구, 소서구, 곽가둔과 여순 토성자시 유물, 강상 막돌무덤, 쌍타자 무덤, 그리고 한반도에서는 비파형 동검이 만주 지역보다 적게 나타나 대동강 유역·함경남도지역·황해도지역 등 몇 군데에서만 발견됩니다.

 후기 청동기문화의 두 번째 시기는 단기 17~19세기로 평안북도 개천군 묵방리 등 9곳에서 유적지가 발굴되었습니다. 또 평안북도 영변군 세죽리 유적 그 다음에 요녕성 조공가 유적, 해성현 대둔 유적, 요하 여순 남하 유적, 또 유가동 유적, 누상 유적 이런 것들이 유명하다 할 수 있습니다.

 후기 청동기문화의 세 번째 시기는 단기 19~20세기로 추정되며, 요양시 동남쪽 지점에 있는 이도하자 유적에서 비파형동검에서 좁은 놋단검으로 변화의 형태가 출토되는 등 여러 곳의 유적이 있습니다.

 단검과 청동머리핀·뼈제품·비파형동검이 출토된 심양시 철서구 정가와자 유적, 평양 승호구역 입석리 유적, 황해도 송림시 석탄리 유적, 평안북도 북창군 대평리 유적, 평안북도 중강군 토성리 다층유적, 송화강가의 소달구 유적, 나진시 부근 초도유적, 길림성 조선족자치주 천교령 백초구 무덤유적, 요녕성 조양 12태영자 유적, 고대 3기 무덤유적 등의 발굴이 그것이다. 이렇게 말씀드릴 수가 있습니다.

 그 밖에 고조선 후기문화로 언급해야 될 것은 B.C. 416년인

44대 고구물단군 11년 서백원이 태양·태음·소양·소음의 사상의학(四象醫學) 통편을 저술하여 임금께 바쳤습니다.

그리고 B.C. 382년 45세 고여루 단군 15년 마자은이 이기일원론(理氣一元論)을 지어 임금께 바쳤습니다. 이치와 기가 본래 하나다 그런 거지요. 이(理)에서 기(氣)가 나오고 기가 이로 돌아간다. 그런 얘기입니다.

B.C. 359년 고여루 단군 38년 백승선이 "유자(儒者)들이 진취하기 어려우니 수성(守成)이나 함이 가할 일이니, 유생들을 불러 예악이나 일으키게 하소서"하니 임금이 하락하였다고 합니다.

47세 고열가 단군 15년에 기자조의 한윤국이 번조선이죠. 도덕요람 32권을 짓고, 실천도덕 8가지를 임금께 건의하였습니다.

B.C. 268년 고열가 단군 28년에 우리 동이족인 공자의 7대 후손이자 위나라 사람인 공자순(孔子順, 孔斌)이 단군조선(고조선)을 존중하고 기리며, 그 나라에 가서 살고 싶으며 그의 선조 공자도 동방예의지국(東方禮儀之君子國)인 깨끗한 우리나라를 동경했다는 내용을 역사책 『홍사(鴻史)』라는 책의 서문에 썼습니다[余亦欲居東夷之意]. 여기에서는 단군조선과 밝달나라를 동이(東夷)라 기록하고 있습니다.

제24절 단군조선의 쇠망과 그 결과

밝은 해인 청천백일의 광명으로 우리 민족이 창조한 인류 시원 문명의 원형인 한밝달 문명이자 신선도인 홍익인간(弘益人間)·광화세계(光化世界)로 신명 개벽하는 신명난 우리 역사 제24절 주제는 '단군조선의 쇠망과 그 결과'입니다. 우리나라 최초 민족국가 단군조선의 쇠망과 그 결과입니다.

여기서 홍익인간(弘益人間)은 인류 사회의 이상적인 인간형으로 깨달음을 얻고 사람을 널리 크게 돕는 사람을 말하고, 광화세계(光化世界)는 광명으로 차서 어두운 곳이 없는 그러한 사회 완성의 이상세계를 뜻합니다.

우리가 신명난 우리 역사를 시작해서 나반과 아만이 북두칠성에서 백두산에 내려온 것을 시발로 해가지고 마고선녀의 마고산성시대 또 환국시대·밝달국·(배달국) 시대 그 다음에 민족이 형성돼서 첫 민족국가 단군조선의 건국에서부터 시작해서 이제 단군조선의 끝에 와 있습니다.

인류 역사에서 천년 가는 나라가 아주 적습니다. 서양의 역사에서는 로마제국이 하나 있고, 그 다음에 조그마한 공화국으로 베니스(베네치아)공화국이 천년 있다가 나폴레옹에 망한 그러한 두 가지 사례가 있습니다.

우리나라는 통일신라 천년하고 고구려 천년에서 두 개의 나라가 있지만, 유일하게 단군조선은 2천년을 계속한 2096년간 계속된 인류사의 가장 길고 위대한 그러한 나라였습니다.

'합친 것이 오래되면 나눠지고 나뉜 것이 오래되면 합쳐지는 것'이 역사의 한 법칙입니다. 그리고 우리는 인간 사회를 삶에 있어서 역사를 알아야 되는 것이 역사를 잊은 민족은 같은 역사를 되풀이할 수 있다.

역사에서 보면은 좋은 일도 있지만 안 좋고 당한 일이 많은데, 그것을 잊어버리면은 똑같은 역사가 되풀이 돼서 민족이나 나라가 고생할 수 있다. 이것을 지금 뼈저리게 느껴야 될 때라고 생각이 됩니다. 역사를 잊은 민족에게는 미래가 없다고 합니다.

단군조선인 고조선이 후기에 오면서 국호도 대부여로 바뀌고, 그러면서 본래 진조선과 막조선과 번조선이 있지만, 단군이 전체 통치권과 천제권을 다 가지고 있었는데, 이 단군조선 말기에는 그 군권을 각기 3조선에 나눠주게 됐어요.

그래서 하나의 군권을 갖지 못하니까 그런 것이 하나의 그 쇠망의 원인으로 작동을 했고, 또 하나는 중국 연나라·제나라 이런 나라와 단군조선이 전쟁을 많이 하게 됐습니다.

그리고 중국은 하·은·주로 지내오다가 춘추전국시대를 진(秦)시황이 통일했으나, 진(秦)나라 얼마 못 가서 망하고, 항우(項羽)를 꺾은 유방에 의해 한(漢)나라로 통일돼서 한나라의 무제가 막강한 군사력으로 우리 단군조선을 압박해 오게 되는 그러한 결과가 있다. 그렇게 말할 수 있습니다.

단군조선의 마지막 47대 단군은 고열가 단군인데 이분은 43세 단군 고물리 현손인 상장이었습니다. 그 상장 고열가는 46세 보을 단군 때 수유인 한개(韓介)의 침입을 막아내는 공이 있어 단군으로 추대됐으나, 국가의 재정이 충실치 못하고 또 봉가(鳳加)가 바치는 나라 세금으로 간신히 유지돼 왔습니다.

그러다가 B.C. 239년인 고열가 단군 임술 57년 단기 2094년 4월 8일 종실(宗室) 해모수가 본인 이름은 고달입니다. 해모수(解慕漱)가 웅심산, 지금 요령성 북녘을 보통 얘기하는데 백악산 고도를 점거하고 천왕이라고 했고 새롭게 고리국.북부여 나라를 세웠습니다. 그의 선조는 고리국 사람이었습니다. 고리국에 대해서 몽골과학원에 베 슈미야타바르 교수는 고리국이 몽골지역에 건설한 나라이고, 지금도 몽골족의 한 파인 부리야트인들은 스스로를 코리(Koli)라고 부르면서 바이칼호수 주변에 살고 있고, 또 베 교수는 부여국 흘승골(訖昇骨)과 고리에서 온 동명이 세 사람을 만나 흘승골에 살았다는 위서의 지역명은 몽골의 할인골 강이다. 이렇게 얘기하고 삼국사기에 나오는 비류리는 강은 몽골의 부이르 호수다. 이렇게 얘기를 했고, 그 다음에 필란드 헬싱키 대학의 고송무 교수는 해모수가 고향인 고리에서 왔기 때문에 북부여를 고리국이라고 했다. 그렇게 얘기했습니다. 그리고 이 북부여는 간단히 볼 게 아닌 게 광개토대왕 비에 보면은 동명성제로부터 광개토대왕이 13대 손이라고 그랬는데 시조로부터는 17대 왕이다. 그렇게 나와 있습니다. 그럼 앞에 4대 연조가 없는 거죠.

  물론 이제 거기가 북부여 · 동부여 · 졸본부여 이렇게 있고, 졸본부여를 계승했지만 그 4대가 누구냐 그러면 고해모수 그 다음에 둘째 아들이 고진왕인데 고진왕이 고리국왕입니다. 고진왕의 아들이 고법왕이고 고법왕의 아들이 고모수왕이라고 불립니다. 이 고모수왕이 유화부인과 관계해서 낳은 것이 고주몽인데 이 고모수왕은 B.C. 1세기 경에 여러 가지 고래잡이 어선단을 끌고 베링해를 거쳐서 멕시코로 가서 테오티와칸에서 고대 멕시코인 맥이고(貊耳高)를 건설하기도 했습니다.

그러니까 우리 민족이 유라시아·아프리카·오스트레일리아는 물론 그 다음에 남북 아메리카도 그렇게 오랜 세월 영향을 미쳐 온 것이다. 그렇게 말할 수 있습니다.

그래서 북부여부터 사실은 고구려다고 그렇게 말할 수 있습니다. 그래서 고조선이 47대 단군인데 고해모수부터 쳐가지고 고주몽은 52대 단군이 돼서 삼국유사에는 고주몽을 단군이라고 표현합니다. 그러면 그 고구려의 왕들은 다 보장왕 때까지 28대까지 다 단군이기 때문에 80대 단군이 되고 그 다음에 그 보장왕의 아들 고덕무가 대조영이기 때문에 발해의 15대 왕까지는 94대 단군이 되어서 단군조선으로부터 북부여·대고구려·발해까지 이으면 3259년이라는 세계에 유례가 없는 대국가 3천년 고씨제국이었다. 인류사에 가장 오래 존재했던 나라다고 말할 수가 있습니다.

그리고 고구려에서 고주몽이 나라를 세우고 나서 신묘를 두 분을 모셨습니다. 한 분은 부여신으로 어머니인 유화(柳花)부인을 모셨고, 한 분은 단군조선 22대 고색불루 단군의 조부인 고등왕, 고등왕을 고구려의 신으로 모신 것은 그런 단군조선을 이어서 고구려가 태어났다고 얘기합니다.

그 다음에 이제 단군조선이 여러가지 사정으로 망하게 되었는데, 그 고열가 단군이 재정도 없고 또 결단력이 부족하고 그래서 5가(五加)회의를 소집해서 "나는 구월산으로 들어가 신선도로 가겠다." 그래가지고 5가회의에 맡겨 공화정으로 5년 정도 계속이 됐습니다.

그때 진조선과 한반도의 막조선이 그때 망하고 그 후에는 번조선만이 남아 있었습니다. 그런데 번조선은 어떻게 됐느냐 그러면 기자조선이 B.C. 1100년경에 있었다고 그러는데 기자조선이 있었던 것은 아닙니다. 다만 기자의 무덤은 지금 산동성 조현에 있어서 그리로 피해서 살았는데, 이 기자의 먼 후손인 기비가 번조선에 41대 왕으로 그렇게 부왕으로 취임을 했던 거죠. 그래서 그것이 5대가 계속됐는데 그때에 먼저 연나라의 진개(秦開)라는 장군이 단군조선에 쳐들어와 많은 사람들을 데려갔습니다. 그때 위만이 섞여 있었죠.

그런데 위만은 나중에 번조선에 와가지고 왕을 보고 저희가 나라를 지켜드리겠다고 그래서 받아들였는데, 이 위만이 쿠데타를 일으켜서 자기가 위만국을 설립했습니다.

그래서 흰옷을 입고 상투를 틀었다는 걸로 봐가지고 진개(秦開)가 잡아간 조선인의 후예다. 그렇게 말하고 연나라 사람이 아니다. 이런 얘기를 했습니다. 위만은 우거왕 때에 한무제의 무력에 의해서 망하게 되고, 번조선의 기준왕은 나라를 버리고 한반도로 와가지고 남마한을 일으킴으로써 번조선은 망하고 중국은 한사군이나 한이군을 설치했다고 그러는데 그 자체도 불분명하고 확실치가 않습니다. 다만 단군조선이 그렇게 해서 망하게 됐는데, 그 전쟁의 끝에 보면은 조선과 한나라의 전쟁(조·한전쟁)을 했는데, 우리 단군조선이 망하기는 했지만, 약세로 망한 게 아니라 강세로 망했습니다.

한사군을 설치한 것이 아니라 토착 조선사람 4명을 발탁해가지고 발해에서부터 산동반도까지 네 개 지역에 4제후로 임명한 것이므로 조선4군입니다. 그 4제후는 홰청후 삼, 추저후(萩苴侯, 적저라고도 함) 한음, 평주후 왕겹, 온양후 최 이렇게 4명인데[以故遂定朝鮮爲四郡 封參爲澅淸候 陰爲荻苴候 唊爲平州候 長降爲

幾候 最以父死頗有功爲溫陽候 -『사기』조선열전], 이 사람들이 그 제후로서 1년 내지 16년간 계속이 되었다. 그렇게 말할 수 있습니다.

그래서 단군조선이 망한 것은 중국과의 전쟁이나 내부의 분권 이런 것도 있지만 전통적인 도맥인 신선도맥에서 하느님에 대한 권위가 상실돼서 마음이 분열되고 지배 계층이 또 분열되는데, 그것은 왜 그러냐 그러면은 청동기시대를 지나고 철기시대가 오므로써 생산력이 강해지고 생산력을 소지하는 사람들이 갈라지기 때문에 귀족은 귀족대로 평민은 평민대로 자기 생산수단을 가지게 됨으로 해서 분쟁이 심하게 됐다. 이러한 것들이 그런 단군조선이 망하게 된 결과다. 그렇게 말할 수가 있습니다.

그래서 한반도와 일본과 만주·시베리아·몽골 이렇게 광대한 영토를 가졌던 단군조선이 무너지니까 그 나라가 처음에는 15개국 정도로 그렇게 제후국으로 나눠졌습니다.

그게 이름을 부르면 북부여·동부여·졸본부여 나중에 서부여, 나중에는 백제가 되는 남부여, 그 다음에 고리국, 숙신이나 주신이라고 했던 읍루, 옥저, 한반도에로 넘어오지 그 다음에 강원도 지역에 있었던 동예맥, 그 다음에 평안도 평양을 중심으로 했었던 최씨 낙랑국, 그 다음에 요동성에 있었던 백제의 원국 소서노가 만드는 어하라(於瑕羅) 이 어하라에서 온조 십제국과 비류 백제국이 나오죠. 그 다음에 한반도 남부로 와가지고 옛날에 진한·번안·마한 했던 것이 남진한·남마한·남번한 여기에서 신라(마한)·백제(진한)·가야(변한)가 생기고 가야의 분국으로 또 왜국도 있었습니다. 야마대 왜국은 그 당시에 우리나라였죠. 그 다음에 탐라 이렇게 11개 정도의 여러 나라로 갈리는데, 이것이 쭉 통폐합이 돼서 10개국·9개국 이렇게 하다가 또 8개국·7개국·6개국·5개국 고구려·백제·신라·가야, 가야의 분국인 왜, 이렇게 있다가 왜는 떨어져 나가서 고구려·백제·신라·가야 이렇게 4국시대가 돼가지고, 4국시대가 약 520여 년 계속이 됩니다.

그 다음에 가야가 망하니까 삼국시대가 되죠. 고구려·백제·신라의 삼국시대는 백제가 망하는 AD 660년까지 결국 삼국시대는 98년밖에 안 됩니다. 그런데 많은 사람들이 삼국시대가 5~600년 되는 걸로 착각하는 그러한 국민들이 많은 것은 식민 강단사학·사대식민사학에 물들은 것과 민족에 대한 자주적인 역사의식이 바탕이 되지 못한 결과라고 말할 수 있습니다.

그래서 나라는 신라가 당나라와의 외교관계를 잘하고 그러니까 한반도 동남부의 조그맣던 나라가 또 화백제도도 활발하게 해서 민주화를 취하고 또 원효스님을 비롯한 수많은 고승대덕을 창출하고, 이차돈 성사의 순교를 가져온 그러한 불교의 발전 이런 걸로 삼국을 통일하게 되는데, 그 다음에는 고구려 쪽에서 일어난 발해가 있어서 남신라·북발해의 남북국시대가 되죠. 그 다음에 고려로 진정한 통일은 이루어지는데 그래서 코리아라고 하죠. Korea 또는 Corea라고 하는 건 좋은데, 그 영역이 너무나 많이 압록강·두만강 정도 또는 간도지역 이런 정도까지 확 줄어서 우리 민족을 여러 가지로 어렵게 하는 하나의 시발점도 됐습니다.

그래서 그것은 근세조선이라고 하는 나라로 이어져 이성계가 건국했고, 그 다음에 조선조 말기에 일본 제국주의의 침략을 받아 가지고, 역사상 처음으로 나라가 망해서 일제의 탄압을 받으며 많은 국민들이 고통을 받았고, 우리 국민은 독립운동을 하면서 상해 임시정부를 중심으로 해서 독립혁명 투쟁을 계속해 왔지만, 결국 서기 1945년 8월 15일 일제가 제2차 세계대전을 일으키고 망함에 따라서 우리나라가 해방독립은 됐습니다.

그러나 통일된 독립이 아니고 남북으로 분단되어서 독립과 동시에 남북 분단시대를 맞아서 지금 77여 년 미.소군의 점령으로 아직 통일을 못하고, 민족상잔인 6·25사변 등을 겪고 분쟁 상태를 계속하고 있는 겁니다.

그렇긴 하지만 우리 민족이 신명난 자주국사의식과 민족혼으로 어려운 것을 극복하고 민족대통일을 이루고 3천년 제국을 건설한 민족의 정치적.문화적인 저력을 발굴하면 우리의 한밝달 문명이, 세계문명을 대도태 후에 오는 후천상생 미륵존불시대를 열어가는 지도적인 국가가 될 것이라고 생각이 듭니다.

거듭 덧붙이면 『잃어버린 천도문명』을 쓴 이규만 선생은 왕검단군의 본명이 (왕검 단군은 통치자와 제사장의 통칭) 고준(高俊)이라고 했습니다. 높을 고(高)자, 준걸 준(俊)자 그래가지고 성을 고씨를 쓴 것은 그 환웅 천황이 그 내려온 고산신시(高山神市)라고 하는데 신불이죠. 신불이 백두산 천평 같이 높은 데 있었기 때문에 높을 고(高)를 성으로 그렇게 썼고, 은나라 당서에서 제준, 황제 준이라고 이렇게 높여 불렀다고 합니다. 고왕검단군이죠.

그러면 단군조선은 옛 조선의 고조선이고 또 높을 고(高)씨의 고조선이고 이러한 단군조선과 북부여·고구려·발해까지 되면은 전부 합쳐서 3200여년이라는 세월 동안 하나의 맥락으로 존재했던 지구상의 유일한 민족이 우리 민족이라는 것을 우리는 알 수가 있습니다.

제25절 중국 상고사는 동이족 역사였다

　밝은해인 청천백일의 광명으로 우리 민족이 창조한 인류 시원 문명인 한밝달 문명이자 발해연안문명인 신선도는 홍익인간·광화세계로 신명 개벽하는 홍익광명 문화인데, 그에 따른 신명난 우리 역사 제25절은 '중국 상고사는 동이족 역사였다.'입니다. 여기서 홍익인간(弘益人間)은 인간의 이상형으로 깨달음을 얻어 사람을 널리 크게 돕는 사람을 말하고, 광화세계(光化世界)는 세계의 이상형으로 광명이 찬 어두운 곳이 없는 사회 완성을 뜻한다고 말씀드릴 수가 있습니다.
　우리의 시원 문명인 홍익·광화 문명은 세계 시원 문명으로 세계 4대 문명인 황하·나일강·인더스강·유프라테스 문명 등과 고대 로마·그리스·마야·잉카 문명 등 남북 아메리카 문명에 쭉 흘러가서 깊은 영향을 주었다고 할 수 있습니다.
　후천 상생시대를 맞이해서 우리나라와 지리적으로 가까운 중국과 일본 나라와는 선린관계로 평등하면서도 협력하여 하나의 평화세계로 나아가야 한다고 생각합니다.
　중국은 지금 미국과 더불어 세계 2대 강국(G2)입니다. 중국3대 불가사의는 만리장성(진시황), 경항운하(북경-항주, 수양제), 4고전서(청.건륭황제)입니다. 그런데 진시황.수양제.건륭제는 모두 동이족 계통입니다.
　현대 중국의 불가사의는 모택동의 장정(長征)입니다. 준의에서 장개석의 100만 대군 추격을 받으며 1년 여간 2만 5천리를 도망가면서 10만명이 거의 다 죽었는데도 연안에서 살아나 전 중국을 통일한 것입니다. 중공초대수상 주은래는 요하, 압록강, 송화강, 두만강 유역은 고조선이나 고구려, 발해의 강역이라고 말했습니다.

우리는 자주성을 가지고 깊은 역사의식이 필요하다고 말을 할 수가 있습니다.

중국 상고사를 보면, 우선 중국의 대만대 서량지 교수는 중원의 고대사는 동이족 역사였다. 또 『사기』를 쓴 사중국 마천은 3황 5제부터 주나라·춘추전국을 거쳐서 한족이 진·한 나라를 세울 때까지도 전부 동이족 역사였다고 얘기를 합니다.

또 산동반도 용산문화도 우리 밝해문명이다. 그렇게 얘기를 하고 맹자님께서도 고대의 3황 5제부터 주의 문왕·오왕도 전부 동이족이었다. 이런 말씀을 하십니다.

공자의 7대손인 공빈(孔斌)이 쓴 홍사(鴻史)동이열전을 보면, 서기전 14세기에 지나 백성들은 동이문화를 따라함으로 중국문화가 열리기 시작했다고 썼습니다.

당송 8대가 하나인 소동파는 고려국에 태어나서 금강산을 보고 싶다고 했습니다.

중국의 신화시대는 반고로부터 시작해서 삼황오제 이런 신화시대와 겹치는 때를 지나서, 하은주·춘추전국·진(진시황) 그 다음에 중국 한 나라나 당나라는 한족이 세운 큰 나라지만, 그렇지 않은 경우는 우리 동이족이 그러한 지배권을 가진 때가 많았다고 말할 수 있습니다.

중국 고대사에서 황제 헌원과 치우천황이 크게 전쟁을 벌였던 중국 탁록에 가면은 중화 삼조당이 있습니다. 그 삼조당에 가면은 자기들 세 조상이다 라고 치우천황 · 염제신농 · 황제헌원 이렇게 세 분을 모셔 놨습니다.

치우천황은 우리나라 밝달국 태우의 천황의 막내 아들로서 그 여동생 여와와 함께 세계 신선도 문명을 연 분이고, 신농과 황제도 본래 밝달국의 고시씨의 자손인 소전의 배다른 아들들이었습니다.

그래서 신농도 당연히 동이족이고, 다만 황제헌원은 우리 고시씨 후손이긴 한데, 서화족인 누조에게 데릴사위로 들어가 가지고, 중국이 중심적인 조상으로 모시고 있는 형편이라고 말할 수 있습니다.

여러 가지 이설이 있지만 중국의 삼황은 복희 여와와 신농을 말합니다.

복희는 우리나라 환국 다음의 밝달국의 5대 태우의 천황에 막내 아들로서, 신선도 문명을 창조하고 복희팔괘라는 환역 · 주역 사상을 일으킨 분이고, 여와는 복희의 동생으로서 나중에 결혼도 하지만 이 여와가 흙으로 사람을 빚었다. 이것이 서방으로 가가지고 여호와신으로 발전하게 되고, 아까 얘기한 것처럼 염제신농은 우리 동이족 이라고 말할 수가 있습니다.

그 다음에 오제는 소호 금천씨를 최고로 치는 데, 고시 소전의 아들, 황제헌원의 아들이 소호 금천이죠.

소호 금천은 당연히 소전의 자손으로, 고시 후손으로 우리 동이족이고 또 밝달국의 고씨의 후손으로서 고양이라는 분이 있고 전욱이라고 하는 호를 붙이고 또 고신 제곡이라고 하고 또 고신의 아들이 요임금입니다. 당요라고도 그러죠. 고왕검단군이 세운 해와 같았다.

그리고 고시씨의 형인 고수의 아들이 순이다. 이렇게 말씀드릴 수가 있습니다. 그러니까 환국이나 밝달국이나 여기에 고시씨의 후손 또는 단군조선 고씨의 후손인 경우가 전판이다. 그렇게 말할 수가 있습니다.

자주 사학자인 이규만 씨는 『잃어버린 천도 문명』에서 단군조선을 세운 왕검 단군의 이름이 고준(高俊)씨다. 이렇게 얘기를 했고 또 산해경이나 회남자에서는 단군조선이 상국의 윗 나라여서 제준이다고 그랬습니다.

본명은 고준인데 은나라는 상국으로 모셔서 고왕검 단군을 부를 때 제준(帝俊)이다. 그랬습니다. 이러한 것은 삼국유사·산해경·회남자·서경·환단고기·규원사화 이런 책을 보면은 자세히 나오기도 합니다.

이것은 단웅이 나라를 세운 천평, 신불의 천평이 높다고 그래서 고산신불(高山神市),고산천평에서 고씨를 성으로 삼았다고 합니다.

그리고 그 아들이 고부루여서 2대 단군이 되고 그 다음에 나머지 세 아들, 부우·부소·부여 이렇게 있는데, 이 부우는 고려, 부소는 진번, 부여는 고부여로서 부여후라는 이름을 갖게 돼서 21대 단군까지 계속되고 21대 소태 단군 때 고부여의 후손인 고등이 우현왕으로 실력으로 집권하고 그래서 그 자손인 고색불루 단군이 22대 단군이 됩니다.

그래서 단군조선 세 번째인 대부여의 고구물 단군, 그 다음에 북부여를 세운 고달해모수 단군, 그 다음에 4대가 지난 후에 고구려를 세운 고주몽 단군, 삼국유사에서는 동명성제 고주몽도 단군이라고 했습니다.

그 맥을 이어서 고구려 마지막 보장왕의 아들 고덕무가 대조영이기 때문에 발해 말까지 고씨 조선이 이어진다고 할 수 있습니다.

단군조선만 2천 년이고 고구려-발해까지 대구구려 1천년을 합친 약 3천여 년의 역사가 고씨로 계속되는 위대한 나라 라고 말씀드릴 수가 있습니다.

그 다음에 지나가 역사시대로 들어오는데 하·은·주지요. 하나라를 처음 세운 분이 우임금인데, 오제의 요임금·순임금을 이어받게 되는데, 이 우임금은 앞서 이야기한 고양 씨의 후손입니다. 고양 씨의 후손 중에 곤이라고 있는데 치수에 실패를 해서 죽은 바, 그 아들이 우, 제우(帝禹) 이렇게 애기합니다.

제우는 서양으로 건너가서 제우스(Jeus)로 되는데, 그 우임금이 바로 위에서부터 이어받은 동이족의 후손이고, 은나라를 세운 것은 탕임금인데 이분은 동이족인 성씨가 세운 나라를 이어받았고 말할 수 있습니다.

왕검 단군의 이름이 고(高)자 준(俊)자인데, 그래서 백두산 16봉 중에 고준봉이라는 산봉우리가 있고, 그것과 연결되어서 한국의 잠수함 중에 고준봉 함이라는 것도 있다는 것을 참고로 말씀드립니다.

그리고 은나라 다음에 주인데, 주나라의 문왕·무왕 또 강태공이라고 하는 주공이 모두 천손족 사람이어서 동이족 국가이다. 『사고전서』『여씨춘추(呂氏春秋)』 14권에는 "태공망(太公望)은 동이지사(東夷之士)이다"라는 기록이 있다. 강태공(姜太公)은 문왕(文王)을 도와 은(殷)을 멸망시키고 서주(西周)왕조를 건립하는데 결정적 역할을 한 인물입니다.

그 밖에 춘추 전국시대에 우리나라 이름 민족과 같은 한민족·한국 또 고죽국·중산국 이러한 나라들이 동이족이고, 춘추전국시대가 벌어질 때 있었던 송나라도 공자의 조상이 태어난 나라인데 거기도 동이족이고, 나중에 송나라도 동이족인 조광윤 씨가 세운 나라 라고 얘기를 할 수가 있습니다.

 그 밖에 노자 선생님도 동이족이고 그 다음에 선비족이 세운 위나라, 거란이 세운 요나라도 우리나라의 방계 민족이라고 말할 수가 있습니다.

 우리 상고사에서 고시리 환인. 고시 5가. 고준왕검단군의 후손이 중국 역사에 많이 나오는데, 진나라. 한나라. 명나라때도 그 기록이 있습니다.

 지나의 첫 황제라는 진시황은 고신씨 후손으로 소전의 아들인 신농씨와 강태공 후손인 진 장양왕아들(고정.강정)인데 전욱고양의 손녀 여수의 혈통도 이어 받았다고 합니다. 역사속에 숨겨져 있지만, 한고조(漢高祖) 유방도 진장양왕 아들로서 진시황의 동생이어서 태조가 아니라 고조(高祖)라 했고, 그 황후인 여태후도 고후(高后)라고 하여 고조선 맥을 잇고 있습니다.

 그래서 한고조 유방은 풍패(豊沛)에서 천하제패를 위해 기병할 때 치우천황께 제사 지냈고, 천하통일 후 수도 장안에 치우천황 사당을 새로 지었습니다.

 명나라를 건국한 주원장도 명(明)나라 건국 후 태조라 하지 않고, 고조선 맥을 이어 명고조(明高祖)라고 했습니다.

 그래서 원나라 때의 역사를 쓴 걸 보면은 금사·요사·청사 이런 것을 썼는데, 전부 동이족으로 기술을 하기 시작을 했습니다.

 다음에 우리나라의 역사와 관계가 깊은 것은 원나라입니다. 원나라, 몽골이 세계를 제패한 세계 최대의 영웅 징기스칸이 세운 나라가 원나라죠. 이 원나라를 세운 영웅 징기스칸의 생부모가 우리 동이족 출신이라고 얘기할 수 있습니다.

우리나라를 상징하는 노래가 아리랑이죠. 그런데 아리랑의 기원은 여러 가지 설이 있지만, 몽골족 조상 알랑 고아에서 나왔습니다.

알랑은 아리랑이고 고아는 고주몽과 소서노 사이에서 태어난 공주의 이름입니다.

알에다가 이를 내려놓고 나면 '알이랑'이라 하는데, 이것은 알(씨알, 한 알, 하늘)과 함께, 하느님 내지는 법신불 부처님과 함께 이런 것을 상징하는 알이랑 즉, '아리랑'입니다.

알랑고아 공주는 흥안령 산맥에 알이령 고개를 지나가지고 몽골 쪽으로 가서, 거기에서 몽골 나라를 세우게 되는데 부족국가죠. 그래서 지금 몽골 초이발산에 가면 이 알랑 고아의 기념비가 있습니다. 그러니까 아리랑 노래는 이 알랑 고아와 어머니 소서노나 유리왕자가 부른 노래인데, 몽골 설화에도 아버지는 고주몽 선사자로 나옵니다.

이 활을 잘 쏘는 사람 선사자 가족들이 아리랑 고개를 넘을 때에 여러 가지 정한 이 쌓였는데 어디 가거나 너 자신이 하느님의 아들·딸이다. 또는 부처님의 아들·딸이다. 이런 것을 잊지 말게 하려는 것으로 아리랑이 태어난 것으로 압니다.

그러니까 알랑고아 후손인 징기스칸은 고주몽과 고구려·백제·십제를 세운 소서노 여제의 피가 흐르는 인물로 세계적인 나라 원나라를 세웠다고 말씀 드릴 수가 있습니다. 다음에 소서노 여제때 자세히 논급하겠습니다.

그 다음에 또 우리와 깊은 인연이 있는 나라는 중국의 금나라와 후금인 청나라입니다. 이 청나라는 원나라 못지않은 중국 최대의 국가인데 이를 만주족.여진족이 세웠다고 하지만 실제 왕통은 우리 동이족입니다.

그게 어떻게 된 거냐 하면, 천년 신라가 망할 때, 경순왕은 개경으로 가서 항복하고 그 아들 마의태자는 항복하지 않고 금강산 쪽으로 들어가서 저항을 하고 그랬습니다. 그러다가 결국은 이기지 못하고 황해도를 거쳐 여진족 쪽으로 갔는데, 그때의 마의 태자가 김함보인데, 김함보의 아들인 김치양이 고려의 조정으로 들어와서 천추태후와 관계를 맺게 됩니다. 그러다가 반란이 들켜서 죽게 되니까, 거기에서 김치양과 천추태후 사이에서 나온 아들을 데리고 한 궁녀가 여진족이 사는 함경도 쪽으로 도망갑니다. 거기에서 그 여진족은 종족에 내려온 희망신화가 있었는데, 그런 인물을 기다린 바, 이분이 그런 분이 아닐까. 그래가지고 그를 곰들이 사는 동굴에 들여보냅니다.

하늘이 낸 분이면 나오게 할 거고 아니면 거기서 죽게 될 거고, 그런데 3일 만에 김치양의 아들 그러니까 마의 태자의 후손인 김준이 살아서 나와가지고 그 여진족의 추장이 됩니다. 거기서 나온 후손이 아골타(阿骨打)입니다. 그래서 아골타는 김 아골타입니다. 마의 태자의 후손이고 칠대가 되지요.

김아골타가 금나라를 세우죠. 자기가 성이 김씨고 금씨니까요.

그래서 금나라를 세워서 국가를 크게 벌리는데, 그래서 자기 성씨를 애신각라(愛新覺羅)라고 그랬습니다. 애신각라는 사랑 애(愛)자, 참 신(新)자, 깨달을 각(覺)자, 벌릴 라(羅)자 그래서 신라를 사랑하고 잊지 않는다. 그런 뜻이면서 김 씨, 김족이라는 뜻을 갖고 있습니다. 그래서 그 금나라 왕족의 성이 김 씨입니다. 애신각라지요.

 그래서 금나라가 끝나고 그 다음에 상당한 세월이 흐른 후에 김누르하치가 후금인 청을 세웁니다. 아골타의 뜻을 이어서 금을 세우죠. 그러다가 홍타이지로 넘어가고 그 다음에 순치제, 순치황제, 김순치인데, 그래서 누르하치도 성이 애신각라(愛新覺羅), 김씨입니다.

 그러니까 우리나라 동이족의 김씨가 됩니다. 그래서 중국 천하를 다스린 청나라의 왕 씨가 애신각라(愛新覺羅) 김 씨여서 지금도 북경에 가면은 청나라 왕손들이 살고 있는데 김 씨를 쓴다고 합니다. 아이신지로 누르하치고, 김 누르하치가 됩니다. 이렇게 보면 우리나라와 중국은 상당히 역사적으로 깊은 관계가 계속되고, 적어도 중국 상고사는 동이족 역사이고, 그 후로도 우리 민족이 상당기간 지배했으므로, 그런 역사적인 맥락을 생각해서 우리와 중국이 서로 선린관계로 평등한 입장에서 침탈하지 말고 하나의 평화세계를 향해서 협력하는 관계로 나아갔으면 좋겠습니다.

제26절 단군조선의 건국이념과 발자취
〈국학원 국민강좌 제3회. 국사 찾기 협의회 회장. 서기 2002.2.2〉

  이 곳은 유명한 4·19혁명 기념관이라는 장소적인 뜻도 있지만, 무슨 강연을 듣고 얘기하는 그런 관계라기보다는 우리는 민족적으로 주인 의식을 갖고 앞으로 한국의 문화를 중심으로 해서 세계 문화의 중심이 되고 그리고 또 세계 평화의 근간이 되는 그런 것을 이루는 동지들을 만난 것 같습니다. 무슨 강연이라기 보다는 그냥 제가 조금 아는 거 말씀드리고, 또 여기에는 저보다 더 전문적으로 아시는 분 또 저보다 더 노심초사해서 나라를 통일시키고 또 우리나라가 올림픽 4강이나 월드컵 4강을 통해서 이루어진 민족의 진운을 일으켜서 우리나라가 세계에 우뚝 서게 하는 세계 문화의 중심 국가가 되는 데 노력하고 계신 분들이 많을 줄 압니다.
  그래서 그런 분들을 앞에 모시고 얘기하는 건 외람된 점이 많은데, 하여튼 국학원의 요청이 있어서, 또 여러분들을 뵙고 싶어서 나왔습니다.
  저자에 관한 소개를 책을 보고 하는데 상법을 하고 어떻게 국사에 관한 책을 썼느냐? 제가 국사에 관한 책은 『반만년 대륙민족의 영광사! 하나되는 한국사』라는 책하고 『사국시대 신비왕국 가야』 그리고 일본의 임나일본부설를 뒤엎는 『일본의 야마대 정권이 우리 가야의 분국이었다』. 이런 것을 중심으로 해서 일본어로 출판한 것이 있습니다. 『가야를 알면 일본의 고대사를 안다』

그런 책이죠.

그리고 이번에 나왔습니다.『대한 근현대사 실록. 칠금산』.『붉은 악마의 원조 치우천황』이렇게 썼는데 아까 저를 소개하시는 분이 상법을 하고 어떻게 국사에 관한 책을 썼느냐? 이런 말씀을 하시는데, 이런 것들이 모두 인연의 도리인 것 같습니다.

우리가 살아가는 것이 삼천대천 세계가 모두 인연 과보의 원리에 따라서 되는데 저보다 앞서서 가신 저와 똑같은 전공으로 보면 똑같은 분이 또 한 분 계십니다.

그분이 누구냐 하면 지금 105살 되셨나 유명한 최태영(崔泰永) 박사님이십니다.

그분이 서울법대 교수(지자도 대학은 서울법대를 나왔고, 강의는 주로 경기대학교에서 함)로 상법을 가르치셨습니다. 그리고 우리나라의 역사를 바로잡기 위해서 지금 2세기를 살면서 나라의 바른 역사를 가르치려고 애를 쓰십니다. 그리고 책도 많이 쓰시고 그랬지만, 특히 기억할 만한 일은 우리나라 국사학계의 태두(泰斗)이지만 또 사대식민사학의 태두인 이병도 박사와 친구였습니다.

이병도 박사가 사대식민사학의 거두로서 우리나라 역사를 바르게 가르친 것도 있지만 사대식민사학의 뿌리를 계속 내리게 한 그런 잘못에 관해서 많은 사람들이 얘기를 했습니다. 국사편찬위원회에서도 얘기하고 또 우리 역사를 바로 찾으려는 국사찾기협의회 이런 데서도 많이 얘기했는데, 아무 말도 안 들었습니다.

그런데 바로 최태영 박사님이 친구 입장에서 3년 동안 찾아다녔습니다. 그래서 "짐승도 새도 죽을 때는 진실한 마음으로 고향을 향해서 눈물을 흘리고 그러는데, 너는 어떻게 사람이 돼서 민족에 대한 그런 지은 죄를 반성하지 않고 그렇게 가려하느냐?"그런 말을 듣고서 드디어 참회하고 회개해서, 이병도 박사께서 타계하기 얼마 전에 조선일보 1면에 '단군조선사는 실사고 단군조선에 대한 연구가 굉장히 절실하다'이런 글을 쓰고 가셨습니다. 반은 참회가 된 셈입니다. 그 뒤에 들으니까 수석 제자급인 이기백 교수가 그거를 보고 가서 "선생님은 돌아가시면 그만이지만 살아있는 우리는 어떻게 하라고 그렇게 하시느냐?" 이런 항의를 했다는 겁니다. 무슨 얘기냐 하면 일제식민사학이 뿌리 박히는 그런 것은 '목구멍이 포도청'이라는 것과 관계가 있는 거지요.

그러니까 조선사편수회에 참여해서 일제에 붙어 먹었던 이병도나 신석호 교수 같은 사람들이 해방 후에, 이병도 교수는 서울대학교 사학과 주임교수로서 막강한 영향력을 행사하고, 신석호 교수는 고려대학교 사학과 주임교수로서 막강한 영향력을 행사하면서 초대 국사편찬위원회 위원장을 했습니다.

저자도 대학교수로서 부끄럽지만, 진리는 스승과 제자·선후배 가릴 것 없이 자유롭게 얘기할 수 있고 자유롭게 글을 쓸 수 있어야 됩니다. 그러나 현실은 그렇지 않습니다. 우리나라 국사학계 현실이 이병도 교수나 신석호 교수의 뜻을 따르지 않으면은 사실상 석·박사를 따지 못합니다. 석·박사 따면 뭐 합니까? 전임 교수를 해야 먹고 살 거 아닙니까? 그게 안 되니까 안 고쳐지고 있는 거예요.

그래서 이런 최태영 박사님이 걸은 길을 저자는 사실 동아일보사 기자라는 것으로 한 10여 년 하면서 자유언론 투쟁하다가 박정희 독재정권에서 잘렸지만 역사 기록을 한 경험은 조금 있지요.

그러나 하여튼 다른 전공의 학문은 그 나름대로 하면 되는데 국사학은 국사학자의 전유물이 아니고 더구나 우리나라와 같은 경우에는 너무나 잘못돼 있기 때문에 그 사대 식민사학자들이 쓴 역사책을 보면 분노를 일으키고 울화통을 터뜨린 사람이 한둘이 아닙니다.

그래서 저자도 자주국사 책을 썼지만 이것이 빨리 퍼져서 우리가 개인이나 민족이 인간으로서 주인의식을 가지고 그렇게 해야 되는데 아직도 미약한 편이지요.

그래서 저자는 앞으로 민족 자주의식을 가진 사람이 대통령이 되고 교육부 장관이 되고 국사편찬위원장이 되고 정신문화연구원장이 돼야 되는 그런 시대를 현실적으로 열어가야 된다고 생각합니다. 그것이 안 되면 맨날 청원서 내가지고 언제 돌아오나 싸우다가, 인생에서 제일 어려운 투쟁이 시간과의 투쟁인데, 그거 하다가 언제 바로 잡습니까?

그래서 사실은 이번 대통령 선거에 있어서 여기 이재룡 의장님도 나와 계시지만, 자주의식을 가진 사람을 대통령 후보로 내세우려했는데 그렇게 안 돼서 아쉽습니다. 민족 자주의식을 가진 사람이 통일대통령이 되고, 우리의 문화가 세계가 동서남북으로 갈려져서 분열되고 전쟁이 일어나는 것들로 고칠 수 있는 우리 단군조선의 건국이념, 신선도라고 말할 수 있지만 환언하면 홍익인간·광화세계입니다.

홍익인간(弘益人間)은 휴머니즘이죠. 인간을 깨닫고 널리 크게 이롭게 하는 인적 완성이죠. 그 다음에 사회의 완성은 광명이화(光明理化)라고 하죠. 홍익인간이라고만 해도 되지만 광명이화다. 그래서 광명이화세계라고 그러면 길지요. 흔히 이화세계(理化世界)라고 하나, 광화세계(光化世界)라고 하는 게 좋겠다. 그런 생각을 합니다. 어둠을 헤치고 빛을 상징한 태양이니까, 바로 그렇기 때문에 중앙청의 정문이 광화문인 것입니다.

그리고 월드컵 4강전에서도 바로 이 광화문 앞에서 그런 전망판에 그런 현대적인 초현대적인 것과 합쳐서 월드컵 4강이라는 신화를 창조한 거죠. 그래서 앞으로는 홍익인간이라는 개념을 쓸 때 홍익인간·광화세계로 했으면 좋겠다. 다 쓰면은 광명이화세계입니다.

우주의 본체는 의식, 마음이고 그것은 빛입니다.

그래서 그 최태영 박사님 같은 저와 똑같은 그런 길을 선배님이 걸으셔서 제가 가는 길이 외롭지 않았다. 이런 말씀을 드리고 싶습니다. 제가 부인이 없는 건 아닙니다. 제가 부인도 있고 아들도 둘이나 있지만 이 길은 조금 많이 외로웠습니다. 여기 이재룡 의장님 자주 뵙고 모시고 다니면서 하긴 하지만, 이게 개인이 자기 주인의식 가지고 민족이 자기의식 가지고 해야 되는데, 요새 핵 문제니 뭐니 이래서 그 바른 길을 몰라서 그러는 게 아니라 힘이 없어가지고 막 어지러운 겁니다. 가장 중요한 것은 언제나 주인의식을 잃지 않는 것, 항상 주인의식을 가지고 있는 거 그것이 우리 단군왕검이나 석가나 예수나 공자나 노자가 가르친 가르침이 항상 깨어 있는 겁니다. 항상 주인의식을 가지고 있는 거 그리고 자기가 한 행동은 남이 뭐라고 그랬더라도 최종 결정은 자기가 한 것이기 때문에 자기가 책임질 각오를 해야 된다. 그렇게 말씀드리겠습니다.

저자가 전에 이재룡 의장님과 국학 확립의 필요성을 말씀 드린 적이 있습니다. 국학을 확립해야 된다. 그런데 이승헌 선사님께서 실천하고 있으니까, 저자는 굉장히 고맙게 생각하고 있습니다.

저자 생각은 그렇습니다. '뿌리 깊은 남간 바람에 아니 뮐세'그러는 것처럼 우리나라가 GNP가 뭐 만불이다. 이만 불 이만 불 올라갔다가 또 IMF구제금융이 터져 내려오고 그러는데 왜 이렇게 흔들리느냐? 뿌리의식이 없기 때문에 그렇습니다. 나무가 큰 느티나무처럼 뿌리가 깊어야 바람이 아무리 불고 태풍이 불고 폭풍이 지나도 끄떡 없거든요. 그게 뭘 말하느냐 국학을 확립해야 하는 겁니다. 국학은 국어학·국사학·국토학 이렇게 세 가지를 들 수가 있습니다.

국사학에 있어서 기본은 민족 자주사관에 의해서 우리 역사를 다시 쓰는 겁니다.

그래서 저자가 『하나되는 한국사』를 1991년 말까지, 인류 역사의 시초부터 91년 말까지 남북 평화 공존 교류 체제까지 썼습니다. 그래서 1992년에 나왔습니다. 그래서 신문에서 잘 다뤄서 한때 베스트셀러였지만, 저자가 미국의 조오지 워싱턴대학교에 교환교수로 가는 바람에 좀 잦아들어있었는데 최근에 벤처기업으로 성공한 오태환 이사장님이 단학선원에도 다니신 분이에요. 그리고 벤처사업으로 성공하고 애국심이 강한 분인데, 체계적이고 민족 자주사관에 의해서 쓴 책이 없을까 해서 오랜 세월 동안 찾아다녔답니다. 그러다가 조그마한 책방에 가서 그것을 발견하고 감격을 받았습니다. 그래서 자기 혼자 알기엔 아깝다고해서 저하고 일면식도 없는 데 저를 찾아왔어요.

그리고 한국교육진흥재단의 자기 사재로 5천만 원을 들여서 1만5천 권을 비매품으로 배포해서 지금 여기계신 분도 받으신 분이 있을 겁니다. 우리 민족 자주사관 하는 분들, 대학의 교수, 역사 가르치는 그 학교 선생님들 또 중요 기관 이런데에 보내고 아마 지금도 보내고 있을 겁니다.

그래서 국사학은 주인 의식에 의해서 실증적인 우리 역사를 세우는 것이 중요하고, 그 다음에 국어학인데 국어학에서 중요한 것은 국자 정책입니다. 지금 우리나라는 한글 전용이냐 또는 국한 혼용이냐 그렇게 얘기하는데 이것을 길게 얘기할 수는 없지만, 간단히 말씀드리면 사실이 뭐냐 하는 것하고 국자정책을 어떻게 하느냐 하는 겁니다. 한글은 물론 우리 글자입니다. 한자도 물론 우리 글자입니다.

근데 우리들은 많은 사람들이 한자를 중국 글자로 잘못 알고 있어요. 너무나 많은 사람들이… 왜 한자가 우리 글자냐? 한자를 만든 사람이 우리 종족인 동이족의 창힐(蒼詰) 선생님이고 한자를 우리 글자로 우리가 써왔고 또 그렇기 때문에 중국도 물론 썼죠. 그렇기 때문에 한자를 중국에서 수입했다는 기록이 없는 겁니다.

그리고 이러한 국제화 시대에 있어서 한자는 우리나라를 비롯해서 중국·일본·베트남·라오스·버어마·타이·말레이지아 이런 나라에 쭉 같이 쓰는 아시아의 국제어입니다. 아주 필요합니다. 그래서 저자는 국자화정책으로 대중화 시대니까 일반적으로 한글을 중심으로 쓰자. 그리고 두 번째 지금처럼 국한 혼용이니 우리 글자로서 필요하면 필요한 대로 한자도 당당하게 쓰자 이겁니다.

그리고 또 하나는 국토학인데, 지금은 시대가 많이 바뀌어서 영토 가지고 얘기하기는 어려운 문제가 있지만 결국은 통일을 해야 되지요. 그러나 국경 문제 가지고 싸울 건 없지만, 압록강·두만강을 국경으로 하더라도 통일된 후에는 만주·몽골·시베리아를 살펴 봐야합니다. 지금 세계의 우리 한민족 남·북한 합쳐서 7천만이고 세계를 모두 합치면 8천만입니다. 그 8천만이 한반도를 중심으로 백두산을 중심으로 한 동북아시아 대륙에 모여서 오손도손 살고 또 하나의 평화 세계를 만드는데 우리가 앞장서자 이겁니다(지금은 전세계에 약 1억명 정도 됩니다).

우리는 다른 면으로는 몰라도 문화민족으로는 세계 1위라고 저자는 생각합니다.

외국에 비해서 떨어질 게 없어요.

저자가 미국에 가서 2년 살았는데, 지금 세계 제일의 강국이라도 저도 잘 알지만 여러 가지 사회나 이런 걸로 봐지고 붕괴 위기입니다. 붕괴 위기, 세계 제일의 무역적자, 세계 제일의 재정 적자국이 미국입니다.

그리고 사회가 세계 인종·종족이 모여서 살다 보니까 문화적인 동질감이 없어요. 다만 미국이 좋은 거 한 가지는 그래도 많은 사람들이 법질서만은 지키겠다. 이런 건 있습니다. 그것은 확실히 미국의 강점이다.

그래서 그러한 국어학·국사학·국토학 이걸 확립해야 되는데, 어려운 상황 속에서 국학원을 만들어서 이렇게 하니까 정말 너무너무 고맙습니다.

지금 유영국 기자님이 전에 하신 좋은 대우 받는 것 다 제치고, 부부가 심기신 수행하고, 제가 생각할 때 여러 가지로 봐서 그쪽보다 대우는 못하게 생각하는데, 그것보다도 그런 멋진 미래를 위해서 국학원 정신세계 일을 하는 걸 보면 참 우리가 존중하고 본 받아야 될 분이다는 그런 생각을 합니다.

그런데 국사학에 있어서 제일 지금 문제가 되는 것은 저자가

『하나 되는 한국사』에서 민족국가의 최초로서 우리 민족의 시조부터 단군조선을 100쪽 정도 분량을 복원을 했습니다. 그런데 사대 식민사학자와 민족 자주사학자의 지금 대립하는 것은 『환단고기』나 『규원사화』의 그러한 사료적인 가치를 인정하느냐 안 하느냐 하는 것입니다.

예를 들면 강단식민사학자 중에 조인성 교수님이나 송호정 교수님이나 이런 사람들이 나와서 글을 쓰게 하고 있죠. 이들은 기본적으로 『환단고기』는 연구도 안 해보고 무조건 위서로 몰아가는 겁니다.

그러나 여기 국학원이나 단학 선원이라든지 그 국사찾기협의회 이런 데서 논의를 많이 해서 지난번에 고려대학교에서 개최한 단군조선에 관한 세미나에서 조인성 교수의 태도가 많이 후퇴했습니다.

그 제목이 '『환단고기』는 위서가 아니고 『환단고기』에 관한 몇 가지 의문점' 이렇게 후퇴를 하면서, 자기에게 잘못이 많이 있을 줄 안다. 양해를 바란다. 이런 애매모호한 말로 후퇴했습니다. 왜냐 그러면 후일에 민족 자주사관이 서고, 그런 역사가 남북을 통일해서 모두에게 받아들이게 되면 이병도·이기백·조인성 이런 사람들은 민족 배반자로 낙인찍힐 겁니다.

지금은 자기들이 대세가 돼서 그렇지 않지만 그러면 조인성 교수는 괜찮아도 그 후손들은 자기 조상을 부끄러워하게 됩니다. 이건 저자의 주관적인 추측이지만, 그런 경향이 있는 것 같습니다. 그리고 대한민국의 정부 공공기관인 문화관광부에서 단군왕검을 역사적인 실존인물로 한 책자를 봤습니다. 그것은 사실 많은 자주사학자 분들이 애를 써서 굉장히 발전한 거다. 그런 생각을 합니다.

그래서 『환단고기』가 위서다. 이런 애기를 사대식민사학을 하는 사람들이 겉으로는 실증사학을 내세우죠. 실증사학을 반대할 사람은 없는데 양두구육(羊頭狗肉)으로 실증사학을 내세우면서 내면으로는 사대 식민사학을 유지해 나가려는 겁니다. 그 사람들은 막후에서 또 자기들이 장악한 사학계에서 언론과 결탁해서 카르텔로 그것을 계속 하고 있는 겁니다.

저자는 『환단고기』나 『규원사화』가 전부 진실이라고 말할 수는 없을지 몰라도, 그것이 사료적인 가치는 분명히 있다고 생각하는 겁니다.

그래서 지난번에 KBS역사스페셜에서 나온 것을 사대식민사학을 하는 사람의 한 분이라고 생각하는 송호정 교수가 한국일보에 글을 썼기 때문에 제가 반론을 썼습니다. 그랬더니 송교수가 글에 대한 반론은 안 쓰고, 재야 사학자가 세 부류가 있는데, 별 볼일 없는 것들이다. 이런 식으로 폄하를 했어요. 학자라는 사람이, 그래서 내가 이번에 평양 단군릉에 가서 남북 개천절 공동행사에 참여하고 『하나되는 한국사』도 나눠주고 프린트도 나눠주고 그랬는데, 『환단고기』는 확실히 사료적인 가치는 있다는 겁니다. 그것을 저자가 이 책에 썼지만 요점을 말씀드리겠습니다.

첫째는 『환단고기』 등장 이전에는 밝혀지지 않았던 발해 3대왕 문왕 대흠무의 연호가 『환단고기』에서 '대흥(大興)'이라고 기록되어 있는 바, 이것은 1949년 중국 길림성 화룡현 용두산에서 출토된 정효공주 묘지 비문에서 문왕 대흠무가 자기 존호를 '대흥보력효감 금륜 성법대왕'이라 하고 불법의 수호자로 자처한 데서 드러나, 『환단고기』가 사료로서 가치가 있음이 과학적으로 실증

되었다.

　두 번째는 천문학자인 서울대학교 박창범 교수에 의해서 『환단고기』에 쓰여져 있는 단군조선 13대 흘달(屹達) 단군 50년 B.C. 1733년에 해당합니다. '오성취루(五星聚婁)'라고 해서 누성을 중심으로 해서 5개의 별이 일렬로 모인 그러한 천문현상이 『환단고기』에 있습니다. 그것을 박창범 교수와 라대일 교수 등 천문과학자들이 자연과학적 방법으로 증명을 해서 그것이 사실이었다는 것을 입증해낸 겁니다. 그게 위서라면 어떻게 그런 3700년전 기록이 가능할 수가 있었겠습니까? 과거에 그런 그 과학이 발달되었던 겁니다.

　셋째는 고구려 유장 이정기가 중국 중동부 15개 주에 대제(大齊, 흔히 평로치청이라고 함)라고 하는 큰 나라를 세웠습니다. 중국의 한 주라고 그러면은 우리나라에 너 대배 되는 곳이 많습니다. 중국의 동중부를 다 포괄하는 아주 거대한 나라였습니다. 4대 58년간 다스린 기록이 『환단고기』・『한단고기』라고도 그러죠. 「대진국본기」에 처음 나오는데, 이것에 대해서 우리나라의 강단사학자 어떠한 사람도 관심도 안 가지고 연구도 안 해보고, 중국의 이십오사도 하나도 연구 안 했습니다. 그것도 누가 찾아내고 입증한 지 아십니까? 김병호라고 국제기관에서 일하시던 분인데 그분이 『고구려를 위하여』(하서출판)라는 책을 썼습니다. 그래서 고구려 유장 이정기라는 분이 세운 대제를 4대 58년간 다스렸다는 그것이 확실히 입증이 되었습니다. 이 정도만 가지고도 『환단고기』가 사료로서 가치가 있지 않겠습니까?

　넷째는 강화도 마니산 918계단 위에 제천단 참성단이 있죠. 여러분들이 개천절 때 거의 다 가죠. 저도 대여섯번 가고 거기에 모인 그런 기 점검을 해보면 기운이 굉장히 좋습니다. 역사적으로 해마다 천제를 지내온 바 그 첫 기록이 『환단고기』 단군세기 단군왕검 무오 51년 B.C. 2284년에 3년만에 쌓았다는 것이 나옵니다. 물론 삼낭성이라는 말도 나오고 왕검 단군의 아들인 부루·부우·부여 이런 그 단군왕검의 2세들이 합쳐서 쌓았다는 그런 내용도 있지요.

마니산 참성단은 지금도 의연히 그 자태를 빛내고 있으며, 서울올림픽과 전국체전 성화 채취의 기본 성지가 되고 있다. 그런데 강단사학자들은 그게 가짜라고 얘기를 하는 겁니다. 공식적으로는 못하죠. 그게 가짜라면 918계단을 쌓아서 쌓은 참성단을 가서 보고 그게 거짓이면 거짓이다. 언제 개축했으면 개축했다. 이걸 얘기해야 하는데 그것의 증거성을 인정을 안 하는 겁니다. 가 보지도 못하죠. 안 하는 게 아니라 못할지도 모르죠. 민족 조상 앞에 민족 앞에 죄를 짓고 무슨 면목으로 갈 수 있을까? 이런 생각도 해봅니다. 그 사람들 마음은 다 다르지만….

다섯째는 단군조선의 실재를 보여주는 단군릉이 평안도 평양 근처 강동현에 있는 대밝산, 지금은 대박산이라고도 쓰는데 '크게 밝은 산'에 있다. 이 단군릉이 1993년에 발굴되어서 성역화하고, 지금 아주 거대하게 그렇게 성역화를 했습니다.

단기 4335년(서기 2002년)에 역사적으로 처음 개천절 행사를 남·북한 해외 우리 민족이 모여서 거기서 개천절 행사를 하여 저자도 참여하고, 북쪽에서는 문화상이 나왔습니다마는 남·북 해외 한민족이 같이 어울려서 춤도 추고 그렇게 좋을 수가 없었어요. 감격스러운 거죠.

여기에서는 왕과 왕후로 보이는 유골이 발견되었으며, 북한은 단군릉을 거대하게 재축조하여 성역화하였습니다. 그리고 1926년 동아일보와 조선일보가 모금 운동을 하여 평양 강동현 단군릉을 보수하고 해마다 제사를 올린 바 있습니다.

과거의 기록이 있지요. 물론 여기에는 몇 가지 검토할 점이 있습니다. 과거에 북쪽에서는 지금처럼 단군을 그렇게 모시는 자세는 아니었습니다. 그러나 지금은 굉장히 모시고 있죠. 그리고 그 연대가 1993년 당시에 탄소측정장치를 해보니까 서력기원 5011년 전이다. 그러는데 지금은 또 거의 10년이 흘렀죠.

그러면 단군왕검과의 연대가 맞지 않습니다. 그리고 『환단고기』에는 5세 고구을(丘乙) 단군께서 전국을 순행하시다가 병을 얻어 돌아가셔서 붕어하셔서 대박산에 묻혔다. 그런 글이 있습니다. 그러니까 거기에서 나온 남자의 뼈와 여자의 뼈가 단군과 왕후의 뼈로 추정합니다.

여섯째는 『환단고기』 「태백일사」 고구려국본기에는 장수왕이 즉위하자 '건흥(建興)'이라는 연호를 사용한 기록이 보인다. 건흥연호는 1915년 충북 충주시 노은면에서 출토된 불상의 광배명에서 나타나고 있다. 이 고구려 불상에는 '건흥오년 세재병진'이라는 명문이 새겨져 있는데, 한때 백제 불상으로 간주되기도 했다.

그런데 광개토대왕비문에 따르면 광개토대왕은 임자(壬子)년인 412년에 사망하게 된다. 즉위년 칭원법에 따라 이 해를 장수왕 즉위 원년으로 삼아본다. 그러면 장수왕 즉위 5년은 병진년이다. 따라서 병진년 불상광배면과 태백일사를 통해 '건흥'이 장수왕대의 연호라는 새로운 지견을 추구할 수 있게 된다. 그런 얘기가 되겠습니다.

일곱째는 『환단고기』 「태백일사」의 「조대기」를 인용해서 연개소문의 아버지 이름은 태조(太祚)고 할아버지는 자유(子遊)고 그 다음에 증조부는 광(廣)이라고 서술하고 있는데, 그 가운데 연개소문의 할아버지와 증조부 이름은 태백일사를 제외한 어떠한 문헌에도 나타나지 않는다. 그런데 1923년 중국 낙양의 북망산에서 출토된 연개소문의 아들인 연남생의 묘지에서 연남생의 증조부 이름을 '자유'로 명기하고 있어서 태백일사의 진가가 드러나게 되었다. 그 태백일사의 내용이 진실이라는 증명이죠.

여덟번째는 『환단고기』「태백일사」의 「진역유기」에 나오는 얘기도 있고, 그 다음에 아홉 번째는 실증사학을 내세운 사대 식민사학의 거두 이병도 박사가 과거에는 단군을 신화적인 존재로 몰다가 친구인 재야사학자 최태영 박사와 국사찾기협의회원들의 우정 있는 충고를 받아들여 참회하고 단군은 단군 고준왕검입니다. 단군이라는 것은 사실 왕호, 황제와 같은 칭호죠. 실존의 우리 국조이며, 역대 왕조가 단군제사를 지내왔으나 일제 때 끊겼고, 삼국사기 이전에 『환단고기』 등 고기의 기록을 믿어야 한다고 1986년 10월 9일자 조선일보 1면 머리에 머리 기사에 쓴 사실입니다.

단군조선의 역사적인 사실(史實)과 『환단고기』를 믿으라고 이병도 박사가 그렇게 쓴 것이죠. 사대 식민사학자들은 이 점에 깊이 유념해야 할 것입니다.

열 번째는 이런 긍정적인 면보다는 소극적인 측면으로 볼 때, 『환단고기』가 위서라고 주장하려면 실증사학의 입장에서 육하원칙(언제, 어디서, 누가, 무엇을, 왜, 어떻게)에 입각하여 위서를 만들었는지 그것을 입증해야 합니다. 위서라고 주장할 게 아니라 그것이 육하원칙에 의해서 위서라고 입증한 사람이 나와야하는데 하나도 없는 겁니다. 그냥 자기들 목구멍이 포도청이니까, 대학의 사권을 장악하고 있으니까 그렇게 주장하면서 밥 잘 빌어 먹고 살면서 민족 자주사학자들이 바로 서가지고 바로 잡힐 때는 슬슬 피해다니곤합니다.

『환단고기』나 『규원사화』가 적어도 전부 옳지는 않을지 몰라도 사료로서 가치는 확실히 있다고 생각하고, 사대 식민사학자와 민족 자주사학자의 싸움에서 우선 그런 부분은 학문적으로 꺾고, 새로 꺾고 들어가야 민족 자주사관이 우리나라에 확립돼서 통일 후에도 우리가 제정신을 갖고 오손도손 살 수 있지 않느냐 이런 생각을 합니다(저자가 쓴 『신명나는 한국사』에서는 23가지 『환단고기』진서 근거를 제시함).

이번에 평양에 가서 느낀 한 가지는 북한의 최고 국사학자가 손연종 박사인데 연세가 아마 80세가 넘으셨을 겁니다. 그분의 아들이 지금 남쪽에서 변호사를 하고 계신 걸로 아는데, 그분이 '『규원사화』에 관한 사료적인 가치' 그걸로 이번에 발표를 하셨습니다. 그러면 저쪽 북한은 제대로 자주사학을 하고 있나? 특별히 얘기할 기회는 전혀 없었습니다마는 그런데 그 손연종 박사는 『규원사화』는 사료로서 확실히 가치가 있다고 하면서, 어떤 이유에서인지 『환단고기』는 부분적으로는 옳지만 전체적으로는 사료로서 가치가 없다는 얘기를 했습니다.

그래서 그 얼마 전에 송호정 교수도 평양에 다녀가고 또 사대 식민사학자들도 많이 다녀갔기 때문에 그런 영향을 미친 것이 아닌가, 그래서 조선역사학회 허정호 회장한테 북한 사학자들도 제정신을 가지고, 자주 사관에 입각해서 해야 된다. 내가 『하나되는 한국사』책을 특별히 이번에 6권 가지고 가서 묘향산이나 이런 국제 친선관계자를 안내하는 사람, 사학자, 북한의 대표인 유미영 여사, 그 후에 최고 책임자까지 6권을 다 나눠주고, 확실하게 연구를 해서 『환단고기』가 사료로서 가치가 있다는 것을 입증하든가 아니면 아니라는 것을 확실하게 해라 저자가 그렇게 얘기를 하고 왔습니다.

개천절 남북공동행사에 관해서 이왕 얘기가 나왔으니 간단히 말씀을 드리고 한두 가지 문제점 이런 것을 살펴보도록 하겠습니다.

민족주의 진영에서 여러 차례 개천절 남북공동행사를 하려고 이재룡 의장이 여기 와 계시지만 남쪽에서 북쪽에서도 유치하려고 몇 해 전부터 그렇게 노력했는데 그게 잘 안 되다가 이번에 비로소 그렇게 개최하게 됐습니다.

그래서 인천국제공항에 가니까 그 공항에서 "평양으로 가실 손님들 나오십시오."라는 얘기를 감격스럽게 들었습니다. 아마 공식적으로 바로 이렇게 직접 평양 순안공항이라는데 순안공항이라는 것은 명칭이 없습니다. 그냥 평양공항입니다. 지역이 순안이지 그래서 한 시간도 안 걸려서 그렇게 해서 타고 갔지요.

그래서 평양 시내에 무슨 만경대라든지 지하철 또 주체탑 이런 데도 많이 가고 또 해방된 후에 남북협상한 우리 김구 선생, 김규식 선생, 김일성 주석, 김두봉 선생 이런 분들이 모여서 회의한 쑥섬, 그 대동강에 이런 데도 가보고 또 묘향산에 국제친선관이라고 이 세계 각국의 원수나 또 우리나라 남쪽에 있는 유명한 분이나 이런 사람들이 선물 보낸 거를 국제친선관에 한 군데 이렇게 모아놓고 있습니다. 우리나라의 대통령이나 또 정주영 씨나 그 밖에도 서울시와 어떤 구청장님 이런 분들도 선물을 많이 했더라고요. 외국의 원수들도 많이 했고 그리고 거기 이제 묘향산 보현사도 보고 또 그 묘향산, 거기 가면은 우리 단군 고왕검과 관련되는 단군굴이나 또 거기서 단군왕검께서 화살을 쏘았다는 그 천주석도 있는데 시간관계상 올라가서 가보지는 못했습니다. 굉장히 아쉬웠습니다. 그런데 구월산 삼성사에는 갔습니다. 환인천제·환웅천황·단군왕검 그 세 분을 모시는 거기에 가서 그 한 분 한 분 다 이렇게 3배씩 드리고, 구월산이 아주 좋더라고요. 그 높낮이도 그렇고 그 기운이 상당히 온화하고 이렇게 감싸 안는, 물론 거기 또 월정사라는 절도 있고 그래서 거기도 가봤습니다. 그래서 참 이게 못 갔다 오신 분들에게는 송구스럽지만, 하여튼 잘 구경하고 왔습니다.

그런데 보통강 호텔에 묵었는데, 과거에 비하면 굉장히 변하고 있답니다. 그런데 실제로 우리들 움직일 때는 안내하고 그런 사람 통제선을 전혀 벗어날 수가 없습니다. 호텔에서도 나와서 그 문 앞에서 조금만 넘어가도 제지 합니다. 그리고 6·25사변중 신천지방에서 미국 사람들이 북한 사람들 많이 죽인 거를 겨냥해서 반미의 핵심이 될 만한 그런 그 박물관도 한번 가봤습니다.

그리고 하나의 에피소드를 말씀드리면 북한을 여러 차례 방문한 교수가 한 사람이 있었습니다. 그분은 거기에 이제 안내원들 중에 남남북녀라고 그래서 물론 남쪽에 더 예쁜 분들이 많지만, 남남북녀라고 해서 그 안내원들이 예쁜 처녀들이 많이 있습니다. 그래가지고 이 교수가 그 처녀의 사진을 찍어가지고 온 겁니다.

그래서 아들한테 보여줘가지고 어떠냐 뭐 옛날 같으면 아버지가 결혼하라 뭐 이렇게 할 수도 있었지만 요샌 그게 안 되니까. 아들이 "좋다". 그래가지고 아들 사진을 찍어가지고 북한의 그 안내원한테 갖다 보여준 겁니다. 신랑감으로 어떠냐 그러니까 좋다고 그래가지고 내면적으로는 결혼하기로 합의를 봤어요. 그러면 이제 장벽이 있는 거죠. 어디 가서 어떻게 사느냐 또 직업도 있어야 되고 그러니까 저쪽에서 이쪽에 넘어오는 건 아직 어려우니까 이 교수의 판단이 그러면 아들을 평양으로 보낸다. 그걸 추진하고 있습니다. 안내하는 사람 보고 "평양에 오면 직장이 있겠느냐?" 그러니까 "그건 있다"는 거예요. 그래서 그게 아마 결과가 나오면 신문 기사로 나올 텐데, 요새 보면은 신의주 특구가 생기니까 신의주 특구로 나가서 살면 되고 또 조금 있으면 개성특구가 생기면은 개성특구에 나가 살아도 되고 또 경의선 개통되고 동해선·경원선 이런 기 복원되면은 처음에는 좀 제한이 있겠지만 물자·사람 왔다 갔다하게 되면 그게 통일입니다.

지금 여러 가지 어려운 문제로 제2차 세계대전 이후 분단국가 다섯 국 중에 네 개는 다 통일됐습니다. 우리만 남아 있습니다. 베트남·독일·오스트리아·예멘 다 통일됐습니다. 형태는 다르지만 우리만 남아 있습니다. 그러니까 빨리 통일이 되어야 한다. 그렇게 생각을 합니다.

그리고 여러 가지 보고 배운 것도 많지만, 내가 북한에서 노동신문을 보았습니다. 저자가 1975년도에 자유언론 투쟁을 박정희 독재정권 하에서 또 그 후에 전두환이 이렇게 해서 지독한 군사독재 하에서는 숨도 잘 못 쉬고 그랬는데, 이런 걸 그때 가지고 있었으면 요새 쉬운 말로 작살 났겠죠.

노동신문에서 우리가 간 것도 보도되고, 또 보니까 거의 김일성 아니면 위대한 영도자 김정일 동지예요. 이거 보고서 우선 느낀 게 전직 기자로서 느낀 게, 아! 여기서는 신문 만들기가 아주 쉽겠구나, 기사가 간단해요. 전부 앞에 위대한 김일성 동지나 위대한 김정일 동지 이렇게 써놓고 그 다음에 요점만 적는 겁니다. 그래서 개천절 단군 행사에 관한 것도 보도했습니다. 그 남북 학자들 중심으로 해서 학술토론회를 공동으로 개최했습니다. 얘기할 기회도 안 주고 질문할 기회도 안 주고 그런 문제가 있었지만, 어쨌거나 남북 역사학자들의 공동학술토론회 공동보도문이라는 것을 냈습니다. 그것은 여기 단군학회하고 북쪽의 조선역사학회 양쪽인데, 여기에 보면 두 가지 점에서 문제가 있습니다.

하나는 '단군은 실제한 역사적인 인물이며, 우리 민족의 첫 국가인 단군조선을 세운 건국 시조이다.' 그렇게 돼 있는데, 물론 이것은 단군 왕검이라는 것을 속으로 생각하고 있지만 그러나 이런 역사적인 문장은 정확히 써야 되는 겁니다.

단군은 왕이나 황제와 같아서 이것은 보통명사입니다. 왕은 역사적인 실존인물이다라고 쓰면 이것은 국민학교 아이들도 틀린 걸 압니다. 남북 역사학자들이 이런 걸 만들어 내고 있는 겁니다. 그리고 지적을 해줘도 단군학회에 있는 교수가 못 알아들어요. 그래서 내가 참 통탄을 했는데, 그래서 내가 조선역사학회 허정호 박사님에게도 그걸 지적을 해줬습니다(이규만씨, 왕검단군 이름은 高俊이라고 후일 밝힘).

그리고 또 하나는 북쪽의 단군릉도 그냥 단군릉으로 돼 있습니다.

그건 여기 같으면 예를 들면 정릉·홍릉 이렇게 뭐가 이름이 붙어야 하는데, 그냥 왕릉이다. 그런 거와 마찬가지입니다. 그건 국가적인 수치이기 때문에 조용하게 위에 보고해서 그것을 고치도록 하라. 그것이 내 의견이다. 이런 얘기를 해 주고 했는데(단군은 47대까지 있음), 하여튼 이렇게 대외적이고 역사적인 것을 할 때는 여러 면으로 검토를 해서 해야 한다. 이런 생각을 합니다.

둘째는 '우리 민족은 유구한 역사를 가진 단군민족이며 우리는 삼국유사를 비롯한 여러 사서들의 고조선의 중심지가 평양이라는 기록을 중시한다.'이렇게 되어 있습니다. 이것은 좀 기회주의적인 표현입니다. 단군 조선시대의 수도는 저자가 알고 있기로는 네 번이나 옮겼습니다. 그런데 그중에 하나가 평양인 것은 사실입니다. 그러면 단군 조선시대의 수도가 평양이었다든지 아니었다든지 사실을 말해야지 중시한다는 게 무슨 뜻입니까? 이거는 기본적으로 북한은 우리가 알고 있는 상식과는 좀 다르게 세계 4대 문명지가 있지 않습니까? 인도·이집트·나일강 그 다음에 유프라테스 티그리스강·황하 거기에다가 평양 대동강 문명을 넣어서 세계 5대 문명의 발상지라고 그렇게 얘기합니다.

물론 인류의 시초가 수백만년 정도 됐다고 보는데, 지금까지 일반적으로는 아프리카의 흑인, 오스트랄로 피테쿠스가 최초다. 이런 얘기를 합니다. 그런데 그 중심지가 아시아로 옮겨오고 있다고 그러니까 이 한반도에도 수백만 년 전부터 사람이 살 수 있었을 가능성이 있습니다.

또 현대과학에서 채널링함을 아시는 분이 있는지 모르겠는데, 외계의 생명체와 채널링을 합니다. 제가 생각하는데 이거는 과학적으로 입증될 수는 없는 건데, 북두칠성의 생명체가 백두산의 북포태산과 남포태산의 아만과 나반으로 내려온 게 아닌가 그런 생각을 해봅니다. 포태한다는 게 아기를 밴다는 그런 게 아닙니까? 백두산에 가면 북포태산·남포태산이 있습니다. 천경비기에 그런 기록도 나옵니다. 그래서 그런지 그건 과학적으로 입증이 더 돼야 되지만, 우리나라나 일본은 전부 제사 지내거나 그럴 때 전부 백두산을 향해서 제사를 지냅니다.

그리고 이 관을 덮을 때 특정 종교를 가진 사람들은 안 그렇지만, 우리는 칠성판을 덮습니다. 그것은 우리의 생명의 뿌리가 삼태성(자미원·태미원·천시원) 북극성이나 북두칠성 쪽이 아닌가? 그런 생각을 해보는데, 어쨌거나 이런 것은 중시한다 아니다 해서 저쪽은 그걸 과학적으로 더 검토해봐야 할 문제니까 그러면 대동강 문명이 5대 문명의 하나라든지 아니면 단군조선의 중심이 평양이었다든지 해야지, 뭘 중시한다는 게 무슨 소리입니까? 이러한 문제점이 다소 있었다는 것을 지적을 합니다.

우리가 우리 역사를 공부해 가는 데 있어서 또 하나의 문제는 사료의 빈곤입니다. 우리 민족국가 성립된 이후로 931회의 외침을 받았습니다. 참 우리 조상들 정말 끈질긴 백성이라고 생각이 됩니다. 은근과 끈기라고 했지만, 그런 강국들 사이에서 망하지 않고 살아남은 유일한 민족이 우리 한민족인 것 같습니다. 그렇기 때문에 우리는 고분이라든지 이런 역사적인 유물 이런 걸 많이 발굴해서 그런 것을 보충해야 되지만, 그러한 사료 결핍을 가져온 여러 가지 중에 유명한 문정창 선생님은 우리의 사료가 국사에 관한 사료가 없어진 10대 수난사 그것을 밝힌 것이 있습니다.

저자가 『하나되는 한국사』를 쓰면서 그래도 제일 많이 참고한 것은 『환단고기』와 단재 신채호 선생님과 국사찾기협의회의 문정창 선생님이었습니다. 저자가 국사찾기협의회 부회장을 거쳐서 제3대회장을 지냈고, 박창암 장군이 안호상 박사님과 초대 회장단이었다가 박창암 장군이 국사찾기협의회 회장을 역임하셨는데 요새 좀 건강이 안 좋으셔서 상당히 걱정이 많이 되는데요.

국사에서 사료의 결핍을 가져온 10대 수난사를 문정창 선생은 그의 조선사연구에서 다음과 같이 적었다. 10가지를 한번 읽어보겠습니다.

고구려 동천왕 20년 위나라 장수 관구검이 고구려 수도 환도성을 공략하여 많은 사서가 소각되었다.

백제 의자왕 20년 사자성 부여죠. 함락으로 사고가 소각되었습니다.

고구려 보장왕 27년 평양성 함락으로 당나라 장수 이적이 역사 전적을 모두 탈취해 갔습니다.

신라 경순왕 1년 후백제의 견훤왕이 경애왕을 치고 경순왕을 세우면서 신리의 사서들을 전주로 옮겼다가 고려 태조 왕건에게 토멸당하여 방화되고 소각되었습니다.

고려 인종 4년 금나라의 신하를 칭하는 표를 올린 후 주체적인 사서들을 금나라가 거둬서 가지고 갔습니다.

고려 고종 20년 몽고의 난으로 홀필렬에 의하여 삼한고기·환단고기 등 많은 사서들이 소각되었습니다.

조선 태종 11년 오무학당을 송나라 유교 제도로 설치하면서 비유교책은 모두 소각해 버렸습니다.

선조 25년 일본의 풍신수길(豊臣秀吉, 도요토미 히데요시)이 일으킨 임진왜란으로 무수한 우리나라 책들이 방화되고 일본에 수탈되었습니다.

인조 14년 병자호란으로 많은 사서들이 소각되었습니다.

순종 4년 일본 제국주의 강점 이후 많은 사서를 소각·수탈·개찬하였고 조선총독부 조선사편수회의 미명하에 일본사 2600년보다 앞선 부분인 단군조선 2천년사를 없애고 일본 역사 2600

년보다 우리 역사를 줄여서 2천 년으로 만들기 위해서 조선사편수회에서 그렇게 만들었고 거기에 붙어서 일했던 사람이 이병도 교수와 신석호 교수였습니다. 역사적인 실체인 단군고왕검을 부정하기 위하여 단군신화로 조작하여 널리 전파하였다. 그때 우리 민족 고유사서 일본의 총독이 20만권을 거둬들여서 소각해버렸습니다.

  그러면 우리 민족의 그러한 건국이념, 민족국가는 최초로 단군조선이지만 단군조선은 부족국가들이 전부 연맹을 맺어서 민족국가를 이루는 건데, 그런 여러 개 부족국가 중에 가장 대표적인 것이 밝달국(배달국)이었습니다. 환웅천황께서 세운 배달국(倍達國)·밝달국·단국(檀國)이라고도 부르죠. 그 앞 부족국가는 대표적인 국가가 환국(桓國) 또는 환인천제가 만드신 한국이라는 그런 나라였습니다.

  그래서 홍익인간(弘益人間)·광화세계(光化世界)를 지향하는 우리 민족의 고유 도맥인 신선도는 환인 천제로부터 이렇게 되지만 한꺼번에 된 건 아니고 이렇게 시대를 거쳐오면서 이렇게 된 것이죠.

  그러한 것이 가장 그래도 삼일신고 이런 거와 함께 확립된 것이 배달국 5대 천황인 태우의(太虞儀)환웅천황입니다. 그 아들이 복희씨고 또 그 따님이 여와입니다.

  여와의 어원은 나중에 서양으로 가서 여와신·여호와 신으로 바뀐 바로 그런 인물입니다. 그렇게 보면 공자님도 동이족이었고 노자님도 동이족였고, 빈센트 스미스라는 영국의 학자는 석가모니도 우리 몽골리안이라고 그럽니다. 대영백과사전에는 석가모니가 단군왕검후손 즉, "단우라자"라고 기록되어 있습니다.

그리고 영국의 대영박물관에 있는 석가모니의 10대 제자 중에 하나인 부르나미 다라니자가 그린 그 석가모니의 상은 우리의 건장한 사람하고 비슷하게 생겨 있습니다. 구렛나루도 그렇고, 상투도 틀었고 그리고 그분이 입으신 옷은 한복이었습니다. 그걸로 봐서 꼭 우리 민족 동이족이나, 몽골리안이었다는 것은 틀림없습니다.

이렇게 보면 세계의 모든 문명들이 우리 민족으로부터 가지 않았느냐? 그건 앞으로 많은 과학적인 조사를 통해서 생명 계통수를 따지듯이 문화의 계통수를 따져가다 보면 어디 문명이 어느 문화가 시초였느냐? 이런 것을 알 수 있는 날이 확실히 오리라고 봅니다.

다음에는 배달국 시대에 가장 그러한 유명을 떨친 분이 치우천황, 14대 자오지(慈烏支) 환웅천황입니다. 단군왕검보다 한 3백 몇십 년 앞선 분이지요. 그리고 이제 단군조선을 건국해서 우리 신선도가 본격적으로 나오게 되는데, 저자는 이번에 한 역사책을 썼습니다. 『붉은 악마의 원조 치우천황』(2002)이라고 그래서, 이미 사 오신 분도 계신 것 같은데, 이것은 올림픽 4강과 월드컵 4강을 통해서 민족의 기운이 상승하고 있기 때문에 그에 맞춰서 우리 민족이 천지인 삼합으로 천기·지기·인기를 모두 합쳐서 민족통일을 이루고, 원만하게 살고 평화롭게 살면서 세계에 걸쳐 있는 모든 전쟁을 없애고 평화롭게 살도록 하는 지상 선계를 향해 그런 생명 평화 문화의 원천이 되어야 한다는 역사의 기록서로 쓴 겁니다.

월드컵 4강에 관한 기본적인 것, 그 다음에 그 서포터스로 붉은 악마에 관한 것, 붉은 악마의 원조로서 치우천황의 일대기 이것을 쓰는데는, 그 치우학회 영향이 큽니다(저자가 치우학회 회원이면서 붉은 악마의 이십만번째 회원임).

그래서 그 치우학회에서 많이 도움 받았고 또 이 책을 쓰는데, 농초 박문기 선생이 많은 책을 쓰셨는데, 『맥이』등을 많이 인용을 했습니다. 그런 분들이 이렇게 미리 써놨기 때문에 가능한 범위 내에서 사실 그에 관한 자세한 기록은 없거든요. 그래서 그러나 가능한 범위 내에서 그것을 역사적인 존재로 이렇게 하려고 그러는데 부족한 점이 굉장히 많습니다. 앞으로 여러분들이 많이 연구하셔서 그런 것을 좀 보완했으면 싶습니다.

그 다음에 치우천황의 위대했던 모습, 민족의 수호신이면서 백전백승을 했던 동양의 군신으로 세계평화의 신으로 그렇게 했던 위대한 분이었기 때문에 그분의 그 후손이 나중에 치두남이라든지 이렇게 해서 단군왕검 때까지 역사에 영향을 미쳤고, 현재는 귀면와 같은 무슨 도깨비나 장승 이런 것도 많이 했지만, 그 문화유적이나 전승은 우리나라나 중국·베트남 이런 데뿐만 아니라 남북아메리카에까지 그 영향을 미치고 있습니다. 그런 것까지 다 썼습니다.

그리고 중국에서는 치우천황을 어떻게 보느냐? 하나는 아주 야만족의 무슨 나쁜 두목이다. 이런 정도로 취급하는 게 하나 있습니다.

또 하나는 최근에 와서는 변해서 중국이 자기들의 조상을 황제라고 그러는데, 황제 말고 염제와 함께 치우도 자기들의 조상이다. 탁록대전이라는 것이 있었는데, 거기 탁록에 삼조당이라는 걸 지어서 지금은 황제와 염제와 치우를 같이 자기들의 위대한 조상으로 모십니다.

그런데 한국은 어떠냐? 여기 자세히 썼지만 유명한 우리의 이어령 선생님이라든지 김지하 선생님도 그랬지만, 또 어느 대학 교수가 방송에 나와서 제가 들었는데 중국에 관한 공부를 하는 분 같은데 옛날에 아주 치우란 나쁜 놈이 있었다고 이렇게 얘기해요. 그건 중국에서 그렇게 몰던 것을 뭐가 뭔지 모르고 그냥 답습해서 하는 겁니다. 자기 조상인지도 모르고 이런 것이 한국의 현실입니다.

그래서 그런 치우천황에 관한 착각도 쓰고, 다음에는 붉은 악마라는 악마라는 개념은 본래 좋은 게 아닌데, 신에는 음신과 양신이 있고 귀신과 명신이 있습니다.

붉은 악마는 애칭으로 써서 지금은 굉장히 다가오지만 개념 자체로는 명신으로 쓰는 것이 더 승화된 겁니다. 그래서 붉은 명신의 부활 그렇게 해서 이런 여러 가지 좋은 민족의 진운을 살려서 월드컵 4강을 이룬 인물, 그건 전 국민이 합쳐서 된 거지만 선수 대표로서 홍명보, 그 다음에 감독 히딩크, 붉은 악마 회장 신인철, 축구협회 회장 정몽준, 뭐 이런 사람들을 내세워서 특히 신인철 회장 같은 붉은 악마의 회장은 참으로 기대가 되는 그런 젊은이라고 생각을 합니다.

그런 사람도 써주고 그리고 우리는 이런 신선도맥 홍익인간(弘益人間) · 광화세계(光化世界) 이것을 생명과 연관시켜 보면 '한생명 상생체'라고 합니다. 우리는 절대자인 한 한생명으로부터 나온 개체생명으로 상생을 하죠.

지감 · 조식 · 금촉하는 심기신공을 해서 양생을 하고, 사회생활은 너도 살리고 나도 살리는 상생을 하는 거죠.

이게 봉사고, 불교문화에서는 보살도인데 그러다가 다시 한 생명으로 돌아가는 겁니다. 이 우주는 전부 한 생명의 네트워크입니다. 그런 입장에서 이 책을 정리해서 집필한 겁니다.

사실은 역사를 전공하는 분이 오랜 세월을 거쳐서 이렇게 해야 될 텐데 그렇지 못한 것은 좀 유감이지만, 사실은 제가 『한 생명 상생법』(2000)을 쓰고, 그만 쓰고 있다가 제가 올해 나이가 환갑인데, 지구촌을 떠날 때까지 책을 안 쓰려고 그랬었습니다.

그런데 세계가 전쟁이 많고 너무 어지러워서 그런 문제에 중요한 것은 민족문제와 종교문제 때문에 나옵니다. 그래서 『성경엔 없다』(2001)를 썼고 또 이번에 이런 『붉은 악마의 원조 치우천황』(2002)을 쓰게 됐었습니다.

그러면 단군조선의 근거 개념은 자세히 말하면 홍익인간(弘益人間)·광화세계(光化世界)·광명이화 세계고 도로 말하면 신선도입니다.

그래서 도(道)라는 말이 좋다는 것은 사람이 걸어가는 길이다. 그게 뭐가 있습니까? 심기신 수련에서 자기 인격을 완성하고, 남을 살리고 나를 살리고 그래서 사회 완성하고 그럼 전부입니다. 별의별 얘기를 하고, 별의별 성품이 보이지 않는 종교를 내세워서 사기치는 사람이 많습니다. 철인이다. 도인이다. 성자라고 떠드는 사람 중에 85%가 사기꾼이라고 말한 사람이 라즈니스 선생입니다.

책을 사고 그러는 건 상품이 있으니까 별로 속지 않습니다. 그런데 종교적인 상품은 보이지 않으니까 그 약점을 이용해 사기치는 사람이 많습니다. 그래서 항상 주인의식을 가지고 깨어 있어야 된다고 그런 말을 합니다.

그러면 먼저 신선도의 개념이 뭐냐? 신선도는 한 생명이자 절대자인 사실 절대를 표현하는 게 신이라는 개념을 쓴 건데, 사실 신 개념처럼 애매모호한 게 없습니다. 그 신(神)개념 때문에 어지러워서 세상이 뭔지 인간이 뭔지 우주를 모르는 그런 사람이 전반입니다.

  이 불경 같은 걸 보더라도 마음이라는 뜻이 표현되는 마음과 표현되지 않는 마음이 있는데, 이것을 마구 쓰니까 수십 년 공부해도 이게 무슨 소리인지 그게 또 화두에 걸리면 그게 화두를 타파해야 합니다.

  그래도 절대자로 표현하는 말이 없으니까 이것은 절대자로 신(神)을 쓴 겁니다. 다른 신 개념이 아닙니다. 그런 신이 이런 상대의 세계에 멋있게 하강해서 내려오는 그런 청정한 그러한 모습 그것을 선인(仙人)이라고 그러죠. 그래서 그런 사람과 그런 세계로 가는 길이다. 이런 개념으로 신선도라고 썼고, 그것이 우리나라 또 사실은 세계의 그러한 전통이 될 수 있다고 봅니다.

  그래서 절대자인 신이 화현하여 상대자인 선인이 되었으므로 우리 인간이 노력하여 굼벵이가 탈바꿈해서 매미가 되듯 우리가 세속에 사는 인간이 본래 자리인 신선이 되는 길이다.

  사실 신선인데 석가모니나 예수그리스도나 다 큰 신선이라고 저는 생각합니다. 신선도는 인류가 생긴 때부터 시작되어 환웅천황의 염표문이 되고 단군조선 때 크게 인간을 이롭게 하고 광명세계를 이룬다. 홍익인간(弘益人間)·광화세계(光化世界)는 그 중심이 되는 이념이 되어 역사적으로 면면히 이어온 한민족의 고유문화다.

  신선도는 사람이 삼성(三聖, 환인천제·환웅천황·단군왕검 이렇게 세 분)을 공경하고, 종교가 아니니까 믿는다는 말을 안 쓰죠. 대종교 같으면 믿는다고 그렇게 썼을지 모르겠습니다만, 삼경(三經, 천부경·삼일신고·천전계경)을 배우며, 삼공을 수련한다. 지감·조식·금촉, 마음·기·몸 여러분들 다 잘 아시죠. 그것을 공부하는 겁니다. 그것을 생명으로 말하면 양생이 됩니다. 양생(養生)은 자기 생명을 기르는 거죠. 그리고 우리가 여러 가지 기부금도 하고, 남 어려울 때 도와주고 그러는 게 봉사고 봉사활동이고 또 보살도고 다 그런 거죠.

상생 수련하여 양생으로 신선이 되고, 크게 타인을 살린 그것이 상생 생활인데 그래서 기쁜 생활을 하게 하고, 궁극에는 한 생명으로 돌아가게 하는 것이다. 그것을 귀명(歸命)이라고 그럽니다. 돌아갈 귀(歸)자, 목숨 명(命)자, 그러니까 자기가 지금 도에 맞춰서 살고 있는지 아닌지를 알려면, 내가 지금 마음이 기쁜가 늘 기쁜가 아닌가로 보면 됩니다. 기쁜 마음(bliss consciousness), 그것이 바로 그 한 마음이고 한 생명인 겁니다.

그래서 평소에 우리는 마음이 도고, 들뜨지도 않고, 혼침-가라앉지도 않고, 경안해야 된다. 새털처럼 가볍고 평안한 마음을 가져야 되는 겁니다. 가볍고 평안하지 않은 마음일 때는 뭔가 문제가 있는 겁니다. 그러면 그 문제를 찾아서 해결을 해야지요.

그래서 우리는 심기신을 수련해서 유한자가 한계를 넘어가지고 무한자가 되는 겁니다. 무한자는 어디 따로 없습니다. 신이 하느님이 어느 다른 별자리에 앉아서 돗자리 깔고 앉아서 세상 지시하는 거 아닙니다. 유한자인 우리 안에 무한자가 있고, 우리는 또 그 무한자 안에 들어있습니다.

그래서 우리는 여러 가지 수행을 공부를 통해서 한계를 점점 깨버리는 겁니다. 모든 한계를 깨버린 그런 사람들이 종교적으로 보면, 석가모니나 예수그리스도나 이런 사람들입니다. 노자·공자·복희씨와 같은 분도 있고, 그래서 결국은 무한자가 되는 것이 목표가 되겠죠.

신선도의 기본 생활윤리는 충효용신인 다섯 가지요. 신선도의 오상입니다. 원광법사의 화랑 세속5계도 같은 맥락입니다.

옛날엔 선불습합이 돼서 같이 수행했습니다. 그리고 석가모니 부처도 아지타 선인이나, 우드라카라마푸타, 아랄라 깔라마 같은 선인들에게 배웠습니다. 무소유처정 비상비비상처정까지 이 신선들에게 배운 겁니다. 그런데 그는 한 단계 더 넘어서 멸진정의 자리에 간 거죠. 그래서 그는 부다가 됐습니다만, 그 근본은 우리의 신선도와 연결됩니다. 화랑의 세속5계, 그게 신선도의 오상이고 기본윤리다고 이렇게 생각하게 됩니다.

그러면 시간이 많지 않으니까 요점적으로 말씀드리겠습니다.

신선도의 발자취인데 제가 보기에 우리 역사를 쓰면서 보기에 신선도가 흥한 때는 나라가 흥했고 신선도가 쇠망하면 나라도 쇠망했습니다. 그것이 대체적으로 본 신선도와 우리 국가 운명의 발자취라고 저자는 봅니다.

신선도가 단군조선 최초 민족국가 단군조선의 건국이념이었는데 신선도가 쇠퇴하자 단군조선 2천년사가 쇠망의 길을 걸었습니다. 우리나라 국가 흥망사는 신선도의 흥망사라고 말할 수 있습니다. 그 다음에 그런 그 신선도의 발자취는 여러 가지가 있지만 중요한 것만 골라서 말하면 열국시대, 단군조선이 망하고 9개의 국가로 나눠졌습니다. 북부여·동부여·졸본부여 그 다음에 어하라, 최씨 낙랑국, 동예맥 그 다음에 남삼한(남변한·남마한·남진한)이죠. 북부여 건국이 고구려 건국이니, 단군조선이

고구려로 이어지죠. 단군조선은 백제.신라.가야로도 이어집니다.

단군조선을 삼한으로 나눠서 관경을 했습니다. 그래서 열국시대의 삼한을 구별하려면 남(南)자를 붙이지 않을 수 없습니다.

그래서 부여나 이런 데 영고 또 무천 그 다음에 그런 천제를 지내죠. 이 고구려는 동맹이라고 그러는데, 처음엔 동명이었습니다.

그 다음에 백제에서는 효천, 그 다음에 남삼한이나 가야에서는 계음이라고 해서 그런 제사를 지내게 됐죠.

고구려 시대의 조의선인, 신라 화랑의 세속5계, 백제의 무사, 싸울아비 이게 일본에 건너가서 사무라이가 됐죠. 사실 일본의 중심 세력은 처음에는 가야, 나중에는 백제의 분국이었습니다. 그래서 일본은 우리의 아우의 나라입니다. 여러 가지 애증관계가 섞여서 지금 복잡하지만 그것도 해결해야 됩니다. 일본과 우리나라는 과거 역사를 돌이켜보면 형제 나라입니다. 우리가 형님이고 일본이 아우나라입니다. 그런데 지금 여러 가지 갈등이 많죠.

이것은 국가 차원에서 해결해야 됩니다. 우선 국제적 살풀이를 해야 됩니다. 어떻게 해야 되느냐? 과거에 백제가 망할 때 나당연합군이 백제의 그러한 민중들을 7일 밤, 7일 낮을 전국을 초토화시키면서 마구 죽였습니다. 그 죄에 대해서 그들에게 사과해야 됩니다. 그래서 그들은 일본으로 도피해 갔는데 그 한이 몇 천 년 맺혀 있는 겁니다.

그 다음에 일본은 임진왜란 때 쳐들어와서 우리 민족 많이 죽였죠. 우리 고종황제, 명성황후 시해했죠. 관동대지진 때 우리 민족 마구 죽였죠.

이거에 대해서 일본은 참회하고 사과해야 됩니다.

우리나라의 국가원수와 일본의 국가원수가 지난 날에 대해서 서로 참회하고 사과해야 합니다. 그래야 이것이 근본적으로 풀려진다고 볼 수 있습니다.

그리고 일본의 국가원수는 우리나라 국가원수에 대해서 동생이 잘 살 수도 있으나 우리를 형님으로 깍듯이 모셔야 되는 겁니다. 그것이 일본의 윤리가 사는 길이에요. 그렇지 않으니까 일본이 이커너미 게이머라 그래가지고 배척당하고 또 계속 나가면 일본 열도가 머지 않아 침몰한다고 합니다.

그 양심이 회복 안 되면 일본 열도 침몰할 겁니다. 지금 일본 사람들은 그래서 오스트레일리아나 브라질이나 캐나다에 땅을 많이 사 놓고 있습니다. 그런 것은 그냥 이루어지는 게 아니에요. 삼천 대천세계는 인연 과보의 원리로 됩니다. 그렇지 않은 게 없습니다.

그래서 그런 일본과 한국이 앞으로의 세계를 위해서 서로 사과하고 용서해야 세계에 살아가는 데 도움이 됩니다.

그 다음에 가야에서는 선불습합이 있었습니다. 우리 신선도와 불교가 들어간 나라니까 그 선불습합, 신선도와 불교가 습합이 됐죠. 그래서 장유화상을 보옥선사라고도 그렇게 말합니다.

그 다음에 우리나라가 옮겨간 중심 일본이 동경대학의 하니하라 가주로교수가 얘기한 걸 보면 7세기 경까지 일본 사람들은 7·8할이 한국말을 쓰고 한국 옷을 입고 한국 음식을 먹었다고 합니다.

그런데 일본은 천신과 국신 계열로 나눠집니다. 하늘 천(天)자, 신선 선(仙)자, 일본이 하늘나라로 모시는 것은 전부 우리나라입니다. 천신(天神)은 한반도에서 간 거예요. 그리고 일본 지방에서 나온 신은 나라 국자를 쓴 국신(國神)입니다.

그리고 마쯔리를 많이 하잖아요. 제사를 많이 하거든 신도에서, 신을 맞으리, 신을 맞이하는 제사입니다. 마쯔리가 별개 아니에요.

우리 그 여러 가지 천제 지내는 것을 그대로 본따서 하는 것 뿐입니다. 그런데 그런 쪽으로 신도는 일본이 발달돼서 신불습합이 되겠죠.

일본의 신개념으로 볼 때 우리 인간과 관계에서 엑스타제와 포제션 두 가지가 있죠. 포제션은 신이 우리에게 접하는 거 이게 빙의가 되면 고통스러워하고, 접신으로 가면 자기 정신을 뺏기는 경우도 있고 이런 거 조심해야 되죠.

근데 자기가 신적 지위에 나가는 거 그것이 엑스타제죠. 살아있는 그대로 황홀한 경계라는 거 하여튼 신불습합, 그 다음에 고려로 넘어와서 고려는 3대 국가 정책으로 불교를 내세웠지만 신선도도 그에 못지않게 내세웠습니다. 그래서 국가의 큰 행사가 연등회와 팔관회입니다.

연등회는 불교, 팔관회는 우리 신선도 행사였습니다.

그래서 그런 신선도를 종교적으로 고려시대에는 왕검교나 천신교라고 했습니다.

그리고 그 왕들은 늘 해마다 마니산 참성단에 가서 천제를 지내는 것으로 알고 있습니다.

특별히 얘기할 것은 서경천도운동 묘청의 대위국 건설입니다. 옛 땅을 다물하기 위해서 신선도를 확장하기 위해서 금국정벌론과 칭제건원론을 내세우면서 대위국을 건설했지요.

그래서 단재 신채호 선생은 우리 역사 1천년 내에 최대의 사건이다. 그렇게 얘기를 했습니다만 그러나 바로 사대 식민사학의 거두 삼국사기를 쓴 김부식에 의해서 그러한 꿈이 무산이 됐죠. 다물할 기회를 놓친 거죠.

그리고 고려 원종 때 라마불교가 들어와서 크게 번지면서 원나라 세력을 업고 우리 고유한 신선도를 탄압하기 시작했습니다. 그때부터 또 한 번 우리 신선도가 크게 꺾인 거죠. 그래서 그 신선도를 닦던 사람들은 산으로 은둔하고 그리고 사람이 살아가는 데는 치병치제 여러 가지 재액이나 병을 물리치고 그러니까 일부는 무속으로 가고 그렇게 해서 이게 점점 힘을 잃고 사대주의 세력이 집권한 이씨조선으로 넘어가게 되는데, 고려시대에도 영토적으로 신선도맥을 펼치고 영토를 회복할 수 있는 기회가 세 번 있었습니다.

하나는 윤관 장군이 9성을 쌓고 했을 때 그걸 계속 지키고 넓혀 나갔을 때 그렇지 못한 거 또 요양성의 유익이라는 그런 평장사가 그걸 우리나라에 바치겠다고 그랬는데 정부가 똑똑치 못해서 받지 못한 거

그리고 또 하나는 우리 위대하신 최영 장군께서 만주를 다물을 하기 위해서 갔을 때 이성계가 위화도에서 회군한 겁니다. 우리 역사를 다물할 수 있는 기회를 놓친 거죠.

그 위화도 회군은 요새도 좀 문제가 되는 것 같습니다.

남북 간에 이런 경제개발을 위해서 신의주 특구를 만들려고 그러는데, 위화도가 있어서 그런지 그게 또 다시 원상회복되는 것 같아요. 위화도 회군처럼

그리고 근세조선에 와서는 김시습 선생 같이, 김시습 선생은 불명이 설잠이고 신선도 계통의 명칭은 매월당인데, 큰 신선이고, 선사였습니다.

조광조 선생 같은 개혁파는 개혁하다가 죽기도 하고 그랬는데, 그리고 이조 역사에서 다물과 관련돼서 보면 이징옥(李澄玉)씨가 대금을 세웠었다는 것 또 효종께서 임경업 장군과 함께 북벌론을 주장해서 다물 하였다는 것이다.

그런데 우리 역사에서 보면 민족 자주적인 생각을 가지고 있는 사람들이 외세를 끌어들인 사람에 의해서 죽는 경우가 많아요. 이성계에 의해서 최영 장군도 돌아가시고 김자겸에 의해서 임경업 장군도 돌아가시고, 현대사에 있어서도 물론 사람에 따라서 정치적인 견해가 다를 수 있지만 강대국을 업고 이승만은 대통령이 됐고, 자주적인 생각을 가졌던 국부 김구 선생은 어떤 사람의 총탄에 사라지고, 이러한 풍토가 완전히 사라져서 우리 개인이 우리 민족이 자주의식을 갖고 사는 인격. 국격이 있는 그런 시대가 와야 한다고 생각을 합니다.

현대에 와서는 근세에 여러 가지 민족종교가 나오기 시작했죠.

또 독립운동 이런 걸 하면서 나철 선생의 대종교 또 뭐 증산교. 천도교 . 원불교이런 것도 많았고, 현대에 들어와서 대종교라든지 국선도 단학선원 이런 것들이 생겼죠.

저자도 신선도라는 법인체를 가지고 심기신 수련하는 도장을 한 1년 남짓 운영하다가 쉬었습니다.

그래서 그러한 올림픽 4강이나 월드컵 4강을 통해서 민족의 진운기에 처해서 결국은 남북한 해외 8천만 우리 민족이 홍익인간(弘益人間) · 광화세계(光化世界)의 그런 신선도 이념을 갖고, 세계 문화의 중심에 서서 영어로는 팍스 코리아나 세계를 정치적으로 조직하는 UN이고 평화는 한국에서 나오니까 송구스럽지만 영어를 하나 쓰겠습니다. 팍스 언 코리아나(Fax UN Koreana),

문화는 한국의 신선도 문화를 중심으로 하고, 세계 조직은 유엔을 중심으로 하고 나중에 완전히 평화로운 세계정부로 바뀌어야 됩니다. 저자 꿈의 하나는 이 세계정부가 평화의 섬 제주도나 DMZ나 백두산지역에 서기를 바랍니다. 저자가 『평화세계거래법』책에 그걸 썼습니다. 아직 환갑 나이에 어린 애 같은 철부지 생각을 하는지는 알 수 없는데 하여튼 제 꿈입니다. 하나의 평화세계로 나가는 거죠. 우리가 민족국가로 당당하게 또 좋은 문화를 세계에 펼치면서 그렇게 나아가려고 그렇게 생각합니다.

가장 중요한 것은 개인이나 민족이나 항상 주인의식을 가지고 항상 깨어 있는 겁니다. 항상 깨어 있는 사람이 진짜 도인입니다. 지금 여기 깨어 있음이죠. 그분은 노자나 부처나 그리스도에 못지 않습니다.

이제 대충 끝내가면서 두 가지만 말씀드리겠습니다. 하나는 아리랑에 관한 것이고 또 하나는 여러분들이 아까운 시간을 내주셨으니까, 여러분들이 무한자가 될 수 있는 방법을 하나 가르쳐드리고 말씀을 끝내고자 합니다.

하나는 아리랑인데, 아리랑이 뭐냐? 아~리랑, 내가 님을 이별한다. 이것도 되고 또 신라 박혁거세의 그 왕의 부인 알령(閼英)을 얘기하기도 하고, 백제의 아랑과 도미(都彌)의 아름다운 사랑의 얘기 생명을 던진 이런 것을 근원으로 얘기도 하고 학설이 많습니다. 사실은 고주몽과 소서노의 딸 알랑고아가 흥안령 알이령 고개 넘어 몽고로 가서 몽고족 조상이 된 역사가 그 시원입니다.

우리는 그 생명이나 영으로 봤을 때 하나의 알입니다. 씨알이고 한 알이고 한얼입니다. 항상 그 절대자인 한 생명, 우주 생명, 하느님, 부처님과 함께 있는 거, 그게 알이랑(아리랑)입니다. 알이랑, 누구랑 같이 있다고 그러죠. 아라리는 알알이여서, 우리 하나하나가 모두 하느님이고 부처님이고 절대자인겁니다. 자기 내면에 있기 때문에, 그래서 아리랑 아리랑 아라리요 아리랑 고개로 넘어간다.

나를 버리고 가는 님은 십리도 못 가서 발병난다. 그러죠. 그 근본을 떠나면 다 병나고 죽지요.

아리랑 아리랑 아라리오, 그 다음에 가자 가자 어서야 가자 백두산 덜미에 해 저물어 간다. 이것은 우리가 항일 독립운동을 할 때, 백두산은 백두산 천지는 민족의 우리 백성들 마음의 고향이었습니다. 평화의 고향이고, 독립의 고향이었습니다.

"중국의 붉은 별"을 쓴 에드가 스노우 부인 헬렌 스노우는 우리 항일독립운동가인 장지락(일명 김산)을 연안에서 만나 "아리랑 노래"라는 책을 썼습니다.

그래서 가자 가자 어서야 가자 백두산 덜미에 해저물어 간다. 갈 길이 바쁜 거죠.

또 하나는 진리에 관한 얘기인데, 불교에서 진리가 뭐냐 '칠불통게'라고 그래서 역사적으로 보면은 석가모니 부처는 일곱번째 부처입니다. 그 앞에 비바시불, 가섭불(迦葉佛)이 있고 구류손불(拘留孫佛)·구나함모니불… 그래가지고 그 일곱 부처가 똑같이 가르치는 보편타당한 진리의 가르침을 칠불통게(七佛通偈)라고 그립니다. 일곱 부처가 다 통하는 진리이다. 이럽니다. 그게 뭐냐 제악막작(諸惡莫作), 중선봉행(衆善奉行) - 제악을 짓지 말고 제선을 봉행하라는 겁니다. 자정기의(自淨其意) - 이 모든 부처들의 가르침이다. 스스로 자(自), 뜻 의·마음 의(意)자 거든요. 마음을 비우고 정화하는 겁니다. 자기 마음을 정화하고 깨끗이 하는 겁니다. 시제불교(是諸佛敎) - 그게 모든 부처님의 가르침이다. 여기선 부처라고 그랬지만, 뭐 그리스도, 마호메트, 노자, 공자 다 좋습니다. 소크라테스도 좋고 그런 성자들이 가르치는 기본은 자기 마음을 깨끗이 하여 가볍고 편안하게 하는 거 그것이 기본이다(虛心). 그것이 내 인생을 지금 잘 살고 있느냐 못 살고 있느냐 에 대한 기준도 됩니다.

우리 참마음은 순수 의식이고 우주의 본체입니다. 우리가 세상 살아가는데 심기신중에 마음 공부가 있는데, 마음 공부의 가장 기본은 관찰입니다. '관형찰색(觀形察色)'이라고 그러죠. 형태(모양)를 관하고 그 색을 살핀다. 그런데 명상방법, 세계의 성자들이 가르치는 공통된 가르침은 명상 'meditation' 메디테이션입니다. 명상(冥想 또는 瞑想)·묵상·선·좌망·심재 뭐 이렇게 표현은 다르지만, 모든 성자가 가르치는 기본적인 거, 생각의 근원자리로 돌아가고, 자정기의 그것은 가장 쉬운 말로는 관찰자를 관찰하는 겁니다.

그래서 우리가 기본적인 것은 관찰을 하면 무분별지가 되고, 분별판단집착망상이 없으면, 분별해도 분별자재가 됩니다. 성성적적수연성입니다.

감사합니다.

제4장
대고구려 등 열국시대 · 남북국시대

제1절 북부여 건국이 대고구려 건국

 밝은 해인 청천백일의 광명으로 우리 민족이 창조한 인류 시원 문명인 한 밝달 문명이자 신선도인 홍익인간·광화세계로 신명개벽하는 신명나는 우리 역사 제4장 제1절 주제는 '북부여 건국이 고구려 건국'이라는 제목으로 말씀을 드리겠습니다.
 여기서 말하는 홍익인간(弘益人間)은 인간의 이상형으로 사람이 깨달음을 얻고 다른 사람을 널리 크게 돕는 사람을 말하고, 광화세계(光化世界)는 세계의 이상형으로 광명으로 꽉 차 어둔 곳이 없는 사회 완성을 뜻한다거 말할 수가 있습니다.
 인류 역사상 민족 국가로서 2천년 제국을 이룬 나라는 우리나라의 단군조선, 고조선뿐이 없었습니다. 그러한 2천년 제국 단군조선이 망하고, 여러 개의 나라로 분립해서 그런 시대가 있었는데 그걸 열국(列國)시대라고 그립니다.
 열국시대가 만주로부터 남해안 또 제주·일본까지 반도는 물론 여러 개의 나라가 섰지만은 특히 북쪽에는 단군조선의 마지막 국호가 대부여여서 그러는지 북부여·동부여·졸본부여 이런 게 있었고, 나중에 동부여가 망하고 가원섭부여나 서부여라는 말도 나왔고, 그 훨씬 후에는 백제가 한반도 남부에 있으면서 남부여라는 말을 쓰기도 했습니다.
 오늘은 단군조선을 이었다고 생각하는 북부여-고리국 해모수(解慕漱), 고해모수 단군이 세운 북부여를 중심으로 해서 알아보도록 그렇게 하겠습니다.

평양 동명성왕릉

 북부를 건국한 해모수 단군은 단군조선 44대 고구물단군의 현손으로 본명이 고달입니다. 그 해모수가 백성들의 추대를 받아 단군으로 즉위했으며, 4세가 지난 뒤 동명왕 고두막한에 의해서 후북부여인 졸본부여(卒本夫餘)로 이어졌습니다.

 그리고 졸본부여는 그 다음에 고무서(高無胥)단군으로 이어지고 그 사위인 고주몽(高朱蒙)이 대통을 이으니, 이분이 일반적으로 알려진 고구려(高句麗)의 시조입니다.

 그런데 역사드라마 중에 '주몽'이라는 것이 있었는데 거기에 보면 너무나 잘못된 내용이 있었습니다. 고주몽의 아버지가 불리지 고모수 왕인데 해모수 왕이 아버지인 것처럼 잘못 나와 있습니다. 고해모수 왕은 고주몽의 조상으로 치면 4대 선조 고조부가 되는 건데, 그 고조부를 아버지로 했으니까 역사무지로 해도 너무 잘못한 거라고 말할 수가 있습니다.

　북부여 시조인 고해모수는 천자가 영용하고 그 태어난 자태가 영웅다웠고, 신광이 사람을 쏘므로 그 눈빛이 신처럼 빛이 나서 사람을 쏘므로 천왕랑(天王郞) 같았다.

　그런데 단기 2094년 임술 4월 8일 23세로 하늘에서 용광도를 차고 흘승골성에 내려와 즉위하고 국호를 북부여(北扶餘.고리국)라 했다. 이렇게 되어 있습니다. 흘승골성(訖升骨城)이 어디냐에 대해서는 지금 만주의 환인성이라는 사람도 있고 동몽골의 의무려산 쪽이다[大遼 醫州지역]. 이렇게 얘기하는데 일반적으로는 길림성 연길현 산악 거기에 있는 웅심산(熊心山)이다. 이렇게 얘기를 합니다.

　그래서 북부여의 해모수는 웅심산(熊心山)에 의거, 난빈에 제실을 짓고 까마귀 털을 꽂은 갓[烏羽冠]을 쓰고 오우관이라는 것은 까마귀의 깃털로 모자를 만든 건데 까마귀는 삼족오(三足烏)라고 태양을 상징합니다. 우리 민족이 태양족이고 밝해·밝달 민족이고, 그러한 광명을 상징하는 것이기 때문에 삼족오의 깃털로 모자를 만들어 쓰고 빛나는 검. 용광검(龍光劍)을 차고, 다음에 다섯 마리의 용이 끄는 수레인 오룡거(五龍車)를 타고 따르는 자 500인과 더불어 아침이면 정사를 보았다고 얘기합니다.

　보통 왕들은 용 세 마리가 끄는 것으로 상징하는데, 이 북부여의 고해모수왕 장군은 오룡거(五龍車)를 탔다고 그러니까 천제(天帝) 혹은 천제의 자(子)다. 이렇게 말을 할 수가 있습니다.

　즉위한 다음해 3월 16일 천제를 지내고 천제(天祭)는 이제 하늘에다가 제사를 지낸 거죠. 백두산에 올라서 천제를 지냈겠죠. 그 다음에 호구조사법인 연호법을 발표 했으며 5가(加)의 병을 나누어 둔전을 경작하여 자급자족하고 비축하게 함으로 백성들이 근심 없이 살았다. 그렇게 얘기합니다. 태평성대를 이루었다는 거죠. 해모수 단군은 즉위 8년에 단군조선 공화정치를 철폐하고 그 마지막 단군인 고열가 단군은 산에 들어가서 선인이 되었다고 하고, 공양태모법을 세워 처음으로 그 단군이 여인들에게 태교를 가르쳤습니다.

고해모수 즉위 19년에 번조선왕 기비가 죽자 그 아들 기준(箕準)을 번조선(番朝鮮) 왕으로 봉했다. 그러니까 기자조선이 있었던 게 아니고 기자가 은나라에서 왔을 때는 왕으로 임명한 게 아니고 그 800년 후에 기자의 후손 중에 한 사람이 단군조선의 한 변방인 번조선의 부왕을 했는데 그때 약 5대 정도 했습니다. 그 후에 저 위만에 의해서 정권이 뒤집혀지고 기준왕은 한반도 남부에 마한으로 내려갔고 번조선이 망했죠.

고해모수 단군은 즉위 20년에 백악산 아사달(지금의 하얼빈부근 완달산), 하얼빈이라는 것은 본래 만주말로 그물을 말린다. 그런 뜻이 있습니다. 그래서 그 완달산에서 천제를 지내고 7월에는 천안궁(天安宮)이라는 366칸의 새 궁궐을 지었습니다. 전부 하늘 천(天)자가 들어가죠. 천안궁이 366칸이니까 보통 큰 궁궐이 아니지요. 지금의 그 중국의 북경에 가면 자금성이 있는데 그런 자금성의 맞먹는 큰 대궐이었다. 이렇게 말할 수 있습니다.

부여의 단군은 단군조선과 같이 최고통치자이며 신선도에 따라 하늘과 태양을 숭배하는 최고 종교지도자였다고 말할 수 있습니다. 단군 밑에 중앙관직으로 삼사오가(三師五加)가 있었다. 풍백(風伯)·우사(雨師)·운사(雲師)의 3사 그 다음에 5가는 저가(豬加)·구가(狗加)·양가(羊加)·우가(牛加)·마가(馬加) 이렇게 있어가지고 어떤 국사를 결정할 때는 제가회의라고 의견을 충분히 나눠서 단군조선을 이어받은 화백(和白)이라고 고루살이라고 그러죠. 고루살이 그렇게 국사를 의견을 종합하는 그런 의견이 만장일치 될 때까지 충분히 토의를 하고 합의를 하는 그런 방법으로 회의를 하고 의사결정을 했다.

그 밑에 대사·대사자·사자 등 이런 관직이 있었고, 부여는 각 지방도 가(加)들이 다스렸는데, 대가는 수천호, 소가는 수백호를 지배했으며 이를 총칭하여 제가(諸加)라 하였다. 이렇게 얘기를 합니다. 국가에 큰 일이 있을 때는 중앙의 제가도 모이고 지방의 대가들까지 다 모아서 회의를 했던 거죠.

북부여는 강한 군사력을 가지고 있었는 바, 그들은 일상적으로 체력을 단련하여 무술을 연마하며 몸집이 크고 성격이 굳세며 용감하고 다른 나라와 싸워서 진 일이 없었다고 합니다. 전쟁이 발생하면 단군 밑의 제가들이 군사들을 거느리고 나가 싸웠는데 군사는 서민과 호민들로 구성되었다. 그들은 평소에 자체적으로 집집마다 갑옷·활·화살·칼·창 등의 무기를 갖추고 있다가 전쟁이 나면 즉시 대응할 수 있도록 그렇게 했는데, 특히 하호는 식량 등 군수를 나르는 등 자력으로 그 전투를 도왔다. 그렇게 말할 수가 있습니다.

북부여는 졸본부여로는, 고해모수(解慕漱)·고모수리(慕漱離)·고해사(高奚斯)·고우루(高于婁)·고두막한(高豆莫汗)·고무서(高無胥) 다음에 고주몽(高朱蒙), 이렇게 북부여에서 고두막한 이후 졸본부여로 이어져서 7대가 고주몽이 됩니다.

그리고 해모수의 후손인 해부루(解夫婁)는 고우루 단군 때 동쪽으로 밀려서 동부여를 세우고, 그 해부루 밑에 금와(金蛙)왕·

대소(帶素)왕 이렇게 나오죠. 그래서 그때 고주몽은 어머니 유화부인과 함께 동부여의 금와왕 밑에서 있었습니다. 어머니 유화(柳花)부인은 천제를 지내는 지관으로 있으면서 고주몽을 키웠는데, 고주몽이 말 타고 활 잘 쏘고 그러니까 거기에 그 왕자들이 너무 똑똑하니까 질투를 느끼고 장차 나라의 화근이 될 것 같다. 그래가지고 없애려는 움직임이 있었습니다.

그래서 고주몽의 어머니인 유화(柳花)부인이 여러 가지 머리를 써서 훌륭한 말을 키우게 하고 오이·마리·협부 등 몇 사람과 함께 동부여를 떠나서 졸본부여 쪽으로 오는 거죠. 그런 여러 가지 역사적인 그 내용이 있습니다.

그래서 결국은 졸본부여 쪽에 와서 그 연타발이라는 재벌처럼 부자인 사람이 있었습니다. 만주와 한반도 중국 오월 지방까지 수많은 장원을 갖고 장사를 잘하는데 그 딸이 바로 소서노(召西弩)입니다.

소서노는 한 번 결혼했다가 되돌아와 있는 상태였는데 나중에 고주몽을 만나서 비류와 온조도 낳고 또 여장부라 고구려를 건국하고 그러는데 굉장히 힘을 많이 쏟았습니다.

그리고 나중에 고주몽이 동부여에 있을 때 부인 해 예(禮)씨가 유리왕자를 데리고 오게 되고 고주몽은 그 첫 부인의 아들 유리에게 왕위를 넘길 것을 생각하고 있었기 때문에 그 소서노는 생각을 돌이켜 먹고 동생,을음을 시켜서 이 한반도나 중국 남부 따뜻한 곳에 도읍을 할 만한 곳을 찾게 한 다음에 고주몽의 허락을 받고 고주몽이 돌아가실 즈음에 허락을 받아가지고 요동의 금성이라는 데로 옵니다.

그래서 거기서 어하라(於瑕羅)라는 나라를 세우고 그 어하라가 나중에 비류(沸流)의 백제(百濟) 온조(溫祚)의 십제(十濟)의 시작이기 때문에 실질적인 백제의 건국이 된다. 이렇게 말할 수가 있습니다.

그런데 우리 역사를 보면 사대 모화사상이나 일제 식민사관 이런 사람들과 자주의식이 없는 기록자들에 의해서 역사가 많이 조작되고 없어지고 그랬습니다. 그래서 고주몽의 아버지도 불리지·옥저후 이런 것만 나오고 그 계통도 안 나오고 그럽니다.

그런데 최근에 배제대의 손성태 교수가 스페인어 포르투칼어 멕시코어 이런 거를 연구하면서 우리 민족과의 관계를 연결시키고, 또 일본 궁성의 사서요원을 했던 남당 박창화 선생이『고구리 창세기』와『추모경』이라는 책을 내서 이러한 고구려와 북부여에 얽힌 사정이 밝혀졌습니다.

그것을 보면 고해모수의 아들이 첫째가 모수리인데 그분은 북부여를 이었고, 둘째 아들이 고진왕입니다. 고진왕은 고리국왕 또는 고려국왕이라고 부릅니다.

그리고 고진의 아들이 고법왕입니다. 고법왕의 아들이 고모수왕입니다. 이 고모수왕이 불리지고 옥저후고 그 다음에 하백(河伯)의 딸인 유화(柳花), 고주몽의 어머니죠. 유화(柳花)를 유하강변에서 만나서 (그때 그 유화부인은 자매 두 명과 함께 놀러 나왔음) 연애를 하며, 나중에 유화부친 하백의 승인을 받죠. 고주몽이 임신이 되고 난 후에, 그 나라 고리국이 다른 왕들의 반란으로 왕이 있을 자리가 없었습니다. 그래서 북옥저로 갔다가 거기서 여러 가지 생각을 한 다음에 동방의 먼 나라로 가기로 결심을 합니다.

그래서 아시아와 북아메리카랑 연결되는 베링해, 거기에 남아 있는 섬들이 알류산열도라고 그러는데 옛날에 1만 년 이전에는 거기가 육지로 이어졌었다고 그럽니다. 그러니까 이 동양에 우리나라 사람들을 비롯한 많은 사람들이 지금의 캐나다·미국·멕시코·남미 이런 데로 여러 차례 넘어간 거죠.

그런데 고구려 장수왕이 아버지 광개토대제를 기념하기 위해서 광개토대제비문을 적었는데, 거기에 보면은 광개토대제는 고주몽으로부터 보면 13대인데 시조로부터 17대라고 광개토대제비문에 나옵니다. 그런데 많은 사람들이 그걸 못 밝혔습니다.

근데 저자가 손성태 교수의 얘기나 남당 박창화 선생의 얘기를 듣고 이렇게 여러 가지 역사 기록을 보고 찾아내서, 북부여(고리국) 계통으로, 고해모수·고리국왕 고진 그 다음에 고법왕·고모수왕·고주몽 이렇게 이어져 고해모수 단군으로부터 광개토대제가 17대 그런 후손이 된다. 이런 것을 저자가 처음으로 『고주몽 성제에서 광개토 대제까지』라는 책에서 써서 우리나라 대고구려 국통맥을 밝혔습니다.

그리고 한 가지 덧붙일 것은 손성태 교수가 멕시코 말과 우리말의 연결, 역사적인 유물 조사 또는 발표 이런 걸 통해서 많은 내용이 밝혀졌는데, 그것을 보면 B.C. 1세기에 그 멕시코에 테오티와칸에서 고대 멕시코가 처음으로 건국되었다. 그런데 멕시코라는 것은 맥이고(貊耳高)다. 이렇게 나오고 또 남당 박창화(朴昌和)선생님의 『고구리 창세기』나 『추모경』, 『환단고기』·『규원사화』등을 토대로 저자가 연구하여 그 내용을 살펴볼 때, 맥이고라는 할 때 맥이는 부여나 고구려 종족을 말합니다. 그 맥족을 옛날에 중국에서는 '맥이(貊夷)' 맥이족이라고 그랬거든요.

그러니까 맥이고(貊耳高)라는 것은 고구려 쪽 사람이고 그 왕이 고모수 왕이다. 이런 생각이 들고 시기적으로도 맞아요. B.C. 1세기. 그래서 저자가 B.C. 1세기에 멕시코의 테오티와칸, 지금 거기는 한밝달 문명으로태양을 제사지내는 천제단도 있고 달을 제사지내는 제단도 있고 일월신을 연결하는 통로도 있고 그렇습니다.

그래서 저자가 최초 고대 멕시코를 건국한 것은 고주몽의 아버지 고모수왕이다. 그런 얘기를 저자가 『고주몽성제에서 광개토대제까지: 대제국 고구려·백제·신라·가야·왜 5국역사 기행』(양현문고, 1918.10.15.)에서 처음 책에 썼습니다.

그때 그 고모수왕이 고리국이 어렵게 돼서 머리를 써가지고 동방의 부상국을 찾아서 그렇게 고래잡이 이름을 빌려가지고 많은 사람을 데리고 베링해를 건너서 거기로 간 것으로 그렇게 추정할 수가 있습니다.

그래서 바로 북부여 건국이 고구려 건국이고, 고대 멕시코의 건국자는 고주몽의 아버지 고모수 왕이고, 그 고모수 왕이 유화부인과 관계해서 7월 7석날 만나서 태어나게 된 것이 고주몽 동명성제로서 고구려(高句麗)라는 나라를 세웠다고 말씀드릴 수가 있습니다.

제2절 멕시코 건국자는 주몽부친 고모수왕

밝해 문명인 홍익인간·광화세계를 지향하는 신명난 인류 최고 우리 역사 제4장 제2절 주제는 '멕시코 건국자는 주몽의 부친 고모수왕'입니다.

2년 전에 2019 세계축구(FIFA World Cup)대회에서 우리나라가 다른 나라와 시합을 하는데 우리 한국이 그 나라를 이기니까 그 나라와 경기를 했던 멕시코 국민들이 TV를 통해서 보는데, 우리가 이기니까 "멕시코리아(Mexcorea)"라는 외치는 것을 봤습니다. 우리와 멕시코의 관계가 깊다는 무언의 표시로 들렸습니다.

먼저 여기서 알아볼 것은 고구려의 왕통이 어떻게 된 것이냐? 고모수왕이 누구냐 하는 것을 먼저 얘기해야 될 것 같습니다. 일부 지상파 방송에는 고구려를 세운 고주몽 아버지가 해모수로 나와서 사람을 웃게 만든 경우가 있었습니다. 사실 고달 해모수는 고주몽의 4대조 선조인데 그렇게 엉터리 역사를 일반 국민에게 알리고 있었습니다.

그럼 그것을 확실히 알 수 있는 게 뭐냐?

물론 이제 북부여, 졸본부여, 동부여 이런 여러 가지 얘기가 있지만, 일반적으로는 졸본부여의 후계자로 해모수, 모수리, 고해사, 고우루, 고두막한, 고무서, 고주몽 이렇게 졸본부여를 이은 걸로 돼 있어 있는데, 그것이 전부가 아닙니다.

그것은 광개토대제릉 비에 보면 광개토대제가 시조로부터 17대라고 돼 있습니다.

고주몽부터 따지면 13대인데 광개토대제비는 17대로 되어 있습니다. 그러니까 실질적으로 고구려를 세운 것은 북부여를 세운 고달 해모수라는 얘기입니다.

그런데 그 동안에 사람의 연구 부족과 사대 모화사상자들의 고구려 역사 흐리기, 역사 왜곡 이런 것으로 정확한 왕통이 밝혀지지 않았습니다.

물론 부분적으로는 『환단고기』에 고주몽의 아버지가 고모수고 옥저후고 불리지라는 말은 나와 있었습니다.

그런데 최근에 멕시코를 연구하는 배재대 손성태 교수와 일본 황궁청에서 사서를 하신 남당 박창화(朴昌和 · 1889~1962)선생님이 고구리 창세기와 또 고구리 약사 이런 책을 쓴 것이 도움이 됐습니다.

그래서 북부여 고리국으로부터 내려온 그러한 왕통을 보면, 맨 처음에 세우신 고해모수가 있고 해모수의 둘째 아들이 고진왕이고 고진왕의 아들은 고법왕과 고덕이 있는데 정식 왕통은 고법왕이었습니다.

고법왕의 아드님이 고모수왕이고 고모수왕의 아들이 고주몽성제이다.

그러면은 저자가 최근에 쓴 『인류 창세 세계 최고 밝해문명사』에 나와 있는 밝해문명의 세계적인 전파 중에 '멕시코의 피라미드과 건국자' 이런 내용이 있기 때문에 소개해 드리겠습니다.

멕시코 원주민이 우리와 같은 태양을 신앙하는 황인종일 뿐 아

멕시코 테오티와칸 태양신전

니라 우리나라 강화도 마니산 참성단이나 또 고주몽 동명성제릉인 장군총 같은 피라미드가 멕시코도 많이 발달해 있습니다.

멕시코는 옛날에는 우리나라에서 '동방의 해뜨는 나라' 그래서 부상국(扶桑國, Fusang)이라고도 했습니다.

해 뜨는 뽕나무나 선인장의 나라다. 이런 얘기도 있었습니다.

멕시코 처음 건국자는 멕시코의 테오티와칸(Teotihuacan)에 있는 이집트 피라미드 같은 거대한 태양의 신전으로 미주에서 제일 큰 태양 피라미드와 달 피라미드가 있고, 치첸이차에도 거대 피라미드가 있는 등 전국에 2400여 개의 피라미드가 있습니다.

치천이차에 있는 거대한 피라미드가 카스티요 피라미드인데 모두 9층 꼭대기에 신전이 있어서 그것이 일신강충(一神降衷)·성통광명(性通光明), 홍익인간(弘益人間)·광화세계(光化世界)를 상징하고 모두 365일을 상징하는 계단 사면체로 되어 있습니다.

그리고 B.C. 1세기 고대 멕시코를 건국한 사람이 고구려 동명성제 고주몽의 아버지인 고모수왕이라고 저자는 추정 했습니다. 여러 가지 역사적인 유물이나 사료 이런 것으로 바탕으로 해서 그러한 심증이 가시화했는데, 여기에는 배제대학교 손성태 교수님이라고 스페인어 · 포르투갈어 · 멕시코를 연구하시면서 또 문물을 연구하셔서가지고, 3만 년 전부터 1만 2천년 3천년 2천년 1천년 800년 전에 동아시아에서 사람들이 왔는데, 그들이 주로 우리 민족이라는 내용입니다. 손성태 교수는 『우리 민족의 대이동』이라는 책을 내시기도 했습니다.

그런데 B.C. 1세기에 처음 세운 나라가 맥이고(貊耳高)라고 돼 있습니다. 멕시코의 어원이 맥이고다. 맥이고(貊耳高)라는 말에서 멕시코(Mexico, 맥이가 사는 곳)가 나왔다. 이렇게 얘기를 한 겁니다. 그런데 맥이(貊夷)라는 것은 고구려와 부여의 종족을 예맥(濊貊)이라고 그러는데 특히 고구려 쪽을 맥(貊)이라고 했는데 '맥'이라고도 표현한 것은 중국의 『삼국지』 위지 동이전(三國志魏書東夷傳)이나 『후한서』 동이전에 보면 맥이(貊夷)라고 그럽니다. 거기에다가 고는 '고리국왕'고모수'를 나타낸 것으로 저자는 보았습니다.

그 수도가 테오티와칸이었는데 태양 피라미드와 달 피라미드는 태양신을 믿고 일월 신대의 신화를 만들어냈고 죽은 자가 신이 만나는 신명스러운 도시로 세계 문화유산으로 등재되었습니다. 태양 피라미드와 달 피라미드는 죽은 자의 길로 연결돼 있습니다. 테오티와칸이라는 말은 '인간이 신이 되는 장소'라는 그런 뜻입니다.

태양에 바쳐진 신전 케잘코아들 신전이 태양피라미드에 있습니다. 고대 멕시코 전성기인 서기 500년경 건설된 달의 피라미드는 태양 피라미드보다 규모가 작고 인간을 제물로 바치는 의식이 치러진 것으로 추정되고 있습니다. 두 피라미드 모두 정상이 평평하며 일월신에 천제를 지냈습니다. 달의 피라미드는 높이가 46m로 4층짜리 건물이다. 그렇게 말할 수 있습니다.

그러면 배제대 손성태 교수를 비롯한 많은 그 멕시코의 학자들과 북미의 학자들 또 우리나라로부터 캄차카반도, 베링해 또는 알라스카, 캐나다 미국의 서해안, 멕시코 서해안 이런 것을 통해서 옛날에는 고래잡이를 많이 했다고 그럽니다. 그래서 그런 상황과 배제대 손성태 교수가 밝혀낸 우리 민족과 멕시코의 연관관계를 우선 살펴보겠습니다.

부상국(扶桑國)은 현재 멕시코의 테오티와칸이라는 고적도시로 세계지도에 나옵니다. 아주 오랜 옛적인 3만6천년, 2만년 등 수만년 전부터 2000년 전, 1300년 전, 1천년 전 등 여러 차례 북동아시아에서 알류산 열도와 베링해를 지나 알래스카, 캐나다, 미국 멕시코와 남미 페루 등으로 건너간 것으로 알려져 있습니다.

그리고 중국 25사(二十五史) 중에 양서를 보면 제나라 원년 고승 혜심스님은 한나라 때 2만리 동쪽에 있는 부상국에 다녀와서 그 나라가 있다는 것을 알렸는데, 그런 멕시코 국립도서관장인 발타사르 브리토 과다다마 교수는 여러 가지 멕시코 책을 근거로 요동지방과 아사달(Aztan, 아스땅)지역에서 맥이족과 고리족이 많이 넘어왔다고 말하고 있고, 배제대학교 손성태 교수는 전문가로서 멕시코의 원류는 우리 민족이라고 확신하고 이를 널리 알리고 방송도 알리고 멕시코를 자주 왕래하면서 발표를 하고 있습니다.

기원전후 50년 사이에는 고리족이 왔는데, 멕시코에서는 '콜와족'이라고 부른답니다. 북아시아 코디악 섬과 알라스카만 대륙 중간지점에 잇는 베네리 마을의 인디안 월터, 존, 주니어 마을 추장은 "우리는 이 땅에 만년 전부터 살아왔는데, 아직도 백인들과 싸우고 있다"고 했습니다. 미국 알래스카대 인류학과 벤포터 교수팀은 알래스카에서 1만5천년 어린이 유골 화석에서 DNA를 추출해 게놈을 복원한 결과 미국 원주민이 동아시아인이라는 사실을 밝혀냈고, 유니스트(UNIST) 생명과학부 박종화 교수는 멕시코 악마문 동굴에서 7700년 전 화석을 발견해 DNA를 분석한 결과, 한반도 북부인이 아메리카 원주민이라고 그렇게 밝혔습니다.

　그리고 아메리카 인디안, 특히 멕시코 인디안들은 쓰는 언어를 비롯해서 문화인류학적으로 손성태교수는 많은 연구를 했는데 한국어와 멕시코어, 미주 인디언 언어 2천여개의 유사성을 발견했는데, 그 모태언어는 모두 한민족 언어라고 했습니다. 예를 들어서 아스텍은 아사달, 다기려는 화가, 내집은 내 집, 자식이는 자식, 크네들은 큰 애들, 피색은 빨간색, 다마틴이는 점쟁이, 잉카는 힝카(해카: 해가 뜨는 태양의 아들), 맨하탄은 많은 땅(마나 땅), 오하이요는 와요, 마야는 마야, 태백(tebec)은 산, 나도왔수족, 또왔나족, 어서와족 등 이런 우리 민족의 언어로 표현된 용어가 많다고 합니다.

　그리고 멕시코뿐만 아니라 알래스카, 캐나다, 미국, 과테말라, 페루 등 인디언 생활 풍속이 우리와 같은 점이 너무나 많이 있습니다.

　태양신전, 물의 신전, 석성온돌, 아궁이, 구들, 고인돌, 반달돌칼, 성황당, 피라미드, 남자의 갓 상투, 여인들의 비녀·연지, 색동저고리나 두루마기 같은 사람의 복식, 팽이치기, 윷놀이, 굴렁쇠 놀이, 금줄, 탯줄, 장례식장의 시신실, 돌절구, 소쿠리, 짚신, 창포머리 감기, 옥수수 농사, 태극문양 이런 여러 가지 생활의 문물이나 습속이 우리와 같은 것이 너무나 많았습니다.

저자는 1992년부터 2년간 미국 워싱턴시 조지워싱턴대학교 교환교수로 가 있으면서 그 인디언들을 많이 만나봤는데, 그 와이오밍주의 인디안 촌에 가니까 거기 여러 가지 토산품을 파는 데 가니까 같이 가다가 만난 인디언 미국 사람이 우리나라의 6·25 때 군인으로 와서 근무한 사람이었어요.

그래서 인디언 민속촌 물품 파는데 가니까 거기에 있는 처녀들 둘이 나를 보고 와서 막 춤을 추면서 반가워하는 거예요. 그래서 1만 년 전에 헤어진 오빠를 만난 것처럼 그렇게 친근감을 느껴서 그랬다고 그럽니다. 그리고 멕시코의 치찬이차와 유카탄 반도의 캔쿤 그리고 페루의 쿠스코나 마추픽추 이런 여러 군데를 많이 다녔습니다.

그 다음에 레이크 티티카카 호라고 그 높이 3800m의 그러한 높은 곳에 바다와 같은 그런 레이크 티티카카라는 호수가 있습니다. 거기에 배로 가서 섬 사람을 만났는데 그 사람들이 나를 보고 또 막 손을 들고 환영하는 거예요.

그러면서 자기 나라의 대통령이었던 후지모리를 읊는 거예요. 그래서 가만히 생각해 보니까 페루의 대통령인 후지모리가 일본계 출신이었습니다. 일본 구마모도 그쪽에서 갔는데 그 구마모도는 우리나라의 공주(곰나루)에 있던 사람들이 많이 가서 만들었기 때문에 아마 비슷하게 느꼈는지 그런지 환영을 받았습니다.

많이 마음이 기뻤고 마추픽추에 가서는 그 높은 산에 옛날에 우리 단군조선이나 고구려와 같은 거석 문화가 있었다는 것을 보고서 많이 환희심을 느꼈습니다.

그러면 멕시코 건국에 관해서 어떤 과정이고 건국자가 누구냐? 이런 것을 좀 본격적으로 살펴보겠습니다.

멕시코의 어원은 손성태 교수님이 말씀하신 것처럼 맥이고(貊耳高)입니다.

그리고 그 건국 시기는 B.C. 50년 전후 1세기 안이라고 그럽니다. 그래서 저자는 그런 것을 바탕으로 해가지고 우리의 고대사에 있어서 맥이고를 건국할 만한 사람을 쭉 찾아다녔습니다.

그것은 첫째 『환단고기』에 고주몽의 아버지가 B.C. 1세기 경에 살았고 고리국의 왕을 했고 또 어려운 상황에 대해서 어디로 떠난 거 특히 동해 방향으로 떠난 것 같은 그런 구절을 발견해가지고 결국은 고모수왕이 맥이를 세운 게 아닌가 이런 생각을 했는데, 그건 아까도 얘기했지만 『환단고기』나 『규원사화』 그리고 『삼국유사』 그리고 앞서 말한 남당 박창화(朴昌和) 선생이 쓰신 고구리 창세기인 『추모경』 그 다음에 『고구리 초략』, 중국의 양서를 비롯한 『중국 25사』 이런 것이 그 바탕이 됐습니다.

고리(구려)국의 왕이었던 그 고모수 왕은 B.C. 62년 왕불에 의하여 타리가 죽고 왕불은 천왕이 되겠다고 반란을 일으켜 고리국(구려국) 고모수왕을 강 위쪽으로 내몰고 고리국의 수도였던 불이성을 완전히 불태우자 고모수왕은 갈 곳이 없었습니다.

그래서 선인 주포와 그 조의 행인국 조천(朝天)과 황룡국왕(黃龍國王) 양복(羊福)과 양길(梁吉) 이런 사람들과 함께 황룡국을 거쳐가지고 북옥저로 가서 잠시 살았습니다. 그 북옥저로 갔다는 것은 나중에 고모수왕을 옥저후라고 부르는 그러한 근거가 되는 것이죠.

그런데 『환단고기』나 남당 박창화 선생의 『추모경』이나 『고구리사 초략』을 보면, 고모수왕에 대해서 이해할 수 없는 작위적인 그런 글들이 많이 있습니다.

그것을 보면 하나는 고주몽의 어머니 유화의 아버지인 하백, 고모수가 유화 문제로 만나가지고 여러 가지 신술로 다투는데, 그것은 하늘에 올라가가지고 신수를 부리고 내려오고 또 승천을 했다. 이런 얘기도 하고, 또 왕불이 반란을 일으킬 때 양복에 이르기를 고모수왕은 낮에는 하는 일이 없으나 밤에는 옥경 옥황상제가 있는 저 북극성, 북두칠성의 삼원에 올라가서 조칙을 받고 만민의 운세를 열어준다는 말도 있습니다.

고모수왕께서 유화왕후를 봉하시고 애지중지하사 잠시도 곁을 떠나지 않으시고 원앙새의 암·수와 같았더니 구름이 무겁고 비가 깊어서 꽃이 피고 지고 5룡이 옹위하여 곡선이 보좌하고 그 가운데 한 선제(仙帝)께서 기린 등에 봉황안정을 얹어 타고 하늘에서 내려오셨더니(또는 쓸쓸한 곳으로 떨어지셨더니) 유화께서 연못(물)가에 이르러 계시다가 신발을 거꾸로 신고 나가서 맞이하니 선제께서 다가와 껴안으시고 못가의 벌판에서 합환하니, 온 몸에 하늘향기가 가득함에 황홀하여 신음해더라 그렇게 되어 있습니다.

그리고 그 유화 성모께서 놀라시어 깨어나서 꿈을 꾸고 나서 보니까 고모수왕의 자식이 뱃속에서 계심(임신함)을 보고 기쁘고 행복함을 이기지 못하여 그것을 고모수왕께 애기하니, 이르시길

"60평생이 일거에 여기에서 열매를 맺게 되는구나." 하시고 자리에서 일어나 천지사방에 절하시고 또한 성모에게도 절하시며 이르시기를 "부여의 천년대업이 내처의 뱃속에 있음이니, 내 처는 삼가 조심하여 뱃속의 성자를 잘 기르시오"라고 하였고, 유화께서는 답하시기를 "첩 또한 금번의 방사가 결코 범상치 않음을 알고 있사오니 태교를 잘 지켜서 폐하의 성자를 탄생하겠나이다"라고 하시고 태교로 잠자리, 하나 먹는 것 하나에 지극히 정성을 다하셨습니다. 그러니까 여기서 보면 고모수왕이 거대한 계획을 가지고 떠날 계획을 하고 있었던 겁니다.

근데 여기 글에는 그것을 조작·왜곡해가지고 "고모수왕께서 우연히 득병하시 저 흰구름을 타시고 제의본향으로 돌아가셨더니 성모께서는 실성·통곡·인사불상하시다가 복중의 성자를 위해 아픔을 참고 슬픔을 절제하시며 애처로이 조신하시는 나날을 소요하셨더라" 이렇게 했습니다.

또 『추모경』은 고모수와 유화의 만남 후, 곧 고모수가 죽은 것으로 기록했는데, 무슨 큰 계획을 가지고 있어 떠난 것을 죽었다고 했다. 이것은 뭔가 정상적인 기록이 아닙니다. 그 기록을 구체적으로 보면

"사람들이 두 용(고주몽과 유화)을 우발수로 데려다주고 기린(고모수왕)을 중천으로 내쳤더니 옥채 찍은 회오리 바람에 휑한 물가에 떨어지고 그러니까 사람들이 옥채로 내려졌더니 그 길이 떨어졌다. 그래 과로하고 그냥 고모수가 죽다! 이렇게 처리해 버리고 그 후에 색동구름이 동해에 아득히 드리웠더라…."

이렇게 썼습니다.

이것은 고모수왕이 죽은 게 아니고 동해 쪽으로 간 것을 은폐하기 위한 것으로 보여집니다. 고모수왕이 밤에는 옥황상제를 만나 교칙을 받는다고 하거나 이것도 그러한 승천한다든지 이런 말을 써서 죽는 것을 자연스럽게 받아들이면서 사실은 그 포경단을 이끌고 동해 쪽으로 해서 베링해를 지나고 옥저해(오오츠크해)를 지나고 그래서 북미주의 서해안을 따라가지고 멕시코의 해안에 가서 거기서 태오타와칸으로 간 것으로 그렇게 생각할 수 있습니다.

『삼국지』동이전이나『후한서』동이전은 고구려를 맥족 또는 맥이(貊夷)라고 했습니다. 멕시코의 어원은 맥이고(貊耳高)인데 끝의 고는 고리국 또는 고모수왕의 고를 따서 붙이는 것으로 보입니다.

이것이 기원전 1세기 고대 멕시코(Mexico, 맥이고)의 건국입니다. 수도는 멕시코에서 테오타와칸인데, 이는 백두산의 이명인 도태산에서 온 것으로 추정이 됩니다.

처음 유카탄반도에는 올메카(고무나무지역 사람들)문명이 있었고 이를 이은 문명이 북미의 마야(Maya)문명이고 테오타와칸 문명이며 그 후 문명이 돌테가 문명, 아스테카(아즈텍=아사달) 문명입니다.

아스테카 아즈텍(Aztec)의 문명이죠. 이 문명의 남미 페루 등지의 잉카(Inca=힝카=햇빛사람=태양천손)문명으로 바뀌었고 과테말라 티칼에는 6000년 전의 신전 피라미드도 있습니다.

아즈텍 문명으로 멕시코 베라크루스 유적에서 우리 태극 문양과 상투틀고 한복입은 유물이 2022년 발굴됐습니다.

그리고 유광언 선생은 동이족, 고이족, 은나라, 중국의 은나라, 상나라가 사실은 우리 한민족 계통인데 B.C. 1046년에 주나라에 망하고 왕 제신은 자살하고 25만 명의 은나라 지식인·무사들은 동북지역을 통해서 동쪽으로 계속 갔는데, 이들이 시베리아·알류산 열도를 지나 가면서 그들이 간 알류산 열도에는 우리나라에서 쓴 온돌·구들 이런 것이 발굴이 많이 됐습니다.

그리고 미국 남서부 바위에는 갑골문을 남기고 더 나아가 멕시코 올메카(고무나무지역 사람들)문명을 새롭게 일으켰다고 주장을 했습니다.

제3절 전륜성왕 광개토태왕

밝은 해인 청천백일의 광명으로 우리 민족이 창조한 인류 시원 문명인 한밝달 문명이자 신선도인 홍익인간(弘益人間)·광화세계(光化世界)로 신명 개벽하는 신명나는 우리 역사 제3절은 '전륜성왕 광개토태왕'입니다.

국강상광개토경평안호태왕(國罡上廣開土境平安好太王) 그렇게 본래 부르죠.

우리나라의 옛 조선이 고왕검 단군으로부터 끝 고열가 단군까지 47대 2096년이 지나고, 그 다음에 여러 나라로 나뉘어지는 그러한 열국시대가 됩니다.

그중에 단군조선의 상대인 대부여를 이은 것이 북부여(고리국)인데, 북부여를 세운 것이 고해모수 단군입니다.

고해모수 단군은 그 둘째 아들 이름이 고진이고, 큰아들 모수리, 그 아들이 고해사라고 하고 또 그 고향이 고구려라고 하고, 본명이 고달인 고해모수다. 그렇게 말할 수 있습니다.

고주몽이 졸본부여로부터 해가지고 7대로 나

광개토대왕 동상(구리시)

오지만, 광개토대왕릉비에는 북부여로부터 시작해가지고 고주몽을 거쳐서 광개토태왕까지 17대로 되어 있습니다.

그러니까 고주몽부터 광개토태왕까지는 13대인데 위에 4대가 올라가고 그것이 국통맥의 뼈대를 이룬 거다.

그래서 고해모수 단군이 맨 위에 있고 그 다음에 둘째 아들인 고리국왕 또는 고리군왕이라고 하는 고진왕이 있고, 고진왕을 이은 게 고법왕이고 고법왕을 이은 게 고모수왕이고 옥저후 불리지라고 그러죠. 고모수왕을 이은 것이 고주몽이라고 할 수 있습니다.

고모수왕은 B.C. 1세기 경 멕시코로 가서 테오티와칸에서 맥이고(貊耳高)라는 고대 멕시코를 최초로 건국한 분이 되게 됩니다.

고구려를 세운 동명성제 고주몽은 다물을 모토로 해가지고 단군조선을 잇기 위해서 영토확장에 나가서 대고구려를 세웠죠. 단군조선을 곧바로 이은게 고구려죠.

그리고 2대 유리왕에게 넘기면서 용산에 묻혔다고 그러는데, 그것이 지금 국내성에 있는 장군총 그 장군총이 피라미드인데, 그것이 고주몽 동명성왕의 묘입니다.

다만 근세조선에서는 세종대왕이 평양에 단군릉과 단군전을 새롭게 세웠다. 그렇게 말할 수가 있습니다.

그래서 고주몽은 유리왕에게 유훈으로 '이도흥치' 신선도로서 나라를 흥하게 다스러라는 그린 유언을 남겼고, 그리한 고구려의 유적으로는 지금 말한 장군총을 비롯해서 많은 고분벽화를 남겼습니다.

장천호·무용총·삼실총·사신총·각저총 등 만주 집안지역에는 신단수·용·공·말·수렵도·제석천의 남녀행렬도 등이 있고, 그 밖에 한반도 북부 평양 진파리·덕흥리·송죽리·안악고분 등에는 수박놀이·치우 얼굴 부채·말 모습 등이 많이 남아있다. 그렇게 말할 수 있습니다.

고구려의 수도를 평양으로 옮긴 장수왕은 불세출의 영웅인 광개토태왕의 아들이죠. 그러니까 우리나라의 역사를 단군조선 이후에 가장 많이 넓힌 전륜성왕이죠.

1년에 불교사찰을 수도에만 9개를 세우기도 했고, 또 그 왕후가 아들 장수왕을 잉태했을 때 아미타불의 꿈을 꾸고 잉태했다고 하는 전륜성왕입니다.

고구려의 유명한 승려는, 불교를 처음 AD 372년 소수림왕 2

년에 전한, 순도와아도 승랑. 승전. 혜전. 보덕. 담징. 혜관. 묵호자. 아도. 도침. 백족. 혜자(성덕태자스승)등 많이 있고, 일본 교토등에는 고마데라(高麗寺)가 많다.

그러한 광개토태왕의 흔적은 지금 만주벌판 국내성에 광개토태왕릉비로 우뚝 서 있죠. 그 비석은 집안현 통구에 있는데 높이가 6.39m, 너비가 1.38 내지 2m, 측면이 1.35 내지 1.46m이고, 대석은 3.35 내지 2.7m이며 한문글자는 모두 1775자이다. 그렇게 말할 수가 있습니다.

이 광개토태왕릉비에는 고주몽 추모왕의 건국신화, 고구려의 왕세계, 광개토태왕의 행장, 정복 활동, 영토 관리, 다물 통일 의지, 만주정복, 백제 정벌, 동부여·숙신 정벌, 신라 구원과 임나가라 토벌, 64개의 성, 1400개의 촌을 공파하는 그런 것과 능 관리인과 수묘제 등이 들어있다. 그렇게 말할 수 있습니다.

근대에 들어 일본이 우리나라를 침략하면서 이 광개토대왕릉비를 석회질을 칠해서 조작·왜곡을 했습니다. 릉 비문의 조작·왜곡이죠. 그래서 임나 일본부설 이런 걸 만들어가지고 우리나라를 많이 괴롭히고 있다고 할 수 있습니다.

그런데 그 고친 것을 보면, 신묘(辛卯)년조라고 하는 것인데, 여기에 보면 백제·신라 구시속민 유례조공 이왜이 신묘년 내도해파 백잔 3자가 비어 있고 이위신민으로 되어 있습니다.

(百殘新羅 舊是屬民 由來朝貢 而倭以 辛卯年 來渡 海破 百殘 倭寇新羅 以爲臣民)

이 비석을 조작·왜곡한 '사꼬 가게노부 중위'는 이것 말고도 임나가라 왜를 광개토대제가 정벌했는데 그 지역 이름 이런 거를 77개나 지워버렸습니다.

여기도 기본적인 걸 고쳤는데 백잔은 백제입니다.

백제와 신라가 고구려의 속민이었습니다.

그 고구려가 강성해가지고 또 지배할 수가 있는데 그 자치적인 성격을 부여해가지고 통제를 가하는 그것이 속민이었다.

그런 이래로 신라와 백제가 조공을 바쳤는데 왜가 왜이 내도 해파 백잔 뭐뭐뭐라 하시는 분들도 있는데, 신묘년 조에 내도해파 이렇게 고쳐 있습니다.

그런데 조작한 게 뭐냐 하면, 이 광개토대왕릉비 탁본한 걸 보면 워낙은 왕파(王破)자에요. 왕(王)자인데 글씨가 다른 것하고 많이 이렇게 넓어져가지고 이것을 바다 해자로 바꿔 해파(海破)로 바꾼 겁니다. 그 다음에 백잔 왜구 오랑캐죠. 신라를 신민으로 했다는 겁니다.

그래서 백잔(百殘, 백제)·신라가 구시속민이어서 조공을 해왔는데 왜가 신묘년에 왔다. 그러니까 광개토태왕이 그를 격파하고 그러니까 왜군을 부신 거죠.

(百殘新羅 舊是屬民 由來朝貢 而倭以 辛卯年 來渡王破 百殘 倭寇新羅 以爲臣民)

백잔과 왜구와 신라 여기 신라·백잔에다가 더해지고 왜구까지를 다 합쳐서 신민으로 만들었다.

이 '사꼬 가게노부 중위'가 왕(王)자를 해(海)자로 바꾼 거죠.

그러니까 신묘년에 왜가 들어와가지고 마치 고구려나 우리나라를 파괴한 거 모냥 이렇게 엉터리로 만든 겁니다. 그래서 백잔 왜구 신라가 그 속민이 되었다.

이런 것이 이른바 광개토대왕능비의 핵심적인 내용입니다.

이와 같은 내용은 위당 정인보 선생도 얘기하고 또 이형구 교수 같은 경우는 그 왜가 아니고 후다 또 내도해파가 아니라 공후인이다. 이렇게 다른 얘기를 한 분도 있는데 확실히 그 탁본을 보면 그 왕자를 해자로 고친 그런 흔적이 있습니다.

신묘년조는 예부터 백제·신라는 고구려의 속민으로 조공을 해왔는데, 신묘년에 왜가 건너

광개토태왕릉비(집안현)

오자 광개토대왕이 격파해 백제·왜구·신라를 신민으로 삼았다.

이것이 본래 광개토대왕릉비에 있는 거다. 그렇게 말할 수가 있습니다.

이 광개토대제릉비와 관련된 것이 광개토대제릉인데 그것이 최근에 발견이 됐는데, 광개토태왕비 동북쪽 직선거리 400m 정도에 그 능이 존재하고 높이가 148미터, 한 변 길이가 66미터인 9층의 거대한 피라미드죠.

장군총과 함께 고구려를 상징하는 대 피라미드죠.

광개토대제릉비 신묘년조는 지금까지 살핀 바와 같이 대제 10

년 경자년조를 조사할 필요가 있다.

신묘년은 광개토태왕이 취임하던 해의 일입니다. 신라 요청으로 대제가 기보병 5만을 보내어 나라에 가득한 왜군을 모두 격파하고 임나가라 종발성에 이르러 항복을 받았다고 한다. 여기에 임나가라는 가야라는 설과 대마도 또는 일본 구주, 일본의 본주에까지 걸쳐 있는데, 사꼬 가계노부 중위가 삭제한 것으로 모두 77자가 있는데, 이것은 광개토태왕이 점령한 일본(일부는 우리나라 남쪽도 포함) 대마도나 구주, 본주 이런 일본지역에 광개토태왕이 정복한 그러한 지역이다. 12소국이 있었다고 그럽니다.

그와 같은 것은 이 광개토태왕이 일본의 야마도 왜국[大和倭]를 완전히 장악하고 그린 대화왜 천황 중에 광개토태왕의 아들인 '고지'가 운공천황이 되고 그 후손 중에 웅략천황, 효덕천황 등이 천황으로 등극했다는 것이 이 광개토태왕의 정복을 입증합니다.

우리나라 명절 중 밝해문명국답게 태양의 날인 음력 3월 3일 삼진날은 가야의 계욕일에서 나왔고, 8월 보름 음력이죠. 한가위는 신라에서 시작했으나, 음력 5월 5일은 치우천황과 고주몽 동명성제 탄생일이죠. 요새 단오절이라고 그러는 거죠. 그리고 음력 7월 7일 칠석은 견우성과 직녀성이 만나는 날인데, 이것은 고주몽의 부친 고모수왕과 어머니 유화부인이 만난 날에서 유래했다고 그럽니다.

그리고 중양절인 음력 9월 9일은 광개토대제 2년 4만명 대군으로 백제 진사왕을 정벌하고 12개의 성을 빼앗았고, 그해 9월 9일 거란을 공격하여 승리하고, 남녀 3500명을 사로잡고 고구려 포로·유민 등 1만여 명을 데리고 온 승전 기념일에서 유래한 것이 9월 중양절(重陽節)이라고 말할 수가 있습니다.

고주몽 동명성제의 뜻을 이어받아서 광개토대제와 그 아들 장수왕이 고구려의 부국강병책을 이어받아서 이렇게 영토를 넓히고, 나중에 고구려 말에는 수나라와 대결해서 수나라의 100만 대군을 살수에서 이긴 살수대첩이 있고, 그 때는 을지문덕 장군과 수군 대장 고건무 장군이 수고를 했습니다.

  그 다음에 수가 당나라로 바뀌고 당나라의 유명한 당태종이 또 쳐들어와서 그때는 연계소문이 대막리지로 집권하고 있을 때인데, 안시성에서 그 연계소문과 의논한 양만춘 장군이 안시성 대첩을 해가지고 우리나라 고구려의 위상을 세계에 알렸고, 특히 안시성 대첩을 거둔 후에는 『환단고기』에 의하면 국경까지 쳐들어가서 거기에 고려진을 설치했다고 합니다.

  고구려의 가장 영토를 넓힌 전륜성왕, 또 영토를 넓히고 그 사람들을 사랑해서 그 자비로 대한 전륜성왕 광개토대제의 능비를 중심으로 해서 일본이 우리나라를 지배하기 위해서 역사 조작·왜곡한 이런 것을 밝혀내서, 이 광개토 대왕이 신묘년조에서 신묘년에 온 왜구를 격파하고 전에 지배했던 신라와 백제는 물론 왜국까지 그 신민으로 삼았다 라는 내용을 중점적으로 살펴봤습니다.

제4절 소서노 여제 백제건국

밝은 해인 청천백일의 광명인 하느님과 우리 민족이 창조한 인류 시원 문명인 한밝달 문명이자 신선도인 홍익인간·광화세계로 신명 개벽하는 신명난 우리 역사 제4절 주제는 '소서노여제의 백제 건국'입니다. 여기서 홍익인간(弘益人間)은 인간의 이상형으로 깨달음을 얻어 사람을 널리 크게 돕는 사람을 말하고, 광화세계(光化世界)는 세계의 이상형으로 광명이 꽉 차서 어둔 곳이 없는 사회 원성을 의미합니다.

지금 소서노 여제의 백제 건국은 『밝해문명사』에는 어하라의 건국이 백제의 건국이다 라고 되어 있습니다.

소서노(召西弩)는 우리 고대사에 있어서 가장 위대한 걸물 여자이고 뛰어난 영웅이다. 그렇게 말할 수 있습니다. 고구려와 백제 십제(十濟)까지 세 개의 나라를 건국한 그러한 여자분이었다. 그렇게 말할 수가 있습니다.

고주몽이 동부여에서 와가지고 졸본부여에서 왕이 될 때까지 소서노의 아버지 연타발의 한없는 재정적인 지원과 지혜를 모아가지고 고구려를 거대하게 넓혀갔습니다.

그리고 아들은 비류(沸流)와 온조(溫祚) 둘을 뒀는데 상당한 세월이 흐르자 고주몽은 본래 동부여에서 있었던 해례부인과 그 아들인 유리(琉璃, 類利)가 찾아 왔습니다. 소서노는 자기의 큰아들인 비류를 고주몽을 이을 왕으로 생각하고 있는데 유리왕자가 오니까 또 고주몽의 뜻이 유리 왕자에게 있는 걸 알고서는, 다시

살 길을 강구해서 동생인 을음을 통해 가지고 연타발이 갖고 있는 만주와 한반도와 산동반도 오월지방에 장원을 점검하고 어떻게 할 것인가를 논의 했습니다.

그래서 고주몽 동명성제가 이도흥치, 신선도로서 나라를 흥하게 하라는 그런 유언을 남기고 그 유리에게 왕위를 넘기게 되는데, 그 좀 전에 소서노는 고주몽과 의논해가지고 자기는 비류(沸流)와 온조(溫祚) 두 아들을 데리고 따뜻한 남쪽으로 가겠다고 얘기를 합니다.

그래서 오간·마려 이런 사람들하고 비류·온조를 거느리고 우선 요동반도 쪽으로 옵니다. 그래서 금성이라는 대방지역에서 어하라(於瑕羅)라는 나라를 건국합니다. 이것이 사실상 백제의 건국입니다.

그러다가 따뜻한 곳을 찾아서 몇 해 후에 황해도 재령강 유역의 대방지역에서 좀 머물고 하다가 더 남쪽으로 와가지고 인천이나 직산으로 추정되는 미추홀(메주골) 또 하남 위례성으로 비정이 되는 위례골(오리골)로 이렇게 해서 나라를 다시 옮기게 됩니다.

그래서 비류는 미추홀을 중심으로 해서 백제 나라, 세상의 바다를 모두 지배하는 백가제해의 나라를 세우고, 온조는 일부 신하를 데리고 가서 부아악을 거쳐 하남 위례성으로 가가지고 거기서 십제(十濟)를 세웁니다.

그런데 역사에 남는 온조가 세운 십제(十濟)는 어떻게 된 건지 사라지고 백제만 남고 또 비류도 사라졌습니다. 거기에는 여러 가지 설이 있습니다만『비류백제와 일본의 국가기원』(지문사)을 쓴 김성호 씨는 비류백제가 광개토 대제가 비류 백제를 물리치는 392년까지 존속했다고 보는 그런 분도 있지만, 여러 가지 역사적인 사실이나 전후 사정을 봤을 때, 소서노(召西弩)는 그 여걸답게 왕통을 비류에게 넘기려고 그랬는데 온조를 떠받들고 있는 사람들은 또 나름대로 십제를 중심으로 세우려고 그랬습니다.

그런데 역사의 기록에 보면 한 가지는 온조가 나라를 세운 몇 해 후에 위례성 쪽으로 늙은 암여우가 와서 죽으니 나이가 육십삼살이었다. 이런 구절이 나옵니다.

이것을 보았을 때 비류와 온조를 통합해서 하나를 만들려고 온조 쪽에 왔는데 온조를 지지하는 강경파들이 소서노를 제거한 것처럼 보입니다. 그 몇 회 후에 왕묘를 쌓았다. 이는 그런 걸 입증하고 또 하나는 십몇 년 후에 아산벌판에서, 그 온조 왕이 사냥꾼 수천 명을 데리고 5일간 사냥을 했다는 그런 기록이 있습니다. 그런 걸로 봐서 들판에서 무슨 사냥을 5일간 합니까? 그것은 비류 백제와 온조왕이 싸워가지고 비류왕이 진 것으로 보입니다.

삼국사기에는 비류가 미추홀(彌鄒忽)로 가있다가 사람들이 별로 많지 않고 소금 때문에 농사도 잘 안 되고 그래서 죽었다고 그랬는데, 그게 아니라 아산벌에서 싸워가지고 비류 백제와 온조 십제(十濟)가 하나로 통합이 되어서 비류는 사라지고 온조가 백제를 차지해가지고 이어갔다. 그렇게 볼 수 있습니다.

백제의 왕통에는 비류계통과 온조계통으로 이어지는 맥이 다른 두 가지 갈래가 있습니다.

그리고 비류 백제의 후손은 진씨나 우씨의 성을 쓰고, 나중에 일본 국가의 기원이 되는 야마도 왜 그거를 세운 흔적도 있고 또 재상 쪽에 진씨나 우씨를 쓰는 사람이 많은 것으로 봐가지고 아산벌 싸움에서 결판이 난 것으로 보여집니다.

어쨌거나 소서노 여제는 고구려를 세웠고, 또 결국은 자세한 내막은 알 수 없지만, 백제를 세우고 나라가 잘 되기를 바라고 떠났던 것 같습니다.

여기에 관련돼서 얘기할 게 하나가 있는데 우리나라를 지금 상징하는 노래가 '아리랑'입니다.

"아리랑 아리랑 아라리요 아리랑 고개로 넘어간다.
나를 버리고 가신 님은 십리도 못가서 발병난다."

이런 아리랑인데, 이 어원이 고주몽과 소서노의 딸 알랑 고아와 관계가 있습니다.

우선 아리랑이라는 뜻은 '알 이랑'이라는 뜻입니다. 알이라는 것은 씨알 한 알, 한 울, 청천백일 같은 거 한밝 이런 것을 모두 포함하는 절대자요 하느님이요 부처님과 같은 것이다. 그러니까 우리는 상대적인 존재로 있지만, 늘 절대자와 함께 있는 겁니다. 늘 하느님이 아니면 부처님이든 절대자와 함께 있는 것이다.

물론 그 뒤에 아리랑 고개 해가지고 내가 님을 이별하는 고개이다. 이렇게도 나오고 또 아라리라고 그러는데 이는 알알이입니다. 그래서 이제 보통 발음 나는 것은 아라리 그러지만 '알알이'는 사람 하나하나가 알알이, 사람 하나하나가 하느님이나 부처님의 아들이고 딸이다. 이런 거와 같습니다. 고대어인 천축실담어에서는 'ari-langh'(아리랑)은 '사랑하는 사람이 서둘러 이별하다'로 정의되어 있습니다.

그런데 아리랑의 기원이 어떤 거냐? 이런 것에 대해서는 여러 가지 설이 많이 있습니다.

지금 얘기할 고주몽과 소서노 사이에서 나온 딸인 고아 공주가 알랑 고아로 몽골의 시조가 되었는데, 그게 지금 이야기할 주가 되는 바, 그 밖에 박혁거세의 부인 알영 또 백제의 순수한 사랑을 얘기한 아랑과 도미의 얘기 또 가야의 허황후가 아요디아를 떠나서 산을 넘어서 우리나라에 올 때 넘던 아리랑 고개 이런 여러 가지 기원설이 있습니다.

그 밖에 또 역사적으로 보면은 고려 말에 고려의 충신들 72명이 두문동에 들어가서 살 때 이성계 쪽에서 나오라고 그래도 안 나오니까 불을 질러서 다 죽어 갔는데, 그때 밖에 나가 있던 일곱 명이 살아가지고 강원도 정선 쪽으로 가서 살았는데 그 사람들이 부른 것이 아리랑이다. 정선 아리랑이다. 또는 강원도 자진 아리랑이다. 이렇게도 얘기하고 또 그 밖에 밀양의 아랑가에 내려온 아랑, 또 진도 아리랑 이런 여러 가지 아리랑이 있고 또 우리나라가 나라를 잃고 독립운동할 때는 백두산 아리랑을 또 불렀다고 그럽니다.

"아리랑 아리랑 아라리요 아리랑 고개로 넘어간다.
 가자 가자 어서야 가자 백두산 덜미에 해 저물어간다"

그러면 지금 얘기할 얘기는 알랑 고아 이야기 입니다. 지금 아리랑의 기원이 고주몽과 소서노 사이 딸인 알랑고아가 분명하다고 보이는데, 이것은 그 몽골 비사에 알랑 고아가 있는데, 몽골의 시왕모로 모계사회의 첫째 어머니가 되는데, 그 아버지가 고릴라트 타임 메리겐이라고 그래서 활 잘 쏘는 주몽, 고주몽을 얘기하고, 아버지 이름은 거기에는 또 바르코진 미리겐 그렇게 또 나옵니다. 알랑인데 알은 그런 한알 씨알 한 또는 청천백일, 하느님 이런 걸 말하고, 여기다가 이제 부드럽게 해서 함께 있는 'ㅣ' 이걸 첨가해서 아리랑 이렇게 된 거고, 고아는 고주몽과 소서노 사이에 그렇게 공주들이 많이 있습니다. 아공주 · 마공주 · 입공주 · 당공주 · 환공주, 제일 첫째 공주가 고아 공주였습니다. 그래서 이 알랑 고아가 자랐을 때 양맥국의 허신이라는 사람이 와서 하나의 족장인데, 그 사람에게 이렇게 함께 가게 해가지고 흥안령 산맥을 넘어갈 때 알이령 고개에서 소서노나 가족 또는 알랑 고아가 부른 노래로 추정할 수 있죠.

그래서 이 아리랑의 기원이 몽골비사에 나와 있는데, 몽골 초원의 초이발산에 가면 징기스칸등 몽골조상 알랑 고아의 몽골 건설의 비석이 있습니다. 그리고 그 비석에는 '해를렌강의 노래'라는 돌비석이 있는데, 그 가사가 우리의 아리랑과 비슷하다고 얘기합니다.

최근에 갔다 온 사람들은 그 초이발산의 그 알랑 고아 비석에 BTS라는 것이 적혀 있다고 그럽니다. 묘하게 고대의 영가무도하는 그러한 것과 현대와 연결이 된다고 말할 수 있죠. 이 알랑 고아가 아리랑의 효시다. 그런 것은 이제 분명하고 또 우리나라가 몽골리안의 맏형입니다. 몽골리안들은 다른 종족과 치아가 다르고 몽고 반점이 있는 게 다른데 몽골리안의 맏형이 우리나라 사람입니다.

우리나라 사람이 고조선 때 고오사구 단군이 고오사달을 몽골의 한으로 임명한 게 몽골의 시작이고, 그 다음 단군 때 열양 욕살 색정이 스키타이나 나중에 석가족의 조상과도 연락이 되면서 색정을 훈족, 중국에서는 흉노라고 그랬지만, 훈족의 그러한 조상으로 해서 우리나라가 몽골리안의 맏형인데 그 모계사회가 중심이 됐던 몽골의 알랑 고아 시조모가 바로 고주몽과 소서노 사이에 낳았던 고아 공주였고, 그게 양맥국 추장 허심과 함께 짝을 지어줘서 가게 해서 그쪽으로 넘어가서 그러한 알랑 고아의 역사를 남겼다.

그래서 초이발산을 비롯한 여러 곳에 이 아리랑의 흔적이 있고, 이와 같은 아리랑은 또 러시아 쪽으로 에벵키족에도 아리랑이 있다고 합니다.

그래서 남북아메리카로 갔고, 남쪽으로는 한반도로 넘어와가지고, 해주신당이나 속초 해신당 이런 데에 알랑 고아를 모신 그런 신전을 세우기도 했다고 그럽니다. 몽골이라는 말은 본래 '용감하다'는 뜻이라고 얘기를 합니다.

우리나라 고대사에 있어서 좀 유명한 여성으로는 신라의 세 여왕을 얘기하기도 하지만, 사실상 고구려·백제·십제 세 나라의 실질적인 건국자는, 고주몽이 물론 고구려를 중심이 돼서 했지만 삼국을 건설한 소서노 여제가 대단한 여걸이었고, 고주몽과 사이에서 낳은 고아 공주가 알랑 고아로서, 지금 세계를 휩쓸고 있는 아리랑의 원천이 되었다고 말할 수가 있습니다.

고려 때 두문동 72인의 아리랑 전설이 있고, 근세에 와서는 흥선대원군이 경복궁을 지을 때 많은 사람들을 동원했습니다. 그래서 그 힘든 가운데 힘든 걸 잊고 정과 한을 푸는데 아리랑 노래를 많이 부르게 됐습니다.

그래서 유명해졌고 그 다음에 미국인 선교사 헐버트가 그 아리랑을 채록을 해가지고 세계로 전파하는 데 영향을 미쳤고, 1920년대 말에 영화감독 나운규 선생님이 '아리랑'이라는 영화를 촬영

해가지고 우리나라를 알리면서 세계로 알려지고, 지금은 수백 종류의 아리랑이 생기고 또 가사도 그만큼 많이 생겨서, 우리가 한 밝달문명인 하느님 나라의 본고장이고 부처님 나라의 본고장이며, 절대자와 함께하는 알이랑 하느님과 부처님과 함께 같이 하는 상대적인 존재로서 절대자와 함께하는 위대한 민족이다. 밝해 · 밝달 문명의 민족이면서 앞으로 세계문명을 리드할 그런 위대한 역사적인 사명을 띤 "알이랑" 민족이라고 생각해 볼 수 있습니다.

제5절 중국 진혜제 황후가 된 효녀 심청

홍익인간 광화세계를 지향하는 신명난 우리 역사 제5절 주제는 '중국 진혜제 황후가 된 역사적 실존 인물 효녀 심청'을 살펴볼 차례입니다

심청전은 춘향전이나 홍길동전과 같이 우리나라의 국민들에게 녹아든 3대 고대 소설로서 우리 생활에 깊이 파고들어 있는 그러한 국민 소설입니다.

심청전은 AD 1544년 전남 곡성 옥과현감 김민우 선생이 지었다고 합니다. 심청전은 여러분들이 잘 아시다시피 맹인인 심학규

라는 분이 심청이라는 딸을 하나 낳았는데 어머니가 일찍 돌아가셨습니다. 젖동냥을 으로 키워서 효녀로 유명해지고 또 예뻐서, 주변에서 칭송이 자자했다고 합니다. 그러다가 이 심봉사가 밖에 나갔다가 홍법사 화주스님을 만나서 얘기를 하는데

그 홍법사 스님은 전날 밤 꿈에 큰 시주를 만날 거다.

그래서 심 봉사를 만나게 된 거죠. 시주를 얘기하니까, 심 봉사는 가진 재산도 없고 밭떼기도 없으며 모아놓은 것도 없고 그래서 시주할 건 없는데 자기가 가진 건 딸 뿐이라고 했다. 얘기가 돼서 심청은 공양미 300석에 팔려서 이제 화주승을 따라가고 인당수에 빠졌습니다. 죽었는 줄 아는데 용왕이 있는 용궁에 갔다가 용왕의 배려로 다시 나와서 그 아버지를 만나게 되고, 그래서 아버지는 기쁨에 눈이 떠지고 그래서 행복하게 잘 살았다는 그런 얘기입니다.

그런데 심청이 곡성 출신 실존 인물 아버지는 원량이고, 심청의 본래 이름은 원홍장(元洪莊)으로 역사적인 실존 인물로 등장하게 됩니다.

그것이 맨 처음에 드러나는 것은 조선왕조 영조 때 1729년 백매자 선사라는 스님이 관음사 사적기를 써서 거기에서 심청의 원모델이 원홍장이라 하는 그런 내용이 적혀 있습니다.

그리고 또 하나는 중국의 25사 중에 『진서(晋書)』라는 역사서가 있는데, 거기에 혜제의 처음 황후가 독살을 당해서 죽고 이제 황후가 없으니까 새 황후를 구하기 위해서 여러 군데로 소문을 냈던 것 같습니다. 심청이 이 관음사 사적기에는 바로 황제가 보낸 사절을 그냥 곡성 앞 바다에서 앞 강인근서 만나서 바로 간 걸로 돼 있지만, 실질은 주산군도 보타도에 심가문진이라고 있습니다.

중국에 모셔가 진 혜제 부인 문명황후(본명 원흥장. 원희. 효녀심청의 실존인물)가
곡성 관음사에 보내온 소조 관음보살상

그때의 그 심가문진의 심국공이라고 아주 오흥의 거족이고, 무역을 해서 재벌급으로 나라에 유명한 사람이 있었습니다.

심국공이 곡성은 철산지가 많아서 중국이나 이런 쪽과 무역을 많이 한 것 같습니다.

곡나 철산지도 거기고, 그런 무역을 하다 보니까 중국 사정도 알게 되고 또 중국에 있는 심국공은 원홍장에 관한, 효에 관한 얘기를 들은 것 같습니다.

그래서 주산군도에 가는데 가장 육지에 가까운 도시가 영파시이고, 영파시에도 기록이 있답니다. 그리고 전남 곡성군 오곡면 송정리 도화촌에 원홍장 탑을 비롯해서 심청의 우물터, 생가터 이런 여러 가지 유적이 많이 있다고 합니다.

그리고 전남 곡성 관음사에 나중에 심청이 혜제의 황후가 된 후에 여러 가지 탑이라든지 불상 이런 걸 많이 보냈는데, 나중에 특히 관세음보살 소조상을 보내온 게 있는데 그게 조금 부서지긴 했지만, 지금도 전남 곡성 관음사에 있습니다.

그리고 곡성에 야철지로 곤방산 야철지가 지금도 유명하고 중국 주산군도 보타도 심가 문진에는 관세음보살을 모시는 불긍거 관음원이라는 절도 있고 또 심가촌도 있고 또 심청 사당이 있습니다. 심청(원홍장)이 혜제가 돌아가시고 난 후 다시 심가촌에 와 서산 수정궁이라는 심청 궁터가 지금도 있습니다.

그래서 백매자 선사가 관음사 사적기 이런 책을 썼는데, 그 다음에 원홍장을 빌어서 쓴 깃은 그 관음사의 본시라고 할 수 있는 화엄사의 고경 스님이라는 분입니다. 충남대 국어국문학과 서재동 교수가 '심청의 원형 실존 인물이 원홍장'이라는 글을 썼고, 그 다음에 연세대학교 사회발전연구소가 곡성 인물 곡성 출신 실존 인물 심청 연구서로 펴냈습니다.

곡성 출신 실존 인물 효녀 심청의 역사적 국문학적 고증, 연세대학교 사회발전연구소 책임연구 송복 교수 이렇게 되어 있습니다. 그리고 KBS 역사스페셜에서 '심청의 바닷길'이라는 그런 프로그램을 내보낸 적이 있습니다.

그리고 전남 곡성군에 2000년대 초에 군수가 고현석 군수였습니다. 제 대학 동기여서 잘 알게 됐는데, 거기에서는 심청의 생가터라든지 원홍장탑 관음사지 이런 것도 있고 또 심가문이 있는 보타도와 인사 문화 교류를 해마다 해서 공무원들끼리 서로 교류도 하고 또 곡성을 중심으로 5차례 심청 효문화학술대회를 개최하고 그래서 효문화 운동의 전국적 센터로 삼고 그랬습니다.

그래서 저자는 심청의 유적지가 있는 곡성군 오곡면 송정리 도화천에도 가봤고 또 관음사 사적지인 관음사에 가서 관음불상도 봤고, 또 중국의 보타도에도 갔습니다. 마침 10여 년 전에 한국 교수불자연합회에서 정천구 영산대 총장, 교불련 회장이신 최용춘 교수님 등 10여명이 보타도 심가문진 심가촌에 가서 심청 사당도 방문하고 심청의 사당에 모신 얼굴도 뵙고 그러고 왔습니다.

그러면 관음사 사적기를 보면, 관음사 사적기에는 아버지가 원량인 맹인이고 원홍장은 딸인데 AD 285년이니까 백제 고이왕 때입니다. 그래서 그 맹인 원량이 홍법사의 성공 스님을 만나서 보시 얘기를 했는데 실질적으로 절에 도움이 돼야 되겠는데 마침 그 소랑포에 뱃사람들이 와서 다가왔다고 합니다.

그래서 그 성공 스님과 원홍장이 가는데 진나라 사자가 "듣던 대로 우리 황후마마십니다." 그렇게 해가지고 얘기를 하니까 원홍장이 "당신들은 누구시냐?"고 그러니까 우리 황제께서 황후를 잃고 그 후임 황후를 찾고 있었는데, 꿈에 동해 백제국으로 가면은 마음이 착하고 예쁜 규수가 있다고 그래서 저희가 찾으러 왔다. 이렇게 만났다 그럽니다.

관음사 사적기에는 그렇게 되어 있습니다.

그 해가 원홍장 심청이 16살인 AD 300년입니다. 그게 이제 그 백제로는 분서왕 3년인데 그래서 심청을 보고 황제 혜제가 흡족했다. 그게 진혜제 연간 원년이다. 그 『진서(晉書)』에는 이 효녀 심청 원홍장의 아버지는 원량이라고 그랬고, 황후는 원희(元姬)로 나옵니다.

이 진서에는 아버지가 동해담인이라고 하고 백제를 22개 담로국이라고 했다고 그러는데, 그런 뜻의 동해담인이라고 했습니다.

그래서 이 원홍장은 진나라 혜제의 황후가 돼가지고, 자기는 그런 높은 자리에 올라 아버지를 생각하고 고국을 생각해서 원홍장은 1차적으로 관음신앙에 마노탑을 백제뿐 아니라 여러 나라에 보냈고, 또 백제에는 53불과 50성중 나한상 이런 것도 많이 보내서 감로사에 보냈다고 그럽니다.

그리고 자비가 지극한 관음상을 보냈는데, 배에 띄워서 자연스럽게 안착한 것이 낙안 단교에 와서 머물렀다고 그럽니다. 그 낙안 단교가 어디냐 하면 지금 전남 순천시 낙안면인데, 옥과 처녀 성덕이라는 처녀가 이렇게 배가 오는 걸 봐가지고 그것을 내려서 등에 지고 가다가 처음에 지고 갈 때는 가벼워서 했는데 관음사 터에 쯤 오니까 무거워서 움직일 수가 없었다고 그럽니다. 그래서 거기를 절터로 해서 관음사를 세웠다고 얘기를 합니다.

그래서 여기가 우리가 살펴볼 것은 크게 두 가지가 있습니다. 하나는 그 백매자 선사가 중국의 진혜제가 꿈을 꿔가지고 바로 와가지고 그냥 바로 심청을 만난 것으로 돼 있다는 것은 이건 아무렇게도 문제가 있습니다. 여기 그 사정을 잘 살펴볼 필요가 있고, 또 하나는 불교가 공전은 AD 372년 고구려 소수림왕 때고 백제는 마라난타가 온 게 AD 384년인데 이때에 정말 불교가 있었느냐 하는 두 가지 문제가 있습니다.

먼저, 백매자 선사가 글을 쓸 때는 그『진서(晉書)』를 보고 원량이 있는 걸 보고 쉽게 생각해서 그냥 쓴 것 같습니다.

그런데 여러 가지 영파 시지나 이런 걸 참고로 해서 보면, 그보타도 심가문진의 오홍의 귀족인 심국공이 철을 중심으로 한 국제 무역을 크게 했는데, 이 효녀 심청 원홍장의 애기를 많이 듣고 오고 가며 전했던 것 같습니다.

심국공은 황제하고도 친했는데, 그 동해 담인을 황제의 성비로 추천을 하려고 마음을 먹었던 것 같습니다. 그래서 심국공이 AD 300년에 서랑포로 무역하는 상인들을 보내가지고 서긍(徐兢)의 『고려도경(高麗圖經)』에 보면은 우리나라와 보타도 사이에 해로가 나온 게 있습니다.

그래서 그런 무역상들이 왔다 갔다 하는 중에 그 무역상들이 이제 원홍장을 만나가지고 필요로 한 재정을 확보해 드릴 테니까 가자 그래서 심가 문진으로 모시고 간 것 같습니다.

그래서 처음 도착한 곳이 절강성 주산군도 정해연이었다고 합니다.

그래서 심국공의 양녀로 해서(이름 심청)심국공이 황제와 관계돼 있기 때문에 원홍장을 성비로 추천해서 황비가 된 것으로 생각을 합니다.

그리고 또 하나는 불교 전례 문제인데, 불교는 공전이 서기 372년 고구려 소수림왕 때고, 백제는 AD 384년 마라난타가 가져온 걸로 돼 있는데, 실제 중국에 불교가 들어온 것은 B.C. 2년이었고, 우리나라에는 김수로왕의 부인 허황옥 왕후가 올 때니까 AD 46년에 이미 불교가 들어와서, 전국으로 퍼졌습니다.

그럴 수밖에 없는 게 불교가 고구려나 백제에 왔을 때, 백제에서 마라난타 승려를 왕이 가서 만나서 접견하고 그런 걸 보면은 그게 처음 만나는데 그렇게 될 수가 없거든요.

그러니까 불교는 공식적으로 하는 공전은 그렇게 돼 있지만,

사전은 일찍 들어와서 불교 전례에는 문제가 없었던 것으로 그렇게 보입니다. 백제의 유명한 스님은 마라난타. 혜현. 겸익. 현광. 경흥. 노리사치게 등이 계셨습니다.

심청전은 유교의 효 사상과 불교의 자비와 수행하여, 마음이 청정하여 심안이 열린다는 심청정(心淸淨)사상이 잘 담겨 있습니다. 심청의 모친 곽씨 부인이 태몽으로 관세음보살 화신인 옥경의 선녀가 내려와 입태하고, 부친 심학규가 무명 없식으로 심청을 인당수에 빠뜨리며(마음바탕), 가슴 막혀 답답하다가, "심청"이 소리를 듣고, 화두가 터지듯 눈을 뜨는 것은 한 "깨달음의 과정"이라고 볼 수 있습니다.

그래서 효녀 심청은 실존 인물로서 관음사 사적기에 적혀 있는 원홍장이고 진나라 혜제의 황후가 돼서 아내 역할을 잘하고 거기서 3남 2녀를 낳고 잘 살았고 그 다음에 그 심봉사는 나중에 황후가 됐다는 소식을 듣고 원홍장이 베푼 나라의 큰 잔치에서 딸을 만나 극적으로 눈을 뜨고 해후하고 95세까지 살았다고 그렇게 전해집니다. 그리고 심청전은 너무나 잘 알려지고, 영화, 드라마, 창극으로 만들어지는데, 특히 예술 작품을 보는 원홍장 창가라고 국창 성창순 씨가 부른 원홍장 창가가 유명합니다.

제6절 남삼한의 생멸

　밝은 해인 청천백일의 광명으로 우리 민족이 창조한 인류 시원 문명인 한밝달 문명이자 신선도인 홍익인간·광화세계로 신명·개벽하는 신명난 우리 역사 제6절은 '남삼한의 생멸'입니다.
　남삼한(南三韓)이 생겼다가 멸하는 얘기가 되겠습니다.
　여기서 홍익인간(弘益人間)은 인간의 이상형으로 깨달음을 얻어 사람을 널리 크게 돕는 사람을 말하고, 광화세계(光化世界)는 세계의 이상형으로 광명이 꽉 차 어두운 곳이 없는 그러한 사회 완성을 뜻한다. 그렇게 말할 수가 있습니다.
　단군조선이 멸망하고 열국시대가 열리면서 그 유민들이 사방으로 많이 흩어졌습니다. 그중에 일부는 다른 나라로 간 사람도 있지만 햇빛이 따뜻한 남쪽으로 오는 사람이 많았습니다.
　그래서 단군조선의 삼한 시대를 원삼한시대라고 진한·번한·마한하는 원삼한 시대라고 그리고 단군조선이 멸망하고, 그 삼한 사람들이 한반도 남쪽으로 와서 평안도·황해도·경기도·충청도·전라도까지 쭉 퍼져 있는 마한(馬韓)사람하고, 그 다음에 경상남북도 동편 쪽에 많이 있어 나중에 신라가 된 진한(辰韓)하고, 나중에 가야국이 된 변한(弁韓) 또는 변진전 이런 즉 남진한·남마한·남변한 이것을 남삼한(南三韓)이라고 그럽니다.
　앞에서 우리가 지금 한국을 상징하는 아리랑이 지금 우리나라 국가 무형문화재 제129호입니다. 그것이 세계로 널리 알려져 있는데, 그러한 아리랑의 기원을 확실하게 밝혀서 알랑 고아라고 말했습니다.

우리가 말하는 '아리랑'은 '알 이랑'입니다. 처음에 '알랑'에다가 '이'를 붙여서 '아리랑'이 된 거죠.

그래서 '알이'라는 것은 한 알의 씨알하는 그런 알, 계란하는 그런 알이면서 밝은 알, 태양 알 또는 하느님·부처님과 같은 절대자 이런 것을 말하니까, 하느님이라고 생각하면 좋겠습니다.

알랑고아는 모계사회인 몽고의 시조모(始祖母)가 됐습니다. 시조모 알랑 고아가, 몽골의 두 번째 중시조가 되는 거죠.

맨 처음에는 오사구 단군 때 오사달을 보내서 몽골이라는 게 처음 생겨났고, 이번에는 두 번째 시조모로 알랑 고아가 넘어간 거죠. 그래서 몽골의 그러한 시조모가 됐고, 지금 그 몽골초원의 초이발산에 가면 그녀의 큰 동상이 세워져 있고 거기에 시비가 세워져 있는데, 세계적인 영웅인 징기스칸도 생부모가 동이족으로 이 알랑 고아의 바로 후손이다. 이렇게 말할 수가 있습니다. 그리고 그 알랑 고아의 그러한 부모에 관해서는 몽골의 사미아 바타르 교수는 브이루 호반에 있는 고리칸 훈출러라는 동상이 있는데, 이것이 알랑 고아의 아버지 고주몽 동명성제라고 이렇게 얘기를 합니다.

다음에는 남삼한의 생멸에 관해서 알아보도록 하겠습니다.

남쪽에 있는 삼한이라 그래서 남삼한이다. 우리나라에서 일본 갈 때 거기에 가까운 섬이 하나 있죠. 그게 대마도(對馬島)인데, 왜 대마도냐 그러면 마한을 바라보고 있다. 그래서 대마도라고 그렇게 얘기합니다.

본래 단군조선의 삼한의 마한의 첫 임금은 웅백다였고, 번한의 최초의 왕은 치우계통의 치두남이었습니다.

만주 집안현 용산에 있는 고구려 대피라미드 장군총(동명성제릉)

남삼한에는 모두 78국이 있었는데 남마한에 54국, 남진한에 12국, 남변한에 12국이 있었다.

그리고 남마한은 대국은 1만여 가, 소국은 수천 가로 총 10만여호였으며, 남진한과 남변한 지역은 대국은 5000가, 소국은 600가로 총 5만 호였습니다.

이와 같이 남삼한이 있었다는 취지는 단재 신채호 선생님도 똑같은 취지로 말했는데, 특히 고운 최치원 선생은 삼국유사 마한편에 보면, "마한은 고구려이고 변한은 백제이며 진한은 신라다"라고 그렇게 평한 것이 있었습니다. 처음 마한이 고구려였다는 거죠.

남삼한은 처음에는 각각 독립된 지방세력으로 있었지만 강력한 민족국가가 되지는 못하고 하나의 권역 개념으로 보면 좋을 것 같다.

그리고 그의 우두머리를 거수(渠帥)라고 그랬습니다. 그리고 그 거수들이 있는 곳을 읍락이라고, 그리고 그 다음에 종교적인 성지는 소도(蘇塗, 별읍)라고 그랬습니다.

그리고 진왕 밑의 중앙조직으로는 위솔선·읍군·귀의후·중랑장·도위·백장 등이 있었습니다.

각 제후는 단군조선의 제가와 같았는데 이를 거수(渠帥)라 하며, 그 규모에 따라 신지·험측·번예·살해·읍차라고 부르는데, 마한 지역에는 신지와 읍차 두 가지만 있었고, 진안과 변한 지역에는 다섯 가지가 모두 있었다고 합니다.

『삼국지』위지동이전의 한전과 변진전에 보면 사로·안사·월지국·백제·모수 등 남삼한의 78개 제후국명이 모두 나오고 있고, 이때에는 모두 남삼한이 철기문화를 지녔다고 했습니다.

처음 남마한에 속해 있던 백제 온조왕은 진왕에게 신록을 잡아 바치고, 도읍 이전을 보고하며 동예맥 추장 소모리를 잡아 보냈으나, 차츰 패권을 잡기 시작하여 서기 9년 진왕을 누르고 직산 남마한을 멸망시켰다. 처음에는 이제 마한이 강하니까 구부리고 들어갔다가 나중에는 마한을 이기고, 강자로 등장했는데, 이 남마한은 무강왕부터 9대 학왕(學王)까지 201년간 계속됐다고 합니다.

근초고왕 24년엔 탁대의 익산 남마한(월지국)을 함락시키고 서남해안을 모두 차지해서 백제가 번성을 누리게 된 거죠.

그 남마한의 잔존세력은 남쪽으로 내려가서 나주 지역에서 또 다른 남마한을 세우고 크게 번창했는데(금성백제) 결국 근초고왕 때 병합이 되었습니다.

그때에 많은 사람들이 백제의 분국이었던 야마도 일본으로 건너가서 왜인이 됐습니다. 그러니까 그 왜인이 처음에는 발해만에 있다가 오월 지방과 한반도로 와서 있다가 가야시대에 이진아고왕이 일본에 이즈모(출문국)을 세우고, 신공왕후가 넘어갈 때 많이 넘어가서 야마대를 이뤘고 또 남마한이 망할 때도 넘어왔고 또 동예맥이나 동옥저에서도 많이 넘어가고 그래서 옛날에는 단군조선이래로 왜국은 우리나라의 일부였는데, 야마도를 분국으로 거느렸던 백제가 망한 후에는 일본이 독립을 하게 됐죠.

근초고왕이 남마한을 지배했을 때 근초고왕과 왕자 귀수(貴須, 근구수왕)는 백제장군 목라근자와 황전별 및 증원군으로 왜의 신공황후(神功皇后, 중애천황의 부인) 히미코(卑彌呼, ひみこ)가 가야의 김수로왕과 허황옥의 사이에서 난 딸로서, 3천 명을 이끌고 가서 중애천황과 결혼했다가 나중에 중애천황이 말을 안 듣자 처치해 버리고 자기가 실권을 장악하고 동생인 선견왕자를 앞세워서 통치를 한 바, 히미코(卑彌呼)라고도 했죠.

그래서 그때의 히미코가 파견한 왜장 사백·개로를 데리고 출전하여 고해진·침미다래·비리·벽중·포미지·남가라 등 7국을 평정하기도 했습니다.

이 남마한이 함락됨에 따라 남마한 지역은 백제, 남진한 지역은 사로국이 차츰 득세하다가 거기에서 일어난 박혁거세의 계림 즉 신라가 되었고, 남변한 지역은 구야한국에서 일어난 김수로왕의 가야(伽倻, 駕洛 또는 加羅, 6개 연맹국)에 병합됨으로써 남삼한은 막을 내리고, 고구려·백제·신라·가야·왜의 5국시대로 바뀌었다가 또 왜가 떨어져 나가고 그러니까 고구려·백제·신라·가야의 4국시대로 되고, 사국시대였다가 가야가 멸망하고 삼국시대가 98년 후에 백제가 망하니까 얼마 못 갔고 그 후에 8년 후에 또 고구려까지 망해서 당의 협력으로 신라가 통일하면서 남신라·북발해의 남북국시대가 된 것입니다.

제7절 신라의 건국

밝은 해인 청천백일을 광명으로 우리 민족이 창조한 인류 시원문명인 한밝달 문명이자 신선도인 홍익인간 · 광화세계로 신명개벽하는 신명난 우리 역사 제7절 주제는 '신라의 건국'입니다. 여기서 말하는 홍익인간(弘益人間)은 인간의 이상형으로 깨달음을 얻어 사람을 널리 크게 돕는 사람을 말하고, 광화세계(光化世界)는 세계의 이상형으로 광명이 꽉 차서 어두운 곳이 없는 그런 사회의 완성을 뜻합니다.

신라는 덕업일신 망라사방(德業日新 網羅四方), 덕스러운 업이 날로 새로워지고 그것이 사방으로 쭉 아울러 퍼져간다. 그런 뜻입니다. 삼국사기에 나오는 말로 '신(新)'은 덕업이 날로 새로워진다는 뜻이며, '라(羅)'는 사방을 모두 휘몰아들인다는 뜻이 담겨 '신라'의 국호가 되었습니다.

저자의 『밝해문명사』에 보면 '신라와 가야의 건국과 변화' 이렇게 되어 있는데, 신라의 건국을 중심으로 알아보도록 하겠습니다.

신라는 서기전 57년 박혁거세가 진한 땅 금성인 경주에서 건국했는데, 처음에 국호는 서라벌(徐羅伐, 徐那伐, 서벌, 사로, 계림 등)로 여러 가지로 불렸다고 그럽니다. 나중에 신라로 고쳤다.

그러면은 우리나라의 역사서인 『환단고기』· 『삼국유사』· 『삼국사기』 이런 사서를 중심으로 해서 살펴보도록 그렇게 하겠습니다.

먼저 삼국유사를 보면은 진한 땅에는 단군조선 유민들이 살고 있었는데, 서기전 69년 3월 1일 고허촌 촌장, 소벌도리(蘇伐都

利)공 등 6촌장이 알천 언덕에 모여 '덕 있는 이'를 임금으로 삼아 나라를 세우려고 하십니다.

그때 양산 나정이라는 우물가에 번갯불 같은 기운이 하늘에서 땅에 닿도록 비치고 있었다고 합니다.

그때 말 한 마리가 땅에 꿇어 앉아 절하는 형상을 하고 있으므로 찾아가 보니 말은 하늘로 올라가 버리고 자주빛 큰 알 한 개가 있었다고 합니다. 그 알을 깨고 나온 어린 아이가 단정하고 아름다웠는데, 그 아이를 동천에서 목욕시키니까 몸에서 광채가 나고 새와 짐승들이 따라서 춤을 추었다고 합니다.

이내 천지가 진동하고 해와 달이 청명해졌는데, 이분이 박혁거세(朴赫居世, 밝게 세상을 다스리는 알〈박〉모양, 弗居內)왕입니다.

고구려도 그렇고 가야도 그렇고 천강 난생 신화, 우리는 천손민족이라 태양족이고 밝해·밝달 문명이라 하늘에서 내려오고 또 알을 통해서 태어나는 천강 난생설화가 다른 나라보다 많다라고 말할 수 있습니다.

이어서 사량리에 있는 알영우물가에서 계룡이 나타나 왼쪽 갈비에서 어린 계집애를 낳았는데 아름답고 수려했다고 합니다.

그래서 나이가 차자 이 알영에서 나온 부인이라고 해서 알영부인이라고 그러는데, 박혁거세가 왕이 되고 알영부인이 왕후가 된 거죠.

『환단고기』와 삼국유사에 보면 박혁거세(朴赫居世)는 신선도를 배워 지선(地仙, 땅의 신선)이 된 선도산 성모의 아들로서 부여제 고두막한의 딸 파소가 남편 없이 잉태함으로 눈수(흑룡강 지역)에서 도망하여 동옥저에 다다른 후 배를 띄어 남하하여 진한의 내을촌에 닿았다.

그때 소벌도리가 거두어 기르니 성덕이 있어 13세 때 서라벌에 도읍을 정하고 사로(斯盧)라고 하면서 나라를 세웠다고 얘기를 합니다.

이 부여의 제실 딸이 파소(婆蘇)라고 그러는데, 일반적으로 부여의 고두막한의 왕의 딸이다. 그렇게 보고 있습니다.

천문학자 박창범 교수는 서울대학교 천문학자로서 역사를 고증했는데 신라 초기에 천문 관측한 곳이 만주 쪽 대륙으로 돼 있습니다. 그래서 신라가 처음에 세울 때는 대륙 신라 즉 동몽골 지역의 경주라는 지역이 있는데 거기에서 시작한 것이 아니냐 하는 그런 설도 있고, 대륙 남부 신라설도 있습니다.

고구려나 백제 같은 경우에는 또 가야 같은 경우도 왕이 같은 성으로 이렇게 돼 있는데 신라는 좀 독특합니다. 처음에 박혁거세의 후손이 왕을 하다가 4대에는 석탈해 왕이 됐고, 그 다음에 13대에는 김미추왕이 됐는데, 결국 박·석·김 3성이 왕을 돌려가며 했지요. 그런데 나중에는 김 씨가 하게 돼서 신라 56대 992년간 중에 박씨 왕은 10명이고 석씨는 8명, 김씨는 38명이었습니다.

그래서 세 성으로 왕의 성이 갈리며, 신라의 후기에 가면 여왕이 선덕. 진덕. 진성여왕등 3명이나 나오는 일도 발생했습니다.

그리고 독특한 골품제도라든지 또는 민주주의 제도인 화백제도 또 신선도를 받아서 천왕랑의 후손인 화랑제도, 대자대비(大慈大悲)한 불교를 이차돈에 순교를 한 이후에 받아들여서 민족통일 화쟁사상으로 삼국을 통일했다가 나중에는 남신라·북발해로 남북국 시대로 되었죠.

박혁거세는 살폈으므로, 석탈해 왕에 대해서 삼국사기와 삼국유사에 기록돼 있는 것이 있습니다.

석탈해왕은 탈해이사금이라고 그랬는데 나이가 62세고 성은 석씨(昔氏)요 왕비는 아효 부인이라고 했습니다.

삼국사기에는 탈해는 본래 다파나국 출생으로, 그 나라는 왜국의 동북쪽 1천 리쯤 되는 곳에 있었다. 그래서 국왕이 그 딸을 아내로 삼았던지 아이를 밴지 7일 만에 사람을 낳은 게 아니고 알을 낳았다고 하므로, 버리라고 그래가지고 막 버릴 수는 없으니까 비단에 싸서 그 보물과 함께 함에 넣고 바다에 던져 갈데로 가게 내 버려 뒀는데 그것이 그 경주 인근 아진포구에 이르렀는데, 그때가 박혁거세 재위한 지 39년 돼던 해었다고 그렇게 전해져 내려옵니다.

다음에 삼국유사에는 탈해이사금은 남해왕 때에 가락국의 바다에 어떤 배가 와서 닿았다. 이것을 보고 그 나라 수로왕이 김수로왕이죠.

신하 및 백성들과 더불어 북을 치고 법석이면서 그들을 맞이해 머물게 하라고 했다. 그러나 그 배는 그냥 쭉 가서 그 아진포의 아진의선이라고 하는 고기잡이 할머니가 거둬들여가지고 키웠다. 이렇게 얘기를 하고 있습니다.

그때 그 아진의선이 말하기를 "나는 본시 용성국 사람으로 우리나라에는 원래 28 용왕이 있었는데, 모두 다 사람의 태에서 태어나 5~6세 때부터 왕에 올라 만민을 가르치고 정성을 닦았다. 그때 부왕 함달파가 적녀국 왕녀를 맞이하여 왕비로 삼았는데 그때 왕비가 아까 얘기한 것처럼 아들을 낳은 게 아니고 알을 낳았다. 그래서 그 왕이 버리라고 그래서 그 알을 비단에 싸가지고 보물처럼 이렇게 함에 넣어서 이렇게 바닷물에 띄었더니 여기에 온 것이다." 그렇게 얘기를 하고 있습니다.

이런 것은 신화적인 냄새가 많이 나는데 석탈해 왕이 그러면 진짜 어디서 왔느냐 그 경주 동북방 정려읍에서 또는 일본 쪽에서 왔느냐 이런 여러 가지 얘기가 있는데 그에 관해서는 '경향신문 뉴스메이커' 캐나다 토론토 김정남 통신원이라는 분이 아주 깊이 연구를 해서 석탈해왕의 출자에 대해서 인도 남부에서 왔다. 이런 것을 밝혀냈습니다.

그러니까 4국이 열릴 때 우리나라는 백제의 담로라든지 또는 신라·고구려 이런 여러 나라의 해상 무역 또 통로가 발달돼서 가야도 마찬가지고 그래서 김수왕의 부인 허황옥이 인도 아요디아에서 왔고, 이 석탈해 왕도 그 인도 남부에서 왔다고 그렇게 썼습니다.

상당히 근거가 있기 때문에 이것을 보면 경향신문 뉴스메이커 김정남 씨라는 분입니다.

"석탈해는 인도인으로 남인도 촐라왕국의 왕자로서, 석탈해는 우리 말과 많이 비슷한 타밀어로 '대장장이 우두머리'의 뜻으로 그는 많은 보물과 사람을 배에 싣고 해상 실크로드를 따라서 남부 타밀 지역에서 조선반도로 도착했다." 이렇게 경향신문 뉴스메이커에서 2006년도에 보도를 했습니다.

석탈해의 일족은 용성국인 다파나국 함달파 왕족으로 촐라왕국 나가파트남(우리 말로 고치면 용성이라는 뜻)을 해외 진출 기지로 인도양에서 동쪽으로 향해서 벵갈만·안다만·말라카 해협을 거치며 타이·캄보디아(부남)·베트남(점파) 등을 거쳐, 흑조류를 타고 일본 이즈모 갈대 벌에 머물렀고 또 캄차카반도 적녀국에 머물다가 남쪽으로 내려와 B.C. 18년 사라벌 영일만 아진 포만에 상륙한 것으로 봤습니다.

석탈해는 자신이 숯과 숫돌을 사용하는 대장장이 집안이라고 밝혔는데, 성은 석(昔)인데 타밀어로 석은 대장장이를 뜻 하고, 또 석가모니 종족도 석씨죠.

탈해는 타밀어로 우두머리라는 뜻이랍니다. 석탈해의 다른 이름인 토해는 새의 날개로 석탈해는 대장장이의 보호자이며, 대장간 도구 단야구는 그대로 타밀어 Dhanyaku 이다.

석탈해가 온 출라 왕국은 당시 세계 최고 품질인 우츠 강철의 생산지로 철의 실크로드 무역 중심지였다. 남해왕의 사위 석탈해가 유리왕으로터 쓰게한 왕칭 니사금(Nisagum)은 타밀어로 '대왕'이라는 뜻입니다.

타밀어로 이사금이라고 쓴 건데 이제 우리 말로 하면 임금 · 대왕이라는 뜻이죠.

석탈해가 부친을 다파나국 함달파왕이라고 하는 것은 타밀어로 타밀인이 가장 숭배하는 신은 한다파(Handappa, 시바신의 둘째 아들)로 그렇게 자랑을 한 것이고 남해 왕의 사위가 된 석탈해는 2년 뒤 수상인 대보를 맡는데, 타밀어로 데보(Devo)여서, 신과 같이 막강한 자를 의미한다.

그러는 신라시대에 대보가 석탈해 앞에 또 한 사람 호공이 있었는데, 이 두 사람이 다 인도에서 온 것으로 추정을 합니다.

다파나국은 범어와 타밀어로 태양을 뜻하는 다파나(Tapana)여서, 태양국 즉 출라 왕국의 별명이다.

우리 민족이 태양족이고 천손족이고 밝해 · 밝달 문명족인데 같은 문명 계통이라고 말할 수 있습니다.

용성국은 출라왕국 가운데 철기제작 도시 나가파티남(Nagaopattinam)이다. 나가는 용이며, 파티남은 도시여서 출라왕국을 용성국으로 그렇게 지칭한 것 같습니다.

나중에 왕족사이에 싸움이 벌어져서 석탈해왕 후손들은 신라가 백제를 멸망시킨 2년 후에 갈등을 빚자 신라 정부의 압력으로 일본 시마네현 이즈모로 그렇게 갔다고 합니다.

또 하나 그 신라 시대의 왕손 세 번째는 김씨입니다.

30대 왕 김미추왕인데 김 미추왕의 선조가 김 알지입니다.

김 알지는 왕자로 임명됐었는데 왕위에 안 오르고, 나중에 김미추가 김 씨로서는 최초로 왕에 올려서 김씨가 38대 동안 왕을 하지요.

경주 김씨의 김알지는 황금부족 알타이족으로 제천금인(祭天金人)이라고 하늘에 제천을 한데 금인이라고 했다.

금빛 나는 사람이다. 석가모니 부처님이 몸에서 금빛을 냈다고 그러는데 이 제천 금인 말을 쓴 것은 소호 금천씨라는 오제의 한 분이다.

그 제천금인의 후손으로 흉노 휴도왕의 큰아들 김일제가 있다.

휴도왕이라는 것은 부도 왕이어서 부처의 불탑을 의미하기도 합니다.

그래서 전한이 끝나고 왕망의 신이라는 나라가 섰을 때, 이 휴도왕의 아들 김일제가 투후 왕으로서 왕의 측근이 됐는데 김일제는 4대 후손으로 김알지를 낳은 거죠. 그래서 김알지는 처음에 마한의 왕족으로 수상 자리에 있다가, 백제와의 싸움에서 마한이 망하니까 마한 장수 맹소가 복암성을 백제에 맡기고 망해서 신라의 귀순함으로써 마한 부흥운동은 막을 내리고, 김알지도 신라에

석굴암 본존불(국보 제24호)

항복해서 그 복종을 하게 된 거지요.

그래서 김알지가 신라에 와서 열한(熱漢)을 낳고, 열한은 아도를 낳고 아도는 수류를 낳고, 수류는 욱부를 낳고 욱부는 구도를 낳고 구도는 미추를 낳습니다.

그 김구도의 아들 김미추가 최초로 신라의 김 씨로서는 왕위에 오른 거죠.

아까도 얘기했지만 석탈해는 김알지를 왕자로 삼았는데 왕자로 올라가지 않고 다음에 5대왕은 유리왕의 차남 파사를 추대하고, 김알지의 손녀인 사성 부인을 파사왕 왕후가 되게 했습니다.

김알지의 6대손인 김미추가 처음 13대 왕위에 오르는데, 이는 전 왕인 첨해왕이 아들이 없자, 그의 왕비였던 김옥모가 고구려 중천제의 힘을 빌어 자기 친정동생 미추를 왕으로 적극 밀어가지고 김 씨가 처음으로 왕위에 오르게 됐던 것입니다.

여기에 보면, 제천금인하는 소호 김천 씨라고 있는데 이분이 석가족과도 인연이 되고, 김알지의 후손이 신라의 김미추왕이 되고 또 김일제의 동생인 김윤 4대 후손이 김수로 왕이어서 가야의 왕도 됩니다.

그런데 이 사람들이 모두 휴도 왕의 자손으로 제천금인의 후손이다. 하늘에 제사 지내고 몸 빛깔에 금색나는 사람이어서 김씨를 성으로 삼았죠.

김일제 동생 김윤 그 다음 김한상·김창·김석·김유 이렇게 내려가다가 김수로왕이 되었다고 얘기합니다.

그리고 그 석가족도 이 제천금인의 후손이어서 석가모니는 금빛나는 대선 금선이다. 그렇게 얘기하고 영국의 사학자 빈센트 스미스는 석가모니가 몽골인 계통이었다고 합니다. 우리 민족이 몽골인들의 맏형이거든요.

그래서 그 석가모니족도 제천금인이라는 소호 김천 씨의 후손이고 또 흉노 휴도왕의 후손인 김일제의 후손 김미추도 같은 제천금인의 후손이고 또 휴도왕의 아들 김윤의 후손인 김수로왕도 그 제천금인의 후손이어서 석가모니와 신라의 김씨 왕족과 가야의 김수로왕족이 모두 제천금인의 후손으로 같은 종족이라고 얘기를 합니다.

참고로 하나 덧붙이자면 강상원이라는 고고학자는 옥스퍼드 사전에서 석가모니는 단군왕검의 후손이라는 것을 찾았다고 합니다. 우리가 더 깊이 연구해 볼 바가 있습니다.

제8절 원효성사 대각처는 화성시 백곡고분

 밝은 해인 청천백일의 광명으로 우리 민족이 창조한 인류 시원 문명인 한밝달 문명이자 신선도인 홍익인간·광화세계로 신명개벽하는 신명난 우리 역사 제8절은 '원효성사 대각처는 화성시 백곡고분'이다. 이런 제목으로 말씀을 드리겠습니다. 여기서 홍익인간(弘益人間)은 인간의 이상형으로 깨달음을 얻고 사람을 널리 크게 돕는 사람을 말하고, 광화세계(光化世界)는 광명으로 꽉 채워 어둔 곳이 없는 사회 완성인 이상 세계를 뜻합니다.
 우리는 신명나는 우리 역사를 시작해서 처음에 북두칠성에서 나반과 아만 선생이 백두산 남북 포대산으로 내려오셔가지고 인류의 시원문명을 열었고, 그분들이 한반도를 비롯한 세계로 퍼져 나갔다가 다시 중흥시조로 마고산성의 파미르고원이죠. 마고선녀가 세운 마고산성을 시작으로 유인시대 그 다음 시대 환인 천제의 환국(桓國), 그 다음에 환웅천황의 밝달(배달)국, 고왕검단군의 조선시대로 끝냈습니다.
 인류 역사상 2천여 년 된 제국은 단군조선밖에 없는데, 단군조선이 멸망하고 여러 개의 나라로 쪼개지니까 그것을 열국(列國)시대라고 그럽니다.
 열국시대는 북부여(고리국)·졸본부여(고구려)·동부여 또 동옥저·동예맥·읍루 그 다음 남삼한이라든지 최씨 낙랑국·탐라국·왜 이런 10여 개의 분국으로 나뉘어졌다가 점점 통일되어 6개·5개 고구려 백제·신라·가야·왜 이렇게 되었는데, 그때 왜는 우리나라이면서 가야의 분국이었습니다.

그리고 4국시대가 시작되는데 고구려·백제·신라·가야 그게 4국시대인데 사국시대는 500여 년간 계속되고, 가야가 망하고 고구려·백제·신라가 성립하는 삼국 시대는 98년밖에 안 됩니다. 그 후에 고구려도 망하고 결국은 남신라·북발해의 남북국시대를 거쳐서 고려로 진정한 통일을 이루게되나 영토가 줄어들게 됩니다.

그런데 나중에 한반도 동남부에 있던 작은 나라인 신라가 삼국을 통일하게 되는 것은 큰 나라인 당나라와의 외교관계 또 단군조선부터 시작돼 온 화백제도 민주적인 제도죠. 그리고 세계를 포용하는 그러한 불교사상이 이차돈 성사의 순교 이후 전 국민을 정신적으로 단합하게 하고 회통하게 해서 통일을 이루게 됩니다.

그때 불교는 물론 가야의 장유화상이 B.C. 48년 경에 불교를 들여오지만, 신라는 아도화상과 묵호자가 들여오고 그 다음에 이차돈 성사의 순교가 있고, 그런 다음에 불교가 확 퍼져서 김안함 스님. 원광 대안. 자장율사·원효성사·의상대사·무상정중 선사, 도의국사, 중국에 가서 육신으로 보살화한 지장보살 김교각 스님 등 세계적인 스님들을 많이 배출했습니다.

특히 그 가운데도 원효성사는 일심을 깨치고, 자유자재로운 무애행을 하면서 서민들과 어울러서 불교를 전파해가지고 십문화쟁론을 비롯해서 조화를 꾀하고, 화쟁 회통을 해서 민족통일을 하나로 융화시키는 데 결정적인 역할을 했습니다.

그런데 많은 사람들이 원효성사가 당나라로 가다가 밤에 시원하게 물을 마시고 나서 아침에 보니까 마신 물이 시원한 물이 아닌, 해골물이라 구토가 일고, 그런 걸 보고서 일체유심조를 깨달앉는데, 그 깨달은 곳이 어디냐에 관해 궁금증을 가지고 있었습니다.

그 동안에 많은 사람들이 연구를 했지만 이번에 화성지역학연구소에서 원효성사 대각처는 화성에 있다. 이런 책자를 부처님오신 날을 기해서 발간을 했습니다.

화성지역학연구소는 정찬모 선생이 소장이고 류순자 여사가 운영위원장을 맡고 있고, 초안은 상임위원인 이경렬 시인이 썼고, 고향이 화성인 저자가 감수를 했습니다. 그러면 오늘은 원효 성사의 생애와 사상 그리고 그 대각처가 화성시 백곡고분, 즉 경기도 화성시 마도면 백곡리 백곡고분이라고 하는 것을 확실하게 전 세계를 향해서 밝히겠습니다. 원효 성사의 생애와 사상을 먼저 보고 대각처로 들어가겠습니다.

원효성사

원효 성사는 일연대사의 삼국유사에 의하면 유성을 품는 꿈을 어머니가 태몽으로 꾸었고, 탄생 시에는 오색구름이 땅을 뒤덮었다고 합니다.

태어난 때는 AD 617년인 신라 진평왕 39년 금성의 압량군 불지촌인데, 지금은 경상북도 경산시 자인면 북사리 226번지 제석사 사라수 아래에서 태어났습니다. 성명은 설서당(薛誓幢)이고 할아버지는 잉피공(仍皮公, 赤大公), 아버지는 설담날(薛談捺)이라 그렇게 합니다.

그 다음에 9살 때 출가를 해서 법명을 원효(元曉)라고 했는데, 원효는 으뜸 원(元)자, 밝은 효 또는 깨달을 효(曉)자고 새벽에 깨달음 이런 의미도 되지만 으뜸가는 깨달은 자, 부처라는 뜻도 됩니다. 그가 출가하는 해에 의상(義湘)스님이 태어났습니다.

그 뒤에 고구려의 고승인 보덕에게 「열반경」과 「유마경」을 배우고, 그 다음에 낭지화상에게 또 법화경을 배웁니다.

그 다음에 34세인 진덕여왕 4년에 의상(義湘)과 함께 당나라로 유학길에 올라서 요동을 거쳐서 육지로 가려고 그러는데 고구려 순라군(국경경비대)에게 잡혀서 간첩으로 오인해서 잡히고 거기서 탈출해서 간신히 살아나가지고 귀국을 했습니다.

그 다음이 45세 되는 661년입니다. 백제가 망한 바로 그 다음 해인데 문무왕 원년 의상과 함께 당나라 유학을 가기 위해서 경기도 화성시 남양만 국제항인 당항성으로 가는 도중, 비가 와서 밤이 오고 그래서 움막에 들어가서 토굴에서 잠을 자게 됩니다. 그때 원효 스님께서 목이 말라서 바가지 옆에 있는 물을 마셔가지고 그렇게 달콤할 수가 없어서 아주 시원하다 그랬습니다.

그런데 그 다음 날 깨어 보니까 그게 움막이 아니고 무덤이고 바가지는 그냥 바가지가 아니라 해골바가지였습니다. 그렇게 되니까 구역질이 나가지고 토했습니다. 그래서 이게 무슨 일이냐? 같은 일인데 이렇게 다르다니, 인간사는 모든 게 인간이 마음 먹기에 달렸다(一切唯心造). 이렇게 깨달았습니다. 그래가지고 원효는 당나라 가는 것을 그만두고 의상(義湘)대사 혼자 산동성 등주로 가서 화엄학을 배워가지고 우리나라 화엄종의 종조가 되지요. 원효 대사는 중국에 가지 않았습니다.

그전에 667년 51세 문무왕 7년에 "자루 없는 도끼를 주면, 하늘을 떠 받치는 기둥을 만들겠다."고 하면서 요석공주를 만나서 거기서 설총(薛聰)이 태어나게 되고 원효대사는 파괴를 했으니까 소성거사 또는 복성거사라고 하면서 일체 걸림이 없이 술도 마시고 길거리 사람들과도 어울리고 깡패들과도 어울리고 춤도 추고 그러면서 무애(無碍)의 보살행을 하게 되고 처음 『판비량론』이라는 책을 비롯해서 여러 가지 책을 쓰게 되는데, 66세 될 때까지 총 21종 102부의 저술을 합니다.

보통 사람으로 하기 어려운 거죠. 미륵상생경종요, 무량수경종요(無量壽經宗要), 법화경종요(法華經宗要), 열반경종요(涅槃經宗要), 대혜도경종요(大慧度經宗要), 금강삼매경론(金剛三昧經論), 십문화쟁론(十門和諍論), 화엄경소(華嚴經疏), 아미타경소, 화엄경소 이장의, 판비량론, 금강삼매경론(金剛三昧經論) 또는 대승기신론소(大乘起信論疏) 이런 거를 쓰고, 분황사에서 머물게 되면서 십문화쟁론, 열반종요, 미륵상생경종요, 무량수경종요, 법화종요 등을 저술합니다.

그래서 분황(芬皇)이 절 이름이기도 하지만, 원효성사의 법명도 된다. 그렇게 말할 수 있습니다.

그러다가 70대 되는 신라 신문왕 6년 3월 30일 경주 고선사에서 주석하다가 남산 혈사(穴寺)로 와서 세수 70세, 법랍 60세로 입적을 하십니다.

처음에 원효 스님은 우리나라에 불교가 들어와서 번창을 하지만 인도에 갔다 온 현장법사를 비롯, 구마라집이라든지 훌륭한 고승 대덕이 많이 중국으로 갔습니다. 그래서 경주에서 중국을 가려고 해로로는 화성의 무역항(지금 남양만 구봉산 당성)에 간 것입니다.

배를 타고 당나라로 가는데 원효대사의 대각처가 된 화성시 마도면 백곡리 고분군, 백곡리 바로 옆이 해문(海門)입니다. 나중에 얘기가 나오지만 그곳이 무역항으로 당나라로 들어가는 문이었다(당은포로). 이렇게 말할 수가 있습니다. 그러한 유적들은 지금도 남아 있습니다.

그러면 원효대사의 그러한 주요 사상을 알아보면은, 하나는 일체유심조(一切唯心造) 일심(一心)사상이죠. 우주의 본체는 일심, 진여일심이라고 하는 거고 또 그러한 사람이 세상을 살아나가려면 상대 세계와 절대 세계를 조화시켜서 자유자재롭게 살아갈려고 그러면은 무애보살사상, 중생불로서 부처이면서 중생으로 같이 어울려서 살아가는 무애사상, 그리고 그 민족이 여러 나라로 갈려서 의견도 다르고 종파도 다른 것을 하나로 통일하는 십문화쟁론을 써서 유일불승, 성문 연각도 있고 보살도 있지만, 결국은 모든 사람을 제도해서 부처를 만들게 하고자 하는 그런 데 뜻이 있다. 이렇게 말할 수 있습니다.

그러면은 원효스님께서 백곡리 고분군에서 밤에 잠을 자다가 바가지의 물을 시원하게 달콤하게 마셨는데 그 다음 날 깨보니까 그게 움막이 아니고 무덤이고 또 그 바가지 물이 그냥 바가지 물이 아니라 해골 바가지 물이었다. 이걸 알고 나니까 구토가 일어나서 구역질을 하게 된 거예요. 그래서 거기서 일체유심조를 깨달았습니다.

그 내용을 오도송(悟道頌)으로 쓴 걸 보면은 이것은 찬녕의 송고승전 신라국 황룡사 원효전이라는 데 나와 있습니다.

한마음 일어나니 만법이 일어나고
心生卽 種種法生
한마음 사라지니 토감과 무덤이 둘이 아니네
心滅卽 龕墳不二
삼계는 오직 마음이요, 만법은 오직 인식일 뿐이다.
三界唯心 萬法唯識
마음밖에 법이 없는데, 어찌 따로 구하겠는가?
心外無法 胡用別求

이렇게 되어 있습니다.
이것이 원효대사의 대각 오도송입니다.

그 다음에 원효는 처음에 자기가 대각을 하고도 부처님 가르침에 충실하게 승려로서 엄격하게 살아갔지만, 대안 대사를 만나면서 그런 자기가 가지고 있던 모순이나 이런 걸 해결하고「십문화쟁론」을 쓰고, 또 요석공주와 관계해서 설총을 낳고 그러면서 자유자재로운 무애(无涯)행을 해가지고 삼국 통일에 기여했는데, 그 원효 성사의 대승기신론소를 보면, 1심(心)·2문(門)·3대(大)·4신(信)·5행(行)·6자(字) 이런 걸로 아주 간결하게 정리해 놨습니다.

1은 일심(一心) 한 마음, 2는 이문(二門) 두 개의 문 진여문과 유전 생멸문, 3은 삼대(三大) 세 가지 큰 것은 체상용, 4는 사신(四信) 네 가지 믿음으로 전체 진리와 불(佛)·법(法)·승(僧)의 삼보에 대한 믿음, 5는 오행(五行) 다섯 가지 해행으로서 보시(布施)·지계(持戒)·인욕(忍辱)·정진(精進)·지관(止觀, 禪定과 智慧를 합친 것)이고, 그 다음에 6은 육자(六字) 진언인데 이것은 불교의 사상을 깊이 알기 어려운 범부들을 위해서 하나의 방편으로 제시한 방법인데, 극락에 왕생을 하려고 그러면 나무아미타불 나무아미타불 나무아미타불… 이렇게 10번만 암송을 하면, 임종에 다달아서 그렇게 하면은 극락정토에 갈 수 있다. 이렇게 말할 수가 있습니다.

다음은 원효 성사의 대각처는 화성시 마도면 백곡리 삼국시대 고분인 백곡 고분이다. 이렇게 했는데, 이것은 그냥 애기한 것이 아니라 역사적인 확실한 근거가 있습니다.

그리고 화성지역학연구소에도 적극 참여했지만 김재엽 씨가 회장으로 있는 한국 불교문인협회 그리고 고정석 씨가 원장으로 있는 화성시문화원 이런 데서 원효성사 탄생 1400주년을 기념으로 원효 성사에 관련된 대각처 통일 이런 거에 관련해서 2017년부터 19년까지 세 차례 학술세미나를 한 결과도 여기에 들어 있습니다.

그 원효 성사의 깨달음에 관련된 그러한 기록적인 자료는 첫째가 세 가지 중에 하나인데 하나는 송나라 승려인 찬영이 쓴『송고승전(宋高僧傳)』에 신라 황룡사 원효전과 함께 기록된「의상전」이 있습니다. 원효전에는 그 깨달은 내용만 있고 의상전에는 깨달은 그 장소, 머문 장소가 나와 있습니다. 거기에는 해문(海門) 당주계(唐州界)라고 되어 있습니다. 해문 당주계(唐州界)는 중국에 가는 당성 항구에 들어가는 문이 해문인데, 바로 마도면 해문리라고 지금 있습니다. 바로 거기의 옆이 백곡 고분이 있는 곳이다. 이렇게 말할 수가 있습니다.

두 번째는 〈월광사 원랑선사 대보선광탑비(月光寺圓朗禪師大寶禪光塔碑)〉가 있는데, 이것이 처음에는 충북 제천 월광사에 있다가 지금은 국립중앙박물관으로 탑비를 옮겼는데, 여기에 원효성사의 성도지가 '입피골'이다. 그렇게 돼 있습니다. 입피골을 한 자음으로 풀이하면 직산(樴山)이다. 그런 거죠.

그리고 세 번째는 고려시대 법인국사 탄문 스님은 원효와 의상대사의 수행처인 향성산(鄕城山)에서 수행해서 성사미라고 불렸었다고 하는 기록이 있다. 그럽니다. 이 향성산이 어디냐 그러니까 원효와 의상이 나중에 거기에서 또 수행도 한 것으로 봅니다. 그곳이 바로 백곡리 향실 마을이라고 있습니다. 그래서 이런 여러 가지로 봤을 때 화성시 마도면 백곡리 고분군은 한국정신문화연구원 쪽에서 사적으로 지정되어 있는 곳입니다. 그래서 이 원효성사 대각처는 화성에 있다. 여기에서 "화성시 마도면 백곡리(해문리 옆) 삼국시대 고분군이 원효의 대각처임을 선언한다"고 그렇게 되어 있습니다.

신라 시대나 통일신라 시대에 당나라로 가려면 남양만에 있는 구봉산 당성(당항성)으로 가야 됩니다. 그래서 이 화성지역학연구소에서는 경주에서부터 이 당성 남양만까지 또 남양만에서 산동반도까지 이런 걸 다 여러 해 동안 답사를 했습니다.

그리고 이러한 기록을 최초로 낸 것은 한국교수불자연합회 초대 회장인 저자가 2014년 『누가 불두에 황금 똥 쌌나 생각쉬면 깨달음 마음 비우면 부처』에서 화성시 남양면 당성이 있는 구봉산 부근을 원효 성사의 대각처로 최초로 비정을 했고 그 후에 화성지역학연구소에서 계속 연구를 해가지고, 원효대사의 대각처를 찾았고 한국 불교문인협회와 화성시문화원에서 화성시 남양·비봉·정남면 이 세 군데에서 학술세미나를 한 것입니다.

그리고 한국전통문화원의 김성순 박사는 백곡리 입피골에 대해서, 거기서 대대로 살아온 안순학 씨는 위에 조상들로부터 원효 성사가 입피골(직산)에 왔었다는 이야기를 전해 들었다고 증언을 한 바가 있습니다.

한국불교문인협회와 화성시문화원이 주관한 학술발표회는 동국대학교 불교학과의 고영섭 교수 또 동국대학과 불교대학 명예교수인 김용표 교수 또 동국대학교 사학과의 윤명철 교수 또 최희경 박사 이런 분들도 모두 백곡리 고분이라고 얘기를 했고, 그 다음에 2회 때 논평자로 나선 백덕근 교수는 화성지역학연구소 연구위원인데 원효성사 대각처는 삼국시대 백곡리 고분이 확실하다고 확언을 했습니다.

그 밖에 3회에는 고영섭 교수와 황진수 교수, 저자와 또 진관스님 이런 분들이 불교와 민족통일에 대해서 또 한국불교학회 우호철 전 화성문화연구원장도 그에 관해서 언급을 했습니다.

그래서 찬녕의 송고승전의 해문 당주의 해문은 지금 화성시 마도면 해문리이고 백곡리 고분군에서 원효성사는 대각을 하셨다. 그렇게 말할 수 있습니다.

백곡리 고분 중에 원효성사가 잠을 잔 가능성이 크게 8호고분입니다. 그런 고분 중에서 당나라로 가기 위해서는 원효와 의상 대사는 분명히 여기 백곡리 고분으로 왔다는 거죠.

그중에서 특히 백곡리 8호 고분의 석실 규모나 형태로 보았을 때 성인 두 사람이 충분히 머물거나 잠을 잘 수 있었을 것으로 그렇게 봅니다.

결론적으로 말하면, 우리나라가 낳은 불보살인 원효 성사는 화성시 마도면 백곡리 고분에서 대각을 했습니다. 이것은 한국불교 최고의 성지로, 국가적 보물이나, 문화재 사적 등으로 지정돼야 합니다.

석가모니 부처님이 깨달으신 부다가야에 세우는 조계종 백만원력 결집 한국 사찰 이름이 원효성사를 기념하여 분황사(芬皇寺)로 한 것도 참고할 필요가 있습니다. 신 환황해 시대에 남양만과 화성을 중심지로 삼아, 원효성사의 대각처를 성지화하여 한국불교 중심지로 삼고 미륵존불 해원 상생 시대를 여는 국제 신도시 중심이 된다면 금상첨화가 된다. 하겠습니다. 화성지역학연구소 책 초안을 쓴 이경렬 시인을 비롯한 여러분의 수고에 대해서 감사드립니다.

제9절 가야의 건국과 국제결혼

밝은 해인 청천백일의 광명으로 우리 민족이 창조한 인류 시원 문명인 한밝달 문명이자 신선도인 홍익인간(弘益人間)·광화세계(光化世界)로 신명 개벽하는 신명난 우리 역사 제9절은 '가야의 건국과 국제결혼'입니다.

우리는 고구려·백제·신라 이런 나라들의 건국에 관해서 알아봤는데, 오늘은 가야의 건국과 그에 관련된 국제결혼에 대해서도 알아보도록 하겠습니다.

가야는 기원 후 42년 김수로왕이 지금 경남 김해에서 가야라는 나라를 세웠는데 그것은 금관가야 또는 본가야국이라고도 합니다.

본가야 밑에는 5개의 가야가 더 있었는데, 아라가야·고령가야·대가야·성산가야·소가야 이걸 합쳐서 6가야라고 불렀습니다. 최근 유물 발굴로 장수가야도 있었다고 합니다.

변한 땅에 세운 건데 이것이 가야 연맹국이고 금관가야(金官伽倻)라고 말할 수 있습니다.

여기에는 역사와 신화가 있는데 먼저 신화를 살펴보면, 처음에 가야에는 나라 이름이라든지 이런 것도 없었는데 9칸 씨족장(추장)들이 있죠.

씨족장들이 있고 모두 100호(戶)로서 7만 5천 명 정도 살았다고 합니다.

그런데 후한 세조 광무제 건무 18년 3월 계욕일에 그 김해 북쪽에 있는 구지봉에서 형체는 보이지 않으나 하늘에서 소리가 나서 백성들 2~300명이 모였다고 합니다.

그런데 소리가 나기를 "나는 하늘이 명해서 나라를 여기에 세우고 임금이 되라 해서 내려왔으니 너희들은 산꼭대기 흙을 파면서 노래하기를 '거북아 거북아 머리를 내밀어라 만일 내밀지 않으면 불에 구워 먹으리라' 이렇게 하면서 대왕맞이 춤을 추고 노래를 하고 그래라"(구지가)고 그랬답니다. 거북은 장수를 상징합니다.

그래서 거기 있는 사람들이 9칸을 비롯해서 그렇게 했더니 자줏빛 줄이 하늘에서 드리워져 땅에 닿았는데 그 끝에는 붉은 보자기에 금합이 있어 열어보니, 태양처럼 둥근 황금 알 6개가 있었다.

그래서 사람들이 놀라고 기뻐해서 백배하고 그 황금 보자기에 알을 싸가지고 아도간 집으로 가서 책상 위에 놓고 12시간이 지나자

이튿날 아침 금합을 여니 여섯 알이 변하여서 용모가 빼어난 여섯 동자가 나왔는데, 이 아들들이 자라서 김수로 왕을 비롯한 여섯가야의 왕이 되었다는 신화가 전해져 내려옵니다.

그런데 이런 신화 말고 역사적인 결론은 우리나라 배달국에 제천금인이라는 분이 있었습니다.

소호금천 씨라고 하늘의 천제를 지내는 금빛 나는 신선이 있었는데, 그분의 후손 중에 흉노(匈奴) 몽골 쪽이죠.

휴도왕의 큰아들이 김일제인데 김일제의 후손이 김알지고 신라로 갔고 그 6대 후손이 김미추 왕이어서 신라의 왕 38대를 이어가게 되고, 그 휴도왕의 둘째 아들이 김윤인데 김윤의 여섯 번째 아들이 김수로왕이다. 이렇게 역사적인 사실은 전하고 있습니다.

그 밖에 또 신화로 내려오는 것 중에 하나는 가야산신 정견모주가 있어서 이 정견모주가 천신과 관계해서 아들 둘을 낳았다.

하나는 일뇌실 청예인데 일뇌실 청예가 김수로왕이 되고 또 하나는 일뇌실 주일인데 일뇌실 주일이 이진아고다 이진아고는 대

가야국의 개국 왕입니다.

그런데 이 이진아고는 일본으로 건너가 일본 신화시대에 유명한 이장낙존(이자나기)와 그 자매신인 이자나미 두 신으로 바뀌어서 일본 천하를 지배했다고 그럽니다. 이것이 가야가 망하고 신라로 넘어가면서 연오랑 세오녀의 신화가 됐다고도 합니다.

그리고 김수로왕은 앞에서 이야기했지만, 인도 아유타에서 중국 보주인 사천성에 와서 살던 허황옥(許黃玉)과 결혼하게 되고 그 김수로왕과 허황옥 사이에서 난 10남 2녀 가운데 한 딸이 묘견(妙見)공주입니다.

김수로왕과 허황옥 왕후(보주태후)의 10 남 2 녀는 다음과 같습니다.

맏아들은 금관가야 제 2대 거등왕이고, 다음 아들은 김석 거칠군인데, 김해허씨의 시조가 됩니다. 허왕후 장유화상(보옥선인)을 따라 7아들이 가야산과 운상원 쌍계사 칠불암등에서 수도하여 성불하고, 일본 구주 고쿠부(國分)지방에서 7개국왕(구마소성 등 성주)이 됩니다. 구노국(拘奴國)을 남구주 일대에서 AD 70년 경부터 200여년 강국을 이루었습니다.

성불한 7왕자는 혜진(금왕광불), 각초(금왕당불), 지감(금왕상불), 능연(금왕행불), 두무(금왕향불), 정홍(금왕성불), 계장(금왕공불), 큰 딸이 묘견공주(妙見公主)이고, 자녀는 신라 석탈해왕 둘째 아들 석구추 왕자 부인인 김지진 내례(金只珍 內礼)부인입니다. 장녀 영안공주가 태사 배렬문에게 시집갔다는 설도 있습니다.

묘견공주 따라 거북선 타고 가라빠 3천인과 왜국에 간 남동생이 선견(仙見)왕자입니다. 한 아들은 김명으로 김해 허씨를 받았다는 이설도 있습니다.

묘견공주의 남동생은 선견왕자입니다. 이 묘견공주가 남동생 삼견왕자와 함께 가야인 3천 명을 이끌고 거북선을 타고 일본 구마모도 8대 시의 도착을 해가지고 당시에 일본 천황인 중애천황과 결혼을 합니다.

그래서 8대 시에는 가야인 3천 명이 상륙했다는 돌비가 지금도 세워져 있습니다.

그리고 이 묘견공주는 중애천황과 결혼해가지고 살다가, 구마소 등 여러 나라를 정복하려고 그러는데 중애천황이 반대를 하게 됩니다.

그래서 이 묘견공주를 신공황후라고 그러는데 신공황후가 중애천황을 처치 해버리고 정치를 선견왕자에게 맡기는데 그것이 무내숙미입니다.

그래서 이 일본의 야마대 정부는 가야의 분국이었다고 말할 수 있습니다. 그리고 이 묘견공주·신공황후 이분을 모시는 그러한 묘견 신궁이 구마모도 8대시에 있습니다.

그 묘견(妙見)공주가 또 일본에서는 나중에 신화시대로 올라가서 이자나기 이자나미가 되는 것처럼 일본인들이 가장 존경하는 신 천조대신이라고 그러죠. 일본 국조신 아마테라스 오미카미가 되는 것이 이 묘견공주고 묘견공주가 히미코고 히미코가 일본의 신공황후다.

그래서 69년간 나라를 다스리고, 당시에 동양 천하를 호령하고 그래서 가야의 분국이니까 가야의 편을 들어서 신라도 쳐들어가고 그런 여러 가지 국제적인 사건을 만드는 사람이 이 묘견(妙見)공주라고 말할 수 있습니다.

그런데 순서가 좀 바뀌었지만 그, 김수로왕의 부인이 허황옥 황후입니다.

이 허황옥(許黃玉) 황후는 AD 48년 7월 27일 장유화상과 함께 인도 아요디아에서

살다가 쿠샨족 침입으로 중국의 사천성에 피난 와서 살고 있다가 거기에서 허성씨가 반란을 일으켰다가 많은 사람을 거느리고 무창이라는 지방에서 살다가 황해를 거쳐서 김해에 있는 망산 군도에 오게 되고, 김수로왕을 만납니다.

그래가지고 자기는 아유타(아요디아)의 공주인데 부모님과 천신들의 지시를 받고 여기에 왔다. 그럽니다.

그래서 결혼해가지고 김수로왕과 허황옥 왕후사이에는 10남 2녀를 낳게 됩니다. 그리고 올 때는 오라버니인 장유화상(보옥선인)이라는 스님이 오셔서 스님이 여러 가지 금강경이라든지 이런 경과 불탑의 하나인 파사석탑(허황후릉에 있음) 이런 걸 가져오게 돼서 가야 일세기 남방불교 전래설의 그러한 근원이 됩니다.

중국에 처음 불교에 전한 게 B.C. 2년 처음으로 전한 걸 보면은 AD 48년의 불교를 가야에 전한 것이 시기적으로 무리가 전혀 없어 보입니다.

공식적으로는 고구려 소수림왕 2년 때인 AD 372년에 불교가 전래됐다고 그랬는데 그것은 공전입니다. 공식적으로 전하는 건데 공식적으로 전하기 전에 개별적인 사전이 많이 있었겠죠.

그래서 일찍이 불교를 들여왔고 신하 중에 조광 신보 이런 사람도 20여 명 같이 왔다고 말할 수 있습니다.

그리고 김수로왕과 허황옥(許黃玉) 사이에 낳은 아들 가운데 큰 아들은 거등왕이고, 또 딸 하나는 신라에 왕비로 시집 보내기

도 하고 그랬는데, 딸 하나는 묘견공주로 일본에 가서 중애천황에 비가 되는 신공황후(히미코)가 됩니다.

아들 중에 일곱 명이 장유화상을 따라서 지리산 운상원을 중심으로 한 곳에 출가를 합니다. 그래서 모두 성불을 합니다. 성불 해서 부처를 이루고 또 나중에 이 사람들이 묘견 공

파사석탑

주와 선견왕자가 일본에 갈 때 함께 따라가서 구마소 지역에서 7개 지역에 성을 쌓고 거기에 일곱 개 나라에 소국을 이루기도 합니다.

그래서 여기에서 보면 김수로왕과 허황옥(許黃玉)왕후의 그러한 국제결혼도 보이고 또 묘견공주와 일본 중애천황의 국제결혼도 보입니다.

또 전에 얘기했지만 신라의 석탈해왕은 인도 남부에 촐라 왕국에서 와서 남해 왕의 공주를 맞이해서(아효부인) 국제결혼을 합니다.

또 신라의 박씨 석씨 성으로 왕이 있던 것을 김씨 쓰는 사람이

왕에 오르게 한 것이 김옥모 태후입니다.

이 김옥모 태후는 아주 능력이 많아서인지 자기 딸을 고구려 중천왕에 비로 보내고 나중에 그 동생을 김미추왕으로 추대해 올리게 됐는데, 그때는 고구려가 강하기 때문에 김옥모 태후하고 중천왕하고 아주 가깝고 친밀했습니다.

말하자면 김옥모 태후는 고구려 중천왕의 장모이자 부인이기도 했던 겁니다. 내연관계이죠. 그래서 김미추왕이 등극하는데, 이 김옥모 태후하고 중천왕의 힘이 컸다고 말할 수 있습니다.

그리고 우리가 알고 있는 심청전이 있는데, 심청전의 그 원 모델은 백제 시대 고이왕 때의 전남 곡성에 살던 원량의 딸 원홍장입니다.

이 원홍장이 여러 가지 인연 따라서 중국에서 온 무역인들을 만나가지고 성공스님과 인연이 돼서, 중국에 보타도의 심국공의 양녀로 들어가서 심청이라고 이름을 바꾸고, 진나라 혜제의 황후가 됩니다.

그래서 전남 곡성에 관음상도 보내고 또 크게 잔치를 베풀어가지고 맹인들을 오시게 해서 크게 잔치를 베풀어서 아버지인 원량을 만나 눈을 뜨게 돼서 잘 살았다고 심청전에서도 심봉사가 잘 풀렸다고 얘기했죠.

이렇게 그 당시에는 국제결혼이 많았습니다.

아까 허황옥 황후가 사천성 보주를 떠나서 왔기 때문에 그 허황옥 황후를 보주 태후라고도 부릅니다.

그때 보주 태후를 따라서 김해에 온 신보, 조광은 관직을 담당했으며, 신보의 딸 모정이 거등왕의 왕비가 되었고, 김수로왕과 허황옥(許黃玉)의 며느리였습니다.

종정감 조광의 손녀 호환은 마품왕의 왕비로서 김수로왕과 허황옥의 손자 며느리가 되었습니다. 같이 온 보람이 있었죠.

허황옥이 죽은 다음 신보·조광·모정·호환 등은 중국 전통 시호법과 지역 명명법에 따라서 지명법의 방법으로 허황옥의 출생지인 '보'뒤에 습관적으로 주를 달아서 보주태후라고 했습니다.

보주라는 것은 당시의 사천성인 안악국 그것을 보주라고 하는데, 한양대학교 김봉묘 교수는 김해 김 씨인데 허황옥의 출자를 찾아서 우리나라에서 일본·인도·중국 이런 데를 평생 찾아다니며 연구해가지고 중국의 사천성에 가서 허황옥에 관련된 비석을 찾아낸 그런 필생의 사업으로 그런 것을 탐구하기도 했습니다.

한편 가야사를 연구하고 파사석탑을 복원한 김해 금강병원장 허명철 박사(김해 허씨)는 허황후 일행이 인도 아요디아를 출발해서 대륙으로 온 게 아니라 해상 실크로드로 오면서 파사석탑을 가져왔다고 했습니다.

그래서 인도양-탐록-니코발군도-수마트라-중국-김해 금관가야의 과정을 거쳤다고 주장하기도 했습니다.

그리고 2007년에 주한 인도대사인 파르타사라티는 삼국유사 가락국기에 나오는 김해의 파사석탑을 가서 보고 감격해서 허황옥(許黃玉)을 주인공으로 하는『비단황후』라는 그러한 역사 소설책을 썼습니다.

근데 허황옥에 관한 그러한 얘기는 우리나라에만 있는 게 아니라, 인도 우타 프라데시주의 아요디아에 슈리 라트나 공주라고 쓰고, 김수로왕과의 국제결혼을 성립시켰습니다.

그런데 이와 같은 얘기는 스리랑카에는 김수로왕 설화와 같은 비자야왕 설화가 있습니다.

기원전 6세기 비자야왕이 판디야 왕국 야소다라 공주와 함께 인도에서 거북모양 배를 타고 바다 건너 스리랑카로 가서 싱할리 왕국을 설립한 것입니다.

그리고 앞서 말한 김수로왕과 허황옥 왕후의 딸인 묘견공주는 남동생인 선견왕자와 일곱 성불한 왕자와 함께 가야인 3천 명을 이끌고 거북선을 타고 일본으로 가 구주 구마천 팔대시 부근에 상륙했습니다.

그런데 그 야마대라는 이름 자체가 야마일인데, 그 끝 한자를 잘못 읽어서 야마대라고 한 건데 그것이 바로 거북을 나타냅니다.

그래서 가야 구지봉의 구지가(龜旨歌)와 연결이 되는 거죠.

이 묘견공주가 신공황후가 되고 히미코로 당시에 동양 천하를 휩쓸었고, 가야의 모국을 위해서, 신라를 치기도 한 그런 역사가 있다. 그랬습니다. 그래서 지금 일본 최초의 신궁으로, 옴마니파드메훔(唵麼抳鉢銘吽)이 새겨진 검이 있는 그 묘견신궁을 팔대신사라고 하는데 신주가 김수로왕인 바 이것이 일본 팔대시에 있습니다.

그런데 거기에 그러한 신주가 김수로왕이다.

그렇게 돼 있습니다.

제10절 일본 고대사는 한국역사의 일부였다

　밝은 해인 청천백일의 광명인 하느님 자손인 우리 민족이 창조한 인류 시원 문명 한밝달 문명이자 신선도인 홍익인간·광화세계로 신명 개벽하는 신명난 우리 역사 제10절 주제는 '일본고대사는 한국역사의 일부였다'입니다.
　여기서 홍익인간(弘益人間)은 인간의 이상향으로 깨달음을 얻어 사람을 널리 크게 돕는 사람을 말하고, 광화세계(光化世界)는 세계의 이상형으로 광명으로 꽉 차서 어두운 곳이 없는 사회 완성을 뜻합니다.
　지난번 우리와 가까운 중국 고대사에 이어, 이번에는 일본의 고대사와 우리의 관계를 살펴보도록 하겠습니다.
　우리나라는 지금 지구촌 공생시대에, 인접한 중국과 일본과 평등한 선린관계로 당당하게 협조할 것은 협조하고 경쟁할 것은 경쟁해서 하나의 평화세계로 가야 됩니다. 지구상의 모든 나라가 다 같다. 이렇게 말할 수 있습니다.
　일본과 우리는 일의대수 관계라고, 오랜 세월 서로 역사적인 교류를 하면서 살아왔기 때문에 애증관계가 깊게 쌓여 있어서 문제가 많이 있습니다.
　독도 문제라든지 임나 일본부설, 위안부 등의 강제동원 문제 등에 관해서는 일본의 무리한 주장이 문제가 되고 있는 것입니다.
　일본이 지금 우리보다 좀 큰 나라이긴 하나, 역사적으로나 인류 문화적으로 보더라도 일본은 우리 아우의 나라이니, 우리가 역사를 정확히 알고 우리가 상호주의를 전제로 세계평화를 위해서 형으로서 포용성을 발휘할 필요가 있다. 그런 생각도 듭니다.

일본 역사는 상고시대에 조몬(繩文)문화가 있었고 새끼줄 문화죠. 그 다음에 이를 이은 야요이 미생(彌生) 문화, 벼문화, 청동기 문화, 새끼줄문화를 이은 거죠.

그 다음에 수에끼 토기(須惠器) 등은 우리나라 사람이 전해준 고조선의 문화 그대로 이어받은 것입니다.

일본은 스스로 세계 8대 문명의 하나로 얘기하는데, 그래서 일본에는 야요이 문명의 유물·유적지로 사가현 간자기군 요시노가리 유적이 유명하고, 여기에는 역사공원도 있고 그 후에 일본은 신라왕자 천일창(天日槍)이 일본에 가서 최초 사무라이가 되고 신화시대를 연 이래 우리나라의 신선도, 신교를 받아들여서 일본에는 신교문화가 굉장히 발달했습니다.

신(神)에는 하늘 천(天)자 천신과 나라 국(國)자 국신이 있는데, 일본은 천손족 우리나라를 섬겨 하늘 천(天)자 천신은 우리나라에서 건너간 신이고, 국신은 일본에서 생긴 그러한 신이다. 그렇게 말할 수 있습니다. 신이 수만이나 된다고 그렇게 얘기를 합니다.

그 후에 일본은 아직기와 왕인 박사 등을 초치해서 유교를 받아들였고, AD 552년, 백제성왕이 달솔 노리사치게를 왜국 흠명천황에게 불경과 함께 보내, 노리사치게가 불교를 전해줬다고 하는데, 실제 불교는 가야의 김수로왕과 허황옥의 딸 묘견공주가 그 동생 선견왕자와 함께 가고 또 장유화상 밑에서 성불한 일곱 왕자가 구주 구마소 등에 가서 7개의 성을 차리고 구노국이라는 국가를 세웠을 때 불교가 일찍이 건너간 것이 사실이라고 말할 수 있습니다.

　우리나라와는 무지무지하게 많은 그런 역사적인 관계가 있는 것이죠. 일본역사에 있어서 우선 신화시대를 보면 신화시대에는 일곱 신을 내세우고 있는데, 그 가운데 국상입존은 환인 천제를 상징하고 있을 뿐 아니라 환인 천제를 비롯해서 7신은 환국 7명의 천제를 나타내서 그대로 이어받았다고 말할 수 있고 또 신화시대에 이장낙존(伊奘諾尊)과 이장염존, 그 다음에 제일 중심적인 신이 천조대신(天照大神) 하늘이 비추는 큰 신이라는 아마테라스 오미까미, 그리고 스사노 미꼬도 소잔오존(素戔烏尊) 이렇게 모두 가야에서 넘어간 그런 왕족을 한참 시대를 끌어올려가지고 신화시대를 만든 것이다. 그렇게 말할 수 있습니다.

　일본의 조화 3신은 고황산 영존. 신황산 영존. 다구도 혼신, 삼신인데 이는 우리나라 환웅천황. 웅녀황후. 고왕검단군 신화를 본받은 것이다.

　이장낙존(伊奘諾尊)과 이장염존은 대가야 시조 이진아고왕의 형매로서 그들이 도래해서 이즈모(出雲國)를 세워 이름만 바꾼 것이고, 그 다음에 천조대신과 소잔오존은 김수로왕의 딸 묘견공주가 선견왕자와 함께 일본으로 가서 3천 명을 거북배에 띄우고 야스시로 시에 상륙했다고 하는 기록이 있습니다. 그건 가야의 거등왕 시대인데, 그래서 그 묘견공주가 신공황후나 또는 히미코로서 중애천황(仲哀天皇)과 결혼을 하게 됩니다.

　그래서 정치는 동생인 선견(仙見)왕자가 맡은데, 일본 서기에는 무내숙미로 되어 있습니다. 그런데 그 중애천황(仲哀天皇)이 그 신공황후의 말을 안 듣고 신의 뜻을 어기자 중애천황을 제거하고, 실질적으로 야마대국을 다스리게 된다. 그렇게 말할 수가 있습니다.

그러니까 고대로부터 이 야마대 다음에 오는 응신천황 오진댄노라고 그러죠. 야마대왜, 대화왜(大和倭)라고 그러는데 신공황후는 야마대고 응신천황은 야마도라고 얘기를 합니다.

그때까지는 우리나라에는 단군조선이 멸망하고 열국시대가 열려서 9국·8국·7국·6국·5국 그래가지고 고구려·백제·신라·가야·왜 이 이즈모국과 야마대는 가야의 분국이고 야마도는 백제의 분국이기 때문에 이때까지는 우리나라 역사의 일부였습니다.

그래서 우리나라 5국 시대에 왜는 들어가고 그 다음에 일본이 완전히 독립되는 것은 백제가 망하고 난 후 였습니다. 백제를 큰 나라라고 '구다라' 그랬습니다. 그 다음에 분국인 야마도는 '오다라' 라고 그랬습니다. 작은 나라 분국으로서 살았는데, 백제가 망하고 또 그때 일본의 제명여제가 수백 척의 배와 2만7천 명의 군사를 보내가지고 백제 멸망을 막아보고자 했는데 막아내지 못하고 백제가 망하고 나서 일본 천지 천황이 AD 670년에 일본이라는 국호를 갖게 되었습니다. 고구려계 천황이나, 신라계 천황도 있습니다.

이제 일본이 독립된 거고 그 이전까지는 일본의 고대사는 우리 한국사의 일부였다고 말할 수가 있습니다.

역사 기록으로 볼 때 우선은 『환단고기』 고조선 3대 가륵 단군 때 단기 160년쯤인데, 두지주(豆只州)의 예읍(濊邑)이 반란을 일으켜 그 단군께서 여수기(余守己)를 보내 주장 소시모리(曾尸茂利, 牛首國), 우두(牛頭)라고 그러죠. 또는 우수(牛首) 소시모리를 참했다. 그랬습니다. 그 소시모리의 소머리고 우수국(牛首國)

의 후손 협야노(陜野奴)가 바다로 도망가서 삼도(三島, 구주·사국·본도의 일본)에 의거하여 천황을 잠칭했다고 했는데[僭稱天王], 그것이 일본의 신화시대의 첫 천황 신무천황으로 추정하기도 하고, 또 일본 역사 2600년 역사 중에 우리나라 단군 36세 고매륵 단군 38년에 협야노 배반명을 보내서 배 500척으로 정벌해 가지고 삼도를 평정하게 했다는 그러한 기록도 나옵니다.

일본의 그런 천황 중에 신무(神武)라든지 또는 숭신(崇神) 또는 응신(應身) 이렇게 신이 들어간 그러한 천황들은 전부 우리나라에서 간 것으로 보입니다. 신(神)도 그렇고 또 왕들도 그렇다 그렇게 얘기할 수 있습니다.

그런데 돌이켜보면 우리나라 역사나 세계 역사나 중국이나 미국 역사를 봐도 그렇지만 그 역사의 시초를 알기는 어려운데, 일본은 특히 고대사에 관한 조작이 좀 심한 편이다고 말할 수가 있습니다.

우선 첫째는 일본 역사를 얘기할 때 천황이 신무로부터 지금 126대인데 그게 모두 만세일계라고 얘기합니다. 그것은 너무나 맞지 않는 얘기입니다.

일본 천황은 가야계만 따져도 신공왕후와 흠명천황이 있고, 또 신라계에는 효령과 효원 수인천황이 있고, 고구려는 광개토대제의 자손인 윤공 웅략천황을 비롯해서 효덕천황이 있고, 그리고 대부분은 백제계라고 말할 수 있습니다.

온조 또는 비류의 후손인데 천지·민달·용명·안강·숭준·추고·황두·제명여제·서명 천황 등이 그러한 걸로 봐서 만세일계는 맞지도 않는다. 이렇게 말할 수가 있습니다.

그리고 일본의 아키히도 명인천황은 서기 2001년 12월 23일

"나와 관계된 간무 천황의 어머니 화씨부인 고야신립(高野新笠)이 백제 무령왕 자손이라는「속 일본기」기록을 인정하고 느낀다"라고 말하여 스스로 백제계라고 말한 바가 있습니다.

그렇게 만세일계가 엉터리이고, 또 하나는 유명한 묘견공주 신공황후 히미코가 야마대를 지배해서 중국에도 유명하고 여러 가지 얘기를 많이 하는데, 신공황후가 죽고 나서 일본의 혼란기가 100여 년 계속됐습니다.

그런 후에 야마도의 응신천황이 즉위하게 되는데 이 응신천황은 서부여의 의려왕이나, 의라왕이라고도 하고, 아라가야에서 간왕이라고도 하고, 또 김성호 씨 같은 경우는 비류백제의 마지막 왕이라는 설이 있기도 한데, 그때 연도가 맞지 않기 때문에 역사 계산할 때 보면, 2주갑 인상 이라고 120년을 더 해야 됩니다. 그러니 굉장히 엉터리죠.

또 하나는 우리나라 김부식의 삼국사기와 일본사기가 여러 가지로 연도가 차이가 많이 나는데, 결국 5세기 말에 백제 동성왕 즉위와 무령왕 즉위년부터 일치하기 시작한다. 이렇게 말할 수 있습니다.

일본 역사가 그만큼 어렵고 또 일본 역사는 우리나라의 문화가 많이 가서 우리 한국사의 일부가 일본 고대사회 일부가 되었다. 이런 것은 일본 동경대의 하리하라 가즈로 교수가 서기 7세기 말 현재 한반도에서 건너간 일본 이주민이 약 80% 내지 90%이며, 원주민은 10% 내지 20%로 이 때까지 야마도나 아스카 사람들은 한국 의복을 입고 한국 음식을 먹었으며 신화도 하늘 천자가 붙은 신 등 한국 신화가 태반이고 한국어를 사용했다고 말합니다.

일본서기 고대어는 한국어로 쓰였으며, 적어도 일본서기와 신라의 향가 등을 모은 만엽집은 7세기 이전 노래들은 전부 한국어로 쓰였다고 합니다.

이와 같이 일본의 신교의 신들이나 또는 여러 왕들의 그런 신(神)자가 들어간 왕들을 비롯해서 한반도에서 온 신이 많은데, 실제 우리나라의 역사를 반영한 신화 이런 것을 한번 살펴보도록 하겠습니다.

그러한 신 중에는 환웅천황을 모신 일본 영원산에 환웅신전이 있죠.

왕검단군을 모신 구주 옥산신궁 나라 동대사의 가라구니 진자, 백제계 승진 천황으로 알려진 후지노키 고분, 고구려 고분벽화와 같은 다카마스 고분 벽화, 장보고 대사를 주신으로 모신 오수의 월성과 신라 성신당, 오오사카의 백제역, 백제 마을 등 한국사의 흔적이 일본 전국에 깔려 있다고 말할 수가 있습니다.

우리나라 밝해문명의 신선도나 천신교를 이어받은 일본의 신도를 발전시켜 수만 개의 신궁이나 신사를 설치했으며, 하늘 천(天)자가 들어가는 신은 전부 동이족신이 건너간 것이며, 우리나라에서 불교를 받은 후에는 신불습합의 나라가 되었다고 말할 수가 있습니다.

한반도와 일본을 교류하는 중간 섬이, 징검다리가 대마도인데, 대마도부터 신사를 보면 대마도 의라신사에는 서부여 의라왕인 일본 숭신천황 또는 응신천황을 모셨습니다.

대마도 이즈하라 하치만구 신사에는 김수로왕과 허황옥의 딸 묘견공주가 일본에 건너가 야마대를 장악한 신공황후 히미코가 되고, 신화시대의 천조대신(天照大神, 아마테라스 오미카미)로 받들어지는 바 천조대신이 모셔져 있다.

일본 이세신궁

만성현 묘견신사에는 김수로왕과 허황옥의 딸 묘견공주가 신으로 모셔져 있다.

구주 구마모토 야스시로 시에는 묘견공주와 그 아버지 김수로왕인 천어중주존을 모신 묘견신궁이 있습니다.

대마도 와다즈미 신사는 천신인 환인천제와 일본 건국 신무천황을 낳은 도요다와 도요다 영왕녀 해신이 모셔 있습니다.

일본 구주를 비롯하여 전국에는 밝해문명의 태양신·삼신·칠신 등을 모신 하치만궁 신사가 일본 신사의 46%를 차지하는데, 마상산 태원신사는 일본 정신의 고향이라고 합니다.

일본의 그러한 천신과 천황의 고향이 일본에 있느냐 한국에 있느냐를 놓고, 고천원이다, 다카마가 하라(高天原)다 그렇게 얘기를 하는데, 이에 의한 이세신궁에는 응신천왕이 모셔져 있고, 1,300년된 스기 나무가 있는 구주 후꼬오카현 히꼬산(英彦山) 정상에는 환인신이, 히코산 중궁 신사에는 한민족이 섬기는 환웅천황과, 히꼬산 하궁에는 고왕검단군이 모셔져 있어 일본 수험도의 삼성신앙이고, 오사카 시에는 대의라 신사가 있어 서부여 의라왕이 숭신천왕이 된 것을 크게 기념하고 있고, 또 교토부 아와스미즈 하찌만궁 신사에는 오진천황을 모셨다. 오진은 응신천왕입니다.

이렇게 일본에는 신이 많지만 그러한 신들의 고향이 어디냐 그렇게 묻습니다.

그런 일본의 천신과 천황에 원 고향 고천원(高天原) 다카마가하라가 어디냐? 일본에 있다는 설도 있고 우리나라에 있다는 설도 있습니다.

우리나라에는 경남 거창군 가조면, 거기에 우두산 즉, 소머리산을 비롯해 가서 가야봉 장군봉 이런 것들이 많이 있습니다.

그러니까 일본의 천신과 천황의 고향은 우리나라 경남 거창군 가조면 우두산 일대인데 거기에는 여러 가지가 있습니다.

일본 신화를 보면 천조대신이 동생 스사노미꼬도와 함께 고천원에서 내려오는데 동생이 천조대신을 공격하자 천조대신이 동굴에 숨었다가 동생이 굿을 하자 천조대신이 밖으로 나와 왕성에서 살며 동생을 공격하니 스나노미꼬도는 진해 웅천을 거쳐 구주 이즈모국으로 달아났다. 그렇게 얘기를 합니다.

그런데 그 동생이 누나를 공격했을 때 그 천조대신은 태양을 섬기기 때문에 동굴에 들어갔는데, 여기에 가면 천석굴이라는 그런 동굴이 있고 일본의 왕실과 이런 것이 다 들어갈 수 있는 30만 평에 해당하는 고만리 평원이 있고, 또 궁이 있던 자리에는 궁배미도 있고 그런 여러 가지 흔적이 있습니다.

지금 경남 거창 가조면 우두산으로 우두천황인 스사노미고도와 천조대신 관련 유적이 거의 그대로 있다.

우두산 우두봉 뒤로 가야산이 있고, 우두봉 앞에는 장군봉 밑에 천석굴 동굴이 있으며, 인근에는 굿을 하고 우두대왕을 모신 당집이 있고, 천조대신이 살았던 궁성은 궁배미라고도 하며, 고만리 30만 평의 성지가 있어 그대로 일본 천신과 천황의 고향인 고천원을 그대로 드러내고 있습니다.

그뿐만 아니라 이 스사노미꼬도는 팔지대사를 죽인 살인초지검을 천조대신에게 바치고, 누나인 묘견공주 히미코죠. 화해하며 그의 천손인 아마데라스오미카미 천조대신 즉 묘견공주의 손자인 니니기노 미코토가 일본 구주 고천수봉에 강림하니 그에게 삼종신기인 초지검·청동거울·곡옥을 주어서 역사가 시작되니, 일본의 역사의 시작인 일본 열도 천손강림 신화의 시작이다.

한편 일본의 국화가 벚꽃인데, 그 원산지는 우리나라 제주도 한라산입니다. 프랑스 선교사 에밀타케 신부와 독일 베를린대 쾨네 박사가, 1908년 제주왕벚나무는 한라산 자생 올벚나무를 모계로 산벚나무를 부계로 해서 탄생한 자연 잡종이고, 일본 것은 인위적으로 올벚나무 + 오시마 벚나무 교배로 후에 만든 잡종이라고 발표한 바 있습니다.

'일본 고대사는 한국 역사의 일부'였다라는 제목으로 그 고대로부터 특히 일본 천신과 천황의 고향인 거창군 가조면 우두산을 중심으로 살펴봤습니다.

제11절 남북국시대 발해흥망

　밝은 해인 청천백일의 광명으로 우리 민족이 창조한 인류 시원 문명 한밝달 문명이자 신선도인 홍익인간 · 광화세계로 신명 개벽 하는 신명나는 우리 역사 제11절은 '남북국시대 발해 흥망'입니다.
　여기서 홍익인간(弘益人間)은 인간의 이상형으로 깨달음을 얻어 사람을 널리 크게 돕는 사람을 말하고, 광화세계(光化世界)는 세계의 이상형으로 광명이 꽉 차 어두운 곳이 없는 사회 완성을 의미합니다.
　『밝해문명사』발해국 문명을 참조하면서 살펴보도록 하겠습니다.
　요즘 국제정세를 보면은 중국이 서남공정은 물론 동북공정을 펴서 우리나라의 고조선과 고구려 · 발해 나중에는 신라.고려까지 다 자기네 역사라고 조작 · 왜곡하려는 그러한 역사학의 국가 위기적인 상황이 왔습니다.
　단군조선이 무너지고 열국시대가 되면서 10여 개 국가가 분립 됐지만, 결국은 고구려 · 백제 · 신라 · 가야 · 왜의 5국 시대, 고구려 · 백제 · 신라 · 가야의 4국시대가 520년간 계속되고, 그 다음에 가야가 망한 후 삼국시대가 98년 만에 또 백제가 멸망했습니다. AD 660년이죠. 그리고 8년 후에 고구려가 망해서 삼국이 신라에 통일되는 듯 했지만, 30년 후에 고구려의 후에 후고구려 대진국 발해가 섰습니다. 대조영이 발해에서부터 세력을 얻어서 선천령을 지나서 동모산에서 발해국을 건국한 것입니다. 남쪽에는 천년 신라, 북쪽에는 발해라는 해동성국이 서서, 남북국 시대가 열린 것입니다.

　이 발해라는 나라를 세운 대조영이 누구냐 하는 데 대해서는 여러 가지 설이 있습니다. 고구려의 유장이다. 그런 얘기도 있고 또 고구려의 별종이다.

　또 대진국이라는 국호를 택했을 때 대조영(大祚榮)이 처음 자기 성을 대씨로 했다고 그럽니다.

　그런데 우리나라의 자주사학자인 문정창 선생이나 삼국유사나 북한의 박시형 교수는 발해를 세운 대조영(大祚榮)이 보장왕의 아들 고덕무라고 그럽니다.

　고덕무가 본명인데, 그것을 신당서나 구당서에서 조작·왜곡해서 고덕무를 안동 도독이라는 말로 하면서 결국은 발해의 왕이라는 걸 인정하고 있다. 이렇게 얘기를 합니다.

　보장왕의 아들 고덕무(高德武)는 보원 조카를 세워서 고구려를 부흥하려고 했다가 안 되니까, 직접 나서서 발해국을 세웠다고 그럽니다. 그래서 대조영(大祚榮)을 고왕(高王)이라고 합니다.

　또 중국의 후량의 왕이었던 우정(友貞)은 발해의 14대에 왕 인찬을 고만흥이라고 성명을 확실히 밝혀서 그 발해의 왕 계통이 고씨로 이었다는 걸 얘기하고, 또 발해의 문물을 완성시켰던 문왕의 경우에는, 일본에 사신을 보내거나 외교 문서를 보낼 때 고려국 또는 고구리국 이라고 해서 고주몽의 태양족 천손 후예라고 하는 것을 밝히기도 했습니다.

　그리고『신당서』발해전을 보면 서기 699년 "대조영이 진국을 세우고 대진국이죠. 왕이 되었다"고 쓰고,『신당서』고구려전은 같은 해 "고덕무(高德武)를 안동 도독으로 봉했다"고 써서, 보장왕의 아들 고덕무가 발해의 건국자 대조영(大祚榮)임을 밝히고 있습니다.

그러니까 당나라의 고종이 죽고, 여걸 측천무후가 정권을 잡아 혼란이 생기자 보장왕의 아들 고덕무(高德武)가 보장왕 원손인 보원을 받들어 태백산 밑에서 복국운동을 하는데, 측천무후가 장군 이해고를 보내 이진충을 제거하고, 보원마저 전사시키자 보원의 숙부 고덕무가 이어받아 천문령에서 이해고를 대패시킨 뒤에 동모산에서 발해국을 세웠다. 그렇게 얘기를 할 수가 있습니다.

그래서 한반도 전체를 보면 남에는 통일신라인 천년신라, 북에는 발해가 있었기 때문에 남북국시대라고 하는데, 그 발해가 고구려에는 좀 못 미치지만, 문왕 때에는 발해가 아주 번영해서, 주변에 당나라나 신라나 일본이나 거란과의 관계에 있어서 항상 황상이나 대왕·성인이라고 하고, 천통이라는 연호도 쓰고 해서 해동성국이라고 그렇게 불렀습니다.

발해 무왕 때는 북만주 일대를 차지하였고, 문왕 때는 당의 안록산의 난을 계기로 요동반도, 산동반도까지 지배했습니다.

특히 장위라는 장군을 보내서 산동반도 등주까지 점령을 하고 그랬습니다.

우리가 일반적으로 보면 역사에서 발해를 제대로 쭉 대접해 온 건 아니고 고려 때 이승휴의 제왕운기에서 발해의 역사를 시작했고 『한단고기』에 대진국본기로 기록 돼 있고 또 이조 정조 때 유득공이 발해고라는 책에서 발해를 언급하고 남북국시대라는 말을 처음 쓴 바가 있습니다.

그래서 극성시대인 선왕 때에는 고구려의 옛 영토 대부분을 회복하고 연해주 시베리아 지방까지 통합하여 한반도 북부와 만주

벌판, 발해를 중심으로 동으로는 연해주 지방, 서로는 개원, 남으로는 대동강 훨씬 이남 용흥강, 북으로는 흑룡강에 이르는 방대한 영토로 주변에서 해동성국이라는 말을 들었습니다.

처음에 고덕무(高德武) 대조영(大祚榮)은 그때 나라 이름이 발해지만 ,그 황해 쪽에 있는 발해 유역에서 처음 군을 일으켰습니다.

원래는 저게 맑은 바다 또는 밝은 바다 그래서 밝해·밝달 문명이라는 것을 나타내는 그러한 밝해인 발해였습니다.

그 후로 사람들이 받침 기역자를 빼고 발해다 그렇게 쓴 것이죠. 바다로서의 발해는 동북아의 지중해로 요동만, 발해만, 서한만, 황하 하구 등으로 둘러싸여 있으며 산동반도와 요동반도 사이에 발해가 있고 그 안에 묘도군도와 장산열도 등 많은 섬이 존재합니다.

발해는 지금 수심이 평균 20미터 정도로 굉장히 낮은 바다로 돼 있지만은 고대에는 훨씬 수심이 깊고, 그 발해의 60%가 땅과 숲으로 이루어져 산동반도와 요동반도를 잇는 고조선 문화의 중심지였는데, 차츰 차츰 수몰 되었다고 합니다.

국사찾기협의회 초대 부회장을 역임한 민족 자주사학자 문정창 선생님은 AD 221년 갈석지역 500리가 수몰되고, AD 385년 발해 북안 500리가 요동 바다에 함몰된 것을 비롯하여 B.C. 100년경부터 지진, 황하의 퇴적, 해수의 증가로 발해의 일대에 계속 이변이 생겼다고 그렇게 합니다.

현대에 이르러서는 국사찾기협의회 자문위원인 재야 사학자 장동균 선생님이 계신데, 이분이 그 발해와 그 안에 묘도군도, 장산열도 또는 박물관과 묘도 항해박물관 등을 탐사하고, 2002

년에 아사달에서 『신시 본토기』를 출간하여 그 민족자주사학자들의 주목을 받았습니다.

장동균 선생은 『신시 본토기』에서 "신시 · 평양성 · 왕검성 · 아사달 · 패수 등이 발해의 묘도군도와 그 주변에 있어서 고조선이 장도에서 탄생하는 등 중심 지역"이라고 썼으며, "낙랑 · 현토 · 진번 · 임둔 · 창해군 등은 장산열도 지역에 있었다"고 주장하기도 했습니다.

그는 또 "고구려는 묘도군도 남항성도, 백제는 장산열도 광록도, 신라는 장산 소홈열도, 가야는 장산대흠도, 왜는 장산군도 해양도에서 처음에 각각 건국되었다"는 주장도 했습니다.

이렇게 그 발해라는 나라는 광대한 영역에 230년간 계속되는 나라가 됐죠.

그 동안에는 그 발해의 유물 · 유적이 적었는데 현대에 들어와서 발해의 유적이 크게 많이 발굴이 됐습니다.

흑룡강 지역의 만주벌판 연해주를 비롯해서 고조선때 마한 18대왕 아라사가 개척한 시베리아까지 많은 지역에서 유물 · 유적이 나왔습니다.

특히 1949년과 1980년 발해의 가장 번성한 왕이었던 문왕 대흠무(大欽武) 그 둘째 딸인 정혜공주와 정효공주의 무덤이 발굴됨으로써, 발해시대에 여러 가지 문물이 얼마큼 번성했는지, 그런 것이 특히 지석에서 많이 나와서 발해의 발달사를 많이 알 수 있습니다.

발해가 특히 고구려를 이어서 온돌을 많이 활용했다든지, 불교가 그렇게 또 번성해서 여러 가지 불상이나 이런 것도 많이 나왔습니다.

발해국 연대의 4분의 1을 차지하는 바로 문왕 대흠무(大欽武)가 자기 호를 '대흥보력효감금륜성법대왕(大興寶曆孝感金輪聖法大王)'이라 그렇게 해서 최고의 진리인 불법의 수호자로 자처했습니다.

또『환단고기』에 문왕의 호가 '대흥'이라고 기록한 것을 입증한 유물로서, 이러한 정효(貞孝)공주의 무덤의 묘비가 역사적 사료로서의 가치를 확실하게 입증했습니다.

그래서 연호를 보면 처음에 대흥(大興)이었고, 그 다음에 보력(寶曆)이었습니다.

그 다음에 효도가 아주 지극해서 효감이라고 했고 그 다음에 금륜성법 대왕이다. 금빛나는 진리의 수레바퀴를 굴리는 그런 성스러운 법의 대왕이다.

이는 발해 문왕 대흠무가 광개토대제에 이은 불교의 전륜성왕(轉輪聖王)이었다는 것을 얘기해 주고 있습니다.

정혜공주의 무덤은 상경이 있던 돈화현 육정산에서 1949년 발견되었고, 육정산은 처음 발해를 세운 동모산에서 약 10km 정도 떨어져 있으며, 육정산도 동모산처럼 평지에 솟아있는데 6개의 봉우리로 이루어져 이러한 이름이 붙여졌다. 그렇게 말할 수 있고, 그 주봉은 해발 603m이고 서쪽으로 800m쯤 떨어진 곳에 유명한 목단강이 흐르고 있습니다.

그래서 정혜공주는 문왕의 둘째 딸로 738년에 태어나 777년 40살이 된 나이로 죽었고, 그 3년 뒤에 이곳에 묻혔다는 사실을 지석으로 알 수가 있습니다.

그 다음에 또 '선구자' 노래로 유명한 해란강의 상류지점인 화룡현에 서고성이 있는데, 그 동쪽에서는 동고성이 있습니다.

그 서고성 인근 염곡 서쪽에 용두산이 있고 2~3곳의 작은 줄기 정상에 정효공주 네 번째 공주 묘가 있는데, 정효공주묘는 10기의 큰 고분 속에 끼어 있었다고 그럽니다.

그리고 정효공주의 비문에는 "무덤 주위에 소나무와 개오동나무가 무성하고 아래에는 강물이 굽이친다"고 그렇게 했는데, 이것도 현대에 들어와서 어떤 학생이 소를 끌고 꼴을 먹이려고 나왔다가 벽돌로 쌓은 탑 같은 것이 눈에 띄어 관심을 가졌는데, 이 학생이 나중에 연변박물관에 근무하면서 이를 보고하여 1980년에 발굴이 되었습니다.

그러니까 전부 현대에 들어와서 그때 알게 된 것이다. 이렇게 말할 수 있고, 특히 '정효공주묘비문에는 이런 구절이 있습니다.

"거룩한 할아버지들은 밝해 문명의 공업을 세워 천하를 통일한 것과 맞먹었고, 상훈을 밝게 하고 형벌을 삼가 사방 두루두루 끼쳤으며, 우리 군부에 미쳐서는 만수무강하여 삼황오제와 짝하였고 성왕·강왕을 통괄하였도다."

여기서 삼황오제(三皇五帝)는 고대 환인천제, 환웅천황, 고왕검단군과 동이족 분조인 염제신농·여와·태호복희 또는 황제헌원(黃帝軒轅), 소호(少昊)금천, 전욱(顓頊)고양, 제곡(帝嚳)고신, 요(堯-제요도당), 순(舜-제순유우) 이런 임금들을 가르친다 라고 말할 수가 있습니다.

특히 유물·유적 가운데 동경성 등지에서 발견된 불상은 고구려의 솜씨를 이어받아 신라나 당의 수준에 맞먹는 그런 것이고, 또 발해는 불교만 발전했던 게 아니고 특히 연해주 지역은 불교와 함께 기독교 계통인 경교(景敎, 네스토리우스교), 신교, 토착신앙 신선도죠. 이런 것이 함께 번성해서 서로 종교와 습속이 민족적 습합이 되었다고 말할 수가 있습니다.

후고구려의 발전이 사방으로 뻗쳐서 해동성국이라고 그랬는데, 특히 고려대학교 최재석 교수는 『속일본기』『일본 후기』 등을 분석한 「발해와 일본과의 관계」라는 논문에서 ① 발해가 처음 일본에 사신을 파견한 뒤 32년째인 5번째 사신 파견에 이르기까지 모두 무장을 파견했는데, 신당서에는 "발해는 동북아시아의 제국가를 신하로 삼았다"는 기록이 있고, ② 일본은 발해 사신에 대해서 최고 귀족 관위를 주었으며, ③ 때로는 1만 톤에 달하는 면을 발해에 바치는 등 막대한 선물을 보냈고, ④ 정월 초하루 사신이 일본에서 지낼 경우 일본 왕실은 반드시 사신을 초청해 신년 하례식을 갖고 잔치를 벌인 점 등으로 미루어 봐서 일본 보다 우위에 서서 무력으로 복속시키고 조공을 받았다고 주장했고, 발해에는 5개의 통상기지가 있어서 일본으로 가는 원산지방 또 발해 무역인 여순지방, 압록강 하류는 신라로 가는 방면, 또 당나라 쪽에 관련한 영주·북경 방면의 장령, 또 거란 방면으로는 부여지방이 국제 교류가 활발히 보인 그런 나라였습니다.

그러한 해동성국이 세월이 가면서 본래 고구려 유족인 동이족이 주가 되고 중심족이었지만 방계인 말갈족·여진족 이런 데가 섞여서 여러 가지 갈등이 있고 세월이 가면서 문약과 사치풍조로 내정이 문란해지기 시작했으며, 그 다음에 백두산 화산 폭발, 왕위 쟁탈전 이런 걸로 인해서 결국은 쇠망하게 되었다.

그래서 거란인 야율아보기(耶律阿保機)가 세운 거란(契丹, 요)의 침략으로 발해는 15대 왕인 고인선 때 229년 만에 멸망하였습니다. 단기 3259년, 서기 926년입니다.

이로써 만주벌판과 시베리아가 우리나라 영토에서 역사적으로 사라지게 됐죠. 그러니까 역사를 보면 고준 왕검단군부터 단군조선 2천여 년하고, 북부여 건국이 고구려 건국이니까 대고구려가 있고, 그 고구려만 해도 900여 년이 되고 또 발해가 229년 돼서, 통합하면 전부 3천여년 제국이 고씨로 이어진 세계 유일의 역사로 단군조선을 이어서 우리나라의 법통맥을 이어오게 된 겁니다.

그런데 발해의 멸망으로 인해서 우리나라가 만주 벌판과 시베리아 지역을 영토에서 잃게 되고 말았죠.

그 뒤로 고려에 의해서 통일됐지만 영토가 줄어들고 또 이성계의 조선으로 이어졌다가 1910년 일본의 침탈에 의해서 나라를 잃는 그런 일이 있었고, 일제의 그러한 수탈에서 백성들이 고생하다가 선조들의 독립운동과 제2차 세계대전에 끝남과 함께 해방이 돼서 우리 민족은 자유를 찾았지만, 또 남북 분단으로 인해서 분단을 겪고 이어서 6·25사변이라는 민족 상잔을 겪고 지금도 수난기에 있습니다.

긴 역사로 볼 때 지금은 아주 어려운 극한 시대인데, 여기에서 우리가 평화적으로 남북통일하고, 극적으로 살아나지 않으면 흥망의 위기가 될 수 있음에 유의해야한다. 그러니까 우리가 자주의식과 자주 역사의식을 가지고 우리 민족을 통일하고 평화적으로 통일하고 앞으로 전 세계를 이끌어가는 동북간방의 한밝달 문명을 창출해야 될 것으로 기원합니다.

감사합니다.

제5장
고려시대

제1절 고려의 통일과 찬란한 문화

밝은 해인 청천백일의 광명으로 우리 민족이 창조한 인류 시원 문명인 하느님의 한밝달 문명이자 신선도인 홍익인간(弘益人間) · 광화세계(光化世界)로 신명 개벽하는 신명난 우리 한밝달문명 국사 제5장 제1절은 '고려의 통일과 찬란한 문화'입니다.

최근에 세계 역사의 소식을 보면 일제 식민사학이 한국에서 판을 치고, 중국의 동북공정이나 단대공정 등이 세계 제2강국의 힘을 뒷받침으로 해서 고조선 · 고구려 · 발해는 물론 백제 · 신라 · 고려까지 중국의 지방정부로 편입시키려는 음흉한 음모가 공격이 진행되고 있는데도 우리나라에서는 관민이 특별한 대책을 보이지 않고 있습니다.

그런데 세계 역사의 한 소식은 세계의 4대 문명, 즉 황하문명 · 나일강 문명 · 유프라테스 문명 · 인더스 문명과 함께 고조선 문명을 세계 5대 문명의 하나로 받아들이기 시작했다. 이런 아주 훌륭한 낭보가 있습니다.

고려 태조 왕건은 AD 915년에 개경에다가 고려라는 나라를 건국했습니다. 이 나라는 남신라 · 북발해의 남북국 시대에서 그 끝에 가면 후삼국이라고 그래가지고 궁예의 후고구려, 견훤의 후백제 그리고 후기 신라 경순왕 이런 분들이 나라를 분할해서 다스리고 있었는데, 그 후삼국과 함께 발해까지 네 나라를 종합적으로 통일해서 고려(高麗)라는 나라를 세웠습니다.

산고 수려, 산이 높고 물이 수려하다는 뜻도 있지만 하여튼 그래서 우리나라를 지금 세계적으로 코리아(Korea)나 Corea로 하고 있는 것은 이와 같은 고려가 고구려의 뒤를 이어서 한반도와 만주벌판에 영토를 가진 통일국가를 만들고, 훌륭한 문화를 창조했기 때문으로 알려져 있습니다.

지금 세계 역사계에서 들려오는 소식은 우리나라의 백두산과 압록강·두만강·송화강·요하(遼河)는 물론 그 홍산(紅山)·발해연안 지방의 문명들, 그중에 제일 유명한게 우하량의 문화로 밝달국의 문화입니다.

곰·웅녀인상이 발굴되기도 하고 또 하가점 상·하층문화가 단군조선의 문화로 여러 가지 유물·유적이 많은데, 그러한 문명들이 세계 5대 문명의 하나가 된 것인데, 사실은 세계 4대 문명을 이끄는 제일시원문명, 밝해, 밝달, 밝은이 문명이라고 볼 수 있죠.

밝해·밝달 문명이 더 세월이 흐르면 세계 최초의 문명인 밝해 문명이 우리 민족 중심이죠. 그 다음에 세계 4대 문명에 여러 가지 영향을 준 흐름이 있었다는 게 알려질 시대가 올 것입니다.

중국이 동북공정이나 또는 단대공정 말고도 중국의 사회과학원(中国社会科学院, http://cass.cssn.cn) 변방사지 연구 중심을 통해서 고려를 세운 왕건이 중국의 한족이라고 주장합니다.

서한의 낙랑군의 왕족이 우리나라로 와서 고려를 세웠다. 그래 가지고 중국의 역사서인 자치통감 등에서 얘기하고 있는데, 그러한 억지 주장이 이제 사라질 때가 되어 오는 것이다. 이렇게 말씀 드릴 수가 있습니다.

태조 왕건은 나라를 세우면서 세 가지 기본적인 정책을 세웠습니다.

하나는 민족 통일 융화책입니다. 후고구려·후백제·후기 신라·발해 이런 여러 나라를 통일할 뿐 아니라 그 각 지역을 맡고 있는 호족들을 다 통일해서 그 호족의 딸들을 왕비로 맞이해서 왕건은 20여 명의 왕비를 거느리고 있으면서, 한반도와 연해주 만주벌판에 우리 민족을 하나로 통일해서 융화시키는데 여러 가지 노력을 많이 기울이면서, 그 개성 예성강의 벽란도를 세계적인 무역항으로 해서 세계적으로 해상을 통해 뻗어나가면서 무역이 증가하도록 애를 썼습니다.

두 번째는 불교 숭상 정책입니다. 고구려·백제·신라·가야가 모두 불교를 받아들였고, 특히 신라는 불교가 찬란해서 화백제도와 외교적 성공으로 그 남반부를 통일하고 그렇게 했는데, 그 신라의 불교를 다 받아들여서 찬란한 불교문화가 꽃피우게 되었습니다.

선종도 많이 발달하고 가장 대표적인 것이 조계종 창종의 도의 국사죠. 그 밖에 화엄종·천태종·정토종 이러한 여러 종이 발달해서 보조 지눌 스님, 태고 보우스님 이런 분을 비롯해서 왕사와 국사가 나왔고 특히 그 승보사찰 순천 송광사에 가면은 보조국사, 진각국사 등 고려의 국사 16분을 모시고 있을 정도로 불교가 흥했다고 말할 수 있습니다.

또 하나는 북진 정책입니다. 수도를 개성에다 세우고, 황제라고 그래서 황도(皇都)라고 했지만, 그 한반도 북부나 만주나 연해주 쪽으로 뻗쳐가기 위해서 평양에 서경을 두어서 왕건 태조가 왕족인 왕식렴을 보내가지고 직할 했고, 나중에는 우리나라 2000년 역사에 최대 사건이라고 하는 묘청의 서경 천도 운동도 승리하게 됩니다.

어쨌거나 고려의 영토는 한반도와 그 압록강을 넘어선 옛날의 압록강인 요하까지 거기에 천리장성이 있었습니다.

그것은 특히 거란과의 싸움에서 서희 장군이 작전상이나 외교적으로 승리를 해가지고 특히 천리장성 이쪽 요하 동쪽에 강동육주를 찾았습니다.

그리고 동북 쪽에 있는 여진족을 잘 구슬르고 싸워 이겨서, 윤관 장군이 함경북도를 포함한 두만강 너머 만주와 연해주 쪽으로 해서 윤관 9성을 쌓아서 영토가 두만강 동북 7백리 흑룡강, 선춘령, 공험진까지 굉장히 큰 영토를 살게 되었습니다.

그리고 왕건 태조의 그러한 그 가르침은 박술희(朴述希)가 지은 「훈요십조(訓要十條)」로 해서 불교 존중, 도선풍수 존중, 8관회, 연등회, 서경존중 등 후세의 민족을 다스려 나가는 데 깊은 고려가 되었습니다.

그리고 그러한 기본적인 체제는 4대 광종(光宗) 때 좀 더 여러 가지 제도가 마련됐는데 노비안검법을 세우고, 또 후주에서 온 쌍기라는 사람을 잘 귀화시켜 과거 제도를 실시해서 국가의 통치체제에 부정부패가 없게 했고, 또 문무백관의 공복(公服)제도라고 여러 가지 의복을 색깔 다르게 입혀서 그 질서 개념을 넣어주게 되었습니다.

그리고 그 광종 때는 많은 사찰을 짓는데 특히 충청도 은진에 관촉사를 세워서 미륵불을 모시고 불일사(佛日寺)와 숭선사(崇善寺)·홍화사(弘化寺)·대봉은사(大奉恩寺) 등 많은 사찰을 지었으며, 제위보(濟危寶)라는 구휼기관 사회복지기관이죠. 노숙자라든지 아프고 그 어려운 사람들을 이렇게 보호하고 먹고 살게 하는 제위보를 세워서 국가의 기본을 튼튼하게 했습니다.

그러면서 거란과 여진, 송나라와의 외교 관계를 튼튼히 해 나가서 그때의 그 최초의 고려 국사로 혜거(惠居)스님이 임명이 됐고, 왕사로는 탄문(坦文)스님이 임명이 되었습니다.

그 다음 임금이 성종(成宗)임금입니다. 성종 임금 때에 가서 비로소 중앙집권 제도가 성립이 돼서 3성6부(三省六部)에 중앙행정조직체계가 섰습니다. 3성6부에 귀족 체제가 성립이 된 거지요.

3성은 중서성·문하성·상서성이고, 그 다음에 6부는 이·호·예·병·형·공부 그러니까 육부의 체제인데, 이것은 조선왕조로 올 때까지도 그리고 삼정승 육판서 제도로 옮겨가게 되고, 지방에는 그 12목(牧, 12절도사로 개편) 목사라고 요즘 말로 하면은 직할시장이나 도지사와 같은 것입니다.

그리고 대외적인 안보를 위해서는 태조 왕건 때부터 광군사라는 사령부를 설치해서 37만 명을 병력으로 확보하게 했으며, 무인들을 많이 잘 대우해줬습니다.

그래서 이자겸의 난을 빚은 이후로 그 무인정권이 들어서면서 상당히 오랫동안 고려가 혼란을 많이 겪었죠.

그러면서 농민항쟁 운동이 일어나고, 또 민중해방 운동으로 노비였던 망이·망소이(亡伊·亡所伊)도 공주 명학소(鳴鶴所)를 중심으로 하여 난을 일으키고, 또 만적(萬積)이라는 노비도 그런 난을 일으켜가지고 국가를 뒤집어 업고자 하는 그러한 난이 끊이질 않았습니다.

이러한 고려는 국가의 기본적인 통치체제나 외교·무역 이런 거 말고도 중요한 것은 나라가 태평성대를 맞이하니까 찬란한 문화가 꽃피었다는 겁니다.

그것은 한마디로 말해가지고 불교가 융성해서 여러 가지로 불교문화가 꽃피었고, 또 하나는 도자기를 가지고 세계적으로 자랑하는 중국인들조차 우리나라의 고려청자가 세계 제1의 도자기이다 할 정도로 고려청자가 발달했고, 또 하나는 인쇄문화가 발달해서 목활자로 만든 지금 해인사에 팔만대장경을 세겼죠. 그게 그 판본이 82,258자인데 그 목판활자만 만들어진 게 아니고 그 위에 금속활자문화가 많이 발달을 했습니다.

고려 청자

그래서 미국의 뉴욕타임스가 2천년 내에 세계문화의 제일 큰 사건이 뭐냐 그러면은 독일의

고려 금속활자

구텐베르그가 1455년 금속활자로 42행 성서가 발견된 것이다. 그런데 그보다 78년 앞서서 우리나라의 직지심체요절(직지심경)이 나왔다는 것이고, 최근에는 그 보다 앞서서 한 400년 전에 금속활자가 나왔다는 주장과 책이 나오고 있습니다.

문화재로는 비취색 고려청자가 있고 또 부석사 무량수전도 있고 또 세계적으로 최고의 아름다움을 자랑하는 고려 불화 자비의 화신 관세음보살상이죠. 이러한 찬란한 문화가 있게 되는데, 그러한 고려청자는 우선 색깔이 다른 나라는 흉내낼 수 없는 그런 아름다운 색깔입니다. 적갈색 이런 것도 물론 그렇지만 비취색이라는 게 그렇게 만들기가 어렵고, 여러 가지 모양 병·항아리·주전자·향로·화분 또 거기에다가 봉황이나 거북이·용·포도 같은 걸 그리는데 그 모양이나 색깔이 그렇게 뛰어나서 청자에 자기가 끌려 들어가는 것 같은 대단한 그 아름다움이 있다고 말할 수가 있습니다.

그리고 우리나라의 불교문화 팔만대장경은 지금 유네스코 세계문화유산으로 되어 있고, 또 그 다음에 수월관음도, 고려불화 이건 세계에 둘도 없는 아름다움이 있다. 그렇게 얘기를 합니다.

이 가운데 특히 얘기하자고 그러면 목판본으로 한 팔만대장경 말고도 금석활자본이 아까도 얘기한 것처럼 뉴욕타임스가 본 세계의 2천년 내 최대 사건이 금속활자본으로『구텐베르크 42행 성경(42-line Gutenberg Bible)』를 발행한 것인데, 우리나라는 최초로 서기 1234년에 최윤의(崔允儀)라는 분이 상정고금예문(詳定古今禮文)을 찾아내서 구텐베르그의 그러한 인쇄물보다 200여년이 앞섰다고 그러는데 그 기록은 있는데 실물이 없었습니다. 그러다가 파리의 도서관에 근무했던 우리나라의 박병선 선생님이 백운경한 스님의 직지심체요절을 찾아내가지고(1972년) 1377년 고려 우왕 때 청주 흥덕사에서 금속활자로 했다는 것은 구텐베르그 보다 78년 앞섰습니다. 그러니까 이것을 역사적으로 보면 우리나라의 금속활자본 인쇄가 일본과 몽골의 원나라를 통해서 아라비아로 가고 아라비아를 통해서 유럽으로 건너가서 독일에서 구텐베르그가 그것을 배워가지고 42행 성서를 금속활자로 처음 발굴했다는 것입니다. 그런데 최근에 한국의 그런 금속활자 관련 연구에 대해서는 문화재에 대해서 또 금속활자본에서 권위자인 박상국 교수님이 보물 2호로 돼 있는 남명천 화상 증도가 자에 언급했습니다. 그게 지금까지는 목판으로 알려졌었는데 그게 알고보니까 문종 30년 서기

고려 관세음보살

1076년에 발행됐다는 것입니다. 이것은 육조 해능대사의 제자인 영가 현각 스님이 그 깨달음을 칠언절구로 이렇게 표시한 것인데 그것을 320송으로 만들었습니다.

　이와 같은 것이 박상국 교수가 금속활자다고 그러는 겁니다. 그래서 이것이 세계적으로 인정이 되면 '남명천화상증도가(南明泉和尙頌證道歌)'가 세계적으로 인정이 되면, 구텐베르그보다 약 400년이 앞선 인쇄문화에서 우리나라가 너무나 위대하게 앞서 있다. 이런 것을 확인하게 될 날이 멀지 않았다고 말할 수 있습니다.

제2절 묘청대사의 자주북벌운동과 서경천도 운동

　우리 한밝달 문명국 이념인 홍익인간(弘益人間)·광화세계(光化世界)를 지향하는 신명난 우리 역사 제5장 제2절 주제는 '묘청대사의 자주북벌 서경천도 운동'입니다.

　묘청대사는 대위국을 건설했고 그 후에도 여러 가지 자주국권 운동이 일어났지만 성공하지 못했습니다. 그래서 단군조선이나 고구려인의 우리 땅을 잃어버리고 있는 그런 상황에 처한 것인데 오늘 내용은 저자가 쓴 『신명나는 한국사』에 쓴 것을 살펴보도록 하겠습니다.

　21세기가 시작되기 직전인 1999년 말 KBS가 여론조사를 통해서 11세기부터 20세기까지 1000년 동안 그 가장 큰 최대의 역사적인 사건이 뭐냐 했을 때, 묘청대사의 자주북벌 서경천도 운동을 꼽았습니다. 그 뿐이 아니고, 유명한 그 자주 사학의 기초를 쌓아 오신 단재 신채호도 같은 얘기를 했습니다. 독립운동가요 민족자주 사학자이신 단재 신채호 선생님은 『조선사연구초(朝鮮史研究草)』에서 대개 고려와 조선왕조 1천년간의 서경 전역, 묘청의 평양 대위국 건설에 필적할 만한 대사건이 없을 것이다. 그 실상은 이 전역이 낭가(신선도), 불가 대 유가의 싸움이며 북풍파대 남풍파, 독립당대 사대당, 진취사상대 보수사상의 싸움이니 묘청은 곧 전자의 대표요 김부식은 후자의 대표였던 것입니다.

이 전역에서 묘청 등이 패하고 김부식이 이겼으므로, 조선사가 사대적·보수적·협박적 사상에 정복되고 말아서 우리나라가 많은 어려움을 겪었는데, 만약 이와 반대로 김부식이 패하고 묘청 등이 이겼더라면 조선사가 독립적·진취적 방면으로 진전하였을 것이니, 이 전쟁을 어찌 일천년래 대사건이 아니라고 할 일이냐 이렇게 단재 신채호는 말했습니다.

　단재는 한민족 국가 단군조선이 옛 강토를 복구하려는 노력 가운데, 순수한 우리말로 다물이라고 그랬지요. 묘청대사의 칭제건원(稱帝建元), 평양 서경천도, 대위국 건설, 금나라 정복론 등 자주국권운동을 제일 높이 평가한 것입니다.

　우리나라 민족국가의 역사를 봤을 때, 반만년 대륙 민족의 영광사를 가졌고, 고조선인 단군 조선의 영역은 백두산을 중심으로 한 동북아 아시아 대륙이었습니다.

　단재의 뜻은 민족의 뿌리의식을 찾는 국학의 학문 가운데 국토학이 중요함을 나타내고 있습니다.

　2000년대 들어와서 중국이 동북공정 등으로 여러 가지 고구려나 또는 발해 이런 쪽을 자기네들의 지방정권화하면서 한중역사전쟁이 시작되어서 2003년 10월 12일 KBS역사 스페셜에서 한중역사전쟁을 다루었습니다.

　그때 중국이 우리의 고구려의 유명한 제왕인 집안의 광개토대왕비와 대왕릉, 고구려 성벽 등을 보수 계양하면서 관광지화 해서 돈을 벌면서 한국인의 접근을 막고 있은 적이 있습니다.

　그러니까 우리는 중국의 역사 왜곡과 일본의 역사 왜곡 등 미.일.중.러의 이런 강국에 둘러싸여서 우리가 많은 역사적인 고통을 겪고 있는 것이죠.

우리가 민족 자주의식을 완전히 회복하고 자주의식을 가진 그 바탕 위에 열린 민족주의로 미.일.중.러 등 여러 나라와 논의를 거쳐서 민족의 평화적인 대통일과 옛 단군조선, 고구려의 땅을 다물 하려는 민족혼을 생각 해 볼 필요가 있습니다.

36세 고매륵단군 52년(B.C. 653) 제가 군대를 보내 수유(須臾)의 군대와 연라라를 토벌하였다. 고매륵 단군 35년에 천하에서 등에 별무늬가 있는 용마(龍馬)가 나왔다. 다물(多勿)은 옛 땅을 복구한다는 뜻인데 단군조선 제38대 고다물 단군이고, 고다물단군은 지금의 몽골 지역에 수유가 서쪽을 빼앗으니 진번유를 보내 되찾아 북경까지 갔다가 돌아왔다고 전합니다.

단군 조선이 홍익인간 광화세계 신선도와 함께 무너지자 그 후에 단군 조선의 옛 강토는 11개 나라 정도로 얼국시대로 바뀌었습니다. 그 가운데 천 년의 대륙강국 고구려를 건국한 고주몽 동명성왕은 다물을 연호로 제정하고, 영토 확장 사업을 벌여 비류국의 복속을 시발로 행인국 · 북옥저 · 선비 · 개마국 · 구다국 · 낙랑국 등을 차례로 병합하여 다물의 기초를 닦았습니다. 그리고 그 후 전륜성왕인 그 광개토대제가 재위 22년 동안 만주 벌판과 한반도 일본 등에 강력한 대규모 정복사업을 전개하여 고구려의 영토를 크게 확장을 했습니다. 그래서 광개토대왕은 서쪽으로는 요동지방, 동북쪽으로는 숙신, 남쪽으로는 백제 등 10여 국은 물론 가야와 일본의 여러 성을 정복했습니다. 그리고 평양에 1년 동안 불교 사찰 아홉 개를 창건하기도 하는 등 평화로운 자비의 모습을 보이는 전륜성왕이기도 했습니다. 대왕의 위대한 정복 사업은 당시 고구려 수도였던 국내성, 즉 지금의 만주 통구(通溝)에 있는 그 아들 장수왕이 세운 동양 최대의 비석인 광개토대왕릉비가 잘 말해주고 있다고 합니다. 이 광개토대왕의 아들인 장수왕은 그 왕후가 아미타불의 꿈을 꾸고 태어난 겁니다.

한민족의 방계에 속하는 훈족, 흉노라고 그러죠, 아틸라는 다뉴브 강변 세계에 중심을 두고 로마제국을 공략했고, 유라시아 대륙의 훈제국을 건설하기도 했습니다. 그는 AD 447년 콘스탄티노풀에 동로마제국 데오도시우스 2세를 격파했고 서로마제국을 침공하여 발렌테누스황제의 누이 호놀리다와 살았으며, 평화를 애걸하는 리오1세 교황에게 침공을 멈추는 대신 많은 금을 보상금으로 받기도 했습니다.

훗날 아틸라를 이은 세계적인 영웅 징기스칸도 그 생부와 모친이 우리 동이족 출신이고, 그는 알렉산더 대왕 지배지역의 4배, 로마제국의 2배 이상의 유라시아 세계를 정복했던 거죠. 우리 한민족 한겨레의 저력이 있음을 보여주는 것입니다. 그리고 열국시대가 5국시대, 4국시대, 3국시대로 후삼국을 거치고 남신라·북발해의 남북국시대를 거쳐서 고려 태조 왕건이 통일을 했지요. 고려 태조 왕건은 단군조선이 열국으로 분립한 뒤, 4국시대, 3국쟁패시대를 거쳐 남북국시대를 통일함으로써 민족국가의 대통일을 이루었습니다. 그러나 영토는 단군조선이나 고구려에 비해서 너무 많이 줄어들었죠.

그래서 왕건은 민족통일 융화책과 북진정책 민족고유의 신선도문화와 함께 유교문화와 함께 불교문화를 형성하는 그러한 문화를 창출해 나갔습니다. 태조 왕건이 훈요 10조에서 후왕 등에게 다물을 위해 서경(평양)을 중시하고, 때에 맞춰 서경에 가라는 것이 훈요 10조에 있었던바, 그 뒤 혜종에 이어 등극한 정종이 서경천도운동을 고집하고 강행한 것은 개경에서는 그의 왕권이 그만큼 불안한 것도 있었지만 자신을 구하고 있는 왕식렴의 본거지가 평양이기 때문에 거기로 천도해서 북진정책을 실현하고자 했습니다.

  그를 이은 광종은 더욱더 나아가서 다물에 관심을 갖고 북방정책에 더 힘을 썼는데 이는 주로 거란과 여진에 대한 것으로 많은 업적을 얻었습니다. 그리고 광종은 또 스스로 황제라 칭하고 개경을 황도, 황제의 도읍이죠. 그 다음에 서경을 서도라고 칭했습니다. 그 후 북만주에서 완화를 해서 추장 오아속 계의 여진족 통일 기운이 일어나면서 정세가 급변하고 여진과 충돌도 많았습니다. 그래서 고려는 윤관의 건의로 별군을 편성하여 신기군 신도군을 다 포함해가지고 여진정벌에 나섰습니다. 숙종이 여진정벌에 뜻을 이루지 못하고 돌아가자 예종2년에 윤관에 의해서 북벌이 다시 단행되었습니다. 윤관은 오현영, 이원 등과 함께 천리장성을 넘어 17만 대군으로 여진의 본거지인 오늘의 연변, 연변 조선족 자치주이죠. 그 지역까지 진격하여 완전히 여진의 본진을 무찌르고 그 지역 주위에 윤관 9성을 쌓았습니다. 함경도와 동부만주 일대죠. 그리고 함주에 대도독부를 설치했습니다.

  그 후 여진의 끊임없는 애원과 요청으로 2년 만에 다시 되돌려 줬습니다. 뿐 아니라 여진은 그 후 김아골타가 금나라를 세웠습니다.

  그런데 아골타는 신라의 마지막 왕 경순왕의 아들인 마의태자 김함보의 6대 손으로 송막기문에 기록돼 있고 만주 원류고에는 국호를 신라 왕손의 김(金)씨성에 따라 금이라고 했습니다. 이 금나라는 나중에 번창하다 망하고 다시 그 김누루하치가 후금을 세웠습니다. 신라 성씨 김을 나라이름으로 새긴 것이지요. 그 후금이 청나라가 된 것인데, 이때의 그 후금의 황제의 성을 애신각라(愛新覺羅)고 했습니다. 사랑애 자, 새로 신자, 깨달을 각자, 벌릴 라자, 즉 신라를 사랑하고 신라를 잊지 않는다는 뜻을 내포하고 있는데 여진 말로는 김씨라는 뜻 입니다.

금을 건국한 김아골타는 요를 멸망시키고 송을 양자강 이남으로 쫓아냈습니다. 금은 강성한 여세를 몰아 고려에 대하여 형제관계를 요구하고 더 나아가서 군신의 관계를 요구해가지고 고려 조정의 찬반양론이 의해서 나눠지기도 했습니다. 그래서 나중에는 금의 요구를 받아들이는 그런 한심한 사태가 일어났습니다. 이러한 그 대외적인 변화 속에 고려 문벌귀족 사이에는 이자겸의 난이 일어나고 그래서 인종은 정치적 혁신을 꾀하고 밖으로는 금에 대한 사대로 인하여 짓밟힌 민족적 자존심을 회복하고자 하였습니다. 그래서 북진정책을 추진하기 위해서 금을 정벌을 해야 된다는 묘청의 자주적인 주장, 칭제건원, 자주북벌론에 관심을 갖기 시작했습니다.

묘청은 이를 위해 먼저 왕에게 황제를 칭하고 독자적인 연호를 사용할 것과 수도를 서경(西京)으로 옮길 것을 주장하였습니다.

고려가 칭제건원(稱帝建元)함은 백성을 고무하고 고려의 자주독립성을 확고히 하기 위한 것이며, 서경천도는 북벌추진을 용이하게 하려는 것이었습니다.

당시의 개경은 이자겸의 난으로 인하여 궁성이 불타 없어지고 황폐하였고 인심 도 매우 흉흉한 그런 상태였습니다.

그래서 지덕이 좋은 평양으로 옮기고 북벌을 하자고 묘청은 주장을 했던 것입니다. 그래서 이러한 묘청의 주장을 받아들인 인종은 드디어 서경인 평양에 대화궁을 짓게 하고 자주 개성에서 거동을 했습니다.

한편 문벌귀족 중에서는 경주 김씨 김부식 등은 개경을 중심으로 점차 세력을 확보하고 정권을 잡고자 애를 많이 썼습니다. 현상 유지가 필요하다고 또는 이소사대가 그러한 선왕의 지도라고 하면서 민족의 자존심을 내팽개친 논리를 내세워 왔습니다.

또한 김부식은 풍수지리설도 근거 없는 미신적 행위에 불과하다고 맹공을 퍼붓고 서경천도를 주장한 묘청, 백수한, 정지상 등 서경 출신들이 수도를 서경으로 옮겨 신진세력과 더불어 문벌귀족세력을 견제하려고 하였고, 개경의 김부식 일파는 이에 반발하여 정치적 주도권을 빼앗기지 않기 위해서 서로 다투는 형국이었습니다.

결국 문벌귀족들의 강력한 반발에 부딪친 인종이 서경의 행차를 포기함으로써 서경 천도 계획은 좌절되었습니다. 이에 묘청은 굴하지 않고 자주 북벌 위할 목적으로 무력을 사용해서라도 이를 실현하고자 서경을 거점으로 하는 나라 국호를 대위(大爲)라고 하고 연호를 천개(天開) 군대를 천견충의군(天譴忠義軍)이라고 하고 군사를 일으켰습니다. 대위국을 서경에다가 세운 것이지요. 금국정벌론도 얘기 하였습니다.

이에 김부식을 총사령관으로 하는 정부군과 묘청의 서경군 사이에 치열한 전투가 벌어졌습니다. 정부군은 서경을 포위 공격하였고 서경군은 끈질긴 저항을 하며 싸웠으나, 전쟁의 장기화에 따른 지도부의 분열로, 같이 있었던 부하 중에 조광이 묘청대사를 살해 한 겁니다. 역사적으로 참 안타까운 일이 벌어진 거죠. 또한 군량 부족 등으로 1년 만에 서경이 함락되어 진압되고 말았습니다.

이로써 고려사회의 모순구조를 타파하고 자주적으로 고구려의 옛 땅을 회복하려던 서경천도 계획은 완전히 실패하고 '민족자주의 대사'묘청의 북벌 추진은 사대주의자들에 의해서 좌절되고 말았고 지금도 그러한 영향을 우리가 받고 있는 것입니다. 그 후에 자주 북벌 운동은 공민왕 때 최영 장군이 나와서 요동정벌에 나섰는데, 그 밑에 있던 이성계와 조민수를 좌우로 해서 요동 정벌에 나섰으며, 그때 사대주의자 이성계가 압록강 위화도에서 회군을 함으로써, 자주북벌운동이 역사적으로 큰 실패를 하게 된 것이죠.

 고려시대에는 이것 말고도 두 번 더 그 만주 땅을 회복할 기회가 있었습니다. 두본째는 서기 1104년 윤관, 오연총 등이 17만 대군을 이끌고 1107년까지 쳐들어가 9성을 쌓았지만 여진족이 애원하자 되돌려 준 것이죠.
 세번째는 서기 1371년 윤3월 9일 요녕성 장유익과 왕우승이 요녕성을 가지고 고려에 항복하겠다고 했으나 고려가 이를 받아들이지 못해서 기회를 놓쳤습니다. 고려가 이러한 세 번 자주 북벌 기회를 놓쳤고, 조선조에 들어가서 세종대왕 때, 그리고 효종 때 임경업 장군, 두어 차례 자주 북벌에 다물의 기회가 있었지만 다 놓쳤습니다.
 그리고 조선왕조는 일제에 의해서 망했고 그 다음에 제2차 세계대전까지 우리는 항일독립운동을 해왔으나 해방 후 남북 분단국으로 남아있고, 그중에 6·25 사변이라는 민족상잔을 겪고 아직도 남북 분단으로 소강 상태로 있는 것입니다.
 개인이나 민족이나, 부처나 예수나 공자나 노자나 모두 중요한 것은 자주 정신입니다. 주인정신이 없으면 인간은 인격이 안 되고, 국가는 국격이 안됩니다. 우리는 자주 의식과 열린 민족주의로 주변 4강국에 대해서 잘 외교 교섭을 벌리면서 남북이 자주 정신으로 평화 대통일을 이루고, 다가오는 후천상생시대에 동북 간방에 문명 주도국으로서 우리나라와 세계 문명을 이끄는 그런 위대한 역할을 하기를 기원합니다.

제3절 거란군 80만 물리친 고려명장 서희

태양이 없으면 우리는 하루도 살 수 없습니다. 밝은해 태양 문명 우리 한밝달 문명 이념 신선도인 홍익인간·광화세계를 지향하는 신명난 우리 역사 제5장 제3절 주제는 '거란군 80만명을 물리친 고려 명장 서희'입니다.

우리나라는 반만년 대륙 민족의 영광스러운 역사를 이어왔습니다. 고왕검단군 이후 근세에 이르러 일제에 합병되고 세계 제2차 대전이 끝난 후 독립이 되었으나, 남북이 분단되고 6·25 사변(한국전쟁, Korea war)이라는 민족 상잔을 겪고도 아직도 세계 유일의 분단국으로 남아 있습니다. 거기에 남남갈등이 심해지고 한반도를 둘러싼 미·일·중·러 특히 미국과 중국의 갈등이 아주 격심해지고 있으며, 또 세계적으로 코로나19 팬데믹 전염병으로 선천 상극시대가 무너지고 후천 상생시대로 넘어간다는 상황이어서 국가의 위기감이 많이 높아가고 있습니다. 이런 때에 민족 평화통일을 이루고 후천 상생 시대에 동북간방인 우리나라가 지구촌을 이끌게 되어 있으므로 그런 것을 이룰 만한 큰 인물이 출현하기를 국민들은 고대하고 있습니다.

이러한 때 천시지리 인화를 바탕으로 고려를 침공한 거란의 80만 대군 대장 소손녕(蕭遜寧)과 담판하여 세치 혀로 외교로 물리치고 압록강 강동6주를 오히려 돌려받은 위대한 장군이요, 외교관인 서희(徐熙)장군을 떠올리게 됩니다.

저자가 쓴『신명나는 한국사』를 보겠습니다.

현대에 와서 우리나라는 미국의 요청으로 이라크에 부대를 파병했는데, 그 부대 이름이 서희부대였습니다.

우리나라가 민주·개혁·참여의 세 가지를 내세운 노무현 정권 때 미국의 요청에 따라 2003년 4월 의료부대인 제마부대를 먼저 파병하고 이어서 서희부대는 4월 30일 특전사령부에서 파병식을 갖고 수백 명이 이라크로 출발하였습니다.

이라크 파병 서희부대의 명칭을 낳은 서희(徐熙), 이분은 AD 942년부터 998년까지 사셨던 고려의 장군인데, 어떠한 역사적인 족적을 남겼기에 이렇게 그 외국 파병 부대의 이름이 들어간 것인지 우리는 그 부활의 내용을 보도록 하겠습니다.

우리나라 단군조선이 2096 년 지속되다 망하고 그 다음에 대고구려로 이어져 국통맥을 잇고 열국시대를 거쳐서 5국 시대, 4국 시대, 삼국쟁패시대, 남북국시대를 거쳐서 고려 태조 왕건이 남북국과 후삼국을 통일하고 건국한 지 75년 만에 거란군 80만 명이 대거 고려를 침입하였습니다.

이때 거란의 나라 이름은 요(遼)였습니다. 고려의 전체 군대가 30만밖에 안 되는 상황인데 80만 명이 쳐들어왔다니까, 이것은 보통 국가의 위기 상황이 아닙니다.

그때 서희 장군은 세치 혀로 거란군 대장 소손녕과 담판하여 거란의 80만 대군을 물리치고 더 나아가 압록강 일대 강동육주를 새로 받아내는 위대한 외교적 승리를 이룩하였습니다.

그래서 이것을 고려 전기 대외관계로 거란군의 세 차례에 걸친 침략과 그 경위와 격퇴를 먼저 살피고, 서희 장군은 어떤 분인데 군사적, 외교적 승리를 가져왔는지를 고찰 해 보고자 합니다.

먼저 고려 전기의 대외 관계입니다.

고려 태조 왕건은 숭불정책과 민족통일 융화책 그리고 북진정책을 함께 건국이념으로 해서 나라를 세웠고, 평양을 서경으로 하여 북진정책의 전진기지로 삼았습니다.

이때 만주에서는 거란족 야율아보기(耶律阿保機)가 나라를 세워 요(遼)라고 했으며 이어서 고구려를 이은 발해를 멸망시키고, 고려를 세 차례나 크게 침공하였습니다.

고려 전기의 주변국과의 관계를 살펴보면, 여진족 그건 발해 밑에 있다가 발해가 망한 뒤 고려와 거란을 상대로 상국으로 섬겨왔습니다.

그러다가 북만주의 남부 추장 오아속이 여진족을 통일하면서 고려와 군사적 충돌이 잦았습니다. 이때 고려는 윤관(尹瓘)장군의 건의로 별무반을 비롯한 군대를 대폭으로 조성하고 17만 대군으로 천리장성을 넘어 여진의 본거지인 만주 연변지역까지 진격하여 여진의 군대를 무찌르고 그 점령지역의 윤관 9성을 쌓고 그 가운데 하나인 함주에 대도독부를 설치했습니다.

본래 여진족은 그 지배 종족이 우리 민족에서 갈려 나간 겁니다. 서기 1115년 회령에서 금나라를 건국한 태조 아골타(阿骨打)는 오아속의 동생인데, 신라의 마지막 왕자인 경순왕의 아들 마의태자 김함보라고 그러는데, 그 6대 손으로 금사나 송막기문(松漠紀聞)에는 기록이 돼 있고 만주원류고에는 국호를 신라 왕성에 따라 김(金)씨 금이라 했다. 금(金) 또는 후금(后金), 후금이 나중에 청(淸)나라죠. 여기에 왕이나 황제가 우리 민족 출신이라는 겁니다.

고려 시대이지만 신라 경순왕의 아들인 마의태자 김함보의 후손입니다.

그래서 나라 이름도 금(金)이라고 했습니다.

이 금나라의 왕성을 애신각라(愛新覺羅)라고 그럽니다. 사랑 애자, 새 신자, 깨달을 각자, 벌릴 라자, 이것은 신라를 사랑하고 깨닫게 한다는 뜻인데, 여진 말로는 김씨라고 합니다. 김족, 김씨 그게 애신각라가 가지고 있는 뜻이죠.

금을 건국한 아골타는 그 다음에 요를 멸망시키고 이어서 송을 양자강 이남으로 쫓아냈습니다.

금나라는 강성한 여세를 몰아 우리나라에 형제관계를 요구하고 군신관계까지 요구하였습니다. 고려는 처음에 자주적인 입장에서 이를 반대했지만, 당시의 권신 이자겸이 현실적인 평화의 유지를 위하여 이를 승락하여서 군사적 충돌은 피했습니다.

고려는 북방민족과의 대립 관계와는 달리 송나라와는 비교적 친선 관계를 유지했습니다. 이것은 중국의 이전 송나라와도 우리나라 동이민족과 연관이 깊은 그런 인연이 있었습니다.

거란의 침입이 있은 이후로 동북아시아는 주로 고려·거란·송나라의 삼각관계에 놓여 있는데, 고려와 거란이 화친하자 고려와 송은 문화적·경제적 교류 관계에 치중하게 되었습니다.

고려도 송과 교류하고 있던 아리아비아의 대식국인 페르시아, 이런 아랍 상인들이 개경의 국제항인 예성항 그 당시는 벽란도라고 그랬습니다. 거기에 출입하면서 수은, 향로, 약재 등 이런 것이 많이 수입이 되었습니다.

그래서 그때부터 고려가 세계에 코리아(Korea, Corea)로 그렇게 불려지면서 지금까지 유명하게 된 것이지요.

그럼 거란군 80만 명의 침략 경위와 그 격퇴한 사정을 개괄적으로 살펴보겠습니다. 고려는 고구려를 계승한 나라이므로 발해도 역시 마찬가지인데, 그래서 발해가 거란에 멸망하자 그 유민을 적극적으로 받아들였고 10만명 이상이라는데, 발해 마지막 왕 고(대)인선의 세자 대광연이 수만 명을 이끌고 고려로 넘어오자 이를 받아들여 우대하고 대광연에게 왕계라는 그런 왕성명을 주었습니다.

거란은 고려 태조 25년 외교 친선사절을 보냈습니다. 그런데 태조 왕건은 거란이 발해를 멸망시켰다 하여 거란에 사신 30명을 섬으로 유배 보내고 선물로 보낸 낙타 50필을 개성 만부교 아래에 매달아 굶어 죽게 하였습니다. 이것이 친송정책과 함께 거란을 크게 자극해서 거란이 고려를 세 차례나 침투하게 된 겁니다.

원래 거란의 공격목표는 송이었으나 배후의 견제 세력을 없애기 위하여 압록강 유역의 서여진과 발해 유민이 세운 정안국을 멸망시킨 후 장수 소손녕을 비롯한 80만 대군으로 고려를 향해 1차 침입해 왔습니다. 그게 고려 성종 12년 서기 993년입니다.

침략의 구실은 고구려 옛 땅을 할양하고, 송나라와의 국교를 단절하고 거란과 교류하자는 것이었습니다. 그때 고려에서는 일부 항복하자는 주장도 있었지만 안융진 전투의 승리를 바탕으로 그 중 군사였던 서희장군이 세치혀로, 거란의 장군 소손녕과 담판을 벌여 거란과 국교를 맺게 하고 그걸 조건으로 해서 거란군이 물러가게 하고 압록강 동쪽에 강동6주를 얻어냈습니다. 그렇게 된 데는 서희 장군이 천시 지리 인화는 물론 그 타이밍의 전략이 맞았던 겁니다.

고려가 안융진 전투에서 이겼는데 거란군은 속전속결로 해서 개경 근처까지 깊숙이 들어와서 중간을 끊으면 거란군이 전멸할 위기도 있고 또 하나는 송나라가 거란을 침투할 가능성도 있기 때문에 거란군이 몸 다는 것을 이용해서 그 판단을 아주 기막히게 잘한 것이지요. 1차 침략을 소득 없이 끝낸 거란은 고려가 비공식적으로 송과 계속 교류하고 점령한 강동6주를 군사적 거점으로 삼는 데 불만을 품고 있던 중, 당시 고려 내에서 서북면 도순 검사였던 강조(康兆)가 정권을 엿보던 김치양 일파를 제거하고, 목종(穆宗)을 폐위시킨 뒤 현종(顯宗)을 옹립하자 이것을 구실로 삼아 현종 원년(서기 1010년)에 다시 침입하였습니다.

거란의 성종이 직접 40만 대군을 이끌고 침입하였는데 흥화진에서 양규(楊規)가 이끄는 고려군의 강력한 저항을 받자, 그들은 그대로 남겨둔 채 통주로 진격하여 강조를 포로로 잡고 개경까지 점령하였습니다. 이때 강조는 성종의 신하가 되기를 거부하고 장열히 죽었고, 현종은 전라도 나주로 피난을 갔습니다.

그러나 거란군은 보급로의 차단을 두려워한 나머지 현종의 입조를 조건으로 별다른 소득 없이 물러갔습니다.

그 후 현종의 입조와 강동6주 반환을 요구하는 거란의 3차 침입이 있었으나, 소배압의 거란군은 고려군의 반격에 밀려 퇴각하는데, 도중에 귀주에서 유명한 강감찬(姜邯贊) 장군의 함정에 빠져 거의 전멸하다시피 해가지고 쫓겨간 후에 그 이상의 침략은 없었습니다.

그러면 서희 장군이라는 분은 어떤 분인가?

이천 서씨인 서희는 18살의 과거에 급제하여 국정총괄관청인 광평성 원의랑에 오르고 56세로 세상을 뜨기까지 관직에 몸 담았습니다.

서희는 내의사랑이던 32세의 송나라 사신으로 파견되고 국방장관인 검교병부상서라는 벼슬을 받았습니다. 서희는 이어 병관어사에 임명되었고, 거란이 침입해오자 박양윤은 상군사 추량은 하군사, 서희는 중군사로 거란을 방어하게 되었습니다.

그래서 거란의 대장 소손녕은 압록강 유역 침범을 응징하고자 하니까 조공을 바치고 무조건 항복하라고 압박해 왔습니다. 그때 외교의 담판으로 나선 것이 서희장군인데, 안융진 전투에서 거란과 고려군이 접전했는데 고려군이 기마병과 검차 등을 사용하면서 도성 밖으로 나와 거란군을 격포하자, 거란군은 봉산성으로 퇴각했습니다.

이때 안융진 전투를 지휘한 고려군 장수는 발해 유민을 대거 참전시킨 발해 세자 대광연의 아들인 대도수였습니다. 그 발해와 고려가 그렇게 잘 지낸 것이 효과를 본 것이죠. 그리고 소손녕이 고려에 요구한 것은 고려가 조공하라, 그러니까 자기를 상국으로 모셔라, 국교를 트자, 송과는 단교해라, 그리고 거란의 연호 통화를 사용해라, 이런 것이었습니다.

이에 서희장군은 압록강 유역은 본래 우리 영토인데 지금 여진이 고려와 거란의 중간을 차지하고 있으므로 우선 여진을 내몰게 강동6주를 비롯하여 우리 영토를 되돌려 달라 그러면 국교를 맺겠다. 그렇게 얘기한 겁니다.

그래서 소손녕은 서희의 조건을 거란 왕에게 보고한 뒤 일주일 만에 이를 받아들이고 말 100필, 낙타 10마리, 비단 500필 등 많은 것을 고려에 선물에 왔습니다. 찬란한 외교적인 승리죠.

이것은 안융진 전투에서 고려군이 이겼고, 거란군이 너무 내려 깊이 들어와서 중간을 끊으면 퇴로가 차단돼서 거란군이 절멸할 위치에 있고 또 송나라가 군사적 움직임을 보이자 거란군이 다급했고, 그것을 이용해서 서희장군은 거란과 외교를 트고 그 다음에 압록강 동주 6주를 받고 그 밖에 많은 선물을 받으며, 고려가 한 것은 외교관계를 튼 것뿐이 없습니다.

고려는 거란전에서 고구려의 청야전술을 이용했습니다. 고려군이 퇴역할 때 들판에 불을 질러 적이 곡식을 군량미로 사용하지 못하게 한 것입니다. 때는 바야흐로 11월 날씨는 추워지고 거란은 군량미 확보조차 어려운 위기에 부닥쳤습니다.

이 시점에서 거한 장수 소손녕은 단판을 받아 들이지 않을 수 없었던 것입니다.

전장에서 미묘한 정세의 변화가 서희 담판의 실마리를 제공한 것입니다.

그 다음에 송나라의 침공우려도 커다란 사항으로 고려를 도운 일이었죠.

　이러한 고려와 거란과 송나라의 관계를 정확히 읽어낸 사람이 바로 서희장군이었습니다. 송과 고려의 연합을 막기 위해 거란은 고려를 침략하고 서희는 거란과 국교를 맺겠다고 과감하게 제의해서 그러한 성공을 이끌어 낼 수 있었던 것입니다.

　서희의 담판으로 압록강 동쪽 280리 강동6주는 명실공히 그 후 부터는 고려의 땅이 되었습니다. 서희의 담판은 위기를 기회로 만들었고 영토를 넓히는 결과를 가져온 것입니다.

　서희 장군은 거란군 80만의 침입을 맞서 담판으로 이기면서 타이밍 전략으로 다만 거란과 외교관계를 맺으면서 송나라로부터는 외국의 문물을 받아들고서 무역을 중심으로 해서 실리를 취득했습니다.

　강대국 송과 거란 사이에서 작은 나라로서 국제관계 속에서 힘의 균형을 유지하고 정치적인 안정을 얻으면서 강동6주를 인정받고 경제적인 실리를 많이 얻었습니다.

　고려의 명분 있는 실리외교였습니다. 천시, 지리, 인화가 맞아 떨어진 것입니다. 고려 외교의 힘은 거란과 송나라가 고려를 필요로 하게 만드는 데 있었습니다.

　우리가 역사를 공부하는 것은 과거를 거울삼아 현재에 적용하고 미래에 대비하는 것이다라고 말할 수가 있습니다.

　감사합니다.

제6장
근세조선과 항일독립운동시대

제1절 전륜성왕 이도 세종과 한글날

우리 한밝달 문명인 신선도의 홍익인간 · 광화세계를 지향하는 신명난 우리 역사 제6장 제1절 주제는 '전륜성왕 이도 세종과 한글날'입니다. 내일이 세종대왕께서 훈민정음 즉 한글을 반포하신 지고 575주년이 되는 날입니다.

우리 역사상 전륜성왕이라 해서, 선정을 베풀고 영토를 넓히고 그러한 문명을 많이 창조한 왕을 인도에서 불교를 전파하고 전 인도를 통일한 아소카 왕을 따라서 전륜성왕이라 그러는데 우리나라에도 역사적으로 보면 전륜성왕이 많이 있었습니다.

우선 환국을 연 환인 천제, 환웅천왕 그 다음에 밝달국의 73전 73승으로 전쟁의 신이면서 평화의 신이고 붉은 악마의 원조인 치우천왕 그 다음에 2000년 단군조선을 이은 고왕검(高王儉)단군 그 다음에 후단군조선을 열고 영토를 확장하는 고색불루 단군, 그 다음에 북부여(고리국)를 세운 고해모수단군 그리고 고구려를 열고 다물 정신에 의해서 영토를 확장한 고주몽성제, 고주몽성제에 앞서서 고주몽성제의 아버지인 고리국 고모수대왕은 그 시대에 어떠한 사정이 있어서 북동쪽으로 바다를 항해해서 베링해를 지나 기원전 1세기에 테오티와칸에서 맥이고(貊耳高, 고대멕시코)를 건국했으니 전륜성왕이라고 할 수 있습니다.

그리고 고구려의 광개토대제, 신라에 문무대왕이나 백제의 근초고대왕 그리고 민족통일 융화책과 자주정신.불교정신으로 훌륭한 선정을 베풀고 제나라를 통일한 고려 태조 왕건, 이런 분들이 전륜성왕인데, 조선조에 들어서는 이성계가 유교 중심으로 사대모화의 조선조를 열었지만, 여러 가지 왕자의 난도 있고 왕권·신권의 다툼도 있고 그래서 피비린내가 났는데, 세종인 이도(李裪)의 아버지 이방원이 왕권으로 통일하고 군권을 장악해 기초를 다져놨습니다. 그 위에 태종의 셋째 아들인 충녕대군 이도 세종이 나와서 역사상 드문 민본주의의 선정을 베풀고, 학문을 많이 연구하고 인재를 양성하면서 훈민정음도 만들고, 과학을 발달시키고, 6진과 4군을 개척해서 영토를 넓히고 대마도도 찾아오고 여러 가지 방면으로 선정을 베풀면서 나라를 넓힌 전륜성왕이 됐습니다. 그러면 한글날을 맞이해서 우선 우리 국민들의 마음을 환한길 하나로 합치는 의미에서 한글날 노래를 한번 같이 보도록 하겠습니다.

강산도 빼어났다 배달의 나라
긴 역사 오랜전통 지녀온 겨레
거룩한 세종대왕 한글펴시니
새 세상 밝혀주는 해가 돋았네
한글은 우리자랑 문화의 터전
이 글로 이 나라의 힘을 기르자

볼수록 아름다운 스물넉자는
그속에 모든 이치 갖추어 있고
누구나 쉬 배우며 쓰기편하니
세계의 글자중에 으뜸이로다
한글은 우리자랑 민주의 근본

이 글로 이 나라의 힘을 기르자

한겨레 한맘으로 한데 뭉치어
힘차게 일어나는 건설의 일꾼
바른길 환한길로 달려 나가자
희망이 앞에 있다 한글나라에
한글은 우리자랑 생활의 무기
이 글로 이 나라의 힘을 기르자

아주 훌륭한 시구로 된 한글날의 노래입니다. 한글날은 훈민정음인 한글을 기념하는 날인데 여러분들이 잘 알다시피 한글은 세계 6000개 언어 가운데 가장 독창적이고 뛰어난 글이라고 세계 언어학자들이 얘기를 합니다. 특히 시대가 발달돼서 정보화 시대, 제4차 산업화시대 · 초연결사회를 맞아가지고는 전 지구가 우주화 하는 입장에서 우리 한글은 발성기관 모양과 기획으로 초성 다섯 자 기역 · 니은 · 미음 · 시옷 · 이응, 아 · 설 · 순 · 치 · 후음 및 반설음 · 반치음, 중성 모음 아래 아자 · 으자 · 이자는 천부경의 하늘 · 땅 · 사람인 천지인을 상징하는데, 이를 조합하여 11자를 만든 거지요. 그리고 자음은 그 목구멍과 입의 소리나는 모양을 따른 건데, 이것이 아주 과학적이고 그래서 전 지구촌의 문명을 이끌어가기에도 훌륭한 문자여서, 우리나라에서 많은 사람들이 애를 써서 미주의 인디안이나 몽골 지방이나 또는 인도네시아나 방글라데시나 이런 나라에서 우리 한글을 많이 연구해서 그 지방의 언어로 쓴다고 합니다. 특히 인도네시아의 짜아찌아족은 우리나라의 지원단체가 있어서 여러 해동안 자기들의 언어로 사용하고 있다고 합니다. 한국 교불련 회장 대행인 성신여대 김한란 교수가 그 짜아찌아족 후원회장을 맡고 있어서 그러한 한글문화 보급에 많은 애를 쓰고 있습니다.

우리는 정음가림토등에 대해 단군조선에서 살펴봤지만, 관련 사항들을 재차 살펴 보겠습니다.

그러면 세종대왕의 중요한 업적을 살펴보고 그 다음에 한글에 얽힌 숨은 얘기를 알아보도록 하겠습니다. 훈민정음을 반포한 조선 제4대 세종대왕의 휘는 도(祹), 복도자 · 길상도자 · 천신도자 이런 좋은 뜻을 갖고 있습니다. 자는 원정(元正), 군호는 충령대군, 시호는 장헌이며 그 왕릉은 경기도 여주군 능서면 왕대리 영릉에 있습니다.

태종과 원경왕후 민씨 사이에 삼남으로 태어나서 장남인 양녕이 워낙은 왕위로 오를 건데, 양녕이 보니까 아버지가 삼남을 좋아하는 것으로 보이고, 그래서 여러 가지 좀 안 좋은 일을 하고, 자의반 타의반 스스로 그 세자 자리에서 떨려 나왔죠. 차남인 불자 효령대군이 있었지만, 삼남인 충녕대군 이도 세종이 즉위하시게 된 거죠. 즉위식을 종묘에 고하고, 후에 평양에 단군사당을 짓게 하고 정음가림토 38자 기록이 있는 환단고기 단군세기를 세종에게 준 것은 자주사학자인『환단고기』단군세기를 쓴 행촌 이암의 손자이며, 집현전 최고 책임자였던(영전사) 월성군 이원(李原) 좌의정이었습니다. 세종대왕은 숭유정책에 따라 유교 정신의 기틀 속에서 중앙집권 체제를 확립하고 왕권과 신권의 조화를 이루었고, 집현전을 설치하고 또 정음청(언문청)을 설치하고, 젊은 인재들을 양성하고 많은 책을 냈습니다. 그래서 세종은 활자체에 갑인자를 제작하였습니다. 정음청을 설치하고 세종실록에 나와 있는데, 글자를 어떻게 만드느냐? 자방고전(字倣古篆) 그랬습니다. 단군조선 고전비에 있던 옛전자 글자를 모방해서 만들었다. 그런 것이기 때문에 이것은 『환단고기』와 같은 사료에 나오는 것을 보면 단군조선 가륵단군왕 때 을보륵이 만든 정음38자 가림토 또는 가림다를 봐가지고 만들었다는 설이 유력하고, 또 하나는 그 신미대사 등이 산스크리트어에 능했는데 산스크리트어나 팔리어 몽골어 파스파 문자들을 참고로 해 활용방법 등을 만든 거다라는 유력한 설도 있는데, 다음에 자세히 살펴보겠습니다.

　그래서 옛 글자를 모방해가지고 훈민정음 28자를 1443년에 다 만들었는데, 여러 가지 써보고 또 그 궁전안의 내불당을 통해서 여인들로 하여금 써보게 하고 그래서 3년 후인 1446년에 반포를 하셨죠. 억불 숭유 정책이었지만 그래도 세종대왕은 넓은 선의의 정치로 궁궐 안에 내불당을 두어서 그렇게 부처님을 믿는 것을 용인하고 그랬습니다. 또 아악(雅樂)을 정리해서 친히 여민락(與民樂)이 수록된 「봉래의(鳳來儀)」・「정대업(定大業)」・「보태평(保太平)」 등 대곡(大曲)을 많이 지었습니다.

　또 세종은 법제 정리에 나서 경국대전의 기본을 마련하고, 이조실록을 보관하는 4대 사고(史庫)를 춘추관・충주・전주・성주에 두었습니다. 또 과학 진흥정책을 써서 장영실이 같은 사람을 발굴하고 그래서 그 측우기이라든지 물시계・자격루 같은 것도 발명하고 그래서 우리나라가 과학 한국을 이루는 그런 기초를 만들었습니다. 과학관으로 환경각을 짓고 천문학관으로서 원반칙을 설치하였으며 혼천의・해시계・물시계 등을 발명하였고, 역서로 『칠정산내편(七政算內篇)』・『칠정산외편(七政算外篇)』・『제가역상집(諸家曆象集)』 등도 펴냈습니다.

경제사회정책으로 공법상전서로 설치하여 농공업을 발전시키고, 화폐 조선통보를 제조하며 조세의 공평화를 꾀하고 의창과 의료제도 근부삼복법 이런 걸 제정해서 복지정책를 많이 썼습니다. 경복궁의 정문인 광화문, 홍익인간·광화세계를 상징하는 것이 광화문인데 이것을 세종대왕이 지었습니다. 그리고 대마도를 정벌하고 삼포를 개항했고 두만강 쪽을 개척해서 두만강 유역의 육진을 개척했고 또 압록강 유역에는 사군을 설치해서 그쪽도 역시 영토를 확장을 했습니다.

그래서 지금도 문제가 되는 간도나 대마도 이거는 본래 우리 땅이지요. 그런 많은 업적을 냈는데, 한글날에 관해서 좀 자세하게 보자면 그 국보적인 사료가치가 있는 『환단고기』에는 그 훈민정음 28자에 10자를 더한 정음 가림토 38자를 가륵단군 때 재상 을보륵이 만들어서 썼다고 그럽니다. 그런데 이상하게 우리나라에는 전해 오지 않았는데 일본의 아비류 문자라든지, 만주에 경박호에 비문이라든지 고전비 또는 스리랑카의 패엽경사의 바위에는 그러한 가림토를 쓴 흔적이 있어요.

그리고 우리의 언어가 인도에 가서 타밀어나 범어에 영향을 준 것도 아주 많지요. 그래서 그런 가림토에서 모방을 해 선정해 만들었다고 합니다. 또 하나는 실제 훈민정음을 만들고 그것을 활용하느라고, 처음에 불교의 월인천강지곡이라든지 석보상절과 같은 이런 책을 만들고 그러는데 앞장선 것은 신미대사라고 그럽니다. 신미대사는 또 집현전 학자로 김수성(金守省)이라고도 하고 그 동생인 김수온도 집현전 학자였습니다.

그는 출가해서 속리산 법주사 위에 복천암에 주석한바 그 복천암에 가면 신미 대사 부도탑이 있습니다. 거기에 보면 25자로 된 시호가 내렸는데, 그러한 한글 창제의 공헌이 많아가지고 '밀전정법 우국이세 혜각존자(密傳正法 祐國利世 慧覺尊者)'라는 말이 그 호에 들어가 있습니다. 그래서 그 훈민정음 이 창제의 기본은 단군조선의 그런 가림토에서 왔고, 그걸 이두·향찰과 보완해서 만들고 활용하고 사용할 수 있게 도운 것은 신미 대사다 그렇게 얘기를 합니다. 그러나 많은 사람들은 한글 창제는 세종대왕이 했다. 물론 주역이 세종대왕이죠.

『환단고기』단군세기를 쓴 행촌 이암의 손자 청백리 용헌 이원이 세종때 좌의정이자 훈민정음 만드는데 관여한 집현전 최고위직인 영전사로『환단고기』속 을보륵의 정음38자를 세종에게 알려 준 것으로 봅니다. 세종은 정음의 구성활용이 큰 문제였는데, 이는 주로 신미대사 등의 도움을 받은 것입니다.

또 훈민정음해례본을 보면 천부경이나 천지인, 음양오행 표현이 많이 나오는데, 이는 고성 이씨 행촌 이암(단군세기 씀)의 손자인 이원의 손자인 이맥 선생님이 쓴『환단고기』「태백일사」삼신오제본기에 나오는 글과 같아서 그 영향을 많이 받은 것으로 보입니다.

그런데 실제로 한 거 보면은, 신미대사라든지 집현전에 성삼문, 박팽년, 신숙주 이런 분들도 있고 또 문종, 수양대군은 안평대군 , 소헌왕후와 정의공주 이런 사람들이 많이 합쳐서 세종대왕을 도와서 만든 걸로 알고 있는데, 그런데 왜 신미대사가 만들었다는 그런 이야기는 전해 내려 오지 않겠느냐 이것에 대해서 살펴보면은 첫째 김수온이나 김수성인 신미(信眉·1403~1480) 대사의 족보가 영산 김씨 대동보인데 거기에 보면 이렇게 적혀있습니다.

집현전에 불교 배척 학자들이 많아서 신미대사 김수성이 한글 창제 사실을 밝힐 수가 없었고 그것은 한글을 지키고 그 신미스님을 보호하기 위한 세종의 배려였다. 그래서 현재 충북 역사문화 인물로 도력이 능통하고 훈민정음을 창제한 주역으로 신미대사를 충북 역사문화의 인물로 지정을 하고 있습니다. 그리고 또 하나는 우리나라의 고어가 인도로 갔으며 인도 산스크리트어나 인도 타밀어 이러한 연관관계를 전문적으로 연구하는 강상원 박사가 있습니다. 강 박사가 학술 발표를 했는데 훈민정음을 제작하기 8년 전에 신미대사가 이미 어떤 책을 만들었다고 합니다. 강상원 박사는 조선 세종태학원 총재인데 2013년 12월 7일 뉴시스에서 보도된 것을 보면, 신미대사가 세종과 의논해서 훈민정음을 만들었다는 것을 내용으로 하는 학술강연회를 열었는데, 훈민정음이 창제돼기 8년 전인 1435년 한글과 한자를 함께 쓴 『원각선종석보』(圓覺禪宗釋譜) 이러한 책이 나왔다는 겁니다. 그러니까 석가모니의 평생을 적은 석보상절이나 그것을 칭찬한 월인천강지곡이 나오기 전에 그 쓴 책이 『원각선종석보』인데 이것이 바로 신미대사가 지어서 출판한 것이다. 이런 얘기를 하고 있습니다. 어쨌든 실제 한글을 누가 창제했고 누가 그 관련 작업을 많이 해서 반포해서 백성들에게 편리함을 주었느냐?

훈민정음 글자는 세종이 집현전 영전사 이원의 건의로 『환단고기』에서 정음가림토 38자를 가져와 모방했고, 그 구성과 활용법은 신미대사 등의 도움을 받아 세종이 재창제했다고 보는 것이 맞다고 봅니다.

제2절 명심보감은 불교책인가? 유교책인가?

홍익인간·광화세계를 지향하는 신명난 우리 역사, 한 밝달 문명국사

제6장 제2절 주제는 '명심보감은 불교책인가? 유교책인가?'입니다. 일반적으로 명심보감은 유교책으로 알려지고 있습니다.

「명심보감(明心寶鑑)」시작을 보면

子曰 爲善者는 天報之以福하고 爲不善者는 天報之以禍니라.

"공자께서 말씀하시기를, 선을 행하는 자에게 하늘이 복으로써 갚으며, 선하지 않은 자에게 하늘이 화로써 갚느니라."

이게 처음입니다.

그 다음에 나온 걸 하나 더 보면은,

漢昭烈이 將終에 勅後主曰 勿以善小而不爲하고 勿以惡小而爲之하라.

－한나라의 소열황제가 죽을 때 후주에게 조칙을 내려서 말하기를 "선이 작다고 해서 아니치 말며, 악이 작다고 해서 하지 말라."고 하셨다.

한소열이라는 것은 우리가 많이 읽는 중국의 삼국지의 유비가 황제에 올랐을 때 소열제였습니다. 유비가 이제 죽음에 임박해서 후주인 유선, 다음 황제를 받을 유선에게 부탁한 말입니다.

勿以善小而不爲하고 착한 것이 적다하여 아니치 말며, 惡小而

爲之하라. 악한 게 작다고 해도 하지 말라 이렇게 얘기한 겁니다.

물론 후주 유선에게 이야기하기 전에 먼저 유비는 유명한 제갈무후를 부릅니다. 역사상의 왕과 신하, 상관과 부하 이런 사이에 있어서 멋있는 인간관계 100% 신뢰관계였던 유비와 제갈공명 사인데, 그때 유비는 제갈공명을 먼저 불러놓고 내 자식이 좀 용렬하니 제갈무후께서 잘 좀 보살펴서 "좋은 곳으로 인도해 달라" 그렇게 하면서 "만일 내 자식이 너무 용렬해서 저기 하면 제갈무후께서 직접 황제위의 오르십시오." 이렇게 한 다음에 지금 얘기를 후주에게 내린 겁니다.

그 다음에 우리가 봄에 오면은 사람들 사는 집에 '입춘대길(立春大吉)' - 입춘이 온데 크게 길(吉)하라. 이런 것도 있고,
'가화만사성(家和萬事成)' - 가정이 화목해야 만사가 이루어진다. 이런 것도 전부 명심보감에서 나온 겁니다.

그러면 이 「명심보감(明心寶鑑)」은 누가 썼느냐?
1394년 명나라의 범립본(范立本)이라는 사람이 썼습니다. 홍무제의 그런 조칙에 의해서 썼는데, 우리나라로 말하면 고려 말에 태어나가지고 조선조 초기까지 산 사람인데, 기본적으로 화복보응 권선징악을 내용으로 하는데, 이 원저자인 범립본에 대해서는 밝혀진 것이 거의 없고, 중국 항주인이고 무림후학 그런 거 보니까 산속에 사는 신선도 계통이나 불교계통의 은둔자였던 것 같습니다. 이분이 전체 국민들 인민들의 필독지혜서로 쓴 겁니다.

그 서문에 범립본이 쓴 걸 보면은 불교를 비롯하여 유교·도

교・제자백가의 글을 모은 지혜의 서(書)다. 그렇게 썼습니다.

그래서 이 책은 우리나라뿐 아니라 중국, 일본, 인도지나 반도의 베트남, 태국등 전 동아아시아 지역의 국민 필독서고, 서양으로 건너가서 독일이라든지 프랑스, 스페인 이런 나라에서도 국민들의 교양서로 그렇게 많이 읽힌다고 그럽니다.

이것은 유태인으로 말하면 탈무드와 같고, 한민족으로 말하면 한민족 경전인 천부경, 삼일신고, 참전계경 같은 국민들의 책이다. 그렇게 얘기할 수 있습니다.

우선 책 이름이 「명심보감(明心寶鑑)」입니다.
이 이름은 기본적으로 불교를 상징합니다. 왜 그러나 그러면 동양의 불교・유교・도교를 얘기할 때, 유교는 존심양성 – 마음이 존재하는데 그것을 키워라.

그 다음에 도교는 수심연성 – 마음을 닦아서 그 성품을 훈련시켜라.

그 다음에 불교는 명심견성입니다. 마음을 밝혀서 성품을 보는 깨달음을 얻어라. 그러한 것으로 봤을 때도 불교서적인 냄새가 당연히 납니다. 보배 보(寶)자도 불교에서 많이 쓰지요.

불교의 삼보 기본을 불보・법보・승보 삼보라고 얘기하고, 진리를 나타낼 때도 기본적으로 모든 사물이 거울에 비칠 때 있는 그대로 비춘다.

그래서 이 이름 자체만 가지고는 불교서적이라고 말할 수 있습니다. 그래서 아까 말씀드린 것처럼 이 책은 석존(釋尊)의 가르침과 유교, 도교, 제자백가의 명구 등을 총 집합해가지고 만든 것이다. 그렇게 말할 수 있습니다.

그러면 어떻게 해서 문제가 생기기 시작했냐 그러면 우리나라에서 처음으로「명심보감(明心寶鑑)」이 나온 것은 1454년 청주본이라는 것이 나왔습니다. 그때는 여기에 불교, 유교, 도교, 제자백가의 내용이 다 있었습니다.

그런데 조선왕조가 억불숭유(抑佛崇儒)정책을 취하면서 숭유자들이 몰래 역사 조작.왜곡에 들어간 겁니다.

그래서 그부터 약 96년 후 약 100년쯤 후에 담양지역에서 초략본이라고 그래가지고, 책이 나왔는데, 저자 이름을 싹 뺐습니다. 저자 이름을 싹 빼고 불교와 도교 내용을 다 빼버렸습니다. 그래서 유교화하기 시작했죠.

「명심보감(明心寶鑑)」저자 없이 편찬했다가 그 후에 또 조작을 해가지고, 범립본보다 100년 앞선 고려인 추적(秋適)이라는 가상의 인물을 내세워서 이 명심보감을 쓴 것 모양 했습니다. 그래서 학자가 '추적'이란 사람을 찾아보니까 그런 사람은 역사상 없었습니다.

거기에다가 불교나 도교에 관한 거 이런 얘기는 쏙 빼고 새로운 유교의 경전도 많고 책이 많으니까 유교의 그것을 쭉 더해 가지고 거의 유교판으로, 유교책으로 이렇게 온 겁니다. 장기간의 사기죠.

그것이 지금 수백 년 흐르다 보니까 "「명심보감(明心寶鑑)」은 유교책"으로 많은 사람들이 잘못 알고 있는 거죠.

저자가 초등학교 다닐때 저희 집 옆에 한문 서당이 있었습니다. 그래서「천자문(千字文)」이나「동몽선습(童蒙先習)」,「격몽요결(擊蒙要訣)」,「소학(小學)」 이런 거 배우면서「명심보감(明心寶鑑)」을 배우는데, 옆에서 귀동냥하니까 아무렇게도 뭔가 명심이라는 말이 이게 유교답지가 않다고 생각을 했는데, 이런 내용을 알게 된 것은 수십 년이 흐르고 나서야 알게 됐습니다.

그래서 그러한 내용을 한 번 좀 더 구체적으로 살펴보도록 그렇게 하겠습니다.

「명심보감(明心寶鑑)」에는 논어(論語) 구절이 많이 보이고 공자님이 쓰신 거죠.

주역, 경행록, 근사록, 설원, 도경, 소서, 사기, 한서충 효략, 안씨가훈(顏氏家訓) 등등 수많은 책과 공자와 도교 노장자, 공자 제자들 안자, 증자, 자아, 자공, 맹자, 노자, 장자, 순자, 태공, 사마온공(司馬溫公), 마원(馬援), 양용, 포박자, 이태백, 소강절, 소동파(蘇東坡), 굴원, 명도, 정호 선생, 장행고, 한소열, 당태종, 인종황제, 신종황제, 고종황제, 헌제, 자하원군 등등.

실로 각계 각층을 망라한 수많은 사람들의 명언이 총 집합돼 있습니다.

아까 말한 거 이외에
'順天者는 存하고 逆天者는 亡이니라.'
- 하늘을 따르는 자는 살아남고 하늘에 거슬리는 자는 망한다.

積善之家 必有餘慶
- 착함을 행하고 쌓는 집에는 반드시 경사스러운 일이 많이 있다.

子孝雙親樂이오 家和萬事成이니라.

— 자식이 효도하면 어버이가 즐겁고, 집안이 화목하면 만사가 잘 이루어지느니라. 그렇게 말할 수 있습니다

이 「명심보감(明心寶鑑)」의 전반적인 것을 또 살펴보면 상편에 개선, 개선(改善)이라는 것은 착함을 계속한다는 의미, 천명(天命) – 하늘의 명령, 순명(順命), 효행(孝行), 정기(正己), 안분(安分), 존심(存心), 계성(戒性), 근학(勤學), 훈자(訓子) 이런 것이 있다.

하편에는 성심(省心), 입교(立敎), 치정(治政), 치가(治家), 치정은 정치, 치가 – 가문을 다스림, 안의(安義), 준례(遵禮), 존심(存心), 언어(言語), 교우(交友), 부행(婦行) 등 총 20편 775교문의 글로 이루어져 있습니다.

「명심보감(明心寶鑑)」이라는 책명의 분류 색체가 암시되어 있듯이 편명 중에도 개선, 천명, 순명, 안분, 존심, 계성, 성심 등에서도 이를 엿볼 수 있고, 실제로 본문에도 불경 일체유위법, 여몽환포영 같은 그런 불경의 내용 그 다음에 스님으로 유명한 제전화상이라고 있고 그 다음에 도청화상 – 여기서 말하는 도청화상은 한때 중국의 선을 휩쓴 마조 도일선사를 말합니다. 그런 스님의 말씀이 나오고 불교와 관련 깊은 용어들이 수없이 보인다. 예불, 불도, 불경, 불심, 작불, 성불, 간경, 무상, 인연, 삼악, 참선, 번뇌, 윤회, 계율, 방편, 장경, 경전, 부생, 인과응보, 중생제도, 안분지족(安分知足) –자기의 분수를 알아가지고 만족함을 얻는 거, 이런 것들이 불교와 관련되는 얘기라고 말할 수 있습니다.

이 「명심보감(明心寶鑑)」에서 불경을 직접 인용한 것은 금강경에 '일체 유위법 여몽환포영 여로역여전 응작 여시관'으로 되어 있는 것이 성심편에 나옵니다.

일체의 유위법 - 우리가 하려고 해서 하는 것을 유위법이라고 그러죠. 우리가 하려고 해서 하는 것이 아닌 자연이 돌아가면서 이렇게 되는 것은 사계절이 바뀌고, 물이 위에서 아래로 흐르고 이런 것은 무위법이라고 그러는데 유위법은 일체가 몽환포영이라는 꿈이고 환영이고, 그 포말이고 그림자고 여로역 여전 이슬이고 전기불과 같다.

거기다 하나 더해서 구름 같다고 하는 경우도 있습니다. 그래서 마땅히 이와 같이 봐라 그럽니다.

저자는 여기서 몽환, 포영, 노전 그러다가 운을 넣어가지고 일체유위법(一切有爲法)은 이와 같다. 몽환, 포영, 노전운(夢幻.泡影.露電雲)이다. 그래서 그 다음에 끝에는 운간 청천 고금동이다. - 구름 사이 푸른 하늘은 예와 이제가 같다.

유위법으로 생기는 구름에 영원히 변치 않는 청천백일 같은 거 이것이 바로 그러한 불변의 자리인데, 그런 구름 사이로 푸른 하늘이 보일 때, 그것이 시각이고, 본각이다라는 뜻으로 그렇게 얘기를 했습니다.

그 다음에 하나 더 보면 장심, 비심, 변심, 불심 이런 것이 「명심보감(明心寶鑑)」존심편 제7조에 나옵니다. 받드는 마음, 따르는 마음이 바로 부처님 마음이다. 이러한 것입니다.

그리고 끝으로 아까 불교의 선사들의 얘기가 나와서 제전스님에 관한 걸 얘기했는데 도청화상인 마조도일 선사가 나오기 때문에 이분에 관한 이「명심보감(明心寶鑑)」의 내용을 한 번 보도록 하겠습니다.

도청화상의 경세에 도청화상이라는 것은 중국의 남악회양의 제자로 중국선의 황금시대를 휩쓴 유명한 마조도인 선사입니다. 백장회해 선사의 스승이고 백장회해 선사의 제자가 황벽희운이고, 황벽희운의 제자가 임제의현입니다. 유명한 임제의현 스님 등을 선의 황금시대의 스님들이라고 얘기합니다.

도청화상의 경세에 착한 일은 비록 하기 좋아한다 할지라도 무심하면 가까이 할 수 없고, 내가 만일 좋은 일을 할지라도 딴 사람 문제까지는 할 수 없고 경전이 산나무와 같이 산더미같이 쌓여 있을지라도 그것과 인연이 없는 이는 볼 수 없고, 오역하는 효순치 못한 자라도 하늘이나 땅이 용납하면 할 수 없고, 제왕의 법이 천지를 진압한 자라도 범죄가 저질러진 후면 그만두게 할 수 없고, 좋은 전답이 천만 이랑이라도 죽음이 온 후에는 쓸 데 없고, 영전에 바치는 음식물이 좋을지라도 일어나서는 먹을 수 없고, 돈과 제물이 벽을 넘도록 쌓였을지라도 임종에 대하여서는 마땅히 할 수 없고, 운명이 서로 돕지 않으면 물리쳐도 강하면 할 수 없고, 어린 자손이 집에 가득할지라도 죽음이 오면 바꿀 수 없다. 이렇게 10가지 얻을 수 없는 것을 얘기를 했습니다.

「명심보감(明心寶鑑)」은 지금까지 본 바와 같이 이것은 불교, 유교, 도교, 제자백가의 좋은 내용을 봐서 한 국민 필독의 지혜서인데 역사적으로 조작·왜곡이 되었다는 것을 우리는 알아봤습니다.

「명심보감(明心寶鑑)」, 우리는 수식 선정이나 명상을 통해서 마음을 밝혀서 명심견성에 이르고, 그런 후에는 성불제중으로 회향을 해야 됩니다.

더군다나 우리 민족은 그러한 청천백일의 자손인 천손자손으로 우리 민족은 하느님족 · 밝해족 · 밝달족 · 태양족 · 광명족 · 환한족 · 백두산족 · 백의민족 또는 아리랑족으로 우주생명 전일광명을 타고 태어난 민족입니다.

그래서 우리는 대선이 되거나 견성성불 하고 우리의 위대한 역사의 뿌리를 찾아가지고 지금 코로나 사태 등 세계가 아주 어려운 상황인데, 이러한 것을 동북간방(艮方) 중명(重明)의 시대에 우리가 앞장서서 세계를 지도해 나가야 할 것입니다.

제3절 오끼나와 왕이 된 홍길동

신명난 인류 최고 우리 역사 제6장 제3절 제목은 '오끼나와 왕이 된 홍길동'입니다.

홍길동(洪吉童) 하면 많은 사람들이 「홍길동전」을 생각합니다. 홍길동전은 조선 광해군 때 허균이 쓴 소설로 우리나라 역사에서 첫 한글 소설입니다.

흔히 동에 번쩍 서에 번쩍한다고 그래서 홍길동을 의적이면서 백성들이 팔길동이라고도 그렇게 불렀는데, 홍길동은 그런 소설의 주인일 뿐만 아니라 역사적 실존 인물이며, 우리나라 안에서 활빈당 행수로서 여러 가지 빈민을 구제하고 탐관오리를 응징하고 정부를 넘어뜨리고 바로잡고자 그런 활동을 하다가 결국은 유구(琉球, 일본 오키나와의 옛 이름)로 가게 돼서 홍길동 장군으로 구메지마 전쟁에서 승리하여, 홍가왕(洪家王)으로 구메지마(球美の島, 久米島)라는 그 곳을 10년간 다스렸습니다.

홍가왕(洪家王)은 일본 오끼나와말로 홍가와라(오야케아카하치)라고도 합니다.

홍길동은 고려왕조 정승의 아들로 태어나 학식과 무예가 뛰어났으나 첩 춘심의 소생으로 봉건 계급사회에서 서얼 차별이 심하여 아버지를 아버지라 부르지 못하고, 형을 형이라 부르지 못하자 만민평등의 이상을 품고 활빈당 행수라는 의적이 되어 탐관오리를 응징하고 가난한 백성을 도와 이상적인 사회를 꿈꾸다가 나중에는 이상적인 나라를 세우기 위해서 율도국을 가고 배 타고 떠나가는 그러한 것이 줄거리로 되어 있습니다.

홍길동이 소설 속 존재뿐만 아니라 역사적 실존 인물로서 의적 홍길동 장군으로 밝혀지게 된 데는 1974년 홍길동이 전남 장성군 출신이라고 처음 알린 연세대 국학연구원 설성경(薛盛璟·국문과)교수와 전남 매일신문 정철 사회부장이 우리나라 각지와 오끼나와 등 홍길동의 흔적을 탐사해서 1998년 『실존 인물 홍길동』이라는 책을 출간함으로써 널리 알려지게 됐습니다.

홍길동에 관한 역사적 기록과 행적을 우선 국내에서 이뤄진 것을 보면 다음과 같습니다.

조선왕조실록 연산군 6년인 AD 1500년 의금부에 체포되어 조정에서 그의 처벌을 논의하였다고 그렇게 기록이 되어 있습니다.

그리고 전남 장성군 황룡면 아곡1리 아치곡에 홍길동의 생가터가 있고 그 동네에는 길동 샘과 또 뒷산에는 홍길동의 조부 묘지가 있으며, 또 충남 공주 무성산 정상에는 그런 반란을 일으켰을 때 웅거지인 홍길동 산성이 있습니다.

세종 때 AD 1440년 고려 말부터 쭉 명문 세도가였고 경성 절도사를 지낸 남양 홍(洪)씨 홍상직의 아들로 아차곡에서 태어났는데, 어머니는 시비 춘섬(관기 옥영향)이었습니다. 홍길동의 형인 적장자 홍일동은 1442년 문과에 급제하고 기골이 장대하며 호조참판을 지냈고, AD 1464년 홍주의 선위사로 파견됐다고 세조실록에 나와 있습니다.

「신동국여지승람」을 보면 홍길동 생가 북쪽 이십리 고갯길에 도적떼가 출몰했는데, 중종 15년에 보병수를 보내서 토벌했다고 기록돼 있습니다. 충남 공주시 사곡면 614m 무성산 정상에는 홍길동 산성 웅거지와 탐관오리 토벌을 응징하면서 의금부에 체포되었다고 합니다.

그런데 홍길동이 살았던 1460년부터 1470년 사이에는 국민들의 대규모 농민 저항 운동이 있습니다. 그 대표적인 것이 함경도의 이시애 난이고 그 다음에 장성, 나주, 광주, 영암 이러한 전라남도 지역과 일부 경상도 지역에 걸쳐서 1460년부터 1490년까지 장영기난이라는 것이 있었습니다.

그래서 그런 도적이 출몰하니까 장흥부사 김순신이 장영기를 잡았다고도 하고, 전라 절도사 허종이 붙잡아서 그 공로로 병조판서가 됐다는 기록도 있습니다.

일부에서는 장영기난을 장영기(張永己)가 아니라 홍길동이라고 보는 사람도 있지만, 일반적으로는 홍길동이 장영기의 부대에 들어갔다가 독립되어 나오면서 활빈당 행수로 취임해서 8도의 탐관오리의 재물을 탈취하고 그것으로 가난한 자를 구제하면서 자기의 의적 활동을 계속한 것으로 보입니다. 그래서 점점 세력이 커지자 영산강 유역과 부안 영광 또 바다쪽으로 병풍섬, 고의섬 이런 섬을 무대로 농업과 어업·상업까지도 경영하면서 반 봉건 반정부 투쟁으로서의 농민 저항 활동을 쭉 계속해 왔습니다.

홍길동의 스승은 김천 황악산 직지사의 학조대사였습니다. 그래서 학조대사가 홍길동의 그러한 인물됨을 보고 크게 키우기 위해서 불경과 사서삼경, 손자병법, 육도삼략 이런 것을 모두 가르쳤는데, 1464년 세조 10년에 속리산 복천암에서 왕이 참석한 대법회를 했고, 그 후에 한글 제작에 관여한 신미대사와 함께 불경의 한글 번역에도 관여하신 유명한 스님이 학조대사인데, 이분이 홍길동의 평생 그의 스승이었습니다.

홍길동의 그 후 활동을 보면 그 홍길동의 농민군 부대(활빈당)는 AD 1469년 영광 다경포(법성포)근처 영평곶에서 나주(압해도), 순천, 옥산, 고흥, 거제도 이런 데에 수군 모두 30개 지역에서 부대를 거느린 30여 명 대장을 편입해 가지고 전국 8도로 저항 운동을 넓혀갔습니다.

그럴 뿐 아니라 중앙정부의 조정에 있는 당상관인 엄귀손 등 많은 집권세력과 내통해서 세력을 확장해 가면서 정권을 탈취할 생각을 했던 것으로 보입니다.

한때 나주 목사가 만든 토벌군이 전멸하기도 했는데, 그때는 홍길동이 20여 명의 탐관오리와 지주를 처벌했다고 돼 있습니다. 그 후에 홍길동이 1490년 전북 임실에서 사라졌다가 1500년 연산군 6년 한양 의금부에 나타났습니다. 그런데 그 홍길동이 잡힌 건지 자수한 건지 이것이 좀 애매합니다.

일부에서 보기에는 조선왕조에서 출세한 유자광이라고 있습니다. 남이장군을 모함해서 죽게 하기도 했지만 이시애 난을 평정해서 무령군이 됐고 그런데 그 홍길동의 공주 산성에 이 유자광이 자기 농장에 내려가서 홍길동의 어려운 상황에 접근해서 타협하는 그런 과정을 거친 것으로 보는 사람이 많습니다.

엄귀손 등 정부의 그러한 관리들도 많이 관여가 됐는데 그 당시에 우의정 이극근과 어색겸이 엄귀손을 적극적으로 처벌하라는 것보다는 보호하는 발언을 하고 그래서 곤장 백대에 삼천리로 유배 보내는 것으로 끝났습니다.

반역을 하면 보통 사형을 시키는데 홍길동이 자수하거나 또 잡히거나 그런 것들 이루어지는 과정에서 정부의 일부에서 역할을 한 것 같습니다.

그래서 정부에는 홍길동을 어떻게 처벌할 건지 고심을 했는데, 1500년(연산군 6년) 11월 18일 홍길동 등에게 남해섬으로 유배를 보내기로 했습니다.

그런데 마침 그때에 오끼나와에서 새로운 절인 홍국선사에 봉안할 대장경을 구하기 위해서 유구(옛날에 오끼나와)의 승진왕이 양광 등 통상 사절단 470명을 보내와서 영빈관에 머물고 있었습니다.

그래서 그때 양광 등 통상 사절단과 함께 홍길동 일행이 오끼나와로 보내져서 홍길동이 거기서 다시 삶을 살게 된 것으로 보입니다.

그러면 오끼나와와 우리나라와의 관계를 보면은, 먼저 특수한 것으로 1989년 오끼나와 요나구니 섬에 해저 225m에서 엄청난 규모의 해저 피라미드 군을 발견했습니다. 이것은 약 1만 년 전 고성 문화라고 그러는데 집 구조물과 태양석 이런 것이 있는데, 1만 년 전에는 한국과 유구인 오끼나와와 중국이 하나로 붙어 있어서 황해 대평원이라고 그렇게 했다고 봅니다.

그리고 일본의 구양연구회(오키나와도서관 사서)의 가데나쇼도쿠(嘉手納宗德)씨는 "야에잔에 대한 유래"라는 책에서 16세기에 홍길동 일행이 도래했다는 언급을 하고 있습니다.

그런데 오끼나와(유구)는 본래 백제가 백가제해로 바다에 거의 동아아시아의 해상을 지배했는데, 백제의 후손인 주산 해민이 지배하는 바다로 57개 섬으로 되어 있었습니다. 그러다가 신라 때 이사부 장군이 우산국인 울릉도를 정벌하게 됐습니다. 그게 AD 512년인데, 그때 고구려 계통에 천손족 1천여 명이 느티나무 배를 타고 유구국으로 가가지고 12세기 말까지 25대 왕을 유지하면서 670년간 유지해 오다가 187년에 망했다고 성균관대학교 선우영준 박사가 글을 썼습니다.

그리고 고려 때는 몽골의 침입으로 삼별초난이 있었는데, 강화도에서 피해서 삼별초군이 진도로 갔고 진도로 피했다가 또 몰려서 제주도로 갔고, 제주도에 가도 항몽 유적지가 있는데, 거기서 못 견뎌가지고 유구 왕국으로 이주한 것으로 보여집니다. 그래서 지금 유구 오끼나와의 수도인 수리성에 있는 기와가 삼별초가 있던 진도 용장산성 기와와 아주 똑같다고 합니다. 그러한 이동을 말해 주는 것이지요.

그리고 고려 말에 유구의 중산왕이 사신과 옥리를 보내서 신하를 지칭하며 방물을 바치고, 김윤우 장군이 격려했다는 기록이 있습니다. 오끼나와가 중국이나 일본보다 우리나라를 상국으로 예우했다고 합니다.

그리고 조선조 세조 때부터 성종 때까지 유구국 왕에게 교서도 보내고 또 많은 표류자가 오고 가고 그래서 모두 8차례의 공식 교류가 있었는데, AD 1488년 제주도의 최부(崔溥)가 오끼나와에 표류했다가 중국 절강성 영파에 도착하고 그 후에 우리나라에 돌아와서 『표해록(漂海錄)』이라는 책을 쓰기도 했습니다.

그리고 홍길동과 함께 돌아간 그 오끼나와의 사절단 양광 등이 가져간 대장경과 비석에 글로 써준 문장이 오끼나와 수리성 벤자이 템플에 지금도 남아 있다고 합니다.

그리고 홍길동이 처음에 상륙한 하떼루마지마(파조간도)에는 야예잔의 영웅 홍가왕 탄생지라고 한답니다. 홍길동의 첫 도착지로 추정됩니다. 홍가왕(홍가와라, 홍길동 장군)이 전쟁을 할 때는 홍길동 장군인데, 완전히 지배자가 된 다음에는 홍가왕이라고 그렇게 얘기했습니다. 거기에 기념비로 홍가왕 탄생지라는 그러한 기념비가 있습니다.

오끼나와 국제대학의 엔도쇼지 박사는 구메지마라는 섬은 홍길동 집단이 정착한 가능성이 높다고 봅니다. 홍가왕은 이시가키지마(석원도) 등에서 민중을 규합해서 장군이 되고 왕이 되어서 승진왕에게 저항하고, 홍가왕 난이 되어가지고 미아코지마(궁고도)나 야예잔의 영웅으로 등장합니다. 그랬다가 드디어 1506년 두메지마 전쟁에서 홍길동 장군이 승리를 해가지고 홍가왕으로 수 십년간 지배했다는 역사 기록이 있습니다. 홍길동의 부인은 고을노인데, 조선 볍씨를 오키나와로 가져가 심어서, 그 곳 사람들이 풍요의 여신으로 모신답니다. 오키나와 현 교육위원회는 서기 1953년 이시가키지마 오하마무라 공원에 "자유민권 운동 선구자 홍가와라 추모비를 세웠습니다. 문명 18년 중산왕조 상진왕이 도민들의 "이리키야마리" 축제를 사교라고 종교 탄압하자, 주민들이 격분하여 홍가와라를 앞세우고 저항한 바, 3년간 싸우고, 주민들이 결국 패했습니다.

그리고 홍길동전에는 홍길동이 이제 우리나라를 떠나면서 율도국으로 가가지고 거기에 이상 세계를 세운다고 그러는데 지금 그 오끼나와에는 율도국이 아니라 율국도라는 섬이 있습니다.

한 자만 바뀐 거지요. 그 율국도에서는 해마다 풍년제를 지내는데 우리나라의 천손강림 신화와 비슷합니다.

일본의 신들 중에도 하늘 천(天)자가 붙은 신은 전부 한반도에서 간 신들입니다. 일본에서 태어난 신들은 국신(國神)이라고 그러는데 우리나라에서 간 신들은 전부 천신이라고 그렇게 이야기하는데 율국도에서 지내는 영신제 흔히 맛즈리라고 그러죠. 이라이카나의 신을 영접하는 그러한 맛즈리가 해마다 열린다고 합니다.

그리고 지금은 오끼나와 (유구)가 일본에 소속돼 있지만, 여러 가지 생활 습속이나 이런 걸로 보면 우리와 같은 게 너무나 많습니다. 풍년제를 지낸다든지 줄다리기를 한다든지 기마전, 씨름, 널뛰기 그리고 성황당 굿을 하는 봉산탈춤, 하회, 별신굿, 가면극 이런 것이 있고 또 흔히 우리가 당수도라고 그러는 게 있는데 그게 본래는 한수도입니다. 이게 일본이 우리나라 한(韓)자를 바꿀려고 당수도(唐手道)라고 그랬는데 그래서 일본 말로 가라데라고 합니다.

이 가라데가 어떻게 된 거냐 그러면 우리나라에서 그 치우희라고 아주 옛날부터 내려와서 고구려 때까지 상박이나 수박이라고 그래서 태권도 비슷한 무술이 있었습니다. 그것이 오끼나와데가 되고 그 다음에 일본에 가서 가라데라고 합니다.

그리고 끝으로 홍길동에 태어난 전남 장성군과 오끼나와현은 자매결연을 맺고 있습니다.

제4절 서화담과 황진이의 박연폭포사랑
– 천년 동안 최고 로맨스 –

한밝달 문명의 이념인 하느님 신선도 즉 홍익인간(弘益人間)·광화세계(光化世界)를 지향하는 신명난 인류 최고 우리 역사 제4절 주제는 '서화담과 황진이의 박연폭포 사랑'입니다.

사람은 생명이고 사랑입니다. 그런데 20세기 말인 1999년 KBS가 우리나라 지금부터 과거 천년 사이에 있어서 가장 큰 사건과 가장 멋진 그런 풍류 사랑 로맨스가 뭐냐 이런 것을 전 국민을 상대로 해서 조사를 했는데, 천년 동안 가장 큰 최대 사건은 묘청대사의 서경 천도운동이고, 그 다음 가장 멋진 로맨스는 서화담(徐花潭)과 황진이의 박연폭포 사랑이다. 그렇게 나왔습니다. 그래서 오늘은 서화담과 황진이의 박연폭포사랑 얘기를 잡아봤습니다.

이조시대의 유명한 명기 황진이는 서화담과 황진이와 박연폭포를 개성 송도의 삼절이라고 했습니다. 송도(개성) 송악이라고 그러는데 그 삼절이 서화담 선생과 자기와 박연폭포다.

박연폭포는 개성 옆에 개풍군의 천마산에 있는 20여 미터 높이의 폭포로 아주 절경이라고 얘기를 합니다. 서화담과 황진이를 얘기할 때 서화담은 신선도를 닦은 선인이고, 황진이는 기생으로 알지만, 극작가이고 수선재를 운영한 문화영 선생님이 『나는 영계에 다녀왔다. 선계를 보고 왔다』 이러한 책을 써가지고 황진이는 그 당시 사회의 여인이 사회적으로 나가서 활동할 수 있는 그런 방법이 없기 때문에 신선계에서 와가지고, 많은 사람과 폭넓은 삶을 교류하면서 자기를 닦기 위해서 지상에 왔다가 선계로 간 그런 여인이라고 합니다.

말하자면 사회적인 일을 할 수 있는 게 여성들은 많지 않았으니까요. 그래서 쉽게 말하면 서화담과 황진이는 보통 사랑을 얘기할 때 에로스적인 사랑과 플라토닉 사랑 그렇게 얘기합니다. 몸과 마음이 합쳐져서 이렇게 이루어지는 사랑은 에로스(Eros)적인 사랑이라고 그리고 순수한 정신적인 그런 사랑은 보통 플라토닉 러브(Platonic love)라고 그러죠.

그런데 황진이는 많은 남자를 사귀고 또 그 중에 처음 송도 삼절이라고 했던 지족선사(知足禪師)라는 훌륭한 그러한 깨달은 선사 분이 있는데, 이분은 황진이의 유혹에 넘어갔습니다. 그런데 서화담 선생은 황진이가 모든 방법을 동원해서 유혹해도 넘어가지 않았습니다.

 그러면 황진이 입장에서 슬프고 섭섭할 텐데 그게 아니고 오히려 이렇게 정신적인 지주가 될 만한 위대한 분이 있다는 거, 이거를 알고 감격해 하고 그래서 플라토닉 러브를 이어갔고 나중에 서화담 선생이 돌아가신 후 그 초막을 3년 동안 지킨 아주 정말 멋있는 여성이었습니다.

 그래서 이 두 분이 나눈 그 멋진 풍류를 시조를 통해서 한번 먼저 보기로 하겠습니다.

어져 내일이야 그릴 줄을 모르던가
이시랴 하더면 가랴마는 제구타여
보내고 그리는 정은 나도 몰라 하노라
　　　　　　　　　　- 황진이

마음이 어린 후니 하는 일이 다 어리다
겹겹 쌓인 운산에 어느 님 오리마는
지는 잎 부는 바람에 행여 귄가 하노라
　　　　　　　　　　- 서화담

 화담 서경덕 선생은 새와도 대화를 나누고 발뒤꿈치로 호흡을 하는 조선의 신선도 학자고 유기이론으로서, 환허 또는 태허(太虛)를 바탕으로 해가지고 이 우주는 기로 이루어지고 기로 돌아간다는 유기론자로 아주 유명한 분입니다.

 그 유기론자 유명한 조선조의 세 분을 보면 이 서화담 선생님과 또 한 분은 율곡이이 선생님 또 한 분은 혜강 최한기 선생님

이렇게 세 분이라고 얘기를 합니다.

　황진이는 당시에 미색과 가무가 뛰어나고 시와 풍류에 능한 개성의 명기로서 서화담을 연모하여 여러 차례 유혹했으나 끝내 성공하지 못했다.
　황진이는 30년 수행의 생불로 알려진 지적선사의 적공을 허물어뜨렸지만, 서화담 선생만은 별 수단을 써도 성공하지 못했다고 합니다. 선생님이야말로 참된 신선도인이시다라고 찬탄했다고 합니다. 결정적인 그런 시기를 보면 황진이는 결심을 하고 결정적으로 한번 대시(유혹)해야 되겠다 부딪혀 봐야겠다. 그렇게 작정하고 소사정으로 화담 선생을 찾아갔다. 조졸하고 아늑한 산장이었는데, 황진이는 인사를 드리고 난 다음 학문과 예술에 관해 얘기하고 노래와 춤으로 도전하고 술과 농담으로 응수했다고 합니다. 때로 재롱과 교태도 부렸다. 그 개성명기의 그러한 재롱이나 교태가 어떠했을까는 우리가 짐작할 수가 있죠.
　그러나 서화담 선생은 탈 속의 태도로 늘 의연했다고 합니다. 며칠 반나절 같이 자고 지냈으며 박연폭포에도 가서 정신적인 사랑을 나눴으나, 서화담은 그저 담담한 그냥 그대로였던 겁니다.
　황진이는 마지막 방법으로 시험해 보고자 했다. 황진이는 비오는 날을 택하여 산과들을 헤매면서 비에 흠뻑 젖었습니다. 얇은 옷이 몸에 착 달라붙어 살결이 그냥 내비치고 유방과 둔부의 곡선이 매혹적이었습니다.
　진이는 집으로 돌아와 "선생님 아이고 추워요"하고 어리광을 부렸다. "저런 비를 맞으면서 어디를 쏘다녔어?"하고 서화담은 어버이같이 말했다. 옷을 벗게 하고 그것을 말려주었다. 저녁엔

한 자리에서 잤다.

화담은 곧 코를 골았다. 진이는 이건 야담에 전하는 건데, 거시기를 만져봤는데 기강 여철이었다고 그렇게 전합니다.

진이는 유혹이 실패했지만, 이상하게도 슬프지 않고 오히려 마음 든든하고 흐뭇했다고 합니다.

이 세상에 자기의 정신적 지주가 있다는 것과 패배에서 오는 환멸보다는 위대한 영혼에서 맛본 희열이 컸기 때문이라고 할 수 있겠습니다.

그러면 서화담의 생애와 그의 사상을 보고 황진이의 사상과 풍류를 자세히 보겠습니다.

화담 서경덕은 인간 세계에 내려온 신선으로 뛰어난 기철학자였습니다.

기(氣)는 다르게 말하면 살아있는 에너지다. 서경덕은 조선왕조 성종 20년 음력 2월 17일 송도 화정리에서 강성 서씨인 수의부의 호번을 아버지로 보안한 씨를 어머니로 태어났고, 화담 이전의 호는 복세였습니다. 다시 복(復)에 관심이 많았던 분인데, 화담은 어려서부터 몹시 양순했고 관찰력도 깊었고 유학의 주역 등 사서삼경과 신선도 개통의 천부경, 노자, 장자 등 이런 것을 두루 넓게 통찰했다고 합니다. 그런데 보통은 학문을 조선조 때 열심히 하면 관가로 나가는 게 보통인데 중종 때 조광조 등이 천거과가 있어서 1순위로 서경덕 서화담을 천거했는데, 본인이 거부하고 서화담의 제자인 토함 이지함을 데리고 전국 순례에 나섰다고 합니다.

요새 해가 바뀌면 1년 신수를 보는 토정비결의 저자가 바로 이

지함 선생입니다. 몇 차례 그런 권고가 있었는데 그 후에 어머님의 명령으로 43세에 마지못해 소과시 명원과에 합격하여 승원이 되고 성균관의 입학했으나, 마음에 들지 않고 그래서 그만두고 나와서 그냥 그 교육자의 길을 걸었습니다.

서화담이 56세되었을 때는 대제학인 김한국이 후릉 참봉직으로 추천했으나, 역시 화담은 또 겸사했고 나중에 임금 인종이 좌의정으로 불렀으나 응하지 않았고 서화담은 58세 되던 7월 7일 임종을 맞았다고 합니다. 칠월 칠석이 생각나는군요.

임종 앞두고 제자가 마지막으로 질문을 했습니다. "지금 생각하시는 바가 어떻습니까?"하고 물으니, 화담은 "내가 죽고 사는 이치를 안 지가 이미 오래였다." 그리고 말하고 조용히 타계했습니다.

서화담은 고왕검 단군조선이나 요순시대를 이상향으로 생각하는 정치사상을 가졌고, 또 밥을 하늘로 삼는 백성들 입장에 서는 경제사상을 가졌으며, 백성들이 기와 마음을 닦고 다스려 선인이 되는 데 교육의 목적을 두었습니다.

그의 사상은 모든 일과 만물은 무엇으로 이루어졌는가? 그것을 기라고 말했습니다. 기는 그 근원이 있는 바 ,그 근원을 태허(太虛·우주 생성 이전의 상태)다 이렇게 표현을 했습니다. 태허는 텅 빈 거지만, 빈 게 아니고 거기에는 영각성 같은 것이 있는 거죠. 텅 빈 영각성.

그리고 유교의 교전인 주역을 보면, 주역 계사 상권의 역(易)을 말하는데 "무사야 무위야 적연부동이라가 감이 수통 천하지고"라는 절대적인 진리를 나타내는 표현이 있습니다.

생각도 없고 행위도 없고 적연부동하다. 아주 고요한 자연 그대로 해가지고 움직이지 않는다. 그 부동의 원동자, 우주를 처음에 움직이게 했지만 그 후로는 일체 움직이지 않는 그래서 감이 수통 천하지고라. 그런 느낌이 상응해서 천하와 통한다.

이런 얘기인데 서화담도 이런 생각을 가졌고 주역에 나오는 한 생각은, 중용 제25조에 나오는 '성'이라고 하는 것은 스스로 이루어지는 것이다. 그래서 그런 것을 합쳐서 태허(太虛)라고 그러는데, 그 성(誠)이라는 것은 성실하다는 성(誠)인데, 이것은 이율곡 선생이 많이 중점을 뒀고, 그 다음에 퇴계 선생은 공경 경(敬)자 경을 존중하는 그런 사상을 가지고 있었습니다. 그러한 기는 태극이 있고 태극이 음양의 두 가지 기로 나누어지면서 사상 8괘로 이렇게 전개해 나가면서 이 세상에 만물이 생겨나고 소멸되는 물화가 이뤄진다고 그런 거죠.

그래서 죽고 사는 것과 사람과 신은 단지 기가 모이고 흩어지는 것일 뿐이다. 모이고 흩어짐은 있으나 그렇다고 기가 있고 없음이 있는 것은 아니라고 말했습니다.

그러면 이(理)는 뭐냐?

기가 이르는 자체의 법칙을 이라고 하고 이가 나타나는 것이 바로 기다. 이렇게 말했습니다.

퇴계는 이는 기보다 훨씬 위에 있고 기 없이도 스스로 발동하는 그런 것이라고 이(理)에 중점을 뒀고, 그 다음에 율곡은 이는 기가 작용하는 원리로서 분명한 하나의 실체다, 율곡 선생께서는 이와 기는 서로가 없을 수 없는 것, 이에 근거해서만 기가 나타날 수 있고, 기가 없으면 이가 자신의 위치를 밝혀 보일 수 없는 상호 보완의 관계라고 봤습니다.

북한에서는 서화담의 기철학을 유물론으로 보아가지고 상당히 긍정적인 평가를 내리고 있다고 합니다.

그래서 서화담은 그러한 자기의 철학 사상을 시조로 나타낸 게 있는데 그걸 보면

걷는 발길에 구름 안개 밟히네
신선 공물을 애쓸 것 없이
한가한 마음으로 세월을 보내네
- 서화담

다음에는 개성의 명기 황진이의 생애와 풍류 사랑 이런 것을 살펴보도록 하겠습니다.

자유인 황진이는 아름다운 용모와 글씨와 그림 그리고 시조와 가무에 능한 예인이오 자신을 알아줄 지음을 찾아 방랑했던 풍류의 개성명기로만 알려졌으나, 실제로는 굉장히 풍부하고 다양한 내용과 여성적인 면은 물론 깊지만 또 여장부다운 기풍도 있었다고 그렇게 합니다.

국립국악원은 2004년 6월 18일 국립국악원 예악당 무대에서 한국형 오페라인 정가극 선가자 황진이를 공연했기도 하고, 또 창작과 비평사는 그 해 7월 북한 작가 홍석중 씨가 쓴 소설 『황진이』를 제19회 만해문학상 수상작으로 선정하고 시상식도 가졌다고 합니다.

아까도 얘기했지만 수선제의 문화영 여사는 희곡 작가로 수선재라는 수행 단체를 이끌며 『선계에 가고 싶다』 다큐멘터리 『한국의 선인들』이라는 책을 지었는데, 황진이도 서화담과 같이 신선

계에 있다가 자기의 발전을 위해서 이 세상에 와서 당시 사회에서는 사회적 직업이 다른 게 없어서 그런 기생이 됐고 합니다.

　기생이 된 데는 이웃집에 총각이 있었는데 그 총각이 황진이를 사모했다고 그럽니다. 사모했는데, 수줍어서 그랬는지, 말을 못하고 상사병에 걸려서, 황진이는 모른 채, 이 총각이 죽었다고 그래요. 그래서 그 총각의 상여가 나가는데 황진이네 집 앞을 지나가는데, 그 상여를 끄는 소가 움직이지를 않았다고 그럽니다. 그래서 그 내용을 아는 사람들이 얘기를 해서 황진이의 저고리를 갖다가 덮어주니까, 그때서 상여를 끄는 소가 움직여서 장지로 향했다고 합니다.

　그래서 황진이는 그런 사건으로 인해서 결혼을 안 했다고도 하고 또 혼담이 있었는데, 본래 황진이는 개성 황진사와 기녀 현금 사이에 태어나가지고 사서삼경 등 여러 가지 문예와 풍류 이런 것을 익혔는 바, 기생이 된 거죠. 황진이는 그 시대의 흐름에 따라서 많은 풍류남아를 만났습니다. 서화담, 지족선사 그리고 황진이는 계약 결혼을 했어요.

　명창 이사정과 6년간 계약 결혼했는데, 3년간은 이사정이 생활비를 내고 3년간은 황진이가 생활비를 대고 그렇게 해서 계약 결혼도 했고, 또 소세양 명창 이연방 종친 벽계수 등을 만났는데 "청산리 벽계수야"하는 시조를 짓기도 했죠. 나중에 황진이가 죽고 나서 자기가 죽으면 평소에는 화려하게 살았으니까 대로변에 묻어달라고 해서, 개성 동쪽에 그 대로변에 무덤이 있는데, 거기가 백호 임재가 와서 술잔을 따라 놓고 시조를 읊는게 있죠.

　황진이의 그러한 그 풍류 사랑은 시와 시조로 많이 나와 있는

데, 우선 박연폭포를 두고 한 걸 보면

 한줄기 긴 물결이 골짜기에서 솟아나
 웅덩이 속에 물 백길이 모여드니
 거꾸로 날아드는 샘물이 은하수가 아닌가 싶고
 성난 폭포가 흰 무지개처럼 드리워졌구나
 우박처럼 어지러이 쏟아져 천둥과 같은 소리가 골짜기에 가득하니
 구슬처럼 찢기고 부서져 푸른 하늘 위로 치솟는구나
 나그네여, 여산 좋다 말하지 말게
 모름지기 천마산이 해동의 으뜸일지니

 내 언제 무신(無信)하여 님을 언제 속였 관데
 월침(月沈) 삼경(三更)에 온 뜻이 전혀 없네
 추풍에 지는 잎소리야 낸들 어이 하리오

그 다음에 신선도인으로서 달관의 경지에 도달한 시조로

 청산(靑山)은 내 뜻이오 녹수는 님의 정이
 녹수(綠水) 흘러간들 청산이야 변할 손가
 (청산은 그 자리에 있고 녹수는 계속 흘러가죠)
 녹수도 청산 못 잊어 울어 예어가는가

그 다음에 하나는 아까 나온 벽계수를 유인하면서 또 이렇게 약간 조롱도 하는 그런 시조인데 그걸 보면은

청산리 벽계수(靑山裏 碧溪水)야
수이감을 자랑마라(莫誇易移去)
일도 창해하면 돌아오기 어려우니(一到滄海 不復還)
명월이 만공산하니(明月 滿空山)
쉬어 간들 어떠리…(暫休且去奈何)　　이렇게 돼 있습니다.

그리고 가장 여성답고 아슬아슬하면서도 그 깊은 맛을 주는 가장 여성적인 황진이 시조죠.

동짓달 기나긴 밤을 한 허리를 버혀내여
춘풍(春風) 이불 아래 서리서리 넣었다가
얼온님 오신 날 밤에 굽이굽이 펴리라

이렇게 자연을 가진 황진이는 그렇게 인생을 멋있게 보냈고, 그래서 아까도 얘기했듯이 개성 동쪽 대로변에 묻혔는데, 전에 만났던 호걸들이 많았는데 그 가운데 만났던 백호 임제(林悌)가 황진이의 묘역을 찾아와서 술 한 잔 따라 올리면서 다음과 같은 시조를 남겼습니다.

청초(靑草) 우거진 골에 자는다 누엇는다
홍안(紅顏)을 어디 두고 백골(白骨)만 묻혔느니
잔(盞) 잡아 권(勸)할 리 없으니 그를 슬퍼하노라

제5절 세계적 성웅 이순신 제독

우리 한밝달 문명인 신선도, 홍익인간(弘益人間)·광화세계(光化世界)를 지향하는 신명난 인류 최고 우리 역사 제6장 제5절 주제는 '세계적인 성웅 이순신 제독'입니다.

우리 모두가 잘 아는 바와 같이 이순신 장군은 조선조 선조시대에 임진왜란 정유재란 7년 전쟁에서 나라가 패망할 위기에서 거북선을 만들어서 제해권을 장악함으로 나라를 구하시고 23전 23승 전적을 올려서 해군의 신으로 그렇게 알려진 분입니다.

민족 자주사학자 단재 신채호 선생님은 이순신전에서 영국의 호레시오 넬슨 제독이 트라팔가 해전에서 나폴레옹의 불-스페인 연합 함대를 무찔렀는데, 이순신 제독의 한산대첩을 거둔 것은 그 보다 훨씬 더 뛰어난 영웅이라고 평가했습니다.

그리고 미국을 비롯한 세계 유수한 나라의 해군 사관학교에서는 그런 이순신의 전법을 다 공부를 한다고 그럽니다.

그리고 이순신 제독이 세계적으로 위대하다는 것은 우리 사학자만 그러는 게 아니고, 1904년~1905년에 러일 전쟁이 있었습니다. 러일 전쟁이라고 그러는데 그때 일본이 승리를 했는데, 그게 결정적으로 쓰시마해전(対馬島海戰)에서 일본군이 세계적인 러시아의 발틱함대를 붕괴시킨 겁니다. 그때 일본인 도고 헤이하치로 대장이라고 합니다.

도고 헤이하치로 제독이 그렇게 러시아를 물리치고 일본이 세계에 등장하는 중요한 계기를 마련했는데 기자회견을 하게 됐습니다. 그래서 당신은 일본의 넬슨 제독이다. 그렇게 얘기했습니다. 굉장히 칭찬하려고 그런 거죠. 그랬더니 이 도고 헤이하치로 제독이 뭘 그런 넬슨 제독을 어떻게 나한테 비교할 수 있느냐 이렇게 굉장히 깎아 내렸습니다. 그러면 당신은 일본의 이순신 장군이다. 그러니까 이 사람이 또 화를 냈습니다.

이번에 화를 낸 것은 자기를 깎아서 그런 게 아니고 이순신 제독은 신화 같은 분인데, 나 같은 사람을 어떻게 이순신 제독에 비유하느냐 이런 뜻에서 이렇게 화를 냈다고 그럽니다. 그와 같이 이순신 제독은 세계적인 성웅으로 이렇게 이름이 나 있는 겁니다.

이순신은 1545년 3월 8일 지금 서울 중구 인현동 지역에서 태어났는데, 여러 가지로 문제가 많이 생겼던 것은 할아버지가 조광조와 같이 기묘사화(己卯士禍)를 당하여 역적으로 몰려 처형을 당한 겁니다. 그것이 두고두고 문제가 됐었습니다.

이순신 장군의 아버지는 덕수 이씨 이정(李貞)이고 어머니는 초계 변씨였습니다. 1545년 3월 8일에 태어났는데, 처음에는 이순신 장군은 문과를 보려고 그러는데 자꾸 떨어지는 거예요. 그리고 알게 모르게 할아버지가 역적으로 몰려서 처형 당했기 때문에 참 문제가 많았습니다. 그래가지고 이순신 장군은 전쟁놀이도 하고 그러면서 결국은 아버지가 견디다 못해서 이순신의 외가 충남 아산으로 가서 거기서 많은 세월을 보냈습니다. 그랬다가 아주 늦게 1576년 2월에 무과에 급제를 한 겁니다.

아주 늦게 됐죠. 무과에 급제를 늦게 했을 뿐 아니라 그 후에도 많은 어려운 지경을 당했습니다. 여기저기 왔다 갔다 하면서 지위도 안 높아지고 그러는데, 그것은 할아버지가 기묘사화 때 역적으로 돌아가신 그 영향으로 인한 것인데, 그것은 또 하나 인간의 내적인 성장을 가져오기 위해서 내성외왕, 유교에서 말하는 안으로는 성인이 되고 밖으로는 왕처럼 되는 이상에 맞는 훌륭한 인격을 가지게 된 것으로 보입니다.

처음에 백두산 동구비보에 부임했다가 그 다음에 1579년에는 충청도 절도사 군관으로, 그 다음에 절도사 전라도 발포진의 수군 만호로, 또 그 다음에는 함경북도 경원의 경원보 군관으로, 그 다음에 여진족과 전쟁이 벌어질 때는 훈련원 참군으로 원균 장군 밑에서 그렇게 지내게 됐습니다.

그때 원균은 부령 부사를 했고 선조실록에는 원균이 매우 정성스럽고 죽음을 두려워하지 않는 그런 장군이다. 1588년 이순신 장군은 원균 장군과 함께 여진군을 격파하고 종성 부사를 지냈습니다.

그 다음에 1589년 전라 순찰사 이강의 군관이 됐고, 그 다음에 정읍 현감, 그 다음에 강계 만포진 병마 참절제사, 그 다음에 1591년 진도 군수로 갔다가 부임하기도 전에 전라 좌수사 수군절도사가 됐습니다. 그것이 임진왜란이 일어나기 1년 전인데, 그때 이순신 장군은 이율곡선생 영향인지 선견지명이 있으셨던지 태종실록에 기록이 있는 거북선을 제조하고 그러한 모든 침략에 대비하시기 시작을 했습니다.

임진왜란이 날 때까지의 과정을 보면, 이성계가 조선조를 세우고 그러면서 초기에 사화와 당쟁이 있었고 세종 때는 이종무를 시켜서 대마도를 정벌하고 외교를 위해서 삼포를 개항하고 유화책을 썼는데, 삼포왜란이 또 일어났습니다. 그래서 그 후에 비변사를 세워서 국방을 튼튼히 하고 또 율곡 이이 선생은 앞으로의 전쟁을 위해서 10만 양병론을 주장했지만 그것을 정부에서 채택하지 않았습니다.

그 당시 일본은 100년 동안의 전국으로 굉장히 혼란이 많았었는데, "대망"에 나오는 것처럼 "오다 노브나가"라는 뛰어난 장수가 나와서 천하 통일에 나섰고 그러다가 그 부하의 배신으로 절에서 불타 죽으니까, 그 틈을 이용해서 원숭이를 닮은 풍신수길이 천하의 대권을 잡은 겁니다. 그래서 명나라를 정벌할 테니까 길을 비켜주고 수교를 하자, 우리나라에 통보를 했는데, 우리나라에서 그것을 거부하게 됐죠. 물론 그전에 일본으로 황윤길과 김성원을 보내서 일본을 탐색하게 했는데 그 정사와 부사의 의견이 다 갈렸던 거지요.

그래서 1592년 4월 13일 소서행장(고니시 유끼나가)와 가등청정(가토 기요마사)이 조선에 상륙해서 쳐들어오면서 우리나라 보고 명나라 가는 길을 비켜라 라고 하는데 우리나라는 싸우다 죽을 지언정 그런 가짜로 길을 내어 주지 않겠다고 합니다. 그래서 한성에서 신립장군을 내보냈는데, 탄금대에서 대패를 했습니다. 한성 선조 임금을 비롯하여 많은 사람들은 북쪽으로 도망가서 개성, 평양을 거쳐서 신의주까지 가고 2개월 동안 파죽지세로 공격을 당했습니다.

그러다가 4월 하순경에 이순신 장군이 거북선을 만들고 옥포해전, 사천·당포·당항포 해전 이런 전쟁을 하면서 7월 8일 한산도 대첩이라는 세계 역사상 큰 해전을 겪으면서 제해권을 장악했죠.

그때 서울에 쳐들어온 일본의 장군 소서행장은 남대문 쪽으로 올라갔고 가등청정은 동대문 쪽으로 올라갔습니다.

이에 앞서 가등청정의 선봉장인 왜군 사무라이 사야가(22살)는 평소 예의의 나라 조선을 흠모하여 임진년 상륙하자 부하 3천명을 이끌고 경상병마절도사 박진에게 항복 귀화했고, 조총기술등을 조선에 전했다. 이에 선조는 김충선(金忠善)이란 성명을 하사했다.

그런데 이것은 별개의 얘기지만, 일제가 우리나라를 합방한 후에 남대문을 조선 보물 1호로 정하고 동대문을 조선 보물 2호로 정했습니다. 그것은 소서행장이 우리나라 서울을 침략한 것을 기념한 건데 그러면 해방 후에는 그것을 바꾸거나 그래야 되는데 그걸 안 바꿔가지고 남대문은 국보 1호로 동대문은 보물 1호로 했습니다. 그런데 남대문이 몇 해 전에 탔어요. 그러면 그 의미가 더욱 없어서 국보 1호를 바꿔야 합니다.

그런데 우리나라의 통치를 하는 사람들은 제정신이 있는지 없는지 시대가 가는 일도 모르고 국보 1호를 그대로 남대문으로 유지하고 있습니다.

우리나라 국보 1호를 하려면, 단군조선 때 천하의 태평을 비는 강화도 마니산 참성단이나 또는 한글이나 또는 국보적 사료 가치가 있는 『환단고기』나, 불국사 · 석굴암이나 광개토대왕릉비나 이런 것을 국보 1호나 이런 보물로 정해야지 남대문은 전혀 맞지 않다. 이렇게 말할 수가 있습니다. 그리고 이순신 장군이 제해권을 장악하고 그러면서 전국에서는 의병이 많이 일어났습니다.

홍의 대장 곽재우를 비롯해서 고경명, 조천, 홍개남 또 호국 승군으로서 서산 휴정 대사 또 유정 사명대사, 처영대사, 영규대사 이런 분들이 승군을 만들어서 국가수호에 나서서 호국불교를 했습니다.

그 다음에 또 하나는 명나라의 지원군인데 명나라 지원군은 1

차 평양에 와가지고 소서 행장과 싸웠는데 패했습니다. 그래서 명나라 2차 지원은 이여송 장군이 지휘했는데, 1593년 1월에 우리나라 군인과 명군이 합쳐서 평양을 탈환했고, 이어서 쫓겨가는 왜구를 행주산성에서 권율 도원수가 무찌르고 그랬습니다.

그러는 가운데 소서행장과 명나라 심유경이 휴전을 하고 그랬는데, 이 두 사람이 좀 속임수가 많은 사람들이에요.

그래서 조선의 4도를 일본에 할양하고 그 다음에 왕자를 인질로 보낸다. 이런 걸 가지고 화전 조건으로 했는데 실제 일본에 정해진 조건은 명나라가 풍신수길의 대권을 인정한다. 이런 거고 조선을 할양한다는 그런 내용이 없으니까 풍신수길(豊臣秀吉, 도요토미 히데요시)이 다시 쳐들어오게 되어서 정유재란이 일어났죠.

그때 이순신 장군은 모함을 받아서 민주주의 시대 같으면, 이순신 장군은 대통령이 됐을 사람인데 왕제하에서는 반역의 그런 누명을 쓰기도 하고 그랬지만 너무나 큰 공을 세웠는데, 이와 같은 모함을 받아서 백의종군을 하게 되었습니다.

그런데 명나라군과 원균이 직산 소사평에서 반격을 하고 그 다음에 재기용한 이순신 제독이 명량대첩을 올렸습니다.

그리고 이순신 장군은 노량해전에서 크게 이겼는데, 이순신 장군은 화살을 맞았다고 합니다. 그런데 지금 전쟁이 급하니[戰方急], 부디 내 죽음을 말하지 말라[慎勿言我死]. 이렇게 했다고 그럽니다.

그리고 그 전후에는 사명당 유정대사가 외교적인 노력을 해서 일본에 붙잡혀간 포로들을 데리고 오고 동북아 정세도 바뀌고 또 청 나라도 등장하고, 또 전쟁을 통해서 도자기 기술 이런 거를 일본이 많이 배워가고 그러면서, 유럽에까지 알려지고, 우리나라는 비변사를 강화하고 거북선을 또 많이 만들고 화차도 발명하고, 학문적으로 우리나라는 성리학을 강화하면서 다산이나 혜강 최한기 같은 기학 · 실학이 많이 발전됐죠. 북쪽에서는 여진족 김누루하치로서 신라 경순왕의 아들 마의태자 김함보의 후손이기 때문에 금나라 후금인 청나라의 왕손은 우리 민족 계열이라고 말할 수 있습니다.

그리고 왜란이 끝나고 권율 도원수와 이순신제독, 원균 장군 이런 분은 전부 선무일등 공신을 받은 거죠. 원균 장군도 수많은 전공을 세웠고 그러다가 나중에 거제도 해전에서 장렬하게 전사를 했습니다.

그래서 지금 충무공은 충남 아산 현충사에 모셔져 있는데요. 그 한 가지는 이순신 장군이 그 전장에서 죽은 게 아니다. 그런 얘기를 서울대학교 남천우 교수와 이종호 박사가 주장을 했습니다.

그래서 일본이 다시 쳐들어올 수도 있고 또 그렇게 이순신 장군처럼 큰 공을 세운 사람은 또 여러 가지로 문제가 있을 수 있기 때문에 그때 돌아가신 게 아니다 라는 그런 얘기가 있습니다.

그래서 11월 19일날 고금도를 거쳐서 12월 10일 날 아산 12월 4일 날 우의정을 중직하고 2월 11일 이순신 장군의 국장을 형식적으로 치뤘는데 그로부터 16년 후에 600m 떨어진 곳으로 이장을 했다고 그럽니다.

그런데 실제 이순신 장군이 돌아가신 것은 그 해전에서 돌아가신 게 아니고 16년 후다 이렇게 얘기를 하기도 합니다.

그것은 많이 더 연구를 해봐야 되는데 또 하나는 그러한 이순신 장군과 원균 장군의 관계입니다.

사람에게는 누구에나 잘 잘못이 있고 또 객관적으로 보더라도 이순신 장군은 그렇게 세계적인 성웅이라고 그럴 정도 뛰어나지만 원균 장군은 그분만은 못하지만, 나라를 위해서 목숨을 바쳐서 수많은 전쟁에서 이겼고 이순신 장군의 상관이었고, 또 선무일등 공신을 했기 때문에 너무 원균 장군을 폄훼하는 것은 아니라고 생각합니다.

그래서 현재에 와서 이순신 장군의 후손인 덕수 이 씨와 원균 장군의 원주 원씨 사이에 후손들의 화해가 좋지 않을까 그렇게 생각이 됩니다.

개인적인 차이는 있더라도 또 사람이 살다 보면은 여러 가지 대립 갈등 같은 것이 있을 수 있으니까. 그래서 우리가 넓은 마음으로 이해해서 결국은 두 가문이 화해해서 민족 대화합의 길로 가가지고 이순신 장군의 그런 세계적인 성웅의 모습과 왜군과 싸우다가 돌아가신 원균장군의 모습을 우리가 존중하고 받아들이는 태도가 아닐까 그렇게 생각합니다.

제6절 의암 주논개 열사와 이순신 백의종군

밝은 해인 청천백일의 광명으로 우리 민족이 창조한 인류 시원 문명 한밝달 문명이자 신선도인 홍익인간 · 광화세계로 신명 개벽하는 신명난 우리 역사 제6장 6절은 '의암 주논개열사와 이순신장군의 백의종군'입니다. 『밝해문명사』와 관련이 있습니다.

여기서 홍익인간(弘益人間)은 인간의 이상형으로 깨달음을 얻어 사람을 널리 크게 돕는 사람을 말하고, 광화세계(光化世界)는 세계의 이상형으로 광명이 꽉 차서 어두운 곳이 없는 사회 완성을 의미합니다. 하느님의 홍익광화(弘益光化)입니다.

우리가 역사 공부를 하는 데 있어서 우선 "역사를 잊은 민족은 미래가 없다"고 단재 신채호 선생은 말씀하셨습니다. 자주정신을 가지고 자기나라 역사를 깊이 똑바로 알 필요가 있다. 이런 얘기가 되겠습니다.

그런데 역사적 진실을 찾아가려고 그러면 어떤 것은 시간이 너무 오래 지나 제1차 사료가 없기도 하고, 어떤 경우 추정하면 나중에 자료가 나와서 틀리기도 하고 또 역사는 승자의 역사라고 그래가지고 승자에 의해서 조작·왜곡되는 것을 비롯해가지고 사람들에게는 그런 진실과 허위의 양면이 있어서 성경이나 불경이나 사서삼경이나 이런 경전에도 그런 왜곡된 부분이 발견되기도 합니다. 역사를 공부하면서 많이 겸손해야 하고 또 나에게 어떤 흠이 없는지 자신도 보살피게 됩니다.

주제인 '주논개 열사와 이순신 장군'은 모두 임진왜란과 관계가 있는데, 임진왜란 때 쳐들어온 가등청정(加藤淸正)'가토 기요마사'와 관계가 있는 겁니다.

의암 주논개 열사는 가등청정군이 진주성을 싸고 두 번째 싸웠을 때, 일본군이 승리하고 최경회 장군도 순국한 바 그러한 축하연에 진주 시민을 지키고 진실을 지키기 위해서였던 경상북도 병마절도사 최경회(崔慶會) 장군의 부인이 주논개 열사였는데, 진주 남강 의암에서 가등청정(加藤淸正)의 선봉장 게야무라 로꾸스께를 안고 순절(殉節)을 하셨죠.

그래서 시인·묵객들이 주논개 열사의 충절과 정절에 관한 마음 이런 것을 기렸는데, 그 축하연에 들어가기 위해서 방편으로 기생들 무리에 몰래 들어가서 작전을 하게 됐는데 그것이 잘못 알려져서, 광해군 9년 편찬된 「동국신속삼강행실도」에 주논개 열사가 관기(官妓)로 잘못 알려졌습니다.

그래서 유몽인(柳夢寅)의 『어우야담(於于野談)』에 관기로 기록되고 그 후에도 3~400년이 지난 후에도 진주에 사당을 짓는데 의기사(義妓祠, 의로운 기생의 사당)이다. 이렇게 잘못돼 왔는데, 현대에 오면서 과거에는 진주 시민을 중심으로 제향을 지내고 했는데, 3~400년이 지나서야 정부에서 관심이 있어가지고 바로잡히게 되었습니다.

그런 잘못이 있기 때문에 이것을 바로잡는 데 주안점이 하나 있고, 또 하나는 이순신 장군의 백의종군은 그 정확한 사정이 어떠한 것이고, 백의종군을 하던 이순신 장군이 해전에서 원균 장군이 죽고 폐전하고 배, 판복선 12척으로 그 10배에 해당하는 120척의 배를 찌르고 이기는 명량대첩을 해서 나라를 구한 그 애기의 진실을 알아보고자 하는 겁니다.

의암(義巖)은 호이고, 주논개(朱論介)가 정식 이름입니다. 주씨는 신안 주(朱)씨인데, 이 주논개 열사는 1574년 조선 전라도 장수현 임내면 대곡리 주촌마을에서 훈장이자 진사(進士)인 주달문(朱達文)씨를 아버지로 하고, 밀양 박(朴)씨를 어머니로 해서 반가(班家, 양반의 집안)의 딸로 태어났는데, 그 여섯 살 때 아버지가 돌아가시게 되고 그 숙부인 주달무 씨집에 모녀가 의탁하게 됐습니다.

그런데 그 숙부가 도박에 빠져가지고 논개 양을 부잣집인 김풍헌 씨의 민며느리로 쌀 50석을 받고 보내게 됐습니다. 그런데 그 아들이 몸이 성치 않았던 것 같아요. 그래서 모녀가 도망을 갔습니다. 그러니까 김풍헌 씨가 당국에 고발을 해가지고 장수 현감의 치죄를 받게 됩니다.

그래서 그 전후 사정을 알게 된 현감이 해주 최(崔)씨 최경회(崔慶會) 장군입니다. 이 분뿐만 아니라 이분의 삼형제가 모두 의병청에 대표를 하는 등 그런 의기가 아주 강한 집안인데, 그래서 무죄를 선고받은 모녀가 갈 데가 없다고 했습니다. 그러니까 자기 관아의 내아에서 부인하고 의논해가지고 일을 하게 됐습니다. 먹고 살게 해 준 거죠. 그 부인이 김 씨였는데 김 씨가 주 논개에게 여러 가지 충효정절 이런 거를 비롯해서 교육을 많이 시켰다고 합니다.

그리고 이 최경회(崔慶會) 현감이 영암군수도 하고 또 담양부사도 하고 그는데, 그 담양부사하고 그럴 때도 논개가 최경회(崔慶會) 장군을 따라가서 수발을 들고 그랬답니다. 그 부인이 돌아가시자 그 부인의 유언에 따라서 논개가 그분의 후처가 되었습니다. 그래서 주논개 열사는 최경회(崔慶會) 장군의 후처였던 거지요. 1590년 17세의 나이로 담양부사 최경회의 후처가 되었습니다.

그 다음 2년 후에 최경회 장군이 의병을 일으켜서 의병 장수 노릇을 하고 그것도 주논개 열사가 뒷바라지 하고 1593년 최경회 장군이 경상도 병마절도사가 되었습니다.

그래서 진주에 가서 머물게 됐는데, 가등청정군과 1차 전투가 끝났고 또 2차 전투에 들어가게 되었습니다. 그런데 우리 조선군이 싸워서 저항하고 그랬는데 결국 패배했습니다. 그래서 최경회 장군이 진주 남강에 빠져서 순국을 하였습니다.

그 당시 스무살이었던 주논개 열사는 나라를 생각하고 충절이었죠. 또 하나는 남편에 대한 복수 이런 것도 하는 그런 정절로 어떻게 할까 하다가, 왜인들의 승전 축하연에 기생들의 무리에 섞여 있다가, 한참 분위기가 오르는 참에 가등청정의 선봉장인 게야무라 로꾸스께(毛谷村六助)라는 장군을 유인해서 진주 남강 촉석루 앞에 의암(義巖)으로 간 겁니다. 그 바위가 의(義)로운 암(巖)이어서 의암이라고 그랬고, 그게 주논개 열사의 그러한 호가 되었습니다. 그리로 가서 꼭 껴안은 겁니다. 안기는 체 하면서.. 그런데 그때 이미 손가락에 10개의 반지를 끼고 꼭 왜장을 껴안고 있어서 남강으로 함께 떨어지니까 둘이 다 죽게 된 거죠. 왜장도 죽고 주논개 열사도 죽게 된 일이 있게 된 것이죠.

그런데 그 후에는 이것이 잘 알려지지 않아서 진주 시민들이 때가 되면 그냥 제례를 지내고 그랬습니다. 그러다가 18세기 이조 경종 때 경상 부병사 최진환 비변사 대표가 진주 시민들의 의논을 거치고 건의에 따라서 주논개 열사를 기리고 정부에서 포상을 하고 그랬죠. 그리고 여러 가지 사정이 있었지만 현재는 사단법인 의암 주논개 정신 선양회가 있고, 그리고 남편인 해주 최(崔)씨 또 주논개의 신안 주(朱)씨 종친회 이런 데를 중심으로 해 가지고 여러 가지 선양사업을 많이 하고 있습니다.

이 최경회 장군과 주논개 열사의 묘는 해주 최씨의 경남 함양 묘역에 합봉한 묘가 되어 있습니다.

그리고 그러한 의암 주논개 열사의 정신을 기리는 일은 장수에는 의암사라는 사당이 있고, 논개 길도 있고, 논개의 생가지의 기념관 또 그 기념관 앞에는 주논개 동상이 있고, 그 다음에 의암 공원도 있고, 또 의암을 상징하는 그 당시 의암성이있습니다.

그래서 매년 음력 9월 3일이면은 장수군과 신안 주씨 그 다음에 해주 최씨 종문들을 비롯해서 애국시민들이 모여서 제례를 봉행합니다.

그런데 묘한 것 중의 하나는 일본 장수의 고향에 묘가 있는데, 그 히꼬산(英彦山)이라는 곳에 있는데, 거기에 게야무라 로꾸스께(毛谷村六助)의 묘와 함께 주논개 열사의 묘도 같이 있고 또 제(祭)도 함께 지낸다고 그럽니다.

그것 때문에 하여튼 한국과 일본 사이의 관계자들의 갈등이 많이 빚어졌는데. 게야무라 로꾸스께(毛谷村六助)를 좋게 생각하고 또 주논개 열사를 좋게 생각하는 낭만적인 어떤 일인이 있어서 그런 일이 벌어졌다고 그러니까 역사의 아이러니라고 할 수가 있습니다.

최경회 장군의 후처였던 의암 주논개 열사의 그런 것에 관해서는 책이나 글에도 많이 나와 있는데, 가장 대표적인 것이 변영로 시인이 주논개 열사를 기리는 '논개'라는 제목의 그 시가 있습니다. 한번 보면, 이렇게 되어 있습니다.

거룩한 분노는
종교보다도 깊고
불붓는 정열(情熱)은
사랑보다도 강하다.
아, 강낭콩 꽃보다도 더 푸른
그 물결 위에

양귀비 꽃보다도 더 붉은
그 마음 흘러라

아리땁든 그 아미(蛾眉)
놉게 흔들리우며
그 석류(石榴) 속가튼 입술!
죽음을 입맞추엇네!
아, 강낭콩 꽃보다도 더 푸른
그 물결 위에
양귀비 꽃보다도 더 붉은
그 마음 흘러라

흐르는 강(江)물은
기리기리 푸르리니
그대의 꽃다운 혼
어이 아니 붉으랴
아, 강낭콩 꽃보다도 더 푸른
그 물결 위에
양귀비 꽃보다도 더 붉은
그 마음 흘러라

 다음은 이순신 장군의 백의종군(白衣從軍)인데, 임진왜란 이후 정유재란 때 일인데, 이순신 장군은 평생에 백의종군을 두 번 하였습니다.
 한 번은 1588년 함경도 북쪽 러시아 쪽에 녹둔도(鹿屯島)라고 있는, 거기에 근무할 때 여진족을 토벌하게 됐는데, 그때에도 4개월간 백의종군을 하게 된 것이고, 또 한번은 1597년 1월 28일 정유재란이 발생했을 때 이순신 장군이 적을 놓아주어 나라를 배신한 죄로 그렇게 정부에 잡혀가게 됐습니다.

이것은 선조실록 1597년 2월 1일자에 기록이 되어 있는데, 목포 해양대 고강섭 교수는 사실은 이순신 장군이 제대로 연락을 받지도 않고 그런 것이지 그런 죄를 진 것이 아니다. 이런 반론을 내는 논문도 있습니다.

어쨌거나 삼도수군 통제사고 세계 제1의 제독이었던 이순신 장군을 함거에 넣어가지고 한양으로 압송을 했습니다. 그래서 감옥에 들어가고 고문을 받고 그랬습니다.

그런데 황신을 통해서 이순신에게 전해진 내용은 가등청정군이 부산포에 오는데 어떤 식으로 올 거다 이런 첩보를 전해줬다고 그러는데, 이순신(李舜臣) 장군이 생각하기에는 그 당시에 조선과 일본을 왔다 갔다 하는 요시다라는 이중 간첩이 있었기 때문에 그 장난으로 인해서 부산포에 거대한 군병을 동원하면 몰살당할 염려가 있어서 그 명령을 안 따르게 된 것이다라고 했습니다.

1597년 2월 26일 이순신(李舜臣) 장군은 한산도에서 한양으로 압송되어 선조가 나와 있는 그런 자리에서 친국을 당하게 된 거죠. 그런데 그 선조도 이순신을 죽이려는 마음이 많았고, 이순신을 쭉 천거하고 지지해줬던 유성룡 선생도 말이 없었다고 합니다.

그런데 국문이 진행될 때 190명의 관료가 있는데, 하루가 지날 동안 이순신을 살려야 된다는 얘기는 없고 대부분 죽이는 것이 마땅하다 그랬습니다.

그런데 그때 그 도체찰사, 그러니까 전시에는 전군을 지휘하는 통솔군사령관은 임금도 어떻게 못하는 건데, 그때 유명한 청백리, 오리(梧里) 이원익(李元翼) 대감이 청렴한 재상으로 유명하죠. 그분이 도체찰사(都體察使)를 맡고 있었습니다.

이틀째 그러한 국문이 열리는데, 그때도 많은 사람들이 이순신을 반역자니까 죽여야 된다고 했습니다.

그런데 이때 두 분의 의인이 있어서 이순신 장군이 살아나게 됩니다.

선조도 왜 결론을 안 내느냐고 오리 이원익 대감에게 얘기하니까.

"제가 아직 이런 훌륭한 장수를 지금 나라가 위기인데, 그렇게 참하라는 그런 결론을 내릴 수가 없습니다."

그런데 그때 우의정 정탁(鄭琢)이라는 그런 재상이 있었습니다. 그 재상이 자기의 〈생명을 걸고 하는 상소문〉신구차(伸救箚)를 냈습니다. 1298글자의 신구차(伸救箚) 상소문 문장이 아주 잘 돼 있어요.

선조에 대해서 여러 가지 국난 극복한 것을 칭찬을 많이 하고, 이순신 장군이 비록 그 명령을 받고 했다고 하나, 여러 가지 사정이 있는 건 우리가 다 알 수 없는 일이고 그러니까 이분을 살려서, 백의종군 시키고 나라의 훌륭한 동량으로 써야 된다. 이런 얘기를 했습니다.

그래서 오리 이원익 대감이 선조에게 물어서 죄를 더 이상 묻지 않고 백의종군(白衣從軍) 시키라는 그러한 뜻을 받아냈습니다. 이원익은 임진왜란 당시 장수들 중 이순신의 활약을 높이 평가했는데, 이순신의 벗인 서애 유성룡마저 비판할 때에도 그는 "경상도의 많은 장수들 중에서 이순신이 가장 뛰어나다"라며 유일하게 이순신을 지지하였다. 후일 그의 서녀를 통해 이순신과도 사돈간이 됩니다.

그래서 이순신 제독은 4월 1일 풀려나가지고 경상도 합천에 있는, 행주대첩으로 유명한 권율 도원수 밑에 가서 군사자문역할을 하는 하얀 옷을 입고 평범한 군인으로 근무하라는 백의종군의 명을 받고 가는 도중에 4월 13일에 어머니의 부음을 들었습니다.

불행한 일이 겹쳤던 거지요. 그렇게 해서 많이 우시게 됐고, 1597년 8월 3일 다시 일본이 쳐들어와서 싸우는데, 7월 16일 칠천량 전투에서 원균 장군이 대패해서 돌아가시고, 그리고 열 두 척의 판옥선만 남아 있었습니다.

그래서 이순신 장군은 "아직도 저에게는 12척의 배가 있습니다." 역사적으로 유명한 얘기죠. 제가 최선을 다해서 싸워보겠습니다.

그렇게 해서 9월 16일 12척의 배로 일본의 120척이 넘는 배와 장수들을 다 싸워서 이쪽은 120명 저쪽에는 1천2~300명 되는 병력과 싸워서 세계 해전사상 유명한 명량해전 대첩으로 그 왜군이 전라도 쪽으로 못 가게 하고 승기를 잡은 거죠.

왜군이 전라도 쪽으로 못 가게 하는 데는 이 주논개 열사의 그러한 의거도 상당히 영향을 미쳤고, 이순신 장군의 이러한 명량해전은 물론 더 말할 수 없이 큰 영향을 미쳤습니다. 약무호남시무국가(若無湖南是無國家) 즉, 호남이 없으면, 국가가 없다 라는 말이 생겨났습니다. 현재 전남 여수시 오동도 입구에는 이 글을 새긴 석비와 거북선, 판옥선 조각이 있습니다.

제7절 춘향전의 이몽룡은 역사적 실존인물

 신명난 인류 최고 우리 역사 제7절로 '춘향전의 이몽룡은 역사적 실존 인물'이다. 이런 얘기를 갖고 하겠습니다. 우리 국민 정서에 녹아 우리 고전 소설은 춘향전, 심청전, 홍길동전, 흥부전, 오성과 한음전 등이 있고 또 외국 소설로는 중국의 삼국지연의, 수호지, 일본의 대망 등이 국민들이 많이 알고 있는 것으로 되어 있습니다.
 여러분도 아시다시피 춘향전은 대표적인 연애 소설로서, 주인공은 이몽룡이고 또 하나는 성춘향입니다. 아직은 작자가 밝혀지지 않아서 작자 미상이고 열녀 춘향은 유교 숭상의 조선조에서 열녀로서 또 아내가 걸어야 할 바른 길을 간 거울로서 국민들에게 좋은 영향을 끼쳐서 우리들의 생활 속속이 들어와 있습니다.
 춘향전은 여러분들이 다 잘 아시다시피, 남원의 부사로 부임한 아버지 부용당 성안의(成安義)를 따라 남원으로 간 아들 본명이 성이성인 이몽룡이 단오날 방자를 데리고 광한루에 갔다가 향단이를 데리고 나온 처녀 춘향이가 그네 타는 것을 보고 거기에 끌려서 여러 가지 수작을 하며 연인관계를 맺고, 서로 사랑하는 연애 소설이다 라고 말할 수 있습니다.

 그런데 이몽룡이가 나중에 아버지가 임기가 끝나서 서울로 가면서 춘향은 남원에 남겨지고, 그 남원 고을의 사또인 변학도가 수청을 들라고 하고 또 그 수청을 거부하여 감옥살이를 하게 됩니다. 그리고 이몽룡은 서울에 올라가서 공부를 열심히 해서 과거에 급제하고 암행어사가 되어서 남원으로 내려옵니다. 그런데 일부러 허술한 행색을 해서 춘향 어머니 월매도 만나고 향단이도 만나고 또 감옥으로 가서 춘향에게도 아주 허름한 모습을 보이고 그럽니다.

그때 이몽룡은 자기가 어사가 됐다는 말은 안 하고 그냥 실패하고 별 볼 일 없는 사람으로 그렇게 보이니까, 춘향이가 향단에게 "서방님 잘 모셔라. 어머니한테도 얘기해서 잘 모셔라." 그러지요. 그리고 그 다음 날 그 남원고을 변사또가 인근 사또들을 모아 가지고 큰 잔치를 벌이고 거기서 춘향을 처벌하려고 그러는 거죠.

그때 허름한 행색의 한 사람이 그 이몽룡인데, 그 잔치에 와가지고, 빌붙는 것 모양해서 술도 얻어 마시고 또 얘기도 하고 그럽니다. 다른 사람들은 아주 우습게 보지요.

그때 이몽룡이가 멋진 시를 한 수 읊습니다.

"금준미주(金樽美酒)는 천인혈(千人血)이요, 옥반가효(玉盤佳肴)는 만성고(萬姓膏)라.
촉루락시(燭淚落時)는 민루락(民淚落)이요, 가성고처(歌聲高處)는 원성고(怨聲高)라"

이렇게 읊습니다.

그게 무슨 얘기냐 하면은 "금동이의 술은 천 사람 백성의 피요, 옥쟁반의 좋은 안주는 만 백성의 고름이라, 촛불 눈물 떨어질 때 백성들 눈물 떨어지고, 노래 소리 높은 곳에 백성의 원한이 높았어라" 이런 의미입니다.

그걸 듣고서 거기 모였던 그 고을 사또 중에 어떤 사람은 눈치 채고 가는 사람도 있고, 많은 사람들은 전혀 눈치 채지 못하고 지나갑니다. 그랬다가 이제 나갔다가 다시 이몽룡이 와서 "암행어서 출두야~!!" 그래가지고 거기가 난장판이 되고 변사또도 잡히게 됐죠.

그때 춘향이를 불러서 춘향이가 나왔는데, 짐짓 이몽룡이 "사또의 수청은 거부했지만 내 수청은 들겠지. 그러면 다 용서해 주겠다."

그러니까 그 춘향이가 정말 이게 너무 어처구니가 없으니까 "별일 다 보겠다."고 합니다. 그때 이몽룡이 얼굴을 들어 나를 보라! 고 해서, 출두한 암행어사가 이몽룡인 줄 알고 그것이 여러 가지 이야기로 이어지고 백년해로 해피엔딩으로 끝나는데, 그 다음에 소설 전체로는 춘향이 이몽룡과 함께 서울로 올라가서 제일 부인이 되고 아들 딸 잘 낳고 오래오래 행복하게 살았다. 그렇게 되어 있습니다.

그런데 우리들은 많은 경우 이몽룡이가 단지 소설상의 픽션 인물이라고 알고 있는데, 그것이 현대에 와서 확실하게 역사적 실존 인물로 밝혀졌습니다.

그 이름이 성이성(成以性)입니다. 그러니까 성춘향이라는 쪽으로 성을 바꿔서 준 것 같아요. 옛날에 유교 집안에서 그 양반 자제가 기생 집안과 사랑을 논했다간 큰일 날 시대였으니 사랑 놀음으로 이렇게 되는 것을 좀 꺼리고 그런 게 있어서 그의 성(姓) 성(成)씨를 춘향에게 붙여 성춘향으로 등장시켰다. 이춘향이었는지 모르겠습니다. 이것은 1999년 연세대 국어국문학과 설경성 교수가 '이몽룡의 러브스토리'라는 주제의 논문을 발표했고, 한국방송공사(KBS)가 이것을 받아들여서 이몽룡은 역사적 실존 인물이라는 역사스페셜 다큐멘터리를 내보내서 그것이 많이 알려지게 되었습니다.

그런 내용을 주로 보면 이몽룡은 조선왕조 선조 때부터 인조 때까지 역사적 실존 인물로서 1595년(선조 28년, 경북 영주)부터 1664년(현종 5년)까지 살다 간 청렴한 선비였다. 그래서 그 양반 자제의 이름이 기생과의 사랑 놀음으로 이렇게 오르내리는 것을 부끄럽게 여기고, 그래서 성(成)을 붙여서 지어내 성(姓)을 바꾼 것 같습니다. 춘향전의 이몽룡이 성이성이라는 여러 가지 증거들을 살펴보겠습니다.

첫째, 영·정조(재위 1724~1800년)때 인물인 창녕 성(成)씨 문집에 춘향전의 어사 출두 장면이 똑같이 묘사돼 있고, 우리 고조 성이성의 일이라고 분명히 기록이 되어 있습니다.

그리고 남원 광한루에는 성이성의 아버지 부용당 성안의(成安義)가 남원 부사를 지냈다는 선정공덕비가 비석으로 서 있습니다.

성안의 남원부사는 선조 40년부터 광해군 3년까지 5년 동안 선정을 했고, 이때에 성이성은 13세부터 17세까지 남원에 머물렀습니다. 춘향전 속에서도 이몽룡은 17세에 승진한 아버지를 따라서 남원을 떠납니다.

그리고 지금 경북 봉화군 물야면 가평리에 계서당이라는 건물이 있습니다. 국가민족문화제 제171호로 되어 있는데, 이것은 창녕성 씨의 종택인데 암행어사도 네 번이나 하고 또 고을 사또나 목사도 5번을 하고 또 사간원, 사헌부, 홍문관 이런데에 큰 벼슬을 한 성이성이 마지막으로 그 말년을 보낸 것이 계서당입니다.

계서당이 라는 계서는 성이성의 호가 되겠습니다. 저자가 1990년대 갔을 때는 성이성의 11대 후손인 성원기 씨가 살고 있었는데, 지금은 13대 후손이 살고 있고, 거기에는 성이성이 과거에 급제를 해가지고 어사화를 꽂고 행진을 했는데, 그 어사화도 지금 보존되어 있습니다. 그리고 경북 영주에 있는 성이성의 묘비에는 성이성이 청백리였고 암행어사가 되어 남원에서 귀신이 나오는 문제를 해결하는 것 등의 행적이 기록되어 있습니다.

그거는 춘향이가 이몽룡을 따라가서 서울로 가서 제일 부인으로서 오래 살고 아들 딸 잘 낳고 살았다고 그러는데, 남원 쪽에서 들려오는 일설에 의하면 춘향이가 수절했는데, 결국은 귀염받지 못한 그런 인연인지 자살했다는 설도 있습니다. 그러한 혼을 위로하기 위해서 춘향전을 썼다는 그런 얘기도 있는데, 확실한 것은 잘 모르겠습니다. 성씨 문중에서 그것을 밝히면 되는데 성씨 문중에서는 잘 밝히려고 하지 않고 학자들도 지금 특별한 수가 없어서 이런 상황에 머물고 있습니다.

성이성은 홍문관, 사헌부, 사간원 등의 3사의 요직을 거쳤습니다.

또 다섯 차례의 부사·목사를 지냈는데, 목사는 진주 목사를 했고, 부사는 특히 강계부사를 했는데 평안도 강계부사를 할 때는 거기 인삼에 대한 세를 면세해 줘서 관서의 활불로 존경을 받았습니다.

관서 지방에 살아 있는 부처다. 이런 칭찬을 받은 거지요. 그리고 성이성은 네 차례 암행어사를 했는데, 그 가운데 인조 25년에 암행어사 일지만이 전해오고 세 번은 전해오지 않습니다. 성이성의 암행어사 파견 기록은 인조실록에도 나타나는데 성이성은 서울 남산 왕루에서 봉서를 열고 남대문 밖으로 나가 호남 쪽으로 길을 떠났다고 하니 춘향전 이몽룡의 행로와 일치합니다.

성이성의 호남 암행 일지에는 남원에서 어사 출두했다는 기록은 없고, 다만 8년 전인 기묘년(1639년)에 암행어사로 남원을 지나갔다고 하는 그런 기록이 있으니까 그때 출두했을 수도 있는데, 그 기록은 현재 찾아지지 않습니다. 그 10년 전 충청도 암행어사 시절에는 진천 현감과 석성현감을 파직했다는 기록도 있습니다.

그런데 성이성은 순천에 가서 당시 암행어사 일을 마치고 한양으로 돌아가는 길에 남원에 국무도 없으면서, 그 일부러 들렀다고 적고 있습니다. 아마 이몽룡이가 춘향을 못잊은 것처럼 진짜 사랑하는 여인을 물리쳤고, 어떤 정한이 있었던 것으로 보입니다. 성이성은 암행어사를 하면서 두 번이나 남원에 갔습니다.

또 한번은 성이성이 기묘년에 암행어사로 남원에 가서 임진왜란 당시 의병장이요, 성이성의 어린시절 스승 산서 조경남(趙慶男·1570~1641) 장군을 만나 광한루에서 밤새도록 회포를 푼다. 술잔을 기울이던 성이성이 옛 추억이 떠올라 스승에게 춘향이와 사랑을 나눈 이야기를 털어놓는다. 조경남 진사는 집에서 잔치를 마련해가지고 성이성을 대접했다고 그립니다. 조경남 진사는 임진왜란 때 의병장으로 난중잠녹이라는 책을 썼는데, 거기에도 암행어사로서 이몽룡이 출두해가지고 읊은 시가 거기에 기록되어 있습니다.

그래서 스승 조경남 장군이 밤새 들은 이야기를 바탕으로 혹시 춘향전을 쓴 게 아닌가. 그렇게 추측하는 사람도 있습니다. 지금의 춘향전이 최초로 기억되어 나타나는 것은 1754년 유진한의 문집 만화집의 한시 형태인데, 전라도 여행을 하다가 그런 일을 적었다고 합니다. 춘향전은 이 소설뿐이 아니라 판소리로 또 영화로 드라마로 국민들에게 널리 알려져 있고 또 심지어는 춘향 밑에서 일한 향단을 소재로 한 『향단전』 또 이몽룡 밑에서 일한 『방자전』 이런 것까지 나와서 우리 국민들의 생활 속속 깊이 그 정한을 풀어주고 그러는 좋은 소설로 남아 있는 우리 민족의 중요한 보배라고 할 수 있겠습니다.

제8절 조선학문의 금자탑 유학 · 실학 · 기학

밝은 해인 청천백일의 광명으로 우리 민족이 창조한 인류 시원문명인 한밝달 문명이자 신선도인 홍익인간(弘益人間) · 광화세계(光化世界)로 신명 개벽하는 신명난 우리 역사 제8절은 '조선학문의 금자탑'(가장 좋은 학문의 봉우리)'유학 · 실학 · 기학'방면을 주로 알아보도록 하겠습니다.

우리 민족은 세계에서 인류 창세의 문화로부터 시작해서 하느님이 보우하시어 가장 유구한 역사를 가졌으며 세계 4대 문명도 여기에서 다 흘러가서, 그 동안에 신선도를 비롯한 유불선기로 나눠져서 굉장한 발달을 이루었습니다.

그래서 고려조 때 특히 선교 양종으로 불교가 찬란한 문화를 꽃 피우고 고려청자 또는 금속활자본이 우리나라에서 최초로 생겨서 그것이 78년 후에 서양으로 가서 『구텐베르크 42행 성서(42-line Gutenberg Bible)』가 서양에서는 처음으로 금속활자본이 되었다. 그런 얘기를 했습니다.

그런데 고려 태조 왕건은 북진정책과 민족통일융화책·숭불정책 이런 기본 국가 정책을 가졌는데, 위화도 회군으로 조선조를 일으킨 이성계는 기본적으로 억불숭유정책을 취했습니다.

불교문화를 억누르고 탄압하고, 유교 공자·맹자의 유교 유학을 가장 앞세워서 나중에는 성리학으로, 양명학으로 발전되고 그랬지만, 그것이 사대화 됐습니다.

그런 관계로 자주적인 정신이 많이 흐트러지고 사대모화사상이 꼽히고 그것이 나중에 일제가 우리나라를 쳐들어 옴으로써 일제식민사관이 보태져 지금의 역사에까지 우리 민족에게 안 좋은 영향을 끼치고 있습니다.

어쨌든 조선왕조가 서면서 숭유정책(공자·맹자님이 창시자인 유교 유학을 가장 내세움)으로 인해서, 여러 학자들 정도전·권근·황희·맹사성·신숙주 또 성삼문 등의 사육신의 배출 등 유학자를 냈고, 특히 조선조 중후반기에 들어가서는 유학의 쌍봉이라고 할 수 있는 퇴계 이황 선생과 율곡 이이(李珥) 선생이 배출되는 금자탑을 쌓은 거지요.

그래서 퇴계 선생과 율곡 선생의 가는 길을 보면, 성리학에 있어서 이황 선생은 이치중심의 주리계로 달인이 됐고(이기이원론)

특히 율곡 선생은 이기일원론을 말씀했습니다.

그 다음에 황진이와의 순수사랑으로 유명한 서경덕 선생이나 이율곡 선생은 주기계, 에너지죠. 생체에너지 또는 원기라고도 하는 주기계라고 말할 수 있는데, 만물생성의 원리는 이기이원론적 일원론입니다.

그런 주기론에서 더욱 발달해서 혜강 최한기 선생에 이르면 세계 최고의 기학자로서 능력을 떨치게 되고, 그래서 오늘은 퇴계 이황과 율곡 이이선생님 그리고 실학의 다산 정약용 선생님, 목민심서를 써서 나라를 바로잡고 발전시키는데 큰 도움을 줬죠. 그 다음에 혜강 최한기 선생님을 주로 살펴 보겠습니다.

조선왕조가 한참 흘러서 후반기로 오면서 농공상의 여러 가지 산업이 많이 발전이 되고 종이·활자, 무기, 화폐주조 이런 거에다 더 나아가서 주문 생산이 되고 그런 것이 상품 화폐경제와 연결되면서 서울의 경상이나 개성의 송상 또는 평양의 유상과 같은 거대 상인이 생기고, 그 다음에 중강후시나 책문후시와 같은 청나라를 상대로 하는 국제무역도시도 생기고 그래서 여러 가지 실사구시의 풍조가 늘면서 그 실학이 많이 발달이 되었죠.

그 대표적인 것을 보면 목민심서를 쓰신 다산 정약용 선생, 그 다음에 열하일기를 쓴 연암 박지원,『반계수록』을 쓴 반계 유형원은 골고루 밭을 나눠 갖는다는 균전론을 주장하였다. 그 다음에 성호 이익 선생의『성호사설』, 그 다음에 역사 책으로 자주 역사 책이죠. 안정복의『동사강목』, 한치윤의『해동역사』, 유득공의『발해고』, 유득공 선생이 삼국시대 다음에 발해를 넣어서 남북국 시대로 강조한 게 이분이 처음입니다.

그 다음에 역사와 관계되어 있는 지리에 관해서는 대동여지도를 그린 김정호 이런 분이 있고 그 다음에 에 동국지리지를 쓴 한백겸, 그 다음에 북애(北崖)노인은 『규원사화(揆園史話)』를 써서 우리 역사를 바로 잡으려고 그렇게 애를 많이 썼고, 그 밖에 홍만선의 산림경제, 홍대용의 『임하경륜』 그 다음에 이긍익의 『연려실기술』, 그리고 주시경 선생의 『국어 문전 음악』 이라고 그래가지고 세종대왕이 창제한 한글을 학문적으로 발전시키고 대중들에게 잘 퍼져나가도록 많은 애를 썼습니다.

 먼저 퇴계(退溪) 이황(李滉) 선생은 AD 1500년에 태어나서 1570년에 가셨는데 34세에 급제를 하셔서 단양 풍기 군수도 하셨고 예조판서 홍문관 대제학을 지내셨습니다.
 이분이 쓴 책은 많이 있는데 그중에 대표적인 것이 『성학십도』 성스러운 학문의 10도인데 그런 가르침의 기본은 공경한다는 공경 경(敬)자를 중심으로 해서 이론을 전개해 나갔습니다.
 『성학십도』는 모두 "경"을 중심으로 삼았는데, 이 경의 주체는 일심이며 한 마음이라는 거죠. 그러한 일심의 주체는 경(敬)이어야 한다. 이 공경하는 것이 일심의 주체다. 경은 인간의 주체인 마음과 행동과 현상을 통합시켜서 인간이 전체적인 자기 동일성을 유지하려는 실천적인 방법이다. 그랬습니다.
 『성학십도』는 10가지 도로 나눠서 설명한 건데 대표적인 거를 몇 가지 들어보면 제1도 태극도(太極圖)라는 것이 있습니다. 우주 만물의 뿌리인 무극이 태극이고 이(理)로써 주리적인 입장 이기이원론의 입장을 나타냈습니다.
 그 다음에 제3도 소학도(小學圖)는 입교(가르침의 방법), 명륜

(오륜), 경신(몸가짐)을 주라 하는 것이 소학이라 한다. 입교(立敎) 사람을 가르칠 때 어디에 서는 입장이냐 그렇게 말할 수도 있습니다. 그리고 4서 3경 중에 대학이 있는데 대학은 유학에 삼강령(三綱領)으로 나누어, 자세하게 얘기하면 팔조목(八條目)이다. 가장 기본적으로 격물(格物: 사물과 현상의 이치와 법칙을 일치로 궁리함), 치지(致知: 앎에 이름), 성의(誠意: 뜻을 참되게 함), 정심(正心: 마음을 바르게 함), 수신(修身: 자신을 수양함), 제가(齊家: 가정을 바르게 함), 치국(治國: 나라를 다스림), 평천하(平天下: 천하를 태평하게 함)죠.

삼강령은 명명덕(明明德: 밝은 덕을 밝힘), 신민(新民: 백성을 친하게 함), 지어지선(至於至善: 지극한 선에 머묾)이다. 지극한 착함이 최고이고 거기에 머무르게 오래 하는 것이 가장 기본이 되고 지선의 자리를 안 다음 고요함이죠.

정정화(定靜和)자가 되어 능득하게 된다. 능득하게 된다는 것은 진실을 깨어쳐서 알게 된다. 그러한 얘기가 되겠습니다.

그러한 『성학십도』에 있어서 성학의 방법은 거경 늘 다른 사람을 다른 사물을 공경하는 데 산다. 이것이 퇴계 선생님의 기본적인 방법인데, 존양(存養)과 성찰(省察) 등에 의해서 가능하고 어질 인(仁)자 인선 또는 인간의 마음을 이의 측면에서 보면 인의예지(仁義禮智)이고, 인간 가치 모든 선의 근본이며 모든 행위의 근본이 인(仁) 즉 어진 마음이죠. 그게 공평무사가 이를 체득하는 방법이다. 이렇게 말씀하셨습니다.

신령스러운 마음은 하나이나 이름은 여럿이며, 경을 중심으로 정밀하게 선을 선택하고 한결같이 굳게 잡아 진리를 보존하고 인용을 하는 공부를 하라. 이런 것이 퇴계 선생님의 가르침이었습니다.

다음에는 임진왜란이 일어나기 10년 전에 임진왜란이 일어날 것을 예측하고 10만 양병설을 주장했으나, 주변 고위 관리들이 반대하고 선조가 받아들이지 않아서, 임진왜란의 어려운 일을 겪었는데, 우리 민족이 그때 이율곡(李栗谷) 선생의 말을 선조가 받아들였으면, 그 피해는 훨씬 줄였을 겁니다. 이율곡 선생은 AD 1536년에 태어나서 1584년에 돌아가셨습니다.

그 율곡 선생은 아버지가 좌찬성 이원수(李元秀)이며, 어머님이 유명한 사임당신씨(師任堂申氏)입니다. 우리들이 5만원권 지폐에서 흔히 보는 우리나라 역사에서 아마 많은 국민들이 가장 존경하는 어머니 상이 아닐까 하는 그분인데, 수선재를 운영했던 문화영 선생이라는 분은 율곡 선생이나 이 신사임당이 선계에서 왔다가 선계로 돌아갔다고 그런 말도 합니다.

율곡 선생이 태어난 곳은 그 외가인 강릉 오죽헌이라는 것은 많은 사람들이 잘 알 겁니다.

율곡 선생은 10살 때 사서삼경을 다 떼었다고 그럽니다. 대학 · 중용 · 논어 · 맹자, 시경 · 서경 · 주역 그리고 19세 때는 불경 공부를 많이 해서 능엄경까지 보고 선(仙) 공부도 많이 하셨다고 합니다.

그리고 금강산 유점사에 들어가서 참선 공부를 많이 해서 자기 행운에 많은 도움이 됐는데, 이분은 황해도 관찰사 지금으로 말하면 도지사죠.

대사헌 · 호조판서 · 병조판서 · 이조판서 · 대제학 이런 국가의 주요 직책을 맡으셨고, 율곡 선생이 23세 때 58세인 이퇴계 선생님을 경북 예안 계회당에서 2박 3일간 만나서 깊은 대화를 나눴습니다.

퇴계 선생은 율곡 선생 보고 그 궁리와 거경이 다 달통해 있는 걸 보고 굉장히 감격했다고 하고, 율곡 선생은 나중에 자기가 갈 길을 몰라서 헤매고 있을 때 이황 선생님이 잘 잡아주셔서 확고하게 길을 갔었다. 이렇게 서로 칭찬을 아끼지 않았습니다.

그리고 그 후에 퇴계 선생과 율곡 선생은 일곱 차례 편지를 왕래했는데, 다만 주이론(主理論)이냐 주기론(主氣論)이냐 이런 게 좀 차이가 있고, 유교에서 말하는 4단은 이의 발현이요, 7정은 기의 발현인 바, 사단칠정(四端七情)에서 7정은 희·노·애·구·애·오·욕(喜怒哀懼愛惡欲) 그 다음에 4단은 인자한 마음(측은지심), 그 다음에 겸허한 마음(사양지심), 부끄러워하는 마음(수오지심), 판별하는 마음(시비지심)입니다.

그러면은 이퇴계 선생이 『성학십도』를 썼다고 그러면 율곡 선생님도 책을 많이 썼는데 대표적인 것이 『성학집요(聖學輯要)』입니다.

율곡 선생님은 『성학집요』,『격몽요결(擊蒙要訣)』,『소학집주』, 도봉서원기,「동호문답(東湖問答)」,『자경문』,『기자실기(箕子實記)』, 경연일기,「시무육조(時務六條)」,「김시습전(金時習傳)」,『학교모범(學校模範)』, 육조 방략 등이 있는데, 『성학집요(聖學輯要)』는 2년간에 걸쳐서 집필을 하셨다고 그럽니다. 그것을 보면은 인성을 닦아나가는 수기는 경(敬)을 시작으로 퇴계의 영향을 받아 경을 바탕으로 해서 이율곡 선생님이 내세우신 것은 성(誠)입니다.

퇴계 선생님이 공경 경(敬)자라면은 이율곡 선생은 성실 성(誠)

자다. 이렇게 얘기할 수가 있습니다. 경(敬)을 시작으로 성실을 강조하여 뜻이 성실하지 않으면 설 수가 없고 이치에 성실함이 없으면 궁구할 수가 없으며 기질이 성실하지 않으면 능히 자신을 변화시킬 수 없다고 하였습니다.

수기치인(修己治人)에서 수기(修己)는 자기를 닦는 거죠. 입지(立志)·수렴(收斂)·궁리(窮理)·성실(誠實)·교기질(矯氣質)·양기(養氣)·정심(正心)·검신(檢身)·회덕량(恢德量)·보덕(輔德)·돈독(敦篤)·동요 등에 나누어서 그 수기를 설명했습니다.

집안을 바로 하는 것이 정가인데, 정가(正家)는 효경(孝敬, 효도는 모든 행동의 으뜸이 되는 것, 집안을 바르게 다스리는 道는 효도와 공경하는 일), 형내(刑內, 아내가 바르게 처신하고 아내를 법도에 알맞게 대우), 교자(敎子, 태교로부터 가정교육과 학교교육에 이르기까지 자녀 교육이 중요), 친친(親親, 친척을 친애해야 함), 절검(節儉, 집안을 경영함에 있어서 절약과 검소가 필요) 등으로 설명합니다.

그리고 왕도정치인 위정(爲政)에 관해서는 군주는 나라에 의지하고 나라는 국민에 의지하며 왕은 국민을 하늘로 삼고 국민은 먹는 것으로 하늘을 삼는다.

그리고 성현도통(聖賢道通)에 관해서는 기본적으로 내성외왕(內聖外王) 여러 가지 갈고 닦아서 안으로는 성인이 되고, 밖으로는 왕이 되어서 천하를 평화롭게 하는 것이다. 그렇게 말할 수 있습니다.

다음은 다산(茶山) 정약용(丁若鏞)에 관한 얘기인데, 다산(茶山)은 학문 영역이 정치·경제·군사·법령·역사·자연과학·

언어학·지리학·심기학에까지 이르렀으며, 대표적인 저작『목민심서(牧民心書)』에서 목민(나라에서 녹을 먹는 관리)은 양을 모는 목자와 같은 목민관이다. 이런 입장에서『목민심서(牧民心書)』를 썼는데,『경세유표(經世遺表)』,『흠흠신서(欽欽新書)』,『여유당전서(與猶堂全書)』,『중용강의』,『대학공의』,『시경강의』,『아방강역고(我邦彊域考)』,『심경밀험』,『아언각비』등이 있습니다.

그중에서 대표적으로『목민심서(牧民心書)』를 살펴보면 목민관인 공무원들이 치민 봉사하는 바른 자세를 원했는데 모두 48권으로 되어 있습니다.

그걸 보면 부임 발령후 지켜야 할 규칙, 자기규율, 몸가짐, 공무집행·봉사·애민, 부하 통솔, 호천·토지와 세금 관리, 예절과 교육, 경전, 군사 업무, 법과 재판, 산업을 발달시키는 공존, 재난구제, 해임될 때 해야 할 처세 이런 것이 다 들어 있었습니다.

다산은 기본적으로 청렴하지 않고 목자가 될 수 없고, 권력자는 민간을 옥죄면 안 되며, 경제는 우물과 같으므로 잘 길러써야 오래 간다. 이렇게『목민심서』에서 얘기를 했습니다.

우리나라의 최고의 기학자이며 세계적인 혜강(惠岡) 최한기(崔漢綺) 선생은 율법과 같은 기학의 입장이지만 주기론을 떠나서 유기(唯氣) - 오직 우주에는 기만 있을 뿐이다. 이런 주장을 했습니다.

그래서 실사구시하고 종합적인 창조성 이런 걸로 나중에 나라에서 대사헌으로 추중되었습니다.

그래서 우리나라가 서양의 여러 가지 과학도 발달되고, 우리나라의 기학과 합쳐서 대동세계를 이뤄야 한다. 그렇게 얘기를 했습니다.

혜강 최한기 선생의 주요 저작은 『기측체의(氣測體義)』(1836, 추측록과 신기통을 합본한 것), 『기학(氣學)』(1857), 『인정(人政)』(1860) 등 기학 3부작을 비롯해서 『심기도설(心器圖說)』 『해국도지(海國圖志)』 『지구전요(地球典要)』 『육해법(陸海法)』 『농정회요(農政會要)』 『운화측험(運化測驗)』(1860), 『신기천험(身機踐驗)』 『성기운화(星氣運化)』 『영환지략(瀛環志略)』 등인데 『명남루수록(明南樓隨錄)』 명남루지변은 책에 그런 것이 들어있고 기본적인 기철학은 우주 만물을 변화시키는 기(氣) 에너지죠. 그것을 신기(身氣)라 하고 그 운동을 운화(運化)라 해서(5운 6기) 신기와 이 운화(運化)가 서로 통하게 하는 것이 감각기관을 통한 것이며, 추측(推測)은 개인·사회·우주 사이를 소통하게 한다는 것으로 혜강은 자연과학적 태도로 임하였습니다.

그것은 조선 후기로 가면서 시대가 발전되고 중국으로 서양 사람들이 많이 들어오고 그러면서 천주실의를 비롯한 여러 가지 사상과 자연과학이 많이 들어와서 국학이 발전된 겁니다.

그래서 혜강은 실학 정신이나 실용주의 세계관으로 서구 물리학의 파동 개념, 코페르니쿠스의 지동설, 서양의학의 해부학·병리학 그 다음에 뉴턴의 만유인력, 망원경·온도계·습도계·기압계 등 이런 것을 다 이해하고 그런 것을 소개해서 우리나라의 실학과 기학이 발전하는 데 혁혁한 공훈을 쌓았습니다.

제9절 동학농민혁명과 청·러·일전쟁

 밝은 해인 청천백일의 광명으로 우리 민족이 하느님과 함께 창조한 인류 시원문명 한밝달 문명이자 신선도인 홍익인간(弘益人間)·광화세계(光化世界)로 신명 개벽하는 신명난 우리 역사 제9절은 '동학농민혁명과 청·러·일전쟁'입니다.
 저자가 쓴『밝해문명사』에도 나와 있는데 우국이세의 마음으로 살피겠습니다.
 태조 이성계가 세운 조선 왕조는 18세기쯤 들어오면서 19세기에 세계사적으로 서세 동점과 과학문명·기독교 이런 것이 동양으로 오게 되었습니다.
 한국은 그 당시에는 조선이죠. 조선은 중국을 통해서 북학이 발달돼서 천주실의를 비롯한 기독교 문명과 서양의 과학문명 이런 것을 맛보게 되면서 사회가 발전하게 되었습니다.
 그렇게 서구 중심의 사상이나 문명이 들어오자, 우리나라 안에서는 자주적인 민족종교로 동학(東學)이라고 하는 천도교, 또 왕검 단군을 모시는 대종교, 또 증산 강일순 선생의 증산교(甑山敎), 소태산 박중빈 선생의 원불교 이런 것이 발생해서 널리 퍼져 나가기 시작을 했습니다.
 그리고 19세기 들어서 여러 가지 난이 많이 일어나는데, 조선조 초기에는 이시애의 난, 그 후에 정여립의 난 그 다음에 홍길동·장길산·임꺽정의 난, 홍경래란 등 여러 가지 인민들의 저항 운동이 많이 발생했습니다.

여러 난에 따라서 나라가 어지러워지면서, 한쪽에서는 애국 계몽 운동이 일어났지만, 서세 동점(西勢東漸)의 세계적인 물결을 잘 컨트롤하지 못해서 조선 쇠망의 길을 가게 되었습니다.

특히 19세기에 들어서는 1860년대에 프랑스와 미국이 난을 일으키는 소란을 떤 병인양요와 신미양요가 있었고, 그 다음에 1876년에는 그러한 서구문명을 받아들여 침략의 의혹을 드러낸 일본이 우리나라에 들어와서 강화도조약을 체결하게 되는데, 이것은 불평등 조약으로 그로부터 일본이 차츰차츰 침략의 마각을 드러내게 됩니다.

1876년은 나중에 대한민국 임시정부의 주석을 오래 하신 백범 김구 선생이 태어나신 해고, 그 전년인 1875년에는 백범 선생이 형님이라고 불렀던 대한민국 초대 대통령 우남 이승만 박사가 태어난 해라고 말할 수 있습니다.

세월이 흘러가서 1894년 동학혁명이 일어나게 됩니다.

동학농민혁명, 동학농민전쟁, 갑오농민전쟁 또는 일부에서는 동학란이라고도 그렇게 부르는데, 이와 같은 것은 나라의 정사가 부정부패에 휩싸이고 자주정신이 부족한데 외부 세력이 침투해 들어와서 반봉건 · 반제국주의 운동으로 이러한 동학 농민혁명이 일어나게 된다. 그렇게 말할 수 있습니다.

그러면서 그 자주적인 종교로는 동학 · 대종교와 증산교와 보천교 특히 보천교는 나중에 일제시대에는 신도가 6~700만에 이를 정도로 크게 발전하게 됩니다.

동학농민혁명은 제1차와 제2차로 나뉘질 수 있는데, 제1차 동학농민전쟁은 1894년 2월 15일 고부 농민전쟁으로부터 시작하게 됩니다.

전라북도 고부군수 조병갑이 강제 수탈과 강제적인 갈취를 할 때, 동학접주 전봉준이라고 고창 출신인데, 그분이 정의익 씨, 김도삼 이런 사람들과 함께 고부군으로 쳐들어가서 그 군청을 장악하고 안핵사로 내려온 이용태를 또 무너뜨렸습니다. 녹두장군이라고 하는 전봉준과 손화중 · 김개남 이런 분들이 보국안민(輔國安民)을 내세우고 궁극적으로는 서울에 있는 권귀를 제거하자 1만3천 명이 무장 봉기 시작을 한 겁니다.

그래서 민중의 절대적인 지지를 받았습니다.

천도교를 세운 최제우 선생님은 처형당하고, 제2세 교주가 최시형 선생인데 최시형 선생은 그 무장 봉기를 처음에 반대했는데, 최제우 교조신원운동을 포함해서 전봉준 장군을 총대장으로 손화중 · 김개남 두분을 대장으로 파죽지세로 전북 지역으로 이렇게 확장하게 됩니다.

그때의 동학 농민군이 내세운 행동 강령을 보면, 첫째 사람을 죽이지 않고 백성의 물건을 훔치지 않는다. 둘째 충효를 다하여 세상을 건지고 백성을 편안하게 한다. 셋째 왜놈을 쫓아버리고 성인의 도를 깨끗이 추구한다. 넷째 군대를 이끌고 서울로 진격하여 권귀를 모두 없앤다. 이렇게 되어 있습니다.

그래서 전봉준 장군이 이끈 동학 농민군은 같은 해 4월 6일 황토현에서 전투를 벌어서 관군과 접전을 해가지고 관군을 완전히 격파를 했습니다.

그래서 전라도 지방의 정읍 · 고창 · 무장 · 영광 · 함평 · 장성의 황룡천까지 그렇게 전부 진입하고, 그 다음에 관군은 서울에서 양호초토사로 홍계훈 원병을 보내왔는데 군병을 데리고 왔죠. 그것을 전봉준 장군이 완전히 격파하고 5월 31일에 전주에 입성을 했습니다.

그래서 전주에서는 정부 쪽과 전주 화약(和約)을 맺어서, 전북 지역의 53개 읍을 장악해서 자치기구인 집강소를 설치하고, 여러 가지 폐정을 개혁하고, 탐관오리를 징벌하고, 그 다음에 노비문서를 소각하고, 과부들의 재혼을 허가하는 그런 여러 가지 조치를 취했고, 농민들에게는 토지를 보유하게 그렇게 했습니다.

그리고 그 각 읍에는 집강을 두어서 자치적으로 다스리겠는데 이와 같은 동학농민군의 활동은 전라도 · 경상도 · 충청도의 삼남뿐이 아니라 황해도 · 평안도 이런 데까지 다 영향을 넓혔죠.

그래서 백범 김구 선생은 황해도에서 동학 접주로서 여러 가지 전국 회의에 참석하기도 하는 그런 일이 있었습니다.

그런데 이러한 국가의 정황이 어려워지자 정부는 우선 외세의 침입을 견제하기 위해서 청일 양군의 철병을 요청을 합니다.

그런데 청은 그 철병 요청을 들어줬는데, 일본은 말을 듣지 않고 내정개혁을 요구하면서 조선군의 무장 해제에 나섰고 그 다음에 명성황후를 치고 대원군을 앞혀서 추대를 한 거죠. 나라를 차츰차츰 먹어 들어가기 시작을 했습니다.

그런데 일본이 조선을 먹기 위해서 8월 1일 선전포고를 하면서 청나라를 공격 했습니다. 일본은 또 외교를 통해서 영국과 미국의 지원을 받아서 일본군은 정부군과 합쳐서 동학농민군을 공격하기 시작했습니다.

제2차 동학농민전쟁인데 그때 전봉준 장군은 삼례에 동학농민을 집결해서 서울로 진격에 나섰는데, 공주 우금치 전투에서 10월 22일부터 11월 10일까지 4~50회의 격렬한 전투가 벌어졌는데, 정부군과 일본군이 합친 연합군에 동학군이 대패를 하게 되

녹두장군 전봉준

었습니다.

 그리고 12월 말 그 동학군을 전체적으로 이끌었던 전봉준 장군이 한신현 등 부하의 배신과 고발로 체포되어서 결국은 처형을 당하게 됨으로써 동학농민혁명은 미완의 혁명으로 끝나게 됩니다.

 그때의 국민들에게 나온 노래가 파랑새 노래 입니다.

새야 새야 파랑새야 녹두밭에 앉지 마라
녹두꽃이 떨어지면 청포장사 울고 간다.

이러한 파랑새 노래가 궁극적으로 유명하게 되었습니다.

 자주적인 근대화 혁명으로서의 동학 농민혁명이 성공했으면, 민주공화국이 일찍 생길 수도 있었는데, 그렇지 못하고 다만 봉건사회는 붕괴가 됐고, 반제국주의 민족해방 투쟁으로 역사적인 그런 많은 의미를 갖게 됩니다.

 그 후에 일본은 무력으로 경복궁을 점령하고 그 다음에 여러 가지 인적인 요소를 가꿔서 친일의 김홍집 내각을 이루고, 그 후에 갑신정변·갑오경장 같은 여러 가지 변혁이 있어서 계급을 타파하는 그런 대신에 일본이 고문관으로 정치에 참여하게 됩니다.

그래서 사실상 조선조 마지막이라고 할 수 있는 고종, 물론 그 다음에 3년간 아들인 순종이 했지만, 그 고종이 그 독립정신을 위해서 〈대한제국〉이라는 국호를 쓰고 광무라는 연호도 썼는데, 이때 헌법인 고왕검단군 홍범9조를 본받아 독립규범은 홍범 14조를 채택합니다. 이것이 근대적인 의미의 우리나라의 최초의 헌법이다. 이렇게 말할 수가 있습니다.

이 청일전쟁은 조선 정치의 자주적인 역량을 보여줄 수 있는 가능성을 보여주는 좋은 점도 있었는데, 일본의 조선 침략의 계기를 마련해 주는 부정적인 측면도 있습니다. 그 후에 여러 가지 사건이 있지만, 일본의 대륙 진출을 염려한 러시아가 미국과 영국과 합쳐서 일본을 견제 하려고 하자, 일본은 러시아에 선전포고를 해서 러일 전쟁이 일어나게 되고 러일 전쟁에서 일본이 또 이기자 일본은 거칠 것 없이 우리나라를 침탈하여 들어가기 시작합니다.

그래서 1905년 을사늑약으로 우리나라의 외교권을 박탈하고, 그 다음에 1910년 조선왕조가 일단 끝을 맺게 되는 한일합방이 다가오게 됩니다.

제10절 고종황제와 헤이그 세계평화회의 및 조선쇠망

밝은 해인 청천백일의 광명으로 하느님과 우리 민족이 창조한 인류 시원 문명 한밝달 문명이자 신선도인 홍익인간·광화세계로 신명 개벽하는 신명나는 우리 역사 제10절은 '고종황제와 헤이그 세계평화회의 및 조선쇠망'입니다.

우리는 여기서 홍익인간(弘益人間)은 인간의 이상형으로 깨달음을 얻어 사람을 널리 크게 돕는 사람을 말하고, 광화세계(光化世界)는 세계의 이상형으로 광명이 꽉 차서 어두운 곳이 없는 사회 완성을 뜻합니다.

우리는 앞에서 동학 농민혁명과 청.러일 전쟁에 대해서 살펴봤습니다.

백성들이 봉건제도의 적폐와 부정부패 서세동점에 따른 구미열강과 일본의 침투 이런 속에서 몸부림 치는 그러한 동학농민혁명을 시도했지만 결국은 관군과 일본군의 힘에 의해서 좌절되고 말고, 그 다음부터 일본의 침략이 노골화돼서 조선인〈대한제국〉은 쇠망의 길을 걷게 됩니다.

청일전쟁이 끝나고 시모노세끼 조약(下關條約)에 의해서 청이 패전했으니까 한국에 일본군이 주둔하기 시작했고 5개조에 달하는 개혁안을 내서 강제로 받게 하고 대원군의 섭정으로 군국기무처를 두어서, 거기에 김홍집·박영효 내각으로 3개월 동안 200여 건의 개혁을 하게 됩니다.

그런데 그것은 우리가 자주화하는 것도 있지만, 일본의 침탈을 쉽게 하고 거기에 먹혀 들어가는 면이 많았습니다.

그리고 동아시아에서 일본의 위치가 높아지고 힘이 세지자, 동양의 부동항을 찾던 러시아는 긴장을 하게 되고, 시모노세끼 조약에서 중국의 요동반도를 일본에 할양하게 돼 있는데, 미국과 영국과 힘을 합친 러시아가 힘을 합쳐서 그 요동반도를 청에 돌려주게 되어서, 이른바 동아시아에서 일본과 러시아가 충돌하는 러.일전쟁이 발생하게 됩니다.

자주적인 생각을 가진 고종 황제는 배일친러정권을 만들어서 이범진·이완용 등이 포함된 제3차 김홍집 내각이 들어서게 됩니다.

그리고 1895년에 미우라 일본공사가 일본 깡패와 군인 이런 사람들을 동원해서 낭인이라 그러죠. 그래서 경복궁·건청궁에 계시던 나라의 안위를 지키고 자주적인 정치를 하려고 그랬던 국모이자 여걸인 명성황후 민자옥 여사를 살해하는 아주 참담한 일이 발생했습니다.

나중에 만국평화회의 사건으로 고종이 퇴위하고 1919년에 고종황제가 돌아가시게 되는데, 그때도 일본이 고종을 독살 하게 하는 일본의 지독하고 부정적인 측면이 다 드러나게 됩니다.

그래서 고종은 참다 못해 처음에는 미국의 공사관으로 옮길까 하려다가 실패하고 러시아 공사관으로 황제가 옮겨가게 됩니다. 아관파천(俄館播遷)이라고 그러죠. 그게 1896년입니다.

그리고 내각을 바꿔서 윤용선을 내각 총리 대신에 이완용·이범진·박정양 이런 사람을 포함한 친 러시아 내각이 서게 되고, 거기에서 고종 황제께서 1년간 머무시고 환궁하게 됩니다.

그런 동안에 서재필을 비롯한 많은 사람들이 갑신정변 끝에 외국 나갔다가 와서 독립협회가 생기고, 독립신문이 생기고 그 다음에 애국 계몽운동이 펼쳐지면서 독립운동과 민권운동으로 이어지게 됩니다.

그러다가 독립협회를 중심으로 해서 황제나 왕이 아닌 공화제로 바꾸자는 여론이 돌자, 독립협회를 정부에서 해산해 버렸고 또 많은 사람들이 모여서 만민공동회를 해가지고 민주화의 의식이 싹트기 시작했다, 그것이 애국 계몽운동, 독립운동, 인권운동의 시작이다, 이렇게 말할 수 있습니다. 여기에서 나라를 확실하게 해서 독자적으로 운영하고자 고종 황제는 1897년에 〈대한제국〉으로 이름을 바꾸고 연호도 광무(光武)라고 했습니다.

그래서 지금 조선 호텔 자리에 옆에 있는 원구단에 가서 황제 즉위식을 하고 대한제국 9개조에 대한 개혁을 단행을 했습니다.

그렇게 쭉 나아가다가 1904년 일본이 못마땅해 하던 러시아를 향해서 여순항에 있는 함대를 기습해서 러일 전쟁이 일어나게 됩니다.

그런 전쟁을 치르는 동안 일본은 한일의정서를 채택해서 군사기지를 설치하고 외교권을 장악하고 그러면서 일본과 미국 사이에 카스라테프트 협약을 체결해가지고 한일의정서죠. 그래서 일본이 한국을 먹고 미국이 필리핀을 먹는데, 일본과 미국이 밀약을 한 거죠. 국제 정치 사회의 간악스러움이 보이는 측면이기도 합니다.

그리고 러일전쟁은 또 일본이 승리해서 〈포츠머스조약〉에서 결국은 한국은 국제적인 승인을 받아가지고 일본의 보호국으로 인정이 되는 그런 불행한 결과를 채택을 하게 됩니다.

그래가지고 1905년 이른바 을사보호조약 (조약이 아니라 그건 무효이기 때문에 을사늑약이라고 하는 것)이 채택이 되는데, 그것은 유명한 이등박문 (이토오 히로부미)이 한국에 와서 통감부를 설치하고 한국의 외교권을 완전히 박탈을 했습니다.

그러한 을사늑약을 할 때 참정대신인 국무총리 한규설(韓圭卨) 선생님은 끝까지 반대하니까 일제가 끌어냈습니다.

그리고 을사오적(乙巳五賊)이라는 이완용·이지용·이근택·박제순·권중현 등이 참여한 가운데서 을사늑약이 체결됩니다. 원인 무효죠.

그리고 거기서 유명한 충정공 민영환 선생이 "슬프다. 조국이 다시 일어났으면 좋겠다"는 유언을 남기고 자결하셨습니다.

그리고 이 통감부를 설치한 이토오 히로부미는 2년 후에 단군조선이 건국한 만주의 하얼빈에서 동양 평화를 위한 안중근 의사의 저격으로 살해되지요.

을사늑약이 체결되었을 때 또 하나 황성신문에 장지연 선생이 〈시일야 방송대곡〉〈오늘에야 통곡을 하며 운다〉라는 사설을 써서 많은 국민을 울렸고, 그 밖에 이상설·민영환·안명찬·조병세·이근명·최익현 이런 분들이 구국상소를 올리면서 을사오적을 참수하라고 했는데, 일제의 강점이 시작된 거죠.

그러다가 1907년 네덜란드의 헤이그에서 세계만국평화회의가 개최가 되게 됩니다. 그때 고종 황제는 만국평화회의(萬國平和會議) 사회를 러시아가 대표가 돼서 맡게 되는 것을 알고, 러시아와 교섭을 한 거죠. 아관파천도 하고 그랬으니까, 그래서 러시아의 니콜라이 2세 황제의 초청장을 받고, 여기에 우리의 대표를 보내서 한국이 일제의 강요에 의해서 지금 침탈 당한 것을 알리고, 한국이 독립 평화국으로 살아갈 수 있게 호소를 하는 결단을 내리게 됩니다.

그래서 우선 황실의 고문으로 있던 미국인 헐버트로 하여금 세계에 을사늑약 반대 운동을 펼치게 하면서 고종 황제는 3인의 대표를 파견하게 됩니다.

정사에 이상설 선생님인데, 이분은 전에 의정부 참찬을 지내셨고, 이 헤이그에 갔다 오신 후에도 만주 벌판에서 민족통일을 위해서 애를 쓰셨는데, 나중에 대한민국이 나라가 통일된 독립국가가 생기면은 누구나 독립운동하던 사람들은 대통령 감이라고 그랬습니다. 이분이 정사고, 그 다음에 부사가 이준 열사와 이위종 선생님입니다. 이준 열사로 많이 알려졌는데, 이분은 현재 서울법대의 전신인 법관 양성소를 나온 우리나라 검사의 제1호이셨던 분입니다. 그리고 이분이 또 태조 이성계의 형인 이면계의 전주이씨 후손입니다. 그러니까 개인적인 얘기지만 이준 열사는 저자 개인에게 모교 선배가 되죠.

당시 러시아의 공사가 친러정권 때 각료를 지낸 이범진 씨였습니다. 그 다음 이위종 선생님은 러시아 공사관·참사관이며, 이범진 공사의 아들이었습니다. 이 두 분이 부사(차석)로 갔는데 이분들이 1907년 먼저 가 있던 이상설 선생이 블라디보스독에 있어서 이준 열사는 거기 가서 두 분이 만났고, 그 다음에 두 분이 러시아의 철도를 통해서 러시아 상트페테르부르그에 가서 이위종 씨와 세 사람이 만나가지고, 니콜라스 2세도 만나고 외무부장관 등 하고 의논을 해서 꼭 회의에 참석해서 발언권을 얻도록 상당한 외교적 노력을 했는데, 거기에서 최종적인 확답을 받지 못했습니다.

15일간이나 노력을 했는데 1907년 6월 25일 네덜란드 헤이그 세계 만국 평화 회의가 열리는 도중에 도착해서 그때 의장인 러시아의 레지도프와 네덜란드 외상인 루언데스와 만나서, 참여해 발언할 기회를 달라 그렇게 얘기를 했는데, 러시아 대표는 주최국인 네덜란드로 떠넘기고, 네덜란드의 외상은 일본이나 이런 제국주의 세력들의 압력 때문에 그걸 받아들이지 못했습니다.

우리나라가 거기에서 기회를 잡았으면 일제에 패망하지 않을 수도 있었을텐데, 그렇지 못해서 그 울분을 삼키는 가운데, 다만 이위종 선생이 영국의 언론인 스테디에게 부탁해서 각국 기자들을 모이게 했죠. 각국 기자 국제협회를 한국의 주장을 듣기 위해서 모이게 해서 "대한"의 호소를 발표하게 되고 그것을 기사화하게 됩니다. 그래서 한국이 강제적으로 억압으로 일제에 의해서 을사늑약을 체결했고, 한국은 독립적, 평화적으로 살아야 된다는 호소를 한 겁니다.

거기에서 이준 열사가 분사를 하셨죠. 그래서 우리는 이준 열사라고 부르면서 현대의 역사와 연결되어 있는 것을 느낄 수가 있습니다.

이 만국평화회의에 대표단이 참석해서 활동한 것을 기화로 해서 일본 제국주의 애들은 고종 황제를 퇴위시키고 고종의 아들인 순종을 즉위시켰습니다.

그리고 정미 7조약을 맺어가지고 차관정치를 하면서, 군대를 해산하고 사법권도 일제통감부로 넘겼습니다. 이때에도 정미 7조약을 동의한 한국의 그런 대신들 7명을 정미 칠적이라고 그러는데 거기에 또 이완용이 낍니다.

그리고 일제의 침략은 더욱 노골화돼가지고 1910년 8월 22일 그러니까 그전에 이등 방문이 살해던 거죠. 그 후임으로 온 조선

통감 데라우찌 마사다께가 황제를 참석하게 했는데 황제는 참석하지 않고 한일합병조약을 체결을 했습니다.

그때의 순종 황제는 옥새를 감췄는데, 그 감춘 옥새를 아무도 못 찾게 순종 황후의 치마 속에 넣어놓고 있었습니다. 그런데 그것을 참 불행하게도 윤덕영이라고 순종 장인의 형이 그것을 꺼내서, 그 양반도 병술국치라고 하는데 한일 합병조약을 병술국치 9적의 하나에 들어가게 되는 것이죠.

그래서 이씨 조선은 이성계 태조가 세운 이후 27대 519년 만에 끝이 나고, 세계에서 가장 찬란한 청천백일의 문화를 이어온 우리 민족이 다른 나라의 36년간 지배를 당하는 치욕의 역사, 백성들은 말할 수 없이 고통받는 시대가 열립니다.

그래도 우리 민족은 끈질긴 은근과 끈기의 생명력으로 독립운동을 하고 또 대한민국 임시정부를 세우고 또 광복을 위한 독립군을 만들어 투쟁하고, 결국은 1945년 제2차 세계대전이 끝나면서 우리나라가 독립이 그리고 해방이 되었습니다. 그러나 국제 제국주의의 영향으로 인해서 남과 북이 갈려서, 남.북에 미.소 점령군이 들어오고, 남쪽에는 1948년 8월 15일 이승만 대통령을 중심으로 하는 대한민국 정부가 서고, 북쪽은 공산당원이자 주체사상자인 김일성 수상을 중심으로 한 조선민주주의 인민공화국이 서게 돼서 남.북분단 시대로 연결이 되어서 지금껏 이어오고 있습니다.

그동안 우리 대한은 나라의 민주화와 산업화·복지화를 이루고 있는데 지금 국내외 정세는 너무나 심한 갈등 속에 있고, 북쪽은 김일성–김정일–김정은으로 이어지는 김씨 3대 조선이 이어지고 있는 아주 복잡 다단한 그러한 정치 형태를 맞이하고 있습니다.

우리들이 이런 조선조의 쇠망의 길을 보고 국민 모두가 한마음으로 단합하고, 미래를 향해서 경각심을 갖고, 민족혼을 불러 일으켜 평화통일도 하고, 후천상생시대 세계를 이끌어야 할 때라고 생각이 됩니다.

제11절 봉오동 전투와 청산리 대첩

밝은 해인 청천백일의 광명으로 우리 민족과 하느님이 창조한 인류 시원문명 한밝달 문명이자 신선도인 홍익인간·광화세계로 신명 개벽하는 신명난 우리 역사 제11절은 '봉오동전투와 청산리 대첩'입니다.

우리가 여기서 얘기하는 홍익인간(弘益人間)은 인간의 이상형으로 깨달음을 얻어 사람을 널리 크게 돕는 사람을 말하고, 광화세계(光化世界)는 세계의 이상형으로 광명으로 꽉 차서 어두운 곳이 없는 사회 완성 즉 신선도 완성을 뜻한다 고 말할 수가 있습니다.

우리나라가 제2차 세계대전이 끝나면서 해방이 되었죠. 8·15 해방이죠. 올해 76회 광복절(서기 2021년, 단기 4354년)은 훌륭한 우리의 영웅을 모셔오는 것으로 많은 사람이 관심을 갖게 되었습니다.

　그것은 우리나라가 나라를 잃고 본격적인 항일 독립 투쟁을 벌여서 일본을 거꾸러뜨리고 대첩을 거둔 독립운동이 꽃봉우리인 봉오동전투와 청산리대첩의 영웅 백두산 호랑이 또는 날으는 장군이라고 했던 홍범도 장군을 카자흐스탄 크릴오르다에서 모셔와서 대한민국 건국장을 추서하면서 대전 국립현충원에 안장시켜드린 일입니다.

　이와 같은 것은 우리나라 문재인 대통령과 카자흐스탄의 토카예프 대통령이 여러 가지 우여곡절 끝에 홍범도 장군의 유언에 따라서(나라가 독립하면 내 유해를 고국으로 보내 달라), 토카예프 대통령과 우리 문재인 대통령이 2019년에 합의를 하고, 지난해에 하려던 것을 코로나 때문에 연기됐다가 이번에 모셔오게 된 것이다. 이렇게 우리 민족이 조상에 대한 공경심을 표시할 수 있는 기회가 돼서 참 좋은 일이다, 라는 생각이 들었습니다.

　우리나라가 일제의 침략으로 을사늑약을 맺고 정미7조약을 맺고 그러면서 한일합방으로 가고 있을 때 국내에서는 이미 많은 의병이 일어났습니다.

　나라를 잃지 말고 나라를 되찾자 이런 의병이 일어났는데 그것이 마음대로 되지 않았죠.

　그리고 한일 합방이 되고 나서 만주벌판 쪽으로 나가서 독립운동하는 사람들이 모이기 시작했는데, 1918년에 대한독립군이라는 것을 만들어서 박상진 사령관이 취임하고 독립투쟁을 벌이기로 했는데 그 박상진 장군이 어머니가 돌아가셔서 국내에 오시게 됐어요. 일경에 잡혀서 돌아가셔서 무산이 된 상황에 있었다고 말씀드릴 수 있습니다.

그러다가 1919년 국내외에서 기미 독립운동이 활발하게 퍼지고 그해 4월 한성정부·블라디보스톡정부·상해 임시정부 이런 여러 가지 임시정부가 섰는데 이를 통합해서 1919년 4월 13일 중국 상해에 대한민국 임시정부가 서서 본격적인 독립투쟁에 나서게 됩니다.

그리고 1920년 6월 4일 함경북도 삼둔자와 강안리에서 우리의 독립군들이 일본군을 습격하게 됩니다. 그때 일본이 많은 군대를 보내서 일본의 야사카와지로 19사단이 강을 넘어서 추격해 들어오게 됩니다.

그것이 1920년 6월 7일에 있었던 봉오동전투라고 말할 수가 있습니다.

봉오동은 만주 왕청현 봉오동이라는 지역인데 거기에 죽음의 계곡이 있습니다.

거기에 사단 병력 말고도 또 여러 가지 후속 부대도 왔는데, 그때 우리 독립군은 여천 홍범도 장군을 사령관으로 하고 여러 가지 군수품이나 지역적인 토대를 맡은 최진동 장군, 안무 장군, 한경세 장군 이런 분이 연합한 부대로 대한 북로군정서를 형성해 가지고 일본군과 맞닥뜨려서 본격적으로 전쟁을 벌입니다.

우리 군대는 죽음의 계곡으로 일본 군인들을 끌어들여서 우리 조선족 군인은 4명이 죽었는데 일본군은 157명이 죽었습니다.

본격적인 독립투쟁의 그런 첫 전과다 라고 말할 수 있습니다.

이 봉오동 전투가 일어나자 일본군은 만주에 있는 우리의 민족과 군인을 탄압해서 간도참변·자유시참변 이런 참변을 많이 겪게 되는데, 봉오동 전투 4개월 후인 1920년 10월 21일부터 여

김좌진 장군 동상(홍성)

러 날 청산리에서 싸움이 본격적으로 붙게 됩니다.

이것은 어디냐면 봉오동에서 해란강을 타고 서남쪽으로 내려와서 만주 화룡현 청산리라는 장소가 있고, 거기에는 천수평·배운평 이런 많은 계곡과 골짜기가 있습니다.

그때 청산리에서는 북로군정서군 대종교의 백포 서일 총재와 김좌진 장군이 사령관으로 나오고 북로군정서군의 사령관이죠. 그 다음에 나중소(羅仲昭)·이범석 장군 등 이런 여러분들이 참석해서 1만6천 명이 참여를 하게 되고 또 홍범도 장군을 대표로 하는 대한독립군이 1만 4천 명이 참여해 협공을 해서 10차례의 전투를 해가지고 크게 이겼습니다. 그래서 청산리 대첩이라고 그러는데, 이때 사망한 일본 군인이 3,300명이었습니다.

그래서 여기에서는 김좌진 장군 쪽이 많은 역할을 했고, 그에 못지 않은 일을 홍범도 장군이 했으니까, 홍범도 장군은 봉오동 전투와 청산리 전투 모두의 차원에서 혁혁한 공훈을 세운 것이다 라고 말할 수가 있습니다.

그런 후에 우리 조선 독립군은 대종교 총재 백포 서일 선생님 그 다음에 김좌진 장군, 홍범도 장군, 이범석·김규식·김동삼 장군 등 많은 분들이, 일본이 우리를 탄압한 자유시 참변이나 간도 참변에 대비해서 본격적으로 군대 편성을 하게 되는데, 이때의 그 연해주를 둘러싸고 있는 정세가 복잡다단 했습니다.

러시아가 왕정을 지지

홍범도 장군

하는 쪽과 볼셰비키혁명 쪽을 지지하는 쪽으로 해서 적군 백군으로 나뉘고 또 그에 관련돼가지고 우리나라 군인들도 상해 임시정부파와 블라디보스톡파로 또 이르그츠쿠파로 갈려서 싸워서 거기에서 서로 총질을 하는 그런 불행한 일이 있었습니다.

그외 홍범도 장군은 고려 혁명군 대표로 공산당원이 되면서 레닌의 축하 선물도 받고, 김좌진 장군은 그렇게 많은 애를 썼는데도 불구하고 공산당의 마수에 걸려서 암살당하는 불행한 일이 있게 됩니다.

그 후에 또 독립 전투 결과를 보면 1932년에 지청천 장군이 중심이 돼서 대전자 전투에 승리함으로써 일본군의 그러한 전쟁 물자를 대거 노획했고 1935년에는 이홍장 부대가 국내로 진입해서 평북 후창에 국내로 공작해서 일본 군인을 많이 죽였습니다.

그리고 1937년 6월 4일 우리나라 혜산진 건너편 압록강 맞은편에 있는 것이 장백현의 보천보 전투입니다.

그 보천보 전투가 이때에 크게 일어나는데, 우리나라와 중국 모택동군 그러니까 김일성 군과 중국 모택동군이 함께한 동북 항일의용군 200여 명이 일본의 경찰과 군인이 있는 주재소를 쳐들어가서 7명을 죽이고 14명을 부상시키는 승리를 거뒀습니다.

우리 군이 우리 군보다 20배 많은 일본군을 무찌르는 성과를 거둔 것이죠.

이때 김일성 장군은 26세였는데 그 보천보 전투가 동아일보 호외를 타고 전국으로 알려지면서 김일성 장군의 이름이 알려지는 그러한 계기가 되었다고 말할 수가 있습니다.

본래 홍범도 장군을 살펴보면 평양에서 머슴의 아들로 태어나셔서, 아주 신체가 건장하고 멋있었다고 합니다. 키가 190센치 정도 된다는데 포수가 되기도 했고 또 금강산 신계사에서 승려 생활을 2년 하면서 글자도 배우고 우리 역사도 배우고, 이순신 장군의 후손인 지담 스님한테서 이순신 장군에 관한 여러 가지 좋은 얘기를 많이 듣고서 배웠다고 얘기를 합니다.

그러다가 결국은 봉오동과 청산리 대첩을 하고 또 연해주에서 살다가 결국은 1937년 스탈린에 의해서 중앙아시아 이전 정책에 따라서, 카자흐스탄에 가서 크질오르다에 살게 됩니다. 거기서 정미소 일도 하고, 그런 장군다운 대우를 받지 못했고, 카자흐스탄의 고려인들의 지주가 됐지만 그렇게 여유 있게 살지는 못하고, 나중에는 크질오르다 고려극장에 수위로 사시다 타개를 하셨다고 합니다.

　이번에 귀국한 것은 봉오동 전투가 있은 후 101년 그 다음에 홍범도 장군이 타계하신 지 78년 만의 일이다 라고 말할 수가 있습니다.

　그리고 김좌진 장군이 청산리 대첩에 대공을 많이 세웠는데, 공산당에 의해서 암살당했지만, 현재와 연결된 얘기라면 그 아드님이 김두한 씨라고 종로에서 한때 주먹을 썼지만, 국회의원이 되기도 했고, 또 그 따님이 김을동이라는 탤런트인데 국회의원도 하셨고, 그 아들이 송일국이라는 탤런트로 '주몽'이라는 드라마의 주인공역을 맡기도 했습니다.

　여기서 우리가 또 알아봐야 될 한 가지는 이 봉오동 전투와 청산리 대첩이 이것이 쉽게 이루어지는 게 아닙니다.

　이것은 그에 앞서서 유명한 우리나라의 우당 이회영 선생 육형제의 뜻이 모아져서 신흥무관학교라는 걸 세워서 거기에서 지청천 장군이나 김경천 장군 이범석 장군 같은 사람이 군사교육을 실시해서 독립군을 양성했기 때문에 가능한 것이었습니다.

　우당 이회영 선생을 비롯한 이씨 육형제 그중에 막내인 이시영 선생만 대한민국이 수립되어 부통령을 하셨지만, 다섯 분은 전부 해외에서 독립운동하다가 돌아가셨습니다. 한일합방이 되자 우당 이회영 선생이 중심이 돼 가지고 육형제가 모였습니다.

　나라가 없는데 우리가 어떻게 살며, 또 살면 뭐 하냐 독립운동을 해야지 라고 해서 이조판사를 한 이우승 선생님의 아들들인데, 명동 일대 지금의 명동 성당 있는 곳 거기 일대가 전부 이회영 선생 형제들의 땅이었다고 합니다.

　그래서 그 땅 건물들을 지금 돈으로 합치면 600억 내지 2조 원이 되는 것이라고 합니다. 이 땅을 팔아가지고 육 형제 가족 40명이 만주 임성 삼원보로 가서 거기에서 민족이 단합하는 경학사도 만들고 신흥강습소를 만들었습니다.

　신흥강습소를 나중에 이상룡 선생, 김동삼 장군 또 이동영 선생 또 백포 서일이나 이런 분들을 합쳐서 신흥무관학교를 세워서 거기에서 독립군을 쭉 양성을 했기 때문에, 봉오동 전투와 청산리 대첩 같은 그런 혁혁한 전투 성과를 낼 수 있었다고 말할 수 있습니다.

　우리가 보통 얘기할 때 독립운동을 한 사람들의 후손은 3대가 망하고 친일한 사람들은 3대가 흥한다는 역설적인 자조적 표현이 있습니다. 나라가 발전하려면, 이것만은 고쳐져야 합니다.

　우리는 생명과 천문학적 재산을 바쳐 독립운동을 한 이회영 선생 일족 40명은, 노비에게도 존댓말을 쓰고 자기의 전 재산을 팔아서 나라를 위해서 바친 노블리스 오블리지의 그런 대표적인 가문이다 라고 말할 수 있습니다.

　조선 임진왜란 때 백사 이항복 선생의 후손이라고 그럽니다. 이분들의 후예로는 대한민국 첫 국정원장을 한 이종찬 씨, 안양에서 출마해서 국회의원을 한 이종걸 의원 이런 분들이 이회영 선생의 후손입니다. 이회영 선생 6형제중 둘째가 이석영 선생님인데, 이선생님과 그 아들 이규준 선생님은 독립운동을 하시다가 중국에서 순국하셨는데, 이규준 선생님이 사망하자, 세 딸이 뿔뿔이 흩어졌습니다. 국가 보훈처는 이석영선생 증손녀 최광희.김용애씨의 신청을 받아, 88년만에 증손녀.외증손녀 10명을 한국과 중국에서 찾아내 독립유공자로 서훈하기로 했다고 한겨레신문이 보도 했습니다.(서기 2022.2.24.)

대종교인이자 자주 사학자인 단재 신채호 선생님은 역사를 잊은 민족에게는 미래가 없다고 얘기했습니다. 지금 여기 우리는 자주의식으로 활짝 깨어 있어야 되겠습니다.

제12절 3·1 독립운동의 여명

밝은 해인 청천 백일의 밝해정신으로 한밝달 문명을 이끄는 하느님의 신선도로서 홍익인간(弘益人間)·광화세계(光化世界)를 신명 개벽하는 신명난 우리 역사 제12절 주제는 '3·1 독립운동의 여명'입니다.

2021년 102번째 맞이하는 3·1절이 왔습니다. 우리나라는 민족국가 단군조선으로부터 시작해서 유구하고 찬란한 역사를 이어왔는데, 조선조 말기에 1910년 일제에 패망을 했습니다. 나라를 잃은 거지요. 그래서 역사상 가장 어려운 그러한 시기를 우리 국민들이 한 많은 고통을 감내하면서 살아왔습니다. 그러한 일제강점기에 우리가 당연히 자주 독립을 해야 되니까, 여러 가지 독립운동을 많이 했지만, 가장 대표적인 것이 기미년 1919년 3·1독립선언이다 라고 얘기할 수가 있습니다.

그래서 3·1독립운동 준비과정 여명이라고 할 수 있는 사정을 주로 알아보고자 합니다.

　일제가 우리나라를 강점한 후 무엇보다도 중요한 것은 명성황후를 시해하고 고종 황제를 독살시켰습니다. 그래서 1919년 3월 3일이 고종황제의 장례식을 하는 그러한 날이었습니다. 그래서 그러한 소식이 국내외에 전해지자 그 즈음을 이용해서 민족 자주독립에 관한 의지를 전국은 물론 세계에 이렇게 알릴 필요가 있었던 거죠.

　그러한 국내의 사정이 있게 된 데는 고종황제가 서기 1907년 헤이그에 밀사를 파견하고, 또 파리강화회의에 밀사를 파견하는 일을 기획하고 실천에 들어갔는데, 그것을 일본이 눈치를 챈 겁니다. 그리고 국제적으로는 미국의 윌슨(Wilson, T. W.) 대통령이 민족 자결 원칙을 천명해서 제1차 세계대전이 끝나면서 각 나라가 식민상태에서 독립할 수 있는 분위기가 있었습니다.

　그래서 우리나라는, 그때는 국호가 조선에서 대한제국으로 바뀐 뒤 망하고 나니까 상해를 중심으로 해서 독립운동을 하는 사람들이 모여들어서 대한민국 임시정부 수립에 대한 그런 계획을 세우고 있었습니다. 그것은 앞서 말한 미국 윌슨 대통령의 세계1차대전 후 14개 원칙에 호응한 그런 측면이 있었습니다.

　이 당시에 상해에는 신규식 선생님을 중심으로 한 동제사가 있었는데, 그것을 좀 더 정치적으로 확장하기 위해서 1919년 1월에 동제사를 중심으로 해서 상해 신한청년당을 결성 했습니다. 거기에는 신규식 선생을 비롯해서 이동영, 이시영 그 다음에 여운형, 여운홍, 김규식, 조동호, 김철 이런 분들이 중심이 됐는데, 이분들 가운데 열 분이 대한민국 임시정부 수립할 29명 대표 중에 10명을 차지할 정도로 되어 있습니다.

그러한 신한청년당을 만들고 독립을 하기 위해서 여기에서는 국내외로 사람을 파견했는데, 한반도로는 선우혁·서병호, 동경으로 조소앙·장덕수 그 다음에 만주 길림 지역으로는 여운형, 미국으로는 여운형의 동생 여운홍을 파견을 했습니다.

그런데 기미년 3월 1일 독립선언을 하기 전에 먼저 독립선언을 한 것이 있습니다. 기미년 이전 무오년에 대한민국 독립선언을 한 것이 있는데, 그것이 바로 만주 길림성 여준 선생님 집에서 무오 대한독립 선언을 했습니다. 근데 왜 무오로 했느냐 하면은 그 날짜가 1919년 2월 1일입니다. 그게 음력으로는 무오년 12월이기 때문에 무오(戊午)대한독립선언이라고 했습니다.

"대한민국"이라는 것을 처음 쓴 공식문서가 이 선언이라고 할 수 있습니다. 그 내용은 "대한 동족은 완전한 자주독립과 신성한 평화 복지로 대한민국의 자립을 선포한다. 한일합병은 무효이고 독립을 쟁취할 것을 선언한다." 이렇게 되어 있습니다.

거기에는 김교헌, 조소앙, 신채호, 신규식, 박은식, 이동휘, 이승만, 안창호, 이상룡, 이동영, 이시영, 김규식, 김동삼, 김약연, 김좌진, 박용만, 그 밖에 23명이 추가로 서명을 했습니다.

그 다음에 1919년 2월 8일에는 동경의 유학생학부회를 중심으로 해서 최팔용씨 등 대학생들이 2월 8일에 동경의 조선기독교회관 YMCA에 모여서 대한독립선언을 했습니다.

그리고 거기에서 서울로 대표를 파견하는데, 송계백과 최근호를 국내로 파견하고 그 다음에 이광수는 상해로 파견하기로 했습니다. 그렇게 송계백은 국내로 와서 자기의 모교인 중앙학교에 현상윤 선생과 교장인 송진우 선생, 최남선 씨를 만났습니다.

그런데 그 현상윤 씨가 천도교의 대도정인 보성학교장 최린 선생을 만나서 동경에서 이러한 독립선언을 하는 움직임을 얘기를 하니까 최린 선생은 천도교 3세 교조인 손병희 선생에게 보고를 했습니다.

그러니까 손병희 선생이 학생들이 움직이는데 어른이 가만히 있습니까? 우리가 앞장서서 전교적으로 궐기합시다 라고 얘기를 했습니다.

그래서 손병희 교주는 최린, 권동진, 오세창 선생에게 위임을 해서 독립선언 원칙으로 대중화·일원화 그 다음에 비폭력 이런 세 가지를 넣으라고 그렇게 얘기를 했습니다. 물론 이것은 나중에 최남선 선생이 독립선언서를 작성하고 3대강령은 한용운 선생이 했지만, 그런 원칙은 손병희 선생이 제시한 것입니다.

그리고 기독교에는 평양에 있었던 이승훈 장로가 있는데, 105인 사건으로 투옥됐다가 나와서, 1919년 1월 상해에서 온 선우혁을 만나가지고 독립을 위한 논의를 했는데, 그 때 목사로 양전백, 유여대, 김병도, 신은식, 길선주 목사와 이병문 장로 등을 만났습니다.

그래서 기독교는 한때 독자적으로 하되, 선언으로 하지 않고 청원으로 할 것인가 그랬는데 청원이 약하다. 그런 얘기도 있고 나중에 최남선의 제의로 최린 선생과 이승훈 장로 또 송진우 선생, 현상윤 선생이, 동아일보 사장을 하게 되는 김성수 선생님 집에서 만나서 의논을 하는데, 기독교 쪽에서 전체적으로 통합하려고 그러면 돈이 필요한데 좀 도와달라고 그래서 최린이 손병희 선생한테 얘기해서 5천 원을 마련해서 기독교 쪽에 줬습니다.

그리고 2월 23일 기독교 측은 이승훈과 함태영 선생 합의로 천도교와 연합선언으로 하기로 합의를 했습니다.

그리고 날짜는 고종의 국장이 3월 3일인데 그 전날 하면 좋은데 전날은 일요일이라 기독교에서 반대해가지고 3월 1일 정오 서울 파고다공원에서 독립선언을 하기로 했습니다.

그 다음에 독립선언서의 인쇄와 제작은 천도교, 배포는 천도교와 기독교가 같이 하기로 하고, 그 다음에 일본 정부나 의회에 대한 통보는 천도교 쪽에서 하고, 윌슨 대통령과 여러 나라의 문서 제출은 기독교 쪽에서 하기로 했습니다.

그리고 최린은 불교계의 대표로 신흥사 주지로 계셨던 만해 한용운 선생께 얘기하고, 한용운 선생은 대각사 스님이셨던 백용성 스님에게 얘기한 바, 시간이 별로 없으니까 불교계를 대표해서 두 명만 들어가기로 했습니다. 이때 카톨릭은 빠지고, 천도교는 15명(처음에 천도교 15명, 기독교 15명으로 합의한 바, 기독교가 장로회·감리회 숫자 조정이 안되어 8대 8로), 기독교는 16명으로 제일 많이 참여를 했습니다.

그리고 대학생 대표로 서울대 김현기 그 다음에 고려대 강기덕, 연세대의 김원벽·이강성 등 이런 사람들이 독자적으로 독립선언을 추진을 했는데, 이갑성 선생님과 이필주 목사 집에서 같이 모여가지고 학생들도 함께 하기로 했습니다. 그리고 2월 27일이죠. 최린 선생님 댁에서 서명을 했는데, 서명을 어떤 순서로 할 거냐 그런데 맨 앞에 천도교 교주인 손병희 선생이 들어가고, 두 번째는 장로교의 길선주 선생, 세 번째는 감리교의 이필주 목사님 그리고 네 번째는 불교계의 백용성 스님이 들어가고, 나머지는 가나다 순서대로 하기로 하고, 나중에 민족 대표들이 잡혀 갈 테니까, 사후 수습을 위해서 천도교회 대도주인 박인호, 기독교의 함태영 선생님이 빠지고 사후 수습을 위해 남기로 했습니다. 이 함태영 선생은 나중에 대한민국의 부통령을 하셨죠. 그리고 인쇄는 천도교 쪽에 속하는 보성사 이종일 사장이 하기로 했습니다. 그 다음에 2월 28일 마지막 날 오후 5시 손병희 선생님 댁에서 모여가지고 의논해서 장소를 검토, 헌병과 국민의 충돌을 막기 위해서 파고다공원에서 태화관으로 옮기기로 했습니다.

그래서 3월 1일 오후 2시 서울 종로의 태화관에서 30명의 대표가 참석해서 그 독립선언서를 3시에 낭독하고 "吾等은 茲에 我 朝鮮의 獨立國임과 朝鮮人의 自主民임을 宣言하노라" 그렇게 돼 있죠. 그리고 만해 한용운의 주장으로 뒷부분에 '공약 3장'이 추가되었다.

3시에는 한용운 스님이 연설을 하고 만세 삼창을 하고 또 경찰 당국에 알렸죠. 이때 그 암울했던 한반도 우리나라에 새로운 천지가 열리기 시작한 것이죠.

그 다음에 일부 학생들이나 이런 사람들은 장소가 바뀐 걸 모르고 파고다 공원에 모였다가 학생대표 한 사람인 강기덕 씨가 태화관으로 와서 이 파고다 공원에서도 하자고 하니까, 충돌을 방지하기 위해서 바꾼 거니까 돌아가라고 했습니다. 그러한 대학생들을 중심으로 파고다공원에서의 독립선언문 낭독은 정신학교 졸업생인 전대영 씨가 낭독을 하고 만세삼창을 했습니다. 역사적인 사건이 일어난 거지요. 전국으로, 세계로 우리 민족 독립만세운동이 퍼졌습니다.

이러한 사건으로 모두 전국에서 630명이 죽었다고 합니다. 대표적인 게 경기도 화성의 제암리교회인데, 거기에는 일본 헌병이 동네의 젊은 남자들을 비롯해 남자들 23명을 교회에다 모이게 하고 문을 모두 잠그고 불을 질러 버렸습니다. 그러니까 다 타 죽

태화관에서 독립선언서를 낭독하는 민족대표 33인

었고 그 다음에 그 동네 제암리와 이웃 고주리에서 불탄 집이 70여 채가 됐다고 합니다.

너무나 잔혹하게 한 거지요. 그렇게 해서 이러한 참담한 사태는 카나다 스코필드 박사나 외국의 목사들을 통해서 세계에 알려지게 되었습니다. 이러한 결과로 1919년 4월 11일 대한민국 임시정부가 상해에 서게 되었고, 일본은 또 여러 가지 정책적인 얘기를 하면서 재주를 부렸지만, 나중에 6·10만세 운동이나 광주 학생운동으로 퍼져나가는 그런 기원이 됐습니다.

또 하나는 다른 세계 여러 나라의 학생이나 독립운동에도 영향을 줬는데, 특히 중국의 북경에서 일어난 5·4운동 거기에도 깊은 영향을 주었다고 말을 할 수가 있습니다.

중국의 5·4운동은 1919년 5월 4일 베이징대의 대학생들을 중심으로 해서 일본이 중국을 지배하는 21개조를 철폐하라고 요구하는 항일 반제 반봉건투쟁이라고 말할수 있습니다.

지금 우리는 기미년 독립선언 102주기를 맞이하면서 국내외 정세를 보면 많이 착잡하고 걱정이 듭니다. 지금은 코로나를 비롯해 가지고 우리나라와 세계가 어렵고, 우리 민족은 세계 시원문명인 밝해문명의 창시자로서 우리나라를 대통일하고, 세계 문명을 리드해야 될 문명을 창조해야 되는데, 지금 역사학계를 보면 일제시대보다 못할 정도로 비자주적인 바 자주적인 국사를 신나게 확립해야하는데, 우리나라 강단식민사학자들이나 교육부가 오히려 걸림돌이 되는 참담한 실정에 있습니다. 우리는 제정신을 차려서 개인이나 민족이나 국가나 모두 자주정신을 가지고 민족혼으로 위난에 대처해야 한다고 생각합니다.

그런 여러가지 일 중에 한 가지 참고로 얘기하면, 민족 자주사관 확립을 위해서 상생방송, 한배달이나 국사찾기협의회 또는 증산도 쪽에서 민족 자주사상을 펴고 『환단고기』를 알리고 민족 광복운동을 펴고 있지만, 유념해야 할 한 분으로 임종국 교수라는 분이 있었습니다.

그분은 사학자고 시인이고 비평가인데, 과거에 친일문학론을 쓰고 그러면서 일본에 붙어서, 여러 가지 아부하고 도와주고 민족을 괴롭힌 친일매국 친일인명 카드를 1만 2천 매를 탐구해서 글을 썼습니다. 여러 가지 생활이 어려운데도 불구하시고 그런 일을 해서 결국은 그 뜻을 받드는 후진들이 민족문제연구소를 만들었고, 민족문제연구소를 중심으로 해서 임종국 선생님의 그러한 것을 바탕으로 해서 7억 원을 모아서 국가에서 할 것을 맡아서 역사적이고 자주사적인 『친일인명사전』을 만들었습니다.

해방 후에 초대 이승만 정권이 반민특위를 해체하지 않고 반민특위를 살려서 민족정기를 제대로 바로 잡았어야 되는데 그렇게 못했습니다. 그러나 임종국 선생님은 여러가지 노력으로 친일인명사전도 만들고 또 민족문제연구소를 중심으로 서울 용산에서 숙명여대, 효창공원 가는 쪽에 식민지역사박물관이라는 걸 세웠습니다. 거기에 가면은 친일한 사람들의 일, 어렵게 독립운동한 사람들의 역사적인 사실이나 자료를 볼 수가 있다는 것을 참고로 말씀드립니다.

효창공원은 충효를 나타내는 곳인데, 임시정부 백범 김구 주석 기념관과 묘역(부인 최준례 여사 합장), 임시정부요인 3인 묘역(이동녕 주석, 차리석 국무원 비서장, 조성환 군무부장) 4의사 묘역(이봉창. 윤봉길. 백정기 의사. 안중근 의사는 가묘형태)등이 있어, 국민들과 학생들에게 나라를 일깨워주고 있습니다.

남한국에는 순국. 애국한 조상이나 선렬을 위한 국립묘지(국립현충원 등)가 있는데, 서울 동작동 현충원, 대전 현충원이 있고, 서울 수유리 4.19 민주묘지, 창원 3.15 묘지, 광주 5.18 민주묘지와 5개 호국원등 12개 국립묘지가 있으며, 북조선에는 평양에 혁명열사릉(1975년 건립. 대성산. 200여명), 애국열사릉(1986년. 형제산. 520여명) 등이 있습니다.

'3 · 1독립운동의 여명'에 대해서 살펴봤습니다.

감사합니다.

제7장
남북 분단 시대

제1절 한민족 해방. 남북분단과 통일

신명난 인류 최고 한 밝달 문명국사 제7장 제1절은 '한민족 해방 남북 분단과 통일'입니다.

밝은 해인 청천백일의 광명으로 우리 민족이 하느님과 창조한 인류 시원 문명인 한밝달 문명이자 신선도인 홍익인간·광화세계로 신명 개벽하는 신명난 우리역사 제1절 주제는 '한민족 해방·남북 분단과 통일'입니다. 여기서 홍익인간(弘益人間)은 인간의 이상형으로 깨달음을 얻어 사람을 널리 크게 돕는 사람을 말하고, 광화세계(光化世界)는 세계의 이상형으로 광명이 꽉 차서 어두운 곳이 없는 사회 완성을 말합니다. 한밝달 문명이죠. 한밝달 문명이 홍익인간. 광화세계죠.

우리 한민족은 고왕검 단군께서 고씨 고조선을 연 이래 반만년 대륙민족의 영광사를 이어왔습니다. 그러다가 서기 1910년 한일합방으로 우리 국민들은 일제의 압정에 시달리면서 상해에 대한민국 임시정부를 세우고 한반도는 물론 만주 중국 등 세계 각지에서 민족 독립투쟁을 전개해 왔다. 그러다가 1945년 8월 15일 제2차 세계대전이 끝나고 우리 한민족은 해방을 맞이했다.

민족 독립투쟁을 해온 그런 국민들의 노력과 세계사의 변화로 독립을 맞이하기는 했으나, 국제관계로 인해서 남북이 분단되는 그런 비참한 결과를 가지고 오기도 했다. 그 당시 대한민국 임시정부 주석이었던 김구 선생은 미국 OSS군과 어울려서 한반도로 진격하려는 광복독립군을 창설해가지고 움직였는데 그것이 중국과 미국에는 알려졌지만 다른 나라에게 널리 알려지기 전에 승인을 받기 전에, 일본이 항복을 하게 돼서 김구 주석께서는 "아차!" 싶었다고 한 겁니다. 좀 일찍 할걸!

우리의 독립군이 한반도에 들어오고 진격하고 세계적으로 대일 참전이 이렇게 승인받고 그런 상황이었으면 분단이 없었을 텐데 그런 문제가 있었다고 말할 수가 있습니다.

해방이 되자 한반도 남쪽에는 미군, 북쪽에는 소련군이 점령해서 진주하게 되고 그 분단이 지금까지 78년 이어져 오고 있는 것이죠.

제2차 세계대전이 끝나기 전에 국제 관계를 살펴보면, 1943년 12월에 미국·중국·영국의 대표 그러니까 루즈벨트, 장개석, 윈스턴 처칠이 만나 카이로회담을 하고 카이로선언을 체결했습니다.

그래서 거기서 〈인듀우 코스(in due course)〉 정당한 절차를 밟아서, 우리나라가 독립국가가 된다. 그런 것을 약속을 했고 그 후에 얄타회담이나 테헤란회담을 열었는데 그때 그 테헤란회담에서 신탁통치안이 미국의 제안으로 올라왔다고 합니다.

1945년 8월 15일 일본 왕이 항복선언을 하자 우리나라 안에서는 건국준비위원회가 형성이 됐습니다.

중도파의 여운형·안재홍·김병로 이런 분들하고, 공산당의 박헌영·이강국 이런 분들이 함께해서 건준위를 만들고 중앙에 12부 1국 전부 145개의 인민위원회가 설치됐는데, (민족보수우파인 고하(古下) 송진우 선생님은 불참) 한반도를 점령한 맥아더 태평양 총사령관, 하지 점령군 사령관, 아놀드 미군정청장관 등은 건준도 인정을 하지 않았고, 대한민국 임시정부도 인정을 하지 않아서, 애석하게도 대한민국 임시정부가 개인 자격으로 돌아오는 문제를 맞이하게 되었습니다.

미군이 한국의 와서 점령을 하고 미국이 지배하게 되니까, 1946년 12월 12일 과도 입법의원을 열었는데, 거기에는 친일파도 많이 들어가 있고 또 사회적으로는 『꺼뻬딴리』(Captain Lee)라고 서울대 전광용 교수가 쓴 단편소설(1962년작)인데, 일본이 강하면 일본에 붙어 먹고, 미국이 강하면 미국에 붙어 먹고, 소련이 강하면 소련에 붙어 먹는 이런 좋지 않은 풍조가 생겨서 우리나라의 한 고질병이 되기 시작했다고 말할 수 있습니다.

그러면서 미소의 이러한 대립 갈등은 냉전(Cold War)이라고 제2차 세계대전 후에 냉전시대가 되고 또 매판 자본을 형성하면서 귀속재산이나 농지개혁 문제 등 여러 가지 문제를 가져오게 됐죠. 1953년 미국자본중심 체제가 서면서 양키문화가 생기게 되었습니다.

그러한 가운데 1945년 12월 27일 미·영·소 모스크바 3상회의가 열려서 거기에서 한반도에서 임시정부와 신탁통치안을 내서 그렇게 하기로 합의 한 모양입니다.

그래서 우리나라는 대한민국 임시정부를 비롯해서 반탁운동에 앞장서고 또 찬탁도 생기고 많은 혼란을 겪게 되었습니다.

그러다가 1948년 유엔 총회의 결의로 선거 가능한 지역 남한에서 총선거를 하기로 해서, 제1회 우리나라 총선거가 실시돼서 국회의원을 뽑게 되었죠.

유엔 감시하에 5·10 총선거를 실시한 건데, 거기에서 여러 사람들이 다 정치에 참여했지만, 김구 선생이나 김규식 선생 쪽은 참석을 안 하고 또 좌익계통은 또 참석할 수가 없게 하기도 했죠.

그 이전 전전해부터 얘기가 있어서 평양에서 독립국가를 세우기 위해서 김구, 김규식, 김일성, 김두봉 4분이 4자 회의를 해서 단정 수립을 논의했는데, 그것이 결국은 미소에서 인정을 안 하고 또 남북에서 반대하는 세력도 있어서 성공을 하지 못 했습니다.

그러다가 다음 1947년에 여운형 선생이 피살당하고, 김구 주석도 5·10선거에 참여를 안 했을 뿐 아니라 1949년 6월 26일 집권세력의 사주를 받은 안두희에 의해서 암살당하는 많은 문제점이 있었습니다.

그래서 단기 4281년(서기 1948년) 7월 12일 날 「대한민국 헌법」이 제정되었죠.

대한민국은 민주공화국이다(제1조). 모든 권력은 주권자인 국민으로부터 나온다(제2조). 이런 헌법이 제정되고 거기서 국회의장을 처음에 이승만 박사가 하게 되고, 초대 대통령으로 이승만, 부통령으로 이시영, 국무총리 겸 국방장관에 이범석, 외무부장관에 장택상, 문교부 장관의 안호상, 안호상 장관은 교육이념으로 지금 이야기하는 홍익인간(弘益人間)·광화세계(光化世界)를 이념으로 하는 그런 정부가 서게 돼서 1948년 8월 15일 날 대한민국이 정식으로 출범이 된 거죠.

그때 국회의장은 신익희 선생이었고, 대법원장은 가인 김병로 선생이었습니다.

반면 북한 쪽을 보면은 1945년 8월 8일 제2차 세계대전 끝나기 일주일 전에 태평양의 부동항을 찾는다는 러시아가 대일참전을 하게 되고 일주일 만에 승전국으로 큰소리를 치게 되어서 만주 시베리아를 거쳐 8월 16일 날 원산에 도착을 했습니다.

그래서 치스차코프 대장을 중심으로 해서 입북을 하고 민정장관 중심으로 해서 소비에트형 군정을 하면서 내면적으로는 총독부 체제를 어느 정도 인정하되 건준이 만들었던 인민위원회를 수용해가지고 다스리면서 친일파를 제거하기도 했습니다.

그 다음에 1945년 10월에 도 인민위원회를 설치하고, 12월에는 북조선 보안대를 설치하고, 1946년 2월에는 임시 인민위원회를 하면서 3월 23일 날 20개 정강정책을 마련, 사람의 기본권과 8시간 노동제도, 남녀동등권 이런 것을 확립하면서, 빈농과 농업 노동자 중심으로 농촌위원회를 만들고, 그래서 대지주의 땅을 4만4천 명 걸 무상몰수해서 빈농과 농업 노동자 중심으로 그 배분을 하게 되었습니다.

그리고 1034개의 공장과 기업체 국영화를 시켰습니다.

그리고 여러 가지 사정이 있었지만, 고당 조만식 선생 같이 국민들의 지지를 받던 분이 참여하지 못하게 되는 문제도 있었고, 어쨌든 1948년 남쪽에서 5·10 총선거를 하고 8월 15일 날 국가가 서게 되니까, 북쪽도 1948년 8월 15일 해주에서 최고인민회의를 열어서 9월 3일 날 북쪽도 헌법을 제정 하고 9월 9일 김일성을 내각 수상으로 하는 '조선민주주의 인민공화국'을 세웠습니다.

그래서 북쪽은 공산주의와 주체사상을 중심으로 하는 바탕 밑에서 통치를 해나가게 되는데, 처음에 내각 부수상은 홍명희, 외상은 박헌영, 부외상은 이강국 그 다음에 보위상은 최용건, 그리고 허가이라고 연해주에서 태어나고 부수상을 했으며, 최고회의 인민위원회 의장은 김두봉 선생이 맡았습니다. 나중에 6·25 사변이 끝나고 박헌영, 이강국, 허가이 이런 사람들은 숙청이 되었다고 알려져 있습니다.

그래서 8·15해방이 되고 남북분단 정부가 서고, 남한국·북조선이죠. 1950년 6월 25일 북조선이 남쪽을 쳐들어오게 되어 동족상잔의 최대의 비극을 맞이하게 됐죠. 그래서 지금 해방된 이후로 77년이 지나도 민족간의 이질감만 짙어지며 통일을 위한 많은 노력을 했어도 통일을 이루고 있지는 못하고 있습니다.

우리 한국은 6·25 사변이 끝나고, 초대 이승만 대통령이 장기 집권을 하려하자 1960년 4·19혁명이 학생들을 중심으로 일어나, 대학 교수단이 4월 25일 반정부 데모를 하고 이승만은 4월 26일 하야를 하고 하와이로 망명을 했습니다.

그리고 다음에 내각제 헌법으로 2대 대통령에 윤보선 대통령과 장면 국무총리가 집권해서 경제개발계획 5개년 계획을 세워서 잘 해 나가고 있는데, 1961년 5월 16일 박정희 소장을 중심으로 한 군부가 반민주적인 군사쿠테타를 일으켰습니다.(장도영 내세움) 민주헌법에 위반된 일이었지만, 박정희 장군은 새마을운동을 비롯한 여러 가지로 잘 사는 나라를 만들기 위한 노력을 많이 해서 한국 산업화의 기초를 쌓았습니다.

그러다가 김재규 중앙정보부장이 박정희의 독재와 문제점을 보고 시해하는 사건이 터지고, 전두환·노태우 이런 사람들이 준군사 쿠테타를 일으키고 광주에서는 반군부 5·18 민주화 투쟁으로 많은 사람들이 희생이 되었죠.

전두환·노태우(북방외교정책성취) 대통령 다음에 오래 민주화 투쟁을 해 온 김영삼 대통령과 김대중 대통령이 들어섬으로 해서 우리나라의 민주화가 본격적으로 이루어지기 시작했다고 말할 수 있습니다.

그러므로 우리 민족은 해방 이후 세계에 드물게 민주화와 산업화를 이룬 뛰어난 우수성을 보이기도 했는데, 지금은 너무나 많은 국내외 갈등을 겪고 있어서 문제입니다.

　민주화를 위해서 가장 컸던 것은 4·19, 4월 민주혁명이고, 다음 5·18 민주혁명 투쟁이 있고, 또 1987년도 민주화투쟁 또 88 서울올림픽에 있어서 우리가 세계 4강에 들어갔고, 그 다음에 IMF가 터졌을 때는 우리 국민들이 단합을 해서 금모으기 운동을 해 국가의 위기를 벗어나는데 전 국민적인 단합을 보여주는 민족이 되었습니다. 그 다음에는 한일 월드컵축구 때는 붉은 악마의 원조가 치우천황이라고 그 붉은 유니폼을 입고, 700만 명이 모여서 민족의 단합을 보여줬고, 또 2017년 촛불혁명을 통해서 광화문 민주주의와 민주화의 역사를 쌓아 갔습니다.

　그래서 노무현을 거쳐 다음에 이명박·박근혜를 지나 문재인 대통령 시대에 와 있는데, 그 동안에 남북통일을 위해서 김대중 대통령과 노무현 대통령이 김정일 국무위원장을 만나고, 문재인 대통령도 김정은 위원장을 만나기는 했지만, 통일에 특별한 진척을 보지는 못하고 있습니다.

　북한은 6·25 사변을 일으켜서 민족상잔을 가져오게 했지만, 또 천리마 운동을 한다든지 나름대로 노력을 했는데, 그런 전제주의 체제이기 때문에 먹고 사는 게 힘들고 그래서 고난의 행군 시대에는 수백만 명이 굶어 죽기도 하는 그런 불행한 일을 겪고, 탈북자도 수만명 생겼으나 한쪽으로는 세계의 핵(核)보유국이 되기도 했습니다.

　북한의 한 풍습으로 처녀들이 좋아하는 배우자감을 "군당지도원"이라고 한답니다. 군인. 당원. 대학출신 지도자. 도덕성. 원(돈)을 합친 신조어라고 합니다.

　이제 한민족 대통일로 가야 될 그런 시대를 맞이했다고 말할

6.15 남북 공동 선언 발표(2000.6.15)

수 있습니다.

그래서 반면 년 대륙 민족의 영광스러운 역사를 이어온 우리 한밝달 민족은 우선 한민족 평화적 대통일을 위해서 노력해야 되고, 세계는 지금 코로나 판데믹을 비롯한 세계적인 재앙에 휩싸였는데, 우주의 1년으로 보면은 선천 상극 시대라, 거대한 어려움을 겪고 이겨내며, 후천 상생 시대를 열어 가야 됩니다.

그때에 세계의 문명을 리드할 것은 지리적인 위치로 동북간방(東北艮方)에 있는 천손족이자 밝해문명족인 우리 민족이 중심이 되어서 하나의 평화세계(a peaceful world)를 이루는 그러한 사명을 우리 민족이 지금 하고 있어야 되는 겁니다.

현실이 아무리 어려워도 우리 민족은 하느님과 함께 하는 알이랑 민족으로 시원 문명인 한밝달 문명에서부터 그 많은 능력을 가지고 세계화되어 있고, 세계에 알려져 있습니다. 세계가 케이팝(K-Pop)을 비롯해가지고 BTS · 조수미라든지 또는 양궁 ·

골프·태권도 이런 것들을 통해 가지고 우리가 한밝달 문화를 세계에 알리고 있습니다. 나아가 한민족뿐만 아니라 세계가 하나의 평화세계로 가는, 하나의 세계 연합정부를 세워야 된다고 생각합니다.

그러려면 그러한 장소로 백두산을 중심으로 한 삼수갑산이나 또는 우리나라의 비무장지대나, 동북아 지중해의 중심지인 제주도를 추천하며, 국제연합(UN)을 발전적으로 해체시키고 세계연합 정부를 세워가는 일을 해야 된다. 그런 생각을 합니다.

제2절 대한민국 4월 민주 혁명

밝은 해인 청천백일의 밝해정신으로 한밝달 문명을 이끄는 신선도로서 홍익인간(弘益人間)·광화세계(光化世界)로 신명 개벽하는 신명난 우리 역사 제2절 주제는 '대한민국 4월 민주혁명'입니다.

서기 2021년 4월 19일은 제61회 4·19 민주혁명 기념일인데, 우리 후손과 국민들을 위해서 그 역사를 알아보고 기리며 추념하기 위해서 이렇게 제목을 잡았습니다.

유구한 역사를 갖고 있는 세계에 시원문명의 주도자가 우리 한 밝달 민족인데, 여하튼 서기 1945년 8월 15일 제2차 세계대전이 끝나면서 일본 식민지에서 해방이 됐습니다.

그러나 우리 자주의식 부족과 패권주의 국가인 미국과 소련 등에 의해서 우리나라는 남 한국, 북 조선으로 비극적으로 분단이 됐습니다. 완전히 광복이 못 된 거죠. 그래서 1948년 8월 15일 남쪽엔 한국 정부가 서고 그 후에 북쪽에는 김일성의 공산정권이 서는 상황이 됐습니다.

그러다가 2년이 지나는 1950년 6월 25일 북쪽에서 쳐들어와서 6·25 사변이라는, 한국전쟁이라는 동족 상잔의 비극을 맞게 됐습니다. 수많은 사람이 다치고 행방불명이 되고 또 국제적으로는 유엔과 16개국에서 지원군을 보내오고 지원물자를 보낸 나라도 많으며, 북쪽에도 중국·소련 이렇게 몇 개 국가가 또 지원하게 되는데 하여튼 이렇게 큰 비극이 다시는 있어서는 안 될 것입니다.

지금도 그 전쟁 상태가 완전히 끝난 게 아니고 정전 상태로 비무장지대(DMZ)가 남북 중간에 놓여 있고, 판문점이 그 분단을 상징하고 있는 정전 상태라고 말할 수 있습니다.

해방될 당시에 우리나라의 사정을 보면은 입도선매(立稻先賣)나 또는 보리고개 이런 말이 유행할 정도로 국민들이 살기가 매우 어려웠습니다.

그러나 그러한 민족적인 비극을 넘고 6·25사변을 겪으면서 우리는 국민이 하나같이 단결해서 민주화와 산업화를 이룬 선진국 나라가 됐습니다.

세계 제2차 대전이 끝나고 새로 탄생하거나 독립한 나라가 유엔 가입국 193개국 가운데 85개 나라가 있는데, 이렇게 민주화와 산업화가 이루어져서 민주 통일 복지를 향해서 나아가는 그러한 가장 모범적인 국가가 우리나라가 됐습니다.

그리고 세계의 TV가 3대라면 세 개 중에 하나는 한국산 TV일 정도로 산업이 발전했습니다. 삼성전자·현대중공업·포항제철 등 세계 제일기업이고 또 세계 제일의 IT강국이며 무역 규모 면에서도 1조 달러를 넘어서 세계 무역 규모 9위 국가인 나라가 됐고 또 하나는 서울 88세계올림픽을 한국에서 열어서 세계 4위를 차지했습니다.

그리고 전국 산림녹화에도 성공하고, 1997년 경제적인 그런 실정으로 인해서 국제통화기금인 IMF로부터 수많은 차관과 규제를 받고 그렇게 어려웠을 때도 국민들이 일심 단결해 오손도손 모여서 ,금모으기 운동을 하고 난관극복의 모범을 보이기도 했습니다.

그 밖에 지금은 케이팝(K-POP)이라고 해서 아리랑 노래가 세계적으로 퍼지고 또 조수미나 BTS 같은 그러한 가수들이 유명하고, 운동에서도 골프나 양궁, 태권도 또 야구 이런 면에서 전부 금메달을 따는 그런 수준이 됐고, 또 김환기 화백의 그림은 세계 제일의 고가를 매길 정도로 유명해졌고, 영화로는 "기생충"이나 "미나리", "오징어게임" 등으로 세계 영화 선두 주자의 하나로 나아가고 있습니다.

이렇게 우리나라가 4월 민주혁명이라는 금자탑을 바탕으로 민주화와 5.16 이후 산업화를 해서 복지화로 가고 있는데 최근에는 코로나 사태로 인해서 우리나라 뿐 아니라 세계가 많은 고통을 겪고 있습니다.

대한민국 건국 후 첫 민주화의 금자탑이 1960년 4·19민주혁명인데, 이 혁명은 그 후 아시아·아프리카·남북아메리카 여러 나라의 민주화의 시범이 됐습니다.

그런데 그런 민주화 과정이 자주적 경제계획을 세우고 개혁을 해나가는데, 1년이 되면서 박정희 장군을 중심으로 하는 군사쿠데타가 일어났습니다. 이 군사쿠데타는 민주적 기본질서를 해하는 나쁜 일이지만, 그 반면으로는 박정희 정권은 산업화에 기여했습니다. 4·19혁명 후의 민주화의 과정은 한일 관계 문제로 6·3 사태가 있었고, 1980년 5월 18일에는 전두환 씨를 비롯한 군부가 준군사쿠데타를 이르켜서 국민들을 탄압하고, 이에 저항한 것이 5·18광주민주화운동입니다. 여기에서 많은 사람이 희생이 됐고 그 다음에 1987년 6월 10일 민주화 항쟁으로 체육관에서 대통령 뽑던 것을 대통령 국민직선제로 체제를 바꿨습니다.

그러한 민주화운동이 계속됐고 1997년 박근혜 국정농단 체제의 국민들이 정의감으로 정의의 불빛으로 항의해서 촛불 시민혁명이 광화문을 중심으로 해서 일어났습니다. 그래서 더불어민주당의 문재인 정부가 탄생을 해 남북평화에 중점을 뒀지만, 대통령 정체성이 의심받고 부정선거, 부동산, 세금 폭탄, 안보 위기, 무능, 코로나 사태 등으로 큰 정치적 위기에 봉착했습니다.

그러면 다음에는 저자가 쓴 "대한 근현대사 실록 칠금산"의 4월 민주혁명에 관한 것을 중심으로 살펴보도록 하겠습니다.

"진리의 상아탑을 박차고 거리에 나선 우리는 질풍과 같은 역사의 조류에 자신을 참여시킴으로써 이성과 진리, 그리고 자유의 대학정신을 현실의 참담한 박토에 뿌리려하는 바이다. 오늘의 우리는 자신들의 지성과 양심의 엄숙한 명령으로 하여 사악과 잔학의 현상을 규탄, 광정하려는 주체적 판단과 사명감의 발로임을 떳떳이 천명하는 바이다. … (중간 생략) …

　양심은 부끄럽지 않다. 외롭지도 않다. 영원한 민주주의 사수파는 영광스럽기만 하다. 보라! 우리는 기쁨에 넘쳐 자유의 횟불을 올린다. 보라! 우리는 캄캄한 밤의 침묵에 자유의 종을 난타하는 정의의 타수임을 자랑한다. 보라! 현실의 뒷골목에서 용기 없는 자학을 되씹는 자까지 우리의 대열을 따른다. 나가자! 자유의 비밀은 용기일 뿐이다. 우리의 대열은 이성과 양심과 평화, 그리고 자유에의 열렬한 사랑의 대열이다. 모든 법은 우리를 보장한다.”

　― 서울대 학생회 4월 민주혁명 제1선언문 중에서

　이렇게 4월 민주혁명은 학생들 중심으로 된 것은 사실이지만, 물론 초·중학교, 고등학교, 대학생 등 많은 희생이 있었죠. 또 노동자 또 일반 시민, 교수 이렇게 많은 사람들이 참여를 했지만, 하여튼 이것이 그 시대정신을 잘 나타낸다고 말할 수 있습니다.

　8·15해방 대한민국 초대 대통령으로서 민족 정기를 바로잡으려던 '반민족 행위자 처벌 특별조사위원회'를 해체하고 탄압하며, 3·15부정선거 등으로 반민주적 체제를 구축해 온 이승만 정권에 항거하여 퇴진케 한, 4월 민주혁명은 한국 민주주의 운동사에 금자탑을 쌓은 것이다.

　4·19혁명 대학생들을 중심으로 한 국민들이 서울시청 앞에서부터 경찰의 광화문 저지선을 돌파하고 경무대, 지금의 청와대로 반독재의 시위를 하다가 무장경찰의 사격에 쓰러진 박동환(서

울법대 1학년), 이한수(용산고등학교 3학년)군 등을 또 데모하기 전에 어머니에게 알리고 가기 위해서 편지를 쓴 한성여중 2년생인 진영숙 양 어머니에게 쓴 편지가 유서가 되었습니다.

"우리는 민족과 국가를 위해서 죽기를 각오하고 싸우겠다. 그러면서 슬퍼하지 마시고 나라를 위해서 그런 거니까 널리 마음을 다잡아 주십시오. 그리고 시간이 없어서 이만 그칩니다."

진영숙 양이 쓴 글입니다. 모두 187명이 숨지고 355명이 다쳤습니다. 그 후에 총계를 잡으면 258명이 돌아가셔서 수유리 민주묘지에 안장 돼 있고 전국적으로 6천여 명이 다쳤습니다.

지금 서울 수유리에 있는 4·19 민주묘지는 1995년에 국립묘지로 승격을 해서 지금은 민주화의 성지가 됐습니다. 지금 그 국립묘지에는 258명의 영령들이 잠들어 계신데 4·19의거 당시 숨진 용산고등학교 이한수씨는 필자의 고교 동기생으로 마음이 순수하고 착하고 정직하며 아주 씩씩한 학생이었습니다. 그렇게 불의를 보지 못하고 민족을 위해서 목숨을 바친 거지요. 그래서 용산고등학교 동창들은 4월 19일날 용산고등학교 교정에 있는 추모비에 모여서 추모회를 갖고는 합니다. 이한수 씨의 명복을 빌고 4·19 민주영령 모두의 명복을 이 자리를 빌어 올립니다.

한편 6월 민주항쟁으로 1987년 10월 29일 개정된 대한민국 헌법 전문에는 3·1운동으로 건립된 대한민국 임시정부의 법통과 불의에 항거한 4·19 민주이념을 계승한다고 선언하여 3·1 자주 독립정신과 국민들이 저항권을 발동한 4·19 민주정신을 대한민국의 헌법정신으로 선언한 바가 있습니다.

4월 민주혁명은 그 뒤로 6·3사태, 3선개헌반대운동, 부마항쟁, 5·18광주민주화운동, 6·10민주항쟁 등으로 이어져 찬란한 민주화 운동의 금자탑을 이뤘고, 이러한 한국의 민주화운동은 세계 특히 아시아·아프리카·라틴아메리카 개발국들의 민주화에 큰 영향을 미쳤습니다. 한국이 성공 사례가 된 거죠.

5·16 군사구데타 이후 박정희 대통령이 새마을운동과 산업화에 성공함으로써 개발도상국들은 민주화와 산업화에 성공한 한국을 많이 벤치마킹 했습니다.

우리나라 초대 대통령이며 제1공화국 대통령인 이승만의 첫 정권은 난세에 건국한 공이 컸으나, 정치적으로 독재와 부패의 길을 가고 경제적으로 식민지 수탈경제와 마이어 협정에 의한 미국 원조 경제로 유지돼 왔으나, 미국의 무상원조가 줄거나 유상원조로 바뀌고 그 규모도 대폭 삭감되자 외자경제체제로 변하면서 한국경제는 하루아침에 불황에 휩쓸리고 삼백공업 등 원자재가 흰색을 띠는 공업도 거의 가동이 중지되었으며, 수많은 실업자가 발생하였고 특히 농촌의 빈곤한 사정은 더욱 심각했습니다.

그런데 이런 어려운 상황에서 국민의 지지를 완전히 잃어버린 이승만 정권은 1960년 제4대 정·부통령 선거에서 승리하기 위해서 대대적인 부정선거를 자행할 수밖에 없었다고 합니다. 고령인 이승만이 죽은 뒤에 정권 유지에 위협을 느꼈던 자유당은 다음 선거에서 대통령을 계승할 부통령의 이기붕을 당선시키기 위해 온갖 부정한 수단과 방법을 가리지 않았습니다.

선거 주무관청인 내무부 장관 최인규는 4할 사전투표, 3인조 9인조 공개투표, 자유당 후보 득표율 85% 이상을 확보하는 등 구체적인 부정선거 지침을 마련하고 3·15선거에 임했습니다.

이런 부정선거 결과 이승만은 92%를 득표하였고 이기붕도 75%의 표를 얻어 대통령과 부통령으로 당선되었다고 공포했습니다.

　이때의 민주당의 부통령 후보는 현직 부통령인 장면 씨였습니다. 그런데 투표 당일 이승만 정권의 부정선거에 격분한 마산의 시민과 학생들은 선거 무효를 주장하며 항의 시위를 벌였습니다.

　이승만 독재를 규탄하고 항의하는 그런 시위는 2월부터 전국의 고등학교 중심으로 움직였는데 특히 2월 28일, 2월이었는데도 정부 당국은 대구의 제일모직·대한방직 등 주요 공장 노동자의 출근과 대구지역 학생들의 등교를 지시했습니다. 그것은 민주당 장면 후보의 유세에 가는 것을 막기 위한 조치였다고 합니다.

　3월 15일 마산의 시위를 시발로 전국적으로 부정선거 규탄 시위가 벌어졌는데, 그 4월 19일 날 마산상고에 다니는 김주열 군이 행방불명 되어서 많은 사람들이 놀랐습니다. 그리고 그 김주열 군의 어머니인 권찬주 여사가 자기 자식을 찾기 위해서 고향인 남원에서 와 돌아다니면서 울고 그러셨는데도 찾지를 못했는데, 4월 11일 마산 시위 중에 눈에 최류탄을 맞고 죽은 김주열 군의 시체가 발견되었습니다. 그 체류탄이 눈에 박힌 채 발견이 된 거죠. 일제 헌병 출신인 마산경찰서 경비주임 박중표가 발포 명령을 했고 어려운 여건 속에서 김주열 군의 모친 권찬주 여사가 찾아다니고 사망 원인을 밝히고 하는 많은 노력을 했습니다. 그래서 그 김주열 군의 사망 사건과 시체 발견은 기폭제가 되고 전국적으로 반독재 이승만 하야의 불길이 훨훨 타오르게 된 것입니다.

　현재 김주열 열사는 고향인 남원에 묘역이 있고 기념관도 설치돼 있으며 남원과 곡성관에는 '김주열로'라는 길 이름도 생겨서 추모하고 있습니다. 그런 큰 사건이 터졌는데도 이승만이 오히려 배후에 공산당이 개입한 흔적이 있다며 진실을 은폐하는 담화를 발표하자 이에 분노한 마산민중의 2차 시위를 계기로 시위는 다시 전국으로 들불처럼 퍼져 나갔고, 그런 가운데 4월 18일, 4·19 전날이죠. 고려대생을 시위로 하는 학생시위의 주역을 2·8시위대 지방의 고등학생에서 서울의 대학생으로 바꾸어 놓았고 그 구호도 부정선거 규탄에서 독재 타도·이승만의 하야로 전환을 시킨 것입니다.

4월 19일은 수만 명의 학생과 서울 시민이 시위에 참가하였고 마침내 시위대 일부가 대통령 관저인 경무대로 향했습니다. 다급해진 이승만은 계엄령을 선포하고 무장경찰을 동원하여 무차별 발포를 했습니다.

그리고 이날 하루 전국적으로 총에 맞아 돌아가신 분이 186명과 6,026명의 부상자가 발생을 했습니다.

이때 지역적으로는 서울에서 104명 부산·광주에서 27명이 제일 많고, 돌아가신 분들을 여러 가지 직군별로 나눌 수 있지만 학생이 제일 많아서 77명인데, 19명이 초중학생, 36명이 고등학생, 대학생이 22명이 돌아가셨습니다. 노동자는 61명이고 나머지는 여러 가지 직업을 가진 분들이었습니다.

이렇게 계엄령 하에서 질서가 잡혀가는 듯 하다가 이승만과 자유당은 이기붕을 퇴진시키는 선에서 사태를 수습하고 정권을 계속 유지하려고 했습니다.

4월 23일 장면 부통령이 사임하고 그 다음에 이와 같은 4월 4·19 혁명을 대단원의 국면으로 해결한 것은 4월 25일 대학교수단의 시위에 있었습니다.

4월 25일 27개 대학 258명의 교수가 이승만 하야 등 13개 항의 시국선언을 발표하고, 서울대학교로부터 광화문까지 400여 명의 대학교수가 이승만 하야를 외치면서 걸어서 시위를 쭉 해 나갔습니다.

그리고 주한 미국 대사인 메카나기가 대통령 하야를 권고하고, 이승만은 4월 26일 하야성명을 발표함으로써 12년 독재의 막을 내리게 되었습니다.

4.19 민주혁명 기념탑

이승만 대통령은 독립운동을 하고 어려운 초대 대통령을 했음에도 불구하고, 민족정기를 바로잡는 데 실패하고, 3선개헌으로 장기집권 독재에 집착을 하고 또 부정선거를 하는 바람에 그 뒤 끝이 좋지 않았던 것이죠.

4·19혁명은 대학생 등 광범위한 민중의 참여에 의한 민주혁명이었으나 비조직적이고 비체계적이었기 때문에 조금 미완성으로 그친 아쉬움이 있습니다.

이승만의 하야로 정권은 외무장관 허정에게로 넘어갔습니다. 여러 가지 얘기가 있었지만, 허정 과도정부 수반이 혁명적 정치개혁을 비혁명적 방법으로 단행할 것을 선언하고, 총선거까지의 과도정부를 이끌어가면서 대통령중심제가 아닌 내각책임제 개헌을 하고 그 다음에 부정선거의 원흉인 이승만 정권의 각료들과 자유당 간부들을 구속하고 부정 축제자의 자수 기간을 설정하고 4·19혁명정신을 뒷받침하는 정책을 쓰고 그래서 개헌을 하고 민의원·참의원 선거를 7월 29일날 실시해서 민주당 소속 의원들이 절대 과반수를 차지하는 결과가 됐습니다.

그러나 허정 정권은 이승만을 하와이로 망명케 함으로써 1960년 5월 29일 그로 하여금 12년간의 부정과 4·19 혁명 당시의 살상에 대한 직접적인 책임에서 벗어나게 했다. 그런 것이 문제가 되는 것입니다.

새 헌법에 의해서 총선거를 실시하여 국회의원 간접선거로 민주당의 윤보선 대통령이 선출되고, 처음에 국무총리로 구파 김도연 씨를 지명했으나 인준을 받지 못했고, 신파인 민주당의 장면 씨가 지명이 돼서 인준을 받고 국무총리가 되었습니다.

그래서 4·19혁명정신을 받들어서 민주개혁과 경제부흥을 위해서 경제개발 5개년 계획을 세웠는데, 결국은 박정희 장군을 중심으로 한 반민주적인 군사쿠데타에 의해서 그 결실을 보지 못하고 중단되게 되었다고 말할 수 있습니다.

4월 민주혁명은 자유투사들의 정의의 불꽃으로 이루어졌다. 이렇게 말하고 법적으로는 대한민국 헌법 제1조 대한민국은 민주공화국이다. 대한민국의 주권은 국민에게 있고 주권재민이죠. 모든 권력은 국민으로부터 나온다는 이러한 아름답고 멋있는 그러한 전통을 이 나라에 세워놓은 것입니다.

오랜 역사를 지내오면서 많은 문제가 있었지만 그때그때 우리 민족이 지혜를 발휘해서 이렇게 잘 극복해 가는 그러한 아름다운 모습을 보인 것이다. 그렇게 말할 수가 있습니다.

　어쨌든 우리는 이러한 민주혁명에 대한 전통을 가지고 있고 또 현재 남북이 분단돼 있으니까 이것을 평화적으로 통일해야 되고 또 코로나라든지 이런 또 지진·해일, 지구의 자전축이 바로 서고 남북극이 바뀌고 그러는 지구의 격변기를 맞이해서 우리는 민주 통일 복지를 향해서 가는 한편 세계의 문명을 또 이끌어야 됩니다.

　미륵존불시대, 대동세계라고 표현하는 사람도 있고, 또 지상천국이 올 거라고 얘기하는 사람도 있던데, 이와 같은 것은 우리나라가 지리적으로는 크다고 말할 수 없을지 모르지만 지정학적으로는 아주 중요한 위치에 있습니다.

　큰 한국전쟁을 치르고 제2차 세계대전 후 아직 통일되지 못한 나라가 우리나라뿐입니다. 이런 가장 어려운 매듭을 풀어서 지리적으로는 작지만, 지정학적으로는 아주 중요한 나라이기 때문에 우리가 머리를 어느 쪽으로 향하느냐, 어떤 방향으로 돌리느냐에 따라서 세계의 운명이 갈린다고 말할 수가 있습니다.

　그래서 우리는 한밝달 문명의 장자로서 민족의 평화통일을 위해서 민주통일 복지를 이루고, 선천상극 대재난을 잘 넘기며 세계의 문명을 이끌어서 천지개벽 후천 상생시대를 살아가야 될 중차대한 임무가 우리 민족에게 있고 또 그러한 자부심도 가져야 된다고 생각을 합니다.

제3절 우리 교육부는 일제 조선총독 산하인가?

　하느님의 밝해문명, 신선도인 홍익인간·광화세계를 지향하는 신명난 인류 최고 우리 역사 제3절에는 단기 4353년 개천절을 맞이하여 '우리 교육부는 일제 조선총독 산하인가? – 한가람 4 역사책 발간 중지령에 관하여' 이런 제목으로 살펴보도록 하겠습니다.

　최근 우리나라는 일제시대와 관련돼서 최근에 돌아가신 백선엽 대장 장례 문제로 시끌벅적하였습니다(2020.07.11.). 현충원에 모실 거냐, 아니면 안 된다. 동작동 현충원이냐? 아니면 대전 현충원이냐? 이런 얘기도 나오고 또 일부 국회의원들은 현충원에 안장돼 있는 친일 반민족 행위자들의 묘를 파서 다른 데로 옮겨야 된다. 이런 여러 가지 이야기가 있었습니다. 백선엽 대장은 우리 민족에 총을 겨눈 간도 특설대에서 일을 했고 또 해방 후에는 그 우리 국군을 키우고 6·25사변 때 공을 세운 공과 양면이 있었습니다.

　일본 제국주의에서 8·15 해방이 된 후 77년이 됐는데 이게 도대체 무슨 소리냐 하고 많은 국민들이 궁금해 하실 것입니다.

　사실은 제2차 세계대전이 끝나고 프랑스처럼 나찌에 협력한 사람들을 수만 명 처단해가지고 프랑스는 민족정기를 바로 잡았습니다. 우리는 그렇게 못했습니다. 우리도 법률적으로는 「반민족행위자 처벌 특별법」을 제정하고 반민특위를 만들어서 그것을 시작을 했는데, 대통령 이승만이 폭력적으로 반민특위를 해체하고 그러는 바람에 용두사미로 끝났습니다. 그러니까 정치적으로 일제 청산이 안 되고 민족정기가 바로 잡히지 못한 것이죠.

또 하나는 그 일제 조선총독 산하에 조선사편수회에서 일해 가지고 우리나라 역사를 축소 왜곡하고 못난 민족을 만드는데 참여했던 우리나라 사람으로는 이병도, 신석호 교수와 이선근 교수 이런 분들이 있었습니다.

그런데 해방 후에 그러한 일제 식민사학을 하는 사람들은 반성하고 사실에 기초해서 당당한 한 밝달 문명사인 우리 반만년 대륙 민족의 영광사를 기술해 나가야 됐는데, 일제 식민사학을 그대로 지켜가면서 지금 해방후 75년이 됐는데 그것이 점점 더 악화돼가고 있습니다. 사대 식민사관 하는 사람들이 명목은 실증사학을 내세우면서, 일제 식민사학을 일제 총독의 부하인 것처럼 그렇게 계속 해나가고 있는, 정말 눈 뜨고는 보지 못할 이러한 현상이 우리 현실에 있는 것입니다.

이승만 정권이 어려움도 있었겠지만, 역사를 거꾸로 흐르게 했고 또 사대 식민사학, 일제 식민사학자들도 똑같이 그 강단 사학을 지배해서 죽 나아갔고, 지금은 막후에 많이 숨어 있고 일부는 나오고 그러면서 큰 언론사와 카르텔을 만들어서, 민주적 민족 자주사학에 관한 책은 거의 다루지 않는 이상한 나라가 되어가고 있다고 말할 수 있습니다.

그래서 지금 사대식민사 일제 식민사학을 하면서 주요 언론사 카르텔이 민족 자주 사학을 압박하고 탄압하고 또 그래서 자주 국사와 민족혼의 입장에서 보면 지금은 아주 처참한 현실인 겁니다. 어떻게 보면 많은 국민들이 이것을 잘 모르고 대부분이 자주 실증국사에 대해서는 반쯤은 치매가 걸린 상황이 되었다고도 볼 수 있습니다.

어려운 가운데도 민족 자주 사학을 하는 분들이 좀 있는데, 민족 자주 사학자인 한가람 역사문화연구소 이덕일 소장을 비롯한 자주사학자 4명과 한배달 이사장인 박정학 역사의병대 대장이 9월 9일 한가람 역사문화연구소에서 기자회견을 열어서 사실을 폭로했습니다. 한국학중앙연구원(이하 '한중연') 원장은 안병욱씨입니다. 한중연 산하에 한국학진흥사업단이 있는데 거기에서 일제강점기 민족지도자들의 역사관과 국가 건설이라는 프로젝트를 2013년 5월부터 2016년 5월까지 3년간 연구과제로 연구비를 받고 15권의 책을 냈는데, 마지막으로 4권의 책을 내는데 이것에 대해서 연구비도 환수조치를 하고 그 책을 발간하지 못하게 하는 발간 중지 명령을 내렸습니다.

그것을 좀 구체적으로 살펴보면 한권은 이덕일 씨가 쓴 '조선사 편수회 식민사관 비판1' "한사군은 요동에 있었다." 한사군이 요동에 있었는데 식민사학에서는 평안도에 있었다고 그래가지고 그것은 이게 중국 동북공정에 연계해서 나라를 팔아먹으려는 쪽으로 가는 게 아니냐 이런 생각을 하고, 두 번째는 '한국 실증주의 사학과 식민사관' 식민사학에 빠져있는 사람들이 랑케의 실증주의 사학을 인용하는데 그것을 제대로 인용하지 않고 꺼꾸로 인용한 겁니다. 이것은 임종권 씨가 썼습니다. 다음 세 번째는 '독립 운동가가 바라본 한국 고대사'(독립 운동사학의 고대사 인식) 임창경 박사가 이것은 썼습니다(2020.08.25.). 그 다음에 네 번째는 '이병도 · 신석호는 해방후 어떻게 한국사학계를 장악했는가'(조선사 편수회 출신들의 해방후 동향과 영향) 이렇게 네 권인데 이게 교육부와 한중연이 발간 중지령을 내렸는데도 불구하고 한가람 역사문화에서 출간을 한 겁니다.

　그 과정을 간단히 보면 한중연이 있고 그 위의 감독 기관이 유은혜 씨가 장관으로 있는 교육부입니다. 이 두 군데서 다 발간 중지령을 내리고 연구비 회수조치를 취한 거죠. 그런 발간중지 처분을 내리자 한가람에서는 한중연에 이의신청을 냈습니다. 그런데 한중연은 다시 기각 처분을 내렸고, 기각 사유는 별 내용이 없고 실제는 왜 자주 국사관에 입각해서 철저하게 썼느냐 이런 원인이 명백해 보입니다. 그리고 감독기관인 교육부는 그것을 최종 확정해서 발간 중지조치와 함께 연구비 회수 조치 명령도 내리고 처분 확정 통지서를 발행을 한 겁니다.

　그래서 한가람 역사 문화 연구소 측에서 기자회견을 한 거죠. 한가람 역사 문화 연구소의 주장을 보면은 첫째 8·15해방 75주년이 지났는데 이게 제정신이 있는 국민이고 정부냐 제정신이면 꿈도 못 꿀 일이다.

　두 번째 교육부와 한중연은 스스로 자기 존재를 부정하는 것이다.

　세 번째는 교육부와 한중연은 일제 조선총독부의 학무국과 경무국의 역할을 부끄럽게 생각 안 하고 마구 했다.

　네 번째 구국의 독립운동가에 대해서 매도하는데 대해서 연구하는데 그걸 매도하도록 강행하는 게 아니냐 이런 항의를 했고 또 하나는 헌법 제20조 출판의 자유를 침탈하는 불법 부당한 일이다.

　그래서 이승만 정권 때 용두사미로 끝난 반민족행위자 처벌법을 다시 제정하고 반민특위를 다시 설치해야 이 나라의 잘못된 역사가 바로 설 것이다. 이러한 주장을 했습니다.

 우리나라 한밝달 문명사의 자주사학 입장에서 역사를 개관해 본다면 인류 역사의 시초를 연 나반과 아만이 백두산에 내려오고 그 후에 오대양·육대주로 퍼져나가고 그 다음에 파미르 고원 마고산성에서 마고할미 등 삼신할미가 공동체를 만들고 환국·밝달국을 이어서 최초 민족국가 단군조선이 선 거죠. 그래서 그 후에 한밝달문명국사인 반만년 대륙 민족의 해륙 영광사를 가졌는데, 이 사대 모화사상이나 일제 식민사학을 가진 사람들이 그것을 거꾸로 해서 2000년 반도의 굴종사나 폐배사로 쓰기 시작했습니다.

 그래서 역사를 지내오면서 많은 사서가 난리통에 불타기도 했지만 최초로 사학자가 그러한 사대모화사상에 입각해서 잘못 된 책을 쓴 것은 김부식의 삼국사기입니다.

 그리고 이성계가 이씨 조선을 세우면서 기본적으로 사대모화사상에 입각하고 그런 바탕으로 역사를 쓰기 시작해서 기자조선을 앞에 내세우는 이런 일이 생겨났고 조선조 후기에도 그런 것을 이어받아서 서인·노론 중심의 사대모화사관 대표로 송시열을 들 수 있고 그 반대편의 자주 사관은 허목 선생을 들 수 있는데, 그렇게 사대 식민사학에 지내오다가 일제강점기에 일제의 조선총독은 한국 역사를 조작·왜곡해가지고 폄훼하기 위해서 조선사편수회를 만들었습니다.

 그래서 중국이나 일본이 침략하기 좋게 우리 역사의 강역을 반도로 줄이고 아시아 대륙이나 동아 지중해에 걸쳐 있었던 우리 단군조선을 줄이고, 그래서 한사군이 평안도 있었다든지, 우리나라 남부에 임나일본부가 있었다든지 이런 것을 조작·왜곡했습니다. 그것은 1922년 제3대 조선 총독 사이토 마코토가 조선인 역사교육의 지침이라는 것을 내렸습니다. 그 지침을 보면 이렇습니다.

먼저 조선 사람들이 자신의 일·역사와 전통을 알지 못하게 하라. 그럼으로써 민족혼·민족문화를 상실하게 하고 그들의 조상과 선인들의 무위무능 악행들을 들추어 내 그것을 과장하여 조선인 후손들에게 가르쳐라. 조선인 청소년들이 그들의 부모들을 경시하고 멸시하는 감정을 일으키게 하여 하나의 기풍으로 만들어라. 그러면 조선인 청소년들이 자국의 모든 인물과 사적에 대하여 부정적인 지식을 얻게 될 것이며 반드시 실망과 허무감에 빠지게 될 것이다. 그때 일본의 사적과 일본의 문화·일본의 위대한 인물들을 소개하여 동화의 효과가 기대할 것이다. 이것이 제국 일본이 조선인을 반일본인으로 만드는 요결인 것이다.

이렇게 그 조선사 편수회에 제시해 가지고 그것을 철저하게 이행하는 것이 조선사 편수회이고 거기에 있던 사람들이 해방 후에도 이것을 연결해서 지금 우리나라가 해방된 지 77년이 됐는데도 일제 조선총독 산하에 있는 것과 같은 그런 사태가 벌어진 것입니다.

아까도 잠깐 얘기했지만, 해방후 이승만 대통령은 민족정기를 바로 잡게 반민특위를 제대로 활용해서 민족정기를 바로 잡아야 했고 국사편찬위원회와 강단사학의 중심에 있던 이병도 교수나 신석호 교수는 과거의 잘못을 참회하고 반성해서 사실에 입각해서, 민족자주사관에 입각해서, 민족의 발전을 도모해야 되는데요. 그런데 무슨 생각인지 그렇게 하지를 않았습니다. 우리 강단사학이 매국사학이 된거죠.

그러나 지금까지 민족정기와 바로잡지 못하게 되니까 우리나라가 민주화와 산업화를 이루었다 해도 무언가 기초가 없이 흔들리고 미래의 불안감 이런 걸 가져오는 느낌을 갖게 합니다. 다만 이병도박사는 한번 크게 참회하고 자기반성을 한 게 있습니다.

그것은 1986년 10월 9일 조선일보 1면 거의 전면 기사로 자기의 과거의 역사를 지나온 그런 과정을 참회하고 단군조선은 실사였고 조선조까지 강화도 마니산 참성단 등에서 천제를 했으니까 단군조선에 관한 연구를 깊게 해야 된다. 이렇게 일반적으로 기대할 수 없었던 그런 글을 쓰고 얼마 있다가 타계했습니다.

이것은 어떻게 된 것이냐 이병도 박사의 친구 중에 서울 법대 초대 학장을 지내시고 민족 자주사학자인 최태영 박사님이 계셨습니다. 이분이 우정으로 "새들도 죽을 때는 고향을 향해서 진실하게 우는데 사람이 민족에 죄를 짓고 그냥 가면 되느냐"이런 충고가 하나 있었고, 또 하나는 안호상 박사나 박창암 장군 등이 만든 국사찾기협의회가 있습니다. 저자가 3대 국사찾기협의회 회장인데, 그때의 그 국사찾기협의회 후원회장인 김세환 씨가 이병도 박사를 찾아가서 "당신이 반성하지 않고 가면은 우리가 가만히 있지 않겠다"이런 말도 하고 그래서 여러 가지 사정으로 자기 자신이 과거에 식민사학을 한 것에 대해서 참회하고 이렇게 조선일보에 대문짝만하게 내고 타계했습니다. 그랬더니 그 제자 중의 한 사람인 이기백교수가 찾아와서 "선생님은 이렇게 하고 가시면 되지만 우리는 어떻게 살라고 그렇게 하셨냐" 이런 항의를 받았다는 얘기도 있고, 또 그 한중연의 사업단장을 한 사람은 오히려 그 민족자주사학자인 신채호 선생을 보고 또라이라든지 또는 정신이상자라고 이렇게 공공연한 장소에서도 얘기하고 다녔다니까 이건 정말 아주 잘못되어도 크게 잘못된 거다 라고 말할 수 있습니다. 물론 그 후에 박정희 대통령이나 또는 김영삼·김대중 대통령·노무현 대통령들이 민족운동가와 독립운동가에 대한 표창을 하고 좀 바로 잡으려는 노력을 했는데, 그것이 중국의 단대공정이나 중국의 동북공정이 굳혀져서, 만약 북한이 넘어가게 된다면 그 한사군 평안도설을 이용해가지고 북한을 지배할 우려가 있고 또 일본은 임나일본부를 계속 주장할 그런 우려가 있다.

그런데, 2017년 5월 집권한 문재인 정권은 400억원을 들여 가야사 복원에 힘을 쏟았는데, 2021년 일본 극우파의 사주를 받은 일제 식민사학자들이 우리 역사서 삼국사기, 삼국유사 환단고기에 없는 가야의 분국으로, 고분군이 발견 된 경남합천지역(다라국), 전북 남원지역(기문국)이 있었다고 임나일본부설을 다시 주장하고, 친일매국행위로 문화재청을 통해 UNESCO 문화재 등재를 추진하여 자주 국민들로부터 제정신이 아니라는 비판을 받았습니다.

다만 많은 민족 자주사학자가 강단에도 있고, 많은 재야 사학자들이 민족자주사학을 확립하기 위해서 애를 많이 쓰지만, 강단사학을 바로 잡지 못했고, 또 국가 예산을 많이 쓰는 동북아 역사재단도 역시 똑같이 이 한중연과 비슷한 사대사학 자세를 취하고 있습니다.

그런데 우리가 주목할 것은, 한가람 역사문화연구소도 있고 또 감사하게도 증산도의 안경전 도전을 중심으로 해서 국보의 가치가 있는 『환단고기』를 대대적으로 알리고 전 세계를 다니면서 탐구도 하고 발표를 해서, 민족 자주사학을 옹위하는 그런 모습을 보이고 있고, 또 국사 찾기 협의회나 대한사랑, 한배달이 역사 의병대를 만들어가지고 식민사학자들을 응징해야 된다는 얘기도 나오고 있습니다.

  하여튼 역사를 쓰려고 하면 사료가 중요한데, 사료로서 가치 있는 『환단고기』는 운초 계연수 선생이라는 독립운동가가 종합해서 썼는데 거기에는 고성 이씨 행촌 이암, 이맥 그리고 이기. 이상룡. 이유립 까지 많은 자주 사학하시는 분들이 있어서, 우리 민족은 고성 이씨에 대해서 굉장히 감사해야 될 것입니다. 저자도 고성 이씨 가문에 감사를 드립니다.

제4절 중·일 제국식민사관의 문화침투

  밝은 해인 청천백일의 밝해정신으로 하느님과 우리민족이 창조한 밝해문명이고 밝달문명인 신선도 우리나라의 홍익인간·광화세계 정신으로 신명 개벽하는 신명나는 우리 역사 제4절 주제는 '중·일 제국 식민사관의 문화침투'입니다.

  서기 2021년 3월 SBS방송에서 드라마 '조선구마사'가 2회 방송을 한 후에 폐지 결정을 내렸습니다. 그것은 조선구마사(朝鮮

驅魔師)라는 그러한 드라마가 여러 가지 역사를 조작하고 우리 문화에 침투하여 내려 깔리는 중국 제국 식민사관의 모습이 보여서 국민들이 청와대에 청원을 보내고 막 항의하고 그런 결과로 이루어졌습니다.

중국에 있는 쟈핑 픽쳐스(JIA PING Pictures)의 한국 자회사인 쟈핑 코리아 황희경 씨가 대표고 작가는 박계옥 씨입니다. 박계옥 씨가 다른 TV방송에서도 '철인왕후'라는 것을 통해서 중국 문화를 섞어 넣어서 좀 항의가 있긴 했지만 그냥 넘어갔는데, 이번에는 그 농도가 지나쳤던지 독자들의 항의가 빗발쳤습니다.

쟈핑 코리아는 2016년 중국 항주에서 우쟈핑이라는 사람이 쟈핑 픽쳐스를 만들어서 문화제국주의 목적에 여러 가지 기획을 하고, 2020년에는 우쟈핑이 영화 관련해서 춘사 영화전에서 특별상을 수상하기도 했습니다.

조선구마사라는 것은 여기서 조선은 묘하게 북한을 얘기합니다. 조선 그러면 고왕검 단군조선·이씨조선 그렇게 보통 생각하는데 여기서는 조선이라고 해서 북한 김씨조선을 내세웠습니다. 그리고 그 조선조의 태종이나 세종대왕을 폄하하고 그 배경 음식이나 이런 거 나올 때 중국 음식을 섞어서 우리 음식인 것처럼 그렇게 넣었습니다. 요새 중국이 한국의 김치가 유명하니까 김치나 한복의 원조가 중국이라고 그렇게 우겨대면서 국력을 바탕으로 여러 가지 침투를 해오고 있는 거지요.

그런데 쟈핑 픽쳐스는 지금 서울 강남 한복판에 쟈핑 코리아와 인민일보 지사, 천지인 교육 등 서너 개의 그러한 회사 지사를 합쳐가지고 여러 가지 문화 침투 작업을 하고 있는데, 인민일보 지사도 있고 천지인 교육이라고 그래가지고 중국인 안은주 이사가 우리나라에 군 장병 교육을 담당하는데, 훈민정음이 마치 중국 한자음을 정확하게 기록하기 위해서 만든 것처럼 역사 왜곡·조작으로 문화 침투 해 있습니다. 거기 대표에는 박성호라고 학원 원장을 하던 사람도 있습니다.

중국은 최근래에 이르러서 중국의 동북공정·단대공정·탐원공정 이런 걸 통해서 역사 조작·왜곡에 국력을 모두 들여서 하고 있습니다. 동북공정은 주로 우리나라를 목적으로 하지만 티벳을 향한 서북공정 또는 서남공정등 여러 가지로 세계의 눈총을 받고 있는 그런 형편이죠.

그러한 중국의 여러 가지 공정은 하·은·주의 그런 역사성을 부인하다가, 인정을 하면서 동이족 나라인 청나라나 은나라도 자기 나라 라고 주장하고, 또 홍산·요하 문명인 말하자면 발해연안문명도 자기들 것 인양 주장 하고 있습니다.

본래 황하 문명이 자기들 거고 이거는 자기들 것이 아니다. 그랬는데 최근에는 발해 연안문명을 황제가 시작했다. 그리고 중국의 황제도 워낙은 동이족인데, 화하족으로 데릴사위로 들어가서 중국 문명의 시조라고 하고 있는데, 그래가지고 발해연안문명도 다 자기네 문명이라고 그렇게 어거지를 쓰는 역사 조작·왜곡에 나서고 있습니다.

이러한 공정에서 특히 고구려와 발해도 전부 중국 문명의 일부라고 하고, 지금은 단군조선까지 다 자기네 걸로 이렇게 먹어 들어가면서 ,요하에서 발견된 여명문명인 밝달문명도 다 자기들 것으로 가져가려고 애를 많이 쓰고 있습니다.

중국은 현재 세계를 향한 제국주의의 경향을 보여서 2020년 4월 세계 162개국에 공자학원만 545곳, 공자학당이 1170개 이렇게 해서 중국의 국력을 확장해 나가고 있습니다.

그런데 한국은 어떠냐? 한밝달문명으로 태양 문명의 원조인 우리는 인류 문화 최고 시원문명을 가지고 있는데, 반만년 민족 국가 단군조선 이래 반만 년이 되었는데, 남북이 분단되고 그것도 분단된 지 80년이 다되어 가는데도 점점 분단의 상황이 악화되고 미일중러와 관계된 국제관계도 어려운 판국입니다.

국민들이 주인 정신을 차리고, 특히 정치 지도자들이 주인 정신을 차려서 민족혼을 가지고 나라를 잘 이끌어야 할 텐데 정치 지도자들 중에 그런 모습을 보이는 사람이 거의 없습니다. 눈앞의 이익만 앞두고 말싸움하기에 정신 없는 거지요.

더구나 한국의 강단사학이 일제 식민사학의 앞잡이었던 이병도·신석호 교수 이런 사람들의 뒤를 이어서 사대 식민사학이 강단사학을 지배하고 있어서, 〈한사군이 한반도에 있었다〉. 그 다음에 〈임나일본부설〉을 얘기해서 일본의 한국 침략을 정당화하는 이러한 사관을 유지하는 한심한 상황이죠.

또 최근에 가야고분군이 합천(다라), 남원(기문)에서 발견되자, 일본 극우파와 함께 사대식민 사학자등이 임나일본부설을 만들며 UNESCO 문화재 등재를 획책 했습니다. 그런데 문재인 대통령은 2017년 12월 15일 북경대학 강연에서 물론 외교적인 측면이 있지만, 중국을 대국이라 높은 산봉우리다. 그리고 우리나라는 소국이라고 그렇게 표현해서 일부의 빈축을 사기도 했고, 또 2021년 올해 들어서 북한의 김여정은 문재인 대통령의 발언을 두고, 미국산 앵무새니 뭐니해서 여러 가지 문제점이 드러나기도 했습니다.

그리고 시진핑 국가주석은 미국의 트럼프 대통령을 만났을 때

"한국은 한때 중국의 속국이었다"이런 얘기를 한 바가 있고, 그에 대해서 우리 정부가 또는 한국의 그런 강단사학자들이 어떤 항의나 이런 걸 했다는 얘기를 못 들었습니다.

그리고 며칠 전 우리나라의 식약처 직원이 코로나 관련이 돼서 중국은 대국이고 우리는 속국인 거 모양 얘기를 해서 또 빈축을 사기도 했습니다.

또 미국을 보면 미국의 대입 교재 시험인 AP라는 매년 보는 시험이 있습니다. 그것은 영어시험인 SAT와 함께 매년 30만 명이 보는 그런 시험인데, 그에 관련돼서 매크로힐 출판사와 배런스 출판사가 그런 책을 냈는데, 고구려·고려·조선이 중국 영토로 그려져 있습니다. 그리고 신라는 당나라의 속국이었다. 이렇게 되어 있습니다. 이런 망신스러운 얘기가 우리나라가 우리나라 역사를 제대로 못 지키는 데서 벌어졌는데, 사이버 외교 사절단인 반크(VANK, http://www.prkorea.com) 박희태 씨가 대표인데, 이것을 지적해서 그나마 우리 국민들이 우리나라 역사가 역사학이 이대로 가서는 안 되겠다고 하는 것을 깨닫게 했습니다. 굉장히 고마운 일이죠.

또 일본과 우리나라는 가깝고도 먼 나라지요. 우리 역사와 혈연 이런 걸 보면 일본은 우리 아우의 나라인데, 문화적으로 많은 것을 우리한테 배워 갔죠. 근데 그것을 되돌아보지 못하고 여러 가지 적대적인 태도를 취하고 그러는 것은 참 좋은 현상이라고는 할 수가 없습니다. 일본은 올해 전국 고교생이 역사 종합 교과서를 필수로 하게 정책을 바꿨는데, 거기에 12종의 검인정도서가 출판이 되었습니다.

그리고 우익의 한 단체가 쓴 중학교과서도 검정을 통과했는데,

이런 책들이 모두 독도는 고유한 일본의 땅이고 한국이 불법 점령하고 있다든지 그렇게 얘기하면서 1900전반기에 했던 일본의 〈아시아 침략〉을 〈진출〉이라는 말로 역사 왜곡을 하고 있는 것이지요. 더욱 중요한 것은 일제시대에 우리나라 백성들을 강제로 노동에 동원하고 위안부도 강제 동원하고 그랬는데, 이 12개 일본 고교 검정교과서 중에 1종만 강제성을 인정하고 11개의 책자는 강제성을 인정하지 않고 있는 겁니다. 이것은 전에 일본 관방장관이 일본 내각의 대변인인데, 고노담화에서 자기들이 위안부라든지 노동자 동원에 강제성이 있었다는 것을 인정한 것에 어긋나는 일을 한 겁니다. 그래서 우리나라 외무부가 일본 대사관의 소마 히로이사 총괄 공사를 초치해서 항의를 했습니다.

일본은 아직 대사를 임명하지 않고 있고, 우리나라가 임명한 강창일 대사는 일본에 간 지 2개월이 넘었는데, 아직 일본 외무장관을 접견하지 못하고 있었습니다. 다행스럽게 교육부는 성명을 내서 일본 교과서의 시정을 촉구를 했습니다. 그런데 전에 한번 저자가 얘기했지만 우리나라 교육부와 한국과학중앙연구원이 상당히 문제 있는 조치를 했습니다.

그것은 한국 자주사학에 기초한 여러 가지 연구제목으로 연구비를 타고 그걸 연구를 해가지고 책으로 출간하고 그러는데 이덕일 한가람 역사문화연구소장을 비롯한 네 분이 쓴 그러한 연구 테마 책이 있는데 그것은 〈이병도 · 신석호의 신민사관〉 또는 〈독립운동가의 자주사관〉 또 그 다음에 〈한사군은 요동에 있었다〉.

또 실증사학과 신민사학자들이 내세우는 실증사학과 식민사관에 관하여 실제로는 식민사학을 하면서도 내세우기는 랑게의 실증사학을 얘기하는 거죠. 그런 네 가지에 관해서는 아무런 정당한 이유가 없이 자기들 식민사학에 맞지 않다고 그래서 연구비를 환수하고 책 출간을 금지하는 그런 조치를 내렸습니다. 그래서 저자가 전에 한번 얘기했을 때 '우리 교육부는 일제 조선 총독 산하인가?' 그런 제목으로 한번 얘기한 적이 있죠.

이런 가운데 좋은 소식이 한 가지가 있습니다. 그것은 1913년 우리의 나라에 와 있던 데라우찌 마사다께 총독이 오대산에 있는 4대 사고 중 하나에 있던 조선왕조실록과 왕실 의궤(儀軌)를 몰래 빼돌려서 일본으로 가져갔습니다. 그래가지고 조선왕조실록은 동경대학에 가 있었고, 왕실의궤, 여러 가지등 왕실의 규범을 적은 책은 천왕궁에 있었는데, 오대산 월정사의 주지 정념스님이 불교계와 국가가 힘을 합쳐서 2006년에 조선왕조실록과 왕실의궤를 돌려 받았습니다.

그래서 정념 주지스님은 국민훈장을 받았는데, 자주정신을 차리고 우리 역사를 바로 세우려는 사람들이 많이 나와야 우리나라가 앞으로 평화적인 통일이 되어서 민주 통일 복지를 세우는 데 도움이 될 겁니다.

그리고 현재 우리나라의 강단사학을 비롯해 국민들이 잘 모르는 가운데 중·일 사대 신민사관이 문화침투하고 있는데, 다행이 자주 사학의 정신을 가지고 애쓰는 것이 감사하게도 대한사랑, 한배달과 안경전 종도사가 이끄는 증산도와 상생방송에서 자주 역사광복에 앞장서고 있습니다.

국민들은 자주사학에 앞장서는 사람들과 뜻을 같이 해서 한국이 제정신 자주정신을 갖고 민족혼으로 나라를 새롭게 만들어서 평화통일국가를 만들어가야 된다고 생각을 합니다.

그래서 앞으로는 국가적인 그러한 조치로 국사편찬위원회를 일제식민사학자로 구성할 게 아니라, 자주사학자로 구성하고 『환단고기』를 비롯한 확실한 역사적 기초가 있는 영광스러운 우리 역사를 회복해서, 그것을 바탕으로 해서 자주학문 그러니까 국어·국사·국토가 우리 자주 정신에 바탕해야 된다고 생각합니다. 그러려면 다음에 나오는 대통령은 민족자주정신이 투철하고, 그 다음에 도덕성도 확실하고 그 다음에 정치능력도 탁월한 대통령을 뽑는 것이 중요하다고 생각합니다.

최근에 동국대학교 송재운 명예교수님이 보내온 글을 보면, 모죽이라는 게 있습니다. 대나무에 그 뿌리가 되는 어머니 대나무를 모죽(母竹)이라고 그러는데, 이 대나무는 지조와 절개를 상징하는데 적어도 그것을 심으면 아무리 그 땅이 좋고 그래도 2년 내지 5년 동안은 밖으로 모습을 내놓지 않는다고 합니다. 그 5년 동안 땅 밑으로 뿌리나 줄기를 10m 이상 사방으로 걸쳐놓고 5년 후에 죽순이 나오기 시작해서 그때부터는 한 달에 70cm 내지는 80cm씩 이렇게 자라서 한 1년 2년 이렇게 되면은 30m까지 자란다고 그럽니다. 그런 우리 국민이 모죽처럼 세계문명을 리드하는 한밝달문명의 주인공으로서, 문명적인 기초를 쌓아서 자주 국사학·국어학·국토학을 하고, 우리의 민족을 통일하고, 국제평등정신으로 세계적인 위기에 처한 천지개벽의 세계 문명을 리드해 갈 수 있도록 우리 모두가 거듭나고 깨달아 단합해야 되겠습니다.

제5절 춘천 중도 고조선 유적지 보존

밝은 해인 청천백일의 광명으로 우리 민족이 하느님과 함께 창조한(알이랑) 시원문명인 한밝달 문명이자 신선도인 홍익인간·광화세계로 신명 개벽하는 신명난 우리 역사 제5절은 '춘천 중도 고조선 유적지 보존'입니다.

여기서 말하는 홍익인간은 인간의 이상향으로 사람이 깨닫고, 사람을 널리 크게 이롭게 하는 것을 말하고, 광화세계는 사회의 이상향으로 광명으로 꽉차 어두운 곳이 없는 사회 완성을 뜻한다 라고 말할 수 있습니다.

강원도 춘천 의암호에는 하중도 줄여서 중도(中島)라고 부르는데, 거기에 세계 최대 선사 유적지이자 고조선 유적지인 중도 유적지가 있습니다. 이것이 2015년경부터 널리 알려지고 거기에 정부와 강원도 최문순 지사가 개발을 위해서 노력을 하는데, 여기에 영국과 중국의 제국주의적인 힘이 들어가고 그래서 개발을 하는 것은 좋은데, 역사적인 고조선 유적을 보존하지 못해 많은 문제를 낳고 있습니다.

지난 2021년 9월 30일 서울 행정법원 앞에는 '춘천 중도 유적지 보존 범국민 연대회의' 오정규 씨가 대표로 돼 있는데 150개 단체가 모여서 기자회견을 했습니다. 그것은 중도 고조선유적지 불법 훼손을 막고, 남은 공사를 중단하고 계속 유적지를 보호해 나가면서 경제 개발을 해야 한다는 내용이었습니다.

이찬구 박사가 중심이 되어 중도 유적 보존을 위한 100만인 서명 운동도 전개하였습니다.

여기에 영국이 추진하는 레고랜드(Legoland) 개발과 49층짜리 중국 관광객을 위한 호텔 공사 등이 문제가 되었습니다. 영국의 문화제국주의로 세계 10번째 레고랜드를 만드는데 여기에는 벌써 사업비로 5000억 원이 들어갔고 그 주체는 레고랜드 코리아 리조트라는 회사입니다.

그 다음에 중국인 관광공사는 관광을 중심으로 해서 28만 평의 49층짜리 호텔을 짓는데 공사가 50% 정도 진척이 되었다고 합니다.

그런데 그 영국이 짓는 레고랜드는 2022년 5월 5일 어린이날을 기념해서 임시 개장을 하였고, 그 다음에 중국인 관광객을 중심으로 하는 관광호텔 그것은 49층으로 공사할 예정인데, 그 공사가 50% 정도 진행이 되었다고 합니다.

춘천 중도 고조선 유적지는 세계 최대 선사 유적지로서, 고조선의 존재를 입증하고 수십 년 전에 새로 발견된 홍산·요하·발해 연안문명 그것도 밝해문명이죠. 밝해문명과 연결이 되어서 우리나라 고대 환국·밝달국·고조선·고구려등 열국·남신라 북발해의 남북국시대까지 여러 가지 유물·유적이 많이 모여 있습니다.

그래서 그 공사를 하고 진행하는 과정에 고인돌 같은 것을 잡석으로 처리해서 버리는 일이 생기고, 그래서 김종문 씨를 대표로 한 '중도 선사유적지 보존 본부'가 생겨 여러 가지 데모도 하고 학술세미나도 하고 그랬습니다.

그런데 문화재 보전 문제가 심각하게 대두되는 것은 여기에 기본적으로 고인돌이 약 300개, 움막 같은 집터가 917개, 땅속 구덩이가 3555개 그러니까 6~7천 명 살던 도시라고 그럽니다.

고조선 특유의 비파형 동검, 청동 도끼, 토기, 석기 1400여 점, 돌화살촉, 돌도끼, 돌칼 이런 여러 가지 그 유물·유적이 많이 나와서 그런 것을 보존 해가지고 우리의 자긍심을 돋우는 그러한 역사로 정리 했어야 했습니다.

그런데 춘천 의암호 하중도 선사시대유적지는 상도쪽은 지금도 사람들이 살고 있습니다. 그런데 그 아래쪽은 여러 가지 문제가 생겼습니다. 그 동안에 춘천 중도 고조선 유적지를 개발하고 문화재를 보존하는 면에서 지나온 역사를 개관해 보면 춘천 중도 유적지는 1970년대부터 알려져 가지고 2014년부터 본격적으로 언론에 보도 되기 시작했습니다.

그래서 2015년 1월 7일 STB 상생방송에서 자세한 보도를 하면서, 그 고조선 유적지를 잘 보전하지 않고 레고랜드 개발과 관광호텔 건축 등 이런 것으로 원상회복의 필요와 민족 자주사학자 중심의 학술대회가 필요하고 그래서 학술대회도 열렸습니다. 그리고 상생문화연구소의 전환철 연구위원이 많이 연구를 했고 그 다음에 민족자주사학자인 이형구 교수는 2015년 춘천 중도 유적지 보존을 위한 백서를 냈습니다.

충남대 이관성 교수님도 춘천 중도유적지에 대한 연구를 많이 해서 논문을 발표했고, 특히 국제적으로는 세계적 사학자이자 고고학자인 독일 루츠피들러 교수가 관심을 갖고, 이 유적지는 페루의 마추픽추나 영국의 스톤헨지보다도 훨씬 더 값어치나가는 것이니까 문화재를 잘 보존해야 된다. 그런 얘기를 했습니다.

또 경향신문 역사 전문기자인 이기환씨는 '중도 유적지 뒤엎고 레고랜드 지어야 하나' 이런 글을 썼고 '청동기 유적을 장난감 공

춘천 중도 선사유적지

원으로 전락시키나' 이러한 글도 썼습니다.

그 다음에 사이버 외교사절 반크는 '세계문화유산 허물고 레고랜드 짓나' 이런 글을 올리면서 고조선의 유물유적 3,330기가 이미 훼손되었다. 이런 글을 썼습니다.

또 국회의 문광위원회에서 도종환 의원은 중도 레고랜드 그 건설과 호텔 건설 등으로 유물 유적 조사를 생략하고 추진하는 바람에 유적지가 불법적으로 훼손한 범죄를 저질렀다. 그렇게 정부를 향해서 얘기하니까. 정재석 문화재청장이 허가를 재 검토한다. 그래가지고 결국은 조건부로 허가를 내줬다. 그렇게 말할 수 있습니다.

그리고 최문순씨가 도지사인데 처음에 레고랜드와 관광호텔 개발을 할 때 공무원들 가운데 단군조선사유적을 보전해야 한다고 반대하는 공무원들을 전부 최문순 지사가 교체해버리고 실시를 했다고 그럽니다. 이것은 말하자면 대영 제국주의와 중화사대주의 사관을 이용한 개발이어서 물론 경제개발하는 건 좋지만 우리의 영원한 문화재를 보존하는 것이 우선이 됐어야 합니다.

그렇게 대영 제국주의가 문제가 되니까 영국의 엘리자베스 2세 여왕이 우리나라에 와서 방문도 하고 여러 가지 외교적인 노력을 하는 모습도 보였고 올해 3월 5일 집권당인 더불어민주당 이낙연 대표가 그곳을 방문했는데, 계란 세례를 받기도 했습니다.

이런 관계로 인해서 지금 여기에 이 춘천 중도 고조선유적지는 이것이 떠 있는 것만은 아니고 중국의 홍산·요하·발해연안문명·우하량 문명 또 여러 가지 옥기 문화 이런 것과 관계가 되고 한국 부산의 선사시대 문화, 백두산 문명 또 흥륭와 문명, 춘천 지역의 배후문명 이런 것과도 전부 연결이 되고, 이것은 또 일본의 유목문화나 야요이문화나 고분문화로 이어졌는데, 특히 구주의 야요이 문화의 요시노가리 문명이 있는데, 이것도 우리 고조선 문명을 배우는 것으로 동아시아 전체의 유물·유적을 총괄하는 중심적인 장소가 될 수 있는 것이 이곳이다. 이렇게 말을 할 수가 있습니다.

그래서 레고랜드는 이름을 레고랜드로 할 게 아니라 '고조선 생활터'로 해서 거기에 여러 가지 움막이나 적석총 이러한 것들을 다 보호하고 보존해야 합니다.

물론 강원도에서 그 유적 보존을 위해서 유적공원도 만들고 박물관 계획도 세우고 또 춘천 중도유적층을 강원도 기념물 제19호로도 지정하기도 했습니다. 이러한 적석총이나 이런 걸로 봐서 여기에는 2~3세기에 그러한 지배자의 삶이 있어서 그 무덤으로 한 것이고 그 전체의 그런 움막만 해도 1266개가 된다고 말을 하고 있습니다.

이와 같은 춘천 중도 고조선 유적지는 그것이 민족자주사학자들만의 그런 것이 아니고, 이것을 인정을 해서, 지금까지 민족 역사 앞에 죄를 지어온 매국 식민사학자들도 우리 단군조선, 고조선의 역사를 영광스럽게 인정하는 계기를 만들어야 합니다.

물론 여기에는 신석기 시대부터 이어 내려와 8000년 전부터 지내오는 환국 · 밝달국 · 단군조선 이런 때부터 유물이 쭉 모여 있는 춘천 중도고조선유적지는 한밝달 문명으로 백두산문명과 홍산문명과 함께 오대산 문명으로 함께 잇는 그런 것이 되어야 합니다.

그것이 우리 민족의 자긍심을 높이는 것인데, 국민의 생활을 위해서 경제개발을 하는 것은 좋을 수 있습니다. 어린이 공원도 만드는 것도 좋은데, 우리 문화재는 잘 보전을 해야 됩니다.

보전을 하지 않고 지금 미개발지구도 남아 있는데도 그런 것을 자세히 검토해서, 그 문화재가 새어나가지 않도록 해야 되는데, 문화재청이나 강원도가 많이 조심을 안 하는 것 같습니다.

그래서 국민들의 그런 걱정이 생겼는데 세계적인 사회학자이자 고고학자인 로츠 피들러 교수는 앞에서도 언급했듯이, 이 춘천 중도 유적지를 잘 발굴하고 잘 보존하면 세계적으로 유명한 페루의 마추픽추나 또는 영국이 세계적으로 내세우는 고대 유물 유적인 스톤헨지보다도 더 훌륭할 것이라는 것이 객관적인 평가라고 말을 했습니다.

강원도 춘천 의암호 하중도 고조선의 유적지 그것을 보존하는데 문재인 정부나 최문순 지사나 모든 국민들이 모두 마음을 합쳐가지고 우선적으로 잘 보존하고 보호하면서 경제개발을 위한 놀이공원이나 또는 호텔을 짓거나 이런 것이 뒤따라야 되리라고 봅니다.

제6절 우리 태극 문명의 세계화

밝은 해인 청천백일의 광명으로 우리 민족이 하느님과(알이랑) 창조한 인류시원 문명인 한밝달 문명이자 신선도인 홍익인간·광화세계로 신명 개벽하는 신명난 우리 역사 제6절은 '우리 태극 문명의 세계화'입니다.

무극대도의 태극은 우리나라의 태극기가 가장 잘 나타내고 있죠. 여기서 홍익인간(弘益人間)은 인간의 이상형으로 깨달음을 얻어 사람을 널리 크게 돕는 사람을 말하고, 광화세계(光化世界)는 세계의 이상형으로 광명이 차서 어두운 곳이 없는 사회 완성으로서의 광명 세계를 뜻한다. 그렇게 말할 수가 있습니다.

우리의 문명을 다른 말로 하면 태극 문명이고 한밝달 문명이라고 할 수 있는데, 그것은 태극 문명이 태극 문양을 통해서 세계로

휘날리는 태극기

어떻게 퍼져나가느냐 하는 것을 우선 살펴보도록 하겠습니다. 서기 2022년 러시아와 우크라이나 전쟁이 나서, 핵전쟁이 나지 않고 평화롭게 해결되기를 인류는 원합니다.

서기 1884년 루마니아의 타르그 푸르무스에서 라시로 가는 도로 공사를 크게 했었습니다.

그 가운데 쿠쿠테니(Cucuteni)라는 우리 말의 꿋꿋한 이를 상징하는데 쿠쿠테니라는 곳에서 여러 가지 오래된 옛날에 유적이 많이 나왔습니다.

청자기를 비롯해 가지고 또 맷돌, 호밀 또 완두콩, 돼지나 닭의 뼈 이런 것들이 무더기로 나왔는데, 그것은 그 지역이 굉장히 넓게 하나의 도시 문명을 이루고 있는 것인데, 그것은 기마민족으로 불리는 루마니아인들이 유목민족으로서 일정한 지역의 문명을 창출해서 살다가 태워버리고 간 그런 흔적이다. 그렇게 얘기들을 했습니다. 특히 그 도자기에서 태극 문양이 나오고 그래서 많은 관심을 끌었습니다.

그리고 거기에 도로 공사하는데, 갱 안에서 병사들이 나왔는데 병사들의 그 모습에서 상투를 틀고 있는 그런 모습도 보였습니다.

그리고 대지모신 여신상은 우리 발해연안문명의 우하량 여신상과 같은 것을 닮았다고 말할 수가 있습니다. 그래서 이것을 쿠쿠테니 문명이다. 또는 쿠쿠테니 트리필리아(Kukuten-Trypilya) 문명이다. 이렇게 얘기하는데 일찍이 유럽에서는 고대 그리스나 고대 로마 문명을 얘기하지 그전의 문명은 별로 없는 걸로 알고 있는데 이 루마니아의 쿠쿠테니 문명이나 또 그와 비슷한 것이 또 우크라이나에서도 나왔습니다. 그러한 문명들은 고대 그리스나 로마 문명보다도 훨씬 더 기술력과 생활력이 뛰어난 선진 문명으로 알려졌습니다.

이러한 문제에 대해서 그 나라의 김부타스라는 교수는 쿠르반 가설을 얘기해서 유목민족이 거기에 어떤 문명을 세워서 살다가 이사 가는데, 이것이 우리나라의 고조선이 망하고 그 일부가 이동한 게 아니냐는 얘기를 했습니다.

그뿐 아니라 독일의 고고학자 위치 스위트 교수는 그 문화가 텡그리를 모시고 삼수 문화로 돼 있어서 고조선 문명을 이어받은 것이다.

그러면서 이것은 환단 조선시대의 문명인 수메르 메소포타미아 문명과도 연결이 된다. 그렇게 얘기를 했습니다.

루마니아는 상당히 고대 문명이 일찍 발달됐는데 B.C. 3500년 전 문화도 있고 그런데, 인구의 5할 반이 우리 동이족이고 반이 말갈족이라고 합니다. 거기에서는 마르카족이라고 불리운다고 그럽니다.

　이러한 고조선 문명이 세계에 끼친 영향이 많다고 할 수 있는데, 이러한 태극 문명은 기본적으로 세계 제1의 경전이면서 우리 민족의 경전인 천부경의 일시무시일 일종무종일, 즉 하나로 되어 있고, 일석삼극 – 하나가 천지인 셋으로 나뉘고, 또 태극 음양으로 나누고 이런 것이 태극 음양 문명이고, 또 태호 복희씨의 팔괘의 세계의 변화 문제에 대한 사상이 들어 있는 문명으로, 우리나라의 태극기가 가장 잘 나타내고 있다. 그렇게 말할 수 있습니다.

　이러한 태극 문양의 문명은 일본의 오키나와의 요나구니 해저 암각화가 있는데 거기에도 태극 문양이 있고, 오키나와가 유구국 시절 국기가 삼태극 모양이었으며, 중국 베이징의 천단에도 이와 같은 태극 문양이 있고, 미국의 시카고 시에도 1833년에 북태평양 철도회사 철도박물관에도 태극 문양이 있다고 그렇게 알려왔습니다.

　그밖에 고조선의 그러한 태극 문양의 문명은 아무르강을 통해서 또 알류산 열도를 통해서 미주로 건너갔는데 거기 알류산 열도, 캐나다, 미국, 멕시코, 멕시코의 특히 아즈텍 문명에는 태양 문명이 강하고 또 고주몽의 아버지 고모수 왕이 첫 고대 멕시코를 건국한 것이 B.C. 1세기경의 테오티와칸인데 거기에도 태양과 태극문양이 있다고 그럽니다.

　그리고 베네주엘라나 페루 같은 남미에까지 태극문양이 발표가 되고 밝혀지고 유럽 쪽으로 가서는 유럽의 켈트족이 우리 동이족의 한 분파라고 그러는데 이런 분들이 영국의 스톤헨지를 비롯해서 런던에도 태극 문양이 있다고 합니다.

이 켈트족의 보검은 우리나라 경주의 왕릉에서도 발굴돼서 옛날에도 우리나라와 유럽의 연계관계가 있다는 것이 알려지고 있습니다.

그 다음에 독일, 프랑스, 헝가리, 불가리아, 스웨덴, 이태리, 카작스탄, 튀니지, 알제리아 이런 여러 나라에도 태극 문양이 있어서 우리나라의 문명이 세계로 번져 나가 있음을 알 수가 있습니다.

아프리카 말라위 물루지스 대통령은 2022년 4월 한국 농어촌개발공사 지원 등으로 빈곤국에서 식량수출국가로 도약하자, 자국 국기 안에 우리 태극마크를 중앙에 넣기도 했다.

또 그 다음에 얘기할 것은 브리아트주 등 태극문명이 많이 남아 있는 시베리아에 관련된 얘기입니다.

일찍이 블라디미르 트린 박이라는 모스크바 대학의 인구동태학과 교수는 논문에서 '코리아 선언'이라는 것을 썼습니다.

그 내용은 레나강과 바이칼호 동쪽의 시베리아의 여러 지역, 예를 들면 연해주, 코리악 주, 캄차카주, 일쿠즈쿠주, 브리아트주, 투바주, 차하주, 차바주, 차바리칼스케주 이러한 동부 시베리아가 조선과 연계된 그러한 곳이다라고 '조선 선언'이라는 것을 일찍이 얘기했습니다.

그러니까 시베리아가 환단 조선시대로부터 고조선 마한 18대 아라사왕이 지배했고, 고주몽의 동명고강을 비롯해, 고구려, 발해, 고려, 조선조까지 계속 우리나라의 영토였는데, 1689년 네르친스크 조약에서 청나라와 러시아가 적당히 해서 할양을 했다고 자기들 거라고 주장했는데, 그것은 역사적인 근거가 없었습니다.

그런 가운데 러시아의 푸틴 대통령이 2000년 7월 북조선을 처음으로 북조선을 방문해서 서로 경제적인 협력을 비롯해 동맹관계도 맺고 그래서 좋은 관계가 열렸습니다.

그런데 연해주지사가 우리나라에 군사용 땅을 빌려주겠다고도 하고, 최근 연해주가 독립선언 한국령 편입 요청이 있었다. 2021년에 들어와서 시베리아 연해주 지방을 중심으로 녹둔도. 우수리 안크라이(곡창지대). 캄차카반도 등 주민들이 스스로 "코리아"에 편입시켜 달라는 운동을 호랑이를 앞세우며 벌이고 있습니다. 우리나라와 러시아의 협상이 요청됩니다.

그런데 2011년 8월 24일 시베리아의 바이칼호 근처에 '문라노대 선우도비 보르'라는 '소나무 숲'이라는 그러한 작은 도시에서 김정일 국방위원장이 12명의 수행원을 데리고 러시아 3대 대통령인 드미트리 메드베데프 대통령을 만나서 가스관을 이용한 유류나 가스의 이동 문제를 비롯한 경제협력을 논의를 했다고 합니다.

그런데 중요한 것은 이때 김정일 국방위원장이 지금 동시베리아에 옛날에는 동 시베리아가 알라스카 칼라라까지 다 포함했다고 합니다.

그래서 알라스카는 '아라사'에서 나온 말이고, 거기는 제외하더라도 동시베리아 지금의 동시베리아가 본래 우리 조선의 땅이니까 돌려줘야 된다고 제안한 겁니다.

그러니까 메드베데프 대통령이 100년 전부터 우리가 관리해왔고 우리와 조선 사이에 임대 계약서가 있으니까 100년 동안 관리한 데 대한 비용을 조선에서 주면 차츰 돌려주겠다고 약속을 했다고 그럽니다. 그러면서 중국이나 일본이나 미국이나 이런 다른 나라가 간섭하지 못하게 하겠다. 그리고 합의를 하고 헤어졌는데 그 뒤에 어떻게 진전되었는지는 잘 밝혀지지 않았습니다.

대한민국에 영토를 주거나 팔려고 하는 나라는 한국농장(캄포 코리아)이 있는 리튬 대박국 아르헨티나, 말라위, 아프가니스탄, 세네갈, 태평양의 솔로몬 제도 초이셀 섬, 티니언 섬, 팔라우 섬, 통가 등이 있으며, 나이지리아는 한국인 추장(왕)도 있다고 합니다.

동서양이 소통하는 세계문화 교류 역사는 세계적인 도나 종교인 신선도.불교.유교.도교.힌두교.기독교.이슬람교 등을 통하던지, 징기스칸.알렉산더.나폴레옹 같은 영웅들에 의해 이루어지기도 했지만, 많은 지성인들의 세계여행기에 의한 것도 크다고 할 수 있다. 고대로부터 근세까지 세계 7대 여행기는 다음과 같다.

1. 법현스님(AD 337-422) : 법현은 동진 스님으로 399 년 동료 세 스님과 함께 중국 장안을 출발해, 뱅골만.호탄을 지나 불탄지 룸비니 등 인도 성지 순례와 탐룩 국제 항구 등 마우리아 제국에 머물다가 귀국하여 "불국기(역유천축기전)"를 썼다.
2. 당나라 현장법사(602-664) : 현장법사는 구법승으로 627년부터 645년까지 천축국 등을 외유하고, 나란다 대학에서 불법을 배우고 가르쳤으며 귀국후, "대당서역기"를 쓰고 19년간 유가사지론(스승:계현법사)등 1335 권의 불경을 한자로 번역하였다. 손오공 등으로 유명한 서유기에는 현장법사의 구법과정이 자세히 나온다.
3. 당 의정스님(635-713) : 당나라 의정스님은 남해와 파키스탄을 거쳐 인도의 성지 여행을 하고 돌아와 남해기귀내법전. 대당서역구법고승전 을 썼다.

4. 혜초스님(704-787) : 신라 성덕왕 때 스님인 혜초는 723년부터 727년까지, 갈때는 배로 중국 동남아를 거쳐 천축국(인도) 불교 8대 성지와 카시미르 등지를 여행하고, 올때는 육로로 중국으로 돌아와서 "왕오천축국전"을 지었다.

5. 이분 바투타(1304-1368) : 모로코 출생으로 1325년 메카 순례를 시작으로 이슬람 제국인 이집트.시리아.이라크.페르시아.사우디아라비아.인도.스마트라.중국 등 12만 키로미터를 순례하고, 1949년 모로코 수도 페스로 돌아와 "여행기"를 썼다.

6. 마르코 폴로(1254-1324) : 이탈리아 베네치아 무역상의 아들인 마르코 폴로는 중국에 와서 원나라 쿠빌라이 칸의 배려로 양주 총독도 하였으며, 베네치아로 돌아가 "동방견문록"을 남겼다.

7. 하멜 : 네덜란드 인으로 1653년 동인도 회사 배를 타고 동양으로 와서, 대만에서 배로 일본 나가사키로 가다가 태풍을 만나 선원 64명중 28명이 죽고 36명이 표류하다 제주도에 상륙하였고(조선효종), 체포 억류되어 갖은 고생을 하다가 같은 네덜란드 인 박연을 만나 살길을 찾아서 13년 1개월 만에 간신히 고국으로 돌아가 조선을 자세히 소개하는 "하멜표류기"를 썼다.

그리고 지금 지구의 문명이 발달돼서 하나의 세계로 향해 가고 있고, 우리의 태극 문명도 세계로 퍼져나가고 있는데, 그 사람만이 아니라 이미 동물들의 세계에서는 벌써 지구 차원으로 생활을 하고 있는 것을 우리는 엿볼 수가 있습니다.

고래나 고래상어, 바다코끼리 등이 대서양과 태평양을 넘나들며 사는 건 물론이고, 우리나라 양양의 남대천에서 갓 부화 된 연어들이 북태평양으로 향해서 알류산열도나 칼라라까지 갔다가 다시 커서 알을 낳을 때가 되면은 양양으로 돌아옵니다.

세계에서 가장 큰 동물은 흰긴수염고래로서 코끼리 30마리 무게인 190톤짜리가 있다고 합니다.

세계에서 가장 큰 식물은 서호주 샤크만 리본 잡초(Posidonia Australis)로서 200㎢ 크기이며, 1년에 약 35cm씩 성장하는데 약 4,500년이 되었다고 합니다.

세계에서 가장 오래된 나무는 칠레의 한 국립공원에 있는 파타고니아 노송나무로 5,484세라고 칠레 과학자 조나단 바리시빅 박사가 학계에 보고했습니다.

또 우리나라의 새 중에 세 종류 정도가 뻐꾸기처럼 특수한 방법으로 번식을 시킨다고 합니다. 그것은 뭐냐 하면 뻐꾸기는 다른 새의 둥지에 자기 알을 넣어가지고 부화시켜서 다른 새가 번식하게 하는 그런 방법을 쓰는 데 〈탁란〉이라고 그러죠. 그런데 우리나라의 경우에 있어서 뻐꾸기는 자기알은 탁란하고, 자신은 8, 9월이 되면은 날씨가 추워져 남쪽으로 멀리 간다고 합니다.

그 뻐꾸기는 남중국을 통해서 동남아시아 인도를 거쳐서 인도양을 지나, 아프리카 탄자니아까지 간다고 그럽니다.

뻐꾸기는 그러니까 자기 알은 다른 새가 한국에서 부화하게 하고 자기들은 수만리 떨어진 아프리카 까지 갔다가 다시 돌아오고, 그 다음에 벙어리 뻐꾸기는 또 방향이 달라서 우리나라에서 그렇게 탁란을 한 후 남중국을 거쳐서 필리핀, 뉴기니아까지 가기도 하고 또 좀 더 가면 오스트렐리아까지 갔다가 거기서 살다가 다시 되돌아온다고 그럽니다.

그리고 미국에 있는 제왕나비는 남쪽으로 쭉 내려가서 남미의 끝에까지 갔다가 북미로 올라오는 그러한 나비라고 그럽니다.

그러니까 이러한 지구촌을 한 차원으로 사는 생물들이 새나 물고기나 곤충이나 이런 게 많이 있다는 것을 우리는 알 수가 있습니다.

지금 우리나라는 국내외적으로 많은 어려움에 처해 있습니다.

우리나라 안에서 일어나는 여러 가지 국내외 정치적인 문제도 있지만, 우주 1년으로 봤을 때 선천 상극시대가 가면서 코로나 판데믹등 병난과 지진, 핵전쟁, 민족전쟁, 종교전쟁, 생태 환경 문제 등 커다란 재난을 겪고, 후천 상생 시대로 가기 위한 하나의 산통의 과정이라 라고 얘기할 수가 있습니다.

지금 세계는 초정보 · 초연결 · 초자아의 우주시대로 접어들어 초자아 마음 혁명을 해야만 합니다.

그런데 김탄허스님을 비롯한 많은 예언가들은 우리나라가 동북간방이어서 여기서 문명이 시작되고 여기서 끝나는데, 이런 후천 상생 시대, 대동 세계 또는 지상선계 미륵존불 시대 세계를 우리 태극 문명, 무극대도 문명, 천손민족 문명, 한밝달 문명이 리드를 하게 된다 라고 얘기를 합니다.

우리나라가 그렇게 되면 우선적으로 해야 될 것은 하나의 평화 세계를 지향하면서 열린 민족주의로 나아가 남북 평화 통일을 이루어야 되겠죠.

그리고 열린 민족주의로 평화주의로 나가되, 시절 인연이 좋아져서 우리 한반도와 만주와 몽골, 동중국, 일본 그리고 아까 얘기한 시베리아까지 합쳐서 우리나라가 대고려 연방이 되고 세계의 평화 중심 국가가 될 수도 있고 되어야 합니다.

더 바라기는 국제연합(UN)이 세계의 가장 중심적인 역할을 해서 공로도 많지만, 아직 부족하니까 UN을 해체해서 세계 연방국을 세우되 그 세계 연방국의 수도를 세계 평화의 중심인 우리 한반도의 비무장지대나 또는 제주도나 백두산 삼수갑산 지역을 세계의 수도로 삼기를 한번 바래봄직도 하다. 그렇게 말을 할 수가 있습니다.

우리는 지금 루마니아의 쿠쿠테니 문명이나 우크라이나 문명을 비롯한 태극문명이 전 세계적으로 퍼져 있고 또 영토적으로 시베리아도 우리가 점차 돌려받을 수 있고 그런 여러 가지 좋은 여건도 많이 있습니다.

"역사의 연구" 12권을 저술한 아놀드 토인비는 1973년 동아일보 인터뷰에서 "홍익인간, 광화세계라는 한국사상이 앞으로 세계 통치 이념이 될 것이다." 라고 말했습니다.

그러니까 우리는 우리가 누군지 깨닫고, 넓고 크게 빛을 주는 홍익인간과 광화 세계를 방향으로 해서 천손민족으로서 청천 백일의 한 밝해·밝달 문명사를 완성해 나가야 되지 않을까 그렇게 기대해 봅니다.

제7절 천지개벽의 세계역사

　우리가 하느님과 함께(아리랑) 창출한 인류 창세 세계 최고 문명 한 밝달 문명을 상징하는 신선도의 홍익인간·광화세계를 지향하는 신명나는 우리 역사 제7절은 '천지개벽의 세계 역사'입니다. 천지개벽으로 신선도 선천문명을 연 환한 천지인 3합 우리문명이 고비를 맞아 우리가 부닥친 현실이 우리나라와 전 세계가 지금까지 인류 역사에서 보지 못했던 엄중한 새로운 현실이기 때문에 이런 제목으로 한번 살펴보겠습니다.

　지금 여기 우리가 당면하고 부딪힌 세계의 역사적인 현실은 선천상극문명으로서 인류 역사에 드문 대 역사적 위기로 인류의 지혜와 화합이 요청되고 있습니다. 우리나라를 비롯 미국·중국·이태리·브라질 등 전 세계 21개 국가에서 '코로나19'로 4억 5천여 만 명이 확진 판정을 받았고 600여만 명이 죽고 그것도 점점 더 확산 상태에 있습니다.(2022.3.9. 현재) 물론 치료제도 개발하고 여러 가지 의학적인 연구가 많이 진행 되어 가긴 하지만 아직도 그런 확산의 조짐이 잦아드는 그러한 형편은 아닌 것 같습니다. 그리고 그 밖에도 이런 팬데믹 전염병 외에도 남북극의 거대한 빙하가 녹아서 그 바다 물이 위로 올라오고 또 23도 오부가 기울어진 지축이 바로 서서 지축이 정립되는 그러한 일이 또 생기고 남북극의 N극·S극 하는 지자기가 뒤바뀜으로 인해서 지구상에 또 큰 변화가 와서 화산 폭발(백두산도 그런 가능성이 있다), 지진 폭발, 거대 해일, 이 해일로 일본이 침몰하고 또 미국

서해안의 일부가 침몰할 거라고 얘기합니다. 거대 태풍, 거대 산불, 우크라이나등 각종 민족 간의 전쟁, 종교 간의 전쟁 또 개인 간의 갈등 이런 것이 인류가 일찌감치 겪지 못한 우주적 천지개벽 후천상생 전환기를 맞이했다고 그렇게 얘기합니다. 핵전쟁이 제일 공포심을 주기도 합니다.

남북 분단된 우리나라를 둘러싼 미·일, 중·러 등 국내외 정세 나라안의 정치·경제·사회도 서로 대립갈등이 극심해가지고 〈너 죽고 나 살자〉는 식의 그런 말이 막 횡행하고 그래서 이러다가 이게 잘못하면 세상이 망하지 않나 이런 우려를 하는 사람도 많이 있지만, 그러한 절망적인 생각을 딛고 새로운 세계, 아무리 어려워도 그것을 뚫고 나가서 생존하고 발전시켜야 되겠습니다.

유불선 삼절이고 기독교까지 포함해 사절이라고 말할 수 있는 낙관적 미래학자 김탄허 스님 등 미래학자들은 우주 일년으로 볼 때 여름인 선천 상극시대가 가고 하추 교체기의 대격변 대환란 대도태를 겪고 가을철인 후천 상생 시대로 접어든다고 합니다.

역학상 5행 상생상극으로 볼 때 화극금, 불이 쇠붙이를 이기는 그런 거기 때문에 여름(火)에서 바로 가을(金)으로 가지 않고 토를 거쳐서 흑토(중앙)를 거쳐서, 가을로 가야 많은 희생이 줄어든다고 얘기를 합니다.

그래서 일부 종교에서는 인류 태반이 죽는 인류 멸망기가 온 게 아니냐? 이렇게 보기도 하는데, 탄허스님께서는 대환란은 처녀가 자라면서 달마다 겪는 그런 성장통이 생기고 또 임산부가 이제 어머니가 되려고 그러면 해산통이 있어 인류의 성장에 피할 수는 없는 그런 환란이고, 그 후에 어렵지만 살아남기만 하면, 미륵존불 시대라고 하고, 대동세계라도 하고 지상천국이라고도

용(龍)

하는 아주 좋은 세상이 온다고 그렇게 얘기를 합니다.

저자의 스승님이자 미래학자인 탄허스님은 화엄선과 역학에 밝으시어, 6·25 사변 발생, 울진 삼척공비 출연, 월남전에서의 미국 패배, 박정희 대통령 시해, 탄허 스님 자신 입적일 등을 모두 정확히 예언해 주변인들을 놀라게 하셨습니다. 탄허 스님은 일심 화쟁 융합 사상으로 다져진 한국이 세계 문명 중심이 될 것인데, 우리 한민족 문명이 지리적으로 동북간방인 산(山)을 상징하지요. 풍수 지리적으로 봤을 때, 문명이 지(止)여서 간방(艮方)에서 생기고 간방에서 끝난다.

그러니까 선천 광명 문명이 우리나라에서부터 시작돼가지고 지금 끝나면서 새로운 후천 상생 문명도 여기에서 나온다는 겁니다. 시작한다는 거죠. 그래서 후천 상생 시대는 미륵존불 시대가 된다고 말씀하셨습니다.

간방중명, 동북간방에서 거듭 광명이 있어서 새광명이 시작한다고 말하고, 유불도기 4교에 밝았던 탄허 스님은 화엄학과 교육에 힘쓰는데, 유가 선비 시절의 자가 간산(艮山)이었다고 말을 합니다.

그리고 한국의 두 간산인 오대산과 계룡산을 중심으로 미륵존불 시대를 열기 위한 법을 펴시고 활동을 하셨습니다.

그리고 탄허 스님은 김일부의 정역 팔괘사상을 받아 23도 5부 기울어진 지축이 바로 서고, 정음 정양 시대가 되며, 남녀가 아주 정확히 평등한 그러한 소화시대가 되며, 남북극 빙하가 녹고, 지층 밑에서 불기운이 올라와 화산·지진 폭발과 해일·태풍·원자력발전소 핵폭발 그리고 미국 서부 해안, 일본 열도의 3분의 1 침몰과 일본 열도 침몰로 인해서 우리나라 동남 해안이 피해를 입고, 서해안 한반도가 두 배 융기될 것이라고 예언을 하였습니다.

그리고 국제 관계에서 우리나라와 미국과의 관계가 중요한데 8괘로 볼 때 우리나라는 간(艮)이라면 미국은 태(兌)이다. 간괘는 산을 의미하고 태괘는 못을 의미합니다. 그래서 이것은 처녀와 총각 결혼한 사람들로 말하면 우리나라가 신랑이고 미국의 신부인 이런 관계여서, 미국이 이러니저러니 해도 결과적으로는 우리가 세계 문명을 리드하는데 도움을 줄 거다 라고 말씀을 하셨습니다.

불교 역사에서 칠불 통계가 있는데 거기에서 말해주듯, 역사상의 7번째 부처가 석가모니불인데, 이 분은 그 앞에 연등불로부터 수기 받았고 제 팔불인 미륵불이 석가모니 부처로부터 수기를 받았다고 합니다.

그래서 초대 동국대 총장을 지내고 미륵불 시대를 준비하시던 백성욱 박사님은 금강경 독송과 "미륵존 여래불"을 어떤 생각이나 이런 번뇌가 생길 때는 미륵존 여래불에게 바쳐서 자기가 견성성불하는 데로 나아가도록 가르치셨는데, 주로 소사의 백성 목장을 중심으로 그렇게 하셨죠.

무상정등정각은 무주생심이라고 말씀하신 백성욱 박사는 미륵보살이 안다만 제도의 왕자로 사위성과 영산 회상 법회 참여하여 미륵불이 될 것이라는 수기를 받았다고 합니다.

　미륵보살이나 미륵불의 행장은 미륵 삼부경을 비롯하여 금강경·법화경 또 대방등 대집경· 증일아함경·화엄경·천수경·현우경 등 여러 곳에 언급되고 있습니다.

　그런데 불교(대방등대집월장경)에서는 석가모니 부처님 다음에 제8불인 마이트레야 부다 즉, 미륵부처가 남방불교나 우리나라는 모두 2500년 후에 이렇게 미륵불시대가 시작된다고 했는데 석가모니 부처께서는 B.C. 624년에 태어나서 B.C. 544년에 입멸하셔가지고 입멸한 때로 보면 우리나라 불교나 남방불교나 대체적으로 세계적으로 통일된 것이 올해가 불기 2566년입니다. 그러니까 2500년이 지났으니까 이미 미륵존불시대가 시작 되었다. 이렇게 말하는 것이고 또 북방 불교는 조금 다른데 조금 이르지요.

　그래서 북방 불교는 B.C. 1027년에 그렇게 태어나신 걸로 해 가지고 북방불교에서는 정법 천년, 상법 천년, 말법 천년, 그래서 3천 년 후에 미륵불이 온다고 그랬는데 북방불교로는 올해가 불기 2966년이니까 미륵존불이 오실 시대가 조금 남아 있다. 이렇게 보고 있는 것입니다.

　그래서 김탄허 스님의 예언이나 또는 여러 가지 불교경전 이런 걸로 봐서 2566년이라는 불기를 봤을 때 이미 미륵존불시대가 시작 되었다고 그래서 저자는 제가 하는 유튜브(YouTube) '깨달음의 세계'와 '신명나는 우리 역사' 두 가지를 하고 있는데, 깨달음의 세계 5회분에서 미륵존불시대가 다가왔다고 이미 선언한 바가 있습니다.

　다음에는 중국 명나라 신정 때인 16세기 사람 주장춘은 『진인도통연계』라는 책을 역의 원리에 따라서 성인 출연한 내용으로 그렇게 썼는데 산의 근원을 곤륜산이라고 그랬습니다. 수미산 일맥이 동쪽으로 뻗어나가 이구산 72봉을 맺으니, 거기에서 공자 제자 72명이 나왔다고 합니다.

또 곤륜산 제2맥이 불수산 석정산에서 499봉이 솟아서 석가모니 제자 499명, 500명이 나와서 500 아라한이 출연했다고 합니다.

그 다음에 곤륜산 제3맥이 서쪽으로 흘러 감람산이 일어나고 예수는 이 지맥을 타고 12사도를 배출했다고 합니다. 한편 기독교 성경 요한계시록은 요한이 AD 81년과 96년 사이 정치범 수용소 파트모스 섬에서 유배 중에 썼는데, 기독교에도 그러한 예언이 있습니다. 666 일곱인이나 붉은 용 등으로 표현되는 아기는 적그리스도로서 붉은 날 전쟁을 통하여 인류의 종말을 고했다고 썼습니다. 그 후에 2000년 준비한 하늘그룹 그것은 예수 그리스도를 나타냈는데, 기독교 세력 보호 속에 지구의 사람으로 강림하여 지상 천년 왕국을 만들고, 예수 재림이라고 그러죠.

청정하고 흠 없는 일용 원사 14만 4천 명이 신천지에 살게 된다고 했습니다. 이런 미륵불이나 또는 예수 재림이나 이런 것을 통해서 이슬람도 미륵불을 마이드라고 구세주라고 하는데, 우리는 바르게 살아야 합니다. 그런 것을 이용해서 악용하는 그러한 일도 많이 있기 때문에 그런 혹세무민하는 데는 우리는 잘 속지 말아야 한다고 말할 수가 있습니다.

그리고 곤륜산 제4맥이 동방으로 백두산에 맺히고 남쪽 맥으로 금강산으로 내려와 1만2천 봉이 솟아는 바 이 기운을 타고 증산께서 오시어 증산 강일순 선생님을 중국 사람이 얘기한 건데, 천지 문호인 모악산 아래서, 전라북도 모악산에 금산사가 있죠.

〈민족 활계 남조선 청풍 명월 금산사〉라는 전설이 있습니다. 결실 진리를 열어주시니 1만 2천 도통 군자가 나온다고 썼습니다.

다음에는 유명한 원효 대사의 아드님이신 유학의 설총 선생님은 설총결이라는 책에서 한양, 우리나라 서울이죠. 조선왕조의 수도, 한양의 운수가 끝날 무렵에 용화 세존인 미륵불이 말대에 오신다. 금강산 연기에 1만 2천 무명화가 피니, 1만 2천 도통 군자가 출세하고 여자 성 씨의 뿌리와 열매가 이루나니 그 중심 역할을 하는 사람이 계집 여자(女)가 들어가는 성씨가 중요한 역할을 한다고 그랬습니다.

예를 들면 강(姜)씨, 양 밑에 계집녀한 강씨나 편안 안(安)씨나 삼수변에 계집녀한 여(汝)씨 이런 성씨를 가진 사람이 중요한 역할을 하고, 간지는 태전이어서 태전(太田)은 그렇게 유명한 땅이어서 일본의 이등방문이 점 하나 빼고 대전이라고 불렀는데, 그 대전과 계룡산이 또 중심 역을 한다는 그러한 얘기를 해서 대전이 신문명의 중심지로 세계만방에 그 은혜를 갚으리라 하고 "훔치훔치"라는 진리의 소울음 소리를 잊지 말라고 했다고 합니다.

우리 한민족 문명인 한밝달 문명은 우주생명 전일 광명 문명으로, 태양 중심의 생활인바 인류 창세의 나반과 아만이 태일성인 북극성에서 백두산에 내린 후 만든 대선천 광명문명이고, 지금 다가온 후천 상생 미륵존불 시대도 중명으로부터 시작, 동국간방인 우리 광명문화 한생명 평화광명이 거듭된 밝해문명의 중심이 되어 민족 대통일을 이루고 대환란 도태를 겪은 후 세계 문명을 이끌어 나가서 미륵존불 시대를 제대로 이루게 한다. 이렇게 말하고 있습니다.

물론 지구의 미래에 대해서는 지구 환경 보존, 기후 대비, 동식물 보존, 생태계 보호, 맑은 물, 맑은 공기 이런 게 중요한 것이라고 말할 수 있겠죠.

기후위기와 관련돼서는 미래 세대의 대변인으로 불리는 스웨덴의 18살 환경운동가 그레타 툰베리(Greta Thunberg)가 세계 최초 화석 연료 없는 복지국가를 지향하는 스웨덴의 노력이 그린란드를 지향하는 세계의 희망이 될 것이라고 그렇게 말하면서 각국 지도자들에게도 여러 가지 글을 보냈는데, 한국의 문재인 대통령에게도

이산화탄소 배출 감소 등 행동으로 장밋빛 미래를 보여달라고 요청했습니다. 특히 한국전력이 베트남 석탄발전에 투자한 사실에 대해서 매우 심각한 문제라고 지적을 했습니다. 이에 대해서 문재인 대통령은 지난 10월 28일 국회 시정연설에서 화답해서 2050년 탄소 중립을 목표로 나아가겠다. 탄소 중립은 산소가 제로 상태 즉 이산화탄소가 남아있지 않는 그런 상태를 말합니다.

그리고 우리나라의 정치학자로 명상가, 미래학자이면서 국사찾기협의회 제5대 회장을 지내고, 개인이 중국과 소련, 유엔과 4자 합의로 만주벌판과 러시아 땅에 수만 평의 땅을 마련해서 유엔 평화센터를 만들고 있는 미래학자 최민자 교수, 이분은 미래학 책을 썼는데, 대표적인 게 〈호모 커넥투스. 모시는사람들(출판사)〉 우리 사회가 앞으로 초연결 사회가 되고 그때 어떻게 해야 되느냐. 이러한『무엇이 21세기를 지배하는가?』이런 거에 관한 것이었습니다.

그래서 현대는 포노 사피엔스의 출현 등으로 스마트폰 행정과 4차 산업혁명 후 현대사회는 초연결 세계 사회가 되어 '호모 커넥투스'가 된다고 전제하고, 인드라망과 같이 인드라 상하 연결,

상호의존이 되고 초연결·초정보로 하나 됨을 향한 연금술적 공생이 필요하다고 하면서 『무엇이 21세기를 지배하는가? - 모시는사람들(출판사)』라는 책에서 '신세계 질서를 여는 8가지'를 제시했습니다.

그래서 한국을 중심으로 한 신 유라시아 문명을 전망했는데, 가장 중요한 것은 대한민국, 한밝달문명 이라는 한 사상이 한 생명이며, 곧 영성이고 보편성·무경계·전체성이고 자기 조화이고 전일적 흐름이며 지구 생명공동체가 하나라는 것을 의미한다, 특이하게 국제통화로서 달러나 금 대신 디지털 구리를 본위로 하는 세계 단일 화폐를 만들고 그 밖에 여러 가지 수소 에너지와 핵융합 에너지의 발전, 오지 이동통신과 디지털 트랜스포메이션으로 유비쿼터스 모바일 인터넷을 기반으로 하는 그런 세상에 맞는 오지이동 등 네트워크를 만들자. 이런 것이 있고 그 다음에 이분이 가장 중점을 둔 것은 유엔 세계평화센터는 최민자 교수가 원원 협력 체제를 바탕으로 동북아의 옥진 매듭을 푸는 열쇠를 기획하여 중국·러시아·유엔과 최 교수가 합의하여 중·러 대평원에 만든 것인데, 이를 바탕으로 세계 문명의 문화적 개편을 하나의 평화 세계를 지향하여 민족 통일, 지역 공동체, 세계 정부 수립의 리 오리엔트 개념에서 실천하자고 했습니다.(reorient)

문제는 이런 시대를 대비해서 우리가 어떻게 할 것이냐? 전 지구적인 차원, 우리 한민족의 차원에서도 여러 가지 할 것이 있는데, 우선

첫째는 대동세계. 지상천국. 지상선계. 미륵존불시대를 향해서 한국 종교 지도자들의 참여와 각성이 요청되고, 먼저 제 종교의 조직적인, 갈취적인 그런 지도자는 참회하고 각성하는 일이 우선

필요합니다.

  그런 어려움은 있지만, 명상과 선정 등으로, 종교계 일부에 보면 깨달으신 스님과 깨달으신 불자, 각계신자 들이 굉장히 많이 나오는 것은 희망적이라고 볼 수가 있습니다.

  또 하나는 일제에서 우리가 8·15 해방 때 해방됐는데 77년이 지났는데도 일제 식민사관·망국사관이 아직도 정부나 강단사학계를 지배하고 있어요.

  이것을 혁명적으로 전환하지 않으면 우리나라가 세계 문명을 리드할 수가 없어요. 그러한 역사관의 혁명적인 전환이 필요한데 다만 일부이긴 하지만 역사를 바로잡자는 동학민족통일회, 대한사랑과 역사의병대가 생기고 또 안경전 종도사 주도로 증산도, 상생방송을 중심으로 해서『환단고기』의 국보급 가치를 인정해서 자주 국사 확립에 전교적으로 나가고 있는 것, 이런 것은 나라에 희망을 보여준다고 말할 수가 있습니다. 이 책도 그런 취지로 썼습니다.

  그리고 함께 기후환경 개선과 또 여러 가지 병란, 그것이 코로나든 천연두든 또 정감록에 말한 소두무족이라고 그래서 머리는 작고 다리 없는 요새 말로하면 박테리아나 바이러스 같은 거죠. 그런 것이 번질 위험이 많이 있으니까 그런 것에 대비해서 각자가 주의를 해야 됩니다.

  그리고 생사 문제나 고난의 문제 또 각자 문제니까 각자가 자기의 인생관에 따라서 또는 종교관에 따라서 견성성불의 길을 가던지, 또 신인합일의 길을 가던지, 인내천(人乃天)의 길을 가던지, 시천주 봉태을 무극대도의 길을 가던지 특히 생사 초월 문제에 관심을 갖고, 자기 행복을 찾아가야 됩니다.

신명난 인류 최고 한밝달문명 국사 독자 여러분 모두 행복하시길 기원합니다. 이 어려운 난세를 잘 극복하고 새로운 미륵존불 시대 대동 세계, 지상선계, 지상천국에 대비해서 행복한 삶을 추구하시기를 바라겠습니다.
  감사합니다.

신명난 인류최고
한붉달문명 국사

2022년 7월 26일 인쇄
2022년 7월 29일 발행

편저자_ 고준환
발행인_ 이영옥
디자인_ 윤태원
발행처_ 개벽사
    등록 제2018 - 000058호
    서울시 중구 서애로1길 34
    전화_ 02-2275-1920, 팩스_ 02-2285-1920
    최초 창립일 1920.06.26
인 쇄_ 예림인쇄

정가 45,000원

※ 사전 동의 없는 무단전재 및 복제를 금합니다.
※ 잘못 만들어진 책은 바꾸어 드립니다.

ISBN 979-11-964566-4-1